Erwin O. Braun

Alex Möller

Genosse Generaldirektor

Droemer Knaur

1. bis 50. Tausend

Umschlaggestaltung Graupner & Partner, München
Gesamtherstellung May & Co, Darmstadt
Printed in Germany
ISBN 3-426-05610-0

INHALT

VORWORT

Die Frage nach den tieferen Ursachen der Katastrophe, die mit Hitler über Deutschland, über Europa und über die Welt hereinbrach, wird noch kommende Jahrzehnte beschäftigen. Die dann lebende Generation kann durch den Abstand, den sie zu diesen geschichtlichen Ereignissen hat, eine objektivere Beurteilung vornehmen als die unmittelbar beteiligte. Sie wird jedoch stets auf authentisches Quellenmaterial und objektive Erfahrungsberichte angewiesen sein. Wer die unglückliche Zeit des »Dritten Reiches« bewußt miterlebt und das Danach mitgestaltet hat, muß versuchen, seine Erfahrungswerte mitzuteilen, um so aus einem Mosaik von Tatsachen und Bewertungen ein Gesamtbild zu ermöglichen.
Einer solchen Analyse bedarf es nicht deswegen, weil man Schuld verteidigen oder sich nachträglich Genugtuung verschaffen will, sondern um weltpolitische Ereignisse ähnlicher Art, auch wenn sie sich nicht sofort als solche ausweisen, früher zu erkennen und friedenstörenden Entwicklungen mutiger entgegenzuwirken. Um es ganz konkret zu sagen: Aufgrund unserer geschichtlichen Erfahrungen müssen gerade die demokratischen Parteien wach sein und reagieren, wenn sich beispielsweise in einem Land eine Führung etabliert, von der wir wissen, daß sie nicht nur autoritäre, sondern diktatorische Tendenzen aufweist und dadurch zum Störfaktor im Weltgeschehen werden kann, für den wir Mitverantwortung tragen. Dabei kommt es allerdings darauf an, ob man den Standpunkt einnimmt, den ich in meiner ersten Rede im Stuttgarter Landtag am 2. April 1947 mit folgender Erklärung vertreten habe:

»Die Demokratie ist kein System, sondern eine Frage der Gesinnung, und aus dieser Gesinnung heraus wird sie zur Weltanschauung.« Und zum Lebensprinzip – würde man heute hinzufügen.

Auch unter Kaisern und Königen, unter Konsuln, Gouverneuren und Statthaltern konnte man leben. Uns aber muß es darum gehen, ein Le-

bensprinzip möglich zu machen, von dem man sagen kann, daß es menschlich ist. Von der Diktatur in allen Abarten wissen wir, daß sie dem Menschen die Eigenpersönlichkeit abverlangt. Von der Demokratie müssen wir erwarten, daß sie alles tut, um den Menschen zu der verantwortungtragenden Eigenpersönlichkeit zu entwickeln.
Demokratie ist nicht konservierbar. Wir werden immer wieder Bestrebungen begegnen, die uns eine andere Staats- und Lebensform aufnötigen wollen. Man wird dabei mit dem Finger auf die vielen offenen Wunden der Demokratie zeigen. Die unruhig-kritische junge Generation ist ein Beispiel dafür. Erneuern, verbessern, mitwirken, mitgestalten, mitbestimmen, sich der Verantwortung stellen, sie in jeder Form tragen zu helfen – ist das alles schon zu Ende gedacht? Ist da eine Zukunft, die bei der vorhandenen technologischen Enge, in der wir uns befinden, den Menschen vielleicht doch innerlich verkümmern läßt? Sicher wird diese Frage in unserer Zeit verstümmelter Konsequenzen kaum beachtet; aber ich bin davon überzeugt, sie wird bohrender. Erfahrungen müssen helfen, bald die richtigen Antworten zu finden.

Karlsruhe/Bonn,
im September 1978

I. NACH DEN KRIEGEN

Nach dem Zweiten Weltkrieg wollte ich nicht wieder politisch tätig werden. Zu viele Illusionen waren mir genommen worden, zu viele hatte dieser zweite grausame Krieg zerstört. Ich war auch nicht in der Lage, mir vorzustellen, wie man in diesem Chaos neu beginnen sollte. Wir alle standen in den ersten Monaten nach der Beendigung des Mordens und der Vernichtung vor einer Ungewißheit, die keinen Anfang bedeuten konnte.

Wer würde schon das Deutschland des Dritten Reiches sehen und untersuchen, inwieweit autoritäre Systeme der Nachbarländer das Modell für politische Erscheinungsformen in Deutschland abgegeben haben? Wer würde schon objektiv ermitteln, welche Kräfte den Terror des Nationalsozialismus ermöglicht haben und in welchen Abschnitten im »Kampf um die Macht« ein Anrennen gegen Hitler Sinn gehabt hat?

Ich bin der letzte,

- der bezweifelt, daß es ohne Nationalsozialismus zu diesem Zweiten Weltkrieg gekommen wäre,
- der vergißt, daß das deutsche Volk die Warnungen der deutschen Sozialdemokratie (»Wer Hitler wählt, der wählt den Krieg!«) nicht ernst genug genommen hat,
- der nicht die Wirkungen erkennt, die erst durch die furchtbaren Greueltaten der Hitlerschen Herrenrasse ausgelöst worden sind.

Es ist aber von den Siegermächten manches übersehen worden, zum Beispiel, daß sich die deutschen Arbeiter bis zur letzten Minute – nämlich mit zwölf Millionen Stimmen am 5. März 1933 – der beginnenden Despotie entgegengestellt hatten, daß die deutsche Sozialdemokratie am 23. März 1933 dem Reichskanzler Hitler das Ermächtigungsgesetz verweigerte und durch ihren Sprecher Otto Wels erklären ließ:

»Wir deutschen Sozialdemokraten bekennen uns in dieser geschichtlichen Stunde feierlich zu den Grundsätzen der Menschlichkeit und der Gerechtigkeit, der Freiheit und des Sozialismus.«

Mit »dieser geschichtlichen Stunde« des 23. März 1933 öffnete sich immer deutlicher und sichtbarer die Kluft zwischen Macht und Recht, begann für große Teile des deutschen Volkes ein Sklavendasein. Schon mit Beginn des Dritten Reiches haben Millionen in Deutschland den Weg des Terrors kennengelernt, der über die Verdächtigung zum Aktenvermerk »politisch unzuverlässig«, zur Gestapo-Überwachung, zur Schutzhaft oder zum Konzentrationslager führte. Es soll kein Trost, sondern eine Tatsachenfeststellung sein, wenn ich daran erinnere, daß Jahre hindurch diese Konzentrationslager nicht nur mit jüdischen Mitbürgern, sondern auch mit Hunderttausenden von Deutschen belegt waren. Insoweit sind in Deutschland in den zwölf Jahren nationalsozialistischer Diktatur politische Opfer gebracht worden, deren moralisches Gewicht nach Kriegsende leider im umgekehrten Verhältnis zu ihrer Wirkung stand.

Bei seiner Eröffnungsrede im Nürnberger Kriegsverbrecherprozeß hat der amerikanische Ankläger, Oberrichter Jackson, folgendes festgestellt:

»Wenn die deutsche Bevölkerung das Naziprogramm willig angenommen hätte, so hätte man in den Anfangstagen der Partei keiner Sturmtruppen bedurft, und so würde man auch keine Konzentrationslager oder die Gestapo benötigt haben, Einrichtungen, die man sofort nach der nationalsozialistischen Machtübernahme einführte.«

Diese Sätze enthalten schlicht die Wahrheit und haben daher moralischen und politischen Dauerwert.

Trotzdem blieb völlig ungeklärt, ob wir Deutsche überhaupt und mit welchen Einwirkungsmöglichkeiten am Beratungstisch der Siegermächte einen Platz einnehmen würden. Außenminister Byrnes erklärte am 6. September 1946 in seiner großen Rede in Stuttgart, »daß die Alliierten dem deutschen Volk unverzüglich die wesentlichen Friedensbedingungen klarmachen sollten, deren Annahme und Befolgung sie vom deutschen Volk erwarten«. »Klarmachen sollten« – das bedeutete also nicht verhandeln, das schien wieder auf ein Diktat hinauszulaufen. Aber es gab auch diese Stelle: »Das amerikanische Volk will dem deutschen Volk helfen, seinen Weg zu einem ehrenvollen Platz unter den freien und friedliebenden Völkern der Welt wiederzugewinnen.«

Hoffnung keimte auf – jedenfalls bei mir, der ich diese Rede selbst gehört habe. Wer behauptet, das mutige Versprechen sei von den Amerikanern nicht eingelöst worden, verstümpert die geschichtlichen Realitäten.

Gerade bei der Rede von Byrnes mußten zwangsläufig Erinnerungen an die Zeit vor 1933 wach werden. Wer damals Jahre hindurch, Tag und Nacht, um politische Vernunft und um Einsicht in das Mögliche gerungen hat, besitzt das Recht, die Meinung zu vertreten, daß die Weimarer Politik zu schwer am Versailler Vertrag zu tragen hatte und ihr die Siegermächte zu wenig erkennbare außenpolitische Erfolge mit den sich daraus ergebenden positiven innenpolitischen Konsequenzen zugestanden haben. Wieviel Kraft verbrauchten die Verfechter von Demokratie und Völkerverständigung, um Bestimmungen des Versailler Vertrages und Reparationskosten zu mildern – Kraft, die sie ungeschmälert benötigt hätten, um den hemmungslosen Abenteurern, den politischen Gangstern, den gewissenlosen Schiebern das Handwerk zu legen und den Hitlerschen Betäubungsnebel in freie Luft aufzulösen.

Die Weimarer Demokraten haben sich den von der Harzburger Front gegen den Young-Plan entfesselten Kampagnen immer wieder entgegengestellt, die ohne Zweifel für die Harzburger Front, und zwar in erster Linie für die Nationalsozialisten, den entscheidenden Durchbruch bedeutet haben. Wie bitter war es später für die sogenannten Systempolitiker, im Dritten Reich immer neue politische Erfolge Hitlers zu erleben, die man in einem frühen Zeitpunkt vor allem bei den erforderlichen finanzwirtschaftlichen Entscheidungen der Demokratie und zuletzt nicht einmal Brüning zugebilligt hatte. Dem Weimarer Staat fehlte nicht nur das feste Fundament der sich zu ihm bekennenden Bürger, sondern auch – und da entstand eine unheilvolle Verklammerung – das primitivste Verständnis der Sieger des Ersten Weltkrieges für die Notwendigkeit der wirtschaftlichen Wiedergesundung des Deutschen Reiches im Herzen Europas. Es war und bleibt auch heute nicht zu fassen, welche Toleranz diese Staaten plötzlich gegenüber Deutschland entwickelten, als Hitler die Regierungsmacht übernommen hatte.

Nennen wir zur Auffrischung einige Daten:

Nach dem Austritt Deutschlands aus der internationalen Abrüstungskonferenz und aus dem Völkerbund am 14. Oktober 1933 konnte Hitler im Dezember 1935 ohne irgendwelche Schwierigkeiten die allgemeine Wehrpflicht einführen. Es gelang ihm 1935 der Abschluß des sogenannten Rhein-Locarno-Paktes. Im März 1936 erfolgte der Einmarsch deutscher Truppen ins Rheinland. Trotzdem erlebte die Welt im Sommer des

gleichen Jahres die Olympiade in Berlin; die Jugend dieser Welt defilierte vor Hitler.
Im März 1938 besetzten deutsche Truppen österreichisches Gebiet und, soweit meine Erinnerung reicht, wurden diese Truppen in Österreich nicht mit eisigem Schweigen empfangen.* Am 29. September 1938 kam der Vertrag von München zustande. Am 15. März 1939 erfolgte der Einfall in die Tschechoslowakei und die Besetzung von Prag. Am 20. April 1939 nahm Hitler zu seinem 50. Geburtstag die Glückwünsche des diplomatischen Korps entgegen.

Die große Unruhe begann, ohne daß sie gedämpft wurde. Im Gegenteil: Es erfolgte der letzte große Schlag am 1. September 1939 mit der Besetzung Danzigs und dem Einfall in Polen. Vorher war Unfaßbares geschehen, als das Nazi-Deutschland mit Sowjetrußland am 23. August 1939 den folgenden Vertrag abgeschlossen hatte:

Nichtangriffsvertrag zwischen Deutschland und der Union der Sozialistischen Sowjetrepubliken

Die Deutsche Reichsregierung und die Regierung der Union der Sozialistischen Sowjetrepubliken, geleitet von dem Wunsche, die Sache des Friedens zwischen Deutschland und der UdSSR zu festigen und ausgehend von den grundlegenden Bestimmungen des Neutralitätsvertrages, der im April 1926 zwischen Deutschland und der UdSSR geschlossen wurde, sind zu nachstehender Vereinbarung gelangt:

Artikel I. Die beiden Vertragschließenden Teile verpflichten sich, sich jeden Gewaltakts, jeder aggressiven Handlung und jedes Angriffs gegeneinander, und zwar sowohl einzeln als auch gemeinsam mit anderen Mächten, zu enthalten.

Artikel II. Falls einer der Vertragschließenden Teile Gegenstand kriegerischer Handlungen seitens einer dritten Macht werden sollte, wird der andere Vertragschließende Teil in keiner Form diese dritte Macht unterstützen.

Artikel III. Die Regierungen der beiden Vertragschließenden Teile werden künftig fortlaufend zwecks Konsultation in Fühlung miteinander bleiben, um sich gegenseitig über Fragen zu informieren, die ihre gemeinsamen Interessen berühren.

---

* Siehe »Faschismus in Österreich« von dem britischen Historiker F. L. Carsten, Wilhelm Fink Verlag, München

Artikel IV. Keiner der beiden Vertragschließenden Teile wird sich an irgendeiner Mächtegruppierung beteiligen, die sich mittelbar oder unmittelbar gegen den anderen Teil richtet.

Artikel V. Falls Streitigkeiten oder Konflikte zwischen den Vertragschließenden Teilen über Fragen dieser oder jener Art entstehen sollten, werden beide Teile diese Streitigkeiten oder Konflikte ausschließlich auf dem Wege freundschaftlichen Meinungsaustausches oder nötigenfalls durch Einsetzung von Schlichtungskommissionen bereinigen.

Artikel VI. Der gegenwärtige Vertrag wird auf die Dauer von zehn Jahren abgeschlossen mit der Maßgabe, daß, soweit nicht einer der Vertragschließenden Teile ihn ein Jahr vor Ablauf dieser Frist kündigt, die Dauer der Wirksamkeit dieses Vertrages automatisch für weitere fünf Jahre als verlängert gilt.

Artikel VII. Der gegenwärtige Vertrag soll innerhalb möglichst kurzer Frist ratifiziert werden. Die Ratifikationsurkunden sollen in Berlin ausgetauscht werden.* Der Vertrag tritt sofort mit seiner Unterzeichnung in Kraft.
Ausgefertigt in doppelter Urschrift, in deutscher und russischer Sprache.

Moskau, am 23. August 1939.
Für die Deutsche Reichsregierung:
v. Ribbentrop
In Vollmacht der Regierung der UdSSR:
W. Molotow

Geheimes Zusatzprotokoll

Aus Anlaß der Unterzeichnung des Nichtangriffsvertrages zwischen dem Deutschen Reich und der Union der Sozialistischen Sowjetrepubliken haben die unterzeichneten Bevollmächtigten der beiden Teile in streng vertraulicher Aussprache die Frage der Abgrenzung der beiderseitigen Interessensphären in Osteuropa erörtert. Diese Aussprache hat zu folgendem Ergebnis geführt:

1. Für den Fall einer territorial-politischen Umgestaltung in den zu den baltischen Staaten (Finnland, Estland, Lettland, Litauen) gehörenden Gebieten bildet die nördliche Grenze Litauens zugleich die Grenze der Interessensphären Deutschlands und der UdSSR. Hierbei wird das Interesse Litauens am Wilnaer Gebiet beiderseits anerkannt.

2. Für den Fall einer territorial-politischen Umgestaltung der zum polnischen Staate gehörenden Gebiete werden die Interessensphären Deutschlands und

* Der Austausch der Ratifikationsurkunden fand am 24. September in Berlin statt (Reichsgesetzblatt 1939, Teil II, Seite 968).

der UdSSR ungefähr durch die Linie der Flüsse Narew, Weichsel und San abgegrenzt. Die Frage, ob die beiderseitigen Interessen die Erhaltung eines unabhängigen polnischen Staates erwünscht erscheinen lassen und wie dieser Staat abzugrenzen wäre, kann endgültig erst im Laufe der weiteren politischen Entwicklung geklärt werden.
In jedem Falle werden beide Regierungen diese Frage im Wege einer freundschaftlichen Verständigung lösen.

3. Hinsichtlich des Südostens Europas wird von sowjetischer Seite das Interesse an Bessarabien betont. Von deutscher Seite wird das völlige politische Desinteressement an diesen Gebieten erklärt.

4. Dieses Protokoll wird von beiden Seiten streng geheim behandelt werden.

Moskau, den 23. August 1939.
Für die Deutsche Reichsregierung:
v. Ribbentrop
In Vollmacht der Regierung der UdSSR:
W. Molotow

Quelle: Akten zur Deutschen Auswärtigen Politik 1918 bis 1945, Serie D (1937 bis 1945), Band VII, Die letzten Wochen vor Kriegsausbruch, 9. August bis 3. September 1939; Baden-Baden, 1956, S. 205 bis 207.

Wir klagen niemanden an, weil wir nach zwölf Jahren der Entartung nicht das Recht in Anspruch nehmen können, den Ankläger zu spielen. Aber wir waren und sind nicht blind. Außerhalb der deutschen Grenzpfähle gab es nicht nur Harmlose und Aktivisten im Kampf gegen den Nationalsozialismus. Es gab auch Völker und Menschen, die zu irgendeinem Zeitpunkt und in irgendeiner Form mindestens als Mitläufer des Dritten Reiches anzusehen waren.
Von dem sogenannten Nichtangriffspakt einschließlich Zusatzprotokoll zwischen dem Dritten Reich und der Stalinschen Sowjetunion bleibt festzustellen, daß nach der Machtergreifung Hitlers im Jahre 1933 diese Vertragsunterzeichnung in meiner Beurteilung als ein entscheidendes Dokument zur Auslösung des Zweiten Weltkrieges in den ersten Tagen des Monats September 1939 anzusehen ist. Das stellt ungeschminkt der Verfasser dieses Buches fest, der zu den ersten und energischen Verfechtern der deutschen Entspannungspolitik gegenüber dem Osten gehört. Geschichte ist ohne große Opfer undenkbar. Wer sie nicht bringt, gibt ihr ungeahnte grausame Möglichkeiten. Wer sie bringt, hat eine Chance. Nicht mehr.

II. DER NEUE BEGINN

Ein Oberbürgermeister wird ernannt

In einer schmalen Straße mit alten scheckigen Häusern im Zentrum von Karlsruhe lag die Wohnung von Hermann Veit. Ich betrat sie erstmals Anfang August, einige Tage nach meiner Rückkehr im Juli 1945. Nachdem ich mich um das zunächst nur noch dem Namen nach bestehende Unternehmen Karlsruher Lebensversicherung AG gekümmert hatte, wollte ich mit dem prominentesten Sozialdemokraten der Stadt, den man durch die französische Militärregierung zum Oberbürgermeister ernannt hatte, die politische Verbindung aufnehmen.
Ich kam in sein Büro. Es war ein Raum, der dem Besucher behagliche, langentbehrte Wärme gab. Hinter dem Schreibtisch erhob sich ein Mann mit klugen Augen und reichte mir seine schmale Hand, von der ein kaum spürbarer leichter Druck ausging. Ich wußte, daß sich Hermann Veit – kurz vor der Machtergreifung noch sozialdemokratischer Reichstagsabgeordneter – im Dritten Reich als Rechtsanwalt unerschrocken des heimatlos gewordenen Rechts der Naziverfolgten immer wieder angenommen hatte. Zuletzt mußte er mit seiner Frau, die über keinen Ariernachweis verfügte, untertauchen. Mit Humor, hinter dem Schicksalhaftes erkennbar war, sagte er, nun sei er doch noch verhaftet worden. Als die Franzosen seinen Fragebogen durchsahen und feststellten, daß Hermann Veit Zahlen über sein Einkommen angegeben hatte, die über denen der prüfenden Offiziere lagen, holten sie ihn nach Rastatt. Erst höhere militärische Stellen klärten den Sachverhalt und setzten ihn auf freien Fuß. So war ich in der Lage, mit dem vor einigen Tagen ernannten Oberbürgermeister der badischen Fächerstadt zu sprechen. Es ergab sich von selbst, daß wir uns zunächst einmal mit diesen Fragebogenaktionen und ihren Folgen beschäftigten. Es war uns klar, daß die Militärregierung aufgrund von Vereinbarungen der Alliierten handelte, die schon vor Kriegsende getroffen worden waren. Aber ein bereits damals

in seinem unerträglichen Formalismus erkanntes Verfahren, das nicht nur die Deutschen schematisch erfaßte, sondern auch der Willkür durch die prüfenden Stellen (CIC), die zum Teil von Kommunisten durchsetzt waren, auslieferte, konnte weder vernünftig noch gerecht sein. Hermann Veit und ich waren uns schon in dem ersten Gespräch hierüber ebenso einig wie selbstverständlich auch über die Notwendigkeit, daß die führenden und Verantwortung tragenden Nazis ermittelt werden mußten, um sie nach Rechtsgrundsätzen zur Verantwortung zu ziehen. Daß wir die übrigen zur Arbeitsleistung fähigen Menschen unbedingt brauchten, um das vor uns liegende Trümmerfeld zu ordnen, stand im Vordergrund weiterer Überlegungen. Wir sprachen außerdem über einen Einsatz aller Arbeitsfähigen zusätzlich zu den beruflichen Pflichten, um den Wiederaufbau der Stadt Karlsruhe einzuleiten. Hier ist dann später Vorbildliches durch wohlüberlegte organisatorische und technische Maßnahmen erreicht worden.
Hermann Veits Interesse galt nicht zuletzt der Frage: Wie können unsere Betriebe und vor allem welche wieder in Gang gebracht werden? Ich berichtete über meine gerade gewonnenen Erfahrungen und über eine Nachricht, daß in Kürze die Franzosen abrücken und das Karlsruher Gebiet von den Amerikanern besetzt würde. Das ergab im Augenblick neue Unsicherheiten, insbesondere wegen der Versorgungsprobleme. Wir versprachen uns gegenseitig, in enger Verbindung zu bleiben. Ich verließ Hermann Veit. Beide waren wir über den freien Gedankenaustausch, gerade wegen unserer drückenden Sorgen, erleichtert.
Ich wanderte durch die schwergeprüfte Stadt. Die Sonne schien. Und in den Trümmern grünte Gras.

Jalta grub tief

Die folgenden Wochen bestanden – soweit man von einer beruflichen Tätigkeit sprechen konnte – im Reagieren auf das, was die Militärstellen wünschten. An die Stelle des für meine Arbeit zuständigen französischen Finanzoffiziers trat ein Amerikaner.
Wenn man bedenkt, daß bei der Kapitulation die Jalta-Konferenz der großen Drei (Roosevelt, Churchill und Stalin) in der ersten Februarhälfte 1945 festgelegt hatte, Deutschland in drei Besatzungszonen auf-

zuteilen und der von den Oberkommandierenden einzusetzende Oberste Kontrollrat die zentrale Regierungsgewalt auszuüben habe, so muß man sich auch an das scheinbare Zugeständnis der Sowjetunion erinnern, Frankreich könne als Vierter im Bunde mitmachen und ebenfalls eine Besatzungszone erhalten, aber nur aus abgetretenen Teilen der amerikanischen und der britischen Zone bzw. in Berlin der entsprechenden Sektoren. Die Franzosen sagten ja. Am 2. Mai 1945 wurde ein Abkommen mit den Grenzen der vier Besatzungszonen unterzeichnet. Bei der neuen Abgrenzung mußten die Amerikaner – die zu spät erkannten, daß sie in der praktischen Durchführung der Sowjetunion Teile des von den Truppen der USA besetzten Gebietes überlassen hatten – zustimmen, daß nun die für sie vorgesehenen westlichen Randgebiete zur französischen Zone erklärt wurden. Dadurch vollzog sich die Spaltung der beiden traditionsreichen Länder Baden und Württemberg, was im Laufe des Jahres 1945 in den nördlichen Teilen zur Bildung des Landes Württemberg-Baden geführt hat. In der französischen Besatzungszone entstanden aus den südlichen Teilen die »Länder« Württemberg und Baden.

An dieser Stelle sei darauf hingewiesen, daß bei einer Einigung der Siegermächte zwingend war, sich über die Grundlage gemeinsamen alliierten Vorgehens zu verständigen; sie bestand in einer Dokumentation, die durch eine »Europäische Beratungskommission« Mitte 1944 in London vorbereitet und im wesentlichen durch Jalta bestätigt worden war. Es handelte sich um Proklamationen mit der Bezeichnung »Erklärung über die Niederlage Deutschlands und die Übernahme der obersten Autorität durch die Kontrollorgane in Deutschland und über die deutschen Besatzungszonen bzw. Berlins Besetzung durch alle vier Mächte«.

Ich erlebte von Karlsruhe aus die Bemühungen der Amerikaner, Ordnung in das Chaos zu bringen. Wenn sie es gekonnt hätten, so würden sie sich aufgrund der gewonnenen Erfahrungen schon bald von der eigentlichen Grundlage ihres Auftrages entfernt haben. Das wäre für die Menschen humaner und für den Wiederaufbau nützlicher gewesen. Immerhin kamen wir uns – ohne Fraternisierung – wenigstens in Gesprächen im Schneckentempo näher.

Im August 1945 wurde die Bildung der politischen Parteien zugelassen. Ich war wieder im Besitz eines Mitgliedsbuches der SPD. 1922 bin ich dieser Partei beigetreten, hatte gegen den Untergang der Weimarer Republik gekämpft und ging mit unter in dem durch Demagogie entfessel-

ten Sturm des Nationalsozialismus. Ich gehörte nun zu den Überlebenden. Elf Jahre Weimar, soweit meine aktive Tätigkeit in der SPD hier zählt, zwölf Jahre Hitler – und als Gegner dieses Systems noch einmal davongekommen. Jetzt, im Sommer 1945, war ein neuer Beginn.
Der nächtliche Himmel blieb bedeckt. Mond und Sterne zeigten keinen Glanz. Siegermächte durchgeisterten Weimar. Die Nazi-Diktatur hatte uns im Würgegriff. Die Befehlshaber der Alliierten waren im August 1945 ein nicht gedeckter Wechsel. Was sollte ich tun? Wieder und diesmal bei stärkster beruflicher Belastung zusätzlich in die politische Verantwortung gehen?
In einem Leben, für das Politik keine Randzone bedeutet, muß man das schwerste mit sich selbst abmachen. Das Joch der inneren Einsamkeit muntert nicht auf, erleichtert keine Entscheidung.

Das Bekenntnis

Am 24. November 1945 hielt ich auf einer Parteiversammlung in Karlsruhe meine erste Rede, zu der mich Freunde immer wieder gedrängt hatten. Ich tat es nicht, um nun politisch aktiv zu werden. In meiner Erinnerung stand meine letzte Wahlversammlung in Ammendorf, der größten Arbeitergemeinde meines Wahlkreises Halle-Merseburg, die am 4. März 1933 stattfand. Von den eintausend Menschen, zu denen ich damals sprach, waren die meisten Anhänger der KPD und der Rot-Front-Organisation. Dazu kamen SA und Stahlhelm. Meine politischen Freunde rieten mir, auf die Durchführung der Versammlung zu verzichten. Ich tat es nicht. Der bekannte Kommunistenführer Wilhelm Könen versuchte sofort, die Führung der Versammlung an sich zu reißen. Nachdem ich ihm und seiner Gefolgschaft erklärt hatte, das bedeute die Auflösung der Veranstaltung durch die anwesende Polizei, war es mir möglich, meinen Vorschlag vorzubringen, ich würde nur eine halbe Stunde sprechen, dann Wilhelm Könen ebenfalls eine halbe Stunde, und anschließend sollte die Diskussion stattfinden. Mir war klar, daß das Kunststück, in einem solchen Hexenkessel fanatischer Menschen dreißig Minuten durchzustehen, kaum gelingen würde. Zwanzig Minuten hatte ich mich mit Mühe und Not durchgesetzt. Dann kam es zu einer Schlägerei zwischen Links- und Rechtsradikalen, die von der Polizei durch Ver-

haftungen unterbunden wurde. Ich benutzte die Gelegenheit, in schärfster Weise die gemeinsame Gegnerschaft dieser politischen Organisationen zur Weimarer Demokratie anzuprangern, und erreichte bei den ausbrechenden Tumulten die Auflösung der Versammlung durch die Polizei. Das war ein »Erfolg« für uns Sozialdemokraten, denn nur ich hatte kurz, aber doch zusammenhängend die Bedeutung der Wahl vom 5. März 1933 darstellen können. Wie aber aus dem Saal herauskommen? Die preußische Polizei schaffte es. Ich kam auf der Unfallstation der Universitätsklinik in Halle wieder zum Bewußtsein der Tatsache, daß so mein letzter Wahlkampf zu Ende gegangen war. Vierundzwanzig Stunden später hörte ich im Rundfunk von meiner Wiederwahl.
Nach zwölf Jahren, acht Monaten und 20 Tagen bot sich mir nun in Karlsruhe die Gelegenheit, meinen politischen Standpunkt über den »Weg in die Zukunft« aufzuzeigen und – wie ich hoffte – damit konstruktiv die Aktivität der eigenen politischen Arbeit zu beenden.
Ein Stenograf, den ich bis dahin nicht kannte, kam nach der Versammlung zu mir, um mir zu sagen, daß er die Rede im Stenogramm festgehalten habe und in der Lage sei, sie mir in einigen Tagen zuzustellen. Die Partei gab »Der Weg in die Zukunft« als Broschüre heraus. An dieser Stelle sollen die nachfolgenden Passagen meiner freien Rede einige Positionen wiedergeben, die ich am 24. November 1945 bezogen und dargestellt habe:

»Ich habe gesagt, es ist erforderlich, daß wir den Weg der Demokratie gehen. Diese Aufforderung rückt die Selbstverantwortung des einzelnen und die Gesamtverantwortung des Volkes in den Vordergrund. Wir werden in unserer demokratischen Haltung und in den Versuchen, wieder eine demokratische Plattform für unser Volksleben zu gewinnen, nicht von allen anderen Nationen verstanden, insbesondere nicht von Amerika. Amerika ist das Land der Demokratie, das Land der Freiheit der Persönlichkeit und der politischen Selbstbestimmung des Volkes. Das deutsche Volk hatte aber immer in seiner Geschichte Herrscher, und es kam eigentlich nie zu einer eigenverantwortlichen politischen Entwicklung. Wenn nach 1918 die Demokratie in Deutschland versagte, dann spricht das in keiner Weise gegen die Demokratie; denn sie war bei uns noch zu jung.
Zum zweiten Mal hat nun Deutschland die Chance der Demokratie im Zeichen von weltgeschichtlichen Niederlagen, zweimal wurde ein Sy-

stem abgelöst, das das Kommandieren durch wenige vorsah und an dessen Stelle die Selbstbestimmung des Volkes gesetzt wurde. Da gibt es manche, die sagen, es hat doch keinen Zweck, warum politische Parteien, es ist ja alles umsonst. Ich muß diese Menschen fragen: Wie stellen Sie sich denn eigentlich ein Staatsgebilde vor? Es kann doch nur unter Anwendung von zwei Mitteln funktionieren: entweder durch eine Diktatur, durch die Herrschaft weniger, oder durch eine Demokratie, das heißt durch die Selbstbestimmung des Volkes. Etwas anderes gibt es nur in Varianten. Ich bin davon überzeugt, daß jeder von dem ersten Weg die Nase voll hat, ganz gleich, wie sich die Diktatur irgendwo und irgendwie zeigt. Der große Reformator Martin Luther hat einmal erklärt: ›Wenn die Obrigkeit sagt, 2 und 5 ist 8, so mußt du das glauben wider dein Wissen und Fühlen.‹ Gegen diese Staatsauffassung wenden wir uns und sagen: Jeder einzelne im deutschen Volk und jeder, der die Demokratie als die Grundlage eines modernen Staates ansieht, hat in einem solchen Augenblick zu sagen: Nein, 2 und 5 ist 7!

Eine Wandlung im deutschen Volke läßt sich nur durch ein großangelegtes politisches Erziehungswerk erreichen, durch das wir endlich zur politischen Reife kommen könnten. Und es ist durchaus keine Schande, wenn wir bekennen, daß das deutsche Volk diese politische Reife nicht hat und auch nicht in einigen Jahren haben wird.

Es gibt innerhalb dieses politischen Erziehungswerkes drei Kreise, die man kennen muß, um zu wissen, wie man anfängt und wo man aufhören sollte.

Zur ersten Gruppe zählt ein kleiner Kreis von Männern und Frauen, die schon vor 1933 gekämpft haben und die ihrem politischen Glaubensbekenntnis treu geblieben sind, die aus der politischen Schulung der Vergangenheit so viel in die Gegenwart herüberretten konnten, daß dieser Kreis als politisches Samenkorn im deutschen Volk wirken wird.

Die zweite – weit größere – Gruppe besteht aus den Menschen, die mit nationalsozialistischem Gedankengut infiziert sind und die manchen Parteigott, wenn auch nicht als Gott, so doch als Halbgott ansahen. Überlegen Sie sich einmal, wie oft Sie in Gesprächen bei Ihren Nachbarn und Freunden auf Gedankengänge stoßen, die nur aus dem Wirken von zwölf Jahren Nationalsozialismus erklärbar sind. Da wird es unsere Aufgabe sein, diesen Menschen einen klaren Blick für die Arbeit der Gegenwart und die Notwendigkeiten der Zukunft zu vermitteln.

Die dritte Gruppe schließlich ist das unendlich große Sammelbecken der

Indifferenten, der Menschen, die das politische Feuer scheuen, weil sie sich als gebrannte Kinder betrachten. Ich meine, daß gerade in diesem Kreis das politische Verantwortungsbewußtsein geweckt, daß gerade in diesem Kreis gesagt werden muß: Ihr werdet dann vom Feuer der Vernichtung erfaßt, wenn ihr das scheinbar Bequemere tut, wenn ihr in politischer Abstinenz verharrt. Ihr dürft euch nicht wundern, daß es nicht so geht, wie ihr es möchtet, daß es vor allem nicht so schnell geht, wie ihr es haben wollt. Wenn wir uns aus dieser ungeheuren Niederlage wieder emporraffen wollen, dann nur, wenn alle Mann mit an Deck sind, wenn sich keiner scheut, mit Hand anzulegen, wenn sich vielmehr jeder sagt: Wir alle sind das deutsche Volk! Wir alle tragen die Verantwortung für das, was werden soll!«

Die Schlußsätze der Rede lauteten:

»Wir wollen uns in den ersten Tagen und Wochen unseres politischen Wirkens nichts vormachen, uns keinem Selbstbetrug hingeben, sondern wir müssen uns zusammenraffen und noch einmal alle Kraft und Energie zusammennehmen, um unser Volk zu retten. Ich weiß, wie schwer das ist: An keinem von uns sind die Geschehnisse der letzten Jahre spurlos vorübergegangen. Jeder hat sein Leid zu tragen. Niemand hat die Folgen der ungeheuren Strapazen und Entbehrungen, die das Hitler-Reich uns auferlegte, heute schon überwunden. Aber es hilft alles nichts. Wir müssen durch dieses Elend hindurch und den Weg finden in eine bessere Zukunft.«

Reden ist Silber, schweigen ist Gold. Ich zahlte nur mit einer Kupfermünze. Ich sagte, was ich dachte. Das ist oft Leichtsinn, manchmal gefährlich. Denken ist im politischen Leben nun einmal Glückssache. Es geht oft daneben, was man meint und wünscht. Aber der politische Mensch muß eines können: bekennen! Damit gerade in kritischen Situationen die mündigen Menschen wissen, woran sie mit ihm sind. Nichts anderes wollte ich an diesem grauen Novembertag des Jahres 1945, des Jahres des totalen Zusammenbruchs des Deutschen Reichs.*

---

* Quelle: Verlag »Volk und Zeit«, Karlsruhe; gedruckt mit Sonderbewilligung Nr. 53 der Publications Control Mil. Gov. DET. G 47

Mut zur Wahrheit

Noch ein zweites Mal wurde ich im Jahre 1945 in Versuchung geführt. Vor Weihnachten veranstalteten die zugelassenen politischen Parteien gemeinsam eine Kundgebung, bei der in würdiger Form dargestellt werden sollte, wie zwingend unser Anliegen war, die Rückkehr der Kriegsgefangenen zu erreichen. Man hatte sich auf mich als Redner geeinigt. Ich habe diesen Auftrag übernommen. Nein zu sagen, war nach meinen (Mommsen* würde sagen: preußischen) Begriffen von Pflichterfüllung nicht möglich. Selbstverständlich hat sich niemand der Beteiligten der Illusion hingegeben, mit einer solchen Veranstaltung ließe sich etwas erreichen.

Wir konnten kein stilles Weihnachten mit »Friede auf Erden und den Menschen ein Wohlgefallen« begehen. Diese »Worte zum Fest« schrieb damals Erich Kästner:

»Der Krieg ist vorbei und noch immer nicht aus.
Die Tränen sind unser letztes Geschmeide.
Der Hunger schiebt Wache vor unserem Haus.
Das Elend als Hemd, und als Mantel die Reue.
Die Armut als Hut, und Verzweiflung als Kleid.«

Am stärksten berührt waren unsere Kriegsgefangenen. Es mußte gerade in diesen Tagen unser Anliegen sein, die Verbundenheit mit ihnen zu bekunden. Außerdem hatten wir nach den bisher mit den Militärregierungen gemachten Erfahrungen überhaupt keine Vorstellungen davon, wie es werden sollte mit unserem Land und unseren Menschen. Diese Erkenntnis führte zu der Konsequenz, nichts zu unterlassen, was geeignet war, durch die in Deutschland politisch Überlebenden immer und immer wieder für alle einzutreten, die sich nicht durch eigenes Verschulden in einer bedrängten Lage befanden und die nach dem totalen Zusammenbruch auf Hilfe hofften. Hoffnung war zunächst der einzige Brosamen, der von der Siegermächte Tische fiel. Sollte man ihn nur den Militärstiefeln überlassen? Viele Menschen, gleich in welcher nicht von ihnen persönlich zu verantwortenden Situation, klammern sich an ein Stückchen Hoffnung, das sie erst ganz am Schluß loslassen, wenn es ihnen das Schicksal entwunden hat.

---

*»Das Preußische Erbe. Die Alex-Möller-Geburtstagsrede von Ernst Wolf Mommsen«, Econ Verlag, Düsseldorf/Wien, 1973

Das Kernstück meines Appells, unsere Kriegsgefangenen freizugeben, bestand in dem Nachweis, daß eine Kollektivschuld aller kriegführenden Mächte festgestellt werden müsse, für die nicht die Masse der Menschen Rechenschaft geben könne, da sie für die Durchführung weltpolitischer Veränderungen nicht verantwortlich gewesen sei. Ich verwies auf verschiedene Stationen, die nach Hitlers Machtübernahme entweder Einhalt in der sich anbahnenden Entwicklung zu Krieg und Katastrophe hätten bedeuten können beziehungsweise wo durch das Verhalten anderer außerhalb der Nazidiktatur das Vorhandensein eines legitimen Regimes vorgetäuscht wurde. Ich mußte an das gleich zu Beginn des Hitler-Reiches von Papst Pius XII. abgeschlossene Reichskonkordat erinnern und feststellen, daß der Vorbeimarsch der Jugend der Welt bei der Olympiade 1936 in Berlin an den Führern der Terror und Blut bedeutenden Hakenkreuzbewegung erfolgte, obwohl es sich um Männer handelte, die mit Konzentrationslagern deutsche Innenpolitik manipulierten, von deren Vorhandensein die ausländischen Staatsmänner wußten, auch wenn sie aus eigenen Zwecküberlegungen bis zum Ausbruch des Zweiten Weltkrieges sehr gekonnt die Blinden gespielt haben.
Als ich nach der Kundgebung meine Wohnung betrat, empfingen mich Männer des CIC und begannen mit den ersten Vernehmungen. Weitere folgten. Alles wurde dann plötzlich gestoppt; von wem, weiß ich nicht, warum, weiß ich ebensowenig. Immerhin: So blieb man in der Übung, und Vernehmungen solcher Art mußten nicht unbedingt ein Ärgernis sein.

III. DIE QUAL DER WAHL

Rückblende

Manchmal hat man das unheilvolle Gefühl, es komme etwas Belastendes auf einen zu, dem man nicht entrinnen kann. Da sticht es plötzlich unerträglich im Kopf. Alles kribbelt. Und doch ist man noch immer der Meinung, es komme von dem und jenem, fühlt sich wie sonst auch, jedoch etwas stärker – bei mäßigem Verstand. Also alles in Ordnung. Aber was ist wirklich los?

Die Kribbelfigur hat zwei Seiten. Die zweite Seite befindet sich ebenfalls in voller Mobilmachung. Es scheint eine dämonische Umkreisung zu werden. Fangarme bewegen sich bösartig. Mehr geschieht: Es entwikkeln sich heftiges, aggressives Sträuben, kompakte Angriffe, rasante Wut des Aufbäumens, die jedoch nachläßt, je mehr man sich kämpfend aufeinander abstimmt. Was geschieht in dem Menschen? Hat er um ein Stück seines Schicksals ringen müssen, um Gutes oder Böses?

Es ist sicher niemand von uns so töricht anzunehmen, daß sich nicht jeder an seinen verschiedenen Schicksalsabschnitten selbst entscheiden muß. Manchmal mit Folgewirkungen. Dann wird es schwerer, aber jeder Mensch mit eigener Verantwortung – so ist nun einmal der Mensch, und *so* hat ihn Gott geschaffen – hat seine ihm übergebenen Aufgaben zu lösen. Drückeberger können nie im Leben bestehen.

Diese Gedanken zermarterten meinen Kopf. Schon 1933 umkreisten sie meine Entscheidungen. Es sei hinzugefügt, daß dabei äußere Einwirkungen bedeutsam geworden sind. Am 2. Mai 1933 erschien in meinem Wahlkreis Halle-Merseburg in der dortigen maßgebenden Zeitung – »Hallesche Nachrichten« – die Meldung, ich sei mit einem größeren Geldbetrag flüchtig geworden. In meiner damaligen Impulsivität rief ich entgegen den Ratschlägen von Freunden aus Berlin, wo ich mich befand, die zuständige Dienststelle in Halle an der Saale an und teilte mit, daß ich mittags dort eintreffen werde, um die unerhörte Unterstellung aufzuklä-

ren. Als ich ankam, merkte ich, daß ich auf den Leim gegangen war. Ich kam ins Gefängnis und traf dort viele politische Freunde.
Diese Erinnerung überfiel mich jetzt. Ich wußte, es war kein gleichwertiger Vergleich. Mir wurde jedoch klar, in wieviel Nebel Gegenwart und Zukunft gehüllt waren. Es stellte sich deshalb noch einmal, wenn auch unter veränderten Verhältnissen, die Frage: »Sollst du bleiben, oder ist nicht jetzt der Augenblick gekommen, dein ›Glück‹ in einem anderen Teil der Welt zu suchen?« Ich habe niemanden um Rat gefragt. Einen solchen Entschluß muß man allein fassen.
Mancher schüttelt an dieser Stelle den Kopf. Wieso jetzt? Die Nazis sind wir doch los! Sicher konnte damit die Geschichte ein Kapitel abschließen und tief vergraben. An einem solchen Begräbnis hatte ich aber nicht teilgenommen. Was ich bisher in den Monaten der Besatzungszeit als sogenannter Unbelasteter kennenlernte, war ein zwangsläufiges Miteinander bei französischen und amerikanischen Gesprächspartnern. Aber am Anfang stand immer der Befehl, ebenso im Verlauf der Unterredungen und am Ende. Ich wollte aus dem ewigen Befehlen und dem Ungewissen heraus: Was machen sie mit Deutschland, meinem Elternland?
Sicher, mehr als zwölf Jahre, die schrecklicher waren als das Heute, lagen hinter uns. Ich war geblieben. Abgesehen von allem anderen, das mich bleiben ließ, für mich gab es damals kaum eine Alternative. Jetzt hatte ich sie. Wenn ich Umschau hielt, war alles eine dunkle Brühe. Konnte man nicht hier für immer schmutzig werden?
Am stärksten hat mich umgeworfen, als ein Berufskollege aus der Weimarer Zeit vor mir stand, mich voller Entsetzen anstarrte und mich mit dem verächtlichen Vorwurf angiftete: »Was, du lebst noch?« In meinem Anzug, dessen Nähte mühsam zusammenhielten, sah ich mit trüb-tränigen Augen auf eine blitzblanke englische Uniform, in der ein pausbäckiger Jemand mit schmuckem Bärtchen steckte. Mich erfaßte ein inneres »Säuberungsverfahren«. Es war in wenigen Tagen erledigt. Aber gerade diese Erfahrung veranlaßte mich, zu bleiben.
Sir Pausbäckchen bekam ohne Bezugnahme auf meinen Fall eine hohe Position. Das nur nebenbei. Doch gilt es, zu salutieren.

Die ersten Wahlen

Die Wahlen in der amerikanischen Zone wurden ausgeschrieben. Zunächst begann man folgerichtig auf Gemeinde- und Kreisebene, gestaffelt nach Einwohnerzahl. Die politischen Auseinandersetzungen waren sachlich und nur über Gebühr heftig, wo sich Kommunisten in Szene setzten. Diese kommunalen Wahlen standen stärker als heute unter der Wertung politischer Aussagen. Man war gespannt, wie sich die Bevölkerung zum erstenmal nach dem Hitler-Krieg in freien Wahlen präsentieren würde. Was das Land Baden-Württemberg betrifft, ergab die Zusammenstellung ein Ergebnis, das in Anlage 1a nachgelesen werden kann.

Nach den Wahltagen ließ sich unschwer feststellen, daß die Amerikaner zufrieden schienen, die meisten unserer Bürger auch. Ich war es nicht. Eine Begründung für diese Einstellung hätte man 1946 und dann – aber das wäre eine Unterstreichung gewesen – nach der Wahl zur Verfassunggebenden Landesversammlung von Württemberg-Baden am 30. Juni 1946 (siehe Ergebnis in Anlage 1b) abgeben müssen. Heute läßt sich gut darüber schreiben – mag der Leser denken. Im übrigen stand hier die Entscheidung für die Region an, die sich damals als Land Württemberg-Baden bezeichnen lassen mußte. Nun, zwölf Jahre durfte man nur für Hitler stimmen. Das ist sicher keine Ausgangsbasis. Nur zwei Parteien aus dem Weimarer Staat stellten sich nach dem Zusammenbruch wieder zur Wahl: die SPD und die KPD.

Die KPD erhielt 10 Prozent der Stimmen, meines Erachtens für das Jahr 1946 gerade noch verständlich – wenn auch im Hinblick auf die Sowjetzone höchst unerwünscht.* Die Sowjetzone ist zur DDR geworden. Da ist wohl kein Gewissenskonflikt möglich, wenn die Frage gestellt wird: Welches Resultat hat den größeren politischen Wert, das von 1946 oder das 30 Jahre danach? Wenn bei den Bundestagswahlen 1976 die kommunistischen Gruppen wie in den vorangegangenen Jahren Splitterprozente an Stimmen erhalten haben, dann wird keiner sagen, das wäre die Zahl derjenigen, denen es bei uns nicht gefällt und die in die DDR abwandern möchten. Warum eigentlich nicht? Es gibt in der Bundesrepublik Deutschland nicht den Straftatbestand der Republikflucht.

An dieser Stelle sei auf Anlage 2 verwiesen, die das Ergebnis der »Land-

* Siehe Anlage 1c: Die Kommunisten in Europa, New York Times, Oktober 1946

tagswahlen in den deutschen Ländern 1946/47« wiedergibt. Wenn man aus dieser Tabelle die amerikanische und französische Zone zusammenrechnet, so erhält man bei den abgegebenen gültigen Stimmen für die vier Parteien, die interessieren, in Baden-Württemberg folgende Zahlen:

Gültige Stimmen	CDU absolut	v. H.	SPD absolut	v. H.	FDP absolut	v. H.	KPD absolut	v. H.
2.075.921	931.434	44,9	579.252	27,9	189.527	9,1	314.728	15,2
Landtagswahlen 1976							(DKP)	
4.597.515	2.573.063	56,7	1.509.944	33,3	353.720	7,8	18.760	0,4

Bei der Bewertung des Vergleichs muß davon ausgegangen werden, daß in Baden-Württemberg im Laufe der Jahre keine weltumstürzenden Ereignisse stattgefunden haben. Es gibt zwei Unsicherheitsfaktoren, die man nicht einfach negieren kann. Der erste: Wo sind die kommunistischen Stimmen geblieben? Es dürfte feststehen, daß nur ein kleiner Kern verblieben ist, der ab und zu unter verschiedenen Firmenbezeichnungen einige Unzufriedene ganz vorübergehend für sich gewinnt.

Schwieriger ist die Beurteilung der Entwicklung der Altbadener-Frage. Wäre es zur endgültigen Spaltung in einen nördlichen und einen südlichen Landesteil gekommen, so entspricht es meiner Überzeugung, wenn ich behaupte, wir hätten noch sehr lange in Stuttgart die sozial-liberale Koalition unter dem Staatsmann Reinhold Maier gehabt, und im südlichen Teil würde die CDU uneingeschränkt herrschen.

Das Ziel, in der Bundesrepublik Deutschland lebens- und damit leistungsfähige Länder in das föderative Konzept der Siegermächte einzubringen, war den Sozialdemokraten eine Messe wert. In den Jahren bis 1952 wäre ähnliches in anderen Landes- und Stadtgebieten möglich gewesen. Leider wurde dann die Länderneugliederung ein Modewort, das mit der nicht ablaufenden Wartezeit die Aktualität und Realisierungschance eingebüßt hat.

Im Oktober 1975 war ich von Herrn Ministerpräsident Dr. Filbinger zu einem festlichen Mahl im Neuen Schloß in Stuttgart eingeladen worden.

Ich fühlte mich als der Dritte im Bunde. Mit mir zusammen erschien der von mir sehr geschätzte Dr. Gebhard Müller, früher Ministerpräsident in Baden-Württemberg und dann Präsident des Bundesverfassungsgerichts, und der geistig-politische Haudegen Professor Theodor Eschenburg, Tübingen. Wir waren erwählt worden, um die neu kreierte Verdienstmedaille des Landes Baden-Württemberg in Gold verliehen zu bekommen.
Beim Abendessen – man hatte nicht gespart – wurde ich plötzlich bei errötendem Plauschen unterbrochen und animiert, ein Wörtchen zu reden. Das war mir gar nicht recht, denn ich ging mit allerhand Bösem schwanger. Schon bei Damaschke ist nachzulesen, daß man dann besser das Maul halten soll. Normalerweise geschieht es auch, aber den Politiker sticht in solchen Fällen nicht der Hafer, sondern immer der Teufel. Obwohl ich mit Teufeleien rein überhaupt nichts zu tun habe, muß ich fragen: Wer stand auf? Der Alex Möller. Wie ein Fußballer niederen Grades machte ich zunächst Lockerungsübungen und hielt eine Damenrede. Sie kam sogar an, für mich ein Rätsel, über das ich gar nicht nachzudenken brauchte, denn nun hatte ich grünes Licht. Ein Zug rollte gerade über das Gleis, so daß ich nicht auf den »hochinteressanten« Inhalt meiner Rede eingehen kann. Aber als der Zug geschrankt wurde, hörte ich noch meine Schlußsätze: »Wenn wir an den Kampf mit den Altbadenern, die uns Sozialdemokraten – die wir geschlossen für Baden-Württemberg eingetreten sind – den Himmel zur Hölle machen wollten, in stiller Andacht zurückdenken, dann ist es doch für unsere stets duldsam geübte Toleranz eine große Genugtuung, heute festzustellen, daß unser Landesvater, Ministerpräsident Dr. Filbinger, und sein Oberkontrolleur, Landtagspräsident Camill Wurz, prädestinierte Vorkämpfer der Altbadener gewesen sind. Wir ehren sie heute als Inhaber der beiden höchsten Ämter, die unser Musterländle zu vergeben hat. Und da soll ich als Vorkämpfer des Südweststaates nicht einmal eine Verdienstmedaille des Landes Baden-Württemberg entgegennehmen dürfen?«
Man lachte und spendete händereibend Beifall – sogar meine hochangesehenen Parteifreunde machten mit, obwohl sie mir einige Monate vorher erklärt hatten, warum sie gegen die Einführung der Verdienstmedaille gestimmt hätten und warum ich von der Ehrung Abstand nehmen solle. Beides habe ich respektiert, vor allem Abstand genommen von April bis Oktober, um mich dann der Ehrung würdig zu erweisen, was ich auch weiter zu tun beabsichtige.

An der Arbeit für die Kommunalwahlen hatte ich mich aktiv beteiligt, nicht mit zu großem Tatendrang, sondern aus dem Pflichtgefühl heraus, den Reifeprozeß zur Mitverantwortung des Bürgers fördern zu helfen. Man konnte für die eigene Partei mit einiger Phantasie plädieren und bei der KPD nachweisen, daß sie nicht in ein Staatswesen gehört, das sich eine freiheitlich-demokratische Staatsform geben will und wird. CDU und FDP (DVP) waren unbeschriebene Blätter, ganz gleich, inwieweit sie gute Geister aus der Weimarer Republik für sich in Anspruch nahmen, um die bösen in der gewonnenen Verbannung zu belassen.
Wünsche, die eindringlich an mich herangetragen worden waren, für den Stadtrat in Karlsruhe zu kandidieren, konnte ich abwehren. Ich befand mich geradezu in einem Notstand, soweit es darum ging, die mir lieb gewordene Karlsruher Lebensversicherung, für die ich seit Mitte 1936 tätig war, wieder lebensfähig zu machen. Dabei stand ich mit wenigen Frauen und Männern fast allein auf weiter Flur. Die Führungskräfte waren im Winde verweht, genauso wie die übrigen als wehrfähig beurteilten Mitarbeiter und viele Mitarbeiterinnen. Das Verwaltungsgebäude ist bis zum Jahre 1955 von Militärbehörden besetzt gewesen. Es fehlte beinahe an allem, was ein Lebensversicherungsbetrieb zum Wiederaufbau dringend benötigte.
Nachdem den politischen Parteien im November 1945 gestattet worden war, auf Länderebene tätig zu werden, ließ sich tatsächlich überall, insbesondere auch bei den Heimkehrern, eine beachtliche politische Aktivität feststellen. Sie verstärkte sich noch, als feststand, daß in den Ländern der amerikanischen Zone am 30. Juni 1946 von der Bevölkerung die Verfassunggebenden Landesversammlungen zu wählen waren. Die Ministerpräsidenten hatten die Entwürfe auszuarbeiten, die Verfassunggebenden Landesversammlungen mußten sie beraten und endgültig gestalten. Ihre Inkraftsetzung hing von zwei Voraussetzungen ab:
a) der Genehmigung durch die Militärgouverneure, die erfolgte,
b) der Zustimmung der Wahlberechtigten, die mit überwältigender Mehrheit die Inkraftsetzung sicherten und die gleichzeitig die neuen Landtage zu wählen hatten. Die Landtage veranlaßten anschließend die Regierungsbildung.
Nun ging es also nach den kommunalen Wahlen um diesen hochbedeutsamen politischen Vorgang. Die Parteien hatten nur wenig Zeit, die Ba-

sis zu schaffen, Stützpunkte funktionsfähig zu machen sowie für jeden Wahlkreis geeignete und stimmenbringende Kandidaten zu finden. Was damals die wenigen ausgemergelten Funktionäre in buchstäblicher Selbstaufopferung an politischen Leistungen erbracht haben, ist in der jetzigen Zeit überhaupt nicht mehr vorstellbar.
In den vergangenen mehr als dreißig Jahren habe ich in vielen Veranstaltungen Parteifreunde für 25-, 40- und 50jährige Parteimitgliedschaft geehrt. In Baden-Württemberg kannte ich die meisten persönlich. Ich bewunderte aus der Zeit nach dem Zusammenbruch ihren unbändigen Einsatzwillen und die ungebrochene Bekenntnistreue. Was wäre in den Jahren nach 1945/46 geschehen – dasselbe gilt für viele Bürger in den anderen demokratischen Parteien – ohne die vom Nationalsozialismus schwer gezeichneten Frauen und Männer, die da waren, als nicht ein Krieg sie rief, sondern als es galt, die furchtbaren Folgen zu überwinden. Bei jeder Nadel, die ich während der Parteifeiern den Alten ansteckte, ergriffen mich die Vorgänge, die mancher von vielen nicht mehr sah: was vor und während des Dritten Reiches geschehen war und was gerade in den Jahren nach dem Hitler-Krieg von denen gefordert wurde, die sich durch ihre Haltung dazu legitimiert hatten. Auch mit diesen Sätzen sei diesen ungezählten selbstlosen Helfern dafür gedankt, daß wir mit ihnen die Grundlage für einen Staat schaffen konnten, für den Aristoteles' Wort Geltung haben muß, daß »der Raum der Bürgerschaft im Staat mit seinen Gesetzen, seinen Gerichten und seiner Verwaltung ein Raum des Friedens, ja *der* Raum des Friedens schlechthin ist«.
Erkannt vor 2310 Jahren. Geschrieben vor 2310 Jahren. Uneingelöst seit 2310 Jahren. Ist es ein Trost, wenn man behaupten würde, in unserer Zeit hat der weise Philosoph mit dieser Auffassung eine starke Mehrheit im Volk? Nein, das ist kein Trost, solche Bäume bleiben ohne Blätter.

Der Umfall zeigt sich an

Glocken läuteten den Sonntag ein. Es müssen arme Menschen sein, die von diesem Glockenklang nicht irgendwie erfaßt werden.
Anfang Dezember 1945 war ich seit 1933 zum erstenmal mit französischen und Schweizer Freunden wieder im Ausland. An einem Samstag

gegen 18.00 Uhr standen wir auf einem Balkon des Hotels Dolder und blickten die bergigen Hänge hinunter gen Zürich. Ein kalter Tag und eine pulsierende Stadt. Lichter leuchteten und leuchteten. Kein Gedanke an Fliegeralarm, an Stolpern, Flüchten, Angsthaben. Es wurde Licht in einer selten anheimelnden Schönheit. In allen Kirchen begannen die Glocken zu läuten. Mir wurde kalt und warm zugleich. Ich fühlte mich ein Stück der Erde entrückt. Das Meer von Trümmern und Tränen erfaßte mich in einem Auf und Ab und Hin und Her. Dann war es auf einmal nicht mehr da. Verschwunden. Ich faßte die Hände meiner beiden Freunde, und ich faßte ein Stück Leben. In mir pulsierte klopfende Zuversicht. Ein hämmerndes Tuckern ergriff das Herz, ließ es wieder los. So ging es eine ganze Weile. Wie ein Schleier legte sich von irgendwoher ausströmende Ruhe über mich. Güte flackerte auf. Gott nahm einen wirr gewordenen Menschen in seinen Schutz. Das ist nicht selten; selten bleibt, daß es der Mensch erfaßt.
An diesen Dezembersamstag in Zürich mußte ich denken, als mich Gedanken quälten, die fernab von diesem Erlebnis lagen. Ich marschierte an einem kalten Sonntag, der den Vorzug hatte, mich mit natürlicher Freundlichkeit zu behandeln. Was ich so gern mag: Schneeflocken betupften mich. Zuerst sieht man das angehauchte gewobene Weiß, dann ist es in einem Nu weg. Schlichte Nässe bleibt, und schon flockt es wieder und flockt und flockt. Solange der Himmel es will. Wie schön.
Ich mußte zu einer Veranstaltung, über die das regionale Blatt, die »Badischen Neuesten Nachrichten«, am 28. Mai 1946 in der Nummer 34 berichtete, »daß die Gruppe der Angestellten im Allgemeinen Deutschen Gewerkschaftsbund für Sonntagvormittag zu einer Feierstunde eingeladen hatte. Das Orchester der Karlsruher Lebensversicherung spielte, Toni Weidner hat ein Gedicht vorgetragen und Herr Direktor Möller hielt eine tiefgründige Ansprache.«
Auf dem Weg zu dieser Veranstaltung beschäftigte mich nicht die zu haltende Rede. Ich hatte ein anderes Problem. Die Schneeflocken und eine Delegiertenkonferenz der SPD waren Mittelpunkt meiner Überlegungen.
Die Delegiertenkonferenz der SPD tagte in einer Halle der Straßenbahn, um für Karlsruhe-Land den Kandidaten zur Verfassunggebenden Landesversammlung zu wählen. Vorschlag: Alex Möller. Ich hatte nein gesagt und den Vortrag bei den Angestellten übernommen, um dem Zugriff der Parteizange zu entgehen. Man ist in solchen Situationen

manchmal der Meinung, eine bestimmte Haltung sei der Weisheit letzter Schluß. Aber an eine solche Binsenwahrheit hält sich der normale Bürger nicht unbedingt. Er wird plötzlich bockig und meint, damit verhalte er sich sogar klug. Leider muß ich meiner Lebensauffassung gemäß bekennen, daß ich ein Zweiteiler bin. Für mich heißt es: Man handelt entweder kurzfristig schlau oder langfristig klug. Das letztere halte ich persönlich für besser. Nur ist zu einem solchen Verhalten selten Gelegenheit. Man möchte wohl, aber man kann in seinem geistigen HEUTE nicht. So erging es mir in diesem Fall. Schlicht und mich ergreifend beschloß die Kreisdelegiertenkonferenz in meiner Abwesenheit nach geheimer Abstimmung: Kandidat ist Alex Möller.

Nichts Böses ahnend, löffelte ich mittags meine Suppe. Das Telefon klingelte nicht, wie das sonst gewöhnlich gerade beim Essen der Fall ist, was mich allmählich mißtrauisch machte. Und siehe da: Es klingelte diesmal an der Etagentür. In der Anzüge wechselnden Farben, um bei jeder Stimmung wie mit einer Stimmgabel den richtigen Ton zu finden, erschien eine Delegation der Kreisdelegiertenkonferenz, um mir zu eröffnen, daß ich . . .

Der geneigte Leser wird mir zugeben müssen, daß es keinen Otto Meier und kein Lieschen Müller auf dieser Erde gibt, die während des Sonntagmittagessens (am 26. Mai 1946!) ja sagen, wenn sie sich vorher zu einem klaren Nein bekannt haben. Doch der Umfall schreitet schnell.

Im Zeitpunkt des Erscheinens dieses Buches kann man einwenden: da hat er sich nun wirklich ein Histörchen erdacht. Märchenhaft. Es müßte anfangen: »Es war einmal eine Kreisdelegiertenkonferenz in einer Fächerstadt, die wählte in Abwesenheit des Betreffenden ihn gegen seinen Willen zum Kandidaten für ein sicheres Abgeordnetenmandat.«

Das müde Lächeln legt sich auf die wehen Wangen der so oft Getätschelten einer späteren Zeit.

IV. DAS UNGEWÖHNLICHE PARKETT

Warum ich doch mitmachte

An den nächsten Tagen folgten Gespräche über Gespräche wegen der Kandidatur zur Verfassunggebenden Landesversammlung. Das alles war bei mir keine Ziererei. Es konnte auch keine Abkehr von der Notwendigkeit sein, mich politisch zu engagieren. Nur blieb ich zunächst fest davon überzeugt, daß der Wiederaufbau des Unternehmens, das mir anvertraut war, nicht die Inanspruchnahme durch ein Mandat gestattete. Im übrigen, wenn man nicht als Abgeordneter tätig wird, gibt es unendlich viele Möglichkeiten, sich für den demokratischen Staat (der in diesem Fall erst entstehen sollte) und seine Partei einzusetzen. In den folgenden Jahren habe ich mich immer über die Jagd nach Mandaten wundern müssen, denn es sollen doch nur die Hinterbänke zu besetzen sein. Im Deutschen Bundestag braucht sich niemand als Hinterbänkler zu fühlen. Wenn er es tut, ist es seine eigene Schuld. Es gibt so viel Arbeit, daß jeder, der sie wirklich anstrebt, ein ausreichendes Tätigkeitsfeld findet. Kleine Fraktionen schaffen das Parlamentspensum kaum, die größeren sind, um möglichst rationell arbeiten zu können, über jede einsatzwillige Kraft heilfroh. Das ist die Wahrheit, nichts als die Wahrheit, die als Tatsache bestehenbleibt, sollten vorhandene Hinterbänkler ihr Dasein zu begründen versuchen. Da bin ich an einem mich selbst betreffenden heiklen Punkt angelangt. In der Verfassunggebenden Landesversammlung von Württemberg-Baden war ich – ein Hinterbänkler. Es kam, wie es nun einmal kommen kann. Ich hatte bei der Kandidatenaufstellung nachgegeben und sollte eifrig an der Verfassung mitarbeiten. Ich habe aber nur bei hitzigen Fraktionsdebatten meine Meinung gesagt, die bei den einzelnen Verfassungsartikeln fast immer die Frage berührte, ob wir mit unserer Verfassung Deutschlands Gesundung herbeiführen würden. Ich hatte gegenüber manchen Vorstellungen ein rhetorisch auszudrückendes Kopfschütteln.

Im Plenum hütete ich mein Stühlchen ganz hinten wie einen Augapfel und galt für die Zuhörertribüne zweifellos als der große Schweiger. Leider ging meine Rechnung nicht auf. So ist es also wirklich. Man will klug sein, verhält sich entsprechend, was doch wohl in einem solchen Fall Schweigen bedeuten mußte. Diese Einstellung war aber nicht klug, sondern bloß ein bißchen schlau, daher kurzfristig gedacht. Als richtig erwies sich das Sprichwort: »Wer A sagt, sagt auch B.«
Das B war die am 24. November 1946 erfolgte Wahl in den Landtag von Württemberg-Baden. Verschiedene wichtige Gründe haben mich zu diesem Schritt veranlaßt; zwei der entscheidenden seien genannt:

1. Der Zusammenhang der Wiederbelebung von wichtigen Wirtschaftszweigen mit unserer Liliputpolitik, die jedoch die Tür zur Militärregierung und ihren Dependancen leichter öffnete.
Außerdem hatte mich die Militärregierung des Landes als ihren Verbindungsmann zur Versicherungswirtschaft bestellt und mich dabei sehr unterstützt. So konnte ich bereits am 1. Juni 1946 für die drei Westzonen die Zeitschrift »Versicherungswirtschaft« im Verlag C. F. Müller (und 1952 im Verlag »Versicherungswirtschaft e. V.«) herausgeben, zu der später noch das »Versicherungsrecht« hinzukam. Beide Blätter erfreuen sich im In- und Ausland höchsten Ansehens und erscheinen in einem Verlag, der den Charakter eines gemeinnützigen Vereins besitzt.

2. Politisch war Deutschland wie ein ausgebrannter Krater. In dieser Zeit herrschte in unserer Bevölkerung weitgehend Apathie und Skepsis. Nur die im Sinne der USA politisch und militärisch Unbelasteten konnten das Zusammenleben fördern, waren in der Lage, den Mund aufzumachen, wie das in unzähligen Gesprächen mit hohen amerikanischen Militärs und ihren Zivilisten als Berater ebenso geschehen ist wie später öffentlich im Landtag von Württemberg-Baden.
Es erfolgte ein Hinübergleiten verschiedener Befugnisse an von Deutschen zu bildende Instanzen. Am 17. Oktober 1945 ist die überregionale Koordinierungsinstanz des Länderrats in der US-Zone eingerichtet worden. Später hat man ihr eine Miniaturbegleitung durch die Bildung des Parlamentarischen Rates gegeben, der aus 24 Mitgliedern bestand, die von den Landtagen nach einem festgelegten Proporz gewählt wurden.
Ich erinnere an Sachgebiete, bei denen unsere deutschen Interessen evident waren:

- Kontrollratsgesetz Nr. 3 vom 20. Oktober 1945: Erhöhung der Steuersätze;
- Kontrollratsgesetz Nr. 4 vom 30. Oktober 1945: Reorganisation des deutschen Gerichtswesens;
- Kontrollratsgesetz Nr. 5 vom 30. Oktober 1945: Übernahme und Verwaltung der deutschen Auslandsguthaben;
- Direktive Nr. 11 des Kontrollrats vom 30. November 1945: Rationierung von Elektrizität und Gas;
- Direktive Nr. 23 des Kontrollrats vom 17. Dezember 1945: Begrenzung und Demilitarisierung des Sports in Deutschland;
- Kontrollratsgesetz vom 17. Januar 1946: Registrierung aller Bürger im arbeitsfähigen Alter, Registrierung der Arbeitslosen und Beschaffung von Arbeitsplätzen;
- Kontrollratsgesetz Nr. 16 vom 20. Februar 1946: Ehegesetzgebung;
- Gesetz zur Befreiung von Nationalsozialismus und Militarismus vom 5. März 1946. (Später nach Bildung der Länderregierungen durch die erstmals gewählten Landtage wurde das Entnazifizierungsverfahren an uns Deutsche abgetreten.)

Das Angeführte ist eine kleine Auswahl. Es folgten unter anderem
- Gesetz über die Verteilung von Wohnraum (8. März 1946);
- Einheitliche Bankstatistik in Deutschland (18. März 1946);
- Gesetz über die deutschen Arbeitsgerichte (30. März 1946);
- Kontrollratsgesetz vom 10. April 1946: Betriebsräte;
- Kontrolle der wissenschaftlichen Forschung (29. April 1946);
- am 10. Mai 1946 war für die Alliierten der Tag der Steuergesetze: Tabaksteuer, Alkoholsteuer, Bier- und Streichholzsteuer;
- Kontrollratsgesetze über Polizeiämter und Einrichtungen politischer Natur vom 1. Juli 1946.

Die Reihe solcher und ähnlicher Kontrollratsgesetze oder US-Zonengesetze ließe sich beliebig fortsetzen. Aber ich denke, sie genügt, um darzutun, wie stark wir an Einwirkungs- und Auslegungsmöglichkeiten interessiert sein mußten. Jetzt war nun wirklich Not an Mann. Keiner, der als Gegenüber infrage kam, durfte kneifen. Es gab auf deutscher Seite politisch keine Befehlsempfänger und lange Zeit auch keine Gesprächspartner. Das Nichtkneifendürfen galt daher auch für mich.

Ein Nachwort zu den ersten Wahlen

In Württemberg-Baden hatten wir nun eine Verfassung, aber nicht nur das, auch den ersten frei gewählten Landtag seit 1933.
Die Abstimmung über die Verfassung war für ihre Anhänger, zu denen ich mich zählte, zwar ein Erfolg, jedoch keiner, der uns veranlaßt hätte, laut oder leise zu jubeln. In der Situation vom November 1946 stimmten rund 68% für, 10,5% gegen die Verfassung bei 21% ungültigen Stimmen. Die SPD hatte der Verfassung – trotz mancher Bedenken bei der Formulierung einzelner Artikel – zugestimmt in der Erkenntnis, daß es sich um eine realistische Kompromißlösung zwischen den Anschauungen von vier Parteien handelte. Das Positive in der Beurteilung hat bei mir eindeutig überwogen, denn diese Verfassung war unzweifelhaft ein wichtiger Schritt in der Zielrichtung, die für uns notwendige staatliche Selbstbestimmung zu erreichen. Sie war außerdem eine ausreichende erste Basis zur Weckung des demokratischen Bewußtseins in unserem Volk. Der wichtigste Dreh- und Angelpunkt für den Aufruf der SPD zur Zustimmung bleibt die Tatsache, daß einer sozialwirtschaftlichen Neuordnung, die wir für unerläßlich hielten, der Weg freigemacht werden konnte. Wenn man davon ausgeht, daß die Demokratie immer nur durch politische Wahrheitsfindungen und nicht durch technische Entwicklungen aktionsfähig ist, dann kann man getrost von der Wertung der Summe der Additionen absehen. Zwei Punkte seien wegen der Vergleichbarkeit mit der weiteren Entwicklung erwähnt:

1. Es gab vor der Abstimmung über die Verfassung einen politisch sehr positiv zu bewertenden Kreis von Persönlichkeiten um die in Heidelberg erscheinende Zeitschrift »Die Wandlung«, der in einer breiten Öffentlichkeit die Ansicht vertreten und damit sicher einen Teil der Wähler negativ beeinflußt hat, daß die Verfassung mit der Einführung des Verhältniswahlrechts verbunden mit dem Listenwahlrecht die politische Freiheit des Bürgers beeinträchtigen und die demokratische Entwicklung von Anfang an lähmen würde. Es wurde ein Aufruf mit Namen wie Karl Jaspers, Werner Kremp, Alfred Weber, Dolf Sternberger und Lambert Schneider herausgegeben.
Ich habe oft mehr als nur Verständnis für diese Überlegungen gehabt, bin allerdings nie so weit gegangen wie Dolf Sternberger, der 1946 folgendes bekundete (und der in späteren Jahren, ohne sein Prinzip verlet-

zen zu wollen, durchaus mit sich reden ließ): In einem dem Aufruf vorangestellten Artikel »Über die Wahl, das Wählen und das Wahlverfahren«* stellte Dolf Sternberger nach einer Definition des Begriffs »Wahl« die Forderung auf, das Verhältnis- oder Proportionalwahlsystem durch das Personenwahlverfahren zu ersetzen. Er schrieb: »In Wahrheit ist das Verhältnis- oder Proportionalsystem überhaupt kein Verfahren der Wahl und des Wählens, sondern ein Verfahren mathematischer Abbildung: das Proportional-Parlament ist keine Körperschaft gewählter Personen, sondern ein verkleinertes – im Verhältnis von 1 : 60000 oder 1 : 100000 verkleinertes – Abbild der parteipolitisch unterschiedenen Stimmenmengen in der Wirklichkeit. Das Parlament verhält sich – nach einem Wort Mirabeaus – zu dieser Stimmenverteilung in der Wirklichkeit wie die Landkarte zur Landschaft . . . Ein solches Parlament wird also gar nicht eigentlich gewählt, sondern es bildet die momentan (wie bei einer Momentfotografie) erstarrte Bewegung der Parteigruppen ab. Schärfer gesagt: Die Wähler sind nicht das Subjekt, sondern das Objekt des Vorgangs. Sie sind also nicht Wähler, sondern zählbare Stimmen.« Hiergegen läßt sich natürlich trefflich streiten, etwa am Beispiel Englands. Davon muß an dieser Stelle abgesehen werden.

2. Bei den Zonen-Landtagswahlen wurde keine Frau in die Landtage geschickt. Dieses fatale Ergebnis war mehr als ein Schönheitsfehler, der sich nun über drei Jahrzehnte lang leicht abgeschwächt wiederholt. Gerade am Anfang hätten die Parteien stärker darauf achten müssen, daß der aktive Status jedes stimmberechtigten Bürgers gleich welchen Geschlechts gewahrt wurde. Das war und bleibt in erster Linie und für diesen Fall: das aktive und passive Wahlrecht ohne jede Einschränkung für die Frau. Zu Beginn unserer Bemühungen um eine demokratische Staatsform für Deutschland hätten die Frauen als Mandatsträger in Gemeinden, Kreisen und Landtagen nach vorn gehört. 1946 konnte man noch nicht behaupten (wie es bis auf den heutigen Tag immer wieder geschieht), daß die Frau ein halbes Jahrhundert später als der Mann die politischen Mitbestimmungsmöglichkeiten erhalten hat und daß sie dann, wie in der Wirtschaft, in eine bereits vom Mann gestaltete Welt kam. Es müßte sich eigentlich lohnen zu untersuchen, welche Werte verlorengingen, weil die Frauen nach dem totalen Zusammenbruch dann, wenn die

* »Die Neue Zeitung« Nr. 90 vom 11. November 1946

Eignung vorhanden war, nicht den Weg in die Frontstellungen der Politik gefunden haben.
Keiner will die biologischen Gegebenheiten leugnen. Gleichheit ist eine Frage des Prinzips. Welcher Mann will sich persönlich dem Make-up unterwerfen. So am Wimpernrand eine zarte Linie entstehen lassen, damit der Blick schimmernde Tiefe erhält. Das ist natürlich Sache der Frauen, flankiert von der kleinen Hilfstruppe der Schauspieler. Und Schauspielerei findet bekanntlich in der Politik nicht statt.

Die Allparteienregierung begann

Weil ich als Verbindungsmann der Militärregierung zur Versicherungswirtschaft in Württemberg-Baden eingesetzt war, hatte man mir einen Pkw und Benzin zur Verfügung gestellt. Ein hervorragender Fahrer nahm alle übrigen Hindernisse.
Ein Schnee- und Glatteistag empfing uns, als wir von Karlsruhe aus eine Fahrt nach Stuttgart unternahmen. Vormittags war die erste Sitzung der SPD-Fraktion mit der notwendigen Konstituierung. Ich mußte vorher zum 1. Finanzoffizier, Oberst Auffinger, der von mir einen allgemeinen Bericht über die Lage nach den Wahlen hören wollte. Zu meinem größten Erstaunen pirschte sich Auffinger zum erstenmal mir gegenüber an die Währungsfrage heran, um meine Meinung zu erkunden. Wir, das heißt die Karlsruher Lebensversicherung AG, waren gerade dabei, das Neugeschäft wiederaufzunehmen. Über diese Maßnahme hatten wir mit der Militärregierung verhandeln müssen. Es war daher ganz natürlich, daß nun die monetäre Seite der Lage Deutschlands in diesem Gespräch eine Rolle spielte. Ich ahnte nicht, daß der Inhalt zur Folge hatte, daß ich bis zur erfolgten Währungsreform des öfteren von amerikanischen Fachleuten »angehört« worden bin.
Die Fraktionssitzung war leider schon im Endstadium der Beratungen und Entscheidungen, als ich eintraf. Ich hatte mich selbstverständlich vorher mit Grundangabe wegen der unvermeidlichen Verspätung entschuldigt. Welche Strafe wurde über mich verhängt? Fraktionsvorsitzender mußte bei den obwaltenden Verhältnissen ein Württemberger werden, der Stellvertreter ein Badener – und das sollte ich sein. Gegen diesen einstimmigen Fraktionsbeschluß konnte ich nicht mehr an. Kei-

ner meiner ablehnenden Gründe wurde anerkannt. Das Unglück (für mich persönlich diese starke politische Verpflichtung) nahm seinen Lauf.
Die Württemberger hatten schon alles unter Dach und Fach gebracht. Nach außen hin konnten wir aus dem badischen Landesteil uns als beteiligt ansehen. Reinhold Maier (der DVP- bzw. FDP-Mann) war bereits der Ministerpräsident der Militärregierung, die ihn am 24. Juni 1946 mit der Bildung einer Regierung beauftragt hatte. Obwohl seine Fraktion nur 19 von 100 Mandaten vorweisen konnte, blieb er nach dem Willen der anderen drei Parteien in der zu bildenden Allparteienregierung Ministerpräsident, was sicher richtig war. Für uns aus Nordbaden erschien es wichtig, daß wir unseren dazu geeigneten Freund Zimmermann für das Amt des Landesdirektors des Inneren und später des geschäftsführenden Landesbezirkspräsidenten in dem für den badischen Landesteil des Landes Württemberg-Baden eingerichteten Landesbezirk Baden voll einsetzen konnten. Außerdem hatten wir neben anderen Ministern in Hermann Veit den Wirtschaftsminister zu benennen, was für uns deswegen von Bedeutung gewesen ist, weil Kurt Schumacher an alle sozialdemokratischen Landtagsfraktionen die Empfehlung herausgegeben hatte, überall die Besetzung des Wirtschaftsministeriums durch einen Parteifreund zu erreichen, was auch gelang.
Wegen der Vielzahl schwierigster Probleme war bei Regierung und Fraktionen die Übereinstimmung in Personalfragen nicht minder wichtig wie in Sachfragen. Es stellte sich immer wieder die Frage: Wo sollte und konnte man wirkungsvoll mit der Arbeit beginnen? Die Ernte des Jahres 1946 hatte in Württemberg-Baden 91 000 Tonnen Brotgetreide ergeben. Für den Bedarf eines Jahres war das Existenzminimum 300 000 Tonnen. Es wurde ein schwieriges Unterfangen, den weitaus größeren Teil heranzuschaffen. Den damaligen Landwirtschaftsminister Stooss (CDU) habe ich immer wieder wegen seiner Leistungen in diesem lebenswichtigen Bereich bewundert. Aber ich stand mit dieser Auffassung – wenn ich die Wirkung in der Bevölkerung werte – ziemlich allein auf weiter Flur. Wer sollte schon beim Erreichen eines Minimums Beifall spenden? Immer wieder hemmten erschwerende Tatbestände unsere Tätigkeit.
In dem Ausweisungsplan des Alliierten Kontrollrats vom November 1945, der auf den Vereinbarungen der Konferenz von Potsdam aufbaute, war die Aufnahme von 6,65 Millionen deutscher Flüchtlinge in

Deutschland vorgesehen. Diese Zahl wurde durch die zusätzlichen Ausweisungen vor allem aus dem Gebiet östlich der Oder-Neiße erheblich überschritten. Bis zum 15. Februar 1947 hatte Deutschland rund zwölf Millionen Flüchtlinge aufgenommen, wovon auf Nordwürttemberg/Nordbaden etwa 570000 entfielen. Damit war die Bevölkerungsdichte dieses Landes auf 232 Menschen pro Quadratkilometer gestiegen gegenüber 149 in Württemberg und 166 in Baden vor dem Zweiten Weltkrieg. Nordwürttemberg/Nordbaden wurde zu dem am dichtesten bevölkerten Land des süddeutschen Raumes. Wir konnten der gesamten ausgewiesenen bäuerlichen Bevölkerung nicht wieder Grund und Boden zum Siedeln geben. Nur 2 1/2 % der Neubürger erhielten eine bäuerliche Existenz und rund 3 % kleinere Nebenerwerbssiedlungen. Unsere Mittel reichten hinten und vorne nicht aus, um den dringendsten Notwendigkeiten nachzukommen.
Hätten wir jedem der zwölf Millionen Neubürger in Deutschland nur 1000 Reichsmark für die Wiederanschaffung der notwendigsten Kleider und Sachen zur Verfügung gestellt, so wären dafür zwölf Milliarden Reichsmark erforderlich gewesen, vier Milliarden mehr, als der letzte Reichsetat der Weimarer Republik im Jahre 1932 ausmachte. Dieses Geld war nicht da.
Hinzu kamen Meldungen und Gerüchte, nach denen rund 700 Fabriken demontiert werden sollten, 500 in der britischen und etwa 200 in der amerikanischen Zone. Es fehlten noch die Zahlen aus der französischen Zone. Das Ausmaß der beabsichtigten Demontagen kam unerwartet und hatte in der Bevölkerung nicht nur wegen des bevorstehenden Winters sowie der Ernährungslage, sondern auch wegen der immer unsicherer werdenden Beurteilung der weiteren Entwicklung verheerende Folgen.
Es war die Umkehr aller realistischen Erkenntnisse, wenn zur Begründung der Demontagen von Werken, die restlos auf Friedensproduktion umgestellt waren, ihre fehlenden wirtschaftlichen Auslastungsmöglichkeiten in unserem verarmten Lande behauptet wurden. Da empfand man es als wohltuend, aus dem Lager der Siegermächte Stimmen der Vernunft und Einsicht zu hören. So den amerikanischen Schriftsteller Armstrong, der als Mitglied des Beratenden Untersuchungsausschusses des amerikanischen Senats eine Informationsreise durch Deutschland unternommen hatte und aufgrund seiner Eindrücke unverhohlen erklärte, daß alle weiteren Demontagen weder vor dem Gesetz der Vereinig-

ten Staaten noch vor dem internationalen Völkerrecht vertretbar seien. Wer in den Jahren nach dem Zusammenbruch nicht dabei war, sollte ruhig sein Vorstellungsvermögen eine Weile einsetzen, um zu erkennen, was nach dem verlorenen Zweiten Weltkrieg von den sogenannten unbelasteten Deutschen geleistet worden ist, um den Wiederaufbau einzuleiten.
Ansonsten: In den Schulen gibt es Staatsbürgerkunde. Unsere Jugend erfährt also alles über den Teil unserer Geschichte, der den Übergang von der Tragödie in der Stunde Null zum Aufbruch in eine andere politische Welt umfaßt.
Läßt uns das hoffen?

Bewältigungsversuche der Vergangenheit

Hitler war schrecklich. Was er politisch-militärisch angestiftet hat, kann nicht wiedergutgemacht werden. Seine Gehilfen verdienen Verachtung. Er und die Seinen waren hypnotisierende Verbrecher nicht nur mit nationaler, sondern auch mit internationaler Ausstrahlungskraft. Es ist heuchlerisch, diese Tatsache zu leugnen oder wegen des immer größer werdenden Zeitabstandes zu retuschieren.
Am 8. August 1945 hat man in London durch die vier Besatzungsmächte ein »Abkommen über die Verfolgung und Bestrafung der Hauptkriegsverbrecher der europäischen Achse« mit einem »Statut für den internationalen Militärgerichtshof« zustande gebracht. Dieser Gerichtshof erhielt die Zuständigkeit bei Verbrechen gegen den Frieden, Kriegsverbrecher und Verbrechen gegen die Menschlichkeit. Der Rechtsbezug ist nicht strittig. Die Einseitigkeit war Rechtsbruch.
Eine ganz bescheidene Frage: Hat das auf Seite 15f. veröffentlichte »Geheime Zusatzprotokoll« zum »Nichtangriffsvertrag zwischen Deutschland und der Union der Sozialistischen Sowjetrepubliken«, unterzeichnet am 23. August 1939 in Moskau, nicht (neben Ribbentrop) Molotows Unterschrift getragen? Dieses Beispiel läßt sich in den verschiedensten unerfreulichen Varianten auch auf andere Persönlichkeiten der Siegermächte anwenden. Man muß das Bibelwort zitieren: »Was siehest du aber den Splitter in deines Bruders Auge und wirst nicht gewahr des Balkens in deinem Auge?«

Die Splitterrichterei hat stattgefunden. An Balken traute man sich nicht heran. Ich sehe keinen Grund, diese Tatsache zu verschweigen, da sie historischen Wert besitzt.
Nach diesen grundsätzlichen Anmerkungen sei nun einiges zum Verlauf des Entnazifizierungsprozesses gesagt und zwar aus Württemberg-Baden, da ich nur für diese Region über genügend Kenntnisse verfüge.
Nachdem die Besatzungsmächte im Jahre 1945 die personelle politische Aufräumungsarbeit in eigener Verantwortung durchgeführt hatten, mußten aufgrund des »Gesetzes zur Befreiung von Nationalsozialismus und Militarismus vom 5. März 1946« die Deutschen die Mitverantwortung für die Entnazifizierung übernehmen. Für diese Aufgabe gab es in jedem Land der amerikanischen Zone ein Sonderministerium. Offiziell hieß es »Ministerium für politische Befreiung«. Leider war es den anderen Parteien gelungen, dieses Ressort in Württemberg-Baden der SPD anzuvertrauen.
Was die Arbeit so undankbar machte, war die Tatsache, daß bei den Alliierten Objektivität ebenso fehlte wie der Maßstab zu einer gerechten Einschätzung der Schuld oder der Nichtbetroffenheit der Beschuldigten. Daß sich die »Säuberung« über Jahre erstreckte, zeigt die Schwierigkeit dieses Auftrags der Besatzungsmächte.
Ein Zahlenüberblick ist zur besseren Beurteilung unerläßlich:
Aufgrund ihres abgegebenen Meldebogens konnten in Württemberg-Baden insgesamt 2759451 Personen erfaßt werden. Nach den eigenen Angaben waren davon durch das Gesetz 2094570 nicht betroffen. Die Jugend- und Weihnachtsamnestie erfaßte von den 664881 Betroffenen bald die Hälfte, nämlich 304450 Personen. Vom Rest erhielten 130619 »Mitläufer«-Bescheide, 223426 wurden als »Belastete« eingestuft, und 6386 kamen in die Gruppe »Hauptschuldige«. Das alles nur im Lande Württemberg-Baden, den nördlichen Teilen der ehemaligen Länder Württemberg und Baden. Bis zum 30. Juni 1947, der als Stichtag festgelegt worden war, wurden von den Spruchkammern in erster Instanz folgende Einstufungen vorgenommen:

Hauptschuldige	336
Belastete	4732
Minderbelastete	23548
Mitläufer	117012
Entlastete	3189.

Nach diesem Stichtag waren in der amerikanischen Zone immer noch 34 523 Verfahren durchzuführen und 34 000 Berufungen nicht erledigt. Hätte man die Änderungen des Gesetzes zur Befreiung von Nationalsozialismus und Militarismus, die am 7. Oktober 1947 und am 25. März 1948 vom OMGUS* in Berlin genehmigt worden waren, bereits ein Jahr früher begonnen, so würde sich in der amerikanischen Zone die Ausfertigung von mindestens 300 000 Klageschriften und Urteilssprüchen durch die Spruchkammern erübrigt haben. Dadurch wäre es dann möglich gewesen, die Entnazifizierung innerhalb von 18 Monaten in erster und zweiter Instanz zu beenden.

Das eigentliche Problem der Entnazifizierung wurde natürlich immer wieder im Landtag heftig diskutiert, zumal einige Mitglieder des Hauses davon betroffen schienen.

In einer bei der Spruchkammer in Stuttgart eingereichten Anklageschrift wurde behauptet, daß »die Reichstagsabgeordneten, die am 23. März 1933 dem Ermächtigungsgesetz zugestimmt hätten, dringend verdächtig seien, sich an einem hochverräterischen Unternehmen beteiligt zu haben«.

Da der Landtag in Stuttgart einen jener Abgeordneten zum Ministerpräsidenten (Reinhold Maier) und einen anderen zum Minister gewählt hatte (Kultusminister Simpfendörfer), konnte er nicht schweigen. Präsident Keil berichtete in einer öffentlichen Sitzung, daß ihm Mitglieder aller Landtagsfraktionen erklärt hätten, daß sie die Behauptung vom Vorliegen des Verdachts einer hochverräterischen Handlung entschieden zurückweisen müßten. Es sei auch eine strafgerichtliche Verfolgung der Beschuldigten wegen des ausgesprochenen Verdachts infolge der Anordnungen des Kontrollrats, der die gesetzlichen Tatbestände des Hochverrats aufgehoben habe, nicht möglich.

Mein Fraktionskollege Erwin Schoettle wies in der Sache darauf hin, daß das Entnazifizierungsgesetz den großen Fehler habe, daß es den einen Teil des Volkes zu Angeklagten, den anderen Teil zu Anklägern mache; das Hauptproblem der geistig-politischen Gesundung aber sei es, die gefährlichen Elemente der Militaristen und der Leute auszuschalten, die heute noch »den guten Zeiten« des Dritten Reiches nachtrauerten. Dafür aber sei leider keine gesetzliche Handhabe vorhanden. Dieser Standpunkt entsprach der einheitlichen Meinung der SPD.

---

* Office of Military Government, United States

Immer wieder stand und steht das Problem der deutschen Schuld im Vordergrund solcher letzten Betrachtungen. Ich verweise auf Victor Gollancz, der im April 1945 in Buchenwald unter anderem folgendes niederschrieb:

»Es gibt keine Erlösung, ehe nicht allenthalben eine aktive Demokratie lebendig ist und ehe diese Demokratie nicht gelernt hat, international und nicht ausschließlich national zu denken . . . Die Aufgabe der Deutschen wäre es gewesen, das zu tun. Es hätten daher mehr Deutsche aktiven, ja verzweifelten Widerstand leisten sollen. Aber die Umstände und Bedingungen unserer zeitlichen Welt sind wechselhaft. Ein weiser Mann wird sie bedenken und danach ermessen, wie schwer das Versagen in der Pflichterfüllung wiegen mag.«*

Soweit ich mit der Entnazifizierung zu tun bekam, habe ich in diesem großen politischen und auch geistig-seelischen Umstellungsprozeß immer nach dem eigenen Gewissen gehandelt. Zu einem Spruchkammerverfahren – dem des ehemaligen Kreisleiters Worch aus Karlsruhe – im Lager Ludwigsburg bin ich mit einem Freund hingefahren. Beide haben wir das bekundet, was Worch in schlimmster Zeit für uns getan hatte. Wegen dieses Verhaltens mußte ich mich in der nächsten Mitgliederversammlung der SPD in Karlsruhe rechtfertigen, denn es lag gegen mich ein Ausschlußantrag aus der Sozialdemokratischen Partei vor. Nach meinem eigenen Plädoyer wurde ich mit etwa $^{4}/_{5}$ der abgegebenen Stimmen freigesprochen und »entlastet«.
Was wäre wohl politisch aus mir geworden, hätte man mich wegen der den Tatsachen entsprechenden Aussage vor der Spruchkammer im Lager Ludwigsburg aus der SPD ausgeschlossen?
Welke Lorbeeren. Keiner sieht sie noch.

---

* Victor Gollancz, April 1945, Buchenwald: Eine Selbstanklage und Verteidigung

V. ES IST ALLES OFFEN

Die Sieger im Gegeneinander

Das Gegeneinander war groß. Man kann nicht sagen, daß die Siegermächte den Deutschen im einheitlichen Handeln mit gutem Beispiel vorangegangen wären. Mindestens bestanden drei verschiedene Standpunkte. Die Sowjetrussen und ihre östlichen Sprachrohre gaben an, ein zentralistisches Deutschland zu wollen. So erklärte auf der Konferenz der Außenminister-Stellvertreter am 29. Januar 1947 in London der polnische Delegierte Wierblowski in seiner Stellungnahme zur künftigen Gestaltung Deutschlands*, daß die polnische Regierung einem deutschen Einheitsstaat den Vorzug vor einem Staatenbund gebe, und schloß sich damit der kurz zuvor erörterten russischen Auffassung an. Frankreichs Vertreter, Couve de Murville, fragte in der anschließenden Diskussion den polnischen Delegierten, wie Polen zu der Ansicht käme, daß ausgerechnet ein geeinigtes Deutschland den Frieden weniger als ein Bund deutscher Einheitsstaaten bedrohen würde. Wierblowski antwortete darauf, daß die einzelnen Teilstaaten einer Föderation doch später einen Zusammenschluß anstreben würden. Die Verfechter dieser Einigung könnten an das Nationalgefühl der Deutschen appellieren und ihnen damit wieder ein politisches Ziel geben. Hier waren die Gegensätze ganz offensichtlich. Frankreich ist Jahre hindurch der Meinung gewesen, je aufgefächerter das deutsche Staatenbündel sei, desto besser würden Aufsicht, Kontrolle und Wachsamkeit der Siegermächte funktionieren. Die USA und Großbritannien hatten eine mittlere Linie; sie strebten den dezentralisierten Bundesstaat an. In den vier Zonen praktizierten die Siegermächte jeder für sich ihren Standpunkt.

Die Ostzone entwickelte sich immer mehr zum verzeichneten Abbild der Sowjetunion. Kurt Schumacher, der die Kommunisten in diesen Jahren

---

* Quelle: »Rhein-Neckar-Zeitung« vom 30. Januar 1947

des Wiederbeginns als rote Nazis bezeichnete, lehnte alle Versuche ab, mit seinen politischen Freunden in der SPD zum Drahtzieher einer Diktatur zu werden. Es entstand die SED (die sogenannte Sozialistische Einheitspartei Deutschlands) als Konglomerat von Kommunisten und Renegaten anderer Parteien. Schon in dieser Übergangszeit mußte sich der zum Westen tendierende Beobachter, dessen Blick nicht durch Untergeordnetes getrübt war, fragen, ob der freiheitlich eingestellte und demokratisch denkende Teil der früheren Alliierten nicht auf dem schlechtesten Wege war, den Zweiten Weltkrieg durch das nicht erkannte unaufrichtige politische Geschick des anderen Teils am Verhandlungs- (nicht Gesprächs-)Tisch doch noch zu verlieren. Diese Überlegung zeigt, was Sieger untereinander anzustellen vermögen, wenn sie »gesiegt« haben, der Friede auf sie zukommt und von ihnen nicht abläßt. Ein Beispiel von Gewicht soll klarmachen, was den Mächtigen passieren kann:
Bei der Vereinbarung vom 29. Juni 1945 der drei Oberbefehlshaber der USA, Großbritanniens und der Sowjetunion über den Einzug der Truppen der Westalliierten in Berlin wurde versäumt, für den Abzug der Amerikaner aus der sowjetrussischen in die eigene Zone als Bedingung den freien Zugang nach Berlin sicherzustellen. Ich bin seit 1960 viele Jahre hindurch, wenn ich in New York war, mit Lucius D. Clay und John J. McCloy zusammengekommen. Gerade die Berlin betreffende Feststellung wurde mir von Lucius D. Clay bestätigt, der bei der Berliner Blockade 1948 die amerikanisch-britische Luftbrücke organisiert und mit ihrem Erfolg die Voraussetzung dafür geschaffen hatte, das Versäumnis vom Juni 1945 nachzuholen. Aber leider gehört zu diesem Beispiel das folgende Zitat aus Robert Murphys »Diplomat unter Kriegern«:

»Als die Blockade nach fast einem Jahr aufgehoben wurde, begrüßten Presse und Öffentlichkeit in Amerika dieses Ergebnis als einen großen Sieg der Westmächte. Die erfolgreiche Luftbrücke erweckte allenthalben ein berauschendes Triumphgefühl. Im Grunde genommen aber hatten sich die Politiker in Washington nur auf ein Experiment eingelassen, das nicht mehr bewies, als daß eine moderne Großstadt allein auf dem Luftwege versorgt werden konnte. Nur wenige Beobachter schienen zu begreifen, daß unser Entschluß, uns ausschließlich auf die Luftbrücke zu stützen, einem Verzicht auf unsere schwer errungenen Rechte in Berlin gleichkam, einem Verzicht, dessen Folgen uns seitdem erheblich zu schaffen gemacht haben. Der kritische Punkt an der neuen Berlin-Regelung war, daß die amerikanische Regierung es unterlassen hatte, sich darin ihre legitimen Ansprüche auf Zugang nach Berlin auf der Straße und den Wasserwegen bestätigen zu lassen. Während der ganzen Blokkade hatten die Russen den Westmächten die Benutzung eben dieser Zugangswege verweigert, und der Zugang war in den Bedingungen jener Vereinbarung nicht besser abgesichert als vor der Blockade . . .«

Merke: Siegen ist eine Seite der Medaille, den ausgewogenen Frieden zu erreichen die andere.

Der Mut zur Bizone

Es war das Verdienst von Lucius D. Clay, schon in einem frühen Zeitpunkt erkannt zu haben, was für schwerwiegende Folgen eintreten würden, wenn man Deutschland in einer weder etwa gleich großen noch wertmäßig ausgeglichenen Wirtschaftseinheit verwalten wollte. Er befand sich in Übereinstimmung mit Murphy. Beide konnten im April 1946 ein Einvernehmen mit ihrem Außenminister Byrnes erzielen. In der Juli-Konferenz trat ein, was man befürchtet hatte. Nur der englische Außenminister Bevin ließ die Bereitschaft erkennen mitzumachen. Der sowjetische und der französische Vertreter hatten auf eine Stellungnahme verzichtet.
Amerikaner und Engländer vereinbarten am 1. August 1946 ein Alliiertes Zweimächteamt, das Verwaltungsanweisungen für drei Hauptbereiche ausarbeiten mußte:
1. Sicherung eines einheitlichen Lebensstandards;
2. gleichmäßige Zuteilungen an die Verbraucher;
3. gemeinsame Nutzung der Hilfsquellen.
Mit der Durchführung einer gemeinsamen Wirtschaftspolitik sollten deutsche Stellen in beiden Zonen unter Leitung und Kontrolle der beiden Militärgouverneure beauftragt werden. Das war der erste Schritt, der von der nicht eingetretenen Hoffnung begleitet gewesen ist, daß die endgültige Viermächtekontrolle noch erreichbar sei. Der zweite Schritt: Die Errichtung eines Wirtschaftsrats, der bestimmte gesetzgeberische Befugnisse erhielt, wurde im Mai 1947 vollzogen. Der dritte: die Über-

tragung zusätzlicher Vollmachten und Exekutivrechte im Februar 1948.*

Mit diesem Programm der Verschmelzung der amerikanischen und der britischen Zone begann ein neuer Abschnitt in unserer Nachkriegsgeschichte, zumal die vom 25. April bis 16. Mai 1946 in Paris stattgefundene Außenminister-Konferenz der vier Großmächte zur Vorbereitung der Friedensverträge mit den ehemaligen Gegnern abgebrochen worden war. Es unterlag keinem Zweifel, daß das endgültige Scheitern einer Einigung über die deutsche Frage und damit die Hinnahme der deutschen Spaltung als Faktum der Weltpolitik nur noch eine Frage des Datums sein würde.

Am 8. Januar 1947 anläßlich der Tagung des in der amerikanischen Zone schon im Oktober 1945 gebildeten Länderrats führte General Lucius D. Clay aus:

»Es tut mir leid, daß ich die Dezembertagung des Länderrats versäumen mußte. Der Grund hierfür war mein Aufenthalt in den Vereinigten Staaten, um Besprechungen mit den Vertretern der Vereinigten Staaten und dem Vereinigten Königreich zwecks eines wirtschaftlichen Zusammenschlusses der beiden Besatzungszonen in Deutschland zu führen. Ich weiß, daß Ihnen die Einzelheiten, welche in Washington vereinbart wurden und welche zur wirtschaftlichen Verschmelzung der beiden Zonen ab 1. Januar führten, bekannt sind. General Robertson, der stellvertretende britische Militärgouverneur, hat mich für den 23. Januar nach Minden eingeladen, um gemeinsam die Probleme in bezug auf den wirtschaftlichen Zusammenschluß zu besprechen. Die Ministerpräsidenten der britischen Zone werden anwesend sein, und ich möchte hiermit die Ministerpräsidenten der US-Zone einladen, auch an dieser Sitzung teilzunehmen.«

An einer anderen Stelle dieser Rede heißt es:

»Das Potsdamer Protokoll hat die Errichtung von zentralen Verwaltungsämtern für Nachrichten, Verkehr, Finanzwesen, Industrie, Handel und Gewerbe vorgesehen, und nachträglich hat die amerikanische Militärregierung ihre Unterstützung für ein zentrales Verwaltungsamt für Ernährung und Landwirtschaft bekanntgegeben.

---

* Quelle: Lucius D. Clay, Entscheidung in Deutschland

Wenn auch die Schaffung dieser Verwaltungsämter sich für ganz Deutschland noch nicht verwirklicht hat, so sind sie doch in der amerikanischen und britischen Zone aufgrund des wirtschaftlichen Zusammenschlusses errichtet worden.
Jeder Staat der amerikanischen Zone ist bei den errichteten bizonalen Verwaltungsämtern durch einen zuständigen Staatsbeamten vertreten, und jeder Staat hat deshalb ein entsprechendes Wort in der Festlegung der Gesamtpolitik. Auf diesen Gebieten ist es für den Länderrat offensichtlich nicht mehr nötig, die direkte Verantwortung zu übernehmen, jedoch tritt die Militärregierung für die Fortsetzung eines Erfahrungsaustauschs im Länderrat ein. Wenn jedoch die bizonalen Verwaltungsämter eine Abmachung getroffen haben, wird erwartet, daß alle Staaten diese Abmachung nach bestem Wissen und Gewissen einhalten; den Ministerpräsidenten wird von der Militärregierung entsprechende Vollmacht erteilt, und sie werden die Verantwortung für eine derartige Durchführung tragen.
Die Militärregierung wird den bizonalen Ämtern nicht erlauben, Staatsaufgaben zu übernehmen, und wird darauf bestehen, daß die Verantwortung für die Durchführung von bizonalen Verfügungen bei der Staatsregierung verbleibt. Von Verordnungen durch die Militärregierung wird nur in letzter Instanz Gebrauch gemacht, falls eine Minderheit der Staaten nicht bereit ist, eine bizonale Verfügung, wie sie von dem betreffenden bizonalen Amt herausgegeben wurde, durchzuführen.
Es wird jedoch auch andere Angelegenheiten geben, in welchen Einheitlichkeit in ganz Deutschland, auf jeden Fall aber innerhalb der US-Besatzungszone, wünschenswert wäre. Ich verweise auf Angelegenheiten wie Wiedergutmachung, Sozialversicherung, Finanzreform, Kartellentflechtung und ähnliche Maßnahmen, die nur erfolgreich sein können, wenn sie einheitlich angewandt werden.«

In der ersten im April 1945 für die amerikanische Militärregierung in Deutschland erlassenen Direktive JCS 1067 stand geschrieben:

»Deutschland wird nicht mit dem Ziel der Befreiung besetzt werden, sondern als eine besiegte feindliche Nation zur Durchsetzung wichtiger alliierter Interessen.«

Welche Wandlung begann nun durch Stalins Fügung!

Länderrat mit parlamentarischer Begleitung

Bereits am 5. Oktober 1945 ist durch die Militärregierung der amerikanischen Zone der mit beschränkten Vollmachten ausgestattete Länderrat der Länder Bayern, Hessen und Württemberg-Baden gebildet worden, zu denen im März 1947 Bremen hinzukam. Seine Arbeit verlief zunächst nach autoritären Gesichtspunkten. Alle Beschlüsse mußten von den drei Ministerpräsidenten – später unter Einschluß des Bremer Senatspräsidenten – einstimmig und ohne Mitwirkung der Länderparlamente gefaßt werden. Keine parlamentarische Körperschaft konnte die Arbeit des Süddeutschen Länderrats kontrollieren, selbst die Verfassunggebenden Landesversammlungen hatten nur in wenigen Fällen Gelegenheit, seine Tätigkeit zu beeinflussen. Die drei Länderregierungen waren durch die Militärregierung ernannt. Nur die Ministerpräsidenten besaßen in bestimmten Fällen das Recht der Gesetzgebung.

Durch die Verabschiedung der Verfassungen und die Wahl von Landtagen änderte sich nicht nur die rechtliche Struktur der Länderregierungen, sondern auch die des Süddeutschen Länderrats. Nach lebhaften Auseinandersetzungen in den Fraktionen der Landtage setzten sich die Abgeordneten durch, die auf eine parlamentarische Mitwirkung drängten. Ich habe mich an diesem dringenden Drängen beteiligt. Wir konnten erreichen, daß Ministerpräsidenten und Präsidenten der Landesversammlungen der drei süddeutschen Länder zusammenkamen, um eine Regelung über die parlamentarische Kontrolle des Länderrates herbeizuführen. Im September 1946 wurde von ihnen der Antrag gestellt, die Militärregierung möge die Erlaubnis geben, einen Parlamentarischen Beirat einzurichten. Diesem Begehren stimmten die Amerikaner erst nach den Landtagswahlen zu, aber ohne die direkte Wahl der Mitglieder des Parlamentarischen Rates zuzulassen. Darüber war mit ihnen leider nicht zu reden.

Der Parlamentarische Rat sollte die notwendige Angleichung der Gesetzgebung der Länder fördern, Stellung nehmen zu allen Gesetzentwürfen sowie Rechtsverordnungen, die dem Länderrat vorgelegt wurden, und zu Kontrollmaßnahmen, die dem Länderrat durch das »Coordinating Office« zugingen. Der Parlamentarische Rat beim Länderrat bestand aus 24 Mitgliedern, von denen je sieben aus Bayern, Hessen, Württemberg-Baden und drei aus Bremen entsandt worden waren. Er tagte gemeinsam mit dem Länderrat oder auch in gesonderten Sitzungen. Alle Mitglieder, unter denen sich die Landtagspräsidenten befanden, waren ständige Angehörige des Rats und hatten je einen Stellvertreter. Den Vorsitz im Parlamentarischen Rat führte ein Mitglied des Landes, dessen Ministerpräsident den Vorsitz im Länderrat hatte. Die Mitglieder dieses Landes bestimmten den Vorsitzenden.

Der Parlamentarische Rat setzte sich wie folgt zusammen:

Bayern:
Landtagspräsident Dr. Michael Horlacher (CSU), Dr. Alois Hundhammer (CSU), Dr. Josef Müller (CSU), Jean Stock (SPD), Georg Hagen (SPD), Alfred Loritz (WAV), Thomas Dehler (FDP).

Württemberg-Baden:
Fridolin Heurich (CDU), Josef Andre (CDU), Paul Bausch (CDU), Landtagspräsident Wilhelm Keil (SPD), Alex Möller (SPD), Dr. Wolfgang Haußmann (DVP), Albert Buchmann (KPD).

Hessen:
Landtagspräsident Otto Witte (SPD), Wilhelm Apel (SPD), Wilhelm Arneul (SPD), Dr. Erich Köhler (CDU), Georg Stiehler (CDU), Walter Fisch (KPD), Stelefeld (LDP).

Bremen:
Josef Böhm (SPD), Bernhard Vogelsang (SPD), Friedrich Schulze (BDV).

Besprechungen der Ministerpräsidenten zur Klärung des Verhältnisses zwischen den Zweizoneninstanzen auf der einen und den Ländern und ihrer Gesetzgebung auf der anderen Seite zeigten die Tendenz, die Verbindlichkeit der bizonalen Beschlüsse für die Länder eindeutig festzulegen. Die entsprechenden Landesgesetze sollten von den Ministerpräsidenten in Kraft gesetzt werden. Der Einfluß der Landtage in der amerikanischen Zone wurde dadurch erheblich eingeschränkt, denn der Parlamentarische Rat hatte nur eine beratende Funktion, die allerdings zum Beispiel bei Empfehlungen einiges Gewicht besaß.
Meiner Meinung nach wäre es richtiger gewesen, diesem Parlamentarischen Ausschuß unter maßgebender Mitwirkung der Ministerpräsidenten die Beschlußfassung über die Länderratsgesetze zu übertragen, aber das war bei der ablehnenden Haltung der Amerikaner nicht realisierbar.

Wir wurden jedoch am 6. März 1947 vom Koordinierungsausschuß der amerikanischen Militärregierung beim Länderrat durch folgende Proklamation überrascht:

»Artikel 1: Gemäß ihren Verfassungen haben die Länder Hessen, Württemberg-Baden und Bayern volle gesetzgebende, vollziehende und richterliche Gewalt, die lediglich durch die folgenden, von dem stellvertretenden Militärgouverneur in den die Verfassungen bestätigenden Schreiben gemachten Vorbehalte eingeschränkt sind:
a) Internationale Vereinbarungen, an denen die Vereinigten Staaten beteiligt sind;
b) Viermächtegesetzgebung;
c) Befugnisse, die der Militärregierung zur Verwirklichung grundlegender Ziele der Besatzungspolitik vorbehalten sind.
Artikel 2: Auf den nach Artikel 1 dieser Proklamation der Militärregierung vorbehaltenen Gebieten, und nur auf diesen, bleibt die Machtbefugnis der Militärregierung und der von ihr ermächtigten Ministerpräsidenten, wie in Proklamation Nr. 2 der Militärregierung vorgesehen, bestehen.
Artikel 3: Gesetzgebung auf den der Militärregierung vorbehaltenen Gebieten, die von den Ministerpräsidenten aufgrund des Artikels 2 dieser Proklamation verlesen und verkündet wird, bedarf vor ihrer, in Artikel 3 der Proklamation Nr. 2 der Militärregierung vorgesehenen Verkündung der Genehmigung der Militärregierung.«

Fingen wir allmählich an, uns freizuschwimmen – wir in der amerikanischen Zone?
Und allen Naturgesetzen zum Spott geht politisch im Osten die Sonne nicht auf, sondern unter.

Das war »Reitzenstein«

Nachdem in einer Direktoriumssitzung in Anwesenheit der Landtagspräsidenten die Formalitäten der Mitarbeit des Parlamentarischen Rates beim Süddeutschen Länderrat befriedigend erledigt waren, wirkte dieses parlamentarische Kontrollorgan erstmalig am 11. März 1947 bei der Tagung des Länderrats mit. Ich machte mich auf den Weg zur Villa Reitzenstein und war überzeugt, daß die Neuankömmlinge nicht gerade mit Blumen empfangen würden. Der Generalsekretär, Herr Rossmann, zeigte ein gewisses Wohlwollen und erklärte, wie wir unser Tun und Lassen einzurichten hätten. Dann erfolgte die Vorführung bei dem amerikanischen Chef des Hauses, Herrn Dr. Pollock, der sich entschlossen

hatte, von uns wohlwollend Kenntnis zu nehmen. Es schien etwas Sonne, und ein Zipfelchen wischte mit hellen Tupfen unser Lampenfieber einfach weg.
Die parlamentarischen Gruppen hatten sich schon angebiedert, was damals noch möglich war und nicht unbedingt als Verstoß gegen die guten Sitten angesehen wurde. Wir Sozialdemokraten waren neun von 24, erklärten, wir seien eine Fraktion und ich der Vorsitzende. Wir machten natürlich kein Aufhebens von solchen Unerläßlichkeiten, aber als »Fraktion« haben wir oft getagt und versucht, uns zu koordinieren. Mancher meint, das wäre sicher immer leicht gewesen, wenn die sozialdemokratischen Länderchefs von Bremen und Hessen dabei waren. Na ja, wir lernten ständig etwas hinzu.
Der Reitzenstein, auf dem einmal ein Nazi-Gauleiter und Reichsstatthalter Murr gesessen hatte, war schon imponierend. Allein das Gefühl, so von oben herab auf Stuttgart blicken zu können, ist von besonderem Reiz gewesen. Im prächtigen Park durften wir uns allerdings erst viel später unter Reinhold Maier verlaufen.
Unser Antritt am 11. März hat General Clay Glück gebracht, denn vier Tage später übernahm er von General McNarney das Amt als Militärgouverneur. Einmal im Monat empfing General Clay den Länderrat und den zugeordneten Parlamentarischen Rat. Seine Reden waren instruktiv und von einer beachtlichen Offenheit. Anstelle einer eigenen Darstellung soll dieser Bericht der »Rhein-Neckar-Zeitung« Näheres aussagen:

»Stuttgart, 7. Mai 1947. In seiner Rede auf der Sitzung des Länderrats wandte sich General Clay besonders gegen den Mißbrauch der Produktion durch solche Fabrikanten, die ihre Güter dem Markt fernhalten, teils um sie als Anreiz für Arbeitskräfte zu verwenden, teils um unter Umgehung der Produktionskontrolle hohe Preise zu erzielen. Der General forderte den Rat auf, Maßnahmen zur Schließung entsprechender Fabriken und ein Programm für eine gerechtere Verteilung auszuarbeiten. In seinen weiteren Ausführungen hatte der General das Funktionieren des Länderrates bei der restlosen Erfassung aller inländischen Lebensmittelreserven als dessen gegenwärtig wichtigstes Problem bezeichnet. Er ließ dabei wieder seine bekannten Zweifel durchblicken, ob in dieser Hinsicht auch alles Erforderliche getan würde. Schließlich kritisierte er noch, daß bis jetzt nur 37 Prozent der im vergangenen Jahr vom Länderrat erlassenen 27 Gesetze von den Ländern verkündet wurden,

und forderte die Einführung eines Kontrollsystems, um prüfen zu können, ob die Gesetze in den verschiedenen Ländern verabschiedet werden.
Die an General Clay in der anschließenden Pressekonferenz und auch während einer Besprechung des Generals mit Gewerkschaftsführern gestellten Fragen kreisten wie stets vor allem um die immer wiederkehrenden Tagesfragen: Ernährung, Zonenvereinigung, Demokratisierung oder außenpolitische Hoffnungen, zu denen indessen kaum Neues zu sagen war. Zur Zweizonen-Verwaltung äußerte der General, daß die Zusammenlegung der bizonalen Ämter an einem Ort gegenwärtig Gegenstand ernster Erwägungen sei. Clay betonte, daß diese Zusammenlegung nicht einem politischen Zusammenschluß der beiden Zonen gleichkommen würde, und fügte hinzu: ›Ich bezweifle sehr, daß es vor der nächsten Außenminister-Konferenz zu einer vollen politischen Einheit der zwei Besatzungszonen kommen kann.‹ Die Frage der Währungsreform erfuhr diesmal insofern eine erweiterte Beantwortung, als Clay erklärte, er sei nicht der Meinung, daß die Einigung Deutschlands die Voraussetzung zu dieser Reform sei.«

Der Schlußabsatz des Berichts sei hinzugefügt:

»Die eigentliche Sitzung des Länderrates am Nachmittag sah den Parlamentarischen Rat in Opposition. Er reichte seine angekündigte Stellungnahme zu dem in der vorigen Sitzung ›aus Terminnot‹ angenommenen Entwurf einer Verordnung über den Warenverkehr nach. Der Entwurf, so wird festgestellt, bedeute ›eine Ermächtigung an bestimmte Organe ohne jegliche demokratische Kontrolle und unter Außerachtlassung der verfassungsmäßigen Rechte der Länder‹, der der Parlamentarische Rat nicht zustimmen könne. Er fordere daher einen neuen Entwurf. Die Regierungschefs der vier Länder erklärten, sich die Entschließung des Parlamentarischen Rates zu eigen zu machen und sie an die Militärregierung weiterleiten zu wollen.«

Für die Teilnehmer war es hoch bedeutsam, daß sich General Clay bei der monatlichen Zusammenkunft immer bereit gefunden hat, Fragen aus unseren Reihen zu beantworten. Nur zwei Beispiele:
Aus einem Bericht der »Frankfurter Rundschau« vom 15. Januar 1948:

»Abgeordneter Möller (SPD) wollte Aufschluß über die Auslegung des Artikels IX der Kontrollratsdirektive Nr. 50, die Rückübertragung des konsumgenossenschaftlichen Vermögens betreffend. Es müsse geklärt werden, ob mit den Anlagewerten auch die Kassenkonten und Geldforderungen zu restituieren sind. Er fragte den General, ob er bereit sei, im Kontrollrat für eine Entscheidung dahin gehend einzutreten, daß konsumgenossenschaftliche Vermögen, die aus Grundbesitz, Anlagen, Geldforderungen, Resten und Verbindlichkeiten bestehen, bei der Durchführung der Rückübertragung unteilbar sind. Hierauf erklärte der General, daß diese Angelegenheit auf Viermächtegrundlage besprochen worden sei, jedoch noch keine Übereinkommen bestünden. Er versicherte, sich vom Chef der Finanzabteilung einen Bericht über den gegenwärtigen Stand vorlegen zu lassen, den er dann dem Kontrollrat übermitteln würde.«

Das zweite Beispiel betrifft eine Anfrage, die ich in der Sitzung vom 8. April 1948 gestellt habe:

»In der ›Süddeutschen Allgemeinen Zeitung‹ vom 2. April dieses Jahres wird berichtet ›über eine eventuelle Trennung der Länder Württemberg-Baden. Diese angeblich sowohl von der französischen wie von der amerikanischen Besatzungsmacht gebilligte Maßnahme soll auf eine Wiederherstellung der beiden Länder in ihren alten Grenzen abzielen, wobei Württemberg amerikanisch, Baden französisch besetzt würde‹. Am Schluß der Meldung wird behauptet, daß die Entscheidung, für die sich insbesondere die Bevölkerung von Nordbaden stärkstens interessiert, ›nach den Berliner Besprechungen der drei Militärgouverneure bereits gefallen sein dürfte‹. Sind Sie, Herr General, in der Lage, den Standpunkt der amerikanischen Besatzungsmacht zu dieser Pressedarstellung bekanntzugeben?«

Antwort des Generals Hays (Stellvertreter von General Clay):

»Ich kann dazu bemerken, daß dies lediglich ein Gerücht ist und daß keinerlei derartige Besprechung stattfand und ganz gewiß keinerlei Entschlüsse in der Angelegenheit gefaßt wurden. Ich weiß nicht, wo solche Gerüchte ihren Anfang nehmen, aber die Zeitungen müssen etwas zum Abdrucken haben.«

Am 28. September 1948 hatte der Süddeutsche Länderrat mit seiner 34. Sitzung die Reihe der regelmäßigen Tagungen offiziell abgeschlossen.

Eine Übergangszeit mit einem Koordinierungsbüro und für die Erledigung noch anstehender Arbeiten war zugestanden worden.
Die Zweizonen-Verwaltung sollte leistungsfähiger ausgestaltet werden.* Amerikaner und Engländer entwickelten mit vielfältigen Vorstellungen eine Aktivität, die dem wirtschaftlichen Schrumpfungsprozeß der Westzonen entgegenwirken und weitergehende deutsche Zuständigkeiten sichern sollte.
Für den Süddeutschen Länderrat läßt sich sagen, daß er eine Annäherung in der Arbeit zwischen der amerikanischen Besatzungsmacht und deutschen Stellen mit der Wirkung erreichen konnte, das deutsche Recht zu begrenzter Gesetzgebung zugestanden zu bekommen und die Möglichkeiten einer guten Zusammenarbeit mit den Ländern der US-Zone genutzt zu haben. Der Entwicklungsprozeß vom Gegeneinander zu immer positiver eingestellten Gesprächspartnern ergab sich in der Bewertung aus der letzten Rede Lucius D. Clays vor dem Süddeutschen Länderrat, vor dem er feststellte, »daß der Länderrat immer bestrebt gewesen sei, die Interessen des deutschen Volkes zu wahren, und daß die Ministerpräsidenten die Rechte ihrer Länder zu wahren bemüht gewesen seien, aber stets in der Bereitschaft, sie dem gemeinsamen Wohl unterzuordnen.«
Über dem Reitzenstein mit seiner wechselvollen Geschichte lag nun jene feierliche Stille der Verheißung von Neuem, von Gutem. Wenigstens die Agonie war vorüber.

---

* Das wichtigste Organ, der Wirtschaftsrat, setzte sich aus 104 von den Landtagen der beteiligten 8 Länder gewählten Abgeordneten zusammen, die sich ihrer Parteizugehörigkeit nach wie folgt verteilten: 40 CDU/CSU, 40 SPD, 8 FDP, 4 Ztr., 2 WAV, 4 DP, 6 KPD. Der Wirtschaftsrat erhielt wirtschaftliche, später auch gesetzgeberische Befugnisse. 24 Vertreter der Landesregierungen bildeten den Länderrat der Bizone, dem das Recht der Gesetzesinitiative und ein Vetorecht gegenüber den vom Wirtschaftsrat verabschiedeten Gesetzen zugebilligt wurde. Das Inkrafttreten war erst nach erteilter Zustimmung durch eine Kontrollinstanz der beiden Besatzungsmächte möglich.
Die Exekutive bestand aus fünf Verwaltungen (Wirtschaft, Ernährung und Landwirtschaft, Finanzen, Verkehr und Post), die von Direktoren unter einem Oberdirektor geleitet wurden (Gesetz vom 9. August 1947).
Die Einbeziehung der französischen Zone ist praktisch nicht erfolgt. Im Januar 1949 wurde in Frankfurt am Main lediglich eine Verbindungsstelle der Länder der französischen Zone bei der Verwaltung des Vereinigten Wirtschaftsgebietes errichtet.

VI. ZWISCHENBILANZ NACH DREI JAHREN

Der Mahnruf vom 17. Juli 1947

Im Landtag von Württemberg-Baden kam es bei der Einbringung des Haushalts 1948 durch den Finanzminister Dr. Heinrich Köhler und in der dann folgenden Debatte am 21. und 22. April 1948 zu einer lebhaften Erörterung der Lage im besetzten Deutschland. In der Bevölkerung wucherten Unruhe und Unwille. Die Abgeordneten hatten insbesondere in Versammlungen heftige Angriffe abzuwehren. Allgemein wurde beklagt, daß sich die Zustände nicht besserten, sondern immer unerträglicher würden. Dabei bestand keine Bereitschaft, die schweren Belastungen anzuerkennen, die 1946/47 durch den härtesten Winter, den Deutschland seit der Jahrhundertwende erlebt hatte, und den ungewöhnlich trockenen Sommer, der dann folgte, zu überwinden waren. Schnee und Eis hemmten den Verkehr. Kohle- und Eisenmangel zwangen zu Betriebsstillegungen. Wohnungen und Büros konnten nicht mehr beheizt werden. Die Menschen verzweifelten. Dann kam die Hungerkrise. In den zerbombten, im Wiederaufbau befindlichen, aber nunmehr um Hoffnungen gebrachten Städten stand man vor den Läden wieder Schlange. Auf dem Lande herrschte eine trostlose Dürre. Für die deutsche Wirtschaft fehlten jegliche Reserven. Das Geld bestand aus einem Scheinwert. Die Länder hatten keine Mittel, helfend einzugreifen; von ihrem guten Willen konnte niemand leben. Überall waren erneut Verzweiflung und Unwille erkennbar.
Es nutzte nichts, in der amerikanisch besetzten Zone klarzumachen, daß im Herbst 1947 die Militärregierung neue Direktiven erhalten hatte, die den »Aufbau eines stabilen und produktiven Deutschlands« einleiten sollten.
Von all den Bekundungen unserer ausweglos erscheinenden Lage halte ich den sachlich überzeugenden Mahnruf des Deutschen Städtetages an die Weltöffentlichkeit, am 17. Juli 1947 in Goslar beschlossen, für ein

die anklagenden Realitäten nüchtern zusammenfassendes Dokument, das nicht in Vergessenheit geraten darf. Hier ist der Wortlaut:

»Goslarer Entschließung zur Not des deutschen Volkes. Der Hauptausschuß des Deutschen Städtetages hat mit tiefem Ernst Berichte über die Ernährungs- und Versorgungslage im bevorstehenden Winter und über die soziale und gesundheitliche Lage vor allem in den größeren Städten zur Kenntnis genommen.

Die Massennotstände jeder Art haben sich in einer Weise verschärft, daß Deutschland ein überfülltes Elendsviertel Europas geworden ist. Die gesundheitlichen Schäden haben sich besonders offenbart in der immer weiter fortschreitenden Zunahme der Tuberkulose an Zahl und Bösartigkeit und in der Ausbreitung der Geschlechtskrankheiten. Die Unterernährung, auch soweit sie nicht direkt offenbar wird, führt zu einer zunehmenden Herabsetzung der Leistungsfähigkeit des einzelnen und macht damit den wichtigsten Faktor des Wiederaufbaus zunichte.

Die Verelendung bringt die Gefahr fortschreitender Demoralisierung aller Volkskreise mit sich, die sich trotz aller Sehnsucht nach Wiederherstellung geordneter sozialer, wirtschaftlicher und staatlicher Verhältnisse zu fortgesetzten Übertretungen versucht sehen, wenn sie nicht mit Frau und Kind verhungern und im Winter erfrieren wollen. Von furchtbarer Demoralisierung ist naturgemäß weitaus am stärksten die Jugend bedroht.

Die Unterernährung der Bevölkerung ist die Hauptursache der Katastrophe. Die derzeitigen Zuteilungen erreichen noch nicht ein Drittel der notwendigen Lebensmittel. Die kaum noch nennenswerten Zuteilungen an tierischem Eiweiß und Fett haben, vor allem in größeren Städten, zu einer Zunahme der Sterblichkeit und Erkrankungshäufigkeit geführt. Die biologische Substanz der arbeitenden Bevölkerung wird nicht mehr ausreichen, um den Lebensbedarf des deutschen Volkes in künftigen Jahren zu decken.

Diese Gefahrenlage wird verschärft durch die fürchterliche Wohnungsnot, hervorgerufen durch die Kriegszerstörungen, unzureichende Baustoffe, das Einströmen von 12 Millionen Vertriebenen, die Beschlagnahmen und die völlig widersinnigen Demontagen. Die letzten Reserven an Bekleidung und an den notwendigsten Bedarfsgütern des täglichen Lebens sind oder werden jetzt verbraucht. Das deutsche Volk wird in

dieser Lage den kommenden Winter, vor allem auch ohne genügenden Hausbrand, nicht überstehen können.
Alle diese Faktoren und ihre Auswirkungen sind untereinander verflochten und müssen in zwangsläufiger Steigerung zu einem völligen Zusammenbruch führen.
Die deutschen Städte sind sich mit den anderen Trägern volkswichtiger Aufgaben darin einig, daß das deutsche Volk unter äußerster und selbstloser Anspannung aller seiner Kräfte seinen Teil zur Rettung beitragen muß. Aber die deutschen Kräfte können unmöglich ausreichen. In den Potsdamer Beschlüssen von 1945 war dem deutschen Volke die Belassung ausreichender eigener Hilfsquellen zugesagt worden. Da das nicht geschehen ist, sind wir weiterhin auf nachhaltige Auslandshilfe angewiesen. Die inländischen Produktionsmöglichkeiten müssen durch Planung auf lange Sicht gegen unzweckmäßige Ausplünderung geschützt und in der Ertragsfähigkeit gesteigert werden mit dem Ziel dauernd gleichbleibender Zuteilungen aus Inlandserzeugung und Auslandshilfe.
Die Ernährung muß verbessert werden, sowohl nach der Zahl ihrer Kalorien als auch durch Vermehrung der Zuteilungen an Eiweiß und Fett. Bis zur Überwindung der Winternot müssen die Kohlelieferungen auf Reparationskonto unterbleiben; andere Kohlelieferungen ins Ausland sind nur in begrenztem Maße zur kurzfristigen Gewinnung von Devisen tunlich; im übrigen muß die deutsche Kohle bis auf weiteres ausschließlich der Brennstoffversorgung unseres Volkes, der Steigerung der Lebensmittelversorgung und der Belebung unserer Wirtschaft vorbehalten bleiben; auch auf die Dauer wird es unvermeidlich sein, statt roher Kohle in großem Umfang veredelte Wirtschaftsgüter auszuführen.
Schließlich muß die schleunige und vollkommene Beseitigung der Geldunordnung gefordert werden, denn auch sie ist eine wesentliche Ursache der immer weiter greifenden Zersetzung jeder wirtschaftlichen Tätigkeit.
Die deutschen Städte aller Zonen fühlen sich zu einer unlösbaren Notgemeinschaft verbunden. In der Erkenntnis der Einheit des deutschen Schicksals rufen sie zu einem einmütigen Kampf gegen Not und Elend des deutschen Volkes auf.«

Unrealistische Startbedingungen

Die Parteien mußten sich der Diskussion stellen. Ich selbst habe in dieser Zeit auch gegen Depressionen anzukämpfen gehabt. Zweifel bohrten an allen Stellen. Die Zentralfrage mit ihren Ableitungen beschäftigte den Politiker, der mit sich selbst ins reine zu kommen hatte, wenn er anderen den Glauben vermitteln wollte, wir würden doch schaffen, was die verheißungsvolle Jahresbotschaft des Präsidenten Roosevelt an den Kongreß der USA am 6. Januar 1941 allen Menschen verkündet hatte:

». . . In Zukunft, die wir gesichert wissen wollen, erwarten wir eine Welt, die auf vier grundlegenden Freiheiten beruht.
Die erste Freiheit ist die Freiheit der Rede und der Meinungsäußerung – überall in der Welt.
Die zweite Freiheit ist die Freiheit jedes Menschen, auf seine eigene Art Gott zu verehren – überall in der Welt.
Die dritte Freiheit ist die Freiheit von Not – in heutige Begriffe übersetzt, bedeutet diese Freiheit gegenseitiges wirtschaftliches Verständnis, das jeder Nation für ihre Einwohner ein gesundes Leben in Frieden sichert – überall in der Welt.
Die vierte Freiheit ist die Freiheit von Furcht, die, in heutige Begriffe übersetzt, eine Beschränkung der Rüstungen in der ganzen Welt bis zu einem solchen Grade und in einer so gründlichen Form bedeutet, daß keine Nation in der Lage sein wird, einen Angriff gegen irgendeinen Nachbarn zu unternehmen – irgendwo in der Welt.«

Waren in diesem Sinne die Startbedingungen, die uns im Mai 1945 auferlegt wurden – so fragten wir nach zwei und drei Jahren –, geistig und physisch sowie wirtschaftlich und politisch realistisch? Ich habe dazu in verschiedenen Reden folgendes erklärt:

Geistig: Nach Auffassung der Alliierten bestand das deutsche Volk fast restlos aus Nazis und Militaristen, aus Verbrechern und Verbohrten, aus politischen Versagern und Menschen ohne ausreichenden Mut im richtigen Augenblick. Wer die zwölf Jahre Drittes Reich außerhalb der KZ's überlebt hatte, mußte sich verantworten. (Wer damals Engelszungen gehabt hätte, wäre nicht in der Lage gewesen, diese Sturheit ins Wanken zu bringen. Und wie denkt man in der westlichen Welt heute?*)

---

* Dieses Buch wurde 1978 geschrieben.

Physisch: siehe »Goslarer Entschließung zur Not des deutschen Volkes«.

Wirtschaftlich: Victor Gollancz hat 1947 in einem Brief folgende Frage gestellt: »Vor dem Kriege«, so schreibt er, »hat die Bizone einen großen Teil ihrer Ernährung aus den Landesteilen bezogen, die jetzt unter russischer und polnischer Verwaltung stehen. Haben an dem Verlust des deutschen Ostens für den deutschen Westen die Deutschen oder die Alliierten die Verantwortung?« Angefangen bei der Abtrennung von Gebieten, die für das deutsche Volk lebenswichtig sind, über die Flüchtlingsfrage bis zum Demontageproblem – nichts von einer großen einheitlichen Konzeption des Aufbaus eines friedlichen Deutschlands in einem friedlichen Europa ließ sich erkennen.

Politisch: Die Alliierten hatten eine Vorstellung vom politischen Zustand des deutschen Volkes, die durch Propaganda und nicht durch Erfahrung entstanden war. Propaganda führt etwas vor oder kann an etwas heranführen. Propaganda ist aber keine Entpflichtung vom eigenen Urteil durch eigene Erfahrung. Ein guter Soldat – damit meine ich einen Deutschen – mußte nicht von vornherein ein Nazi oder ein Militarist sein. Nicht jeder, der sich freiwillig in die Gefangenschaft der Alliierten begab, war ein überzeugter Pazifist und Antifaschist. Es gibt einen großen Spielraum zwischen guter und schlechter Haltung. Das haben wir nicht nur in unserem eigenen Volk erlebt, sondern das zeigen uns auch andere Völker.

Ich bin der Letzte, der unsere Sünden und Fehler vergißt, der übersehen will, daß die kleinsten Mittel zu benutzen sind, um eine geringe Verbesserung oder eine bescheidene Hilfe zu erreichen. Aber niemand kann die Tatsache leugnen, daß die Lebensbedingungen des deutschen Volkes in der zur Rede stehenden Zeit nicht von uns, sondern von den Besatzungsmächten bestimmt wurden. Wenn wir uns im Zustand einer allgemeinen Depression befanden, so trugen daran die 1947/48 amtierenden Landesregierungen und die Landesparlamente keine Schuld.
Bei dieser Zwischenbilanz vor dem dritten Jahrestag der bedingungslosen Kapitulation sind noch folgende Feststellungen zu treffen, mit denen wir uns immer wieder in öffentlichen Diskussionen zu befassen hatten:

1. Nach drei Jahren sind noch nicht alle Kriegsgefangenen in die Heimat zurückgekehrt.

2. Nach drei Jahren besteht weniger als vorher die Aussicht auf einen Friedensvertrag.
3. Nach drei Jahren ist keine Übergangslösung der Rechtsbeziehungen zwischen Besatzungsmacht und besetztem Land durch ein Besatzungsstatut in Sicht.
4. Nach drei Jahren bestehen immer noch Zonengrenzen mit all den für Menschen, Verkehr und Wirtschaft unerträglich gewordenen Zumutungen und Hemmungen.

Vor 125 Jahren schrieb der 1798 geborene Hoffmann von Fallersleben dieses unpolitische Lied:

»Ihr wilden Gänse habt es gut,
ihr ziehet frei und wohlgemut
von einem Strand zum andern Strand
durchs ganze liebe deutsche Land.

Uns zahmen Menschen geht's nicht so,
wir reisten gern auch frei und froh
ununtersucht und unbekannt
durchs ganze liebe deutsche Land.

Kaum sind wir aber fort von Haus,
so muß auch schon der Paß heraus.
Wir werden niemals sorgenfrei
vor lauter Zoll und Polizei.«

5. Nach drei Jahren sogenannter Entnazifizierung hat der Kontrollrat die Entnazifizierung der Finanzwirtschaft durch Entfernung der Hitler-Mark noch nicht begonnen. Mit dem Krebsgeschwür der Hitlerschen Finanzwirtschaft im Leibe konnte nach unserer Meinung der deutsche Wirtschaftskörper nicht aus einem Zustand heraus, der zwischen Erschöpfung und Handlungen schwankt, die aus nacktem Selbsterhaltungstrieb geboren sind.

Fehlverhalten vor der Währungsreform

Die Flucht aus den Geldschulden in die vermeintliche Rettung durch Sachwerte (Rohstoffe, Fertigwaren, aber auch halbfertige Produkte) hatte eine Aktivität erzeugt, die einer besseren Sache würdig gewesen wäre. Die unvermeidliche Folge dieses Verhaltens war eine verhängnisvolle Lähmung der deutschen Wirtschaft. Zu viele hofften, durch Hortung von Realwerten und Verminderung flüssiger Mittel dem großen operativen Eingriff ohne Schaden entgehen zu können. Die Übereifrigen übersahen, daß ihre Manipulationen schwerwiegende Folgen für die weiteren Jahre haben konnten; sie wurden allerdings ermuntert durch die leichtsinnige Theorie, die leider auch von leitenden deutschen Stellen in Frankfurt am Main verkündet worden war, daß die Hortung von Waren für die Gesamtwirtschaft günstig sei. Diese Waren würden sich nach der Reform wieder zurückmelden und dann dem »neuen Geld« eine wirkliche Kaufkraft verleihen. Abgesehen von der Tatsache, daß diese nach außen samariterhaft erscheinende Theorie nur die Selbstsucht privilegierter Kreise verdecken sollte, muß ich schon sagen, daß es um die Kaufkraft der neuen Mark schlecht bestellt gewesen wäre, wenn sie auf die gehorteten Sachwerte angewiesen sein würde. Entscheidend blieb, daß diese Spekulationen der Sachwertbesitzer – was scherte sie schon die Masse derer, die von Reichsmark leben mußten – den Schwächezustand unserer nicht lebensfähigen Wirtschaft in einem Ausmaß vergrößerten, daß bei dem kommenden operativen Eingriff günstige Wirkungen für die monetäre Gesundung erschwert wurden. Das ist nicht nur meine Meinung gewesen. Die »Südwestdeutsche Union« schrieb in der Nummer 6/1948:

»In der Debatte über das Enthortungsgesetz wies der Direktor des Verwaltungsamts für Landwirtschaft und Ernährung, Dr. Schlange-Schöningen, darauf hin, daß wir zum ersten Male nach dem Kriege jetzt begründete Aussicht haben, die Ernährungslage wirksam zu bessern. Wenn uns der Himmel im Sommer nicht im Stich lasse, werde uns die Ernte in den Stand versetzen, jeden einzelnen unter uns besser mit Nahrungsmitteln zu versorgen. Voraussetzung für die gute Ernährung sei allerdings, daß innerhalb der nächsten vier Wochen die landwirtschaftliche Produktion vor allem mit Düngemitteln sowie mit landwirtschaftlichen Maschinen und den benötigten Hilfsmitteln versorgt werde. Die

Versorgung mit Düngemitteln ist jedoch durch eine zu hohe Lagerhaltung gefährdet. Die kommenden vier Wochen sind entscheidend für die künftige Ernte und somit entscheidend für unser Schicksal überhaupt. Deshalb müssen sofort und schlagartig Maßnahmen zur Räumung der Lager getroffen werden.«

CDU-Finanzminister Dr. Heinrich Köhler stellte in den »Badischen Neuesten Nachrichten« vom 10. April 1948 fest:

»Die Waren werden teilweise in einem solchen Umfange zurückgehalten, daß der Zusammenbruch eines auch nur einigermaßen geregelten Warenverkehrs ebenso wie unsere geordnete Versorgung mit Lebensmitteln vor der Türe steht.«

Meine Parteifreunde hatten für die am 21. April 1948 beginnende Vollsitzung des Wirtschaftsrates eine Anfrage vorgelegt, die die Gründe ermitteln sollte, »die für die Zurückhaltung außerordentlich großer Mengen lebenswichtiger Güter seitens der Wirtschaftsverwaltung maßgebend sind«. Ein Beispiel genügt, um die Berechtigung dieser Anfrage plausibel zu machen. Am 17. April 1948 konnte man in den Zeitungen lesen, »die amerikanische Militärregierung habe der Verwaltung für Wirtschaft in Frankfurt am Main befohlen, der Verbraucherschaft der vereinigten Westzonen sofort 13 Millionen Meter verschiedenartiger Kleiderstoffe und Tuche zur Verfügung zu stellen. Der Verwaltung für Wirtschaft waren am 19. Februar 1948 insgesamt 27 Millionen Meter dieser Textilien aus Beständen der Militärregierung zur Verteilung an die Bevölkerung übergeben worden. Bisher hatten die deutschen Behörden die Verteilung verzögert und waren auch nicht in der Lage, Beamten des Zweimächtekontrollamtes Aufklärung über die Verzögerung zu geben. Die Militärregierung hat nun befohlen, die restlichen 14 Millionen Meter bis spätestens 25. Mai dieses Jahres in die Verbrauchskanäle der beiden Zonen zu leiten.«
Die Bizone hatte rund 40 Millionen Einwohner. Die Gesamtmenge würde zur Anfertigung von etwa zwölfeinhalb Millionen Kleidungsstükken genügt haben. Die »Stuttgarter Zeitung« kommentierte:

»Stapel blieben liegen. Dabei gibt es in Frankfurt anscheinend viel Ungeziefer. Vor kurzem kam der Tabakwurm in die sehnsüchtig erwarteten amerikanischen Zigaretten. Motten können in zwei Monaten Millionen Meter Textilien fressen. Aber Spaß beiseite – die Sache ist zu ernst. Das

Maß ist langsam voll. Da sind zahllose Kinder, alte Leute, heimgekehrte Kriegsgefangene – in Lumpen. Und in Frankfurt sitzt man auf Bergen von Textilien. Manches Textillager ist zudem aus unserer eigenen Produktion wohlgefüllt. Man entschuldigt diese Hortung mit dem Bedarf bei der Währungsumstellung. Das tut man schon seit Jahr und Tag. Und die breite Masse, die nicht kompensieren kann, geht in Lumpen.«

Man sieht, es ging um »die breite Masse, die nicht kompensieren kann«. Deutsche Stellen sammelten eifrig Minuspunkte. Blindschleichen in Ämtern.

Drei Jahre Reparationen

Zur Zwischenbilanz drei Jahre nach der Kapitulation gehört das zur Beurteilung wichtige Kapitel der Reparationen. Selbstverständlich mußte Deutschland nach dem Ersten Weltkrieg auch Reparationsleistungen erbringen. Diese Belastungen waren, wie sich später zweifelsfrei ergeben hat, zu hoch und mitbestimmend für die Krisen in der Weimarer Republik. Es diene zum Vergleich, daß Deutschland als ersten Abschlag auf alle künftigen Reparationsforderungen 20 Milliarden Goldmark bis zum 30. April 1921 (Artikel 235 des Vertrages von Versailles) zu zahlen hatte. Im April des Jahres 1921 setzte die Londoner Konferenz unsere Zahlungen auf 132 Milliarden Goldmark fest, die für die nächsten 42 Jahre entrichtet werden sollten. Daneben waren noch Kohle, Holz, Maschinen, Schiffsneubauten, Handelsdampfer und andere Werte an die Alliierten zu liefern.
Am 21. Februar 1948 behandelte die »New York Times« den damaligen Stand der deutschen Reparationsleistungen nach dem Zweiten Weltkrieg und kam zu folgender bemerkenswerten Erkenntnis:

»Deutschland hat in der Form abgetrennter Gebietsteile und beschlagnahmten Eigentums bereits mehr bezahlt als je irgendeine andere Nation. Es muß auch bedacht werden, daß alle deutschen Auslandsguthaben, Handelsbeziehungen und Patente beschlagnahmt worden sind, was allein einer Leistung mehrerer Milliarden Dollar gleichkommt. Hinzu kommt der Wert der abgetrennten Gebiete, der deutschen Flotte, der Kohle und anderer Produkte.«

Im Auftrag der Ministerpräsidenten der Bizone hatte der Bremer Senator G. W. Harmesens unter sachkundiger Mitwirkung von Experten und wirtschaftswissenschaftlichen Instituten ein Gutachten erarbeitet zum Thema »Reparationen – Sozialprodukt – Lebensstandard. Versuch einer Wirtschaftsbilanz«, das Anfang Februar 1948 veröffentlicht worden ist. Aufschlußreich erscheint mir die nachfolgende Tabelle:

Reparationen

Schätzung der bisherigen Leistungen Deutschlands zugunsten der Alliierten

	Wert in Milliarden Reichsmark	Dollar
Entnahme aus innerdeutschem Volksvermögen	100,00	40,0
Deutsche Auslandsguthaben	9,75	3,9
Volkswirtschaftlicher Wert der abgetretenen Gebiete	70,00	28,0
Demontagen und Besitzübertragungen	12,50	5,0
Zwangsexport von Holz	1,00	0,4
Abschöpfung von Steuererträgen in der Ostzone für verschleierte Reparation	4,50	1,8
Einbuße an öffentlichem Vermögen	1,00	0,4
Ablieferung der deutschen Goldbestände	0,75	0,3
Ablieferung der See- und Binnenschiffe	0,50	0,2
Leistungen aus laufender Produktion	10,00	4,0
Reparationen aus laufender Warenproduktion	5,00	2,0
Zwangsexport von Kohle	0,50	0,2
Abschöpfung von Steuererträgen in der Ostzone für verschleierte Reparation	4,50	1,8
Sonstige Leistungen	27,25	10,9
Wert der deutschen Patente, Betriebsgeheimnisse usw.	12,50	5,0
Arbeit der Kriegsgefangenen	5,00	2,0
Demontagekosten	8,00	3,2
Verluste der »Währungsmanipulationen«	1,75	0,7
Vermögensverluste der aus dem Ausland ausgewiesenen Volksdeutschen	40,50	16,2
Bisherige Leistungen insgesamt	177,75	71,1

Sämtliche Berechnungen wurden eher zu niedrig als zu hoch durchgeführt. In knapp drei Jahren nach der Beendigung des Zweiten Weltkrieges hatte Deutschland über 71 Milliarden an Dollarwerten den Alliierten überlassen müssen, eine Summe, die 1948 viermal dem Goldschatz der USA gleichkam.
Was war aber nun dabei herausgekommen? Keine vernünftige Zusammenarbeit, sondern Uneinigkeit bei den Siegermächten, die begannen, ihre eigenen unterschiedlichen Vorstellungen zu realisieren. Amerika wird durch selbstgewonnene Erkenntnisse klug und begibt sich auf den Weg des Marshall-Plans. Die Sowjetunion, mit einer eindeutigen Strategie von Anfang an, kommunistisiert ganz offen die Ostzone zur Erweiterung ihres Machtbereichs, verhindert so die Einheit Deutschlands und torpediert den Demokratisierungsprozeß in der Trizone. Frankreich handelt unter der Befürchtung zukünftiger deutscher Aggressionen, fördert die Teilung Deutschlands, sympathisiert mit allen Vorschlägen, die uns schwächen würden, und will den extremen Föderalismus. Es war nur dem immer schärfer werdenden Konflikt mit der Sowjetunion zuzuschreiben, daß sich die französische Besatzungspolitik mehr und mehr der Linie der beiden westlichen Verbündeten näherte. England kontrollierte an der Ruhr die Schwerindustrie, verwaltete seine Zone zentralistisch und verhielt sich gegenüber den USA kooperativ. Hier ein Zitat aus »Die neue Zeitung« vom 15. April 1948:

»Leider kann kein Staatsmann die Entwicklung bei Übernahme seiner Geschäfte jedesmal auf den Nullpunkt zurückschrauben. Er muß das Schachspiel dort fortsetzen, wo sein Vorgänger es übergeben hat. Hierin liegt keine geringe Tragik. Ihr hat der britische Außenminister Ernest L. Bevin Ausdruck gegeben, als er bedauernd aussprach, er würde seinen Posten nicht angenommen haben, wenn er sich damals schon der Folgen der Abmachungen von Jalta und Potsdam voll bewußt gewesen wäre. Die Fehler der Vergangenheit auszulöschen, ist unmöglich. Aber mit Geduld, unermüdlicher Geduld und Realismus ist es möglich, aus Vergangenheit und Gegenwart jene Zukunft zu weben, die allen Völkern ein Höchstmaß an Glück und den Genuß eines gesegneten Friedens bringt.«

Fehler begehen dürfte menschlich sein.
Fehler erkennen bedarf einer Hilfsgemeinschaft.
Fehler wiedergutmachen ist einfach Glückssache.

VII. WENDE DURCH DEN MARSHALL-PLAN

Ein mutiger Entschluß

Im Kontrollrat, der im August 1947 eine Sitzung abhielt, kam es – wie in letzter Zeit immer – zu harten Auseinandersetzungen, bei denen die Sowjets bewußt in die Grauzone des Unzumutbaren vordrangen. Sie stellten die Geduld und die Vorstellungskraft der Amerikaner, man werde sich letzten Endes doch einigen, auf eine harte Probe. Amerikaner und Engländer legten ein abgeändertes Industrieprogramm für die Bizone vor, das schon nach Kriegsende einen vernünftigen Ausgangspunkt für die nun nicht zu umgehenden Maßnahmen der Siegermächte abgegeben hätte.

Aber da gab es noch den Morgenthau-Plan*, der bis zu der Absurdität ging, daß die Vernichtung der deutschen Industrie einen Segen für Europa bedeuten werde! Und ausgerechnet jetzt, wo die westliche Seite Maßstäbe setzte, die auch die Vorbedingungen für die Effektivität des Marshall-Plans schaffen würden, erklärte der Sowjetrusse, »ein solches Übereinkommen müsse zur Benachteiligung der Interessen des deutschen Volkes führen«. General Clay erwiderte**: »Zweieinhalb Jahre lang hat sich die amerikanische Vertretung verzweifelt um Wirtschaftseinheit bemüht. Die Protokolle sprechen deutlich genug. Wir haben nicht vor, die amerikanische Zone durch weitere fruchtlose Diskussionen in ein Wirtschaftschaos treiben zu lassen, das der Wiedergesundung ganz Europas schädlich wäre.« Clay fährt im Text seines Buches mit dem Satz fort: »Es war unverkennbar geworden, daß der Alliierte Kontrollrat als Regierung für das besetzte Deutschland versagt hatte.« Dem kann ich nichts hinzufügen.

Auf diesem Hintergrund muß man die Rede verstehen, die der amerika-

* Henry Morgenthau jr., Germany is our Problem, 1945
** Quelle: Lucius D. Clay, Entscheidung in Deutschland

nische Außenminister George C. Marshall* am 5. Juni 1947 in der Harvard-Universität gehalten hat. Ein Auszug verdeutlicht den Vorgang:

»Bei den Überlegungen, welche Maßnahmen für den Wiederaufbau Europas erforderlich sind, ist in den letzten Monaten deutlich geworden, daß die sichtbare Zerstörung wahrscheinlich ein weniger ernstes Problem darstellt als der völlige Zusammenbruch der europäischen Wirtschaftsstruktur ... Die Industrien sowohl in den Ballungszentren als auch in den kleineren Städten produzieren nicht hinreichend Güter, um den Bedarf an Lebensmitteln, den die Landwirtschaft decken muß, bezahlen zu können ... In den Städten herrscht Mangel an Nahrungsmitteln und Brennstoffen. Die Regierungen sind deshalb gezwungen, ihre Devisenbestände und Auslandskredite einzusetzen, um den notwendigen Lebensbedarf im Ausland zu beschaffen ... Europas Bedarf an ausländischen Nahrungsmittellieferungen und sonstigen lebenswichtigen Produkten ist in den nächsten drei oder vier Jahren so viel größer als seine gegenwärtige Finanzkraft, daß es auf grundlegende zusätzliche Hilfe angewiesen ist.

Es ist zwingend, daß die Vereinigten Staaten alles in ihrer Macht Stehende tun sollten, um bei der Rückkehr zu einem gesunden Wirtschaftsleben in der Welt Hilfe zu leisten, weil andernfalls politische Stabilität und gesicherter Friede nicht gewährleistet sind. Unsere Politik richtet sich weder gegen ein Land noch gegen ein politisches System, sondern gegen Hunger, Armut, Verzweiflung und Chaos. Amerikanische Hilfe sollte nicht allein dann gewährt werden, wenn Krisen entstehen. Was auch immer diese Regierung künftig an Hilfe gewähren wird, soll nicht dazu dienen, Symptome zu kurieren, sondern eine grundlegende Therapie darzustellen.

Jede ausländische Regierung, die bereit ist, an dem gemeinsamen Ziel des Wiederaufbaus mitzuwirken, kann der vollen Unterstützung von seiten der USA-Regierung gewiß sein. Jede Regierung aber, die intrigiert, um den Wiederaufbau in anderen Ländern zu verhindern, darf von uns keine Unterstützung erwarten; mehr noch: Regierungen, Parteien oder gesellschaftliche Gruppen, die versuchen, das menschliche Elend zu

* Im Jahre 1953 erhielt Marshall für seine Verdienste um den wirtschaftlichen Wiederaufbau Europas und seine Bemühungen um den Frieden den Friedensnobelpreis (zusammen mit Albert Schweitzer).

konservieren, um davon politisch oder auf andere Weise zu profitieren, müssen mit dem entschiedenen Widerstand der Vereinigten Staaten rechnen ...
Unter den Staaten Europas muß Übereinstimmung herrschen über die Erfordernisse der Situation und über die Rolle, die diese Länder selbst übernehmen wollen, um die Maßnahmen unserer Regierung – wie immer diese aussehen mögen – in die Tat umzusetzen. Dies ist die Aufgabe der Europäer selbst.«

Geweckte Bereitschaft

Ein Communiqué des englischen und des französischen Außenministers vom 18. Juni 1947 in Paris begrüßte Marshalls Angebot und regte an, daß alle teilnehmenden europäischen Länder zusammen mit der UNO umfassende Vorschläge für die Realisierung eines solchen Planes machen sollten. Das Communiqué gab weiter bekannt, daß eine Einladung an den Außenminister der UdSSR, Molotow, zu einem gemeinsamen Treffen der Außenminister der drei europäischen Großmächte gerichtet werden solle, um diese Pläne insgesamt zu erörtern. Der Generalsekretär der UNO hatte bereits am 13. Juni seine Unterstützung für das Programm zugesagt.
In der Zeit vom 27. Juni bis 2. Juli trafen die drei Außenminister in Paris fünfmal zusammen. Dabei ließ Molotow die völlige Ablehnung des amerikanischen Angebots durch die UdSSR deutlich erkennen. Er gab vor, um die nationale Souveränität der kleineren Staaten besorgt zu sein. Gleichzeitig drohte er für den Fall der Realisierung schwerwiegende Konsequenzen an. Bevin und Bidault wiesen Molotows Darstellung als völlige Entstellung der Tatsachen zurück. Bidault warnte in seiner Antwort die Sowjetunion davor, Europa in zwei Blöcke zu spalten.
Nachdem die UdSSR eine Beteiligung endgültig abgelehnt hatte, erklärten Bevin und Bidault am 3. Juli 1947, daß ihre Regierungen beschlossen hätten, alle interessierten europäischen Staaten einzuladen, eine Antwort auf den Vorschlag des amerikanischen Außenministers zu entwerfen und ein Komitee einzurichten, dessen Ziel die Erstellung eines Programms für den Wiederaufbau Europas sein werde.
14 Länder akzeptierten die französisch-britische Einladung, und zwar:

Österreich, Belgien, Dänemark, Irland, Griechenland, Island, Italien, Luxemburg, Holland, Norwegen, Portugal, Schweden, Schweiz, Türkei. Andere Länder hatten aufgrund des russischen Einflusses negativ reagiert.
Die Konferenz der Staaten, die sich zur Lösung der außergewöhnlichen wirtschaftlichen Schwierigkeiten durch den Marshall-Plan bekannten, fand unter Vorsitz von Bevin vom 12. bis 15. Juli in Paris statt. Sie setzte ein aus 16 Mitgliedern bestehendes sogenanntes Committee of Cooperation ein, das später unter dem Namen Committee of European Economic Cooperation (CEEC = Komitee für europäische wirtschaftliche Zusammenarbeit) bekannt geworden ist.
Der abschließende Bericht des CEEC wurde am 22. September veröffentlicht. Die Schätzung des vierjährigen Dollardefizits der beteiligten Staaten und Westdeutschlands ergab die Summe von 19,33 Milliarden Dollar. Gleichzeitig enthielt der Bericht detaillierte Pläne für den Wiederaufbau Europas unter Berücksichtigung aller Wirtschaftszweige. Ferner wurden Vorschläge für die Erreichung finanzieller und haushaltswirtschaftlicher Stabilität gemacht sowie Überlegungen über eine Förderung des freien Handels zwischen den beteiligten Staaten vorgelegt.
Am 23. Oktober 1947 berief der amerikanische Präsident Truman den Kongreß für den 17. November zu einer Sitzung über die amerikanische Reaktion auf die europäischen Vorstellungen ein. In einer Botschaft an die Nation verlangte der Präsident schon einen Tag später ein Soforthilfe-Programm und eine langfristige Unterstützung für Europa.
Am 8. November bezifferte das vom Präsidenten eingesetzte Komitee für Auslandshilfe das in Europa in den nächsten vier Jahren zu erwartende Defizit mit 17 bis 23 Milliarden Dollar.
Am 19. Dezember empfahl der Präsident ein Programm zur Annahme, das eine Gesamtsumme von 17 Milliarden Dollar für die nächsten vier Jahre als Hilfeleistung für die CEEC-Länder und »Westdeutschland« vorsah. Als erste Tranche wurde für das erste Jahr des Plans am 3. April 1948 ein Betrag von 5,3 Milliarden Dollar genehmigt. Am 4. April 1948 ist die sogenannte Economic Cooperation Act als gesetzliche Grundlage des Marshall-Plans vom Präsidenten unterzeichnet worden. Damit war das Programm im Prinzip angenommen, in den Einzelheiten jedoch nach wie vor vom Kongreß beeinflußbar. Zur Ausführung des Gesetzes wurde als Aufsichtsbehörde die ECA (Economic Cooperation Admini-

stration = Verwaltung für wirtschaftliche Zusammenarbeit) am 6. April 1948 unter Leitung des Industriellen Paul G. Hoffman eingesetzt. Die Leitung der ECA-Vertretung in Europa – mit Sitz in Paris – übernahm Averell Harriman. Aufgabe der europäischen Vertretung war es, Vereinbarungen über die Durchführung des Plans auszuhandeln. Bis auf die Schweiz, die keine direkte Hilfe von den Vereinigten Staaten wünschte, wurden solche Vereinbarungen mit allen beteiligten Ländern unterzeichnet.

Eine zweite Konferenz der 16 Marshall-Plan-Länder, die in Paris am 15. März 1948 begann, hatte indessen Vorbereitungen für die Errichtung einer permanenten Organisation für europäische wirtschaftliche Zusammenarbeit (OEEC) getroffen. Der OEEC fiel die Aufgabe der Verteilung der amerikanischen Gelder auf die einzelnen Mitgliedsstaaten zu. Von der Gesamtsumme von 4,875 Milliarden Dollar (der ursprüngliche Betrag von 5,3 Milliarden Dollar war vom amerikanischen Kongreß reduziert worden) erhielten Großbritannien über 1,2 Milliarden Dollar, Frankreich 989 Millionen Dollar, Italien 600 Millionen Dollar sowie die britische und amerikanische Besatzungszone Deutschlands zusammen 414 Millionen Dollar.*

Der Marshall-Plan ist von dem kommunistischen Imperium heftig bekämpft worden. Der Not gehorchend entschloß sich die Sowjetunion 1949, mit dem Rat für gegenseitige Wirtschaftshilfe (RGW) ein östliches Pendant zu schaffen.

Der Marshall-Plan hat unzweifelhaft den entscheidenden Beitrag zum Wiederaufbau Europas geleistet. Noch im Jahre 1949 haben die am Marshall-Plan beteiligten Länder der Organisation for European Economic Cooperation in Paris ihre sogenannten long-term-Pläne eingereicht. Darin wird ausführlich dargelegt, mit welchen Maßnahmen und Hilfsmitteln wieder gesunde und normale Verhältnisse in den einzelnen Nationalwirtschaften zu schaffen sind. Im Vordergrund stand dabei das

---

* General Clay hat die am Anfang von außen her kommenden Schwierigkeiten für die Bizone durch sein energisches Handeln abgewehrt (zum Beispiel durch das Telegramm vom 12. April 1948: Clay an Draper persönlich). In der Beurteilung darf nicht übersehen werden, daß erst mit dem Petersberger Abkommen vom 22. November 1949 unsere Mitgliedschaft bei der OEEC nicht mehr von den Hohen Kommissaren (die seit Inkrafttreten des Besatzungsstatuts im Mai 1949 die Militärgouverneure abgelöst hatten), sondern von der Bundesregierung wahrgenommen wurde, die am selben Tage auch das Recht erhielt, nun selbst mit den USA ein bilaterales Abkommen über die Marshall-Plan-Hilfe abzuschließen, das den bisherigen Vereinbarungen entsprach.

Problem des Ausgleichs der Zahlungsbilanzen, da erhebliche Devisenbeträge für zusätzliche Einfuhren zugunsten des Wiederaufbaus zur Verfügung stehen mußten. Eine allen Anforderungen gerecht werdende Lenkung der Einfuhr war aber nur möglich, wenn die gesamte Wirtschafts- und Finanzpolitik eines Landes – angefangen vom Außenhandel und der Währung bis hin zum Lebensstandard des einzelnen und seiner Belieferung mit Konsumgütern – aufeinander abgestimmt wurde. Mit der Beteiligung am Marshall-Plan mußten die einzelnen Staaten ihre Wirtschafts- und Finanzpolitik bis zum Jahre 1952 weitgehend festlegen.

Die Planung im europäischen Raum setzte eine Planung innerhalb der einzelnen Länder voraus, und so ergab sich mit geradezu gebieterischer Notwendigkeit für die einzelnen europäischen Regierungen eine Koordinierung der gesamten Industrie-, Agrar-, Finanz-, Kredit- und Sozialpolitik, um durch direkten oder indirekten Einsatz von Staatsmitteln zusammen mit der Marshall-Plan-Hilfe einen organischen Wiederaufbau zu gewährleisten und jede Fehlleitung von Kapital und Produktion auszuschließen. Im Rahmen dieser sich abzeichnenden neuen Wirtschaftsstruktur interessierten die Unterschiede in der Wahl der Lenkungsmittel ob restriktive Handelspolitik durch Drosselung der Importe oder eine mehr extensive Wirtschaftspolitik – erst in zweiter Linie.

Die Bedeutung des Marshall-Plans lag nicht nur in der Einfuhr dringend benötigter Waren und Rohstoffe für den Wiederaufbau in den einzelnen Ländern, sondern ebenso auch in den Krediten, die der Wirtschaft aus den Gegenwerten für die Warenlieferungen zur Verfügung gestellt wurden. Sie sollten der Erschließung eigener Quellen dienen, die vor allem durch echtes Sparen, das heißt Verzicht auf Konsum, gespeist werden mußten.

25 Jahre danach

Es gibt das verzerrte Bild vom »häßlichen« Deutschen, das immer die Runde macht, wenn der Zweck die Mittel (vermeintlich) heiligt. Ernster nehme ich die im Ausland manchmal anzutreffende Behauptung vom »undankbaren« Deutschen. Jeder von uns hat die Pflicht, solche Pauschalierungen auf die Einzelfälle zu präzisieren und klarzustellen. Bleibt

Negatives zurück, so sollte sich das im weiteren Verhalten niederschlagen. Nichts tun geht nicht.
Im Falle Marshall-Plan haben wir mit dem funktionierenden Erinnerungsvermögen Dankbarkeit entwickeln können.
Am 21. Juli 1971 schrieb mir Bundeskanzler Willy Brandt:

»Das Kabinett hat heute meiner Anregung zugestimmt, Sie mit den Verhandlungen über deutsche Beiträge zum 25. Jahrestag des Marshall-Plans zu betrauen.«

Mit diesem Thema hatte ich mich schon lange beschäftigt. Freunde und ich waren der Meinung, es sei als etwas Außergewöhnliches zu werten, daß der Marshall-Plan das besiegte Deutschland in seinen ökonomischen Wirkungskreis einbezogen hatte.* In den Jahren nach dem Zusammenbruch trugen die Agierenden bekanntlich nicht das Neue Testament unter dem Arm, nicht einmal die Großen bei den Siegermächten. Außerdem: Wer wird sich nach 25 Jahren (und später) daran erinnern, daß Generäle (Marshall und in geistigem Gefolge Clay) so umsichtig waren, das Armenhaus westliches Europa unter Mitwirkung der Deutschen wohnlich werden zu lassen? Historiker wissen besser als ich, wie oft ähnliches in der Geschichte vorkommt. Außerdem sind mir Generäle, die sich in solchen Situationen so verhalten, ungemein sympathisch.
Selbst wenn man das politische Interesse der Vereinigten Staaten am Wiederaufbau Europas in den Jahren unmittelbar nach dem Zweiten Weltkrieg in Betracht zieht, so ist doch die Größenordnung der Marshall-Plan-Hilfe auch aus heutiger Sicht erstaunlich und nicht ohne Bedeutung für manches, was geschehen ist.
Insgesamt wurden in den Jahren 1948 bis 1951 etwa 13 Milliarden Dollar Marshall-Plan-Hilfe an europäische Staaten gegeben, immerhin nahezu 1,5% des Volkseinkommens der Vereinigten Staaten in den entsprechenden Jahren. Pro Kopf leistete jeder Amerikaner etwa 85 Dollar Marshall-Plan-Hilfe.
Jeder Bürger aus Großbritannien, Frankreich, Italien und der Bundesrepublik Deutschland erhielt in diesen Jahren im Durchschnitt eine Hilfe von etwa 56 Dollar. Das waren nicht ganz 3% des Pro-Kopf-Einkommens in Europa.

* Siehe Anlage 3.

Ich flog also nach den USA, mit allen guten Absichten ausgestattet und mit zwei Begleitern ausgezeichnet, von denen der eine der gläubige (soweit unsere Mission in Frage kam) Thomas war, ein ausgezeichneter Kenner Amerikas, und der andere der als Dolmetscher bezeichnete und privat mit Visionen ausgestattete Interpret Heinz Weber. Ich denke, es läßt sich rückschauend mit reinem Gewissen erklären: Wir waren ein gutes, auf Arbeit und Erfolg eingestelltes Trio.
In den USA fand ich in Professor Guido Goldman von der Harvard-Universität den vierten im Bunde, einen idealen amerikanischen Partner, der mit seinen Erkenntnissen über Gestaltung und abzuschätzende Wirkungen einer solchen deutschen Stiftung sowie mit seinen persönlichen Verbindungen zu maßgebenden Kreisen in Wissenschaft, Politik, Wirtschaft und Medien die Gespräche verschaffen konnte, die zum besten Gelingen erforderlich waren.
Zur eigenen Urteilsbildung mögen die beiden ersten Teile des Dokuments dienen, die das Werk von Guido Goldman und einigen seiner amerikanischen Freunde sind:

Die Deutsche Marshall-Stiftung in den Vereinigten Staaten – Eine Dankspende für den Marshall-Plan

Zweckbestimmung*

I.

Die Marshall-Gedächtnis-Stiftung ist eine Stiftung, die am 25. Jahrestag der Verkündung des Marshall-Plans zur Erinnerung an dessen Leistungen und zur Entwicklung neuer Programme der künftigen europäisch-amerikanischen Zusammenarbeit gegründet wurde. Der Marshall-Plan war eine großzügige und weitblickende Bemühung, den Wiederaufbau Europas durch die Bereitstellung amerikanischer Mittel und amerikanischen Wissens zu fördern. In dem durch den Krieg verwüsteten Europa des Jahres 1947 waren Wiederaufbau und wirtschaftliches Wachstum die notwendigen Voraussetzungen für alle anderen politischen und sozialen Bemühungen, weshalb sich in den ersten Nachkriegs-

* Dieses Dokument wurde in den ersten Monaten des Jahres 1972 abgefaßt.

jahren die Zusammenarbeit vorwiegend auf diese wirtschaftspolitischen Ziele richtete.
Heute kennzeichnen Stabilität und Prosperität, Sicherheit und Dynamik die Völker Europas. Seit langem schon sind an die Stelle wirtschaftlicher Abhängigkeit von den Vereinigten Staaten Wirtschaftsbeziehungen getreten, die von Gleichheit, Austausch und Wettbewerb in Handel, Erzeugung und Technologie bestimmt werden. Zur gleichen Zeit, in der Europa seine wirtschaftliche Unabhängigkeit und Initiative wiedererlangte, entstanden jedoch neue Formen gegenseitiger Abhängigkeit zwischen Europa und den Vereinigten Staaten. Gerade der Erfolg der wirtschaftlichen Zusammenarbeit und der sich daraus ergebende und durch den Marshall-Plan eingeleitete wirtschaftliche Fortschritt warfen neue Probleme auf. Einige der vordringlichen Probleme der Gegenwart – beispielsweise Währungspolitik, Handelsliberalisierung, Umweltschutz – sind Ergebnisse dieses Fortschritts und lassen sich nur durch kooperative Anstrengung richtig bewältigen. Daher ist es angemessen, daß eine Hauptaufgabe der Marshall-Gedächtnis-Stiftung darin besteht, Forschung, Studium und Sachverständigenaustausch im Bereich jener Probleme zu fördern, denen sich Europa und Amerika gegenübergestellt sehen und die in den kommenden 25 Jahren zu ihrer Lösung einer solchen kooperativen Anstrengung bedürfen.

II.

Die fortgeschrittenen Industriestaaten Europas sowie die Vereinigten Staaten sehen sich mehr und mehr vor die gleichen Probleme gestellt. In dem gleichen Maße, wie sich die Konzeption des von den fortgeschrittenen Industriestaaten angestrebten Lebensstandards erweitert und auch Lebensqualität sowie Volumen und Verteilung des Wohlstandes umfaßt, muß auch das wirtschaftliche Wachstum mit anderen vordringlichen gesellschaftspolitischen Zielen in Einklang gebracht werden. Die für industrielle, wissenschaftliche und militärische Zwecke entwickelten Technologien werden auch auf anderen Sektoren der Gesellschaft Anwendung finden. Bei der Bemühung um die Verwirklichung dieser neuen gesellschaftspolitischen Ziele lautet die Frage, vor die sich die fortgeschrittenen Industriestaaten gestellt sehen, nicht, ob staatliche Macht eingesetzt werden sollte, sondern wie sie am besten genutzt werden kann. Es liegt auf der Hand, daß die vordringlichsten Probleme der

fortgeschrittenen Industriestaaten – Erziehung, Umweltschutz, Verkehrswesen, Städteplanung, Sozialleistungen – durch eine Erhöhung der wirtschaftlichen Mittel allein nicht gelöst werden können. Ihre Bewältigung hängt auch von der Phantasie und der Einsicht der Regierungen ab, mit der sie sich zugunsten der einen oder anderen Alternativmöglichkeit für den Einsatz öffentlicher oder privater Mittel entschließen. Hierbei können die Völker Europas und Amerikas viel voneinander lernen. Um diesen Lernprozeß zu ermöglichen, müssen die Erfahrungen, die einzelne Staaten beim Versuch einer Lösung vergleichbarer Probleme gesammelt haben, einem weiten Kreis zugänglich gemacht und verstanden werden, damit die Skala möglicher Alternativen, die sich in einem gegebenen Lande den politisch Verantwortlichen bieten, über die rein nationale Erfahrung hinaus ausgeweitet werden kann. Durch die Unterstützung von Forschungsvorhaben über gemeinsame Probleme, durch die Förderung von Kontakten zwischen Personen, die vergleichbare Verantwortung tragen oder gleichgerichtete Interessen teilen, sowie durch die Unterstützung von Bemühungen, gemeinsame Belange genauer zu definieren, versucht die Marshall-Gedächtnis-Stiftung Europäern und Amerikanern zu helfen, bei der Gestaltung ihres gesellschaftlichen Entwicklungsprozesses zu lernen.
Die Dringlichkeit der innenpolitischen Probleme, denen sich diese Gesellschaften gegenübersehen, ist jedoch nur einer der Gründe für die weitere Stärkung des Fundaments europäisch-amerikanischer Zusammenarbeit. Ein ebenso zwingender Faktor ist in der wachsenden Interdependenz der Staaten auf beiden Seiten des Atlantiks zu sehen. Heutzutage können immer mehr Entscheidungen, die ein Volk über Angelegenheiten innerhalb seiner eigenen Grenzen trifft, entscheidende Auswirkungen auf seine Nachbarn und Verbündeten haben. Die Massenwanderung von Arbeitskräften über europäische Landesgrenzen hinweg, die zunehmende Komplexität der internationalen Währungs- und Handelssysteme sowie die über den nationalen Bereich hinausgehenden Auswirkungen innerstaatlicher Grundsatzentscheidungen in Fragen der Umweltverschmutzung und des Umweltschutzes sind kennzeichnend für die Interdependenz der Völker Europas und Amerikas. Viele dieser Prozesse werden jetzt gerade erst erkannt und verstanden.

Dann folgt eine umfassende Darstellung des Programms und der Möglichkeiten, es zu realisieren.

Dank an Amerika

Am 5. Juni 1972 war es dann soweit. Die Universität Harvard empfing in dem Sanders-Auditorium der Memorial Hall den deutschen Bundeskanzler zur Bekundung des Dankes der Bundesrepublik Deutschland, deren Bundestag einstimmig die Gründung der »Deutschen Marshall-Stiftung in den Vereinigten Staaten – Ein Gedenken an den Marshall-Plan« beschlossen hatte. Aus der vor über tausend geladenen Ehrengästen gehaltenen Festrede des Bundeskanzlers Willy Brandt einige wichtige Feststellungen:

»Die Geschichte gibt uns nicht zu oft Anlaß, von Glücksfällen zu reden: Doch hier, in diesem Raum, ereignete sich vor einem Vierteljahrhundert das, was wir mit Recht eine der glücklichen Fügungen dieses Jahrhunderts nennen können, das vom Taglicht der Vernunft nicht so oft überstrahlt gewesen ist.
Wir begehen diese feierliche Stunde miteinander, um uns der Rede zu erinnern, mit der George Marshall vor 25 Jahren jenen Plan angekündigt hat, der zu einer der großartigsten und zugleich erfolgreichsten Leistungen der Vereinigten Staaten werden sollte. Ich habe kein Mandat, für andere als mein eigenes Land zu sprechen, aber ich weiß, und ich möchte, daß man in Amerika weiß: Unsere, der Europäer Dankbarkeit ist lebendig geblieben. Unsere eigentliche Gegenleistung besteht in unserer wachsenden Fähigkeit zur Partnerschaft und dazu, über die Regelung unserer eigenen Angelegenheiten hinaus weltpolitische Mitverantwortung übernehmen zu können . . .
Der Marshall-Plan mobilisierte die Reserven der Vereinigten Staaten, um Westeuropa mit Kapital und Rohstoffen auszurüsten, deren es bedurfte, wenn es seine Lebenskraft wiederfinden sollte. Dieses Programm schloß ausdrücklich das besiegte Deutschland ein. Nicht nur der Großmut, der zur Natur Amerikas gehört, nicht nur die Hilfsbereitschaft, die die Menschen dieses Landes auszeichnet, rieten den Führern dieser Nation, der mächtigsten der Welt, sich dem Geschlagenen zuzuneigen: Hier war selbstverständlich auch ein politisches Kalkül am Werk, das über den Horizont des Tages in kommende Jahrzehnte vorausdachte. Ich meine damit mehr, als daß Amerika verständlicherweise an seine Lage gegenüber der sowjetischen Großmacht dachte. Ich meine vor allem, daß der Marshall-Plan den europäischen Partnern eine enge wirtschaft-

liche Kooperation nahelegte. Darin verbarg sich sogleich der Appell an den Willen zur politischen Gemeinsamkeit.
Dies war das Grundelement des Programms, das ohne Zögern genial genannt werden darf. Es zeichnete, wenn auch in einer vorsichtigen Skizze, das Ziel der europäischen, jedenfalls der westeuropäischen, Einheit vor. Das war mehr als die Erneuerung industrieller Vitalität, die nicht nur in der Bundesrepublik Deutschland nach dem Eingriff der Währungsreform Wunder bewirkte. Jedes Volk des europäischen Westens bewies auf seine Weise einen ungebrochenen Leistungswillen, der nur auf einen Weckruf gewartet hatte.
George Marshall rüttelte mit seinem Plan das verschüttete Selbstbewußtsein Europas auf. Er vermittelte vielen Bürgern des alten Kontinents einen konkreten Anstoß, um die Vision eines einigen und dauerhaft befriedeten Europas von den Sternen auf die Erde herunterzuholen. Der erste Schritt hieß OEEC, Organisation für europäische wirtschaftliche Zusammenarbeit. Die fortschrittlichen Geister Frankreichs, Italiens, der Niederlande, Großbritanniens, auch Deutschlands, waren gedanklich vorbereitet. Der bedeutendste unter ihnen: Jean Monnet. Er war der eigentliche Partner Marshalls in Europa. Dieser große Franzose und Europäer hatte die Notwendigkeit moderner großräumiger Wirtschaftsplanung genauer als andere begriffen: auch wegen seiner genauen Kenntnis der amerikanischen Wirklichkeit. Er wußte, daß die nationalen Grenzen gesprengt oder doch überbrückt werden müßten, wenn der Kontinent wieder lebensfähig werden sollte. Der Schuman-Plan, der mit der Vereinigung der Montanindustrie im Westen des Kontinents ein Vorgriff auf die gemeinsame Organisation seiner wirtschaftlichen Energien war, entstammt der Inspiration dieses Mannes. Seine progressive Entschlossenheit traf sich mit dem realistischen Instinkt dreier konservativer Staatsmänner, deren europäisches Bewußtsein in historischen Schichten verankert war, die tiefer lagen als das Ideal des Nationalstaates: Robert Schumann, Konrad Adenauer und Alcide de Gasperi...
Aus Anlaß des 25. Jahrestages der Ankündigung des Europäischen Wiederaufbauprogramms durch Außenminister George Marshall wollen wir – meine Kollegen und ich, die über die Parteigrenzen hinweg zu Ihnen gekommen sind – Sie von einigen Maßnahmen der Bundesrepublik Deutschland unterrichten, die dazu beitragen sollen, im Laufe der siebziger und achtziger Jahre das Verständnis zwischen den Partnern diesseits und jenseits des Atlantik zu fördern.

1. Die Bundesregierung hat die finanziellen Voraussetzungen für die Errichtung einer Deutschen Marshall-Gedächtnis-Stiftung in den Vereinigten Staaten geschaffen. Die Stiftung ist inzwischen als unabhängige amerikanische Organisation unter dem Namen »The German Marshall Fund of the United States – A Memorial to the Marshall Plan« in das Register des District of Columbia eingetragen worden. Ihre Organe haben sich konstituiert, ihre Satzung ist verabschiedet, und ihre Vertreter sind gewählt worden.
   Die Bundesregierung verpflichtet sich, dieser Stiftung einen Fonds in Höhe von 150 Millionen DM zur Verfügung zu stellen, die im Laufe der nächsten 15 Jahre am 5. Juni eines jeden Jahres in Raten von je zehn Millionen DM gezahlt werden. Auf Vorschlag der Bundesregierung haben alle im Deutschen Bundestag vertretenen Parteien der Bewilligung dieser Mittel zugestimmt.
   Nach den zwischen der Bundesregierung und dem Aufsichtsrat (Board of Directors) der Stiftung getroffenen Vereinbarungen wird der German Marshall Fund die Erträge seines Stiftungsvermögens ohne Einflußnahme deutscher Stellen verwalten und sie zur Förderung amerikanisch-europäischer Studien- und Forschungsvorhaben verwenden.
   Das Interesse der Stiftung wird sich hierbei auf drei Hauptgebiete erstrecken:
   a) auf das vergleichende Studium der Probleme der hochindustrialisierten Länder in Europa, Nordamerika und in anderen Teilen der Welt;
   b) auf das Studium weltpolitischer Fragen, soweit sie das amerikanisch-europäische Verhältnis berühren;
   c) auf die Unterstützung des Fachgebietes ›Europäische Studien‹.
2. Aus dem Stiftungsvermögen des German Marshall Fund of the United States wird auf Anregung der Bundesregierung das Institute of Westeuropean Studies der Universität Harvard im Jahre 1972 eine einmalige Zuwendung in Höhe von drei Millionen DM zur Errichtung eines ›German Marshall Memorial Endowment‹ zur Förderung europäischer Studienvorhaben erhalten.
3. Die Bundesregierung hat dem wissenschaftlichen Austausch mit den Vereinigten Staaten stets besondere Bedeutung zugemessen. Dies hat auch in der nachhaltigen Förderung des deutsch-amerikanischen Fulbright-Programms Ausdruck gefunden. Um die Wirksamkeit die-

ses Programms zu steigern, hat sich die Bundesregierung entschlossen, ihren Anteil an der Finanzierung wesentlich über die von ihr erwartete paritätische Beteiligung hinaus zu erhöhen. Sie wird ihren Beitrag von bisher 2 auf 3,5 Millionen DM pro Jahr steigern.

4. Zur Stärkung der fachlichen Zusammenarbeit zwischen amerikanischen und deutschen Forschungsinstituten hat die Bundesregierung ein Förderungsprogramm für den Austausch hochqualifizierter amerikanischer und deutscher Naturwissenschaftler beschlossen. Das Bundesministerium für Bildung und Wissenschaft wird für dieses Austauschprogramm jährlich einen Beitrag von fünf Millionen DM bereitstellen.
5. Der Stifterverband für die Deutsche Wissenschaft, eine Gemeinschaftsaktion der deutschen gewerblichen Wirtschaft, hat sich verpflichtet, das Förderungsprogramm der Bundesregierung um jährlich 2,5 Millionen DM zu erweitern. Diese zusätzlichen Mittel werden für den Austausch von Vertretern der geisteswissenschaftlichen Fachrichtungen verwendet werden.

Meine Damen und Herren, wir in der Bundesrepublik Deutschland hoffen, daß sich diese Maßnahmen im Sinne der Partnerschaft günstig auswirken werden. Und wir knüpfen dabei an jenen Willen zur Gemeinsamkeit an, der das Programm des Marshall-Plans bestimmt hat . . .«

Dann übergab der deutsche Bundeskanzler die Stiftungsurkunde:

»Stiftungsurkunde der Deutschen Marshall-Stiftung in den Vereinigten Staaten:
Im Namen der Regierung der Bundesrepublik Deutschland möchte ich die tiefe Dankbarkeit des deutschen Volkes für die großzügige Hilfe ausdrücken, die die Vereinigten Staaten durch den Marshall-Plan für den Wiederaufbau Europas geleistet haben.
Als ein Symbol dieser tiefen und dauernden Dankbarkeit bekundet die Regierung der Bundesrepublik Deutschland hiermit ihre Absicht, in den nächsten 15 Jahren 150 Millionen D-Mark für die Einrichtung und Unterhaltung der ›Deutschen Marshall-Stiftung in den Vereinigten Staaten – ein Gedenken an den Marshall-Plan‹ zur Verfügung zu stellen.
Bonn, 5. Juni 1972
gez. Willy Brandt
Bundeskanzler
Bundesrepublik Deutschland.«

Der Vorsitzende des Aufsichtsrats (Board of Directors), Professor Dean Harvey Brooks, erklärte in seiner Antwort:

»Herr Bundeskanzler, meine Herren Mitglieder der deutschen Delegation,
namens des Verwaltungsrats der Deutschen Marshall-Stiftung in den Vereinigten Staaten möchte ich unseren Dank für dieses großzügige Geschenk der deutschen Regierung und der Bevölkerung der Bundesrepublik Deutschland zum Ausdruck bringen. Die Errichtung einer völlig autonomen und unabhängigen privaten Stiftung in einem Lande, deren Kapital von den Bürgern eines anderen Landes bereitgestellt wird, ist meines Wissens etwas ganz Neues und Einmaliges. Hier handelt es sich in der Tat um eine großzügige und einfallsreiche Geste, die in ihrer Neuartigkeit und Kühnheit dem Schritt der Vereinigten Staaten vor 25 Jahren gleichkommt, als diese dem besiegten Land Hilfe anboten. Sie, Herr Bundeskanzler, haben darauf hingewiesen. Der Verwaltungsrat ist sich des großen Vertrauens und der großen Verantwortung bewußt, die uns als den Treuhändern dieses bemerkenswerten Vorhabens erwiesen und übertragen wurden. Ich darf Ihnen versichern, daß wir uns darum bemühen werden, Programme zu erarbeiten, deren Wichtigkeit für die Völker Europas und Amerikas der Bedeutung und Symbolik dieses Geschenkes entspricht. Wir betrachten es alle als Ehre, daß wir bei der Verwirklichung dieser großartigen Konzeption mithelfen durften.
Zum Schluß möchte ich Ihnen, Herr Dr. Alex Möller, den besonderen Dank des Verwaltungsrats für die Rolle aussprechen, die Sie beim Zustandekommen dieses großen Projekts gespielt haben. Sie waren vom Bundeskanzler als sein Vertreter benannt und damit beauftragt worden, den Amerikanern die deutschen Vorstellungen zu erläutern und mit dem amerikanischen Planungsausschuß die Einzelheiten der geplanten Stiftung zu erörtern. Ohne Ihre nie ermüdende Begeisterung für diese Idee, ohne Ihr geduldiges Eingehen auf die Einzelheiten, die bei der Gestaltung eines solchen Vorhabens zu beachten sind, wäre diese großartige Idee vielleicht nie Wirklichkeit geworden.«

Als ich wieder in Bonn war, ehrte mich der Bundeskanzler mit folgendem Schreiben:

»Lieber Herr Möller,
das amerikanische wie das deutsche Echo auf die Errichtung der Deutschen Marshall-Gedächtnis-Stiftung kann alle mit Stolz und Befriedi-

gung erfüllen, die an der Konzeption und Verwirklichung dieses zukunftweisenden Vorhabens mitgewirkt haben. Sie waren persönlich Zeuge der bewegenden Bekundungen der Anerkennung und Dankbarkeit, die in den Vereinigten Staaten unserer Initiative entgegengebracht wurden.
Nachdem nun die Grundlagen geschaffen sind, möchte ich Ihnen, zugleich auch im Namen der Mitglieder des Bundeskabinetts, für das unermüdliche Engagement danken, mit dem Sie die Voraussetzungen für die Stiftung geschaffen und die Verhandlungen mit unseren amerikanischen Freunden zu gutem Ende geführt haben.
Ihr Ansehen ist Ihnen bei der Erfüllung dieser Aufgabe ebenso zugute gekommen wie Ihre Vertrautheit mit den Persönlichkeiten, die das amerikanisch-europäische Verhältnis seit Kriegsende gestaltet haben. Wir sind Ihnen alle hierfür zu Dank verpflichtet.
Mit freundlichen Grüßen
Ihr
Willy Brandt.«

Die zwei Jahre bis zu diesem Ergebnis, das uneingeschränkt bei Amerikanern und Deutschen ein bewegendes Erlebnis war und bleibt, hat den unmittelbar Beteiligten bewiesen, wie gut es ist, wenn miteinander im Geiste der Toleranz und des Versuchs, sich zu verstehen, ehrlich gesprochen wird. Vergeßlichkeit kann nicht vortrefflich sein. Dieses Beispiel Marshall-Plan läßt sich als Beweis anführen. Wenn man ähnliche Beispiele nicht am laufenden Band zu produzieren vermag, bleibt als Trost ein Wort von Schopenhauer: »Die meisten Menschen klagen über ihr Gedächtnis, die wenigsten über ihren Verstand.«

VIII. DIE WÄHRUNGSREFORM

Die Katastrophe von 1923

Es gehört zu den Eigenarten des Menschen, daß er sich nicht gern an Unannehmlichkeiten seines Lebens, an Lasten und Sorgen seiner Vergangenheit erinnert. Die Gegenwart nimmt ihn ganz in Anspruch. Im Hasten unseres Tuns und in dem persönlichen Bestreben, dazwischenliegende Pausen mit den vermeintlichen Annehmlichkeiten des Lebens auszufüllen, bleibt ihm keine Zeit, die schattenhaften Umrisse vergangener Jahre sinnend und für künftiges Handeln zu erfassen. Das Jetzt entsteht aber nicht zuletzt aus Gewesenem.
In dem Zeitabschnitt von 1945 bis 1949 hat doch der eine oder der andere an die Jahre von 1918 bis 1924 denken müssen, soweit er sie bewußt durchgestanden hatte. Beide Male erfolgten grundlegende Umwälzungen im staatlichen Leben, in der Wirtschaft und in unserem Geldwesen. Wenn wir dabei den sich gegen uns stemmenden Gewalten zum Trotz die Chance des neuen Beginns genutzt haben, dann deshalb, weil wir alle Bitterkeiten eines völligen Zusammenbruchs unseres staatlichen Daseins, eines ökonomischen Auflösungsprozesses und des Zerreißens menschlicher Bande durchgemacht hatten.
Der Zusammenbruch der Währung war schlimm. Zweimal mußten wir ihn erleben. Nach dem Ersten und dem Zweiten Weltkrieg zerfiel das Existenzminimum für Bürger und Familie. Man mußte das Lebensnotwendige tauschen, um am Rande wachsender Sorgen noch überleben zu können. Für den Geldüberhang suchte man einen Ausweg. Er wurde auf dem blühenden schwarzen Markt gefunden. Zu hohen Papiermarkpreisen war hier das zu haben, was irgendwie der Bewirtschaftung auf meist unreelle Art und Weise entzogen worden war. Die Geldwirtschaft hatte aufgehört zu existieren, und der Handel spielte sich wie zu Urzeiten wieder als reines Tauschgeschäft ab. Die Preise waren nicht mehr einzuholen.

Am 12. Oktober 1923 schrieb die »Frankfurter Zeitung«:

»Das letzte Stadium der Inflation: Die Preise jagen dem rasenden Dollar-Kurs nach, erreichen schwindelnde Höhen, Milliardenziffern. Von Stunde zu Stunde ändern sich die Preise; wer Geld in der Tasche trägt, rechnet sich nach, wie er stündlich verliert. Käufer und Verkäufer stehen sich erbittert gegenüber; beide fühlen sich übervorteilt. Für ein Pfund Butter wurden an diesem Tage, wenn sie überhaupt zu erhalten war, eineinhalb Milliarden Mark gezahlt, für Margarine 800 Millionen; Eier waren mit 45 Millionen für das Stück verhältnismäßig billig.«

Im Januar 1923 war die Besetzung des Ruhrgebietes durch Frankreich und Belgien wegen deutscher Rückstände bei Sachlieferungen vorausgegangen. Die Reichsregierung Cuno proklamierte den passiven Widerstand, der nach den Angaben von Stresemann, der am 13. August 1923 eine Regierung der Großen Koalition bildete, pro Tag 40 Millionen Goldmark kostete. Stresemann hatte den aussichtslosen passiven Widerstand eingestellt, eine Maßnahme, für die ich mich bei meinem ersten politischen Auftreten in einer Veranstaltung in Berlin mit dem Thema »Passiver Widerstand – wofür, wie lange?« stark engagiert habe.
Von dem unheilvollen politischen Spuk der letzten Monate des Jahres 1923 soll nicht die Rede sein (Ausnahmezustand, Separatistenputsche, Hitlers Proklamation der nationalen Diktatur am 8. November 1923).
Im Oktober 1923 wurde nach zahllosen Vorschlägen, Debatten und Memoranden der erste Versuch zur Neuordnung unseres Geldwesens durch Einführung der Rentenmark als Zwischenlösung unternommen. Eine Billion Papiermark (1000000000000) entsprach einer Rentenmark, 4,2 Billionen Papiermark einem US-Dollar. Das neue Papiergeld war kein gesetzliches Zahlungsmittel und wurde ab 30. August 1924 allmählich wieder eingezogen.
Eine Fülle von finanzwirtschaftlichen und währungspolitischen Maßnahmen sorgte dafür, daß das monetäre Trümmerfeld bereinigt werden konnte. Nach dem Dawes-Gutachten, dem Bericht der von der Reparationskommission eingesetzten Experten vom 9. April 1924, wurde die nach den dort festgelegten Richtlinien umgewandelte Reichsbank die Hüterin der Währung. Das Bankgesetz vom 30. August vollzog dann die Neuordnung der Reichsbank und brachte uns die Reichsmark als nunmehr gültige deutsche Währung auf Goldbasis. Der letzte Abschied von 500 Billionen Papiermark und 200 Billionen Notgeld, einer Geldschöp-

fung von nie gekanntem Ausmaß, war vollzogen. Die Vernichtung von Erspartem sowie von Vermögen und damit der eigenverantwortlichen Vorsorge vor Not und für das Alter wurde zum Trauma der Deutschen. Eindeutig und eindringlich ist festzuhalten, daß man die erste Inflation nicht einfach als unvermeidbar böses Erbe der »geräuschlosen«, aber doch hoch inflatorischen Finanzierung des Ersten Weltkrieges ansehen kann. Während zum Beispiel die Engländer ehrlichere Kriegssteuern als Finanzierungsmittel vorzogen, wurde es bei uns mit über die Notenpresse entstehenden Kriegsanleihen versucht, so daß sich schon bei den Geburtswehen der Republik von Weimar die Gefahr des Geldüberhangs anzeigte. Ein weiteres Unglück war die »Kommerzialisierung« der durch den Vertrag von Versailles diktierten Reparationen. Hätte man sie aus Steuererhöhungen statt aus Auslandskrediten finanziert, so wäre sehr bald die Undurchführbarkeit, jedenfalls vor 1924 und vor den Konsolidierungsplänen von Dawes und Young, unleugbar in Erscheinung getreten. Der Kursverfall der Mark gegenüber dem Dollar und die Billionen-Inflation ungeahnten Ausmaßes hätten sich früher auffangen lassen. Keine Inflation fällt plötzlich vom Himmel; sie ist immer das Ergebnis von Halbherzigkeiten und Fehlern in der Politik.

Der Hintergrund des 20. Juni 1948

Als nach dem Zweiten Weltkrieg die Gesetze über die Neuordnung unseres Geldwesens in Kraft gesetzt wurden, war ich selbst beruflich als Generaldirektor einer Lebensversicherungsgesellschaft und in meiner Eigenschaft als geschäftsführender Vorsitzender des Finanzausschusses des Württemberg-Badischen Landtags intensiv mit den Auswirkungen dieser Neuordnung befaßt. Es ist selbstverständlich, daß ich daher nicht nur die einschlägigen Veröffentlichungen in der Presse und Vorträge im Rundfunk verfolgt habe, sondern daß ich in zahlreichen Besprechungen Gelegenheit fand, die Reaktion vieler Bürger auf die Währungsreform kennenzulernen.
Dabei ist mir immer wieder eines aufgefallen: daß nämlich die von der Währungsreform Betroffenen für deren Beurteilung keinen zuverlässigen Ausgangspunkt hatten. Gewiß, man gab zu, daß die Verhältnisse vor dem Währungsstichtag unhaltbar geworden waren. Wieder mußte, wie

vor 25 Jahren, das nackte Existenzminimum auf illegalen Schwarzmärkten gedeckt werden, zu Wucherpreisen, die nicht mehr in der restlos entwerteten Papiermark, sondern in der neugeschaffenen »Zigaretten-Währung« ausgedrückt und ausgehandelt wurden.
Aber, so fragten viele: War denn dieser Währungsschnitt mit seinen weitgehenden Auswirkungen auf alle kleinen Sparer, auf die Rentner und auf alle anderen Währungsgeschädigten überhaupt notwendig? Und wenn er schon nicht vermieden werden konnte, war er dann in diesem Ausmaß notwendig?
Die geradezu zwangsläufige Bejahung beider Fragen hätte sich für jeden der Fragesteller ohne weiteres ergeben, wenn er für seine Beurteilung des Problems von dem wirtschaftlichen und finanziellen Erbe ausgegangen wäre, das uns die Führung des Dritten Reiches nach dem politischen und militärischen Zusammenbruch hinterlassen hatte. Darüber wurde zwar viel orakelt, aber die nüchternen Zahlen, durch die eine überzeugende Beweisführung möglich gewesen wäre, blieben nahezu unbekannt.
Ich möchte deshalb aus historischer Notwendigkeit eine Bilanz ziehen, die für jeden objektiv Denkenden erkennbar macht, warum die Währungsreform im Juni 1948 notwendig war und warum es zu einer so starken Abwertung unseres Geldes kommen mußte. Erst dann sei die Geburtsstunde der D-Mark behandelt.
Wir hatten in Deutschland nach den Währungsreformen von 1923/24 bis zum Jahre 1932 eine völlig geordnete Finanzwirtschaft. Obwohl der Verlust des Ersten Weltkrieges, die Inflation des Jahres 1923 und die Weltwirtschaftskrise nach dem Jahre 1929 beträchtliche wirtschaftspolitische Schwierigkeiten hervorgerufen haben, befanden sich unsere Finanzen im Jahre 1932 in keinem schlechteren Zustand als beispielsweise diejenigen der Siegerstaaten des Ersten Weltkrieges. Der Reichsetat wies 1932 Ausgaben in Höhe von rund acht Milliarden RM und einen Fehlbetrag von 1,9 Milliarden RM aus. Die Reichsschuld betrug am 31. Dezember des gleichen Jahres zwölf Milliarden RM.
Diese Zahlen muß man sich einprägen, wenn man die spätere Entwicklung verfolgen will. Interessant ist, daß uns diese Zahlen heute gar nicht so hoch vorkommen, daß sie aber im Jahre 1932 größte Besorgnis ausgelöst haben. Neben der alles lähmenden schrecklichen Arbeitslosigkeit jener Zeit trugen sie zweifellos mit dazu bei, das große Teile des deutschen Volkes am 30. Januar 1933 Adolf Hitler folgten, der versprochen

hatte, er werde nach der Machtergreifung die wirtschaftlichen und finanzpolitischen Verhältnisse schnellstens und grundlegend bessern.
In dem für den weiteren politischen Weg Deutschlands entscheidenden Jahr 1932 hat der Nationalsozialismus die wirtschaftliche und finanzielle Situation des Reiches viel zu ungünstig dargestellt, um aus einer so bewußt gesteigerten Verzweiflungsstimmung politisches Kapital zu schlagen. Tatsächlich war aber am Ende des Jahres 1932 der Tiefpunkt von Arbeitslosigkeit und Wirtschaftskrise überschritten. Vom Beginn des Jahres 1933 an lag eine Erholung der deutschen Wirtschaft nicht nur im Bereich des Möglichen; sie zeichnete sich sogar in Einzelheiten deutlich ab. Anstatt jedoch diese langsam beginnende wirtschaftliche Erholung konsequent zu fördern, trieb das Dritte Reich bewußt eine inflationistische Finanzpolitik, deren Ausmaß durch die verhängnisvolle Devisenbewirtschaftung (auf der Grundlage einer total falschen, die RM gegenüber dem Dollar überbewertenden Parität) und durch das Tempo der Rüstung bestimmt wurde. Die ständig steigenden Ausgaben, insbesondere diejenigen für Rüstungszwecke, die in der Zahlungsbilanz durch die Devisenbewirtschaftung abgefangen wurden, brachten im Januar den Reichshaushalt völlig aus dem Gleichgewicht und ließen den Fehlbetrag lawinenartig anwachsen.
Im Haushaltsjahr 1938, dem letzten Friedensjahr, betrugen die Ausgaben 32 Milliarden RM, die Einnahmen 21 Milliarden RM, der Fehlbetrag belief sich also auf 11 Milliarden RM, verursacht durch die überzogenen Ausgaben für Rüstungszwecke in Höhe von 18 Milliarden RM. Die Reichsausgaben hatten sich in sechs Jahren vervierfacht. Man muß sich weiter merken: Der Fehlbetrag in einem einzigen Jahr hatte nahezu die Höhe der gesamten schwebenden Reichsschuld des Jahres 1932 erreicht, des letzten Jahres vor der Machtergreifung Hitlers.
Ohne Schachts »Bilaterismus« (als Folge der Nicht-Abwertung der Reichsmark, die zu einer unfreiwilligen Super-Aufwertung führte, die den Export zerstörte und Importkontrollen zum Schutze der deutschen Wirtschaft unvermeidbar machte), ohne seinen »Neuen Plan«, ein gigantisches Autarkie und Rüstung forcierendes Investitionsprogramm, sowie ohne seine unseriöse MEFO-Finanzierung wären niemals die ins Unendliche gehenden Budget- und Verschuldungsaufblähungen möglich und machbar gewesen. An Schachts Mitverschulden ändert auch sein spektakulärer Rücktritt von 1939 nichts, zumal sein »berühmter« Brief kein Alibi, sondern ein Geständnis ist, jahrelang die Aufrüstung

über die Notenpresse finanziert zu haben. Ein in höchster Verantwortung stehender Währungs- und Finanzfachmann muß nicht nur über die für sein Amt bestmöglichen Fähigkeiten, sondern auch über die dazu gehörende Moral verfügen. Das gilt allgemein.

Der Zahlentaumel, der kam, als der Zweite Weltkrieg begann, übersteigt die Vorstellungskraft vieler, die sich bereits an Ziffern gewöhnt hatten, die einen schon schwindelig machen konnten. Allein im letzten Kriegshaushaltsjahr sind die Gesamtausgaben des Reiches mit 171 Milliarden RM, davon für Rüstungszwecke 128 Milliarden RM, ausgewiesen worden. Dem standen Gesamteinnahmen von 69 Milliarden RM gegenüber, so daß der Fehlbetrag eines Jahres 102 Milliarden Reichsmark ausmachte! Das alles geschah, obwohl das der Bevölkerung für den Lebensstandard zur Verfügung stehende reale Sozialprodukt wegen der von Jahr zu Jahr größeren Kriegsproduktion schrumpfte, also noch mehr Geld noch weniger Gütern gegenüberstand.

In den zwölf Jahren Nationalsozialismus, der mit den Versprechungen »Sparsamkeit«, »Sauberkeit in der Verwaltung« oder Schlagworten wie »Keiner darf hungern, keiner darf frieren«, »Brechung der Zinsknechtschaft« und »Keiner darf mehr verdienen als 1000 Mark!« die Macht erobert hatte, wurden insgesamt fast 800 Milliarden RM ausgegeben, davon fur Rüstungs- und Kriegszwecke rund 580 Milliarden Reichsmark. Am Ende des Rechnungsjahres 1944/45 betrug der Fehlbetrag mehr als 240 Milliarden RM. Zur gleichen Zeit, das heißt bei Kriegsende, belief sich die verbriefte und nicht verbriefte Reichsschuld auf rund 390 Milliarden RM.

Diese Zahlen müssen alle diejenigen im Gedächtnis behalten, die – sei es als direkte oder indirekte Gläubiger des Reiches – mit der Währungsreform die Liquidation der nationalsozialistischen Staatswirtschaft und Finanzpolitik erlebten, nachdem der trügerische Geldschleier endgültig zerrissen war, der diese Katastrophe leider mehr als drei Jahre nach dem Zusammenbruch verborgen hielt. In dieser Zeit haben sich viele dem Selbstbetrug hingegeben, daß Geldfülle gleichbedeutend mit Reichtum sei.

Die nationalsozialistische Propaganda hatte immer wieder behauptet, daß die werteschaffende Arbeit des deutschen Volkes für den inneren Wert der Reichsmark entscheidend sei. Da aber diese Arbeit unter der Ankündigung »Kanonen statt Butter« in ständig steigendem Maße zur Schaffung einer unproduktiven Aufrüstung eingesetzt wurde, mußte der volkswirtschaftliche Nutzeffekt ausbleiben. Die Deckungsmittel der Reichsmark wurden zu großen Teilen in Zerstörungsmittel aller Art umgewandelt, deren Reste am Ende des Zweiten Weltkrieges kaum noch als Schrott erkennbar waren. In dem Feuerwerk, das die mit Milliardenausgaben geschaffenen Kanonen veranstaltet haben, sind nicht nur unsere Gold- und Devisenbestände, sondern auch die Sparguthaben der Bevölkerung verpulvert worden.

Damit sind die wesentlichen Gründe aufgezeigt, die eine Neuordnung unseres Geldwesens nach der Katastrophe des Zweiten Weltkrieges erforderlich machten. Weder die in der Nachkriegszeit tätig gewordenen Länderregierungen noch die Besatzungsmächte haben die Lage in Deutschland verschuldet, die zum Erlaß von Währungsgesetzen zwang. Wenn man sich über die schmerzlichen Auswirkungen der Währungsreform beklagt, so muß man auf deren Ursprung zurückgehen. Währungsstichtag in diesem Sinne ist der 30. Januar 1933!

Die Geburtsstunde der D-Mark

Seit der deutschen Kapitulation hatten sich die Alliierten sehr gründlich mit den Problemen einer Währungsreform als monetäre Liquidation des Krieges befaßt. Auch auf deutscher Seite beteiligte man sich an der gedanklichen und praktischen Vorbereitung. Zunächst war die Durchführung daran gescheitert, daß sich die drei Westmächte nicht mit den Sowjets über die Zukunft des ganzen Deutschlands und die Europas einigen konnten. Von allen wurde damals schon erkannt, daß eine Währungsreform unabänderliche, für die Zukunft entscheidende Tatbestände schaffen würde. Als feststand, daß die sowjetischen Absichten und die der Westmächte unvereinbar waren, beschlossen diese, die Währungsreform allein in den Westzonen durchzuführen. Wir Deutsche können gar nicht hoch genug veranschlagen, daß uns die westlichen Besatzungsmächte (im Gegensatz zur Neuordnung unseres Geldwesens nach dem Ersten Weltkrieg) die Verantwortung für den schmerzlichen Währungsschnitt, für diese Art der Enteignung, abgenommen haben. Von 100 Reichsmark verblieb nur noch ein Guthaben von 6,50 Deutsche Mark.

Die beiden Militärgouverneure der amerikanischen und der britischen

Zone – die seit dem 1. Januar 1947 zur Bizone, dem »Vereinigten Wirtschaftsgebiet«, zusammengeschlossen waren – hatten im Oktober 1947 eine »Sonderstelle für Geld und Kredit« einrichten lassen und Ludwig Erhard mit der Leitung beauftragt. Der hier erarbeitete Gesetzentwurf zur Neuordnung des deutschen Geldwesens, »Homburger Plan« genannt, sah vor, daß aus 20 alten Mark eine neue Mark werden sollte, wobei Guthaben und Schulden ihren alten Wert beibehielten. Dieser Plan kam nicht zum Zuge. Die deutschen Sachverständigen wurden zwar zu einer Klausur gebeten, doch das Konzept der Westalliierten setzte sich durch, da man nicht mit sich reden ließ. Ich halte es für verständlich, daß vorwiegend die Amerikaner keine Kompromißformel zuließen, die Einheit und Geschlossenheit der Neuordnungsmaßnahmen gestört hätte. Daß sich später nach Bildung der ersten Bundesregierung deutsche Institutionen und deutscher Sachverstand in Verbindung mit dem Abwägen von Auswirkungen verschiedenster Art um den auf Zeit verteilten Abbau ungewöhnlicher Härten bemüht haben, ist erkennbar geworden. Ich selbst habe mich, bedingt durch Erkenntnisse aus meiner beruflichen Arbeit, unter anderem der Regelung der privaten Renten, mit Erfolg angenommen.
Am 19. Juni 1948 erfolgte für die Bevölkerung der Donnerschlag. Rundfunk und Presse brachten die ersten Mitteilungen über die am Sonntag, dem 20. Juni, beginnende Währungsreform. Man hatte sich nicht ohne Grund ein Wochenende ausgesucht, da der Zahlungsverkehr ruhte, praktisch also die Reichsmarkzeit zu Ende gegangen war und am Montag der Neubeginn mit der D-Mark erfolgen konnte. In der Dokumentation der Deutschen Bundesbank »Währung und Wirtschaft in Deutschland 1876 bis 1975« heißt es in dem Beitrag von Hans Möller:

»Das war nur deshalb möglich, weil am Sonntag jeder Bewohner der drei Westzonen einen ›Kopfbetrag‹ von zunächst 40,00 DM im Umtausch gegen 40,00 RM erhielt und das Währungsgesetz die Weitergeltung aller RM-Verbindlichkeiten aus wiederkehrenden Leistungen (wie Löhne, Mieten, Pachten, Renten usw.) nunmehr in DM (Umstellungssatz 1 RM = 1 DM) vorschrieb. So ergab sich auch für die Warenpreise eine Ausgangsbasis in DM, die den alten RM-Preisen entsprach.
Vom Montag an erhielten die öffentlichen Kassen einschließlich Militärregierungen, Bahn und Post sowie alle Arbeitgeber ebenfalls eine ›Erstausstattung‹ als DM-Guthaben bei ihren Hausbanken in gesetzlich vor-

geschriebener und einfach zu ermittelnder Höhe (z. B. bemaß sich der Geschäftsbetrag für Arbeitgeber auf 60,00 DM je Beschäftigten). Damit waren im Laufe der ersten Woche nach dem Stichtag bereits 4 bis 5 Milliarden DM im Umlauf, was wohl mit Recht als ein administratives Wunder anzusehen war. Angesichts der technischen Unmöglichkeit, neue Kleingeldzeichen rechtzeitig herzustellen, wurde eine ausreichende Versorgung mit Kleingeld in der Weise sichergestellt, daß alle RM-Noten und -Münzen bis zum Betrage von 1 RM zu einem Zehntel ihres Nennwertes in DM weitergalten. Dazu kamen minuziöse Einzelbestimmungen für noch nicht ausgeführte Übweisungsaufträge, die Fortgeltung von Fahrausweisen, Postwertzeichen und vielem anderen mehr, die den reibungslosen Übergang von der RM zur DM gewährleisteten.
Dank aller dieser Regelungen und dank einiger vorsorglicher Bestimmungen im Währungsgesetz (§ 3 verbot alle anderen Schuldbemessungsgrundlagen außer der DM*), im Emissionsgesetz (§ 5 setzte eine Umlaufsgrenze von 10 Milliarden DM für Bargeld fest, die nur mit qualifizierter Mehrheit des Zentralbankrats überschritten werden durfte) und im Umstellungsgesetz (§ 28 ›verbot‹ der öffentlichen Hand Haushaltsdefizite) genoß die DM vom ersten Tage an allgemeines Vertrauen, so daß Stockungen in der Versorgung durch Zurückhaltung von Waren praktisch nicht auftraten.«

Am 23. Juni wurden dann die Sowjets aktiv. Sie erklärten, daß in ihrer Zone und in ganz Berlin die Deutsche Mark (Ost) eingeführt und der Besitz der DM (West) unter Strafe gestellt würde. Die Westalliierten antworteten mit der Genehmigung der DM-West auch für die drei Westsektoren Berlins, allerdings mit dem Aufdruck »B«. Die Sowjets hatten bereits für das Geldwesen in ihrer Zone seit 1945 eigene Maßnahmen getroffen (zum Beispiel die Sperrung alter Bank- und Sparguthaben), sahen aber bei ihrer Währungsreform Wirtschaft, Finanzen und Währung nicht als Ganzes, so daß der schwarze Markt weiter existierte. In

* Eine entsprechende Vorschrift zugunsten der RM hatten die Alliierten in ihrem Militärregierungsgesetz Nr. 51 schon beim Einmarsch in Deutschland erlassen; sie war als Schutz der neuen Währung auch im Homburger Plan (§ 1, Abs. 3) vorgesehen. Daß dieses Verbot viele Jahre später angesichts des Bedürfnisses nach Indexierung von langfristigen Schuldverhältnissen noch eine besondere währungspolitische Bedeutung erlangen würde, hat damals wohl keiner der Autoren erwartet.

den Westsektoren bestand zunächst die Doppelwährung. Der Kurs der DM (Ost) sank in wenigen Wochen auf 4 : 1. Am 20. März 1949 wurde die DM (West) in den Westsektoren alleiniges Zahlungsmittel.

Die Folgen in Berlin

Die politischen Konsequenzen der getrennten Währungsreform zeigten sich zuerst in Berlin. Die Sowjetische Militärverwaltung legte den Bahnverkehr mit den Westzonen ab 24. Juni 1948 still. Über eine Luftbrücke begann die Sicherung des Nachschubs, insbesondere an Lebensmitteln, um Westberlin und seine Bevölkerung zu retten. Bereits am 25. Juni landeten die ersten amerikanischen Flugzeuge mit Nahrungsmitteln.
Die Sowjetunion stoppte nicht nur alles, was aus ihrem Machtbereich Hilfe für Westberlin bedeuten konnte, sondern schien auch von dem Erfolg ihrer Blockade überzeugt zu sein. Bis zu 4500 Tonnen pro Tag waren nach Ansicht von Clay erforderlich, um die Westberliner und die westlichen Garnisonen mit den als Minimum errechneten Verbrauchsgütern zu versorgen. Die Vorräte reichten bei Lebensmitteln für 36 Tage und bei Kohle für 45 Tage. Die amerikanisch-englische Luftbrücke bestand 462 Tage und hat mit 277264 Flügen 1831200 t Versorgungsgüter nach Westberlin transportiert.* Zum Durchschnitt von nahezu 4000 t täglich muß festgestellt werden, daß Amerikaner und Engländer mit ein paar altmodischen Flugzeugen begonnen haben, aber ihnen dann eine Intensivierung der Luftoperationen gelungen ist, die niemand – am allerwenigsten die Russen – für möglich gehalten hatte. Im Frühjahr 1949 war man soweit, täglich im Durchschnitt 8000 t einzufliegen. Das ist die Tonnenzahl, die von den Westalliierten auf dem Schienen- und Wasserweg vor der Blockade erreicht wurde. Und das war am 16. und 17. April der Luftbrückenverkehr: Innerhalb von 24 Stunden landete alle 62 Sekunden ein Flugzeug auf den Berliner Flughäfen.
General Clay hat später erklärt (und auch mir in unseren New Yorker Gesprächen bestätigt), »daß er bei der Errichtung der Luftbrücke Washington nicht gefragt, sondern mit dem begonnen habe, was ihm zur

* Quelle: 1949–1969 Zeittafel, 20 Jahre Politik der Bundesregierung, Herausgeber: Presse- und Informationsamt der Bundesregierung

Verfügung stand. Der Kommandeur der US-Luftwaffe für Europa, Generalleutnant LeMay, in Wiesbaden stationiert, habe sofort jedes verfügbare Flugzeug für Berlin mobilisiert.«

Am 19. Juli 1948 kabelte Clay an die US-Regierung:

»Die Welt sieht sich meiner Überzeugung nach jetzt der entscheidendsten Frage, seitdem Hitlers politische Aktion begann, gegenüber. Tatsächlich verfügt die Sowjetregierung sogar über stärkere Mittel, als Hitler sie besaß, um seine Pläne zu verwirklichen. Unter den heutigen Verhältnissen können nur wir die Führung der Welt übernehmen; nur wir sind stark genug, diese aggressive Politik hier und jetzt aufzuhalten. Das nächste Mal kann es zu spät sein. Eine geschlossene Aktion wird sie jetzt, dessen bin ich sicher, ohne Krieg zum Stehen bringen. Sie kann nur gestoppt werden, wenn wir ein gewisses Risiko auf uns nehmen.«

Nachdem Washington Notwendigkeit und Durchführbarkeit dieser Operation erkannt hatte, geschah alles, um den Erfolg zu sichern. Truman schickte Clay die Botschaft:

»Wir haben unseren Geschwadern in allen Teilen der Welt befohlen, nach Europa zu fliegen. Sie erhalten die benötigten Flugzeuge und unsere vollste Unterstützung. Gott segne Berlin.«

Während in den drei westlichen Besatzungszonen ein neues Leben begann, brachen in den drei Westsektoren von Berlin die bei dem um 48 Stunden verspäteten Währungsstichtag erzeugten Hoffnungen leider allzu schnell durch die einsetzende Blockade zusammen. Neue Sorgen bis zur verständlichen Furcht vor dem, was eintreten konnte, erfaßte die Westberliner, die aber – wie so oft damals und immer wieder – schnell erspürt hatten, daß sie die Absichten der Sowjetrussen nur durch ihr Festhalten an der Gemeinsamkeit mit denen, die ein Leben in Freiheit und Frieden anstrebten, zerstören und unrealistisch machen konnten. Die SED begann mit der ihr von der Sowjetischen Militäradministration in Ostberlin verordneten Spaltung der Berliner Stadtverwaltung. Anfang September erreichten östliche Krakeeler, daß die beabsichtigte Tagung der Stadtverordnetenversammlung nicht durchgeführt werden konnte. Die Wiederholung dieses Spektakels gelang am 6. September, so daß der Stadtverordnetenvorsteher, Dr. Suhr, eine Sitzung für den 10. September in den britischen Sektor einberief. Die SED-Fraktion hielt

dieses Vorgehen für »ungesetzlich« und vollzog die Spaltung der Stadtverwaltung.
Nach der Stadtverfassung, die von den vier alliierten Kommandanten gebilligt worden war, mußte 1948 die Wahl einer neuen Stadtverordnetenversammlung erfolgen. Als Wahltag war der 5. Dezember bestimmt worden. Im Oktober lehnten die Sowjetrussen den Termin ab. Als am 30. November feststand, daß die deutschen Behörden sich nicht beirren ließen und daß am 5. Dezember gewählt werden würde, bildete die SED einen aus ihren Anhängern bestehenden neuen Ost-Magistrat und erklärte Fritz Ebert jun. zum Oberbürgermeister. Jetzt war die Stadt Berlin auch juristisch gespalten.
Die Wahlen am 5. Dezember fanden in den Westsektoren selbstverständlich statt. Die Mitglieder der SED, die hier wohnten, mußten sich nach dem Befehl der von der Sowjetischen Militäradministration Gelenkten der Stimme enthalten. 86,3 Prozent der Wahlberechtigten stimmten für das neue Stadtparlament. Professor Ernst Reuter, der große Kämpfer für die Freiheit der Berliner, wurde daraufhin Oberbürgermeister.
In den ersten Januartagen des Jahres 1949 flog ich nach Berlin. Ich entschloß mich hierzu aufgrund von Briefen, die mir durch Mitarbeiter der von mir geleiteten Gesellschaft, aus der Assekuranz und aus dem Kreis meiner politischen Freunde zugegangen waren. Was ich antraf und erlebte, läßt mich diese Tage nie vergessen.
Schon vor Weihnachten hatten die Westalliierten in der »Aktion Storch« viele zehntausend Kinder in den unbedrohten »warmen« Westen geflogen. Jeder Berliner bekam zwei Kasten Holz, da auf dem Luftwege im Winter – und dieser brachte eine meteorologisch bedingte russische Kältewelle – nicht genügend Kohle herbeigeschafft werden konnte. Man brauchte Konserven, Trockenmilch, Kleidung, Rohstoffe, aber man brauchte keine Haltungsstützen. Die Berliner froren jämmerlich und waren doch innerlich voller Wärme in der uneingeschränkten Liebe zu ihrer Stadt. Sie befanden sich in den Fangarmen aller nur denkbaren Varianten der bittersten Not und verkümmerten nicht, duckten sich nicht, schimpften aber in ihrer ausdrucksreichen Sprache auf die Russen und deren Helfershelfer. Die Frage: wie soll es weitergehen?, beherrschte verständlicherweise jedes Gespräch und stand selbst dann im Raum, wenn schon das Dunkel herrschte, aber Resignation konnte sich nicht ausbreiten, denn der nüchterne Realismus der Berliner kam immer

mit der nicht zu unterdrückenden Zuversicht zu dem Ergebnis: Es wird schon werden!
Und dann wurde erzählt, warum das so sei, wie Clay die Luftbrücke im Handumdrehen gebaut habe, ohne da oben (in Washington) groß nachzufragen, was die amerikanischen Piloten leisteten, daß sich die Gegenblockade drüben doch bemerkbar mache, daß man vom Westen nach dem Osten Waren zu schmuggeln versuche, daß die Russen den Berlinern am Anfang der Blockade Lebensmittel und Kohlen angeboten, daß aber nur 60000 davon Gebrauch gemacht hätten, weil sie im Sowjetsektor arbeiten mußten, und daß Ernst Reuter gegen den Renegaten Ebert Sieger geblieben sei – so wurde erzählt und argumentiert. Ich selbst habe einige Tage von morgens früh bis in den Abend hinein Besuche gemacht, in kleinen und in größeren Kreisen diskutiert, Berichte gegeben über den Westen, über die Möglichkeiten der weiteren Entwicklung, über das, was nach Bildung der Bundesrepublik Deutschland geschehen müsse, wie das mit Berlin, insbesondere Westberlin, werde, was ich einige Wochen vorher alles in der Schweiz gehört und gesehen, erfahren und an Übersicht gewonnen hätte. Wenn mich dann abends Freunde an die Hand nahmen, um mich sicher durch die Straßen, in denen kein Licht brannte, in das eiskalte Hotelzimmer zu bringen, dann wurde man trotz der Trümmer und des Menschenleids von dem heißen Gefühl erfaßt, in Berlin geht die Welt nie unter.
Am 11. Mai 1949, als die Blockade endete, war dieses Berlin die glücklichste Stadt der Erde.
Zum Gedenken an die Opfer der Luftbrücke – 31 Amerikaner, 39 Engländer und 8 Deutsche – sowie als Dank für den Einsatz aller an der Luftbrücke Beteiligten wurde am 10. Juli 1951 in Westberlin auf dem »Platz der Luftbrücke« das Luftbrückendenkmal eingeweiht.
Jeder, der in Berlin war, hat es sicher besucht. Wir sind doch überall so denkmalsfreudig gesinnt.
Was machen wir übrigens am 11. Mai 1979, dem 30. Jahrestag der Beendigung der Blockade? Oder, wenn dieser Termin schon ausgebucht ist, wie wäre es mit dem 30. Jahrestag der Einweihung des Luftbrückendenkmals, dem 10. Juli 1981? Oder gar beides?
Ich meine: Diese Daten sind eine Reise nach Berlin wert.

IX. DIE GEBURTSSTUNDE DER BUNDESREPUBLIK

Herrenchiemsee

Am 6. Mai 1949, sechs Tage vor dem festgestellten Ende der Berliner Blockade, begann der Parlamentarische Rat in Bonn die 2. Lesung des Grundgesetzentwurfs. In den Monaten des Abwehrkampfes der Berliner hatten sich in den Westzonen andere politische Aktivitäten entwikkelt. Veranlaßt und gefördert von den drei Besatzungsmächten. Am 1. Juli 1948 übergaben ihre Militärgouverneure den elf Ministerpräsidenten drei wichtige Dokumente. Sie enthielten:

1. Vorschläge für die Einberufung einer Verfassunggebenden Versammlung zum 1. September 1949 zwecks Gründung eines westdeutschen Staates;
2. Anregungen für eine innerdeutsche Neugliederung der Ländergrenzen und
3. Leitsätze für ein Besatzungsstatut.

Nach ihren Beratungen in Koblenz erklärten die Ministerpräsidenten am 10. Juli, den im ersten Dokument erteilten Auftrag anzunehmen. Nach Verständigung mit ihren Parlamenten wurde ein Ausschuß von Sachverständigen für Verfassungsfragen berufen, der vom 10. bis 24. August 1948 in Herrenchiemsee tagte, um Richtlinien nicht für eine Verfassung, sondern für ein Grundgesetz zu erarbeiten. Reinhold Maier hatte mit den Fraktionen des Stuttgarter Landtags die Ausgangsbasis und die Zielvorstellungen des Auftrages, so wie er ihn verstanden wissen wollte, eingehend erörtert. Wir konnten ihm in allen Punkten beistimmen; ich habe über das Ergebnis dieser Beratungen Kurt Schumacher und die anderen sozialdemokratischen Landtagsfraktionen verständigt. Mir schien insbesondere die Ausgangsposition wichtig zu sein, sich von Anfang an zu bemühen, »alles zu vermeiden, was dem zu schaffenden Grundgesetz eine Bedeutung gegeben hätte, die allein einer endgültigen

Verfassung zukam«. Zu den vier Persönlichkeiten, denen die Geschäftsführung für die Erstellung des »Berichts über den Verfassungskonvent auf Herrenchiemsee« übertragen wurde, gehörte zu meiner Beruhigung Carlo Schmid.

Es war vorauszusehen, daß schon in diesem Stadium grundlegende Meinungsverschiedenheiten auftreten würden. Deshalb gehörte ich zu denen, die die Beratungen und eine schriftliche Fixierung für nützlich und notwendig gehalten haben. So ließen sich in Fragen von grundlegender Bedeutung die unterschiedlichen Tendenzen erkennen und vielleicht abschwächen, was die endgültige Erarbeitung des Grundgesetzes erleichtern konnte. Im übrigen gab es nicht nur Meinungsverschiedenheiten zwischen den Parteien, sondern auch innerhalb ihrer politischen Gruppierungen. Dabei erinnere ich mich an Reden und Artikel meines sozialdemokratischen Freundes Wilhelm Högner*, der in der Emigration den Entwurf einer bayerischen Verfassung erstellt hatte, in dem das Postulat enthalten war, daß die Wiederherstellung Bayerns als souveräner Staat mit eigenen Hoheitsrechten und in der Verfassungsstruktur vor 1870/71 erfolgen müsse. Am 13. November 1945 schrieb Högner, damals Ministerpräsident in Bayern, in einem Artikel der »Süddeutschen Zeitung« unter anderem:

»Wenn wir Süddeutschen nicht wollen, daß wieder einmal Millionen von deutschen Staatssklaven auf den Wink eines einzigen Mannes einschwenken und blindlings bis ans Ende der Welt marschieren, dann müssen wir mit dem Föderalismus Ernst machen.«

Die beiden Schlußsätze dieses Artikels sind einprägsam:

»Wir wollen Deutsche sein und bleiben, nicht durch den Befehl von Berlin. Vor allem aber wollen wir wieder unsere eigenen Herren im ›Gasthaus zum Bayerischen Löwen‹ sein.«

Die Bayerische Verfassung vom 2. Dezember 1947 geht vom »bayerischen Staatsangehörigen« aus. Im Artikel 178 wird bestimmt:

»Bayern wird einem künftigen deutschen demokratischen Bundesstaat beitreten. Er soll auf einem freiwilligen Zusammenschluß der deutschen

* 1959 erschien: Wilhelm Högner, Der schwierige Außenseiter. Erinnerungen eines Abgeordneten, Emigranten und Ministerpräsidenten, Oberfränkische Verlagsanstalt, Hof/Saale. Dort ist dieses und mehr nachzulesen.

Einzelstaaten beruhen, deren staatsrechtliches Eigenleben zu sichern ist.«

In seinem Brief an den Präsidenten der Bayerischen Verfassunggebenden Landesversammlung vom 24. Oktober 1946 traf General Lucius D. Clay hierzu folgende Feststellung:

»Außerdem muß darauf hingewiesen werden, daß die Militärregierung mit der Genehmigung der Verfassung in keiner Weise ihre Zustimmung zu einem Separatismus Bayerns oder eines anderen deutschen Staates erteilt. Der Gebrauch des Ausdrucks ›bayerischer Staatsbürger‹ wird daher nur anerkannt, wenn damit ein Staatsangehöriger Bayerns gemeint ist, der damit auch ein Staatsangehöriger Deutschlands ist, wie es durch den Alliierten Kontrollrat oder wie es später durch irgendeine deutsche Regierung verwaltet wird. In gleicher Weise muß der Wille, einem zukünftigen deutschen Bundesstaat beizutreten, als eine Anweisung an die Vertreter Bayerns ausgelegt werden, die später an den Beratungen über die zukünftige deutsche Regierung teilnehmen werden, aber nicht als ein Recht, die Teilnahme an irgendeiner Form der deutschen Regierung zu verweigern, ganz gleich, ob sie als Zwischenlösung von den alliierten Behörden oder in Form einer beständigen Regierung vom deutschen Volk in seiner Gesamtheit errichtet wurde.«*

In Herrenchiemsee wurde es nicht so schlimm. Die »Denkschrift der Ministerpräsidenten« erklärte, daß nicht eine Verfassunggebende Versammlung, sondern ein Parlamentarischer Rat über ein Grundgesetz und nicht über eine Verfassung (auch keine vorläufige) beschließen soll.

»Daraus muß der Schluß gezogen werden, daß die Ministerpräsidenten mit der Wahl der Bezeichnung ›Grundgesetz‹ zum Ausdruck bringen wollten, daß in dem Gebiet der drei Westzonen zumindest kein Staat in vollem Sinne des Wortes zur Entstehung kommen solle. Anders wäre ihre beharrliche Bemühung um die Wahl anderer Begriffe als der in dem Dokument Nr. 1 vorgesehenen nicht zu verstehen. Das durch das Grundgesetz ins Leben zu rufende Gebilde soll nach dem ausdrücklichen Willen der Ministerpräsidenten ein Provisorium sein, das nur so lange dauern soll, bis die endgültige Konstituierung der Deutschen Bun-

* Dokument zum Aufbau des bayerischen Staates, Herausgeber: Bayerische Staatskanzlei, München 1948

desrepublik aus freiem Willen des deutschen Volkes erfolgen kann. Aus diesem Charakter einer Notlösung, die lediglich den Übergang zu einer gesamtdeutschen Verfassung vorbereiten und erleichtern soll, ergibt sich, daß das Grundgesetz eine Klausel erhalten muß, wonach es seine Geltung an dem Tag verliert, an dem eine von dem deutschen Volke in freier Selbstbestimmung beschlossene Verfassung in Kraft tritt. Es soll aber weiter ein Provisorium insoweit geschaffen werden, als nach dem Willen aller das Grundgesetz nicht endgültig auf das Gebiet der elf Länder der drei Westzonen beschränkt bleiben soll. Grundsätzlich soll jeder Teil Deutschlands auf seinen Wunsch aufgenommen werden können; Groß-Berlin aber, dessen Gebiet nach dem Willen der Militärgouverneure vorläufig nicht unmittelbar einbezogen werden soll, soll nach dem Willen der Ministerpräsidenten schon jetzt eine besondere Berücksichtigung erfahren. Durch das Grundgesetz sollen die deutschen Hoheitsbefugnisse auf dem durch die elf Länder der drei Westzonen umgrenzten Teilgebiete Deutschlands auf föderalistischer Grundlage in einer Zentralgewalt vereinigt und bis zur vollen Autonomie in allen Angelegenheiten ausgeweitet werden.«*

Der Entwurf des Grundgesetzes hat für einzelne Teile in einer Synopse die Mehrheits- und Minderheitsvorschläge dargestellt. Folgende drei Beispiele zeigen die unterschiedlichen Auffassungen an: Bundesrepublik – Bund deutscher Länder, Bundesrat – Senat (er wäre nicht als eine Vertretung der Länder anzusehen gewesen), verschiedene Lösungen über den Finanzausgleich und die Steuerverteilung.

Die alternierenden Vorschläge wurden in der Öffentlichkeit lebhaft diskutiert, zumal sie dem Parlamentarischen Rat als Orientierung dienen sollten. Am stärksten umstritten waren die angebotenen Lösungen in Sachen Länderrepräsentation oder Einfluß der Länder in der Bundesgesetzgebung sowie Finanzen und Steuerverteilung auf Bund und Länder. Carlo Schmid hatte sich um eine sehr liberale Gestaltung der Vorschläge zum Grundgesetz bemüht.

---

* Bericht über den Verfassungskonvent auf Herrenchiemsee, Herausgeber: Verfassungsausschuß der Ministerpräsidenten-Konferenz der westlichen Besatzungszonen.

Der Parlamentarische Rat

Der Parlamentarische Rat trat am 1. September 1948 zusammen. Seine Mitglieder waren nicht vom Volk gewählt, sondern von den Landtagen bestimmt worden. Vor dem Zusammentritt mußten sich die Ministerpräsidenten über den Tagungsort einigen. In Karlsruhe blühte das zarte Pflänzchen Hoffnung, denn der Ministerpräsident von Württemberg-Baden, Reinhold Maier, hatte mit Rücksicht auf die Badenfrage im Streit um den Südweststaat diese Stadt der vielen Möglichkeiten als Sitz des Parlamentarischen Rates vorgeschlagen. Die Pessimisten lächelten milde, Optimisten gab es nicht. Als aber ein Quartiermacher erschien, der mit erkennbar gutem Willen die Möglichkeiten, die sich in Karlsruhe anboten, positiv beurteilte, entstand die Stimmung: Es ist zu schön, um wahr zu werden. So kam es denn auch. Neben Reinhold Maiers Vorschlag hatten sich von Anfang an bei einigen Landesfürsten ebenfalls Aktivitäten gezeigt: Der hessische Ministerpräsident bot Frankfurt am Main an, Rheinland-Pfalz lockte mit Koblenz, Niedersachsen war für Celle (bekanntgeworden durch das dortige Zuchthaus), Schleswig-Holstein hatte ein Faible für Lübeck, die Geburtsstadt von Willy Brandt. Dann kam wie bei einem Hindernisrennen als letzte Hürde der Vorschlag: Bonn. Und Bonn zog mit neun Stimmen davon, gewann das Rennen überlegen, Karlsruhe erhielt zwei Stimmen. Man kann wohl annehmen, daß von den drei Südweststaaten zwei für die ehemalige badische Hauptstadt gestimmt haben. Der Macher für Bonn soll Hermann Wandersleb gewesen sein, der später in Aachen den Orden wider den tierischen Ernst erhalten hat.

Dem Parlamentarischen Rat gehörten 65 Mitglieder an, davon je 27 SPD und CDU/CSU, FDP fünf sowie Zentrum, Deutsche Partei und Kommunisten je zwei. Konrad Adenauer wurde zum Präsidenten, Carlo Schmid zum Vorsitzenden des Hauptausschusses gewählt.

Zu Beginn der konstituierenden Sitzung stellte die Fraktion der SPD folgenden Antrag:

»Der Parlamentarische Rat wolle beschließen, die Delegierten Berlins, nämlich die Herren Jakob Kaiser, Paul Löbe, Ernst Reuter, Hans Reif, Otto Suhr einzuladen, an den Arbeiten des Parlamentarischen Rates als Gäste mit beratender Stimme teilzunehmen.«

Der Antrag wurde gegen die Stimmen der beiden Kommunisten angenommen.

Im weiteren Verlauf der Beratungen war die gleiche Einigkeit selten. Man hört oft, neun Monate zur Erarbeitung und Verabschiedung des Grundgesetzes wären eine zu lange Zeit gewesen. Ich kann diese Auffassung nicht teilen, und zwar deshalb nicht, weil man mit einem Katalog ungewöhnlicher Schwierigkeiten fertig werden mußte: das Auseinanderleben in den drei westlichen Zonen, das auch die Parteien nicht verschont hatte; die nicht überzeugende Koordinierung der Besatzungsmächte, deren Verhalten in den ersten Jahren durch unverständliche Rücksichtnahme auf die Sowjetunion beeinflußt worden ist; kaum überbrückbare Gegensätze auf deutscher Seite in Grundsatzfragen (zum Beispiel – wie bei einigen Vorschlägen von Herrenchiemsee vorauszusehen war – zu den Kernproblemen: das Maß der Selbständigkeit der Länder gegenüber dem Bund, dessen Handlungsfähigkeit gesichert werden mußte; Gestaltung und Befugnisse des zweiten Gesetzgebungsorgans; Aufteilung der Steuern zwischen Bund und Ländern sowie Verwaltungszuständigkeit für die Steuern; die Regelung der Beziehungen zwischen Staat und Kirche; Wahlrecht: Verhältniswahl- oder Mehrheitswahlsystem).
Die Korrekturkontrolle der drei Militärgouverneure mit ihrem Memorandum vom 22. November 1948 und der Denkschrift vom 2. März 1949, bei der sie acht Abweichungen von dem Memorandum feststellten, war eine schwer zu ertragende Rechthaberei. Die Besatzungsseite ließ dabei völlig außer acht, daß sie sich nun wirklich mehr als ausreichend durch das dem Parlamentarischen Rat am 10. April 1949 überreichte Besatzungsstatut* und das Abkommen über die Dreimächtekontrolle gründlich abgesichert hatte. Die Verabschiedung des Grundgesetzes schien vor allen Dingen an den Meinungsverschiedenheiten über die Gestaltung und Zuordnung des Finanzwesens zu scheitern. Wenn man sich später auf eine Kompromißlösung einigte, so haben wir doch die nicht den Realitäten Rechnung tragende Regelung der Finanzverfassung hinnehmen müssen. (Allerdings sei zugegeben, daß wir bisher die Finanzverfassung noch nicht so gestalten konnten, daß sie den Anforderungen unserer Zeit entspricht.)

---

* Das mit Konstituierung der Bundesregierung am 21. September 1949 in Kraft tretende Besatzungsstatut übertrug zwar dem deutschen Volk während der Besatzungszeit die Selbstverwaltung, behielt aber die oberste staatliche Gewalt und eine Reihe wichtiger Machtbefugnisse den Besatzungsbehörden vor.

Am 20. April 1949 hatte Kurt Schumacher auf dem SPD-Parteitag in Hannover erklärt, die SPD werde dem Grundgesetz zustimmen, wenn folgende drei Forderungen berücksichtigt würden:

1. Freiheit des Entschlusses für Deutschland in politischen Angelegenheiten, und zwar unbegrenzt durch die Besatzungsmächte;
2. Sicherung von ausreichenden Einkommensquellen für den Bund, um der Bundesregierung ihre finanzielle Unabhängigkeit gegenüber den Ländern zu sichern;
3. Garantie der Rechts- und Wirtschaftseinheit innerhalb des Bundes.

In seinen »Erinnerungen 1945 bis 1953« hat Konrad Adenauer diese mutige Forderung des Vorsitzenden der SPD so kommentiert:

»Am 22. April gab es eine große Überraschung, als die Militärgouverneure dem Parlamentarischen Rat im Auftrag ihrer Regierungen die Auffassungen der Außenminister ihrer Länder zum Grundgesetz mitteilten. Nach dieser Mitteilung vom 22. April waren fast alle Forderungen, die Dr. Schumacher auf dem Parteitag der SPD verkündet hatte, berücksichtigt.«

Nun war eine starke Mehrheit für die Verabschiedung gesichert. Vor der Schlußabstimmung am 8. Mai 1949 erklärten sechs CSU-Abgeordnete, daß sie aus föderalistischen Erwägungen den Entwurf des Grundgesetzes ablehnen würden. Die Annahme erfolgte mit 53 Ja-Stimmen und 12 Nein-Stimmen (6 CSU, 2 Zentrum, 2 Deutsche Partei, 2 KPD).
In der Schlußsitzung des Parlamentarischen Rates am 23. Mai gab sein Präsident, Dr. Adenauer, bekannt, daß aufgrund der Beschlüsse der Londoner Konferenz von 1948 das Grundgesetz den drei Militärgouverneuren vorgelegt und von diesen am 12. Mai 1949 zur Ratifizierung durch die Landtage genehmigt worden sei.
Zehn Landtage haben ratifiziert. Der Bayerische Landtag lehnte mit 101 gegen 64 Stimmen bei neun Enthaltungen das Grundgesetz ab. Die CSU verfügte über die absolute Mehrheit und ergab sich mit Begeisterung für die vom Ministerpräsidenten Ehard herausgegebenen Parole: »Nein zum Grundgesetz – Ja zu Deutschland.« Und dabei war dem dringenden Anliegen Bayerns, von den Verbrauchsteuern die Biersteuer den Ländern zufließen zu lassen, in Artikel 106 entsprochen worden.
Präsident Dr. Adenauer gab nach Feststellung des Ratifizierungsergebnisses bekannt:

»Die Stadtverordnetenversammlung von Groß-Berlin hat in ihrer 14. außerordentlichen Sitzung am 19. Mai 1949 folgenden Beschluß einstimmig gefaßt: ›Die Stadtverordnetenversammlung von Groß-Berlin bekennt sich zu den Prinzipien und Zielen des vom Parlamentarischen Rat in Bonn am 8. Mai 1949 beschlossenen Grundgesetzes für die Bundesrepublik Deutschland‹.«

Dr. Adenauer zitierte am Schluß der letzten Sitzung des Parlamentarischen Rates die Präambel des Grundgesetzes mit dem Wunsch, daß allzeit der Geist und der Wille, der aus diesen Sätzen (der Präambel) spricht, im deutschen Volk lebendig sein möge.
Dann heißt es im Protokoll: Gemeinsamer Gesang des Liedes:

»Ich hab mich ergeben«,
[mit Herz und mit Hand,
Dir Land voll Lieb' und Leben,
mein deutsches Vaterland!]

Diese drei Zeilen füge ich zur Vermeidung von Mißverständnissen hinzu. Ob die weiteren vier Strophen aus dem »Gelübde« von Hans Ferdinand Maßmann (1823) auch gesungen worden sind, weiß ich nicht. Möglich ist alles.

Die Wahlen des Kanzlers und des Bundespräsidenten

Nach dem feierlichen Ausklang der Tagungsperiode des Parlamentarischen Rates ging es in den Wahlkampf um den 1. Deutschen Bundestag. Wegen des Wahlgesetzes hatte es lebhafte Auseinandersetzungen gegeben. Wenn bei seiner Beratung im Parlamentarischen Rat am 10. Mai 1949 zwar das Provisorium und das Nachholen der Regelungen im Detail hervorgehoben worden sind, so konnten alle trostspendenden Worte nicht darüber hinwegtäuschen, daß die grundlegende Entscheidung für das Verhältniswahlsystem gefallen war. Die in den beiden großen Fraktionen vorhandenen Vertreter des Mehrheitswahlrechts hatten sich nicht durchgesetzt. Alle späteren Versuche, zum Beispiel 1966 bei Bildung der Großen Koalition in Bonn, doch noch zum Mehrheitswahlrecht zu kommen, sind gescheitert und trotz immer noch aufflackernder Diskussion meiner Meinung nach unrealistisch geworden.

Es wurde ein heißer Wahlkampf. Ich habe in etwa 100 Veranstaltungen gesprochen, hatte mich aber weiter für Stuttgart entschieden. Dort kam die Auseinandersetzung um den Südweststaat, den ich nicht zuletzt aus ökonomischen Überlegungen bejahte, in ein wichtiges Stadium. Ich stand mitten in der Landesarbeit. Außerdem war ich als Vorsitzender des Verbandes der Lebensversicherungsunternehmen und als Generaldirektor einer Lebensversicherungsgesellschaft mit Sitz in Karlsruhe beruflich mit den Auswirkungen der Währungsreform so stark beschäftigt, daß ich es als Fahnenflucht angesehen hätte, nach Bonn zu gehen (wie ich auch nach den Landtagswahlen vom 19. November 1950, bei denen die SPD stärkste Fraktion wurde*, dem Druck widerstanden habe, das Finanzministerium unter Reinhold Maier in einer SPD-FDP-Koalition zu übernehmen).

Dem 1. Deutschen Bundestag gehörten an 140 Abgeordnete der CDU/CSU, 131 Abgeordnete der SPD, 52 Abgeordnete der FDP, 17 Abgeordnete der Bayernpartei, 17 Abgeordnete der Deutschen Partei, 15 Abgeordnete der KPD, 12 Abgeordnete der Wirtschaftlichen Aufbau-Vereinigung, 10 Abgeordnete des Zentrums, 4 Abgeordnete der Deutschen Rechtspartei, 1 Abgeordneter der Nationaldemokratischen Partei, 1 Abgeordneter des Südschleswigschen Wählerverbandes und 2 Unabhängige. Von den (nicht voll stimmberechtigten) 8 Berliner Abgeordneten stellten 5 die SPD, 2 die CDU und 1 die FDP.

Die hohe Politik begann ihr Spiel. Die drei Weisen: Konrad Adenauer, Kurt Schumacher, Theodor Heuss saßen am Schachbrett. Der Ausgang der Partie war nicht schwer vorauszusehen. Die Differenz von 9 Mandaten zwischen CDU/CSU und SPD hat meines Erachtens alle anderen Überlegungen überspielt. Es entstand die Koalition aus CDU/CSU, FDP und Deutsche Partei mit 209 Abgeordneten bei 402 Mitgliedern des 1. Deutschen Bundestages, davon leider nur 23 Frauen. Konrad Adenauer erhielt bei seiner Wahl, die am 15. September 1949 stattfand, 202 Stimmen; 142 Abgeordnete stimmten gegen ihn, 44 enthielten sich der Stimme, und eine Stimme war ungültig. Die Präsenz: von 402 Mitgliedern hatten sich 389 an der Abstimmung beteiligt. Das war keine Glanzleistung, wenn man die Bedeutung dieses Vorgangs nicht partei-, sondern staatspolitisch wertet. Ich habe immer in meinem Leben die fatale Neigung gehabt, solche Überlegungen, wenn sie es wert waren, an-

---

* siehe Anlage 1b

zustellen. Es handelte sich um die Wahl eines Bundeskanzlers durch das erste in freien Wahlen zustande gekommene Bundesparlament seit der Machtergreifung Hitlers!
Es ist am 15. September 1949 und bis heute (allerdings jetzt nur noch ab und zu) viel darüber gelästert worden, daß Konrad Adenauer die erforderliche absolute Mehrheit nur dank seiner eigenen Stimme zustande gebracht habe. Hierzu sagte der gerade gewählte Bundeskanzler am Abend schlicht und für mich überzeugend:
»Da ich entschlossen war, die Wahl anzunehmen, hätte ich es für Heuchelei gehalten, wenn ich mich nicht selbst gewählt hätte.«
Dem stimme ich uneingeschränkt zu. Darüber hinaus betrachte ich es als eine Grundsatzfrage, wie sich ein Abgeordneter in solchen Fällen verhalten soll. Um bei diesem Beispiel zu bleiben: Konrad Adenauer konnte doch wirklich nicht voraussehen, daß ausgerechnet seine eigene Stimme (bei aller Anerkennung ihres besonderen Wertes) die erforderliche absolute Mehrheit herbeiführen würde. Im übrigen war er – wie die anderen auch – ein frei gewählter Abgeordneter. Weshalb sollten die bei den Bundestagswahlen für ihn abgegebenen Stimmen bei einem solchen Vorgang nicht zählen? Es handelte sich ja nicht um ein Verkehrsdelikt, das zur Aufhebung der Immunität eines Abgeordneten führt.
Drei Tage vor der Wahl des Bundeskanzlers erfolgte die Inthronisation des Bundespräsidenten. Es war die Probe auf das Exempel des Funktionierens der Drei-Parteien-Koalition, die wie jede Koalition ihre Elemente von Unsicherheiten besaß. Es ist kein Geheimnis, daß Männer wie Karl Arnold und Jakob Kaiser mit ihren Freunden energisch für die Bildung einer Großen Koalition eingetreten waren. Aus vielen Gründen, die nicht nur einer Seite anzulasten sind, vergeblich.
Der Unsicherheitsfaktor bei der Wahl des Bundespräsidenten bestand in der Konstruktion des Organs, das den Bundespräsidenten wählt. Die Bundesversammlung besteht nach Artikel 3, Abs. 3 des Grundgesetzes aus den Mitgliedern des Bundestages und einer gleichen Anzahl von Mitgliedern, die von den Volksvertretungen der Länder nach den Grundsätzen der Verhältniswahl gewählt werden. Damals wie heute ist der Einfluß auf die Nominierung und die Wahl eines Bundespräsidenten von Bonn aus einheitlicher und daher stärker als bei denen, die aus den Ländern kommen, zumal von dort nicht nur Abgeordnete, sondern auch prominente Nichtmandatsträger in die Bundesversammlung entsandt werden, was zu begrüßen ist.

Wenn der Parteivorsitzende der CDU mit seinem Vorschlag, Theodor Heuss zu wählen, Glück gehabt hat, so ist das nicht zuletzt darauf zurückzuführen, daß die Mitglieder der Bundesversammlung ihn als eine überragende liberale Persönlichkeit kannten und schätzten. Es wurde behauptet, man kenne ihn aber nicht genügend im Volke und deswegen sei der Ausgang der Wahl unsicher. Mir schien dieser Hinweis kein Argument zu sein, weil allein die Bundesversammlung die Entscheidung trifft, und das war gerade zu Beginn unserer Souveränitätsentwicklung im westlichen Teil Deutschlands wichtig.
Wir Sozialdemokraten bekannten uns zur Kandidatur des Vorsitzenden der SPD, Kurt Schumacher, der für uns (und wir meinten auch für die Bundesversammlung) eine echte Alternative war. Auf eine Alternative überhaupt in der ersten Bundesversammlung und im Jahre 1949 zu verzichten, wäre ein nicht wiedergutzumachender Funktionsfehler gewesen.
Im zweiten Wahlgang wurde Professor Theodor Heuss mit der erforderlichen absoluten Mehrheit zum 1. Bundespräsidenten der Bundesrepublik Deutschland gewählt. Auf die einzelnen Kandidaten entfielen folgende Stimmen: Professor Dr. Theodor Heuss 416, Dr. Kurt Schumacher 312*, Dr. Amelunxen/Zentrum 30, Dr. Schlange-Schöningen/CDU-CSU 2, Enthaltungen 37, ungültig 3 Stimmen.
Professor Heuss wurde noch am gleichen Abend vereidigt.
In der 2. Bundesversammlung am 17. Juli 1954 erhielt der 1. Bundespräsident Theodor Heuss, der sich wieder zur Wahl stellte, im ersten Wahlgang von den 987 anwesenden Mitgliedern 871 = 88% der Stimmen. Die SPD hatte keinen Kandidaten nominiert.
Nehmt alles nur in allem: Die Baden-Württemberger waren in den zehn Jahren seiner Amtsführung stolz auf »ihren« Bundespräsidenten Theodor Heuss. Wer kann es ihnen verdenken!

* Im ersten Wahlgang erhielten die beiden Spitzenkandidaten Heuss 377, Schumacher 311 Stimmen.

Des Bundespräsidenten Abschied von Stuttgart

Aus Anlaß des Ausscheidens des Bundespräsidenten aus dem Württemberg-Badischen Landtag und der Mandatsniederlegung der Landtagsabgeordneten Frau Elly Heuss-Knapp veranstaltete der Landtag eine Feierstunde. Zu ihr hatten sich nicht nur höchst prominente Gäste, sondern auch zahlreiche Repräsentanten aus allen Schichten der Bevölkerung eingefunden. Im Hintergrund des Podiums war die von Bürgern aus der Gemeinde Hassmersheim am Neckar überbrachte schwarzrotgoldene Fahne angebracht, die der Urgroßvater des Bundespräsidenten 1848 in den Freiheitskämpfen vorangetragen hatte.
Es liegt dem Verfasser sehr daran, einige wenige, aber gerade aus der heutigen Sicht interessante Passagen der Ansprachen wiederzugeben. Zunächst der Landtagspräsident, der um die Demokratie hochverdiente Wilhelm Keil:

»Als am 12. September unser verehrter seitheriger Landtagskollege, Herr Dr. Theodor Heuss, zur höchsten Würde berufen wurde, die die neubegründete Bundesrepublik Deutschland zu vergeben hat, war es für uns selbstverständlich, daß wir den Erwählten nicht still und formlos aus unserer Mitte scheiden lassen würden. Wir Abgeordnete des Württemberg-Badischen Landtags, die wir bisher die Ehre hatten, mit dem nunmehrigen Bundespräsidenten gemeinsam an der Neuordnung der staatlichen Verhältnisse unseres Landes zu arbeiten, waren von einem zwiespältigen Gefühl beherrscht. Vorherrschend war ein Gefühl der Freude und des Stolzes über die Berufung eines Mannes aus unserer Mitte, eines kernechten Schwaben, zum obersten Repräsentanten des neuen deutschen Staates; damit mischten sich aber Empfindungen des Bedauerns über das Ausscheiden dieses hervorragenden Abgeordneten aus der Arbeitsgemeinschaft, die die Volksvertretung eines Landes darstellt, oder doch darstellen soll ... Wir verlieren in ihm ein Mitglied, in dem eine umfassende Lebenserfahrung und eine tiefe Durchdringung der ernsten und komplizierten Probleme unserer Zeit sich verbinden mit einer hochsinnigen Weltbetrachtung. Zu diesem Verlust tritt ein zweiter, der uns nicht weniger empfindlich berührt. Ein treffsicherer Wählerentscheid hat unserem Landtag durch die Wahl im Jahre 1946 auch die verehrte Abgeordnete Frau Elly Heuss-Knapp zugeführt ... Wir begleiten das Ausscheiden der Frau Abgeordneten Elly Heuss-Knapp mit dem glei-

chen schmerzlichen Bedauern wie das des Herrn Dr. Theodor Heuss. Hat sie doch in unserer Mitte gewirkt mit einer feinsinnig-herzlichen Mütterlichkeit, die nur allgemeine gewinnende Verehrung auslösen konnte. Der Verlust, den unser Landtag durch die Niederlegung des Mandats der Frau Elly Heuss-Knapp erleidet, wird jedoch mehr als aufgewogen durch den hohen Gewinn, der der Bundesrepublik daraus erwächst, daß eine Frau von solchem geistig-seelischen Rang von nun ab als die First Lady, die erste Frau im Staat, zu wirken Gelegenheit hat . . . Für beide war die Parlamentstribüne nicht der Ort, dazu bestimmt, überspitzte parteipolitische Sentenzen in agitatorischem Ton zu verfechten; sie wollten persönlich gewonnene Erkenntnisse in gesitteten Formen vortragen und damit den Meinungsaustausch sachlich bereichern. Der Präsident war während einer solchen Rede der Aufgabe enthoben, die Würde des Hauses zu wahren, denn diese Würde war verkörpert in der Persönlichkeit, die zum Hause sprach. Auch dem Mißverständnis, dem wir im neuen Deutschland wieder hie und da begegnen, als ob die Tribüne der Volksvertretung dazu da wäre, durch rhetorische Bravourleistungen oberflächlich urteilende Hörer oder Leser zu befriedigen, oder als ob es gar der Sinn der parlamentarischen Immunität wäre, Kampfesmittel zu tolerieren, die im gesitteten Geistesstreit verpönt sind, diesem Mißverständnis ist weder Frau noch Herr Abgeordneter Heuss erlegen. Sie bedurften nicht der Vorbilder der großen Parlamentarier, die in der ersten klassischen Periode des Deutschen Reichstags hervorleuchteten, um zu wissen, daß der Ruhm der Volksvertreter bestehen soll in Höchstleistungen disziplinierter Geister.
Wenn Abgeordnete eines solchen Typs einem Parlament entzogen werden, so entsteht eine empfindliche Lücke, die nicht leicht und in der Regel wohl erst durch allmähliche Selbsterziehung ausgefüllt werden kann. Der Vorgang jedoch, der diese Lücke bei uns herbeigeführt hat, darf zugleich als eine, wenn auch nicht beabsichtigte Auszeichnung des Württemberg-Badischen Landtags gewertet werden. Der Herr Bundespräsident Dr. Heuss ist gewiß die Persönlichkeit, die ihn für sein hohes Amt prädestinierte, nicht durch den Württemberg-Badischen Landtag geworden. Die geistige und politische Leistung eines arbeitsreichen Lebens, das sich in den verschiedensten Disziplinen der staatlichen und gesellschaftlichen Ordnung und nicht nur hier im Schwabenlande, sondern auch in der alten Reichszentrale bewährt hat, hat ihn dazu heranreifen lassen. Aber er war bisher unser Kollege in unserem Landtag. Hier in

diesem Lande hat er auf weithin sichtbarem Posten mitgewirkt an der Entwirrung des Chaos, das ein unheilvolles Regime hinterlassen hat. Hier war er beteiligt an der Grundsteinlegung einer neuen staatlichen Rechtsordnung. Hier hat er mit weisheitsvollen Erkenntnissen beigetragen zum Zustandekommen unserer Landesverfassung. Dieser Landtag hat ihn in den Parlamentarischen Rat nach Bonn entsandt, wo er als Mittler zwischen den gegensätzlichen Auffassungen die Begabungen zu entfalten vermochte, die ihn auch in den Augen der breiten Öffentlichkeit als vorbestimmt für das höchste Amt der neuen deutschen Bundesrepublik erscheinen ließen ...
Wir wollen Ihnen, Herr Bundespräsident, auch sagen, daß unsere herzlichsten Wünsche Sie begleiten bei der Übernahme des neuen Amtes, dem Sie das formale, das politische, das geistige Gepräge geben werden.«

Der Bundespräsident, Dr. Theodor Heuss, in freier Rede:

»Ein Mann, der heute in Deutschland eine sehr große Rolle spielt – mit Recht –, hat mir (nach 1945) gesagt: Sie werden als Minister einen Weg der Demütigungen gegenüber der Besatzungsmacht gehen. Ich habe gesagt: Wieso? Mich hat noch nie jemand gedemütigt. Gedemütigt? Man demütigt sich vor Gott, aber wer ein freies inneres Herz hat, demütigt sich nicht vor Menschen. Diese Zusammenarbeit damals in sehr schwerer Zeit hat uns mit lernen lassen die Problematik der Auseinandersetzung eines zerschlagenen Volkes mit den Kräften der Welt.
Und nun zu der Aufgabe, in die mich jetzt das Schicksal gestellt hat. Ich durfte in Bonn mit gelassener Seele sagen: Ich habe die Aufgabe nicht gesucht. In diesem Haus wissen manche, daß ich die Kraft des freien Verzichts aus eigener Entscheidung wohl kenne. Ich bin aber dann in die Arbeit hereingegangen – ja nun, warum denn? Weil man einer Aufgabe nicht entfliehen darf –, ganz ohne Illusionen über die Schwierigkeiten, die Tag um Tag uns bringen werden, aber mit einem festen Herzen. Ich habe in diesen letzten vierzehn Tagen erfahren dürfen ein tausendfaches Echo aus ganz Deutschland. Und das war das bewegendste: unzählige von Menschen, denen im Jahre 1933 die Heimat geraubt wurde und die von der Heimat innerlich nicht loskommen. Wir sitzen nun in Bonn. Wir sitzen in keinem Schloß, wie in den Zeitungen steht. Wir sitzen in ein paar Stuben, und diese Stuben sind der Magnet der Hoffnung und der Verzweiflung der Deutschen geworden. Die ganze deutsche Not, in Ein-

zelschicksal und Gruppenschicksal, schlägt Tag um Tag an unsere Tür. Man läßt sie herein und fühlt dann seine Ohnmacht, mit dieser Not, die einen bedrängt, fertig werden zu können. Man erhält vom Volk her nun Tag um Tag den Auftrag, dem eine ehrliche Seele nie entfliehen wird. Es ist kein fröhliches Amt. Aber doch spüre ich, daß sein Sinn als Amt vom Volk heute begriffen ist . . .
Nun kommen neben denen, denen die Heimat geraubt wurde, vor allem die, die aus der Heimat her den neuen Präsidenten der Bundesrepublik Deutschland grüßen. Also die Württemberger und die Badener sind stolz darauf, daß einer aus ihren Reihen jetzt an der Spitze dieses werdenden Staates steht . . . Vorhin hat Keil in mir eine Synthese im menschlichen Auftrag von Friedrich Naumann und Friedrich Ebert sehen wollen. Ich nehme diese Sicht gerne an. Denn ich nenne mit Ehrfurcht und dankbarer Bewußtheit in dieser Stunde den Mann Friedrich Ebert, der aus unserer engeren Heimat in dieses Amt stieg, was er auch nicht suchte, das er auch einfach annahm. Wenn die Tragik dieser Zeit einen lebensstarken und in seinen Elementen lebensfrohen Mann zerbrochen hat, dann bleibt das die ewige Schuld derer, die in Deutschland Bildungsschicht sich nennen lassen oder genannt werden. Ich darf dieses Mannes aus der gemeinsamen Heimat gedenken und auch von anderen sprechen, die für mich im Wachstum meines Menschentums, meines politischen Wesens Freunde waren und diesem Leben ihr Bestes gaben: Payer, Konrad Haußmann, Ludwig Haas; ich nenne Ludwig Frank, mit dem ich eng befreundet war, und Karl Hildenbrand, und ich kann und darf auch nennen Eugen Bolz und Fritz Elsas, in deren Namen der politisch-menschliche Beitrag der Heimat zur Tragik des Vaterlandes umschlossen ist. Das sollen keine Abschiedsworte vom Landtag sein. Ich werde wiederkommen. Aber es ist ein Wort des kameradschaftlichen Dankes. Wir stehen hier in diesem Württemberg-Baden auf altem demokratischen Boden. In diesen Boden ist in böser Zeit viel Unkraut gesät worden. Wir haben zusammen versucht und stehen noch in der Aufgabe, dieses Unkraut zu jäten, herauszureißen. Das ist unsere gemeinsame Pflicht, damit der Boden wieder fruchtbar sei.
Ich darf ein paar ganz einfache Worte zum Schluß sagen, die gar nicht von mir stammen, sondern von dem Meister der einfachen und richtigen Worte, Reinhold Maier. Der hat in Creglingen vor ein paar Wochen gesagt: ›Württemberg und Baden sind unsere Heimat, Deutschland ist unser Vaterland.‹ Wir wissen auch dies, wenn wir an die Heimat denken:

Menschen und Gedanken sind aus diesem Land in alle Welt hinausgewandert, ohne sich dort zu verlieren. Dieses Stück Weltoffenheit des schwäbischen, des fränkischen, des pfälzischen Volkstums, das soll auch unser Beitrag bleiben, für das, was die größte Aufgabe ist, die uns gestellt bleibt: Ein Menschentum freier Würde zu formen vom Bürger zum Bürger, vom Volk zum andern Volk.«

Der Dank von Frau Elly Heuss-Knapp:

»Es ist auch für mich eine sehr bewegende Stunde, das können Sie sich wohl vorstellen. Ich bin dem Herrn Präsidenten sehr dankbar für alles, was er gesagt hat, obwohl auch ich, ähnlich wie mein Mann, sagen muß, er hat ein bißchen zu viel gesagt. Denn wenn ich mir so recht überlege, was ich eigentlich hier im Landtag geleistet habe, so ist das bitter wenig. Und das bitter Wenige kann sich nur dadurch etwas versöhnlicher gestalten, weil wenigstens der gute Wille immer da war. Viel mehr ist es wirklich nicht, was man so als Leistung da hinter sich hat. Aber ich werde deswegen diese Stunde und den Landtag nie vergessen, weil der Landtag die Möglichkeit bot, noch einmal sehr viel zu lernen – und das ist im höheren Alter doch etwas sehr Schönes, wenn einem das noch einmal gegeben wird – und zwar sehr viel zu lernen auch für das neue Amt, für dieses neue Amt, was nicht mein Amt ist, sondern das Amt meines Mannes. Ich erinnere mich, vor vielen Jahren den Frauen gelegentlich gesagt zu haben: Ihr redet in dem Stolz auf die Frauenberufe viel zuviel von eurem eigenen neuen Beruf und ihr vergeßt, daß es noch etwas ganz anderes gibt, nämlich die Frau und den Beruf ihres Mannes. Es gibt eine ganze Reihe von Ämtern des Mannes, wo die Frau wirklich mitzuwirken hat. Und nun soll ich in einem so großen und schweren Amt eben dieses ganz bescheidene Nebenbei-Mitwirken versuchen. Dafür eben habe ich im Landtag vieles gelernt. Und wenn ich mir überlege, was das wichtigste davon war, dann ist es vielleicht das: Es gibt so viele Menschen draußen, die sich nicht mit der Politik befassen, die stolz darauf sind, überparteilisch und überhaupt unpolitisch zu sein; die kommen in Zeiten wie den heutigen leicht dazu zu sagen, ja man kann doch nicht allen helfen, und dann hören sie auf, überhaupt zu helfen. An so einer Stelle wie im Landtag wird man das nie sagen, sondern da weiß man, man kann wirklich nicht allein helfen, aber man darf nie aufhören zu helfen, zu versuchen zu helfen, soweit es überhaupt irgend geht. Das kann ich geloben, daß ich daran immer denken werde in diesem neuen Amt meines Mannes.

Mein Mann und ich, wir sind von einem wirklich großen Mann eingesegnet worden, als wir die Ehe schlossen: Albert Schweitzer, von dem heute ja die Welt viel weiß, hat uns getraut. Er hat uns dabei das Wort mitgegeben: ›Es kommt nicht nur darauf an, daß Ihr zusammen lebt, sondern was Ihr selbst wollt und was ich Euch wünsche, ist, daß Ihr gemeinsam für etwas lebt.‹ Wir wollen versuchen, gemeinsam für etwas zu leben, und dieses Etwas ist das ganz Große, nämlich dieses zwar noch verstümmelte, noch kranke, noch in sich uneinige Deutschland. Vielleicht haben wir auch das hier im Landtag lernen können, daß man von sehr viel verschiedener Meinung her doch das Gemeinsame tun kann, an das man denkt und für das man mit zu sorgen und mit zu helfen versucht, soweit es eben in der schwachen Kraft eines Menschen liegt.«

Es war eine zum Nachdenken und Weiterdenken bewegende Feierstunde, was nicht immer bei ähnlichen Gelegenheiten der Fall sein soll. In der Weimarer Zeit bin ich nur wenige Male mit Theodor Heuss zusammen gewesen. Im Herbst 1945 trafen wir uns in kleinem Kreis in Stuttgart wieder. Ich sprach mit Elly Heuss-Knapp, auch später noch recht oft. Unser liebstes Gesprächsthema war ihr Vater, der Gelehrte Professor Knapp, und seine Geldtheorien.
Im Landtag von Württemberg-Baden habe ich das profilierte Wirken von Theodor Heuss miterleben dürfen. Am Schluß saßen wir vorn auf einer Zweierbank zusammen. Der Meinungsaustausch, wenn es rednerisch plätscherte, erfolgte bei der Autorität von Wilhelm Keil nur flüsternd. Hatte einer von uns sprechen müssen, gab es Manöverkritik. Sehr offen, aber wirkungsvoll. So entstand eine Verbundenheit, die in der Amtszeit des 1. Bundespräsidenten geblieben ist. Vielleicht war sie sogar stärker geworden. Im freien Deutschland hat Theodor Heuss das Staatsoberhaupt unserer Bundesrepublik im besten Sinne des Wortes populär gemacht. Diese Leistung war sein größter und fruchtbarster Beitrag für den Wachstumsprozeß unserer jungen und nicht ohne Bedrohungen lebenden Demokratie.
Es gibt Gelehrte und hoch Geehrte in allen Zweigen der Wissenschaft. Politik kann man zwar lehren, aber nur wenige sind in der Lage, das notwendige Realitätsbewußtsein für die politischen Entwicklungschancen zur Geltung zu bringen. Theodor Heuss gehörte zu diesen wenigen. Warum werden es nicht mehr? Denn Politik ist unser Schicksal. Diese Feststellung ist unbequem, aber dennoch richtig.

X. UM DEN SÜDWESTSTAAT

Das Interesse der französischen Seite

Das Grundgesetz hat in Artikel 29 generelle Bestimmungen über die Neugliederung des Bundesgebietes niedergelegt.
Die Ziffer 1 bestimmt:

»(1) Das Bundesgebiet ist unter Berücksichtigung der landsmannschaftlichen Verbundenheit, der geschichtlichen und kulturellen Zusammenhänge, der wirtschaftlichen Zweckmäßigkeit und des sozialen Gefüges durch Bundesgesetz neu zu gliedern. Die Neugliederung soll Länder schaffen, die nach Größe und Leistungsfähigkeit die ihnen obliegenden Aufgaben wirksam erfüllen können.«

Die nachfolgenden Ziffern 2 bis 7 sind mehr oder weniger Regelungen, die sich mit den Verfahren der Durchführung beschäftigen.
Der Leidensweg dieses Artikels 29 in den ganzen Jahren ist für den Verfechter der Ziffer 1 schwer verständlich. Wenn wir uns die Landschaft von heute ansehen und nur die Änderung im Südweststaat vermerken können, würde ich nicht zu behaupten wagen, dieser Zustand präsentiert uns ein Musterbeispiel des vor Gesundheit strotzenden Föderalismus. Oft genug ist versucht worden, eine Neugliederung in Ländern vorzunehmen, »die nach Größe und Leistungsfähigkeit die ihnen obliegenden Aufgaben wirksam erfüllen können«. Alles war vergeblich. Selbst Lösungen, die bei den Koalitionsverhandlungen in den ersten Jahren der Bonner sozial-liberalen Koalition zur Erwägung gestellt wurden, nämlich den Versuch zu unternehmen, in zwei Stufen vorzugehen, führten zur Errichtung von Barrikaden und schließlich im stillen Kreis zu einem Staatsbegräbnis durch die Änderung des Grundgesetzes, Artikel 29, am 23. August 1976, dessen Ziffer 1 nun folgenden unverbindlichen Wortlaut besitzt:

»(1) Das Bundesgebiet kann neu gegliedert werden, um zu gewährleisten, daß die Länder nach Größe und Leistungsfähigkeit die ihnen obliegenden Aufgaben wirksam erfüllen können. Dabei sind die landsmannschaftliche Verbundenheit, die geschichtlichen und kulturellen Zusammenhänge, die wirtschaftliche Zweckmäßigkeit sowie die Erfordernisse der Raumordnung und der Landesplanung zu berücksichtigen.«

Die weiteren Ziffern 2 bis 7 haben meines Wissens nicht die Juristen der ersten Stunde verfaßt.
So können wir im südwestdeutschen Raum glücklich sein, daß es uns – was heißt uns; in besonderer Weise war es der damalige Ministerpräsident Dr. Gebhard Müller von Württemberg-Hohenzollern – in nicht zu übertreffender Zähigkeit gelungen ist, den Artikel 118 mit folgendem Wortlaut im Grundgesetz unterzubringen:

»Die Neugliederung in dem die Länder Baden, Württemberg-Baden und Württemberg-Hohenzollern umfassenden Gebiete kann abweichend von den Vorschriften des Artikels 29 durch Vereinbarung der beteiligten Länder erfolgen. Kommt eine Vereinbarung nicht zustande, so wird die Neugliederung durch Bundesgesetz geregelt, das eine Volksbefragung vorsehen muß.«

Dieser Artikel 118 bildete nach überwiegender deutscher Auffassung die neue Rechtsgrundlage für die Neugliederung im südwestdeutschen Raum. Scharfer Gegner und heftiger Befürworter der Aufteilung in die beiden früheren Länder Baden und Württemberg war und blieb der Regierungschef von Südbaden, Leo Wohleb.
Die Wahlen zur Verfassunggebenden Landesversammlung in Württemberg-Baden, Baden und Württemberg-Hohenzollern wurden zum 9. März 1952 ausgeschrieben.
Für den 19. April 1951 hatte François-Poncet, der Hohe Kommissar der französischen Besatzungszone, seinen Besuch in Stuttgart (amerikanische Besatzungszone) angemeldet, und zwar mit den Bedingungen, daß er eine Rede im Landtag halten werde und daß er gewillt sei, sich anschließend die Stellungnahmen der Fraktionsvorsitzenden anzuhören. Meine Fraktion und ich hielten diesen Vorgang für sehr ungewöhnlich und gingen auf Distanz. Das Ersuchen der französischen Seite, ihr einen Tag vorher mein Redemanuskript zur Verfügung zu stellen, mußte ich ablehnen (was dort große Verstimmung ausgelöst hat).

Zu Beginn seiner Rede, die sich durch besonderes diplomatisches Geschick auszeichnete, hat sich der französische Hohe Kommissar für die von der württemberg-badischen Regierung an ihn ergangene Einladung bedankt. Das Zustandekommen dieser Einladung habe ich nicht aufklären können. Folgende Auszüge finden sicher wegen ihres historischen Wertes allgemeines Interesse.

»Es ist mir besonders angenehm, Sie hier alle versammelt zu finden und in Ihrer Person die Bevölkerung, die Sie vertreten, aufrichtig begrüßen zu dürfen. Ich weiß, daß ich vor mir die Abgeordneten eines wahrhaft demokratischen Landes habe, und weiß auch, daß ich Württemberg als einen wohlgesinnten Nachbar Frankreichs betrachten darf. Wenn man nämlich, wie ich es getan habe, um mich auf diese Sitzung vorzubereiten, die Geschichte der französisch-württembergischen Beziehung durchmustert, muß man feststellen, daß es zwischen unseren beiden Ländern einen einzigen Konflikt gab. 1822 beschloß die französische Regierung, auf württembergisches Schlachtvieh und Wolle erhöhte Zölle zu legen, wogegen Sie sich auflehnten, und zur Vergeltung beschlossen Sie, französische Weineinfuhren zu verbieten. Ich hoffe, daß dieser Zwischenfall in Ihnen keine bitteren Erinnerungen zurückließ . . .
Stets herrschte ein herzliches Verhältnis nicht nur zur Zeit des Kaisers Napoleon, sondern lange nach dessen Tod, als gerade in Württemberg der Napoleon-Kult starke Anhängerschaft fand. Ihres sonst so unpolitischen Dichters, Wilhelm Hauff, liebenswürdige Novelle »Das Bild des Kaisers« ist nicht nur eine Huldigung für ihn, sondern auch ein Angriff auf Preußen, mit dem man damals in Stuttgart überworfen war, wie man auch bei Ihnen vom damaligen Deutschen Bund nichts wissen wollte. Denn man ahnte, politisch geschult wie man war, was von diesem zu erwarten war: Beseitigung der Freiheiten, die man sich in Württemberg um keinen Preis rauben lassen wollte. Stets waren und sind Sie erfreulicherweise noch immer Bekenner der Demokratie, weil sich in Ihnen das Bewußtsein verankerte, daß der Volkswille die echteste Kundgebung freiheitlicher Weltanschauung sei. Württemberg darf man in der Tat als die Wiege der deutschen Demokratie bezeichnen. Wie viele Ihrer Freiheitshelden, von denen manche auch Dichter waren, rangen um Durchsetzung dieser Demokratie . . .
Während vieler Jahrhunderte gab es keine Bürger, sondern Untertanen. Aus einem Untertan macht man aber einen Bürger nicht von einem Tag

zum anderen. Dazu gehört eine wirkliche Schulung. Was wir in Frankreich den ›sens civique‹ oder ›civisme‹ nennen und was man auf deutsch mit ›Bürgersinn‹ wiedergeben kann, müßte anerzogen werden. Vielleicht geben wir uns nicht genügend Mühe, eine staatsbürgerliche Moral zu schaffen, die im Innern eines jeden lebendig sein müßte, ebenso wie die religiöse. Und doch ist das staatsbürgerliche Bewußtsein der Eckpfeiler, auf dem das ganze demokratische Gebäude ruht, und ohne ein bürgerliches Gewissen müßte die Demokratie ins Wanken geraten. Stets war es das Schicksal der deutschen Demokratie, heftigsten Befehdungen und Angriffen ausgesetzt zu sein. Bedauern darf man, daß die Weimarer Republik ihren Gegnern Anlaß zu berechtigten Vorwürfen gab, die mit dem Schlagwort arbeiteten, daß keine vollendete Ordnung herrsche und solche nur durch eine unumstrittene Autorität geschaffen werden könne. Der jungen deutschen Bundesrepublik wird es bestimmt am Herzen liegen, früher einmal begangene Fehler zu vermeiden, um nicht jenen Wasser auf die Mühle zu treiben, die von Wiederaufrichtung eines totalitären Systems von neuem träumen.

Die württembergische Geschichte der letzten 130 Jahre kann als ein Musterbeispiel wahrhaft demokratischer Betätigung gelten, da Sie insbesondere der Rede- und Pressefreiheit vollste Bedeutung beimaßen. Als Ihnen der Bundestag von Frankfurt Zensurierung Ihrer Landtagsreden aufdrängen wollte, lehnten Sie sich einmütig entrüstet auf. Ihre Hauptstadt war der Sitz der beiden prächtigen Männer, Vater und Sohn Cotta ... Die Cottas hatten weltmännischen Sinn, mit dem sie rein föderalistischen Geist verbanden. Neben dem Kosmopolitismus stand ihnen das Schwabentum zuhöchst.

Die Idee des Föderalismus hatte in Baden und Württemberg ihren Ursprung. Seit 130 Jahren tritt man publizistisch nachdrücklich für diese ein. Ich bekenne offen, Anhänger der bundesstaatlichen Idee zu sein, was ich nie verhehlte und auch hier wiederholen möchte. Glauben Sie also nicht, daß ich für den Föderalismus bloß in Deutschland eintrete und nicht auch in Frankreich! Dort ist es aber vielleicht und leider zu spät, den Weg zurückzufinden. Doch gehöre ich zu den Franzosen, die bedauern, daß die Revolution den Föderalismus köpfte und man seit Napoleon in der Zentralisierung viel zu weit ging. In Deutschland war das Leben seiner Einzelländer stets dessen Stärke und Besonderheit. Weder das politische noch das kulturelle Streben war auf Berlin konzentriert. Berlin ist eine Stadt, die ich kenne und liebe, von der ich aber ob-

jektiv sagen darf, daß sie nicht den Inbegriff deutscher Art und deutschen Wesens darstellt. In vieler Hinsicht konnten München, Frankfurt, Hamburg, Stuttgart mit Berlin wetteifern. Daß es in Deutschland ein ausgeprägtes Provinzialleben gibt, erscheint mir als besonderer Vorzug. Allen zentralisierenden Gewaltmaßnahmen zum Trotz konnte sich dieses behaupten, und insbesondere blieben Sie Ihrem Schwabentum und damit dem föderalistischen Grundsatz treu. Und Sie hatten recht. Föderalismus will nicht besagen, daß dieser keine Zentralgewalt zuläßt. Eine Zentralgewalt ist im Gegenteil eine absolute Notwendigkeit. Sie schwebt aber zwischen zwei Gefahren. Entweder erhebt sie zu starke Ansprüche: sie setzt sich an die Stelle der Länder und verurteilt diese zur Ohnmacht. Die andere Gefahr besteht darin, daß die Länder zu stark werden können, dagegen die Zentralgewalt schwach und machtlos, so daß ihr nicht gehorcht wird, was Unordnung und sogar Anarchie hervorrufen kann.
Wie immer, ist der Mittelweg der beste. Wenn Föderalismus und Zentralismus nebeneinander bestehen, müssen sie sich einander anpassen, müssen sie sich ineinander einfügen . . .
Die Furcht wäre unberechtigt, daß der europäische Zusammenschluß zum Verzicht auf partikularistische Eigenarten führen müßte. Gerade dafür liefert Württemberg die charakteristischen Beispiele. Viele der Größten unter den Schwaben wurden zu Weltbürgern: Schiller, Schelling, Hegel. Und aus unseren Tagen darf ich den Namen von Theodor Heuss hinzufügen, dessen echtes Schwabentum mit echtem Weltbürgertum Hand in Hand geht.
Politische Abgeklärtheit und Weisheit gehören zu Ihren schönsten Tugenden, denen ich meine Anerkennung zolle. Pflegen Sie diese unablässig, womit Sie allen deutschen Ländern ein nachahmenswertes Beispiel geben. Unter Ihren schon berühmten Schwabenstreichen wäre sicher dieser der würdigste, in die Geschichte einzugehen. Indem ich Ihnen nochmals meinen Dank für Ihren Empfang und meine besten Wünsche für das Gedeihen Ihres schönen Schwabenlandes ausspreche, möchte ich wiederholen, was Ludwig Uhland 1816 den württembergischen Volksvertretern zugerufen hatte:

Schafft fort am guten Werke
mit Besonnenheit und Stärke.«

Das Land Baden, dessen südlicher Teil zur französischen Besatzungs-

zone gehörte, wurde einmal im Zusammenhang mit Württemberg erwähnt.
Für die SPD bot sich die Gelegenheit, mit einer Stellungnahme, zu jeder Zeit im Protokoll nachzulesen, klar und deutlich die Antwort zu geben, die als relevant bewertet werden sollte. Die Sozialdemokratische Fraktion hatte lange beraten und meine Vorschläge einmütig gebilligt; sie ließen an Deutlichkeit keinen Wunsch offen.
Also sprach ihr Vorsitzender Alex Möller:

»In einer Zeit, die von stärksten Spannungen und kleineuropäischen Projekten größten Ausmaßes erfüllt ist, registriert die Sozialdemokratische Fraktion des Württemberg-Badischen Landtags die außergewöhnliche Tatsache des Besuchs des französischen Hohen Kommissars in unserem Landesparlament. Wir begegnen uns in einem Haus, in dem es keine gesellschaftliche Plauderstunde gibt, sondern die echte politische Diskussion. Ich bin davon überzeugt, daß Sie volles Verständnis dafür haben, daß ich als Sprecher der Sozialdemokratishen Landtagsfraktion in aller Offenheit einige Fragen erörtere, die nach unserer politischen Konzeption von Bedeutung sind. Dabei darf ich Sie bitten, davon auszugehen, daß ich mich von folgendem Satz aus Bernadottes Buch ›An Stelle von Waffen‹ leiten lasse: ›Mißtrauen und Mißverständnisse unter den Völkern müssen überwunden werden, und das kann nur geschehen auf dem Weg eines offenen und ehrlichen Austausches der Ansichten.‹
Unser südwestdeutsches Land ist Ihnen, Herr Botschafter, aus Ihrer Jugendzeit, als Sie sich in Offenburg und Stuttgart aufgehalten haben, sicher in anderer Erinnerung. Wieviel Blut und Tränen haben sich seit jenen Tagen mit den Fluten des Rheins gemischt. Und wieviel schwerer und sorgenvoller sind die Aufgaben geworden, denen Regierung und Abgeordnete nicht nur im südwestdeutschen Raum, sondern überall in der Bundesrepublik gegenüberstehen. Wie stark hat sich auch der politische Standort geändert, den die westlichen Demokratien unter dem Druck von Ereignissen beziehen mußten.
Die Bedrohung aus dem Osten ist so groß und intensiv geworden, daß ihr nur durch eine geschlossene, von Amerika aktiv zu unterstützende Abwehrfront des abendländischen Europa begegnet werden kann. ›Wenn Deutschland untergeht und dem Bolschewismus verfällt, dann wird sich diese Bewegung weder durch Flüsse noch durch Kanäle aufhalten lassen.‹ Dieser Satz, den der Engländer Bradbury vor einem Menschenalter

prägte, offenbart sich erst jetzt in seiner ganzen furchtbaren Konsequenz. Die deutsche Bundesrepublik kann die große gesamteuropäische Aufgabe nur lösen helfen, wenn unser Wille zur Gleichheit, Selbständigkeit und eigenen Verantwortung nicht durch Proklamationen, sondern durch Realitäten anerkannt wird, das heißt, wenn die politischen Grundlagen, die Pflichten und die Rechte für alle Staaten, die sich um ein neues Europa in Frieden und Freiheit bemühen, die gleichen sind.
Unbeschwert und frei von historischen Reminiszenzen müssen wir einer weltpolitischen Situation Rechnung tragen, die sich ab 1945 allmählich abzuzeichnen begann, nun aber so grell vor uns steht, daß vergreiste Kleinbürger und die westlichen Hilfsarbeiter des östlichen Imperialismus geblendet sind.
In unserer so spannungsvollen und entscheidungsreifen Lage gibt es gegenüber dem deutschen Volk keine Halbheiten, sondern nur noch ein ganzes Ja oder ein ganzes Nein. Wir Sozialdemokraten sind gegen den Verdacht gefeit, entmottete Hugenbergianer mit anderem Anstrich zu sein. Deswegen sollte man unsere politischen Auffassungen, die in den Begriffen Demokratie, Gerechtigkeit und Freiheit wurzeln, auch dann mit verantwortungsvollem Ernst prüfen, wenn sie im Augenblick unbequem erscheinen. Wir wollen ein freies und soziales Europa – kein im Westen nochmals gespaltenes Europa. Wir erklären – und das ist die einstimmige Auffassung meiner Fraktion –, daß sich ein Vertragswerk von höchster ökonomischer und politischer Bedeutung und mit geplanter fünfzigjähriger Dauer nicht auf Zufallsmehrheiten stützen kann, sondern nur Anerkennung findet und Bestand hat, wenn es getragen ist von dem Willen eindeutiger Mehrheiten der Völker in Westeuropa ...
Mit einem Satz möchte ich auch an einen Vorgang in unserer Nachbarschaft erinnern, der von uns nicht verstanden wird. Es ist unlogisch und unbegreiflich, daß einerseits der Export deutscher Werkzeugmaschinen in die Ostblockstaaten verboten und mit Recht als Stärkung des dortigen Kriegspotentials deklariert wird, andererseits aber – wie man zu erklären versucht – im Wege der Restitution die Lieferung ähnlicher Maschinen durchführt. Ein solcher Schritt weckt schmerzliche Erinnerungen, und wir haben bisher angenommen, daß die veränderte Lage auch eine veränderte Bewertung derartiger Aktionen aus den vergangenen Jahren und entsprechende Konsequenzen zur Folge haben müßte.
Ich bitte die verehrten Gäste um Verständnis, wenn ich als württemberg-badischer Abgeordneter eine Bemerkung mache zu der besonde-

ren Situation im südwestdeutschen Raum. Wohl kein Gebiet in Westdeutschland ist durch den Zonenschnitt in seiner wirtschaftlichen und politischen Struktur so getroffen worden wie der Raum von Baden und Württemberg. Die endgültige Bereinigung ist eine vordringliche innerdeutsche Angelegenheit.
Man möge aber noch folgendes beachten: Das Gesicht unseres südwestdeutschen Raums ist von Natur aus nach Westen gekehrt. Gerade wir haben die historische Aufgabe, Brückenpfeiler und Brücke für eine Verständigung mit unserem westlichen Nachbarn zu sein. Je weiter die Fundamente dieser Brücke – von Frankreich aus gesehen – über den Rhein nach Osten geographisch verankert sind, um so sicherer erscheint uns die Fundierung und um so nachhaltiger die Wirkung auf unser staatspolitisches Leben. Ein einheitlicher, wirtschaftlich und finanziell ausgewogener südwestdeutscher Staat wird zweifellos die geeignetste und beste Brücke der Verständigung bilden. Ich bin gewiß, daß diese Verständigung im breiten schwäbisch-alemannischen Raum ein positives Echo auslöst, zumal wenn hoffentlich bald die letzten Rudimente einer leidvollen Vergangenheit beseitigt werden. Denn noch immer schauen viele Frauen und Mütter sehnsüchtig nach dem Westen und bangen um ihre Männer und Söhne, die ein hartes Geschick gezwungen hat, das zu sühnen, was – von Fällen individueller Schuld abgesehen – ein System zu verantworten hätte. Ich denke dabei nicht zuletzt an militärgerichtliche Urteile gegen deutsche Kriegsgefangene, die oft, bald nach der Kapitulation gefällt, in der Beurteilung des Tatbestandes und im Strafmaß über das menschlich Erträgliche hinausgegangen sind, und deren Überprüfung ein verständliches und herzliches Anliegen unseres Volkes an das französische Volk und seine Regierung ist. Man sollte, wie es Herriot zwischen den beiden Kriegen gefordert hat, der Leidenschaft endgültig die Tür verschließen und der Aufgabe dienen, die tiefen Wunden, welche die Völker empfangen haben, durch Geduld und Güte zu heilen. Diese Aufgabe erfordert Mut. Das deutsche Volk ist dabei auf die helfende Hand der Mächte angewiesen, die in der Lage sind, uns die Souveränität zurückzugeben und drückende Lasten zu beseitigen, die sich im Jahre 1951 nicht mehr verantworten lassen . . .
Wir sind in größter Sorge – nicht nur um uns, sondern um das Schicksal der demokratischen Welt. Möge uns diese gemeinsame Sorge aus der Zone volksegoistischen Denkens herausführen in freies Land für freie Menschen.«

Aller Anfang ist schwer

Wenn ich von dem Ergebnis ausgehe »Ende gut, alles gut«, dann muß ich auf die Wiedergabe all der häßlichen Streitereien um Südweststaat oder Altbaden verzichten. Wir haben uns zusammengerauft. Wenn sich die alten Kämpfer von früher begegnen, so lächeln sie und drücken sich die Hand. Deshalb sei dem Verfasser dieses Buches als Beteiligtem gestattet, Ausführungen zum Grundsätzlichen zu machen, weil es sich um ein föderalistisches Lehrstück handelt, das die Bewährungsprobe mit glänzenden Zensuren bestanden hat.

Am Anfang des Weges stand Kleinstaaterei, finden wir Gebilde, deren Grenzen so willkürlich und deren Bewohner so eng mit den Nachbarn jenseits dieser »Grenzen« verschwistert und verschwägert waren, daß sich weder eine wirtschaftliche noch eine echte kulturelle oder gar politische Eigenständigkeit entwickeln konnte. Kleine Potentaten betrieben Kirchturmspolitik. Das Ende des Weges führt in Besatzungszonen fremder Mächte.

Man muß sich daran erinnern lassen: Im Laufe der Geschichte wurde die deutsche Landkarte fünfmal gewaltsam umgestaltet, davon dreimal durch das Diktat ausländischer Mächte. Das waren der Westfälische Friede 1648, der Wiener Kongreß 1815, die preußischen Annexionen von 1866, die Reichsgliederung im Dritten Reich in 35 Gaue und schließlich die Aufteilung in Besatzungszonen nach der deutschen Kapitulation im Zweiten Weltkrieg.

Die Zonengrenze verlief 1945 – wer denkt schon heute noch daran? – entlang der Autobahn Karlsruhe-Stuttgart-Ulm. Nördlich dieser Demarkationslinie lag die Gewalt bei amerikanischen, südlich davon bei französischen Militärbefehlshabern.

Viel zu lange bot der südwestdeutsche Raum ein Bild der Zerrissenheit, erschwerten solche Zustände die volle Entfaltung wirtschaftlicher und kultureller Blüte, für die gerade diese Landschaft nahezu ideale Voraussetzungen bietet. Es fehlte aber auch an der Bereitschaft, den politischen Rahmen so weit zu spannen, daß sich alle Kräfte des badisch-württembergischen Raumes ergänzen und fördern konnten, damit aus dem Nebeneinander endlich ein echtes, konstruktives Miteinander wurde.

Die Verhältnisse wurden unter dem Besatzungsregime zu guter Letzt unerträglich und unhaltbar. Die Stimmen, die eine Beseitigung aller Provisorien im Sinne einer modernen Raumordnung forderten, ließen sich nicht mehr überhören. Der Wunsch nach dem Zusammenschluß der drei südwestdeutschen Länder ist auf dem Hintergrund der schmerzlichen Ereignisse der Jahre zwischen 1945 und 1951 zu sehen. Wir hatten bis dahin viel Kleines und Schwaches erlebt, viel Trennendes mitgemacht und viel an Grenzziehungen respektieren müssen. Jetzt wollte man endlich die Gegenseitigkeitshilfe, den Ausgleich im größeren Raum als Basis für das Wiederaufbauwerk.

Das Ziel wurde erreicht, die erstrebte großzügige Entwicklung wurde eingeleitet, als sich am 9. Dezember 1951 eine Mehrheit der Bürger in den Landesteilen Baden, Württemberg und Hohenzollern für den neuen Staat, den »Südweststaat«, das heutige Baden-Württemberg, entschied. Eine politisch, wirtschaftlich und kulturell gleichermaßen vernünftige, sinnvoll in die Zukunft gerichtete Lösung war jetzt gefunden. Ein Staat entstand, der sich organisch in den Aufbau der Bundesrepublik eingliederte.

Eine gute Lösung, doch war der Weg zu diesem neuen Staat nicht unbeschwerlich gewesen. Er glich keiner glatten, hindernisfreien Straße. Holperig und voller Schlaglöcher schlängelte sie sich einem durchaus nicht klar erkennbaren Ziel entgegen. Die politischen Realitäten konnten sich gegen Gefühlsimpondcrablilicn nur schwcr durchsctzcn. Sturheit und die Lust zum Rechthaben erzwangen Umwege und führten auf Irrwege. Kräfte, die sich selbst in völliger Verkennung der historischen Situation als konservativ, traditionsgebunden und heimattreu verstanden, setzten schimpfend und hadernd der angestrebten Neugliederung heftigen Widerstand entgegen. Da überzeugende Argumente fehlten, wurden emotionale, in romantischer Weltfremdheit wurzelnde Gedanken kultiviert. Bisweilen standen jedoch auch sehr reale macht- und wirtschaftspolitische Erwägungen im Hintergrund, denn natürlich gab es Grüppchen, die von der Zerrissenheit des Landes in dieser oder jener Weise zu profitieren wußten. Nicht immer war es für den Bürger leicht, alle Zusammenhänge zu durchschauen; häufig wurde er zwischen suggeriertem Wunsch und der Vernunft hin- und hergerissen.

In einer Zeit europäischer Politik, die Montanunion und Europäische Wirtschaftsgemeinschaft als erste und bedeutende Realitäten supranationalen Denkens entstehen ließ, mußten sich die Widerstände gegen die Neugliederung des südwestdeutschen Raumes geradezu grotesk und anachronistisch ausnehmen. Während der Kampf um die Freiheit Berlins einen seiner Höhepunkte erreichte, während das Anstemmen gegen die Spaltung Deutschlands unser ganzes Volk erschütterte, waren »altbadische« Kreise bemüht, die Grenzen der ehemaligen südwestdeutschen Landesteile zu konservieren. Zu Unrecht fürchteten sie, der Zusammenschluß werde Nachteile für die bisher selbständig verwalteten Regionen mit sich bringen. Milchmädchenrechnungen hatten Tageswert.

Zweifellos hat das neue Land, hat Baden-Württemberg in den Jahren seines Bestehens bewiesen, daß es die politisch zweckmäßigste sowie die wirtschaftlich und kulturell sinnvollste Form der Gliederung des südwestdeutschen Raumes darstellt. Aber selbst diese nicht zu widerlegende Feststellung reizt weder Länder noch Stadtstaaten zur Nachahmung. Gutes Beispiel überwindet keine Sitten.

Mit Zahlen läßt sich nicht nur trefflich streiten, sondern auch Politik machen. Die Wahlen zur Verfassunggebenden Landesversammlung des neuen Landes Baden-Württemberg am 9. März 1952 brachten der CDU 50 Sitze, der SPD 38, der FDP 23, dem BHE 6 und der KPD 4 Sitze.* Es begannen zunächst keine Verhandlungen um Koalition und Regierung, sondern um Grundlage und Eckpfeiler der zu beratenden Landesverfassung. SPD und FDP nahmen die Verfassung von Württemberg-Baden, die CDU die von Württemberg-Hohenzollern als Maßstab. Es zeigten sich Kluften. Dazu kam ein überreiztes Klima. In der CDU-Delegation saßen – durchaus nicht brüderlich vereint – Südweststaatler und verbitterte Altbadener, die keineswegs ihre Niederlage gekonnt vergessen wollten. Dann brachen die Wunden bei den Andersgläubigen der südlichen Landesteile auf, die in den ganzen letzten Jahren unter dem Druck (meine Freunde in Südbaden sprachen von Überheblichkeit) der absoluten Mehrheit der CDU parlamentarische Arbeit geleistet hatten. Sie blickten zurück im Zorn, der gegenwärtig war, wenn wir uns oft und ohne Erfolg mit konservativem Gedankengut aus der CDU zu befassen hatten. Überall rissen Geduldsfäden. Wir wollten zwar in diesen Verhandlungen nicht die wichtigsten Verfassungspunkte festnageln, sondern nur ihre Gestaltungsmöglichkeiten ermitteln. Aber dieses Vorhaben mißlang so gründlich, daß wir in eine Sackgasse geraten waren.

Guter Rat ist immer teuer. Die berühmte Laterne des Diogenes war unauffindbar. Es kam zu einem unbemerkt gebliebenen langen Gespräch

* Die Verfassunggebende Landesversammlung nimmt auch die Aufgaben eines Landtags wahr und hat damit das Gesetzgebungsrecht.

zwischen Reinhold Maier und mir, bei dem wir nüchtern die landespolitische Lage analysiert haben. Die Beschäftigung mit den Folgen hätte bald zu einem Scheitern geführt. Es kam der Ruck zum Nichterwarteten. Wir mußten versuchen, die SPD-FDP-Koalition zustande zu bringen, und den BHE wegen der Mehrheitsverhältnisse einbeziehen. Nur so ließ sich dann im Verfassungsausschuß eine moderne, der Aufgeschlossenheit verpflichtete Verfassung erarbeiten. Die drei Fraktionen sagten ja. Gebhard Müller hatte in allerletzter Stunde Dr. Maier die Ministerpräsidentschaft angeboten und die Erklärung hinzugefügt, er selbst würde kein Ministeramt übernehmen. Es war zu spät. Wenn in den folgenden Jahren versucht worden ist, aus den Sternen zu lesen und zu nuscheln, Reinhold Maier habe deshalb bei diesem Angebot nicht mitgemacht, um im Bundesrat mit den fünf Stimmen von Baden-Württemberg gegen Adenauer, vor allem gegen seine Außenpolitik, ankämpfen zu können und um ihm auch sonst Schwierigkeiten zu bereiten, dann muß ich aus den Erfahrungen dieser Jahre sagen, daß solche Unterstellungen Unfug sind. Die Koalition ohne CDU entstand ausschließlich wegen der Sorge um die erkennbaren Verfassungsschwierigkeiten. Dennoch konnte ein Mann wie Reinhold Maier bereits 1952 ermessen, welche Unannehmlichkeiten ihm erwachsen würden, weil in seiner Landesregierung ebenso wie in Bonn die FDP vertreten war und der andere Koalitionspartner, die SPD, in Bonn zeigte, was eine Oppositionsharke ist.
Am 23. April 1952 wurde Reinhold Maier zum Ministerpräsidenten gewählt und ernannte seine Minister. Im Schlußteil der von ihm abgegebenen Erklärung, die von lebhaften Zwischenrufen aus den Reihen der CDU begleitet wurde, heißt es:

»Gemäß § 14, Abs. 4 (des 2. Neugliederungsgesetzes) wird hiermit der Zeitpunkt der Bildung der vorläufigen Regierung auf den gegenwärtigen Augenblick, nämlich auf Freitag, den 25. April 1952, 12 Uhr 30 Minuten festgestellt.
Mit dieser Erklärung sind gemäß § 11 des Zweiten Neugliederungsgesetzes die Länder Baden, Württemberg-Baden, Württemberg-Hohenzollern zu einem Bundesland vereinigt.
Gott schütze das neue Bundesland, Gott schütze die Deutsche Bundesrepublik, und er bringe uns wieder unser geliebtes, verlorengegangenes, in Einigkeit und Gerechtigkeit wieder zu vereinigendes, großes deutsches Vaterland.«

Unmittelbar nach der Sitzung richtete die CDU-Fraktion ein Telegramm an Bundeskanzler Dr. Adenauer, in dem sie gegen die »staatsrechtlich unzulässige Regierungsbildung protestiert und gemäß Artikel 28 des Grundgesetzes um Einschreiten der Bundesregierung zur Herbeiführung der verfassungsmäßigen demokratischen Ordnung im neuen Bundesland« bat. Jetzt wurde starker Tabak verlangt; er konnte keine Wirkung zeigen, weil er unverkäuflich war. Der Ministerpräsident Reinhold Maier hatte recht, was der damalige Bundesminister für Angelegenheiten des Bundesrats, Hellwege, in einem Rechtsgutachten an Kanzler Adenauer am 3. Mai 1952 feststellte: »Die von Herrn Ministerpräsident Dr. Maier vorgenommene Regierungsbildung ist rechtlich einwandfrei. Der Artikel 28 des Grundgesetzes gibt der Bundesregierung keine Möglichkeit zum Eingreifen.«

Am 9. März 1977 hat Professor Dr. Gebhard Müller in der Festrede »25 Jahre Baden-Württemberg – Rückblick auf die Entstehung des Bundeslandes« ausgeführt*:

»Auch in der CDU-Fraktion wurden die Gegensätze zwischen Anhängern und Gegnern des neuen Landes verschärft. In dieser krisenhaften Situation bot Adenauer Leo Wohleb den Posten als erster deutscher Gesandter in Portugal an. Leo Wohleb nahm an und ging in tiefster Verbitterung, wie ich seinem Abschiedsschreiben entnahm, nach Lissabon. Den mir angebotenen Posten des Botschafters in Madrid, ein weiteres Angebot zur Leitung der deutschen Vertretung in Brüssel wie auch eine erneute Berufung an das Bundesverfassungsgericht lehnte ich ab und behielt den, wie Sie mir glauben dürfen, meiner Gesamteinstellung wenig zusagenden Posten des Oppositionsführers bei. Ich glaube, die Opposition bei aller Schärfe so geführt zu haben, daß keine Brücken endgültig abgebrochen wurden.«

Das letztere kann ich bestätigen. Die Berechtigung hierzu wird sich an einer besonders entscheidungsvollen Begegnung sehr klar zeigen.
Während seiner Rede hat Gebhard Müller eine kleine Begebenheit am Rande des Geschehens erwähnt, die erhellte, wie kalt und frostig in den Maitagen 1952 das politische Klima geworden war. Die Regierungen und Regierungschefs in Tübingen und Freiburg beendeten ihre Tätigkeit mit der Verkündung des sogenannten Überleitungsgesetzes. Am Mor-

---

* Zu entnehmen der über diesen Festakt vom Landtag herausgegebenen Schrift.

gen des 17. Mai 1952 wäre ihm eine solche Feststellung noch druckfrisch durch einen Kraftfahrer aus Stuttgart überbracht worden – ohne Begleitschreiben, ohne Dank, ohne jede Zeile. Es ist nicht nur peinlich, sondern kaum zu fassen, wenn dann eine Persönlichkeit wie Gebhard Müller in einer solchen Feierstunde schlicht und einfach sagt: »Und so endete meine Tübinger Tätigkeit.«

Ende April 1952 traf ich Leo Wohleb in einem Kreis von Angehörigen eines Aufsichtsrats, mit denen er in einem Weinlokal in Neuburgweier Abschied feierte. Ich saß mit Bekannten beim Glas Wein. Es dauerte nicht lange, und Leo Wohleb kam an unseren Tisch. In guter Laune. Er hielt eine sehr persönliche, humorvolle Rede, in die Mahnungen eingebettet waren. Seine wichtigste Frage: Wie wird das neue Land heißen? Als ich ihm antwortete, daß ich für den Namen »Baden-Württemberg« eintreten würde, war seine Freude groß.
Mit der Errichtung einer diplomatischen Vertretung der Bundesrepublik in Portugal wurde Leo Wohleb im Juli 1952 Außerordentlicher Gesandter und bevollmächtigter Minister in Lissabon. Drei Jahre später war ich mit guten Bekannten aus unserem Land beim Bundespräsidenten Theodor Heuss eingeladen, der uns erzählte, Leo Wohleb sei seit einigen Tagen in der Bundesrepublik und wohne in Frankfurt im Frankfurter Hof. Wir sollten ihm unsere Wertschätzung zeigen, zu ihm fahren und ihm auch mitteilen, er möge den Bundespräsidenten recht bald besuchen. Als wir am 13. März 1955 in das Hotel kamen, sagte man uns, Leo Wohleb sei gestorben. Seine Beisetzung erfolgte in Freiburg i. B.

Auswirkungen in Bonn

Nach der Regierungsbildung gab es viel zu tun. Die Opposition wollte es uns zeigen. Bei dem zu organisierenden neuen Bundesland hieß es: aus drei mach eins. Erschwerungen und Unsicherheit mußten schon deshalb vorhanden sein, weil nach Verabschiedung der Verfassung Korrekturen und weitere Entscheidungen erforderlich wurden.
Im Verfassungsausschuß fand ein Ringen mit oft catcherähnlichen Praktiken statt. Jeder Absatz wurde auf Wort- und Sinngehalt durchleuchtet. Ein großer geistiger Stromverbrauch. Allein die kulturellen Fragen und

ihre verfassungsrechtlichen Regelungen nahmen jede beliebige Zeit in Anspruch. Dazu kamen die Elemente direkter Demokratie, Staatspräsident, Senat ja oder nein und wenn ja: wie, Grundsätze für das Landtagswahlgesetz, Rechte des Parlaments, insbesondere Haushaltsbewilligungsrecht, Steuerverteilung und Finanzkontrolle, Organisation der Regierung, Organisation der Verwaltung (Regierungsbezirke), Gerichtsbarkeit, kommunale Selbstverwaltung, Vertretung des Landes im Bundesrat, Landeswappen und Name des Landes. Das ist ein kleiner Ausschnitt aus den Fragenkomplexen, mit denen sich der Verfassungsausschuß beschäftigen mußte.
Der Finanzausschuß hatte mich beauftragt, mich mit der Eröffnungsbilanz aufgrund der dem Finanzministerium zur Verfügung stehenden Materialien zu befassen. Die sorgfältige Durcharbeitung ergab unbefriedigende Resultate, die in erster Linie darauf zurückzuführen waren, daß ein zu hoher Anteil an Einnahmen der Verfügungsgewalt der Landesregierung entzogen war. Ohne die Finanzkraft in Nordwürttemberg, dem einzigen Landesteil mit einem namhaften Haushaltsüberschuß, wäre die Situation in Nordbaden, Württemberg-Hohenzollern und vor allen Dingen in Südbaden mit den beabsichtigten Maßnahmen nicht in absehbarer Zeit und halbwegs vernünftig zu bewältigen gewesen. Wieder war für mich erwiesen, daß die Neuordnung der Finanzverfassung bald beginnen mußte. In der Schlußbetrachtung machte ich am 3. März 1953 folgende Ausführungen, die also vor 25 Jahren niedergeschrieben worden sind. Aber könnte es nicht im Jahre 1978 gewesen sein? So hieß es damals:

»Nur ahnungslose Engel können den Standpunkt vertreten, der Finanzminister sei ein mächtiger Mann. Er muß nicht unbedingt als Gratwanderer in luftigen Höhen Schwindelanfällen ausgesetzt sein und den Boden unter den Füßen verlieren. Der Länderfinanzminister ist viel eher mit einem Hindernisläufer zu vergleichen, der Hürden und Wassergräben mit guter Puste zu nehmen hat, wenn er überhaupt das Ziel erreichen will (von einer guten Placierung gar nicht zu reden). Niemand kann seine Abhängigkeit von den noch verfügbaren Einnahmen, dem echten Bedarf und den vorhandenen Unsicherheitsfaktoren leugnen. Viele fordern aus dem Blickwinkel ihres Kirchturmes. Es ist nicht unbedingt erfreulich zu sehen, wie die sich verschieden präsentierende Prominenz ihre (aber leider nur ihre) Wünsche verficht, es bleibt erschütternd, daß man sich dabei nicht als dienendes Glied im Ganzen fühlt.

Das Ganze ist der Bund mit den Ländern und Gemeinden und einem Volk, das innerhalb einer Generation von schwersten Schicksalsschlägen heimgesucht wurde. Zerstörungen, die in Stunden entstanden, können in wenigen Jahren nicht wiedergutgemacht werden. Ungeduld und Drängen sind oft lobenswerte Eigenschaften, aber kein Finanzminister kann mehr geben, als er hat.«

Wie sagt man es heute?
Schon wenn man nur dieses angedeutete Pensum als zu bewältigende Aufgaben vor sich sah, konnte keiner den Ministerpräsidenten beneiden. Unserer hatte aber eine Sünde gegen den Bonner Geist seiner Parteifreunde begangen. Er bekam es zu spüren. Einmal wurde Reinhold Maier zu seinem Vorsitzenden, Thomas Dehler, beordert. Das Treffen fand in Frankfurt am Main statt. Reinhold Maier konnte auf den Begleitschutz Haußmann und Erbe nicht verzichten. Wir trafen uns auf der Hinfahrt und auf der Rückfahrt an der Karlsruher Autobahn. Nun wußte ich, was nicht schwer zu ahnen war. Seine Bonner Parteifreunde gaben Laut und waren aufs höchste verstimmt, daß es Reinhold Maier unternommen hatte, ihre Adenauerkreise in Bonn zu stören und wichtige Teile der Wirtschaft in Alarmstimmung zu versetzen. Ministerpräsident Reinhold Maier versuchte, dämpfend zu wirken. Er hat dieses Unternehmen sicher nicht auf Kosten der SPD ausgeführt, denn dann wäre seine Beweiskraft abgebröckelt. Reinhold Maier hat mir auseinandergesetzt, daß er versucht habe klarzustellen, warum es in Stuttgart so kommen mußte. Jetzt stünde er als früherer Ministerpräsident von Württemberg-Baden unter der Verpflichtung, mit den beiden Fraktionen, die ihn von Anfang an unterstützt hätten, sowie zusammen mit dem BHE dafür zu sorgen, daß diese Spätgeburt wachsen, blühen und gedeihen könne.
Die Bundesratsstimmen, die waren es, die Bonn bekümmerten. Reinhold Maier war zum Zünglein an der Waage geworden. Nicht nur mit dem Gewicht des neuen Landes bei Abstimmungen, sondern er agierte auch als Präsident des Bundesrates. Selbst nach Annahme des Deutschlandvertrages sowie der EVG im Deutschen Bundestag und Zuleitung der Ratifizierungsgesetze an den Bundesrat ließ sich dieser kernige Schwabe nicht krankschreiben. Es kam eine Weile zu zackigem Hin und zögerndem Her. Manches war unklar geworden, weil sich Juristen beider Seiten mit dem rechtlichen Zugzwang zu beschäftigen hatten. Reinhold Maier verließ sich in dieser Lage auf seinen politischen Instinkt und be-

kundete: »Wenn die rechtliche Zulässigkeit bejaht wird, bin ich für die Zustimmung.« In der Koalition rissen die Diskussionen nicht ab. Mir fielen einige Steine vom Herzen, als der Ministerpräsident den Vorschlag machte, wir sollten das vom Bundespräsidenten beantragte Gutachten des Bundesverfassungsgerichts abwarten. Erleichtert wurde festgelegt, daß sich die Landesregierung mit den Vorsitzenden der Koalitionsfraktionen am Vorabend der Bundesratssitzung vom 24. April 1953 in Bonn treffen werde, um nach gegebener Orientierung zu beraten. Am 24. April entsprach der Bundesrat dem Antrag von Baden-Württemberg auf Vertagung. Die Opposition kritisierte. Die Verfassunggebende Landesversammlung billigte am 29. April mit 62 zu 37 Stimmen bei drei Enthaltungen die Entscheidung der Landesregierung. Während ich als Fraktionsvorsitzender den Beschluß des Bundesrates energisch verteidigte, reagierten meine parteipolitischen Oberen völlig unerwartet. Sie waren davon ausgegangen, daß im Bundesrat durch eine Abstimmung ein Nein ausgesprochen würde. Erich Ollenhauer kam nach Stuttgart und verlangte eine Revision unserer Haltung im Sinne der Partei. Unsere Minister im Kabinett setzten sich dann mit fünf zu vier Stimmen durch, da der zehnte Mann erkrankt war. In der Bundesratssitzung vom 15. Mai 1953 machte der Ministerpräsident von seiner Richtlinienkompetenz Gebrauch, die in einem solchen Fall im nachhinein angewandt nur eine Alibifunktion haben kann. Mein Freund Viktor Renner, ein christlicher Mann mit heiligem Zorn, erklärte seinen Rücktritt. Ich wollte unter keinen Umständen eine Koalitionskrise (später ist übrigens die EVG von Frankreich aus mir völlig verständlichen Gründen abgelehnt worden). Unsere Minister und die Fraktion waren meiner Meinung. In einigen Monaten hatten wir Bundestagswahlen. Das kam noch hinzu.
Also übernahm der Ministerpräsident zusätzlich das Justizministerium. Es ging weiter.

Drehpunkt Bundestagswahl 1953

Ein anderer Konflikt bahnte sich an. Im Frühsommer gab es eine Veranstaltung in der Villa Reitzenstein. Bei schönstem Wetter waren wir alle (Südweststaatler und Altbadener sowie weitere Gäste des Ministerpräsidenten) fröhlich beisammen. Es wurde köstlicher Wein ausgeschenkt. Nach festgelegter Sitte gab es sowohl Badischen als auch Württemberger Wein. Die Abgeordneten hatten eine lange und schwere Sitzung hinter sich. Die Opposition wähnte die Koalition leicht angeschlagen. Als wir dabei waren, ihr diesen Zahn in Weinnarkose zu ziehen, wurde ich in solchem Unterfangen gestört. Ganz plötzlich und ohne Vorwarnung zog mich Reinhold Maier in ein kleines Besprechungszimmer und analysierte die Geschäftslage im Landtag. Es war nicht zu bestreiten, daß die Koalition im Verfassungsausschuß in entscheidenden Punkten, wie zum Beispiel den Schulbestimmungen, nicht immer das große Los gezogen hatte. Reinhold Maier wollte den Knoten der Divergenzen durchhauen und mit der Koalitionsmehrheit alles, was uns wichtig erschien, in der Zweiten und Dritten Lesung im Plenum ohne Kompromisse endgültig verabschieden lassen. Ich setzte diesen Überlegungen ein klares Nein entgegen und zog mich mit der Erklärung zurück, die Fraktion befragen zu müssen. Die Weinlaune versickerte. Die SPD-Fraktion einschließlich aller Minister konnte sich zu dem von Reinhold Maier angeregten Parforceritt nicht entschließen. In den Koalitionsverhandlungen begründeten wir unsere Auffassung. Von mir wurden die Mehrheitsverhältnisse in den Vordergrund gerückt. Sie genügten, um eine Regierung zu bilden und Gesetze zu beschließen, aber nicht bei Verabschiedung einer Verfassung für einen Staat, der gerade und nicht ohne erheblichen Widerspruch aus dem Zusammenschluß von drei Ländern entstanden war. Wir machten daher recht eindringlich auf die Mehrheitsverhältnisse aufmerksam: 54 Nein-Stimmen (50 CDU und vier Kommunisten) waren sicher. Die Koalition verfügte über 67 Mandate, mindestens bis zu zehn Kollegen der FDP und des BHE würden es sich sehr überlegen, ob sie diesen Streich verantworten könnten. Kranke ließen sich noch nicht angeben.

Das war eine Rechnung mit vielen Unbekannten. Aber selbst wenn sie aufgegangen wäre, hätte ich eine solche Verabschiedung der Verfassung für das noch sehr umstrittene Bundesland nicht verantwortet. Daran war nicht zu rütteln. Mein Argument blieb bestehen, daß eine mit hauchdünner Mehrheit angenommene Verfassung für ein Land, bei dem beachtliche Teile noch aktive Gegner seien, nicht der Beginn des Zusammenwachsens, sondern des Zerfalls sein würde.

Reinhold Maier nahm die Entscheidung nicht gerade erleichtert zur Kenntnis.

Bei der CDU war Unruhe entstanden. Ein Abtasten im Ältestenrat blieb für sie ohne Ergebnis, denn dieser Punkt stand nicht auf der Tagesordnung. Als mich der Oppositionsführer um eine Besprechung außerhalb des Hauses bat, fuhr ich mit ihm in ein gemütliches Weinlokal nach Ludwigsburg.
Zu dem eingehenden Gespräch, bei dem wir uns nichts schenkten, sagte Dr. Gebhard Müller*:

»Dr. Möller hielt es im Interesse der Integration des neuen Landes für zwingend geboten, die Verfassung nur mit Zustimmung der Opposition zu verabschieden und deshalb die CDU an der Regierung zu beteiligen. In der mehrstündigen Besprechung wurden im übrigen die Zusammensetzung der neuen Regierung, die Verteilung der Ressorts, ein Kompromiß – im Grundsatz und in den Grundlagen – in allen noch strittigen Verfassungsfragen, vor allem den Schulfragen, der Frage der Weitergeltung der Konkordate, der Stellung der Regierungspräsidenten, der Vertretung des Landes im Bundesrat, vereinbart. Die Regierung sollte nach den Bundestagswahlen, die für den September 1953 angesetzt waren, ohne Rücksicht auf ihren Ausgang gebildet werden.
Die Zweite und die Dritte Beratung der Verfassung noch vor den Sommerferien wurden damals, im Juli 1953, im Ältestenrat mit den Stimmen der CDU und der SPD abgelehnt.«

Die Bundestagswahlen wurden zu einem Wahlsieg der CDU. Die FDP schnitt in Baden-Württemberg nicht gut ab. Reinhold Maier (FDP) rückte als ihr Spitzenkandidat in den Bundestag ein. Er hatte vor den Wahlen verbindlich erklärt, »daß das Ergebnis der Wahl zum Bundestag gleichzeitig eine Entscheidung der Wähler über meine Landespolitik in den letzten eineinhalb Jahren« sei. Das war so unnötig wie ein Kropf. Das Bundestagswahlergebnis konnte nicht auch eine Entscheidung über die Landespolitik von Reinhold Maier sein, aber ihm war in diesem Punkt nicht zu helfen. Nüchtern betrachtet: Reinhold Maier, der nun als Abgeordneter des Landtages und des Bundestages fungierte, hatte sich ganz einfach mit der Tatsache abgefunden, daß Gebhard Müller Ministerpräsident einer Allparteienregierung werden würde. In seinen Erinnerungen berichtet Reinhold Maier von einem Besuch bei Adenauer, der ihn für den 10. September 1953 zu sich gebeten hatte:

---

* Zu entnehmen: Festakt 1977; vom Landtag herausgegebene Schrift

»Beim Verlassen des Palais Schaumburg bemerkte ich zu Haußmann, er werde wohl zugeben, daß dieses Gespräch eine erstens unnötige, zweitens nutzlose Zumutung an mich gewesen sei. Auf der Rückfahrt von Bonn nach Stuttgart andern Tags drang Wolfgang Haußmann nochmals auf mich ein, entweder als Ministerpräsident oder als Ressortminister mitzuwirken. Beides sei durchaus möglich. Wiederholt erklärte ich ihm: ›Du selbst willst Minister werden. Wenn ich bleibe, so wird entweder Karl Frank hinausgedrängt oder du kommst nicht zum Zuge. Nur wenn ich ganz ausscheide, ist vielleicht Platz für euch beide.‹ In Karlsruhe sprachen wir Alex Möller, der sich über jede Einzelheit unterrichtet erwies und der Binsenwahrheit Ausdruck verlieh, wenn eine Große Koalition, besser gesagt eine Allparteienregierung kommt, dann wird selbstverständlich Gebhard Müller Regierungschef.«

Es kam, wie es kommen mußte. Am 30. September 1953 wählte der Landtag Gebhard Müller (CDU) zum Ministerpräsidenten, der eine Allparteienregierung (ohne KPD) bildete und schnell sein Kabinett berief, dem für die SPD Hermann Veit als stellvertretender Ministerpräsident und Wirtschaftsminister, Fritz Ulrich als Innenminister und Erwin Hohlwegler als Arbeitsminister angehörten. Von der FDP hatte Wolfgang Haußmann durch eifriges Training den Sprung ins Kabinett geschafft. Karl Frank blieb Finanzminister.*

Am 11. November 1953 waren wir mit der Überarbeitung der Landesverfassung so weit, daß sie mit 102 von 114 Stimmen angenommen wurde. Ich war und bin noch heute heilfroh, daß meine langen und intensiven Bemühungen diesen Erfolg gehabt haben. Baden-Württemberg hatte eine feste, durch nichts mehr zu erschütternde Lebensbasis erhalten.

In der hart umkämpften Schulfrage besagte der gefundene Kompromiß, daß die Formen der Volksschule in den einzelnen Landesteilen nach dem Stand vom 9. Dezember 1951 erhalten bleiben. Ich selbst habe zu denen gehört, die stets proklamiert hatten: »Gleiche Schulen im ganzen Land.« Trotzdem war ich der Meinung, daß man mit dieser Lösung, die ich als eine vorläufige ansah, eine Weile leben konnte.

Ministerpräsident Hans Filbinger löste im Dezember 1966 die CDU-

---

* Der Stimmenrückgang der FDP bei diesen Wahlen zum 2. Bundestag verlief (Vergleich zum 1. Bundestag) von 17,6 auf 12,7% der Stimmen.

FDP-Koalition zugunsten einer CDU-SPD-Koalition ab. Die Koalitionsvereinbarungen, die dabei entstanden, sahen eine Neufassung des Artikels 15 vor, der am 8. Februar 1967 im Landtag verabschiedet worden ist. Diese Verfassungsänderung hat auch im ehemaligen Land Württemberg-Hohenzollern die Schulform der christlichen Gemeinschaftsschule badischer Prägung eingeführt. Sie besteht nun im ganzen Land.

Unsere Politiker haben es schwer. Stellen sie ihr Handeln auf Kurzfristigkeit ein, dann sind sie immer dabei. Versuchen sie sich in weitsichtigen Aktionen, geht ihnen oft der politische Atem aus. Man sollte aber an Max Weber denken, der festgestellt hat, daß ein Politiker immer das richtige Augenmaß haben muß.

XI. MIT GEBHARD MÜLLER IN DEN USA

Bei Thomas J. Watson

Seit der Währungsreform hatte ich aus beruflichen Gründen verschiedene, auch politisch interessante Auslandsreisen durchgeführt. Ich habe – jeweils sorgfältig vorbereitet – Österreich, die Schweiz, Frankreich, Holland, England, Italien und Schweden besucht. Die Neuordnung unseres Geldwesens, Wirtschafts-, allgemeine Finanz-, Steuer- und sozialpolitische Fragen sowie Probleme der Versicherungswirtschaft standen dabei im Mittelpunkt des Erfahrungsaustauschs. Die Gesprächspartner wollten manches und Genaues über unseren vielseitigen Stabilisierungsprozeß erfahren. Dabei handelte es sich immer um führende Persönlichkeiten aus Politik und Wirtschaft, die über ausreichend Zeit verfügten, um mich von mancher Unwissenheit und Unsicherheit befreien zu können. Es war für beide Seiten – am stärksten für mich – von Nutzen, statt im Verzeichneten steckenzubleiben, nun Klartexte aus erster Hand zu erhalten. Ich habe diese Reisen wiederholt, und zwar mit immer neuem Gewinn.

Nun ereignete sich etwas Besonderes. Seit 1954 lag eine Einladung der amerikanischen Regierung in Stuttgart vor, eine näher bezeichnete Delegation möge die USA für einige Wochen besuchen. Ich hatte Interesse. Gebhard Müller sicher auch, nur verbarg er das geschickt. Plötzlich überstürzten sich die Ereignisse. Der Ministerpräsident Gebhard Müller flog los, und zwar mit seinem persönlichen Begleiter, Regierungsdirektor Freiherr von Göler. Einige Tage später folgten die Mitglieder der Delegation, der Fraktionsvorsitzende der CDU, Dr. Herrmann, der Oberbürgermeister der Zeppelinstadt Friedrichshafen, Dr. Grünbeck, und ich. Unser Regierungschef erwartete seine drei Getreuen am Flughafen in New York. Als wir mit blassen Gesichtern und ein ganz klein wenig zittrig aus der Propellermaschine kletterten, war großer Bahnhof. Wir begannen, uns um- und einzustellen. Neun Zehntel des Empfangs galten zu unserer Überraschung dem Zeppelin-Oberbürgermeister Dr. Grünbeck (wie später noch einige Male). In seinem Gefolge erlebten wir die Zeremonien in genügendem Abstand mit. Ich war (und bleibe) erstaunt, daß unser Luftschiff Zeppelin in Amerika eine solch große Erinnerungsbreite besaß. Es stellten sich in der Hauptsache Amerikaner ein, die früher dienstlich oder aus Hobby mit Graf Zeppelin und seinem Luftschiff zu tun gehabt hatten – nicht zuletzt durch Besuche in Friedrichshafen.

Wir konnten uns mit Müh und Not nach einigen Stunden verabschieden, denn unser erster Besuch galt Thomas J. Watson sen., dem Präsidenten der IBM (International Business Machines Corporation). Wir wollten ihm vor allem deswegen einen Besuch machen, weil sein weltweites Unternehmen in Sindelfingen ein großes Werk als einen über die Bundesrepublik Deutschland hinausgreifenden Stützpunkt der Internationalen Büro-Maschinen Gesellschaft mbH gebaut hatte.* Der würdige alte Herr, der mit Präsident Roosevelt eng befreundet gewesen ist, hat auf uns einen bleibenden Eindruck hinterlassen. In dem Gespräch erwähnte er sein Lieblingsthema, die Automation, und sagte hierzu sinngemäß, daß Amerika bereis den Beginn einer neuen Periode der Evolution (bei uns sprachen wir damals von dem Beginn einer neuen industriellen Revolution) hinter sich gebracht habe. Die Entwicklung, in der wir Lebenden aufgewachsen seien – der Mensch noch als Sklave der Maschine –, werde abgelöst durch einen Abschnitt, in dem die vollautomatische Fabrik inzwischen veraltete Produktionsmethoden ersetzt und dem Mann in der Fabrik die Befehlsgewalt über die Maschinen gegeben habe. Nicht nur ein betriebswirtschaftliches Umdenken sei nun unerläßlich, sondern man müsse erkennen – und nichts führe an diesen Erkenntnissen vorbei –, daß auf Politiker, Soziologen, Psychologen neue Überlegungen, schwierige Aufgaben und Entschlüsse mit weitgehenden Konsequenzen zukommen würden. Auf die besonderen amerikanischen Verhältnisse eingehend, meinte Watson, daß die neuen Bedürfnisse, die durch die Erhöhung der Geburtenziffern und der Kaufkraft entstehen, durch eine Steigerung des Arbeitseinsatzes nicht befriedigt werden können, zumal man jetzt (1955) nur über die geburtenschwachen Jahrgänge aus der Krisenzeit von 1930 bis 1940 verfüge. Um der zunehmenden Nachfrage

---

* Es hat sich inzwischen stark erweitert. IBM besitzt auch einen Neubau sowie ein Werk in Berlin und nimmt von dort aus einige seiner zentralen Aufgaben wahr.

gerecht zu werden, müsse Amerika nach der Schätzung von Sachverständigen die durchschnittliche Produktivität eines Arbeiters um fünfzig Prozent erhöhen. Was durch die Automation in dem Jahrhunderte andauernden Prozeß des technichen Fortschritts neu eingeführt wurde, sei die elektronische Kontrolle, die es unter anderem erlaube, Zahlen aller Art in einem kaum vorstellbaren Ausmaß »einzulagern«, um sie im gewünschten Augenblick zu benutzen. Schon jetzt (1955) könne man in einer solchen neu konstruierten Maschine eine Million Instruktionen »einlagern«. Die IBM habe in ihren amerikanischen Werken eine Maschine konstruiert, die in 60 Sekunden ohne jede menschliche Mitwirkung mit hundert verschiedenen Bewegungen den Rahmen einer Schreibmaschine montiere. In Detroit arbeite bereits ein Automat, der in 553 verschiedenen Operationen einen Automobilmotor ohne jedes menschliche Zutun zusammensetzt.
Unsere Delegation war auch in Detroit. Dort erzählte uns der Vorsitzende der Automobilgewerkschaft, Reuther, eine kleine Anekdote. Er sagte, die Herren der Ford-Werke hätten ihn vor einigen Monaten in neue Fabriksäle mit den modernsten Maschinen geführt, Maschinen, welche die Vollautomatisierung erreichbar machen. Einer der Direktoren hätte ihn lächelnd gefragt: »Herr Reuther, wie wollen Sie nun von diesen Maschinen Beiträge bekommen?«, und er habe geantwortet: »Herr Direktor, wie wollen Sie diesen Maschinen Fords Autos verkaufen?«

Nach Verstehen suchen

Wir verbrachten eine schlechte Nacht. Nicht durch den Flug, nicht durch die konzentrierte geistige Kost bei Thomas J. Watson. Ein anderes und völlig unerwartetes Erlebnis hatte uns nicht gerade schlaffördernd beeinflußt. Als wir unser Hotel aufsuchten, hörten wir eine Schießerei. Jugendliche lieferten der Polizei ein Gefecht. Wir fanden das nicht gerade gemütlich.
Schon bald mußten wir nach Washington aufbrechen. Von der hervorragenden Organisation unserer Informationsreise unter loyaler Beachtung geäußerter Wünsche bin ich sehr beeindruckt gewesen. Dr. Grünbeck zum Beispiel konnte Zeppelin-Erinnerungsstätten besuchen; die Dele-

gation durfte sich in San Francisco trennen, ein Teil besuchte Los Angeles, Dr. Müller und ich flogen über Atlanta nach New Orleans. Spezialwünsche wurden ebenfalls erfüllt; mir ließ man einige Tage für Besuche bei der amerikanischen Versicherungswirtschaft. Zurückgekehrt in die Bundesrepublik, habe ich in den vielen Vorträgen über diese Reise das besondere Entgegenkommen aller amerikanischen Regierungsstellen und Institutionen hervorgehoben, aber auch die ausgezeichneten Hilfen der deutschen Stellen, der Botschaft und der Generalkonsulate, nicht vergessen. Bei dieser Fahrt durch Amerika war es mein Bestreben, Erkenntnisse über ein Land zu gewinnen, das in unseren außenpolitischen Beziehungen eine bedeutende Position einnahm (und hoffentlich weiter einnehmen wird). Mir lag daran, an Ort und Stelle mehr zu erfahren von dem inneren Zustand der amerikanischen Wirtschaft, dem Verhältnis Arbeitgeber-Gewerkschaften, den Arbeitsmethoden der amerikanischen Assekuranz und ihrem Aktionsradius, den politischen Spezialfragen, die mit meiner eigenen parlamentarischen Arbeit zusammenhingen, und den Rassenproblemen. Rückschauend darf ich sagen, daß ich viel lernen und erfahren konnte, nicht zuletzt wegen der beispielhaften Aufgeschlossenheit und dem Informationsfanatismus der Amerikaner. Manches, was sich später auf der politischen Weltbühne abspielte, habe ich durch meine Besuche besser verstehen und bewerten können. Wenn mich die USA immer wieder magnetisch angezogen haben, dann waren die ersten Eindrücke und das persönliche Verhalten der Amerikaner in ihrem eigenen Land gegenüber einem Deutschen maßgebend. Dabei ist die kritische Betrachtung und Beurteilung nie zu kurz gekommen. Aber es bleibt entscheidend, ob hierbei Nichtverstehendürfen, Nichtverstehenkönnen, Nichtverstehenwollen oder das Nachverstehensuchen als fester Ausgangspunkt in komplizierten Situationen, die kein Volk vermeiden kann, gewählt wird. Ich bin immer noch in einem Zustand, der einfach nicht zuläßt, ein Urteil oder eine Beziehung von dem abhängig zu machen, was etwa in einem Jahr passiert ist. Die Geschehnisse vieler langer Jahre prägen, was sein muß, und vertiefen, was sein soll. Für unsere Staatsmänner, mit denen wir ja Staat (guten Staat) machen wollen, gilt dieses Denken uneingeschränkt. Es handelt sich um die Staatsmänner der freien Welt, die solche Konzessionen bereithält.

Schwarz-Weiß

Von allen Haltepunkten unserer Reise ließe sich Bemerkenswertes berichten. Neben den beiden schon genannten Städten New York und Washington war ich selbst in Buffalo, Philadelphia, Detroit mit den Seen, Chicago, Denver und den Rocky Mountains, San Francisco bis in die Südstaaten und hier gemeinsam mit Dr. Gebhard Müller in New Orleans. Der dortige Generalkonsul, Dr. Böx, hat uns einen hervorragenden Einführungsunterricht gegeben und mit uns Informationsfahrten unternommen, die uns – so anschaulich, wie wir es in der Phantasie nicht erwartet hatten – die gefährliche Kluft zwischen Farbigen und Weißen erkennbar machten. Es gab Straßen, in denen nur Farbige wohnten, Omnibusse für Farbige und solche für Weiße, Bahnhöfe mit getrennten Billettschaltern, Wartesälen und Coca-Cola-Ständen.

Im Norden der Vereinigten Staaten werden täglich Tausende von Mischehen standesamtlich und kirchlich geschlossen. Aber diese Menschen durften damals (ich weiß nicht, inwieweit man bis heute diese Zustände verbessern konnte) nicht einmal in die Südstaaten reisen, denn dort stand 1955 auf eine Ehe zwischen Angehörigen zweier verschiedener Rassen eine Mindeststrafe von fünf Jahren Zuchthaus.

Das großzügig gebaute neue Bahnhofsgebäude von New Orleans ist in der Gestaltung der Wandflächen geradezu ein historisches Museum. Dort sieht man das Wichtigste aus den Kriegen des Südens gegen das übrige Amerika sehr drastisch in den Malereien und dem provokant formulierten Text.

Generalkonsul Böx bat uns, ihm zwei Abende für Einladungen zur Verfügung zu stellen. Es gebe Bürger, die es ablehnen, auf einer Gesellschaft zu erscheinen, wenn sie wüßten, daß dort Juden anwesend sind (von Farbigen ganz zu schweigen). Wir haben dem Wunsch stattgegeben, denn wir wollten eigene Erfahrungen machen, die allerdings für Gebhard Müller und für mich nach allem, was wir erlebt haben, unfaßbar gewesen sind.

Am anderen Morgen gingen wir auf ein Schiff und erlebten ein ruhiges Meer mit frischem Wind und blauem, wolkenlosem Himmel. Unsere Urkunden mit der Ernennung zu Ehrenbürgern der Stadt New Orleans sind ein Andenken.

Auf dem Rückflug erinnerten wir uns an ein Gespräch mit den Gewerkschaften in Detroit. Dort hatte uns Reuther erklärt, warum bei der Wahl

Eisenhowers der geringe Prozentsatz der Beteiligung gestört hat. Wahlberechtigt waren 98 Millionen, in den Wählerlisten hatten sich registrieren lassen 75 Millionen, abgestimmt haben 60 Millionen, und zwar 33 Millionen für Eisenhower, 27 Millionen für Stevenson, was für die Beurteilung der Situation im Jahre 1955 nicht ganz unwichtig ist. Die Gewerkschaften betonten, daß man ein System anwende, das eine Benachteiligung der Demokraten darstelle; vor allen Dingen in gewissen Staaten, in denen demokratische Mehrheiten zu verzeichnen seien, würde das Eintragen, das Registrieren in die Wählerlisten, immer mehr erschwert. Der, der sich registrieren läßt, wird bekanntlich gefragt, was er von der Verfassung weiß. Ich könnte mir vorstellen, daß auch mancher von uns dabei durchfallen würde, wenn es sich um das Grundgesetz handelt und etwa ein Jurist den Wahlberechtigten befragen würde. Außerdem wurde uns gesagt, daß diese Eintragungsbüros samstags nicht geöffnet sind – samstags wird nicht gearbeitet – und sonst um 16 Uhr, 16.15 Uhr oder spätestens 16.30 Uhr geschlossen werden, so daß es – wie die Gewerkschaftssprecher behaupteten – für viele sehr schwierig sei, sich überhaupt einzutragen. Darauf soll in erster Linie die Differenz zwischen Wahlberechtigten und Registrierten zurückzuführen sein.
Wenn ich auf die Gespräche nicht eingegangen bin, die im Jahre 1955 politische und ökonomische Aktualität besaßen, so deshalb, weil sich inzwischen vieles verändert hat. Daher diese Einengung auf das, was meines Erachtens vom Grundsätzlichen her bedeutsam geblieben ist.
Einen Punkt zum Schluß: Wir waren in Amerika, als sich an der New Yorker Börse der sogenannte »Schwarze Montag« ereignete. Dieser 26. September 1955, der der plötzlichen Erkrankung Eisenhowers folgte und der einen Umsatz von 7,72 Millionen Aktien brachte bei einem Gesamtverlust an diesem einen Tag von 13 Milliarden Dollar, die im Laufe der nächsten vierzehn Tage nur um vier Milliarden Dollar reduziert werden konnten, hatte Unruhe erzeugt. Wir haben nach den Ursachen gefragt. Übereinstimmend sagten uns Börsianer und Finanzexperten, es sei keine Panik ausgebrochen, sondern nur eine Panne passiert. Man habe sich in Finanzkreisen zu spät der Tatsache erinnert, daß Wirtschaft und Börse in den Jahren demokratischer Herrschaft von 1933 bis 1952 nicht schlecht gefahren sind. Es ist dann tatsächlich, wenn auch nur allmählich im Laufe der Wochen, wieder zu einer Beruhigung gekommen.
Nach Rückkehr habe ich in einem Rundfunkgespräch eine Bemerkung gemacht, von der man mir schrieb, daß sie nur eine halbe Wahrheit sei.

Dieser kritisierte Satz lautete: »Der Aufenthalt in Amerika gab mir Gelegenheit, eine persönliche Vorstellung von einem großen Land und seinen Menschen zu erhalten, von einem Land, das das Schicksal der Welt mitbestimmt, von Menschen, die demokratische Freiheiten zum wesentlichen Inhalt des staatlichen Lebens machen möchten.« Es war nicht unüberlegt, wenn ich formuliert habe »machen möchten«. Den guten Willen muß man in allen Bereichen anerkennen. Daß man aber noch manches zu tun hat, insbesondere in den Südstaaten, um dieses Ziel zu erreichen, das wollte ich in dieser Formulierung behutsam zum Ausdruck bringen. Als Ganzes gesehen fühlte ich mich nach dieser Reise im Jahre 1955 berechtigt, im deutschen Rundfunk zu sagen: »Das Lebensgesetz Amerikas und seiner Bürger scheint mir darin zu bestehen, die staatliche Freiheit anzuerkennen bei Achtung der Daseinsberechtigung anderer Nationen und die persönliche Freiheit zu respektieren, solange es die Verantwortung vor dem Nachbarn erlaubt. Es ist daher nach meiner Auffassung nicht eine Angelegenheit des persönlichen Geschmacks, sondern eine Frage der eigenen, wohlüberlegten Überzeugung, ob man sich in einer Zeit weltweiter Spannungen für Amerika und für diese Ziele entscheiden kann.« Ich habe es getan.

Eine Glosse

Unter der Überschrift »Der Unterschied« veröffentlichte eine südwestdeutsche Zeitung am 18. November 1955 folgende Glosse:

»Dr. Gebhard Müller und Dr. Alex Möller waren beide in Amerika. Sie können sich über Publizität – hüben wie drüben – nicht beklagen. Immerhin schien der Ministerpräsident von der amerikanischen Presse entzückter zu sein als von der in den heimatlichen Gefilden. Er erlaubte sich, das auch bei passender Gelegenheit zu sagen. Und erwählte dazu einen recht drastischen Vergleich. ›Wenn ich in Amerika die Berichte über mich las, habe ich mich‹, sagte er mit grimmigem Humor, ›immer gefragt, ob ich wirklich so intelligent bin. Wenn ich die Berichte hier lese, muß ich mich fragen, ob ich wirklich so dumm bin.‹
Als Dr. Alex Möller zurückgekommen war, erzählte man ihm die Müller-Story und bat um seinen Kommentar. Auch Alex Möller hat seine ei-

gene Weise, wie er der Presse Wahrheiten sagt. Sie ist bei aller ironischen Hintergründigkeit für alle die, die langsam schalten, gerade noch verständlich, auf jeden Fall aber ist sie unnachahmlich. ›Es gibt in Deutschland Politiker‹, sagte er, ›die sich gern mit Presseleuten unterhalten, um etwas zu lernen, und es gibt in Amerika Presseleute, die sich gern mit Politikern unterhalten, um etwas zu lernen.‹ Das sei wohl der Unterschied.«

Es gibt ganz sicher in der Journalistik eine besondere Art von Lehr- und Lernfreiheit; wenigstens in diesem Punkt unterscheiden sich die beiden Länder nicht.

XII. WIEDERGUTMACHUNG

Wunsch und Praxis

Viele Ereignisse, Erlebnisse und Feststellungen der ersten USA-Reise 1955 hatten Folgewirkungen. Eine mir wichtig erscheinende hing mit allem zusammen, was ich drüben über das Kapitel Wiedergutmachung hören mußte. Von Botschafter Krekeler bis zum letzten deutschen Repräsentanten wurde darauf hingewiesen, welch negatives Werturteil die schleppende Wiedergutmachung durch die deutschen Stellen bei den Amerikanern auslöste. Die Anspruchsberechtigten wenden sich immer wieder an die Konsulate, die erst Mitte des Jahres 1955 die Möglichkeit hatten, sich mit der in Frage kommenden Landesregierung direkt in Verbindung zu setzen. Bis dahin gab es einen verschlungenen Instanzenweg mit vielen Haltepunkten. In all den Jahren, seit das Entschädigungsgesetz existierte, waren von mehr als einer Million Anträgen erst rund 130000 positiv entschieden worden. Man wagte nicht zu schätzen, wie sich der Anteil derer entwickeln würde, die den Tag der Bewilligung einer Entschädigung gar nicht erleben würden. Es war auch nicht möglich, darauf zu verweisen, daß erst zehn Jahre nach der bedingungslosen Kapitulation vergangen seien. Diese leichtfertigen Entschuldigungen mußte ich mir oft anhören. Viele versetzten sich nicht in die Lage der Gegner des Nationalsozialismus, die dem Terror des Dritten Reiches entkommen waren, in anderen Ländern Zuflucht fanden, im Verlauf des Hitler-Krieges ihr Domizil immer wieder wechseln mußten, bis ihnen ein Land Obdach gewährte, das Hitler nicht erreichen konnte.

Ein langer Leidensweg. Menschen irrten umher, ohne zu wissen, wovon sie in den nächsten Tagen leben sollten, was überhaupt aus ihnen werden würde, was aus ihren Kindern. Es ging nicht um Verbrecher, die sich wegen ihrer Taten auf der Flucht befanden. Ihre Schuld bestand in der Unschuld einer anderen Rassezugehörigkeit oder einer sauber gebliebenen politischen Gesinnung. Und schlimm war die bohrende Ungewißheit ih-

res weiteren Schicksals (wie bei denen, die in Gefängnissen oder Konzentrationslagern vegetieren mußten). Verurteilte Verbrecher kennen nicht die Wohltat des Wissens um das Ende ihrer Strafe. Politisch Verfolgte und Verbannte mußten in Hoffen und Harren leben. Das Dritte Reich brach 1945 zusammen. Der Krieg des Mordens war zu Ende. Für Emigrierte begann der Krieg mit Akten.
In der in New York in deutscher Sprache erscheinenden Zeitung »Aufbau« hatte ich über den gerade beendeten Besuch des damaligen Außenministers von Brentano in USA gelesen, der versprochen habe, sich für die Beschleunigung der Wiedergutmachung einzusetzen. Mir kam der Gedanke, die noch verbleibende Zeit zu nutzen, um durch einen Besuch beim »Amerikanischen Bund der jüdischen Bürger von Zentraleuropa« die Unterlagen zu erhalten, die man in der Bundesrepublik benötigte, um Schwung in den kriechenden Ablauf zu bringen. Zunächst bin ich allein hingegangen, um ein ungeschminktes Bild zu erhalten. Dann hat ein Bekannter von mir, der New Yorker Rechtsanwalt Steefel mit dem Geburtsort Mannheim, den Besuch vermittelt; er sagte mir, die Herren dieser Organisation seien fast vom Stuhl gefallen, als sie hörten, daß sie ein deutscher Politiker und mit welchen Absichten sprechen wolle. Es geschah aber. Ich kam wieder etwas früher und erneut in die Wartezimmer, um mir die Gespräche anzuhören und mir Persönliches erzählen zu lassen. Es war furchtbar. Dann sah ich auf dem offiziellen Empfang Akten durch, machte mir Auszüge, versprach, mich darum zu kümmern. Allein in New York lebten noch 15000 entschädigungsberechtigte Antragsteller im Alter von über 75 Jahren. Zwei Tage dauerte der Besuch. Ich habe ihn einige Jahre hindurch wiederholt und mit den führenden Persönlichkeiten enge Verbindung gehalten. Am 30. November 1955 führte ich im Stuttgarter Landtag am Schluß meiner Haushaltsrede unter anderem folgendes aus:

»Bei meiner Reise in USA habe ich den ›Amerikanischen Bund der jüdischen Bürger von Zentraleuropa‹ in New York besucht. Es ist erschütternd, was für Beweise über den schleppenden und viel zu komplizierten Gang der individuellen Entschädigungsgesetzgebung vorliegen. Immer wieder hört man die Klage, die durch Material belegt wird, daß auf dem Gebiet der Entscheidung dem Beweisnotstand zu wenig Rechnung getragen wird. Ich konnte mir in dem Büro des Bundes die verschiedensten Akten ansehen und Fälle vortragen lassen. Einige Beispiele:

1. Ein jetzt 17jähriges Mädel überlebte als einziges Familienmitglied Auschwitz. Die Nummer ist im Arm eingebrannt. Neben der eigenen eidesstattlichen Erklärung werden von diesem bei der Rettung siebenjährigen Kind noch zwei solche von zwei Zeugen verlangt.
2. In einem anderen Fall war einer viele Monate in sogenannter Schutzhaft im Gefängnis. Hier verlangt man Namen der Gefängnisbeamten.
3. Eine Arztwitwe aus Baden kommt seit 1950 mit ihrem Verfahren nicht weiter, obwohl ihr Mann 1938 aus Verfolgungsgründen Selbstmord verübt hat.
4. Ein früherer Regierungsrat im Polizeidienst in Heidelberg hat einen Rückerstattungsantrag vorgelegt mit einem Anspruch auf 2000 DM für Verlust der Bibliothek. Die Kammer erläßt einen Beweisbeschluß und verlangt ein Verzeichnis aller 900 Bücher (Titel, Anschaffungsjahr und Preis) und Bescheinigungen der Buchhandlungen.

Es ist nun wirklich an der Zeit, dafür zu sorgen, daß keine unnötigen Erschwerungen und Verschleppungen eintreten. Außerdem muß geprüft werden, wie man das in den Entschädigungsämtern beschäftigte Personal so vermehren kann, daß wenigstens die Aussicht auf eine zeitlich vertretbare Bewältigung der Bearbeitung der Entschädigungsanträge gesichert ist. Können nicht Ruhestandsbeamte, die sich für diese Tätigkeit interessieren, eingesetzt werden? Wir alle sollten uns zu der moralisch wichtigen Aufgabe der Wiedergutmachung und ihrer beschleunigten Erledigung nicht nur mit Worten, sondern immer wieder mit der helfenden und fördernden Tat bekennen.«

Von amtlicher Seite ist mir – wie kann es anders sein – widersprochen worden. Zum Beispiel 1 erklärte der Justizminister von Baden-Württemberg in der Landtagssitzung vom 18. Januar 1956:

»Da ist zunächst der Anspruch der jungen Frau, die als Kind in Auschwitz war. Ohne Kenntnis von Einzelheiten läßt sich nicht beurteilen, ob das Verlangen der zuständigen Entschädigungsbehörde nach zwei Zeugen sich auf den Aufenthalt in Auschwitz als solchen oder nur auf die Dauer dieses Aufenthaltes bezogen hat. Im ersteren Fall würde auch ich das Verlangen für unbillig halten, im anderen Falle ist es aber unumgänglich.
(Abg. Lausen: Ich muß schon sagen, da komme ich nicht mehr mit!)«

Ich kann nur dasselbe erklären wie der Zwischenrufer.

Beispiel 2 hat überhaupt keinen Eindruck gemacht. Hierauf habe ich nach einem Bericht der »Stuttgarter Nachrichten« vom 9. Dezember im Landtag von Baden-Württemberg wie folgt reagiert:

»›Lassen wir das Dritte Reich einmal weg. Denken wir an Internierungslager, die Amerikaner nach 1945 – etwa in Ludwigsburg – eingerichtet haben. Würden die Vorgänge aus jener Zeit noch einmal aufgerollt, wer von den ehemaligen Internierten wüßte die Namen der ihn bewachenden Amerikaner zu sagen?‹ Dr. Alex Möller, Fraktionsführer der Sozialdemokraten im Landtag von Baden-Württemberg, wartet kaum die negative Antwort des Gesprächspartners auf seine Frage ab. Er fährt erregt fort: ›Ich war nach 1933 selbst lange genug in Schutzhaft. Ich weiß die Namen meiner Gefängnisbeamten auch nicht. Sie haben mir keine Visitenkarten überreicht, sondern mir höchstens eins in die Schnauze geschlagen.‹ Diese unkonventionelle Ausdrucksweise des sonst durchaus konventionellen Parlamentariers, dieser rauhe Ton ist auf gewisse Praktiken bei der Wiedergutmachung nationalsozialistischen Unrechts gemünzt. Angaben darüber und Einzelheiten aus den Akten weiterer Entschädigungsfälle, die er ›einen Jammer‹ nennt, hat Dr. Möller vor kurzem statt Souvenirs von einer mehrwöchigen Reise durch die USA mitgebracht.«

Beispiel 3: Ich bleibe entsetzt über die Leidensgeschichte der Arztwitwe, deren Mann 1938 Selbstmord verübt hat. »Nicht weil er verfolgt war«, sagt die zuständige Kammer, »sondern weil er bankrott war«. Bankrott aber war der Arzt, weil die »arischen« Patienten ihn, den Juden, nicht mehr konsultieren durften. Wie kann man daran nur zweifeln!
Beispiel 4: Diesen Fall habe ich erwähnt, weil er eine für ein bestimmtes Denken typische Begebenheit darstellt. Ein ehemaliger Regierungsrat aus Heidelberg bat um 2000 Mark Entschädigung für seine frühere umfangreiche und wertvolle Bibliothek. Von ihm wird fünfzehn Jahre später nicht nur ein genaues Verzeichnis aller 900 Bücher verlangt, sondern er soll auch das Jahr der Anschaffung sowie den Preis eines jeden Buches angeben und Bescheinigungen der Buchhandlungen vorlegen, bei denen er die Bücher gekauft hat. – Das hat nichts mehr mit Weltfremdheit zu tun. Das ist ein schlimmerer Zustand.

Die lebhafte Diskussion, die ich mit den Bemerkungen und Beispielen in meiner Landtagsrede vom 30. November 1955 ausgelöst hatte, war für mich Veranlassung, dem Justizministerium beispielhaft 28 Fälle in einer

Dokumentation vorzulegen. Das Echo bestand nicht nur in Zustimmung der in- und ausländischen Presse, der Anerkennung, daß wir uns der Aktion »Wiedergutmachung – Wunsch und Praxis« nunmehr energisch annahmen, sondern auch in der Sammlung und Darstellung einer großen Anzahl zusätzlicher Fälle. Konsequenzen für die Gesetzgebung und weitere Unzulänglichkeiten beseitigende Maßnahmen wurden zwangsläufig. Schon unter dem 1. Dezember 1955 erhielt ich von Adolf Arndt folgendes Schreiben:

»Mit großer Genugtuung lese ich heute in der Presse, daß Du in Deiner Etat-Rede die schleppende Durchführung der Wiedergutmachung scharf kritisiert hast. Du würdest mich zu Dank verpflichten, wenn Du mir recht bald das gedruckte Landtags-Protokoll mit Deiner Rede übermitteln könntest. Der Bundestag wird voraussichtlich sofort im Januar 1956 in die erste Lesung der Großen Novelle zum Bundesentschädigungsgesetz eintreten. Es wäre für uns sehr wichtig, gerade hierbei Deine Ausführungen sowie insbesondere Deine in den Vereinigten Staaten getroffenen Feststellungen berücksichtigen zu können. Voraussichtlich müssen wir uns auch sehr ernsthaft mit der Frage beschäftigen, ob die Zahl und die Qualifikation der Verwaltungsangehörigen im Bund und in den Ländern ausreicht, die mit der Durchführung der Wiedergutmachung betraut sind. Allem Anschein nach ist dies leider keineswegs der Fall.
Mit herzlichem Dank im voraus und mit freundschaftlichem Gruß Dein
Adolf Arndt.«

Noch eine Säule . . .

Meine Denkschrift vom 5. April 1956 erhielt eine Entgegnung des Justizministeriums Baden-Württemberg, zu der ich, um den ganzen Fragenkomplex klarzustellen, aus meiner Antwort einige Passagen zitiere:

»Für mich wirkt die Feststellung, daß elf Jahre nach Kriegsende erst 31 Prozent der anhängigen Wiedergutmachungsfälle eine Erledigung gefunden haben, nicht befreiend, sondern erschütternd. Ein Vergleich mit dem Bundesdurchschnitt, der bei 15 Prozent liegen soll, besagt wenig, nachdem in einzelnen Bundesländern die Verfahren wesentlich später

angelaufen sind. Um ein klares Bild über die erledigten Entschädigungsverfahren zu erhalten, müßten exakte Angaben über die Zahl und den Prozentsatz der im Lande Baden-Württemberg positiv entschiedenen Fälle gemacht werden.
Niemand ist bisher auf die törichte Idee gekommen zu bezweifeln, daß im Justizministerium Schreiben Verfolgter vorliegen, die sich für die Art der Erledigung ihrer Anträge aufrichtig bedanken. Dadurch wird aber die Feststellung nicht berührt, daß nach wie vor eine große Anzahl von Personen (bis jetzt sind erst 31 Prozent der anhängigen Wiedergutmachungsverfahren erledigt worden!) auf eine Entschädigung wartet und bei der derzeitigen Lage vielleicht noch lange warten muß. Aus den mir vorliegenden Zuschriften, aber auch aus vielen Gesprächen mit Betroffenen weiß ich, wie bitter die Verfolgten diesen Zustand beklagen. Sie sind nicht einfach ›die Unzufriedenen‹, selbst dann nicht, wenn nach der derzeitigen Gesetzgebung eine sie nicht befriedigende Entscheidung zu Recht erfolgt wäre. Hierzu verweise ich, um wenigstens in diesem Punkt eine Polemik des Justizministeriums, die in der Frage der Wiedergutmachung der Sache überhaupt nicht gerecht wird, zu vermeiden, auf die Sätze der Regierungserklärung des Herrn Ministerpräsidenten vom 30. Mai, die wie folgt lauten:

> ›Denn das Bundesentschädigungsgesetz ist mit erheblichen Mängeln behaftet; überdies sind die zu seiner Anwendung notwendigen Durchführungsverordnungen erst nach 1 bis 1½ Jahren erlassen worden. Nunmehr ist der Erlaß des 3. Änderungsgesetzes zum BEG zu erwarten. Aus diesem Gesetz werden sich für die Antragsteller mannigfache Verbesserungen gegenüber der bisherigen Rechtslage ergeben. Allerdings wird es auch der Wiedergutmachungsverwaltung weitere Aufgaben bringen. Wenn der Entwurf Gesetz wird, muß ein erheblicher Teil der Fälle, die nach geltendem Recht endgültig erledigt sind, erneut aufgegriffen werden; außerdem wird die Novelle neue Verfolgungs- bzw. Schadenstatbestände bringen und damit den Kreis der Wiedergutmachungsberechtigten wesentlich erweitern.‹

Die Antwort des Justizministeriums setzt sich besonders mit dem Hinweis meiner Denkschrift auf die ›gründliche‹ Bearbeitung auseinander. Mit der Bezeichnung ›gründlich‹ für ein Verfahren, das jeden Rechtsbehelf in Anspruch nimmt, wird weder der Grundsatz der freien Beweis-

würdigung noch der Wert der Tätigkeit von Behörden in Frage gestellt. Vielmehr wollte ich das Justizministerium zur Beachtung der Tatsache veranlassen, daß ablehnende Bescheide der Wiedergutmachungsbehörden durch Urteile der Entschädigungskammern zugunsten der Antragsteller korrigiert werden. Nach meiner Meinung legten zum Beweis der ›gründlichen‹ Bearbeitung die Wiedergutmachungsbehörden oft Berufung gegen Urteile ein, um ihren ablehnenden Bescheid zu rechtfertigen. Diese Art von ›Gründlichkeit‹ war von mir gemeint; sie ist allerdings leider auch sonst im täglichen Leben der Amtsstuben bemerkbar.
Ob es im übrigen notwendig war und ist, daß die Wiedergutmachungsbehörden in den Fällen, in denen bereits in der ersten gerichtlichen Instanz eine dem Verfolgten günstige Entscheidung erging, Berufung einlegen mit dem Ziel einer Abänderung zu Ungunsten des Verfolgten, erschien mir sehr fraglich. Auf diese Weise sind nicht nur die höheren Instanzen über alle Gebühr hinaus belastet worden, sondern die Verfolgten mußten noch viele weitere Monate auf eine rechtskräftige Entscheidung warten. Ich wagte nicht, aus der Einlegung von Rechtsmitteln auf die Einstellung der Wiedergutmachungsbehörden Schlüsse zu ziehen, aber bedenklich stimmte mich, wenn man – offensichtlich mit Genugtuung – erwähnt, daß acht Revisionsverfahren beim Bundesgerichtshof zugunsten des Landes Baden-Württemberg entschieden worden seien. Die entsprechenden Wirkungen auf andere anhängige Verfahren können nicht ausbleiben.
Das Justizministerium stellt weiter fest, daß nicht alle Rechtsfragen zuverlässig und eindeutig aus dem Gesetz beantwortet werden können. Daher erscheint es ihm notwendig, an die Wiedergutmachungsbehörden Weisungen mit dem Ziel zu erteilen, eine einheitliche Auslegung des Gesetzes zu gewährleisten. In der Entgegnung des Justizministeriums vermisse ich Ausführungen, die Auskunft geben über etwa vorhandene Richtlinien, die sicherstellen, daß berechtigten Ansprüchen der Verfolgten entgegenzukommen ist. Dabei wäre für mich selbstverständlich, daß sich das Justizministerium bei solchen Richtlinien an das Gesetz halten muß. Bei der Auslegung einer Zweifelsfrage kann aber dem Geist des Gesetzes nur in der Weise entsprochen werden, daß man im Zweifel zugunsten des Verfolgten entscheidet. Es wäre interessant, hierüber eine Erklärung des Justizministeriums zu erhalten und weiter zu wissen, ob seine Weisungen eine eigene Verantwortlichkeit der Mittelbehörden noch gewährleisten.

Das Justizministerium meinte:

›Es wird in jeder Verwaltung Entscheidungen geben, deren Ergebnis oder Formulierung nicht voll befriedigt. Während aber sonst daraus nicht der Schluß gezogen wird, daß die Verwaltung ihren Aufgaben nicht gewachsen sei und nicht in dem Geist arbeite, der die anzuwendenden Gesetze beseelt, wird gegenüber den Entschädigungsorganen anders verfahren. Hier werden einzelne, nicht voll befriedigende oder nach Meinung eines Beteiligten nicht zutreffende Entscheidungen verallgemeinert und daraus der Vorwurf hergeleitet, daß die Justiz und ihre Organe nicht im Sinne der Wiedergutmachungsgesetzgebung arbeiten.‹«

»Herr Justizminister, auch hier unterscheiden wir uns. Für mich ist die Arbeit der Wiedergutmachungsorgane nicht gleichzusetzen mit der Tätigkeit einer Verwaltung. Ich kann mich hierzu auf das Zeugnis des Herrn Bundestagsabgeordneten Dr. Greve berufen, der als Berichterstatter des Bundestagsausschusses für Fragen der Wiedergutmachung nach der Bundestagsdrucksache 2382 am 12. Mai 1956 unter anderem ausgeführt hat:

›Das beste Gesetz nützt nichts, wenn die Menschen, die es anzuwenden haben, nichts von seinem Geiste spüren. Gerade die Wiedergutmachung und die sich mit ihr befassenden Gesetze nehmen insoweit eine Sonderstellung ein, als die Kenntnis der Bestimmungen eine zwar wichtige, aber nicht die wesentliche Voraussetzung für eine wahrhaftige Entschädigung bedeutet. Wenn nicht zum Hirn das Herz kommt, können zwar Zahlungen geleistet werden, aber es kann nicht im Geiste des wiederherzustellenden Rechts wiedergutgemacht werden.‹

Ich halte es für bedeutsam, daß am Schluß der Darstellung des Justizministeriums eine Erklärung steht, die geeignet sein könnte, als neuer Anfang gewertet zu werden:

›Das Justizministerium weiß sich mit der Landesregierung darin einig, daß die rasche und großzügige Wiedergutmachung des nationalsozialistischen Unrechts eine besondere Ehrenpflicht unseres Landes ist. Das Justizministerium und die ihm nachgeordneten Entschädigungsbehörden werden nach besten Kräften für die schnelle und gute Erfüllung dieser Aufgabe arbeiten.‹

Der Finanzminister ging mit gutem Beispiel voran. Herr Dr. Frank schrieb mir am 2. Juni 1956:

›Im Anschluß an unsere Besprechung vom 30. Mai dieses Jahres teile ich Ihnen mit, daß ich eine Anordnung erlassen habe, wonach das Land sämtliche rückerstattungsrechtlichen Geldverbindlichkeiten der NSDAP, die ihm gegenüber geltend gemacht worden sind, in der gleichen Weise wie im Fall des Touristenvereins ‚Die Naturfreunde' alsbald aufkauft. Die Verhandlungen mit den Gläubigern werden noch in diesem Monat aufgenommen. Die erforderlichen Mittel sind für den ersten Nachtrag zum Staatshaushaltsplan 1956 vorgesehen.‹

Respekt und Dank, Herr Finanzminister! Wann darf ich Ihnen, Herr Justizminister, für den ›kategorischen Imperativ‹ Wiedergutmachung dasselbe sagen?«

Der Wandel durch Annäherung

In den ersten Septembertagen des Jahres 1956 besuchte Dr. Haußmann, der Justizminister von Baden-Württemberg, aus Anlaß seiner Amerika-Reise das New Yorker Büro der United Restitution Organisation und machte nach einem Bericht der »Badischen Allgemeinen Zeitung« Nr. 203 Ausführungen zur Wiedergutmachung, die erfreulicherweise Abweichungen von seiner früheren Einstellung eindeutig erkennen ließen.
Die URO (United Restitution Organisation) hat oft Persönlichkeiten des öffentlichen Lebens aus der Bundesrepublik Deutschland empfangen und Probleme der Wiedergutmachung erörtert. Der in den USA lebende und von der URO vertretene Teil der Opfer des Nationalsozialismus war auch an der konstruktiven Kritik gegenüber der Entschädigungsgesetzgebung und an den Wiedergutmachungsbehörden beteiligt. Einige Male habe ich dort Rede und Antwort stehen müssen. Nun, für Herrn Dr. Haußmann war die Lage günstig, denn das neue Bundesentschädigungsgesetz, das von den Betroffenen so dringlich erwartet wurde, war inzwischen in Kraft getreten. Ein Vergleich der neuen Kodifikation des Bundesentschädigungsgesetzes mit der bisherigen Regelung ergab, daß manche in der Vergangenheit gültigen, allzu eng gefaßten Bestim-

mungen nunmehr im Interesse der Anspruchsberechtigten eine positive Formulierung erfahren hatten, daß insbesondere in der Durchführung des materiellen Rechts Erleichterungen geschaffen wurden, nachdem einige Anspruchs- und Tatbestandsvoraussetzungen gemildert werden konnten. Besonders anerkannt wurde die Möglichkeit, daß in einzelnen Fällen die Entschädigungsleistungen nicht unerheblich angehoben worden waren.

Eine der wesentlichsten Änderungen betraf den § 1, in dem eine Begriffsbestimmung darüber gegeben ist, wer als Opfer der nationalsozialistischen Verfolgung zu gelten hat. Die bisher an die Anspruchsberechtigung gebundene Voraussetzung einer Verfolgung wegen einer gegen den Nationalsozialismus gerichteten Überzeugung war aufgegeben worden. An deren Stelle setzte man den Begriff der politischen Gegnerschaft. »Diese Gesetzesänderung erfolgte einmal, um den Willen des Gesetzgebers klar zum Ausdruck zu bringen, daß in erster Linie darauf abzustellen ist, daß der nationalsozialistische Staat den Betroffenen als politischen Gegner verfolgt hat und daß zum anderen jede moralisierende Beurteilung auszuschließen ist.« (Greve)

Das dritte im Jahre 1956 verabschiedete Gesetz zeigte endlich beachtenswerte Ansätze, die moralisierende Bewertung der Geisteshaltung Verfolgter zu unterbinden und im Wege über den Begriff »politische Gegnerschaft« zu gültigen, umfassenden und rechtlich brauchbaren Maßstäben zu gelangen.* Dr. Haußmann war klug genug, die Gelegenheit beim Schopfe zu fassen, diese Neuregelung ausdrücklich zu begrüßen und für die Regierung von Baden-Württemberg zu versichern, die Wiedergutmachung sei für sie ebensosehr eine moralische wie eine rechtliche Verpflichtung. Nach Zeitungsberichten hat sich der Justizminister – was verständlich sein dürfte – in erster Linie mit der rechtlichen Seite beschäftigt und aus meinem, wie er formulierte, »Aufruf zur tätigen Mithilfe im Aufbau der Wiedergutmachungsverwaltung« durchaus Positives abgeleitet. Der Vorsitzende des Board of Directors des »Aufbau«, Dr. Alfred Prager, soll in der abschließenden Aussprache betont haben, daß die grundsätzliche Einstellung zur Wiedergutmachung, wie sie Justizminister Dr. Haußmann dargelegt habe, Gemeingut aller mit

---

* Siehe Anlage 5a Leistungen der öffentlichen Hand auf dem Gebiet der Wiedergutmachung (Stand 1. Juli 1977) und Anlage 5b Übersicht über die nach Israel geflossenen Wiedergutmachungsleistungen (Stand 1. Juli 1977)

der Durchführung des Bundesentschädigungsgesetzes betrauten Stellen werden müsse.
Südwestdeutsche Zeitungen erklärten in ihren Überschriften: »Dr. Haußmann geläutert heimgekehrt!« Das konnte nur aufrichtige Freude auslösen. Denn im Himmel herrscht bekanntlich mehr Freude über einen Sünder, der Buße tut, als über neunundneunzig Gerechte, die der Buße nicht bedürfen.

Ein Wort von Nahum Goldmann

Nahum Goldmann wußte, daß ich dabei war, dieses Buch zu schreiben, und schickte mir unter dem 20. März 1978 in deutscher Sprache folgenden Beitrag:

»Meine erste Begegnung mit Alex Möller war seltsamerweise die Begegnung in seinem Karlruher Haus. Willy Brandt, der damalige Bürgermeister von Berlin, war aus Cairo zurückgekommen, wo er auf Einladung von Nasser einige Tage verbracht hatte, und wollte mich sprechen, um mir von seinen Gesprächen zu berichten. Ich lebte damals in New York, und da ich ohnehin nach Deutschland mußte, fragte ich Brandt, wo ich ihn am besten treffen könnte. Er war zu der Zeit mit dem Wahlkampf in Baden-Württemberg beschäftigt und schlug mir vor, mich im Hause eines Freundes von ihm in Karlsruhe, bei Alex Möller, zu treffen. Alex Möller war gerade nach einer Operation noch im Krankenhaus und daher gar nicht anwesend, als ich mich mit Brandt in seinem Haus traf.
Bald danach hatte ich die erste Begegnung mit ihm in Bonn. Dieses erste Gespräch ist mir unvergessen geblieben und ist sehr charakteristisch für den Menschen Alex Möller, so daß es sich lohnt, es wiederzugeben. Er erklärte mir, wie tief er an den Problemen der Entschädigungsgesetzgebung, die damals im vollen Gang war, interessiert sei. Er erzählte mir etwas, was mich sehr beeindruckte. Er sagte mir, daß er eines Tages, als er in New York war, die Probleme der Nazi-Opfer, die in den USA lebten, näher kennenlernen wollte. Er ging also in das Büro der URO, wo sich immer viele Nazi-Opfer aufhielten, die von den Beamten der USA juristisch beraten und vertreten wurden. Möller meldete sich nicht an, unterhielt sich mit den anderen Anwesenden und ließ sich von jedem er-

zählen, um welche Probleme es sich bei ihm handelte. Er verbrachte so einige Stunden in den Warteräumen und ging dann weg, ohne natürlich die URO-Beamten gesehen zu haben, bei denen er sich aber für den nächsten Tag anmelden ließ. Dieses persönliche Interesse ist charakteristisch für Alex Möller. Ich kenne von den vielen deutschen Politikern, mit denen ich im Laufe der mehr als zwanzig Jahre, in denen ich in Bonn mit Entschädigungsfragen zu tun hatte, keinen anderen, der etwas Ähnliches getan hat.

Wir freundeten uns in diesem Gespräch schnell an und fanden vom ersten Moment an eine gemeinsame Sprache und eine gemeinsame Einstellung in vielen Fragen, nicht nur der Entschädigungsgesetzgebung. Da Alex Möller schon damals eine führende Position in der Fraktion einnahm – ich erinnere mich nicht an den Titel, den er damals hatte –, blieb ich seitdem mit ihm dauernd in Verbindung, und wenn immer eine Schwierigkeit oder ein Problem da war, wandte ich mich in erster Reihe auch an ihn. Der Vorsitzende der SPD-Parlamentsfraktion war damals Helmut Schmidt, der Vorsitzende der CDU-Fraktion Rainer Barzel, und ich – oder die Entschädigungsgesetzgebung – hatten das Glück, daß die Kooperation zwischen beiden ausgezeichnet funktionierte.

Ich beriet mich damals sehr häufig mit Alex Möller, bevor wir formelle Vorschläge an die Bundesregierung unterbreiteten. Die Jahre hindurch war er mein inoffizieller wichtigster Ratgeber, da er wie kaum einer die Verhältnisse im Bundestag und in den Parteien kannte, eine ungewöhnliche parlamentarische Erfahrung und ein weises Urteil in dieser wie in anderen Fragen besaß. Er tat sein Bestes, um mir zu helfen, nicht nur aus persönlicher Freundschaft, sondern aus einem tiefen menschlichen Interesse an der Wiedergutmachung und der Entschädigung für die Hunderttausende überlebende Nazi-Opfer.

Nachdem die Gesetzgebung abgeschlossen war und immer noch Zehntausende Nazi-Opfer nach Israel einwanderten, versuchte Israel, die Bundesregierung zu bewegen, die Zahlungen für Gesundheitsschäden zu übernehmen. Dann bewegte Eschkol mich dazu, selbst die Verhandlungen zu übernehmen, und um diese Zeit war Alex Möller Finanzminister.

Ich hatte schon vorher mit Strauß, als er Finanzminister war, über das Problem verhandelt und bei ihm erreicht, daß die Bundesregierung die israelische Forderung annahm. Mit Alex Möller mußte ich die Details verhandeln, die Art der Zahlung und andere Einzelfragen. Er erwies

sich, wie ich nicht anders erwartet hatte, als sehr entgegenkommend und verständnisvoll.
Auch nachdem er als Finanzminister zurückgetreten war, blieb er weiterhin mein wichtigster Ratgeber und Mentor in allen Fragen, die es noch zu verhandeln gab, ohne daß ich sie im einzelnen darzulegen habe. Wir wurden im Laufe der Jahre intime persönliche Freunde, und ich besuchte ihn bei jeder Gelegenheit, sowohl in Bonn wie in Karlsruhe. Er war immer tief interessiert an den Problemen Israels. Ich hatte ihn mehrfach eingeladen, als mein Gast einen Besuch dort zu machen und in unserer Wohnung in Jerusalem zu wohnen. Er kam dann im Herbst des Jahres 1971. Ich brachte ihn mit den damaligen Führern Israels, vor allem Finanzminister Sapir, zusammen, und er lernte die komplizierten Probleme dieses kleinen, aber schwierigen Landes aus eigener Anschauung kennen.
Ich will diesen kurzen Bericht nicht schließen, ohne zu sagen, wie sehr beeindruckt ich in den vielen Jahren, die ich Alex Möller kenne, von ihm bin, nicht nur als politischer Führer, sondern als Mensch, was noch wichtiger ist. Ich habe viele bedeutende Politiker und Staatsmänner in den langen Jahren meines Lebens gekannt; ich kenne wenige, die so viel echte moralische Integrität, menschliche Güte, echte Freundschaft mit politischem Verständnis und überragendem Urteil verbinden wie Alex Möller. Die Freundschaft mit ihm ist eines der wertvollsten Dinge, die ich meiner Beschäftigung mit der Entschädigungsgesetzgebung verdanke.
Nahum Goldmann«

XIII. DER MANN AUS BONN

Dr. Gebhard Müller geht

Das Ergebnis der Landtagswahl 1956 in Baden-Württemberg war ein beachtlicher Erfolg der CDU, die ihren Stimmenanteil von 36% im Jahre 1952 auf 42,6% (1393326 Stimmen) steigerte. SPD und FDP konnten zwar wegen der höheren Wahlbeteiligung zusammen 1483790 Stimmen aufweisen = 45,5%, aber der BHE mit 6,2% Stimmenanteil blieb das Zünglein an der Waage. Ich hatte in meinem Wahlkreis Karlsruhe-Stadt I das Mandat in direkter Wahl und bei einer Verbesserung des Anteils von 37,7% auf 44,1% (gegen CDU 39%) wieder gewinnen können.

Die Regierungsbildung war nicht einfach. Verschiedene Forderungen im Wahlkampf ließen sich nur schwer auf einen Nenner bringen. Schließlich gab die Tatsache, daß sich das neue Land noch im Entwicklungsstadium befand, den Ausschlag, zumal das Bundesverfassungsgericht am 30. Mai 1956 die Entscheidung traf, daß im ehemaligen Land Baden ein Volksbegehren über die Wiederherstellung des Landes Baden stattfinden müsse. Es wurde in der Zeit vom 3. bis 16. November 1956 mit dem Ergebnis durchgeführt, daß sich in Nordbaden 8,68%, in Südbaden 22,06% der Abstimmungsberechtigten in die Listen eingetragen haben. Artikel 29 Grundgesetz bestimmt: »Wenn sich mehr als 10% der Abstimmungsberechtigten für ein Volksbegehren einzeichnen, muß eine Abstimmung über eine Neugliederung stattfinden.«

Die SPD-Fraktion entschied einmütig, der Wahl Gebhard Müllers zum Ministerpräsidenten zuzustimmen und mit Mehrheit die Regierung zu bestätigen. Ein Teil der SPD-Fraktion hat sich am Akt der Bestätigung der Landesregierung nicht beteiligt; dazu gehörte auch ich. Wir wollten mit Gebhard Müller vor allem weniger Minister.

Am 13. August 1958 erhielt Gebhard Müller von mir folgendes Telegramm:

»Heute vor zehn Jahren sind Sie zum ersten Male zum Chef einer Landesregierung gewählt worden. Zehn Jahre Aufbauarbeit voll persönlicher Opfer und – dank Ihrer staatsmännischen Qualifikation – mit sichtbaren Erfolgen für unsere südwestdeutsche Heimat und die Bundesrepublik liegen hinter Ihnen. Nur kurze Zeit waren Sie im werdenden Südweststaat gezwungen, die Führung der Opposition zu übernehmen. Sie konnten dabei selbst erfahren, wie sehr der Umgangston jeweils von der Koalition bestimmt wird und daß nur echte Gespräche und forschende Achtung vor dem Andersdenkenden ein erträgliches staatspolitisches Klima herbeiführen. Es ist mein aufrichtiger Wunsch, daß Sie bei guter Gesundheit und nicht behindert durch persönliche Sorgen noch recht lange als umsichtiger Chef unserer Landesregierung mit dem Ganzen dienenden Ergebnissen tätig sind.«

Am selben Tag schrieb mir Dr. Gebhard Müller:

»Daß Sie des Tages, an dem ich vor zehn Jahren zum Regierungschef des Landes Württemberg-Hohenzollern berufen wurde, in so freundlichen Worten und wohlwollender Würdigung gedacht haben, hat mich ganz besonders berührt und verpflichtet mich zu herzlichstem Dank. Wer im politischen Leben steht, muß ohne die ständige, wenn auch kritische Förderung eines Kreises von Freunden verkümmern. Wenn er das Glück hat, daß Männer, die eine andere politische Überzeugung vertreten, ihn mit dem Willen begegnen, durch ernste und gewissenhafte Auseinandersetzung zu einer heute mehr als je notwendigen Grundlage gemeinsamen Wirkens im Dienste des Ganzen zu gelangen, so darf er darüber ganz besonders froh sein. Daß Sie, lieber Herr Dr. Möller, von dieser übergeordneten Schau aus auch in kritischen und besonders schwierigen Etappen unseres politischen Weges, auch dann, wenn wir uns zunächst nicht zu verstehen schienen, durch Ihre hohe politische Einsicht und Erfahrung immer wieder eine gemeinsame Grundlage im Interesse des Landes mitgeschaffen haben, weiß ich an einem Tage der Besinnung und der Rückschau, wie dem heutigen, ganz besonders dankbar zu schätzen. Es ist mir dabei eine besondere Genugtuung, daß wir uns auch menschlich nähergekommen sind, und vielleicht mehr, als manche wahrhaben wollen, den Beweis erbracht haben, daß dieses Deutschland der Nachkriegszeit des Zusammenwirkens aller demokratischen Kräfte zur dauerhaften Lösung entscheidender Fragen wie des täglichen Brotes bedarf. Mit dem Ausdruck besonderer Wertschätzung Ihr Gebhard Müller.«

Im Spätherbst 1958 suchte mich Ministerpräsident Gebhard Müller im Landtag auf. Der Besuch erschreckte mich. Der Regierungschef war eine Zeitlang krank gewesen. Nachdem wir uns über die Lage in Stuttgart und Bonn unterhalten hatten, kam für mich eine große Überraschung: Gebhard Müller erklärte mir, Bonn habe ihm das dritte Angebot gemacht, Präsident des Bundesverfassungsgerichts in Karlsruhe zu werden. Nach seiner Meinung könne er nun nicht mehr nein sagen. Er habe auch den Eindruck, jetzt mit gutem Gewissen seine politischen Aktivitäten aufgeben zu können. Das Land Baden-Württemberg sei innerlich gefestigt und habe sich inzwischen überall Respekt und Anerkennung verschafft. Hinzu käme sein labiler Gesundheitszustand, dem das aufreibende Leben in dem rauhen Klima der politischen Landschaft nicht mehr bekomme. Dagegen war nicht zu argumentieren. Schon Ende Mai 1951 sollte Gebhard Müller Präsident des neu errichteten Bundesverfassungsgerichts werden; er hatte wegen der noch nicht gelösten Südweststaat-Frage abgelehnt. Im Frühjahr 1954 sah sich der nun als Ministerpräsident des Landes Baden-Württemberg tätige Dr. Gebhard Müller wieder nicht in der Lage, dem Ruf, nach Karlsruhe zu gehen, Folge zu leisten.
Jetzt kam die Aufforderung zum dritten Mal, was etwas Außergewöhnliches war, und einstimmig von allen Parteien, was im Jahre 1958 wieder etwas Außergewöhnliches darstellte.
Es ist mir wirklich schwergefallen, mich mit dieser Situation abzufinden. Unsere menschlichen Beziehungen waren ausgezeichnet und wurden alle paar Wochen mit einigen Schöppchen in einer kleinen, recht gemütlichen Weinstube gepflegt, wozu das Dabeisein von Anton Dichtel (Staatsrat aus Freiburg und später dort Regierungspräsident) wesentlich beigetragen hat.
Dr. Gebhard Müller und ich sind bis zur heutigen Stunde in guter persönlicher Verbindung geblieben.

Aktionsgemeinschaft Baden

Im Juli 1958 hatte es zwischen dem Ministerpräsidenten Dr. Gebhard Müller und mir folgenden Schriftwechsel gegeben. Ich schrieb ihm am 18. Juli 1958 unter anderem:

»Ich übergebe am Sonntag einige Punkte meines Referats der Presse. Soweit die Landespolitik in Frage kommt, lege ich Wert darauf, daß Sie den genauen Wortlaut kennen; es handelt sich um die Punkte 7 und 8:

(7) In Baden-Württemberg hat es trotz der Allparteienregierung echte politische Meinungsverschiedenheiten gegeben; sie sind aber, insbesondere zwischen CDU und SPD, sachlich und fair ausgetragen worden. Wenn jetzt das Lehrerbildungsgesetz einstimmig verabschiedet worden ist, so hat der Landtag eine gute staatspolitische Zensur verdient.

(8) In der SPD des Landes Baden-Wüttemberg gibt es – von einigen Einzelgängern abgesehen – keine Meinungsverschiedenheiten über die Notwendigkeit des Südweststaates. Der jetzige labile Zustand nach der vom Bundesverfassungsgericht angeordneten und durchgeführten Volksbefragung sollte aber beendet werden. Der dem Bundestag vorliegende Initiativgesetzentwurf entspricht nicht den zwingenden Erfordernissen des Artikels 29 Grundgesetz (einem vom Bund vorzulegenden Gesetzentwurf über die Neugliederung des Bundesgebietes, auch wenn sie in Phasen erfolgt). Er bedeutet daher eher eine Erschwerung als eine Erleichterung der baldigen Lösung. Es ist aus diesem Grunde eine vordringliche Aufgabe der Verfassungsexperten, einen Weg aufzuzeigen, der unter Beachtung der Vorschriften des Artikels 29 Grundgesetz eine rasche und endgültige Entscheidung ermöglicht. Es wäre zu wünschen, daß die Landesregierung hier ihre objektive Hilfe anbietet.«

In der Antwort vom 23. Juli 1958 heißt es:

»Für die freundliche Übermittlung der die Landespolitik betreffenden Punkte Ihres Referats danke ich Ihnen bestens. Ich habe mit großem Interesse hiervon Kenntnis genommen und freue mich insbesondere über Ihre Ausführungen zur sachlichen und fairen Zusammenarbeit zwischen SPD und CDU, die ich gerne bestätige.
Ich habe auch mit Befriedigung davon Kenntnis genommen, daß es innerhalb der SPD Meinungsverschiedenheiten über die Notwendigkeit des Fortbestandes des Landes Baden-Württemberg nicht gibt. Die Beseitigung des jetzigen labilen Zustandes ist eine große Sorge der Landesregierung, die sich in jüngster Zeit wiederholt und eingehend mit dem Problem der Neugliederung befaßt hat.
Auch die Landesregierung ist der Auffassung, daß der dem Bundestag

vorliegende Initiativgesetzentwurf der Abgeordneten Dr. Kopf und Genossen den Erfordernissen des Artikels 29 Grundgesetz nicht entspricht. Ich darf Ihnen anliegend eine Stellungnahme der Landesregierung zu dieser Frage übermitteln, die, mit Rücksicht auf die Parlamentsferien, erst im September dieses Jahres den Bundestagsabgeordneten, den zuständigen Bundesministern, den Bundesländern und weiteren interessierten Persönlichkeiten zugeleitet werden soll. In dieser Stellungnahme wird nachdrücklich an der Auffassung festgehalten, daß entsprechend der Entscheidung des Bundesverfassungsgerichts vom 30. Mai 1956 Teillösungen für eine Neugliederung, denen eine Gesamtkonzeption für die Gliederung des gesamten Bundesgebietes nicht zugrunde liegt und die daher eine abschließende Regelung nicht verbürgen, nicht in Betracht kommen können.«

Am Schluß des Schreibens erklärt Ministerpräsident Gebhard Müller:

»Der Ministerrat hat in Aussicht genommen, eine Aktionsgemeinschaft zur Erhaltung des Landes Baden-Württemberg, zunächst mit der Beschränkung auf die badischen Landesteile, ins Leben zu rufen. Die Aktionsgemeinschaft soll sich vor allem propagandistisch betätigen; außerdem soll im Staatsministerium ein kleiner Arbeitskreis gebildet werden. Für Anregungen und Vorschläge zum Aufbau und zur Tätigkeit der Aktionsgemeinschaft bin ich Ihnen jederzeit sehr dankbar. Der Ministerrat hat weiter die Ausarbeitung einer Denkschrift über die Leistungen des Landes und die sachliche Notwendigkeit für seinen Fortbestand vorgesehen. Ferner hat der Ministerrat die Durchführung einer demoskopischen Untersuchung durch das Institut in Allensbach in die Wege geleitet, die über die Haltung der Bevölkerung und über die Gründe einer etwa ablehnenden Haltung zu dem neuen Bundesland Aufschluß geben soll. Von diesen vom Ministerrat beschlossenen nächsten Schritten darf ich Sie vertraulich unterrichten. Ich werde im übrigen im Zuge der weiteren Entwicklung wieder mit Ihnen in Verbindung treten.«

Das geschah auch später durch den Nachfolger. Die angekündigten Maßnahmen (man achte darauf, wie schnell und unbürokratisch das alles ablief) kamen voll zum Tragen. Der Erfolg war zwangsläufig.

Kurt Georg Kiesinger: Ministerpräsident

Am 17. Dezember 1958 erfolgte bereits die Wahl von Kurt Georg Kiesinger zum Ministerpräsidenten. An der Wahl hatten sich 110 Abgeordnete beteiligt. Es wurden abgegeben auf den Namen Kurt Georg Kiesinger 100 Stimmen, sieben Stimmzettel waren nicht beschrieben und zählten als Enthaltung. Drei Stimmzettel sind auf die Namen von anderen Persönlichkeiten abgegeben worden.
Das alles war nicht so einfach, wie es aussieht. Nach einem Gespräch mit Dr. Gebhard Müller hatte ich auf seinen Wunsch eine lange Unterredung unter vier Augen mit dem von ihm designierten Nachfolger Kurt Georg Kiesinger. Es verlief befriedigend bis auf einen Punkt, der mich veranlaßte, Kurt Georg Kiesinger zu bitten, mit dem Vorstand der SPD-Fraktion zu sprechen und auch bereit zu sein, sich mit der Fraktion zu unterhalten. Das ist geschehen. Ich habe nach der Wahl des neuen Ministerpräsidenten einen umfangreichen Schriftwechsel führen müssen, aus dem ich eine Antwort (alle übrigen waren ungefähr gleichlautend) wiedergebe:

»Aufgrund eines Fraktionsbeschlusses fand am Dienstag, den 2. Dezember 1958, zunächst eine eingehende Besprechung zwischen dem Fraktionsvorstand und Herrn Bundestagsabgeordneten Kiesinger statt. In dieser Besprechung sind von uns aus alle wichtigen politischen und persönlichen Fragen gestellt worden, um zu ermitteln, ob eine positive Entscheidung der SPD-Fraktion zu der vorgeschlagenen Wahl Kiesingers zum Ministerpräsidenten des Landes Baden-Württemberg möglich ist.
Der Fraktionsvorstand war einmütig der Auffassung, daß die Antworten des Herrn Kiesinger durchaus befriedigend ausfielen, und hat daher vorgeschlagen, daß Herr Kiesinger vor der gesamten Fraktion seine Ausführungen wiederholen möge. Das ist geschehen. Der Eindruck der Fraktion war der gleiche wie der beim Fraktionsvorstand, denn in der nachfolgenden Abstimmung hat die gesamte Fraktion bei einer Enthaltung beschlossen, der Wahl des Herrn Kiesinger zum Ministerpräsidenten zuzustimmen.
Die in dem Vorwärts-Artikel ›Weit ist der Weg zurück nach Bonn‹ enthaltenen Bemerkungen über die politische Vergangenheit des Herrn Kiesinger während des Dritten Reiches sind zu werten unter Beachtung

des nachfolgenden Satzes aus diesem Artikel: ›Man muß aber hinzufügen, daß es seriöse Informationen darüber nicht gibt.‹ Es ist höchst bedauerlich, daß das Zentralorgan der SPD sich zu Unterstellungen veranlaßt sieht, die man sonst nicht in einer ernst zu nehmenden Presse findet, wenn man selbst hinzufügen muß, daß es darüber keine seriösen Informationen gibt. Wir jedenfalls haben Herrn Kiesinger auch zu diesen Punkten klare Fragen gestellt und ebenso klare Antworten erhalten. Danach steht zum Beispiel fest, daß Kiesinger nicht als Verbindungsmann zwischen Ribbentrop und Goebbels fungiert hat, sondern in einer Dienststelle des Auswärtigen Amtes dienstverpflichtet war, und zwar durch Verbindung von Freunden, die nichts mit der NSDAP zu tun hatten. Herr Kiesinger hat zu Beginn des Dritten Reiches darauf verzichtet, die von ihm beabsichtigte Universitätslaufbahn einzuschlagen, weil ihn das in ein unmittelbares Verhältnis zu der politischen Konzeption der NSDAP gebracht haben würde. Kiesinger wurde daher Rechtsanwalt und war für kurze Zeit Mitglied der NSDAP. Er ist 1935 wieder ausgeschieden, ohne bis dahin ein Mitgliedsbuch erhalten zu haben.
Bezüglich der Beziehungen zu Bonn und des Verhältnisses zur SPD waren die Erklärungen des Herrn Kiesinger für uns befriedigend. Wir sind bei den Verhandlungen auch auf Einzelfragen eingegangen, beispielsweise ist in dem Gespräch mit dem Fraktionsvorstand Herr Kiesinger über seine Haltung zu den Machtplänen Adenauers, die den Rundfunk und das Fernsehen betreffen, befragt worden. Hierbei hat sich Kiesinger unserem Standpunkt angeschlossen und versichert, daß er mit uns für die Unabhängigkeit in Rundfunk und Fernsehen eintreten werde.«

In der Etatrede vom 28. Januar 1959 habe ich zur Wahl des neuen Ministerpräsidenten Kurt Georg Kiesinger und seiner Regierungserklärung eingangs bemerkt, daß sich der nun amtierende Regierungschef aus der erschlaffenden Föhnluft der Bonner Koalition zurückgezogen habe, um die frische Brise der Stuttgarter Allparteienregierung näher kennenzulernen. Diese Tatsache und die von ihm am 14. Januar 1959 abgegebene Regierungserklärung hätten viel Stoff für Zeitungsartikel und Kommentare gegeben, für gute und schlechte. Ich müsse mich bei dieser Gelegenheit und an dieser Stelle mit Bedauern von dem Teil eines im Zentralorgan meiner Partei veröffentlichten Porträts distanzieren, über den es – wie man selbst schreibt – »seriöse Informationen nicht gibt« und der den Tatsachen nicht gerecht wird.

Von der Presse unseres Landes wäre festzustellen, daß sie manchmal Auffassungen vertreten habe, die weder mit der bundesstaatlichen Ordnung noch mit der Aufgabenstellung, die sich für den Ministerpräsidenten des Landes Baden-Württemberg ergäbe, in erträgliche Übereinstimmung zu bringen seien. So schreibe der politische Redakteur eines angesehenen Blattes am 15. Januar 1959 in einem Leitartikel »Die Regierungserklärung«: »Wenn Goethe von Hamlet sagte, daß dieser sich wie eine Eiche fühlte, die in einen Blumentopf verpflanzt wurde, so werden wir damit ungefähr die Situation begreifen, in der sich Kiesinger befindet, nachdem er die Bundesebene verlassen hat.« Wer nun einmal bei Goethe, »Wilhelm Meisters Lehrjahre«, 4. Buch, 13. Kapitel, nachschlage, fände das Zitat in einem anderen Wortlaut – wobei ich der Meinung sei, daß es sich bei Goethe um die Originalfassung handelte –, aber auch mit einem ganz anderen Sinn. Das Zitat laute: »Die Zeit ist aus dem Gelenke; wehe mir, daß ich geboren ward, sie wieder einzurichten.« So werde Hamlet von Goethe zitiert, und Goethe sage dann: ». . . In diesen Worten, dünkt mich, liegt der Schlüssel zu Hamlets ganzem Betragen, und mir ist deutlich, daß Shakespeare habe schildern wollen: eine große Tat auf eine Seele gelegt, die der Tat nicht gewachsen ist. Und in diesem Sinne find ich das Stück durchgängig gearbeitet. Hier wird ein Eichbaum in ein köstliches Gefäß gepflanzt, das nur liebliche Blumen in seinen Schoß hätte aufnehmen sollen; die Wurzeln dehnen sich aus, das Gefäß wird zernichtet.«

In der Etatrede habe ich ein die Länder betreffendes Zitat vorgetragen, das ich zum besseren Verständnis mit den wichtigsten Zwischenrufen wiedergebe:

»Die deutschen Länder stehen in einem schweren Kampf um die Erhaltung des Föderalismus und ihrer Eigenrechte. Wir verurteilen jede Eigenbrötelei und sind zutiefst von unserer gesamtdeutschen Verpflichtung erfüllt. Man muß uns aber die finanziellen Mittel lassen, um unsere Aufgaben vor allem auf dem Gebiete der Kulturpolitik und den anderen Gebieten der Landesaufgaben zu erfüllen. Wenn vor einigen Tagen ein Hochschulprofessor gemeint hat, Deutschland könne den Anschluß an die Wissenschaft der Welt nur gewinnen, wenn es eine zentrale Kulturpflege, ein Bundeskultusministerium und die Zuständigkeit des Bundes auf dem Gebiete der Erziehung und des Unterrichts habe, so kann man ihm nur erwidern, daß die Erfahrung etwas anderes lehrt: In den Jahr-

zehnten, in denen Deutschland eine führende Rolle in der Wissenschaft der Welt spielte, gab es kein Reichskultusministerium, und als es geschaffen wurde, war es mit der Weltgeltung deutscher Kultur aus.
Das zu sagen, ist im Hinblick auf die jetzige Situation in Bonn sehr weitgehend.
›Hätte man vor drei Jahren, statt den Juliusturm zu schaffen, den deutschen Ländern einige Milliarden mehr gegeben, wie wir es forderten, so hätten wir damit bleibende Werte auf dem Gebiet der Länderaufgaben geschaffen; ich erinnere an die Wissenschaftspflege, an Straßen- und Schulhausbauten, an die Förderung des technischen Nachwuchses, an Wasserwirtschaft und Abwasserbeseitigung. Statt dessen hat der Bundestag diese Milliarden zum Teil verwirtschaftet und uns Lasten auferlegt,

(Oh-Rufe von der CDU – ›Seien Sie, meine Herren, besonders vorsichtig!‹ – Heiterkeit!)

die in ihrem Ausmaß an die Grenzen des Tragfähigen gehen oder sie als Dauerlasten übersteigen.‹
Deutlicher hätte kein Sozialdemokrat sprechen können, wie das mit dieser harten Anklage unser früherer Ministerpräsident Dr. Gebhard Müller am 24. April 1958 vor dem Deutschen Industrie- und Handelstag in Stuttgart getan hat.

(Große Heiterkeit!)

Meine Mahnung war also völlig kollegial gemeint.

(Große Heiterkeit!)«

Wie so oft, habe ich auch bei dieser Gelegenheit hervorgehoben, daß endlich eine Untersuchung der Relation der Ausgaben in den Haushalten des Bundes, der Länder und der Gemeinden durchgeführt werden müsse, oder anders ausgedrückt: Es handele sich um die überzeugende Vertretbarkeit der Relationen bei den Verteidigungslasten, den Soziallasten, den Aufwendungen für kulturelle Aufgaben und den Aufwendungen für kommunale Zwecke. Wir wären – so glaube ich, in meiner Rede nachgewiesen zu haben – inzwischen in eine ausweglose Sackgasse geraten. Uns fehle ein Menenius, der die eine konstruktive Lösung sichernde Vermittlerrolle übernehme, wobei Voraussetzung für den Erfolg sei, daß er bei allen Beteiligten über die notwendige Autorität verfüge. Deshalb habe ich zum Schluß die kleine Geschichte aus dem alten Rom, die des Menenius, vorgetragen:

»Die armen Plebejer, verbittert durch häufige Kriegsdienste und drückende Steuern, lagen im politischen Streit mit den reichen Patriziern. Weil keine Einigung zustande kam, machten die Plebejer nicht mehr mit, verließen im Jahre 494 vor Christus die Stadt Rom und zogen auf den ›Heiligen Berg‹. Der Patrizier Menenius Agrippa versuchte, die Plebejer zur Rückkehr zu bestimmen. Dies gelang ihm mit folgender Fabel:

> Einst hatten im menschlichen Körper alle übrigen Glieder mit dem Magen heftigen Streit. Sie klagten diesen an, er tue weniger als sie, verlange aber die besten Speisen, die mit vieler Mühe die Beine zusammentragen, die Hände zubereiten und zum Munde führen müssen. Die Glieder streikten. Der Magen bekam nichts mehr. Bald aber merkten die Glieder, daß nicht bloß der Magen Hunger litt, sondern auch sie selber schwach und hinfällig wurden. Da nahmen die Glieder ihren Dienst wieder auf in der Erkenntnis der Zusammenhänge und im Bewußtsein, daß Einigkeit das Beste ist.

Die Plebejer taten das gleiche, einigten sich mit den Patriziern, die weitgehende Zugeständnisse machten (Schuldenerlaß, Interessenvertretung und anderes mehr). Menenius Agrippa hatte die Befriedung erreicht.«

die kleine koalition der verlierer

Es ist verständlich, daß Kurt Georg Kiesinger in dem »guten« Jahr vor Beginn des Wahlkampfes um den am 15. Mai 1960 zu wählenden Landtag nicht viel Neues auf den Weg bringen wollte. Er mußte zunächst versuchen, die angefangenen Arbeiten positiv fortzusetzen, einen eigenen Stil in der Zusammenarbeit mit den Fraktionen zu entwickeln, Bonner Ballast abzuwerfen und sich bei den laufend durchgeführten Wochenendausflügen landesväterliche Manieren anzulächeln. Heiße Eisen anzufassen, überließ Kiesinger dem neuen Landtag, so als Beispiel die endgültige Entscheidung über die Zahl der Regierungspräsidien, der Forstdirektionen und der Oberschulämter nach einer Untersuchung der mutmaßlichen finanziellen Einsparungen.
Oder als weiteres Beispiel das Ministergesetz. Artikel 45, Absatz 3 der Landesverfassung legt fest: »Die Zahl der Minister und die Geschäftsbereiche der Ministerien werden durch Gesetz bestimmt.« Ende Juni 1956

reichte die SPD-Fraktion aufgrund der gemachten Erfahrungen nach den Landtagswahlen 1956 einen eigenen Gesetzentwurf ein, der bezüglich der Ministerzahl sehr beweglich war und eine Reduzierung auf sieben beziehungsweise sechs möglich machte. Der Gesetzentwurf enthielt auch einen Katalog der Zuständigkeiten der Ministerien. In der zweiten Lesung erfolgte die Zurücküberweisung an den Ständigen Ausschuß. Dort schlummerte der Gesetzentwurf, dessen Bedeutung und Dringlichkeit für den Beginn der neuen Legislaturperiode nicht bestritten werden konnte.

Kiesinger – weit davon entfernt, sich auf den Weg eines kleinen Menenius Agrippa mit neuen, modernen Vorstellungen zu begeben – hatte leichte Bedenken hinsichtlich des Ausgangs der Wahlen. Anfang 1960 besuchte mich der Ministerpräsident in meiner Karlsruher Wohnung. Als Meinungsforscher interessierte ihn die Beurteilung des Einflusses der Altbadener auf den Ausgang der Wahlen. Er befürchtete, CDU und SPD könnten in ein Kopf-an-Kopf-Rennen geraten. Soweit ging mein Optimismus leider nicht, aber ich habe Kurt Georg Kiesinger ausdrücklich erklärt, gewisse mögliche Verschiebungen zugunsten der SPD würden, soweit ich das beurteilen könnte, seine Position als Ministerpräsident nicht berühren. Wir würden weiter fair zu ihm stehen. Diese Erklärung sorgte für eine ruhige Heimfahrt.

Das ist das amtliche Wahlergebnis der am 15. Mai 1960 erfolgten Landtagswahlen:

Wahlvorschläge	Von den insgesamt abgegebenen gültigen Stimmen entfielen bei der				Veränderungen 1960 gegenüber 1956 (Stimmengewinn/-verlust)	
	Landtagswahl 1960		Landtagswahl 1956			
	Anzahl	%	Anzahl	%	Anzahl	%
CDU	1.162.206	39,5	1.392.635	42,6	– 230.429	– 16,5
SPD	1.044.301	35,4	942.732	28,9	+ 101.569	+ 10,8
FDP/DVP	459.320	15,6	541.221	16,6	– 81.901	– 15,1
GB/BHE	197.349	6,7	204.335	6,3	– 6.986	– 3,4
BdD	15.430	0,5	18.077	0,5	– 2.647	– 14,6
DG	5.326	0,2	11.747	0,4	– 6.421	– 54,7
DP	48.416	1,5	–	–	48.416)	
VFS	14.918	0,5	–		14.918)	
Sonstige	–	–	155.422	4,7	(– 155.422)	(– 100,0)

Die SPD war zufrieden. Ich auch. In meinem Wahlkreis Karlsruhe I konnte ich den Stimmenanteil von 37,7% in 1952 auf 44,1% in 1956 steigern und in 1960 nochmals auf 48,3% (CDU = 35,3%). Damals konnte ich noch nicht ahnen, daß es sich um mein letztes Landtagswahlergebnis handelte, für das ich den Karlsruhern herzlich dankbar bleibe.
Ein Politiker soll nie in die Nähe von Naivität gelangen. Ich habe mir tatsächlich nicht vorstellen können, daß bei Herrn Kiesinger die SPD nicht mehr gefragt war, bevor der Hahn dreimal gekräht hatte. Die über die Regierungsbildung angesetzten Gespräche am 9. und 15. Juni 1960 arteten nicht in Verhandlungen aus. Spätestens am 15. Juni hätte uns Herr Kiesinger ehrlicherweise sagen müssen, daß die Verlierer den heroischen Entschluß gefaßt hätten, ohne die Sozialdemokraten regieren zu wollen. An den Höhenflug eines persönlichen, informierenden Gesprächs über die Lage habe ich gar nicht erst zu denken gewagt (siehe Naivität). Bei meinen Akten hatte ich den Bericht des Ministerpräsidenten Kurt Georg Kiesinger vom 8. Januar 1960 an den Landtag, in dem es hieß:

»Das Vertrauen auf eine weitere gute und loyale Zusammenarbeit innerhalb der Regierung und auf eine fruchtbare Zusammenarbeit mit dem Landtag, das bei der Regierungsbildung allseits als Voraussetzung für den Erfolg der Regierungstätigkeit gewertet wurde, ist in diesem Jahre voll gerechtfertigt worden. Wiederum zeigte sich, daß unüberwindbare Gegensätze zwischen den Partnern der Regierungskoalition nicht vorhanden waren, daß das gemeinsame Ziel, das Land zu festigen und weiter zu stärken, für alle Verantwortlichen im Vordergrund stand.«

Nun fanden wir an der Spitze der Regierungserklärung Ausführungen über die Profilierung der Parteien. Ich zitiere aus meiner Landtagsrede:

»›In einem Punkte, und zwar in einem sehr bedeutsamen, sollten die Kritiker der Allparteienregierung recht behalten haben: Je länger je mehr verwischen sich die Profile der Parteien in der Allparteienregierung.‹ So sagt die Regierungserklärung. Nun läßt sich wohl nicht bestreiten, daß der Landtagswahlsieg der SPD ihrem klar erkennbaren Profil zuzuschreiben ist. Die Sozialdemokraten sind also von dieser Behauptung in der Regierungserklärung auszunehmen. Wenn die übrigen Parteien nicht in der Lage gewesen sein sollten, ein eigenes Profil erkennbar zu machen, so ist mit diesem Unvermögen kein im Interesse unseres Landes Baden-Württemberg liegender Grund genannt, die Profilierten von der Regierungsverantwortung auszuschließen und eine Koalition der Unprofilierten zu bilden.«

Ich sagte weiter, daß der alles entscheidende Grund für die Bildung der *kleinen koalition der verlierer* durch die folgende Passage aus der Regierungserklärung enthüllt werde:

»›In der bisherigen Allparteienregierung war es nicht möglich, eine gemeinsame Konzeption der großen, im Bundesrat mitzuentscheidenden bundespolitischen Probleme zu gewinnen.‹
Zum ersten Mal sei es nun in diesem Lande möglich, ›ein gemeinsames Programm der bundespolitischen Mitwirkung des Landes zu verfolgen.‹
Oder anders ausgedrückt: Die in der Regierungserklärung hervorgehobene sogenannte ›Mitwirkung der Landesregierung an der Gestaltung des Bundeswillens, insbesondere an der Bundesgesetzgebung‹ wird in Zukunft mit Bonn, wird jeweilig mit den Auffassungen des Parteichefs Dr. Adenauer gleichgeschaltet werden, denn bei zur Zeit neun stimmberechtigten Kabinettsmitgliedern stellt die CDU fünf. Da kann von einem gemeinsamen Programm überhaupt nicht gesprochen werden.
Soweit die FDP im Bundestag in den Fragen der Außen-, der Verteidigungs-, der Wirtschafts- und Sozialpolitik andere Auffassungen vertritt als die Bundesregierung, stört das die Herren FDP-Landesminister keineswegs; sie lassen sich im Kabinett einfach überstimmen. Die FDP befindet sich im nächsten Jahr bei der Bundestagswahl in der glücklichen Lage – ich übernehme nun nicht für die FDP, sondern die für die SPD geschriebenen Worte aus der Regierungserklärung, die aber voll auch auf die FDP zutreffen –, ›daß sie im Bunde in der Opposition, im Lande in der Regierung ist; sie kann nach Belieben aus beiden Positionen heraus operieren und sich den jeweiligen propagandistischen Vorteil sichern‹.«

Es scheint mir objektiv und vernünftig zu sein, diesen Beginn eines neuen Abschnitts in der parlamentarischen Geschichte des Südweststaates mit einigen Kritiken aus der Landespresse abzuschließen:

»Und wenn man das Ergebnis des Vormittags dieses Gefechts – sprich der Aussprache über die Regierungserklärung – mit den Reden des Fraktionsvorsitzenden der CDU, des Baden-Badener Rechtsanwaltes Camill Wurz, der Abrechnung des Führers der SPD, Dr. Alex Möller,

und den Beschwörungen des Ministerpräsidenten nach sportlichen Begriffen zu werten hätte, müßte man sagen: Alle Runden gingen an Alex Möller.«
(»Badenerland«, 15. Juli 1960.)

»Die Opposition hat ihren ersten Angriff auf die Regierung sehr würdig vorgetragen und sie war bei der Entgegennahme der Regierungserklärung disziplinierter und zurückhaltender, als es die Regierungsparteien bei der Rede des Oppositionsführers gewesen sind. Wir hätten es begrüßt, wenn die Koalition der Opposition Gelegenheit gegeben hätte, als erste Partei ihre Ansichten in der Debatte vorzubringen. Schließlich ist sie ja der Gegenspieler der Regierung.«
(»Stuttgarter Nachrichten«, 15. Juli 1960.)

»Schon nach den ersten Sätzen des sozialdemokratischen Oppositionsführers Dr. Alex Möller zeigte sich die Vermutung berechtigt, daß das eisige Schweigen, mit dem die SPD eine Woche zuvor die Regierungserklärung des Ministerpräsidenten Kiesinger vor dem baden-württembergischen Landtag aufgenommen hatte, nur die Ruhe vor einem Gewitter war. Möllers Rede und ihre Resonanz bei den Regierungsparteien brachten in die gewohnte Eintönigkeit der Landtagssitzungen ein kämpferisches Moment, eine Atmosphäre der Belebung und Spannung, wie sie bisher nur ganz selten erreicht wurde. Die Gegner stiegen zu dieser ersten Auseinandersetzung wohlvorbereitet in den Ring und maßen in heftigem Schlagwechsel die Kräfte, ohne die parlamentarischen Regeln zu verletzen. Möller versuchte in einer klug aufgebauten und rhetorisch geschickt vorgetragenen eineinhalbstündigen Rede, die Argumente zu zerpflücken, die der Ministerpräsident für die Ausschaltung der SPD aus der Regierungsverantwortung vorgetragen hatte, und er schenkte dabei dem politischen Gegner nichts.«
(»Stuttgarter Zeitung«, 15. Juli 1960.)

Der Vorhang fiel. Herr Kiesinger spielte bis zum Winter 1966 die Rolle des Landesvaters. Aus seiner Sicht zweifellos mit Erfolg. Theodor Eschenburg trumpfte allerdings auf und behauptete, daß »die Landesregierungen im Grunde große Oberbürgermeistereien seien und der Ministerpräsident besser Landeshauptmann heiße; das parlamentarische Prinzip für Länderregierungen wäre überholt.« Solche Phantasmen kann man nur bedauern; sie sind ein Betriebsunfall.

Die Landesverfassung stand mit Kiesingers Anwesenheit in Stuttgart ganz unter dem Stern des Artikels 49: »Der Ministerpräsident bestimmt die Richtlinien der Politik.« Da gab es keine Auslegungsschwierigkeiten. Es herrschte die Totalität des Anspruchs und der Ausführung. Und dann sahen wir uns am Ende des Jahres 1966 in Bonn am Verhandlungstisch um die Bildung einer neuen Bundesregierung wieder. War es peinlich oder für Sie erfreulich, Herr Kiesinger? Aber ein Irrtum war es nicht.

XIV. 1960 – PRÄSIDENTENWAHL IN DEN USA

Die ersten Eindrücke

Die Parteien der Bundesrepublik hatten Anlaß, sich zu überlegen, ob sie Beobachter des Wahlkampfes nach Amerika entsenden sollten. Es mußte aufschlußreich sein, die amerikanischen Verhältnisse mit den Methoden der Wahlkämpfe hierzulande zu vergleichen, wobei sowohl die technisch-organisatorische als auch die politische Seite interessierten. Ich hatte den Auftrag, politische Informationen zu sammeln, auf die die Opposition in jedem Land angewiesen ist. Mein Freund Klaus Schütz kümmerte sich um Organisation und Technik.
Die Wahl des Präsidenten der USA ist ein Vorgang von höchster politischer Bedeutung, der nicht nur die Amerikaner angeht. Man muß sich darüber im klaren sein, daß mit dieser Wahl zu gleicher Zeit die führende Persönlichkeit der Freien Welt bestimmt wird, die auch auf unser Schicksal Einfluß nimmt. Gerade die Bundesrepublik kennt ihre strategische Lage und ihre weltwirtschaftliche Bedeutung bei allen Einengungen sehr genau. 1960 keimten erst Verständnis und Sympathie. Sich gegenseitig kennen- und verstehen zu lernen war damals genau so wichtig, wie es heute wichtig bleibt, im Miteinander den Denk- und Handlungsprozeß auf beiden Seiten bei Anerkennung der Gewichte zu vollziehen.
Bei der Beobachtung des Wahlkampfes habe ich versucht, mich auf Schwerpunkte zu konzentrieren und mit Persönlichkeiten aus allen Lagern zusammenzutreffen. Wenn es möglich wurde, einen ausreichenden Aktionsradius zu erhalten, dann verdanke ich das den vielfältigen Unterstützungen. Willy Brandt hatte mir Durchschriften seiner besonderen Schreiben an Vizepräsident Nixon, Senator Kennedy, dessen Berater Dr. Paul Nitze und an folgende Persönlichkeiten mitgegeben: Senator H. Humphrey, Senator J. K. Javits, Senator L. B. Johnson, President G. Meany, Mr. L. Cherne, Senator J. W. Fulbright, Mr. H. C. Lodge, Mr. Victor Reuther, Mr. Walther Reuther.

Um ein Beispiel zu geben: Der von Willy Brandt an Senator Kennedy gerichtete Brief hatte folgenden Wortlaut:

»Sehr geehrter Herr Senator!
Es ist mir ein großes Vergnügen, Ihnen durch meine Freunde Alex Möller und Klaus Schütz meine herzlichsten Grüße zu übermitteln. Ich habe dankbar zur Kenntnis genommen, daß beide Kandidaten für das Amt des Präsidenten der Vereinigten Staaten ausdrücklich ihre Unterstützung für die Freiheit Berlins betonten. Das ist für die Berliner sehr ermutigend.
Ich fühle heute stärker denn je, daß die Berlin-Frage nicht nur ein Problem von lokaler Wichtigkeit ist, sondern daß diese Entscheidungen von einer weitreichenden Bedeutung für die Harmonie und für das Vertrauen in der westlichen Politik sind.
Vielleicht darf ich hinzufügen, daß ich als Kandidat meiner Partei für das Amt des Bundeskanzlers dafür eingetreten bin, daß unser Platz in der westlichen Gemeinschaft zu sein hat und daß Freundschaft mit den USA der Eckstein in unserer Außenpolitik bleiben muß.
In Anbetracht des Ernstes der internationalen Entwicklungen, den wir hier in Deutschland besonders stark empfinden, und ungeachtet des gegenwärtigen Wahlkampfes verbürge ich mich – soweit dies möglich ist – für gemeinsames Handeln in Fragen der Außenpolitik.
Meine besten Wünsche begleiten Sie in diesen anstrengenden Wochen.
Mit herzlichen Grüßen verbleibe ich
Ihr
Willy Brandt.«

Dazu kamen Gespräche mit Finanzminister Anderson, Black (Präsident der Weltbank), Chester Bowles (der Verfasser der demokratischen Plattform, der sich sehr viel Zeit nahm, um mir das Wahlprogramm zu erklären), Professor Dr. Brandt (Wirtschaftsberater des Präsidenten), David Bruce, General Lucius D. Clay, John J. McCloy, Staatssekretär Dillon, Martin J. Hillenbrand, Senator Henry M. Jackson, Jacobsson (Präsident des Internationalen Währungsfonds), Gouverneur Rockefeller. Aus dem Schatzministerium: T. Graydon Upton. Aus dem Außenministerium – wirtschaftliche Angelegenheiten –: Peyton Kerr.
Ich konnte weitere interessante Gespräche mit amerikanischen und deutschen Journalisten, mit Persönlichkeiten der amerikanischen und Repräsentanten der deutschen Wirtschaft führen. Die Unterstützung

durch Botschafter Professor Grewe, Botschafter Knappstein, Generalkonsul Federer und durch Ernst Linde vom Government Affairs Institute war vorbildlich.
Mich haben Journalisten aufgesucht, von Kempski bis Schreiber, die als Sonderberichterstatter ihrer Blätter zur Beobachtung des Wahlkampfes nach Amerika gekommen waren. Wir hatten auf diese Weise eine gute Gelegenheit, unsere Beobachtungen und Meinungen auszutauschen.
Auf alle Unterredungen mit meinen amerikanischen Gesprächspartnern hatte ich mich sehr sorgfältig vorbereitet (auch sonst meine Schwäche). Das beruhte auf Gegenseitigkeit. Die Amerikaner wissen sehr genau, was sie dem Besucher sagen können und was sie von dem Besucher wissen wollen. Man muß bei den Übersetzungen höllisch aufpassen. Das Klima war gut. Ich bekam den Eindruck, daß sich die Haltung führender Politiker und die Einstellung in der Administration auffallend zugunsten der deutschen Sozialdemokratie gewandelt hatten. Die verschiedenen Besuche von Willy Brandt (und anderer namhafter Sozialdemokraten) waren honoriert worden. Man hatte das Empfinden, daß die Amerikaner davon ausgingen, es mit einer neuen, undogmatischen Generation von Sozialdemokraten zu tun zu haben. Willy Brandt wurde als Regierender Bürgermeister von Berlin in den von ihm zu meisternden schwierigsten Situationen von einer starken Welle echter Sympathie begleitet. Er hat sicher genau gewußt, warum ich diese Beobachtungsreise durchführen sollte. Das haben mir manche Fragen an den »Genossen Generaldirektor« bewiesen. Bei einer Unterhaltung bin ich darauf angesprochen worden, wieso ein prominenter Sozialdemokrat, der Vorsitzende der Industriegewerkschaft Metall Otto Brenner, die Forderung nach Sozialisierung der Grundstoffindustrien erhoben habe. Ich konnte antworten, daß der Wirtschaftsexperte der SPD, Dr. Heinrich Deist, sich sofort in einem Interview mit der »Stuttgarter Zeitung« von solchen Sozialisierungstendenzen distanziert hat.
Sehr oft mußte ich versuchen zu erklären, was das Godesberger Programm für den Weg der deutschen Sozialdemokratie bedeute. Darauf hatte ich mich auch dadurch eingestellt, daß ich einige unserer Thesen in englischer Sprache vorlegen konnte. Das Gespräch mit Chester Bowles dauerte nicht zuletzt deshalb über vier Stunden, weil wir uns beide Auskunft geben mußten, Chester Bowles über die von ihm verfaßte demokratische Plattform und ich über Perspektiven im Godesberger Programm.

Für beide – sowohl für Nixon wie für Kennedy – gilt, daß sie sich unerhörten Anstrengungen unterworfen haben, Anstrengungen körperlicher und geistiger Art, für die mir jeder Maßstab fehlt. Die Kandidaten hatten ein für viele Wochen minuziös ausgearbeitetes Programm vom frühen Morgen bis spät in die Nacht. Die Hauptquartiere der beiden Parteien gaben früh genug die »time tables« heraus, denen entnommen werden konnte, daß an vielen Tagen ein zwanzigstündiges Programm vorgesehen war. Wenn ich mich daran zurückerinnere, in welchem Zustand ich mich mit 43 oder mit 47 Jahren befand, kann ich mir nicht vorstellen, daß ich auch nur große Teile eines solchen Programms hätte mit Erfolg bewältigen können. Mir ist das ein großes biologisches Rätsel. Aber es gibt ja nicht nur in Amerika biologische Rätsel!

Die große Unbekannte in diesem Wahlkampf war die Tatsache, daß Kennedy Katholik war. Das mußte von großer Bedeutung sein, denn in 14 Staaten, hauptsächlich im dichtbesiedelten Osten, lag der Anteil der katholischen Bevölkerung bei etwa 20%. 14 dieser Staaten fielen 1956 an Eisenhower (Kennedy konnte neun von den 14 Staaten für sich gewinnen).

Was ich im Hinblick auf den katholischen Glauben Kennedys im Land der Toleranz erlebt habe, ist sehr betrüblich. Es handelte sich um eine Aktion bestimmter Gruppen der evangelischen Kirche, geführt von den sogenannten Fundamentalisten. Ich habe die Möglichkeit gehabt, in einem Institut, das sich für »fair play« in den Wahlkämpfen einsetzte und das von den beiden großen Parteien getragen wird, anhand einwandfreier Unterlagen diesen einmaligen Vorgang sorgfältig zu prüfen. Man hatte Pamphlete vorrätig; ein Titel lautete: »Amerika erwache!« Er klingt irgendwie vertraut in unserem Ohr. Ein anderer Titel: »Ein katholischer Präsident?« Und die Überschrift einer dritten Broschüre lautete: »Soll wirklich in Amerika der Papst Präsident werden?« Das war üble Hetze.

Nur einmal, und zwar 1928, gab es bei der Präsidentenwahl einen katholischen Kandidaten, der eine klare Niederlage hinnehmen mußte. Wie würde es diesmal werden, so fragten viele. Die Republikaner haben die Religionsfrage nicht erörtert. Kennedy hat eindeutige Erklärungen darüber abgegeben, daß er sich selbstverständlich als Präsident nur der amerikanischen Verfassung verpflichtet fühle, und auf die Bestimmungen der Verfassung hingewiesen, die in Amerika eine sehr scharfe Trennung von Staat und Kirche vorsehen. Ab und zu fügte Kennedy hinzu, daß ihn im Kriege niemand nach seiner Religionszugehörigkeit gefragt habe. Die Redner der demokratischen Partei haben nicht versäumt, darauf hinzuweisen, wie im Zweiten Weltkrieg die Japaner das von John Kennedy kommandierte Schnellboot gerammt hätten und Kennedy einem seiner verwundeten Matrosen einen Gürtel umlegte, den er drei Stunden im Ozean schwimmend zwischen seinen Zähnen hielt, um so den Matrosen zu retten. Die demokratischen Redner sagten dann, Kennedy habe den Mann nicht nach seiner Religion gefragt. Diese »story« ist in einer besonderen Fernsehsendung der Demokratischen Partei erzählt worden, weil man es für notwendig hielt, mit solchen Tatsachen der Hetze zu begegnen.

Mit harten Bandagen

Nixon hatte als Vizepräsident und als Berater des Präsidenten Eisenhower einen Namen; er war bekannt durch manche Auslandsreisen und sein Auftreten im Ausland, wobei ich nicht gerade die sogenannte Küchendebatte in Sowjetrußland als Beispiel erwähnen möchte, obgleich sie im amerikanischen Wahlkampf immer wieder aufkam. Auch im deutschen Fernsehen wurde gezeigt, wie Nixon auf einer Musterausstellung der Amerikaner in Moskau mit Chruschtschow vor einer Kamera in einer amerikanischen Modellküche debattierte.

Die Republikanische Partei operierte mit innen- und außenpolitischen Argumenten; Nixon sei seit acht Jahren Vizepräsident und 47 Jahre alt. »Erklärt Euch für den Mann, der sich in diesen acht Jahren als Berater und engster Mitarbeiter von Eisenhower bewährt hat, macht kein Experiment, indem Ihr diesen jungen Kennedy, 43 Jahre alt, wählt, der zwar 14 Jahre im Senat war, der zwar 14 Jahre in der Demokratischen Partei eine Rolle gespielt hat, aber doch an Erfahrung und politischer Klugheit Nixon nicht die Waage halten kann« – so plakatierte man ...

Es kamen die Fernsehduelle. Beide waren sie den vorbereiteten, den Kandidaten nicht bekannten Fragen prominenter Journalisten ausgeliefert. Jeder Fernsehteilnehmer hatte die Möglichkeit zu beurteilen, wie die beiden reagierten und wie das geistige und das politische Reaktionsvermögen war. Die meisten amerikanischen Bürger haben sicher die Auffassung vertreten, es komme zum Beispiel bei den Verhandlungen

mit den Kommunisten und mit Chruschtschow auf die geistige und politische Beweglichkeit an; aber auch das geistige Fundament sei wichtig, das sich während eines solchen Duells bei dem einen und dem anderen Kandidaten zeige.
Ich möchte mir kein Urteil darüber erlauben, für wen die einzelnen Duelle ausgegangen sind. Ein k.o. war bei keinem Duell festzustellen. Es würde sich also in jedem Falle um Punktwertungen handeln; und Punktwertungen erfolgen manchmal nach der besonderen Einstellung des Punktrichters. Sicher ist, daß man nach diesen vier Fernsehduellen die Behauptung nicht mehr aufrechterhalten konnte, daß Kennedy über kein ausreichendes politisches Fundament und über keine ausreichende geistige Reaktionsfähigkeit verfüge. Dann kam der Streit um das fünfte Fernsehduell. Tagelang haben die Manager aus den beiden Parteilagern verhandelt, aber die Republikaner konnten sich nicht entscheiden. Es war einige Tage davon die Rede, daß man die Bedingung stellen würde, daß sich neben Nixon auch Eisenhower an diesem Duell beteiligen solle. Kennedy hat sofort in einer Rede in Philadelphia darauf reagiert und gesagt, er würde den Vorschlag akzeptieren, wenn Herr Nixon Begleitschutz brauche, er habe aus den Erfahrungen im Kriege dafür Verständnis, er selbst würde ohne Begleitschutz erscheinen. Als dann nichts erfolgte, hat das Hauptquartier von Kennedy mitgeteilt, daß man bis zu einem bestimmten Tag Bescheid haben möchte, da sich die Kandidaten mit ihren Dispositionen einzurichten hätten. Dieses Telegramm haben die Republikaner sofort beantwortet. Sie erklärten, es handele sich jetzt um ein Ultimatum, und ein Ultimatum ließen sie sich nicht stellen. Deswegen finde das fünfte Fernsehduell nicht statt.
Ich habe einige Wahlveranstaltungen miterlebt. Gleich am zweiten Tag meines Aufenthaltes in Amerika besuchte ich eine Wahlversammlung von Kennedy in Silverspring. Ich war erstaunt über sein Auftreten und über die ganze Aufmachung dieser Veranstaltung. Sie fand in einer neu erbauten, großen, entsprechend eingerichteten Turnhalle statt. Die Veranstaltung begann um 20.30 Uhr. Ich war froh, daß ich um 18.30 Uhr in Silverspring eintraf; ich wurde noch als einer der letzten eingelassen. Die Späterkommenden hielten sich draußen auf, Tausende, die auf Kennedy warteten. In dieser Zeit wurde von den Versammlungsteilnehmern ein Spektakel aufgeführt, insbesondere von Gruppen junger Mädchen und Studenten. Sie alle trugen das Zeichen der Demokraten, den Kopf von Kennedy mit seiner Unterschrift, als Anstecknadel. Als

ich gerade eine kritische Bemerkung zu meiner Begleitung machen wollte, warum so viele unter 21 Jahren dieses Abzeichen trügen, merkte ich, daß auf ihnen noch stand: »Wenn ich 21 Jahre alt wäre, würde ich Kennedy wählen.«
Bevor Kennedy kam und sprach, stellten sich die Prominenten des betreffenden Staates vor. Dort waren auch zwei Senatoren und die Männer für das Repräsentantenhaus zu wählen. Alle hielten nur kurze Ansprachen von fünf bis zehn Minuten – ideal, wenn ich mir das für die Bundesrepublik vorstelle. Dann kam Kennedy, der zunächst zu den Massen draußen gesprochen hatte, in die Turnhalle und wurde mit Beifall überschüttet. Die Gruppe von Republikanern, die Nixon-Transparente mit sich führte, blieb stumm. Sie hatte sich aber in den Stunden, bis Kennedy kam, durch Sprechchöre bemerkbar gemacht, ohne daß dies beanstandet worden oder gar in eine Prügelei ausgeartet wäre.
Von den anderen »meetings«, die ich mitgemacht habe, sei nur das in New York erwähnt. Es brachte den Auftritt von Eisenhower, Nixon, Lodge und Rockefeller. Um 18.00 Uhr stellten wir uns an, um in das 8000 Menschen fassende Kolosseum zu kommen. Wir hatten eine Einladung des republikanischen Hauptquartiers, an dieser Veranstaltung teilzunehmen, aber eine Viertelstunde später kam keiner mehr hinein. Der Saal wurde wegen Überfüllung geschlossen und alle Hinweise auf Sonderausweise nutzten nichts.
Eine Beruhigung für uns war die Tatsache, daß nach Abschluß dieser Kundgebung die Redner auf einem bereits errichteten Podium auf dem Platz vor der Halle sprechen wollten und auch gesprochen haben und daß im übrigen alles, was sich in der Halle abspielte, durch Fernsehen nach draußen übertragen wurde. Die Veranstaltung begann sehr bald mit einem Varieté-Programm. Man hatte namhafte Künstler verpflichtet, die die Menschen drinnen und draußen zu unterhalten verstanden. Der Kriegsruf der Republikaner wurde durch einen Mann, der dafür angestellt war, mit den Massen geübt.
Die ganze politische Veranstaltung im Saal dauerte von 20.00 bis 20.30 Uhr. Sie begann damit, daß Rockefeller sprach und erklärte, dieser Tag in New York sei der denkwürdigste in der Geschichte des Wahlkampfes der Republikanischen Partei. Rockefeller stellte dann Lodge vor und wies mit einigen Sätzen auf dessen besondere Verdienste hin. Dann kam Lodge, der nur wenige Worte über sich sagte und anschließend ankündigte: »Nach mir spricht unser Präsidentschaftskandidat, der neue Prä-

sident für die nächsten vier Jahre, Nixon. Wir haben ihn aufgestellt, weil er viele rühmenswerte Eigenschaften hat.« Dann kam aber doch nicht Nixon, sondern Eisenhower selbst. Der Präsident hat am längsten, etwa zehn Minuten, gesprochen und sich in aller Schärfe gegen den jungen Mann auf der anderen Seite gewandt. Eisenhower sagte unter anderem wörtlich:

»Die letzten Jahre waren die hellsten in der Geschichte der Vereinigten Staaten. In keinem Gebiet, wo amerikanischer Einfluß bestand oder amerikanische Waffen waren, hat kommunistischer Imperialismus weitere Gebiete gewonnen.
Es gibt nur einen einzigen, der über Amerikas Stärke und Schwäche klagt, und das ist zufällig ein politischer Kandidat. Er ist der einzige, der sich solche Sorgen macht.
Ich kann nicht verstehen, daß irgend jemand ernstlich behaupten kann, daß die Führung der Vereinigten Staaten in der Welt in Gefahr sei. Wir wollen Männer von unerschöpflicher Kraft und unerschöpflichem Glauben. Diese Männer haben nicht nur aus Büchern gelernt, nicht einmal, indem sie Bücher schrieben. Sie haben gelernt, indem sie täglich vor den Problemen unserer wechselnden Welt standen.«

Nach einer weiteren, sehr scharfen Abrechnung, wie ich sie sonst in Wahlreden nicht gehört habe, wurden die besonderen Vorzüge Nixons hervorgehoben. Eisenhower wies mit großem Nachdruck darauf hin, daß Nixon acht Jahre sein Vertreter gewesen sei; er habe ihn mit vielen Missionen beauftragt, alle habe Nixon glänzend erledigt. Deswegen müsse er sagen, wer für Eisenhower sei, müsse für Nixon stimmen.
Das war in den letzten acht bis zehn Tagen überhaupt die Generallinie des republikanischen Wahlkampfes. Eisenhower erklärte – im Fernsehen und in weiteren Kundgebungen –, wer für mich ist, wer mich richtig einschätzt und überzeugt ist, daß ich für Amerika etwas bedeute, der muß meiner Aufforderung folgen und Nixon wählen.
Nach Eisenhower sollte auf der Kundgebung in New York Nixon sprechen. Seine Anhänger brachten ihm so überwältigende Ovationen, daß er nicht zu Worte kam, sondern immer wieder lachend und die Hände hebend dankend und sichtbar bewegt diesen Beifall entgegennahm. So verging die Fernsehzeit. Es war 21.00 Uhr. Die Fernsehzeit war abgelaufen. Das bedeutete, die Veranstaltung hatte ein plötzliches Ende gefunden.

Kennedy reagierte am anderen Tag wie folgt:

»Mir ist es gleich, wie viele Rettungsmannschaften für Nixon organisiert werden. Ich bin allein in New York gewesen. Es ist nicht wahr, daß wir eine Mannschaft zum Präsidenten wählen. Wir wählen einen Mann. Ich habe nicht gesagt, daß die Vereinigten Staaten schwach sind, aber ich habe den Wählern nicht erzählt, daß wir mit Sicherheit die ersten sind. Wir treten jetzt in die Zeit ein, in der die Sowjets vielleicht nicht mehr davon überzeugt sind, daß wir einen Überraschungsangriff durchstehen und dann noch ihren Kampfwillen brechen können.
Wir können nicht wirklich wissen, wie unüberwindlich die Schwierigkeiten zwischen uns und den Sowjets sind, solange ein starkes, selbstbewußtes Amerika nicht in guter Position ist und den Russen in ernster Weise mit konkreten, praktischen Vorschlägen gegenübertreten kann. Das ist unsere Hauptverantwortung – gegenüber uns selbst, unseren Kindern und den Menschen der ganzen Welt.«

In Los Angeles war Kennedy in bester Laune. Das beweist diese Bemerkung:

»Nixon hat immer wieder gesagt, daß ich lüge. Heute sage ich, daß Kalifornien die schönsten Mädchen hat. Was wird er nun sagen?«

Nixon prophezeite in Texas:

»Wenn Kennedy gewählt wird, wird er ein Gefangener von Walther Reuther sein. Wenn mein Gegner gewählt wird, wird Walther Reuther, der Arbeiterführer, der ein radikaler Politiker geworden ist, im Weißen Haus bestimmen und die Wirtschaftspolitik und Ernennungen des Präsidenten beeinflussen. Wenn ich gewählt werde, wird kein Arbeiterführer, kein Wirtschaftsführer und kein Führer irgendeiner anderen Gruppe den Schlüssel zur Hintertür des Weißen Hauses haben.«

Und das war wohl der härteste und verbreitetste Slogan über Nixon:

»Würden Sie von diesem Mann einen gebrauchten Wagen kaufen?«

Der Weitergang hieß Kennedy

Bei dieser Wahl standen die Amerikaner tatsächlich am Scheideweg und hatten das mit allen Unsicherheitsfaktoren belastete Gefühl, einen noch nicht ausgetretenen Weg beschreiten zu müssen. Von Hegel stammt der Gedanke, die Geschichte halte bisweilen den Atem an, um sich zu besinnen und ihres Weitergangs bewußt zu werden. Der Weitergang hieß Kennedy. Er wurde der Präsident der sechziger Jahre und für den nächsten, leider zu kurzen Zeitabschnitt der Führer der Freien Welt.

Wir standen bei dieser Präsidentenwahl vor dem Phänomen des Generationssprungs aus den fünfziger Jahren, das in Amerika begann und neue politische, militärische, wirtschaftliche, soziologische und ideologische Formen entstehen ließ.

Die Republikaner hatten die Behauptung aufgestellt, daß der neue Präsident gegen Ende seiner ersten Amtszeit Generäle und Admirale ernennen werde, die zu jung seien, um überhaupt noch im Zweiten Weltkrieg gedient zu haben, daß in den leitenden Positionen der Wirtschaft und der Gewerkschaften ein großer Wechsel bevorstehe, da sie zur Zeit mit Männern im Durchschnittsalter von etwa 60 Jahren besetzt seien. Ein Drittel der Wähler bei der amerikanischen Präsidentenwahl war unter 35 Jahren. Wer die Gesamtdiskussion des Wahlkampfes aus beiden Lagern objektiv zu würdigen versuchte, der mußte sich die Frage stellen: Wird nicht die neue Gesellschaft eine Gesellschaft sein, bei der die in den mittleren Altersschichten Stehenden mit geringen Abweichungen nach oben und unten die wichtigste Rolle spielen? Stehen wir nicht alle vor einem Aufbruch in eine vom Lebensalter der Menschen mitbestimmten neuen Welt? Muß man hinzufügen: Wehe den Zurückgebliebenen! Von der Elektronik und der Atomenergie sind wir mit einer noch nie dagewesenen Respektlosigkeit zu allen Wagnissen im Weltraum vorgedrungen.

Das ist der eine Hintergrund, den wir bei dieser amerikanischen Präsidentenwahl über das Ereignis hinaus sehen müssen. Der andere: Wer ihn aufhellt, erkennt zugleich, daß Nixon ein halber Schritt in Neuland gewesen wäre. Kennedy war ein ganzer Schritt, von ihm mit offenen Augen bewußt ausgeführt. Nixons Ideen hingen von Überlegungen über ihren politischen Nutzen ab. Er stand immer im Schatten Eisenhowers.

Auf einer der letzten Pressekonferenzen, die Eisenhower abgehalten hat, haben ihn amerikanische Journalisten gefragt, »in welchen entscheidenden Fällen hat Sie Ihr Vizepräsident beraten und zu welchen Entschlüssen veranlaßt?« Eisenhower hat erwidert, man möge ihm eine Woche Zeit lassen, um diese Frage zu beantworten.

Nixon mußte im Wahlkampf die These aufnehmen: Noch nie ging es Amerika so gut wie jetzt, und noch nie hatte Amerika ein so hohes Ansehen in der Welt wie jetzt. Diese Beteuerungen sind durch ihn und die republikanischen Redner immer wieder vorgebracht worden. Es wurde nicht das Wissen um solche Dinge angesprochen, sondern die Gläubigkeit.

Kennedy hat in all seinen Veranstaltungen eine Acht-Jahres-Bilanz aufgestellt. Er hat innenpolitisch und außenpolitisch abgerechnet. Er hat bestritten, daß das Ansehen Amerikas zugenommen habe. Er hat bestritten, daß das Verhalten Eisenhowers gegenüber Chruschtschow in Paris richtig gewesen sei und den Interessen der Freien Welt entsprochen habe. Er hat bestritten, daß einige Vorgänge auf dem Gebiet der atomaren Bewaffnung Amerika einen Vorteil gegenüber Sowjetrußland gebracht hätten. Er hat innenpolitisch auf die vier Millionen Arbeitslosen – das sind mehr als sechs Prozent der Beschäftigten – hingewiesen; er hat darauf aufmerksam gemacht, daß die Stahlindustrie nur einen Beschäftigungsgrad erreichen konnte, der lediglich eine fünfzigprozentige Ausnutzung ihrer Kapazität zulasse; er hat die Verhältnisse in der Automobilindustrie dargestellt. Er hat nicht zuletzt das Farmer-Problem erörtert, wobei bekannt war, daß die Republikaner den republikanischen Landwirtschaftsminister während der Wochen des Wahlkampfes ins Ausland geschickt hatten, um ihn aus der Schußlinie zu bringen.

Kennedy erklärte: Wir Amerikaner haben bisher zu wenig getan. Eine deutsche Zeitung übermittelte von ihm folgenden Ausspruch: »Wenn ich Präsident werde, dann können die Kommunisten etwas erleben – aber die Amerikaner auch.« Mit Nachdruck verlangte Kennedy immer wieder vom amerikanischen Volk größere Anstrengungen. Er mußte seine ganze Kampagne aus dieser Oppositionsstellung heraus frontal führen. Er war Gegner einer verchromten Politik und eines Zustandes, der die notwendige amerikanische Führung in der Welt nicht eindeutig sicherte. Er hatte den festen Willen, die amerikanische Führungsabstinenz in jeder Weise zu beseitigen.

Einige maßgebende Zeitungen und einige führende Journalisten sind erst kurz vor der Wahl zu Kennedy übergegangen. So Walter Lippmann in der »Washington Post« und James Reston in der »New York Times«.

Reston hat eine Woche vor der Wahl in einem Leitartikel dargestellt, was gegen Nixon und was für Kennedy spricht. Ich zitiere:

»Nixon hat in diesen Tagen viel über hydraköpfige demokratische Führung gesprochen. Er sollte an einem anderen griechischen Mythos mehr interessiert sein, nämlich an dem vom Haupt der Medusa, das Menschen anzublicken fürchteten, weil es sie in Stein verwandeln würde. Um das Medusenhaupt der heutigen Welt anzublicken, muß ein Mann sich selbst kennen. Er muß wissen, wer er ist, was er will, wohin er geht und wie er glaubt, dorthin zu kommen. Das ist es, was wir Amerikaner unter Identität verstehen. Und Kennedy hat diese Identität. Er hat zu den Wählern gesprochen unter der Voraussetzung, daß sie reif genug sind, um die Wahrheit über ihr Land zu hören, und intelligent genug, um nicht als Kinder behandelt zu werden. Kennedy ist im Laufe der Wahlkampagne sehr gewachsen. Er hat Wachstumsstoff in sich, und wenn wir den Weg und das Tempo seines Wachstums im vergangenen Jahr in die nächsten vier Jahre hineinzuprojizieren wagen, so glauben wir, daß er, wenn er gewählt wird, einen der stärksten und wirkungsvollsten Präsidenten abgeben wird, den Amerika je gehabt hat.«

Man hat Kennedy Herzenskälte und Leidenschaftslosigkeit unterstellt. Das ist sicher unrichtig. Kennedy ist nach meinen Eindrücken, die sich auch in der Unterredung, die ich mit ihm in Philadelphia hatte, durchaus bestätigten, mit innerer Anteilnahme, mit einem Missionsglauben an die große Aufgabe Amerikas in der Freien Welt herangegangen.
Mich hat in dem Philadelphia-Gespräch, das natürlich kurz war und mitten in dem scheinbar hilflosen Durcheinander des Wahlquartiers stattfand, beeindruckt, daß Senator Kennedy nicht nur den Brief von Willy Brandt kannte, sondern auch sorgfältig die Grußadresse las, die ich ihm vom Regierenden Bürgermeister übergeben habe. Der Senator stellte einige Fragen, die Berlin und das geteilte Deutschland betrafen, wollte etwas von dem Eindruck hören, den auf uns die Eigenart des amerikanischen Wahlkampfes bisher gemacht hatte, und nahm unsere guten Wünsche für seine Wahl zum Präsidenten dankend an. Klaus Schütz, der dabei war und der die Berlin-Fragen klug beantworten konnte, und ich brauchten einige Zeit, um den starken Eindruck zu verarbeiten, den diese ungewöhnliche Persönlichkeit bei uns hinterlassen hatte und den man nicht vergessen kann.
Im Dezember 1960 war in den deutschen Zeitungen die Antwort zu le-

sen, mit der John F. Kennedy auf die Grußadresse reagierte. Ich selbst habe später dem Präsidenten mein ins Englische übersetztes Buch »Währung und Außenpolitik« geschickt. Ich erhielt eine Antwort, über die ich mich außerordentlich gefreut habe.
Kennedy, der drei Bücher geschrieben hat und den wichtigsten literarischen Buchpreis Amerikas erhielt, verfügte über eine ausreichende eigene geistige Kapazität, um selbst führen zu können und um nicht genasführt zu werden. Seine Energiegeladenheit sicherte ihm Ausdauer und Standfestigkeit. Er hatte eine klare Vorstellung von der Größe und den Dringlichkeitsstufen seiner innen- und außenpolitischen Aufgaben. Einer seiner engsten Mitarbeiter, Chester Bowles, hat darüber mit mir sehr eingehend und überzeugend gesprochen. Kennedy war eine faszinierende Mischung aus klugem Erkennen der Tatbestände und einem leidenschaftlichen Willen, das amerikanische Volk und die Freie Welt zu den Leistungen zu befähigen, die ausreichen sollten, den Kommunismus vielleicht noch nicht aktionsunfähig, aber stark aktionsgehemmt werden zu lassen.
Es wäre gar nicht hoch genug einzuschätzen, wenn man sich in Staaten, die eine demokratisch-parlamentarische Verfassung haben, daran gewöhnen würde, nach der These zu handeln, daß wir wählen müssen, was wir denken und was wir wollen, und daß wir nicht wählen, was wir sind.*

Konsequenzen für uns

Peter von Zahn schrieb am 29. Oktober 1960 in der »Welt«:

»Im Schatzamt ist einer der neuralgischen Punkte in den deutsch-amerikanischen Beziehungen. Kein anderer amerikanischer Finanzminister kann sich lange die passive amerikanische und die pausbäckige deutsche

---

* Anmerkung: Bei der letzten Präsidentenwahl 1956, die in die kritische Situation der Suez-Kanal-Affäre fiel, erhielt Eisenhower 35,6 Millionen Stimmen, Stevenson etwas mehr als 26 Millionen. Das war eine Differenz von rund 9,6 Millionen Stimmen. Die Wahlbeteiligung betrug 61,6 Millionen abgegebene Stimmen. – 1960 gingen 67,4 Millionen zur Wahl. Kennedy erhielt 34,2 Millionen Stimmen = 49,7%, Nixon 34,1 Millionen Stimmen = 49,6%. Andere 0,5 Millionen = 0,7%. Kennedy hatte den republikanischen Stimmenvorsprung aus 1956 aufholen und eine geringe Mehrheit erzielen können. Von den Wahlmännern erhielt Kennedy 303, Nixon 219 und Senator Byrd 15. – Siehe Anlage 6.

Zahlungsbilanz ansehen, ohne seinem Präsidenten nahezulegen, durch Druck auf Bonn für einen Ausgleich zu sorgen. Dieser Druck kann subtile Formen annehmen, wie wenn uns nahegelegt wird, mehr zu importieren und weniger Stunden zu arbeiten. Er ist auch schon massiv geworden.«

Es heißt in dem Artikel weiter:

»Das erfuhr Erhard hier in Washington. Man riet ihm, einen ordentlichen Batzen deutscher Gewinne in den Entwicklungsländern zu investieren. Man legte ihm nahe, die Stationierungskosten für die amerikanischen Truppen in Deutschland zu übernehmen. Oder wollte man die amerikanischen Soldaten etwa abziehen sehen? Dieser Druck wird zunehmen, bis Mark und Dollar ihr natürliches Verhältnis gefunden haben, und zwar ohne Auf- oder Abwertung. Die Stationierungskosten bilden überdies einen Taktstock in der amerikanischen Hand, der unseren Eiertanz zwischen den französischen und amerikanischen Vorstellungen von der NATO dirigiert. So oder so. Entscheidungen reifen heran, die weh tun. Es ist verständlich, daß man sie lieber angesichts einer Figur im Weißen Haus träfe, die man zu kennen glaubt. Doch wird sich mancher schon besser heute mit dem Gedanken vertraut machen, daß die deutsch-amerikanischen Beziehungen neu zu verhandeln sind und sich die Gesichter wandeln am anderen Ende des Verhandlungstisches.«

Das war vor der Präsidentenwahl, und es galt zweifellos für beide Kandidaten.
Ein anderer deutscher Journalist hat eine sehr interessante Abhandlung zu dem Thema »Die Welt auf der Goldwaage« geschrieben. Wir wissen, unsere Bundesbank hatte mehr als 30 Milliarden DM an Gold- und Devisenbeständen. Diese Tatsache wurde in amerikanischen Zeitungen hinreichend karikiert. Anderson, der amerikanische Finanzminister, Selwyn Lloyd, der englische Schatzminister, Jacobsson, der Präsident des Internationalen Währungsfonds, sie alle hatten bei den letzten Tagungen des Fonds im Oktober 1960 darauf hingewiesen, daß Amerika und England Schwierigkeiten in ihren Zahlungsbilanzen hätten, daß Amerika große Goldabflüsse zu beklagen habe. In Amerika seien die Goldbestände von 23 Milliarden Dollar in 1958 auf 18,5 Milliarden Dollar im Oktober 1960 zurückgegangen. Man rechnete damit, daß die amerikanische Zahlungsbilanz des Jahres 1960 ein Defizit von 4 Milliarden Dollar

aufweisen würde. Alle meine Gesprächspartner, von Dillon, dem stellvertretenden Außenminister, bis zum demokratischen oder republikanischen Senator, haben zum Ausdruck gebracht, daß dieser Fehlbetrag in der amerikanischen Zahlungsbilanz in erster Linie auf die Stationierungskosten für amerikanische Truppen außerhalb der USA zurückzuführen sei.
Ein interessantes Gespräch hatte ich mit Dr. Paul Nitze, dem Fachberater von Kennedy in dieser Frage, und Professor Bowie, der das letzte NATO-Gutachten für Eisenhower, Herter und Dillon angefertigt hatte. Beide haben mir gesagt, mehr als 3 Milliarden Dollar jährlich seien für die Truppen in Übersee notwendig, davon 800 Millionen Dollar für die amerikanischen Truppen in der Bundesrepublik. Dann hat man mit mir das Ungleichgewicht in der deutschen Handelsbilanz erörtert. Es ist auch in Amerika bekannt, daß der Wert der deutschen Ausfuhr von 1949 bis 1959 von 4 auf 40 Milliarden DM und der Anteil des Exports am Sozialprodukt von 5 auf 16% gestiegen ist. 1936 waren es 7%. Den Kernpunkt dieser Auseinandersetzungen bildete die Frage, inwieweit dieses Ungleichgewicht der Handelsbilanz in einem Zusammenhang mit dem Zahlungsbilanzdefizit Amerikas stehe.
Senator Fulbright – damals schon der hoch angesehene Vorsitzende des Außenpolitischen Ausschusses des Senats – hielt eine Erhöhung des Güterangebots in Deutschland für erforderlich. Er war gegen deutsche Einfuhrbeschränkungen, die insbesondere in den Südstaaten der USA Diskussionsgegenstand gewesen sind; er warf die interessante Frage auf, ob von deutscher Seite eine Änderung des Wechselkurses gefordert wird. Hatte man das etwa vertagt bis nach der Präsidentenwahl? Immer wieder wurde erklärt – ganz gleich, wer Präsident wird –, kein Präsident kann sich mit Beginn seiner Amtszeit eine Abwertung des Dollars zugunsten einer Aufwertung der Deutschen Mark erlauben. Ich habe nach meiner Rückkehr gerade auf diese damaligen Situationsbeurteilungen hingewiesen und zum objektiven Nachdenken geraten.
In weiteren Gesprächen, die ich in Amerika hatte, ist der Bundesregierung vorgeworfen worden, sie könne für eine umfassende Aktion zugunsten der Entwicklungsländer kein konkretes Programm vorweisen. Das habe auch eindeutig die Bundestagsdebatte vom 22. Juni 1960 gezeigt. Ich war sehr froh, als ich mich später auf den Entwurf für ein Entwicklungshilfegesetz beziehen konnte, das die Bundesregierung am 12. Oktober 1960 verabschiedet hatte. In letzten Unterhaltungen habe ich

hierauf hingewiesen und hinzugefügt, daß ich dieses Gesetz für einen verheißungsvollen und wichtigen Anfang halte, sowohl im Hinblick auf die Stimmung in den USA als auch wegen der kritischen Äußerungen aus der Mitte der 68 Staaten, die Anfang Oktober 1960 an der Konferenz der Weltbank und des Internationalen Währungsfonds teilgenommen hatten.

Die Frage, was die Bundesrepublik Deutschland zur Unterstützung der Länder der Dritten Welt getan habe, war in unseren Beziehungen zu den USA ein besonders kritischer Punkt. Alle Persönlichkeiten, mit denen hierüber gesprochen wurde, warfen der Bundesrepublik vor, daß sie in diesem Bereich versagt habe.

Was über die Unzulänglichkeiten in der konzentrierten Arbeit für die Entwicklungsländer gesagt worden ist, machte deutlich, daß eine Neuordnung als vordringlich anzusehen war. Wer den ganzen Komplex, der sich da vor uns auftat und der nun einmal eine hohe weltpolitische Bedeutung besitzt, objektiv würdigte, der konnte nicht in Abrede stellen, daß es sich hier um eine Aufgabe handelte, die man einem Minister anvertrauen mußte. Eine Zentralbehörde, die man auch hätte schaffen können, wäre bei der Art der Konstruktion selbst solcher Behörden weder zweckmäßig noch sinnvoll gewesen.

Wer bereit war zu berücksichtigen, daß in der weiteren Entwicklung diese Hilfen von der Bundesrepublik in einem wachsenden Umfang zur Verfügung gestellt werden müßten und daß gewisse Schwierigkeiten in den Aufnahmeländern nicht zu vermeiden wären, gerade der mußte erkennen, daß es Sache eines Ministers war, für dieses Gebiet die Verantwortung zu übernehmen.

In den Sitzungen des Präsidiums und später des Parteivorstandes der SPD habe ich diese Spannungen sofort nach meiner Rückkehr aus den USA vorgetragen. Die dem Parteitag in einem Entschließungsantrag vorgelegten konstruktiven Lösungen wurden von den Delegierten nach einer klärenden Debatte begrüßt und angenommen. Das geschah zwei Wochen nach der Präsidentenwahl. In dem Antrag »Partnerschaft und Hilfe für Entwicklungsländer« heißt es:

»Im Bemühen, den Entwicklungsländern zu helfen, sollen Taten die Teilnahme des deutschen Volkes an dieser großen Aufgabe unseres Jahrhunderts beweisen. Deshalb fordert die SPD von der Bundesregierung ein klares Eintreten für diese Ziele. An die Stelle von Verzettelung,

Überschneidung und Verzögerung muß eine übersichtliche und langfristig geplante Konzeption treten, mit deren Hilfe praktische Lösungen schnell und wirkungsvoll in die Tat umgesetzt werden können. Die SPD fordert daher:
Die Errichtung eines Ministeriums für die Zusammenarbeit mit den Entwicklungsländern, das für alle Fragen der Entwicklungspolitik zuständig ist.
Hilfe ist ohne politische Auflagen anzubieten und zu geben. Die Projekte und Förderungsmaßnahmen müssen in Zukunft mehr den Charakter einer Gemeinschaftsleistung unseres Volkes tragen, als das bisher der Fall war.
Langfristige finanzielle Mittel zum wirtschaftlichen Auf- und Ausbau der Entwicklungsländer müssen bereitgestellt werden; die wirtschaftliche Zusammenarbeit darf nicht nur unter dem Gesichtspunkt von Gewinn und Rentabilität gesehen werden. Der Parteitag der SPD fordert: die Sicherung ausreichender Mittel durch öffentliche Finanzhilfe und durch den Kapitalmarkt.«

Was in dieser Entschließung steht, war genau das, was sich die amerikanischen Experten auf diesem Gebiet, an der Spitze der erste Kennedy-Finanzminister Dillon, vorgestellt hatten.
Die »Frankfurter Allgemeine Zeitung« vom 24. November 1960 kommentierte:

»Mit ebenso bemerkenswerter Offenheit wie am Vortag wurde auch am Mittwoch über die Vorschläge des Parteivorstandes zur Entwicklungshilfe diskutiert. Der Vorschlag, zur Konzentration der Verantwortung ein Ministerium für die Zusammenarbeit mit den Entwicklungsländern zu schaffen, wurde angenommen ...
Dr. Alex Möller, der als Wahlbeobachter seiner Partei in den Vereinigten Staaten war, unterstrich die Dringlichkeit der Entwicklungshilfe mit dem Hinweis, daß nach seinen Unterhaltungen mit republikanischen Politikern in der Entwicklungshilfe der neuralgische Punkt in den Beziehungen zu den Vereinigten Staaten zu sehen sei ...
Möller erklärte in Hannover, daß man den jetzt in Bonn weilenden amerikanischen Unterhändlern wohl kaum etwas über den inneren Gehalt der deutschen Angebote vormachen könne, in denen wiederum gewisse Verpflichtungen mit merkantilen Interessen vertauscht seien. Unter dem Eindruck der Reiseeindrücke Möllers in Amerika, so war zu hören,

ist kurzfristig die Entschließung des Parteivorstandes zur Frage der Entwicklungshilfe entstanden.«

Wenn man eine Reise macht, dann kann man viel erzählen. Bei Politikern ist es damit nicht getan; sie müssen sich um die vernünftige Auswertung bemühen.*

---

* Anmerkung: »Jahre der Wende 1968–1978«, Herausgeber Dr. Robert Schwebler (Verlag Versicherungswirtschaft, Karlsruhe) ist eine zeitgeschichtliche Dokumentation, die eine Anzahl bedeutsamer Beiträge vereint. Hier schreibt Willy Brandt zum Thema Nord-Süd-Politik in bezug auf diesen Vorgang:
»Wenn ich mich mit diesem Thema befasse, so muß ich nicht erst mühsam nach seiner Verbindung mit dem Wirken von Alex Möller suchen. Ich könnte an das Gutachten erinnern, in dem er erst im vergangenen Jahr Vorschläge für die Entwicklung der ägyptischen Volkswirtschaft unterbreitet hat. Mir ist aber auch noch deutlich in Erinnerung, daß er 1960 – gerade von der Beobachtung des Präsidentschafts-Wahlkampfes aus den USA zurückgekehrt – früher als andere auf die zunehmende Wichtigkeit der Zusammenarbeit mit den Entwicklungsländern hingewiesen hat. Seine Überzeugung, daß die Bundesrepublik Deutschland mehr zu leisten verpflichtet sei, war ihm bei seinen Gesprächen mit den Beratern John F. Kennedys bestätigt worden; an drastischer amerikanischer Kritik hatte es dabei nicht gefehlt.
Vor dem SPD-Parteitag im Herbst 1960 in Hannover forderte Alex Möller die Schaffung eines Ministeriums für Entwicklungshilfe. Er sagte damals: ›Wer daran denkt, daß später einmal diese Hilfen von der Bundesrepublik in einem größeren Umfange zur Verfügung gestellt werden müssen und daß gewisse Schwierigkeiten in den Aufnahmeländern entstehen können, gerade der muß sagen, daß das nur ein verantwortlicher Minister richtig machen und sinnvoll gegenüber den Entwicklungsländern wie auch gegenüber dem deutschen Parlament verantworten kann.‹
Das war Alex Möllers Einsicht von vor 18 Jahren. Seine damalige Forderung hat sich ziemlich rasch durchgesetzt. Walter Scheel wurde 1961 der erste Bundesminister für ›wirtschaftliche Zusammenarbeit‹. Es hat im Laufe der Jahre Zweifel daran gegeben, ob die Zuordnung von Aufgaben zu dem neuen Ministerium und dessen Verhältnis zu den klassischen Ressorts gelungen sei; es haben ja auch einige Änderungen stattgefunden. Die Sache selbst wird ihrer Bedeutung nach nicht mehr bezweifelt.«

XV. IM ZENTRALEN GESCHEHEN

Der Stuttgarter Parteitag

Vom 18. bis 23. Mai 1958 fand in Stuttgart der Parteitag der SPD statt. Diese Stadt hatte bis dahin nur vier Veranstaltungen erlebt, die in der Geschichte der Arbeiterbewegung vermerkt werden: 1865 die dritte Tagung des Verbandes deutscher Arbeitervereine mit dem Beginn der Offensive um das staatsbürgerliche Mitbestimmungsrecht, 1870 der zweite Kongreß der Sozialdemokratischen Arbeiterpartei mit Organisationsfragen im Mittelpunkt (das Organisatorische einer Partei bedeutet die Fundamentierung der Wegstrecke, auf der das politische Ziel erreicht werden soll), 1898 der neunte Parteitag nach dem Fall des Sozialistengesetzes, Behandlung der im Juni stattgefundenen Reichstagswahlen mit den fällig gewordenen Konsequenzen, 1907 der große Internationale Sozialistenkongreß, bei dem Kolonialpolitik, militärische Aufrüstung und die Kriegsgefahr beherrschende Themen gewesen sind. Themenvergleiche mit dem Parteitag 1958 waren durchaus am Platze, wenn ich an einige der Referate denke, bei denen die Wahlergebnisse von 1957 mit der absoluten Mehrheit für Adenauer zu neuen, mutigen Schritten führen mußten, oder an die in einer Dreiteilung behandelten Gegenwartsprobleme sozialdemokratischer Politik und die erste Beratung des Entwurfs eines Grundsatzprogramms sowie die Neuordnung der Parteiorganisation.

In meiner Begrüßungsrede an den Parteitag sagte ich am Schluß: »Trotz Wirtschaftswundergläubigkeit und trotz des Personenkults von Lieschen Müller ist auch in unserem Volke die Unruhe des Unsicherwerdens spürbar. Das Phänomen bestimmter Wahlresultate ist nicht der Ausdruck staatspolitischer Erkenntniswerte, sondern entspringt der Beliebtheit zum unpolitischen Verhalten großer Teile der Bevölkerung. Eduard Spranger, der weise Philosoph in unserer Nachbarstadt Tübingen, erklärte einmal in einer großen Rede vor Studenten:

›Die tödliche Wunde, die der letzte Krieg an unserem Volkskörper hinterlassen hat, macht es eigentlich unmöglich, daß sich jemand bei uns unpolitisch verhält. War es früher unbegreiflicher Leichtsinn, so ist es heute fast Vaterlandsverrat.‹

Mögen die Beratungen und die Ergebnisse des Stuttgarter Parteitages der Deutschen Sozialdemokratie wesentlich dazu beitragen, daß wir in zunehmendem Maße das unpolitische Verhalten vieler Staatsbürger überwinden. Versuchen wir, unbeirrt und mit Optimismus, der ein Lebenselement unserer politischen Arbeit ist, allen geistigen Schutt fortzuräumen, der das selbständige politische Denken behindert.«

Für den Ministerpräsidenten Kurt Georg Kiesinger, der sich auf Reisen befand, sprach sein Stellvertreter, unser Parteifreund Hermann Veit, der in seiner Rede einen Abschnitt vom Umgang mit Schwaben eingefügt hatte, der meines Erachtens bleibenden Wert besitzt:

»Sie wissen einiges von den Schwaben. Sie wissen, daß die meisten Worte mit ›le‹ enden und daß das ›st‹ wie ›sch‹ ausgesprochen wird. Aber nicht immer, und ich möchte Ihnen nicht raten, den Versuch zu machen, den hiesigen Dialekt zu sprechen. Es würde Ihnen nicht gelingen. Ich bin nun schon elf Jahre Minister in diesem Lande – ich bin ein Zugereister, weil ich aus Baden komme –, mir ist es auch noch nicht gelungen.

Man sagt den Schwaben eine gewisse Gemessenheit und Zurückhaltung im persönlichen und geselligen Verkehr nach. Man tut ihnen nicht Unrecht, dies festzustellen, und ihre Gäste werden dankbar sein, wenn man sie warnt, diese äußere Zurückhaltung mit innerer Gleichgültigkeit zu verwechseln. Sollten sie auf Zeichen von Herzlichkeit stoßen, so werden sie die um so höher werten können.

Sie kennen auch den Schwäbischen Gruß, eine besondere Eigenart dieses Landes. Aber auch hier möchte ich warnen, etwa davon auszugehen, daß das die landesübliche Anrede sei.

Im politischen Bereich könnte man als negativ einen gewissen Hang aller südwestdeutschen Stämme zur Eigenbrötelei erwähnen. Bereits im Mittelalter waren heftige Fehden. Von Stadt zu Stadt, von Herrschaft zu Herrschaft sind sie zum Ausdruck gekommen. Wohl kein anderer Teil Deutschlands hat damals nach dem Verfall des bis zur Stauferzeit bestehenden Herzogtums Schwaben eine so buntscheckige Landkarte aufgewiesen als der deutsche Südwesten. Napoleon war es zu danken, daß mit Baden und Württemberg zwei größere Länder entstanden, die trotz un-

natürlicher Grenzen doch verhältnismäßig rasch zu innerlich geschlossenen staatlichen Einheiten wurden; und es hat sich hier wieder bewährt: Wenn fremde Staatsmänner in Deutschland Grenzen ziehen, werden sie besonders respektiert.
Von der partikularen Vielfältigkeit blieb außer diesen beiden Staaten nur noch das Fürstentum Hohenzollern übrig, das im Jahre 1849 an Preußen verkauft worden ist. Vielleicht hing es mit dem erwähnten Mißtrauen gegenüber den Fremden im schwäbischen Charakter zusammen, vielleicht hatte es aber auch berechtigte politische Gründe gegeben, daß die hohenzollerischen Einwohner darüber nicht alle ganz beglückt waren. Es ist vielleicht bezeichnend, daß die Pfarrer des Landes angewiesen worden sind, in der Sonntagspredigt dieses Ereignisses, das man der weisen Vorsehung verdankte, zu gedenken. Einer der hochwürdigen Geistlichen tat das in folgender Weise, indem er sagte: ›Geliebte in Christo, ich werde heute zu euch reden erstens davon, wie sehr wir uns freuen sollen, daß wir preußisch geworden sind, und zweitens darüber, daß wir dies um unserer Sünden willen nicht besser verdient haben.‹«

Es gibt auf einem SPD-Parteitag kaum humorvolle Begrüßungsreden. Diese Seltenheit sei hiermit erhalten.

Der Parteitag lachte. Das war ein guter Beginn, aber sonst hatte er in den sechs Tagen nichts zu lachen. Die Delegierten zeigten unverhohlen ihre Unlust über den Wahlkampf 1957 mit Adenauers großem Sieg und der für vier Jahre begründeten Alleinherrschaft. Die politischen Sachfragen sind mit Format und Gründlichkeit behandelt worden. Die Leitlinien der Parteispitze wurden richtigerweise lebhaft diskutiert, aber immer mit beachtlichen Mehrheiten akzeptiert.
Präsidenten des Parteitages waren Max Brauer und ich. Wir wurden umrankt von Ida Wolff, Trude Wolff, Gretl Otta aus Ansbach und Luise Herklotz. Es wurde uns später attestiert, ein gutes Gespann gewesen zu sein. Auf dem Parteitag hatte ich die engsten persönlichen Verbindungen mit Fritz Erler, Herbert Wehner, Carlo Schmid und Heinrich Deist. Das ergab sich eigentlich von selbst, da wir in unseren Überlegungen, die über den Parteitag hinausgingen, durchaus einig waren. Es galt nicht nur, eine feste Basis für weitere vier Jahre Opposition zu finden, und zwar immer mit dem Ziel im Auge, Bundesregierungsverantwortung zu übernehmen, und außerdem im Vorfeld der Beratungen um das Godesberger Programm mit energischer Behutsamkeit zu operieren.

Bei den Vorstandswahlen herrschten Spannungen. Als der erste Teil der Wahl feststand, wollte der Vorstizende der Mandatskommission, die bei Wahlen auch als Auszählkommission fungiert, Alfred Frenzel, das Ergebnis bekanntgeben. Irgendein Gefühl veranlaßte mich, mir das Ergebnis von ihm aushändigen zu lassen und gegen seinen Protest selbst zu verkünden. (Einige Zeit darauf wurde Frenzel, MdB, wegen Spionage verhaftet.)
Das war die Mitteilung über das Ergebnis:

»Im ersten Wahlgang haben wir die Wahl des Vorsitzenden der Sozialdemokratischen Partei Deutschlands vorgenommen. Stimmberechtigt waren 384 Delegierte. Es sind abgegeben worden 380 Stimmen. Erich Ollenhauer erhielt davon 319 Stimmen. (Langanhaltender, lebhafter Beifall.) Carlo Schmid erhielt 14 Stimmen, Herbert Wehner 2 Stimmen. Neinstimmen wurden 45 abgegeben.
Das Wahlergebnis der Wahl der beiden stellvertretenden Vorsitzenden: Stimmberechtigt waren 384 Delegierte. Es wurden 383 Stimmen abgegeben. Waldemar von Knoeringen erhielt 346 Stimmen, Herbert Wehner 298 Stimmen, Carlo Schmid 7 Stimmen, Erler 1 Stimme. Neinstimmen wurden 7 abgegeben.
Die Wahl des Schatzmeisters hatte folgendes Ergebnis: Stimmberechtigte Delegierte: 384, abgegebene Stimmen 383. Alfred Nau erhielt 271 Stimmen, Herbert Wehner 1 Stimme. Neinstimmen waren es 111.
Legitimiert durch das Vertrauen des Parteitages übernimmt Erich Ollenhauer erneut das Amt des Vorsitzenden. (Langanhaltender, lebhafter Beifall.) Wir alle wollen ihm helfen, daß seine Arbeit erfolgreich sein wird. Der Beifall des Parteitages zu dieser Wahl beweist, daß der Parteitag diesen Wunsch eindrucksvoll unterstreichen möchte. Das ist aber auch unzweifelhaft der Wunsch aller Mitglieder der Sozialdemokratischen Partei Deutschlands.
Erich Ollenhauer zur Seite stehen nunmehr Waldemar von Knoeringen und Herbert Wehner. (Langanhaltender, lebhafter Beifall.)
Wir entbieten ihnen herzliche Glückwünsche und sind zutiefst davon überzeugt, daß beide das Vertrauen rechtfertigen, das diese Wahl dokumentiert hat.«

Am anderen Morgen – 23. Mai – verkündeten wir die Wahl der Mitglieder zum Parteivorstand:

»Stimmberechtigte Delegierte	384
Abgegebene Stimmen	383
Ungültige Stimmen	8
Gültige Stimmen	375

Von den gültigen Stimmen entfielen auf

Adolf Arndt	368 Stimmen
Georg August Zinn	363 Stimmen
Max Brauer	359 Stimmen
Walter Menzel	359 Stimmen
Fritz Steinhoff	351 Stimmen
Alex Möller	344 Stimmen
Carlo Schmid	344 Stimmen
Fritz Erler	342 Stimmen
Erwin Schoettle	326 Stimmen
Heinrich Deist	324 Stimmen
Luise Albertz	320 Stimmen
Kurt Conrad	319 Stimmen
Willi Eichler	295 Stimmen
Heinrich Albertz	295 Stimmen
Hermann Veit	293 Stimmen
Gustav Heinemann	288 Stimmen
Ludwig Metzger	287 Stimmen
Erwin Welke	272 Stimmen
Willy Brandt	268 Stimmen
Martha Schanzenbach	265 Stimmen
Emil Groß	256 Stimmen
Kurt Pohle	248 Stimmen
Luise Herklotz	246 Stimmen
Ella Kay	246 Stimmen
Käte Strobel	243 Stimmen
Max Kukil	239 Stimmen
Irma Keilhack	238 Stimmen
Egon Franke	235 Stimmen
Helmut Schmidt	232 Stimmen

Es ist, wie die Mandatsprüfungskommission feststellt, die notwendige Mehrheit von 193 Stimmen in jedem Falle überschritten worden. Ebenso sind mehr als vier weibliche Mitglieder in den Parteivorstand gewählt. Auch diese Satzungsbestimmung ist erfüllt. Nachwahlen sind nicht erforderlich.

Wahlergebnis für die Kontrollkommission:

Stimmberechtigte Delegierte	384
Abgegebene Stimmen	378
Ungültige Stimmen	6
Gültige Stimmen	372

Von den gültigen Stimmen entfielen auf

Paul Löbe	341 Stimmen
Fritz Ulrich	340 Stimmen
Adolph Schönfelder	331 Stimmen
Walter Damm	317 Stimmen
Georg Peters	316 Stimmen
Grete Rudoll	309 Stimmen
Ernst Herder	298 Stimmen
Heinrich Höcker	289 Stimmen
Otto Schmidt	262 Stimmen.«

Für mich habe ich nachzutragen, daß ich zum erstenmal für den Parteivorstand kandidierte. Am 22. Mai morgens kam Walter Seuffert zu mir und zeigte mir eine lange Liste von Unterschriften aus einer Anzahl Bezirken, die mich zur Wahl in den Parteivorstand vorschlugen. Ich mußte unter diesen Umständen ja sagen. Das hervorragende Resultat bei dieser ersten Kandidatur ist aber mit auf zwei Umstände zurückzuführen. Zunächst lernen die Delegierten in den langen Tagen eines Parteitages den Mann, der das Präsidium mit führt, kennen. Wenn er Glück hat, gibt es keine Pannen. Noch mehr Glück begleitete mich am 21. Mai von 15.30 bis 21.02 Uhr, als ich ohne Unterbrechung die schwierigen Verhandlungen über das Organisationsstatut mit einer Vielzahl von Anträgen zu leiten hatte, wobei ich mich in keinem Fall von meiner Linie habe abbringen lassen. Nur einmal schien es brenzlich zu werden. Aber so ist das mit einer gründlichen Vorbereitung. Ich erklärte dem Parteitag:

»Vielleicht darf ich zur Beruhigung des Parteitages noch sagen: Ich konnte so schnell den Syndikus der Bundestagsfraktion nicht erreichen und habe mich dann an den Juristen der Bundestagsfraktion, Adolf Arndt, gewandt, der mir vor Beginn der Abstimmung diese meine Auffassung als richtig bestätigte. (Bravo-Rufe und Beifall.) Wir kommen nun zum § 22. Das ist der Parteirat.«

So ging es ohne Schwierigkeiten weiter. Um 21.02 Uhr konnte ich die Beratungen beenden:

»Nachdem der Parteitag in hervorragender Disziplin so lange ausgehalten hat und in den letzten Minuten noch immerhin beachtliche gymnastische Leistungen (Hand hoch, Hand herunter) zeigte (Heiterkeit), darf ich annehmen, daß ich berechtigt bin, den Parteitag auf morgen früh 9 Uhr zu vertagen. – Das ist der Fall. (Lebhafter Beifall.)«

Das Godesberger Programm

Für mich wurde es jetzt schwieriger. Nicht nur die Sitzungen des Parteivorstandes nahmen mich in Anspruch, sondern auch den Vorarbeiten zum Godesberger Parteitag mußte ich mehr Aufmerksamkeit schenken. Es war das fünfte Mal seit Gotha, daß die SPD den großen Versuch wagte zu überdenken, wie sich das gesellschaftspolitische Leben und wie sich unsere Daseinsbedingungen verändert hatten. Damit allein war es aber nicht getan. Aus diesen Erkenntnissen mußten mittel- und langfristig neue Perspektiven erwachsen, mußten tastende Versuche gemacht werden, die Zukunft in ihren neuen Entwicklungen zu erkennen und in der besonderen Sicht der Partei die gesellschaftlichen Ordnungsbereiche mit den Menschen immer wieder zu verbinden. Seit dem Heidelberger Programm von 1925 hatte sich die Welt grundlegend verändert. Aktuelle Forderungen gehen von der Praxis des Lebens aus; es kann nicht anders sein. Darüber hinaus gilt unser Denken allem, was kommen könnte oder zwangsläufig auf uns zukommt. Hierauf ist das Wissen einzustellen und zu prüfen, wie es machbar praktiziert werden kann.
Nicht der enttäuschende Ausgang der Bundestagswahlen 1957 war für die SPD die Veranlassung, eine neues Grundsatzprogramm durch qualifizierte Parteifreunde zu erarbeiten, in allen Organisationsgliederungen zu diskutieren und mit weiteren Anregungen auf dem Außerordentlichen Parteitag in Bad Godesberg nach einer drei Tage währenden politischen Abklärung beschließen zu lassen, sondern die nackte Notwendigkeit zwang zu dieser allumfassenden Aussage auf weite Sicht. Der Generalquartiermeister für die neue geistige Heimat war Willi Eichler. Wir hatten genügend schöpferische Elemente, mit denen er umzugehen wußte. Ich siedelte meine Mitarbeit bei meinen engsten Freunden Fritz Erler und Heinrich Deist an. Der für mich abfallende Profit war groß; er beeinflußt mich immer noch. Manchmal bin ich versucht, auf diese Zusammenhänge hinzuweisen. Wer sich das Protokoll des Godesberger Parteitags besorgt und durchackert, steht vor einer hochkarätigen Sammlung politischer Werte.
Am dritten Tag, einem Sonntag, mußte die Redaktionskommission, deren Berichterstatter ich war, nach den bisher vom Parteitag gefaßten 212 Beschlüssen 40 Vorlagen mit dem Auftrag bearbeiten, a) die zur Berücksichtigung überwiesenen Anträge in das Grundsatzprogramm sinngemäß – bei Beachtung der inhaltlichen Formulierung – einzuarbeiten

und b) zu prüfen, ob die als Material abgegebenen Anträge, die als Anregungen anzusehen waren, als Ergänzungen in das Grundsatzprogramm aufgenommen werden konnten. Die Redaktionskommission hatte keine neuen politischen Entscheidungen zu treffen. Sie hatte die vom Parteitag anerkannten Ausgangspunkte für Inhalt und Form des Grundsatzprogramms zu beachten. In der Sache mußten für Haltung und Handlung nicht zeitgebundene, sondern dauernde Gründe bestehen. In den vorzulegenden Fassungen sollten kurze, einprägsame Formulierungen beibehalten werden.
Immer, wenn wir einige Seiten Inhalt verarbeitet hatten, gingen sie zur Vervielfältigung, so daß ich sofort nach Beendigung der Arbeiten der Redaktionskommission meine etwas schwierige Berichterstattung vor dem Parteitag ohne jede weitere Vorbereitung beginnen mußte.
Ich erhielt vom Präsidenten des Parteitages Anerkennung: »Im Namen des Präsidiums und, wie ich annehmen darf, auch im Namen des Parteitages danke ich Alex Möller für diese sehr präzise, sehr fleißige und umsichtige Darstellung. Es ist hier wirklich eine ungewöhnliche Leistung in ungewöhnlich kurzer Zeit erbracht worden.«
Das Grundsatzprogramm wurde mit allen gegen 16 Stimmen angenommen. Diese Abstimmung beendete den Außerordentlichen Parteitag von Godesberg mit seinem ernsten Ringen um den Weg der Sozialdemokraten in die Zukunft und um eine verbindliche Grundlage für eine vorausschauende Politik der SPD.
Für die uns nicht freundlich Gesinnten stellte sich bald heraus, daß sie überfordert waren. Wenn es ihnen bei Parlamentsdebatten in den Kram paßte, rief man uns zu, wir sollten uns an das Godesberger Programm halten (kannten sie es überhaupt?). Paßte es anders herum, so hieß es: »Sie kommen eben von dem Sozialismus des Godesberger Programms nicht herunter.«
H. Lilge faßte in seinem Buch »Deutschland von 1955 bis 1963« sein Urteil über das Godesberger Programm kurz in folgenden Sätzen zusammen:

»Es bedeutete eine klare Loslösung vom Sozialismus im marxistischen Sinne. In seinem Mittelpunkt stand der Mensch, nicht eine Klasse; es entideologisierte die Partei weitgehend. Ihr Verhältnis zu den Kirchen wurde auf eine neue Grundlage gestellt, die Formel ›Wettbewerb soweit möglich – Planung soweit wie nötig‹ zum wirtschaftspolitischen Leitsatz erhoben, die Landesverteidigung grundsätzlich bejaht. Mit diesem Programm wurde eine Annäherung an die politische und wirtschaftliche Vorstellungswelt sogenannter bürgerlicher Wählerschichten erreicht.«

Wegen seit einiger Zeit umlaufender Parolen »Freiheit oder Sozialismus« sei noch die einleitende Darstellung der Grundwerte in vollem Umfang für die geistig Redlichen hinzugefügt:

»Die Sozialisten erstreben eine Gesellschaft, in der jeder Mensch seine Persönlichkeit in Freiheit entfalten und als dienendes Glied der Gemeinschaft verantwortlich am politischen, wirtschaftlichen und kulturellen Leben der Menschheit mitwirken kann.
Freiheit und Gerechtigkeit bedingen einander. Denn die Würde des Menschen liegt im Anspruch auf Selbstverantwortung ebenso wie in der Anerkennung des Rechtes seiner Mitmenschen, ihre Persönlichkeit zu entwickeln und an der Gestaltung der Gesellschaft gleichberechtigt mitzuwirken.
Freiheit, Gerechtigkeit und Solidarität, die aus der gemeinsamen Verbundenheit folgende gegenseitige Verpflichtung, sind die Grundwerte des sozialistischen Wollens.
Der demokratische Sozialismus, der in Europa in christlicher Ethik, im Humanismus und in der klassischen Philosophie verwurzelt ist, will keine letzten Wahrheiten verkünden – nicht aus Verständnislosigkeit und nicht aus Gleichgültigkeit gegenüber den Weltanschauungen oder religiösen Wahrheiten, sondern aus der Achtung vor den Glaubensentscheidungen des Menschen, über deren Inhalt weder eine politische Partei noch der Staat zu bestimmen haben.
Die Sozialdemokratische Partei Deutschlands ist die Partei der Freiheit des Geistes. Sie ist eine Gemeinschaft von Menschen, die aus verschiedenen Glaubens- und Denkrichtungen kommen. Ihre Übereinstimmung beruht auf gemeinsamen sittlichen Grundwerten und gleichen politischen Zielen. Die Sozialdemokratische Partei erstrebt eine Lebensordnung im Geiste dieser Grundwerte. Der Sozialismus ist eine dauernde Aufgabe – Freiheit und Gerechtigkeit zu erkämpfen, sie zu bewahren und sich in ihnen zu bewähren.«

Die Regierungsmannschaft

Eines Morgens, es war gegen Ende August 1960, saß ich in meiner Karlsruher Wohnung und las die Heimatzeitung als Vorausinformation für meine Fahrt nach Bonn. Mich packte plötzlich ein Lachen, denn im politischen Teil (nicht unter »Vermischtes«) fand ich eine Meldung, die schlicht besagte, die vom Parteivorstand eingesetzte Kommission, die Vorschläge für die erstmalig zu bildende Regierungsmannschaft zu machen hatte, wäre mit den Beratungen zu Ende gekommen und unterbreite folgende Vorschläge:

1. Willy Brandt, Kanzlerkandidat;
2. Professor Carlo Schmid, Stellvertreter;
3. Max Brauer;
4. Dr. Heinrich Deist;
5. Fritz Erler;
6. Wenzel Jaksch;
7. Alex Möller;
8. Fritz Steinhoff;
9. Willi Richter;
10. Käte Strobel;
11. Georg-August Zinn.

Ich konnte die Meldung deshalb nicht ernst nehmen, weil auch mein Name genannt wurde. Ich fuhr ohne jede Belastung nach Bonn. Die Parteifreunde, die schon in der Bonner Baracke versammelt waren, sahen aus, als wollten wir gemeinsam zu einer Beerdigung gehen. Nur die schwarzen Anzüge fehlten. Die Glocke wurde bewegt. Das bedeutete, alles auf die Plätze. Wir saßen, und Erich Ollenhauer eröffnete. Meldungen zur Geschäftsordnung ließ unser Erich nicht zu, da er eine Erklärung abzugeben wünschte. Er erklärte, die Zeitungsmeldung über die Zusammensetzung der Regierungsmannschaft stimme insoweit, als dieser Vorschlag heute in der Sitzung des Parteivorstandes zur Diskussion gestellt werden sollte, wenn nicht durch diese Indiskretion einer Journalistin die Namen bekanntgeworden seien, die sie sofort über dpa und an ihre Zeitung weitergegeben hätte. Viele meldeten sich voll sichtbarer Empörung – auch mein Freund Helmut Schmidt, der allerdings schon immer dafür eingetreten war, mich in die zu bildende Regierungsmannschaft aufzunehmen. Erich Ollenhauer winkte die Wortmeldungen un-

mißverständlich ab und setzte uns wieder auf die Stühle mit dem Hinweis, wir müßten das nun alles mit freudigem Gesicht hinunterschlukken, denn wenn wir jetzt etwas ändern würden, gäbe es in der Presse ein heilloses Durcheinander, und ein verpfuschter Start sei eine verlorene Schlacht. Willy Brandt sagte das gleiche sehr eindringlich.
Wer sich nichts vormachen wollte, mußte einsehen, daß bei ihm das größte Risiko lag. Wenn der Regierende Bürgermeister von Berlin mit seiner Mannschaft in den Wahlkampf zog, so hatte er den Vorteil, sich auf diesem Berliner Vorposten der freien Welt bewährt zu haben, war bekannt und geachtet. Obskure Veröffentlichungen, die seine fünfzehn Jahre zurückliegende Vergangenheit betrafen, konnten wir mit gutem Gewissen durchstehen. Im Laufe des Wahlkampfes erklärte der Altbundespräsident Theodor Heuss zu der CDU-Polemik gegen Willy Brandt:

»Es ist einfach ein Unfug, einen Tarif für Patriotismus aufzustellen, wenn jemand nach 1933 Deutschland verließ, verlassen mußte, weil er hier seine bürgerliche Existenz, sogar sein Leben gefährdet sah, dem oder jenem mildernde Umstände wegen seiner ›Rasse‹, wegen seiner Jugend zuzugestehen ... Ich nenne jetzt ganz schlicht ein paar Namen, die sich in die politische Nachkriegsgeschichte der Bundesrepublik eingetragen haben: Max Brauer, Ernst Reuter und Willy Brandt, in den Neuaufbau Hamburgs und in die Schicksalstragik von Berlin, Rudolf Katz als Vizepräsident des Bundesverfassungsgerichts, unseren Landsmann Erwin Schoettle. Gewiß, alle diese Herren gehören der SPD an. Aber Sie alle wissen, daß diese Nennung, die stellvertretend gedacht ist, kein Plädoyer für eine Partei ist, sondern ein notwendiger Protest gegen einen verhängnisvollen politischen Stil ...«

Wenn davon gesprochen wurde, ob man in Willy Brandt die Personifizierung der deutschen Sozialdemokratie sehen könne, so bin ich der Meinung, daß es ein solches Fixierbild überhaupt nicht gibt. Gott sei Dank! Mich hatte ein enges Verhältnis mit Ernst Reuter verbunden. Als er von uns ging, war ich von Anfang an davon überzeugt, daß Willy Brandt am ehesten in der Lage sei, diese weltpolitisch wichtige Frontstellung als Regierender Bürgermeister zu übernehmen. Für mich gab es für das Jahr 1961 keinen in der Gesamtwirkung besseren Kandidaten. Für die Mannschaft hätte ich mir eine andere Zusammensetzung gewünscht. Ich selbst wollte auf keinen Fall dabeisein und habe einen anderen Vorschlag gemacht. Ohne Erfolg. Die Debatte über einzelne Persönlichkeiten kam doch noch in Gang. Meiner Meinung nach mußte sie erfolgen, denn mit der Indiskretion konnten wir nach außen nicht operieren. Es ist immer gut, abzuwägen. Bei jedem von uns können wir gute und schlechte Eigenschaften ermitteln. Den Ausschlag für eine Entscheidung können vielerlei Gründe geben. Nicht zuletzt hätte man sich bei jedem Aspiranten überlegen sollen, welche Position die für uns wichtigste war. Die Unterstellung, so etwas hätte die Qualifikation für ein Ministeramt in Frage gestellt, halte ich für dumm. Ich erkenne an, daß Dummheit eine Gabe Gottes ist, aber man muß sie nicht gerade in der Politik mißbrauchen.

Schließlich bleibt die Frage, soll überhaupt eine Mannschaft in den Bundestagswahlkampf ziehen? Ich kann sie aus zwei Gründen nicht bejahen. In unserem Fall stand von vornherein fest, daß wir ohne Koalitionspartner nicht auskommen würden. Warum also unbedingt eine Mannschaft? Hätten nicht einige, allerdings öffentlich herausgestellte Experten zur ständigen Beratung des Kanzlerkandidaten genügt?

Eine Mannschaft muß zueinander passen; sie kann in einem Wahlkampf nicht einheitlich und erfolgreich operieren, wenn die Rollen nicht richtig verteilt sind und in den Personen sowie in der Sache keine erkennbare Harmonie herrscht. Die SPD hat es nicht mit Mannschaften erreicht, in die Regierung zu kommen. In der Notlösung der Großen Koalition regierten ihre Ausgewählten und zeigten, was sie konnten. Dann wurde der Außenminister Willy Brandt Bundeskanzler.

Wahlkreis Heidelberg

Es war beschlossen worden, daß jeder, der zur Mannschaft gehörte, für den Bundestag kandidieren sollte. Sonst sei die Operation nicht glaubhaft. Mir wurden verschiedene Wahlkreise angeboten. Ich habe mich für Heidelberg entschieden, der frei geworden war. Das ist die fairste Lösung gewesen. Fritz Corterier kandidierte in Karlsruhe schon zum dritten Mal; ich war mit ihm befreundet. Trotzdem fragten die Gegner in einem Flugblatt: »Warum kandidiert Alex Möller nicht in seiner Heimatstadt? Hat der Heidelberger Kreisverband keinen geeigneten Mann?« Dabei ist es in allen Parteien üblich, bei der Auswahl eines Wahlkreises für einen guten Mann so zu verfahren. Erklärt hatten wir Vorgang und

Gründe ausgiebig. Die Wahlkreiskonferenz hatte mich am 27. November 1960 in geheimer Wahl einstimmig zu ihrem Kandidaten bestimmt. Die Heidelberger Parteifreunde mußten lange Verhandlungen mit mir wegen dieser Kandidatur führen. Es stand fest, daß ich den Vorsprung der CDU, der 1957 gegenüber der SPD über 36000 Stimmen betragen hatte, reduzieren würde. 1957 erhielt die CDU einen Stimmenanteil von 52,6%, 1961 von 45,4%. Die Vergleichszahlen 1957 SPD: 28%, 1961 erhöhte ich den Anteil auf 35% und reduzierte die Stimmendifferenz von 36000 auf 16000. Auf Anhieb konnte ich durchaus zufrieden sein. Vor dem Wahltag hatten von sich aus Sympathisanten einen Aufruf mit folgendem Wortlaut veröffentlicht:

»Am 17. September wählen wir einen neuen Bundestag. Wir alle wissen, daß wichtige außen- und innenpolitische Aufgaben auf uns zukommen. Wenn diese Aufgaben richtig gelöst werden sollen, müssen fähige Persönlichkeiten in den Bundestag gewählt werden. Wir, die Unterzeichner dieses Aufrufes, treten deshalb für Dr. Alex Möller ein, der sich weit über seine Partei hinaus ein hohes Ansehen erworben hat. Seine berufliche Tätigkeit hat ihn an die Spitze eines bedeutenden Wirtschaftsunternehmens geführt. Als Vorsitzender des Finanzausschusses unseres Landtages hat Dr. Möller seit mehr als 14 Jahren seine hervorragenden finanzpolitischen Fähigkeiten bewiesen. Sein besonderes Interesse gilt dem Ausbau der Universitäten und Schulen, den Fragen einer gerechten Steuerreform und dem sinnvollen Finanzausgleich zwischen Bund, Ländern und Gemeinden.
Das deutsche Volk kann die Probleme der Gegenwart und der Zukunft nur lösen, wenn es alle politischen Kräfte zusammenfaßt. Wir wissen, daß Dr. Alex Möller, der einer sozialdemokratisch geführten Bundesregierung als Finanzminister angehören wird, sich mit seiner ganzen Kraft für die Verwirklichung dieses Zieles einsetzt, und empfehlen daher seine Wahl.«

Unter diesem Aufruf standen Namen wie:
Andreas von Bülow, Gerichtsreferendar, heute Parlamentarischer Staatssekretär im Bundesverteidigungsministerium
Dr. Konrad Duden, Professor, Rechtsanwalt
Nikolaus Ewald, Landwirt und Bürgermeister
Dr. Karl-Friedrich Fischer, Leiter des Englischen Instituts
Klaus Hoffmann, Pastor

Dr. Hans Huber, Regierungspräsident
Kurt Jabs, Betriebsratsvorsitzender
Dr. Regine Jensen, Ärztin
Dr. Alexander Mitscherlich, Universitäts-Professor
Lydia Radbruch, Universitäts-Prof. Witwe
Annemarie Sänger, Psychologin
Margarethe Steinmetz, Betriebsratsvorsitzende
Fritz Schell, Schreinermeister
Robert Weber, Oberbürgermeister.

Für jedermann war klar, daß diese Bundestagswahlen für mich eine wichtige Station in meinem politischen Leben bedeuten würden. Deshalb stellte mich die Presse in Artikeln und Glossen überall vor. »Das Parlament« schrieb am 13. Januar 1960:

»Die Energien dieses Mannes reichen noch für eine ansehnliche berufliche Existenz, deren Volumen die meisten anderen Menschen allein ausfüllen würde. In seinem Büro im 13. Stock eines modernen Versicherungsgebäudes in Karlsruhe leitet er als Generaldirektor die Geschicke eines großen Versicherungsunternehmens. Seine sozialdemokratischen Parteifreunde bezwinkern die scheinbare Dualität seines Wirkens als sozialistischer Politiker und Wirtschaftskapitän – wenn sie es sich leisten können – mit der Anrede ›Genosse Generaldirektor‹. Dieser ungewöhnlichen Kapazität an Arbeitskraft entsprechen die überdurchschnittlichen Fähigkeiten Alex Möllers. Ein präzis funktionierendes Gedächtnis, enormer Fleiß, Beharrlichkeit, Eigenwilligkeit und umfassende Sachkenntnis in Finanzfragen sind Eigenschaften, die ihm vor allem zur Verfügung stehen. Er ist ein glänzender, gefürchteter Redner von messerscharfer Diktion und sarkastischer Ironie; im persönlichen Umgang hält er auf Distanz. Wer eine so immense Arbeitsleistung vollbringt wie Alex Möller, der hat wenig Gelegenheit zu privatem Dasein.«

Die »Welt« meinte unter anderem in einem längeren Artikel vom 9. Dezember 1960:

»Die Angriffe gegen Möller bei der Bundestagswahl werden, wie bei den früheren Wahlkämpfen, naturgemäß vor allem den angeblichen zwei Seelen in seiner Brust gelten: Wie kann ein in der Wolle gefärbter Sozialdemokrat dafür bürgen, daß die prosperierende freie Marktwirtschaft der Bundesrepublik vor planwirtschaftlichen Experimenten bewahrt bleibt? Möller entkräftet den scheinbaren Widerspruch unter Berufung auf seine zahlreichen Veröffentlichungen und Reden in den letzten zehn Jahren. Er sei immer für stabiles Preisniveau und stabilen Geldwert eingetreten und fordere heute wie stets zuvor: ›Keine Experimente auf diesem Gebiet.‹«

Hinsichtlich der planwirtschaftlichen Experimente konnte ich aktuell hinzufügen, daß am 23. November 1960 der SPD-Parteitag in Hannover einen aus dem Frankfurter Bezirk kommenden Antrag, der die Überführung des Bergbaus, der Eisen- und Stahlindustrie, der Großchemie, der Großbanken, des Versicherungsgewerbes, der Großunternehmen der Elektroindustrie und der Automobilindustrie in Gemeineigentum vorsah, gegen zwei Stimmen abgelehnt hatte.
Bruno Dechamps von der »Frankfurter Allgemeinen Zeitung« war kurz vor dem Wahltag in meinem Wahlkreis, um mich zu begleiten und zu beobachten. Die längere Abhandlung, die er darüber in der FAZ am 13. September 1961 veröffentlicht hat, beanspruchte mein bleibendes Interesse gerade in den kritischen Punkten. Nach einer Schilderung des Ablaufs einer Veranstaltung in Eberbach heißt es in dieser Darstellung:

»Ob jemand an diesem Abend etwas Neues beschlossen hat? Das ist nicht eben wahrscheinlich, aber der eigentliche Wahlkampf hat schon viel früher begonnen. Alex Möller beispielsweise hat bereits vor den Ferien das wichtigere Programm erledigt: Zahllose Besuche in den einzelnen Ortschaften mit Besichtigung von Schulen, Wohnungen, Betrieben und öffentlichen Einrichtungen, mit ausführlichen Pressekonferenzen und mit Besprechungen mit den führenden Leuten aus Wirtschaft und Verwaltung, zu denen man kommt, wenn der Führer der stärksten Landtagsfraktion und Vorsitzende des Stuttgarter Finanzausschusses, der Vorsitzende des Rundfunkverwaltungsrats, Firmenchef, doppelte Ehrendoktor, doppelte Ehrensenator und Angehörige vieler mächtiger Wirtschaftsgremien einlädt. Wenn der ›Wahlkampf‹ beginnt, ist er eigentlich schon vorüber. Alex Möller ist ein alterfahrener Politiker (erstes Mandat als 25jähriger im Preußischen Landtag 1928 bis 1933), aber ein neuer und eifriger Mann im Bundestagswahlkampf. Er hat den Grund schon lange und sehr fleißig gelegt. Er ist früh aufgestanden.«

Bei Heidelberg handelte es sich um einen mit den ländlichen Gemeinden auf die CDU zugeschnittenen Wahlkreis. Zwischen den Erststimmen für den Kandidaten und den Zweitstimmen für die Partei gab es Differenzen zuungunsten der Partei, obgleich ich immer mit großem Nachdruck die Bedeutung der Zweitstimmen für das Gesamtergebnis, das allein für die Endauszählung und die Aufteilung der Mandate maßgebend bleibt, hervorgehoben habe. Bei meiner letzten Wahl im Jahre 1972 war es für mich eine große Freude, feststellen zu können, daß ich nun auch in der letzten Gemeinde (Reilingen) wenigstens eine klare relative Mehrheit erreicht hatte. Im Jahre 1969 erhielt ich das Direktmandat. 1972 war der Vorsprung 49,1% Erststimmen für mich bei einem Anteil der CDU von 44,4%.

Es ist eigenartig. Das erste Wahlergebnis im Jahre 1961 konnte keine Begeisterungsstürme bei mir entfachen, wenn mir auch klar war, daß auf einen Streich keine Eiche fällt. Aber es hat mir in keiner Weise den Mut genommen weiterzumachen. Selten befriedigte mich später ein Erfolg so, wie die Gewinnung des Wahlkreises in direkter Wahl. Deshalb fühle ich mich zeit meines Lebens mit ihm eng verbunden. Eine bleibende gute Erinnerung ist mehr wert als der alte Öldruck in unserer Sammlung von Geschehenem und Gewesenem.

XVI. MEIN WEG IN DIE BUNDESPOLITIK

Ein beklemmender Auftakt

Vom Januar an stand das Jahr 1961 im Zeichen der Wahlen zum 4. Deutschen Bundestag am 17. September. Die beeindruckendste Veranstaltung war für mich die am 17. Juni in Karlsruhe. In dpa-Meldungen hieß es: »Der SPD-Fraktionsvorsitzende im baden-württembergischen Landtag, Dr. Alex Möller, lehnte bei der 17.-Juni-Gedenkfeier vor 7000 Zuhörern die sowjetischen Berlin- und Deutschland-Pläne als unannehmbar ab.« (»Stuttgarter Zeitung« vom 19. Juni 1961).
Aus der Sachdarstellung sei wiedergegeben:

»Das SED-Regime verstößt permanent gegen die eigene Verfassung und macht sich dauernder Verletzungen völkerrechtlicher Grundsätze schuldig. Die Präambel zur Verfassung dieser ›Deutschen Demokratischen Republik‹ spricht von dem Willen und der Aufgabe des Staates, die Freiheit und die Rechte des Menschen zu verbürgen. Artikel 3 Abs. 5 besagt, daß die Staatsgewalt dem Wohle des Volkes, der Freiheit, dem Frieden und dem demokratischen Fortschritt dienen muß. Der Artikel 5 Abs. 1 bindet die Gewalthaber an die allgemein anerkannten Regeln des Völkerrechts. Artikel 49 schließlich schreibt vor, daß das Grundrecht als solches unangetastet zu bleiben hat. Wir hier im sicheren Hafen tatsächlich geübter Grundrechte können nur mit Verwunderung feststellen, daß sich unsere Landsleute drüben in den Fangarmen einer willkürlichen Zonenjustiz befinden, und müssen mit Entsetzen bemerken, wie abgrundtief die Kluft zwischen Verfassungsrecht und seiner Beachtung klafft. Mit kaum zu überbietendem Zynismus will das Ulbricht-Regime glauben machen, daß jeder Hinweis auf diese unheilvolle Wirklichkeit Verleumdung und Provokation sei. Ein schier unübersehbarer, seit sechzehn Jahren anhaltender Flüchtlingsstrom ist Anklage; mehr als 2,5 Millionen sogenannte ›Republikflüchtige‹ sind Wahrheit. Vergebens

versuchen die Gewalthaber drüben, jene zu diffamieren, die ihnen den Rücken kehrten. Unbeachtet lassen sie das in ihrer Verfassung niedergelegte Recht zum Widerstand (Artikel 4 Abs. 1), das durchaus zur Demonstration gegen den Mißbrauch der Staatsgewalt, das zur Resistance, das zu einer Emigration berechtigt.
Wesentlich ist die Frage nach der Einstellung der Jugendlichen. Manches verdecken Furcht und Sorge vor einer ›Entlarvung‹. Dennoch gewinnen die Wahrheit und der Blick für das Tatsächliche über die zonenamtliche ›Sprachregelung‹ hinweg beständig an Boden. Das Zentralkomitee der SED mußte eingestehen, daß die Mehrheit der Jüngeren unter der sogenannten Intelligenz eine enge Bindung an die Partei ablehnt und daß der Einfluß der SED auf diese Schicht geringer ist denn je. Große Teile der Studenten und Schüler verbinden gute Fachkenntnisse keineswegs mit kommunistischer Überzeugung. Gerade die Besten unter den jungen Facharbeitern stehen dem Regime, soweit sie nicht schon in die Bundesrepublik geflohen sind, durchaus kritisch gegenüber. Die Jugend der Sowjetzone ist, wie führende Parteifunktionäre öffentlich zugegeben haben, in ihrer überwiegenden Mehrheit nicht von der Überlegenheit des SED-Systems überzeugt. Dabei ist es dem Ulbricht-Staat schon über fünfzehn Jahre möglich, auf die Jugendlichen vom Kindergarten bis zur Hochschule einzuwirken. Die Einheitsorganisation der Jungen Pioniere und der Freien Deutschen Jugend, die 1960 mehr als 1,5 Millionen Mitglieder zählten, setzen die außerschulische Erziehung fort und formen die Vorstellungswelt der jungen Menschen. Das alles dennoch ohne das erhoffte Ergebnis, später über parteihörige Erwachsene verfügen zu können, die jedem Wink der Funktionäre gehorchen und jedes Soll erfüllen. Was die Jugend von diesem System hält, beweisen die Flüchtlingszahlen zum Beispiel des vergangenen Monats, wonach von 20000 Personen etwa 50 Prozent unter 25 Jahre alt sind. Die jungen Menschen haben wohl gelernt, die befohlenen Parolen nachzusprechen, aber die Überzeugung läßt sich nicht mit Gewaltkuren einimpfen. Ein Teil der Jugendlichen flüchtet, ein anderer Teil bleibt für die Dauer einer Berufsausbildung, und der Rest bleibt, weil vielleicht familäre Bande zwingend sind.«

Die Flucht über die Zonengrenze war für die DDR ein Damokles-Schwert. Von September 1949 bis August 1961 flohen 2,68 Millionen Menschen aus dem anderen Teil Deutschlands in die Bundesrepublik

(Presse- und Informationsamt der Bundesregierung). Nicht Vernunft und Einsicht sind bei solchen Abläufen Ratgeber eines kommunistischen Regimes, sondern Haß und Gewalt. Das Menschliche bedeutet nichts, das System alles.
Der Bundestagspräsident Eugen Gerstenmaier entließ den in die Sommerferien gehenden Bundestag mit folgenden Worten:

»Der neue Haß Sowjetrußlands gegen Berlin ist letztlich darauf angelegt, der ersten Weltmacht, nämlich den Vereinigten Staaten von Amerika, und damit der ganzen freien Welt eine möglicherweise weltgeschichtlich entscheidende politische und moralische Niederlage zu bereiten.«

Am 25. Juli 1961 erklärte John F. Kennedy in einer Rundfunk- und Fernsehrede:

»Wir können und werden es nicht zulassen, daß die Kommunisten uns – sei es mit Gewalt – aus Berlin treiben. Denn die Erfüllung unseres dieser Stadt gegebenen Versprechens ist für die Moral und Sicherheit Westdeutschlands, für die Einheit Westeuropas und das Vertrauen der gesamten Freien Welt wesentlich. Die sowjetische Strategie hat seit langem schon nicht nur auf Berlin abgezielt, sondern auf die Teilung und Neutralisierung ganz Europas, um uns an unsere eigenen Küsten zurückzuwerfen.«

Der Schluß des Briefes von Willy Brandt, dem Regierenden Bürgermeister von Berlin, an den Präsidenten John F. Kennedy vom 16. August 1961:

»Nach der Hinnahme eines sowjetischen Schrittes, der als illegal bezeichnet worden ist, und angesichts der vielen Tragödien, die sich heute in Ost-Berlin und in der Sowjetzone abspielen, wird uns allen das Risiko letzter Entschlossenheit nicht erspart bleiben. Es wäre zu begrüßen, wenn die amerikanische Garnison demonstrativ eine gewisse Verstärkung erfahren könnte. Ich schätze die Lage ernst genug ein, um Ihnen, verehrter Herr Präsident, mit dieser letzten Offenheit zu schreiben, wie sie nur unter Freunden möglich ist, die einander voll vertrauen.«

Die SPD hatte schon am 15. August 1961 die Verbündeten der Bundesrepublik zur Solidarität mit dem deutschen Volk aufgefordert. Nach einer Sondersitzung des SPD-Präsidiums erklärte der SPD-Vorsitzende

Erich Ollenhauer im Namen des Präsidiums, daß das deutsche Volk den Gewaltakt des Zonen-Regimes nicht hinnehme. Die Verbündeten hätten versichert, daß sie einseitige Handlungen, durch die der Rechtsstand Berlins und die Freiheit der Deutschen in Berlin beeinträchtigt werden könnten, nicht tatenlos hinnehmen würden. Diese auch in Verträgen niedergelegte Solidarität müsse jetzt ihre Bewährungsprobe bestehen.
»Der Gewaltakt vom 13. August ist eine Aggression gegen die völkerrechtlich vereinbarte Ordnung Berlins und eine Annexion Ostberlins durch den Sowjetblock«, hieß es in der Erklärung. Den Menschen in der Zone und in Ostberlin habe man die letzte Möglichkeit genommen, vor dem ständig wachsenden Druck die Freiheit im anderen Teil Deutschlands zu wählen. Die Ernsthaftigkeit des Freiheitswillens der westlichen Welt werde durch die Kampfansage an das gesamte deutsche Volk auf eine entscheidende Probe gestellt. Damit solle die endgültige Teilung Deutschlands eingeleitet und den Deutschen die Hoffnung auf eine gemeinsame Zukunft geraubt werden. Der Gewaltakt verschärfe die Spannungen in der Welt und gefährde den Frieden.
Das deutsche Volk stehe ebenso wie die freie Welt vor einer Bewährungsprobe, sagte Ollenhauer. Es könne Solidarität von anderen nur verlangen, wenn es selbst Solidarität übe. Deshalb sei es nationale Pflicht aller politisch und moralisch Verantwortlichen zu beweisen, daß die Deutschen die Fähigkeit haben, miteinander innere Fragen freimütig zu erörtern und dennoch in den Lebensfragen der Nation Seite an Seite zu streiten. Damit beweise man, daß die Demokratie auch auf deutschem Boden eine nationale Lebenskraft sei.
Am 16. August demonstrierten eine halbe Million Berliner vor dem Schöneberger Rathaus. Willy Brandt forderte leidenschaftlich politische Aktionen der Westmächte. Aber der 13. August blieb der Schicksalstag mit der Sperrung der Sektorengrenzen und dem Beginn des Aufbaus der Mauer durch die Befehlsgewaltigen der DDR.

»Für Freitag 18 Uhr (18. August 1961) beruft Kennedy eine Krisen-Konferenz ins Weiße Haus. Teilnehmer: Johnson, Clay, des Präsidenten Militärberater General Taylor, die Sonder-Assistenten McGeorge Bundy und Walt Rostow sowie der Rußlandspezialist Botschafter Bohlen. Zu dieser Runde stößt Ed Murrow (Leiter des Informationsdienstes der Kennedy-Regierung in Berlin), gerade aus Berlin zurückgekommen. Er gibt ein düsteres Bild von der psychologischen Lage der Stadt. Mur-

row: ›In Berlin ist der Beginn einer tiefen Vertrauenskrise zwischen den Deutschen und den Alliierten nicht mehr zu übersehen.‹
Der Präsident: ›Wenn die Lage so ist, wie Ed es sagt, warum bin ich nicht besser unterrichtet worden? Außerdem: Wozu haben die Deutschen einen Bundeskanzler? Auch der hat mich nicht gewarnt.‹
Um 20 Uhr fliegen Johnson, Clay und Bohlen von Washington nach Berlin ab . . .«
(aus: »Konjew ließ aufmarschieren« in »Der Spiegel«, 35/1966)

An diesem 18. August fand eine Sondersitzung des Deutschen Bundestages statt. Der Bundeskanzler Konrad Adenauer verwahrte sich gegen den Bruch der Viermächtevereinbarungen über Berlin und mißbilligte die Zustimmung der UdSSR zu diesem Willkürakt der DDR.
Der Regierende Bürgermeister von Berlin, Willy Brandt, der auf der Bank des Bundesrates Platz genommen hatte, sprach ebenfalls. Er verurteilte den brutalen Bruch des Rechts auf Freizügigkeit, dessen Auswirkungen unser Verhältnis zur Sowjetunion stark beeinträchtigen würden. Nicht nur das Eingreifen internationaler Institutionen sei erforderlich, sondern auch die Bundesregierung müsse alles tun, um die enge Verbindung zu Berlin-West in den Vordergrund aller Bemühungen zu stellen.
Durch zwei Pressestimmen soll der Ablauf dieser Sondersitzung beleuchtet werden:

»Mit einer Sondersitzung über die bisher wohl trostloseste Situation der deutschen Nachkriegszeit hat sich der Bundestag einer Pflichtübung in würdiger Form entledigt.« (»Süddeutsche Zeitung«)
»Keiner war gestern imstande, einen Weg, eine Waffe oder ein Mittel zu nennen, wie das Verbrechen der Sowjets gegen die auch von ihnen beschworenen Menschenrechte der Freizügigkeit und Selbstbestimmung rückgängig gemacht werden könnte, weil es ein solches Mittel zur Zeit nicht gibt.« (»Darmstädter Echo«)

Die Regierungsmannschaft hatte den Tag in Bonn zu eingehenden Beratungen benutzt.
Mich erreichten die Nachrichten über die Ereignisse vom 13. August in Wahlversammlungen in Bayern. An einem der nächsten Tage nahm ich in München die erste Maschine nach Berlin, um Willy Brandt aufzusuchen. Am Abend war ich wieder in meinem Wahlkreis Heidelberg. Die

Versammlungen gingen weiter. Überall war Berlin das Thema Nr. 1. Ich war froh, daß ich mir Informationen aus erster Hand geholt hatte. Am 19./20. August waren Vizepräsident Johnson und General Clay in Berlin. Am 20. August sprach Johnson vor dem Berliner Abgeordnetenhaus:

»Das ist eine Zeit für Vertrauen, Haltung und Glauben – für Glauben an Euch selbst. Es ist auch eine Zeit für Glauben an Eure Alliierten überall in der Welt. Diese Insel ist nicht sich selbst überlassen. Ihr seid ein lebenswichtiger Teil der Gemeinschaft freier Menschen.«

Am 20. August traf unter dem Jubel der Bevölkerung eine US-Kampftruppe von 1500 Mann über die Autobahn in Westberlin zur Verstärkung der amerikanischen Garnison ein. Aus Pressestimmen sei folgender Eindruck eingefangen:

»Höhepunkt am 20. August war die Begrüßung der Kampftruppen am Stadtrand von Berlin durch den amerikanischen Vizepräsidenten Johnson, den Regierenden Bürgermeister von Berlin, Willy Brandt, und General Lucius D. Clay, Militärgouverneur in Deutschland während der Luftbrücke. Die Fahrt der Kampfgruppe, die nach sechsstündiger Fahrt durch die Sowjetzone in Berlin eingetroffen war, durch das kilometerlange dichte Spalier jubelnder, Taschentücher schwenkender Berliner glich einem Triumphzug. Orkanartigen Beifall gab es, als Johnson im offenen Wagen stehend die Ovationen entgegennahm. Immer wieder flogen Blumensträuße in die Lastwagen der weißen und farbigen amerikanischen Soldaten. Die Begeisterung der Hunderttausende reichte von Ergriffenheit bis zu frenetischem Jubel. Die Soldaten, die feldmarschmäßig und mit scharfer Munition ausgestattet auf ihren Fahrzeugen saßen, antworteten der Bevölkerung mit dem berühmten V-Zeichen, das Churchill während des Zweiten Weltkrieges als Siegeszeichen für die westliche Welt geprägt hat.
In einer Begrüßungsansprache an die amerikanischen Truppen sagte Johnson: ›Noch nie in den vergangenen Jahren hat auf den amerikanischen Streitkräften eine so große Verantwortung gelastet wie jetzt in Berlin. Ich bin sicher, daß die neuen Truppen dazu beitragen werden, weitere Sicherungen für Frieden und Freiheit zu schaffen.‹ Was die Machthaber im Osten immer geplant hätten – die Partnerschaft zwischen Berlin und den USA werde nicht beschwert werden, und es würden keine Zweifel an der Stärke des Westens aufkommen können. An

die versammelten Berliner richtete Johnson unter großem Beifall die Versicherung: ›Alle Kraftquellen der stärksten Nation der Welt stehen hinter Ihnen.‹«

Vom 19. September 1961 bis zum 8. Mai 1962 residierte General Clay als »persönlicher Beauftragter des Präsidenten Kennedy« in Westberlin. Als wir uns im Spätherbst 1960 in New York zu einem längeren Gespräch, bei dem Berlin eine Hauptrolle spielte, getroffen hatten, fragte mich General Clay, warum ich ihm, immer wenn ich in New York sei, die Freude meines Besuches mache, er habe sich doch ins Privatleben zurückgezogen. Ich habe ihm geantwortet, daß ich ihm bei jedem Besuch die Dankbarkeit der Deutschen für vieles, was er für uns getan habe, dokumentieren wolle.
Wie schnell entstehen veränderte Situationen.

Unser Finanzierungsprogramm

Während des Wahlkampfes habe ich viele Pfeile auf mich gezogen. Daß man über das sozialdemokratische Regierungsprogramm lästern würde, war vorauszusehen. Der blaue Himmel über der Ruhr konnte für Andersgläubige nur ein Theaterulk sein, auf den wir in späteren Jahren allerdings gern und erinnernd zurückgekommen sind. Aber daß einer sich an die Arbeit gemacht hatte, die sozialdemokratischen Vorschläge finanzwirtschaftlich abzusichern, mußte als unerhörte Herausforderung angesehen und verteufelt werden.
Am 28. April 1960 wurde auf dem außerordentlichen Kongreß der SPD das Regierungsprogramm vorgestellt. Am 9. Mai kam ich dem Auftrag nach, die finanzwirtschaftliche Begründung auf der Bundespressekonferenz in Bonn vorzutragen und an Hand einer eingehenden schriftlichen Darstellung die Durchführbarkeit zu beweisen. Der erste Teil sei an dieser Stelle wiedergegeben, weil er genügt, um die Grundzüge unseres Finanzierungsprogramms erkennen zu lassen.

1. Die Einnahmen des Bundes, der Länder und der Gemeinden an Steuern einschließlich Lastenausgleichsabgaben betrugen

1950	18,8 Milliarden DM,
1959	59 Milliarden DM,

1960 waren sie mit	63 Milliarden DM veranschlagt worden,
vereinnahmt wurden	68,7 Milliarden DM.

2. Bundesfinanzminister Etzel sprach in der von ihm für den Parteitag der CDU am 26. April 1961 ausgearbeiteten Rede davon, »daß unsere sozialen Leistungen, die mit 40 Milliarden DM etwa 40% des öffentlichen Bedarfs beanspruchen, gemessen an der allgemeinen Wohlstandsmehrung schon recht hoch sind«. Nach dem Bulletin der Bundesregierung vom 15. März 1961 (Seite 12 und 13) wurden bei den sozialen Leistungen der Bundesrepublik einschließlich Berlin und Saarland mehr als 25 Milliarden DM aus Beiträgen vereinnahmt. Etwa 15 Milliarden DM sind Leistungen der öffentlichen Hand.
   Ein wichtiges Beispiel ist die Rentenreform 1957: Die Mehrausgaben für Renten in der Arbeiter-, Angestellten- und Knappschaftsversicherung in Folge der Rentenreform durch Anpassung der Altrenten und Neuberechnung fälliger Renten in 1957 haben rund 3,7 Milliarden DM betragen gegenüber einem ursprünglich geschätzten Aufwand von rund 4,4 Milliarden DM.
   Der Bundeszuschuß für 1957 betrug 3,96 Milliarden DM. Der darin enthaltene Mehraufwand für die dynamische Anpassung der Neurenten im Anfangsjahr und die Anhebung der Altrenten haben 670 Millionen DM erfordert. Die Finanzierung der neuen Rentenformel des Jahres 1957 hat den Bund einschließlich 1961 schätzungsweise mit rund 3 Milliarden DM zusätzlich belastet.
3. Hier wurden die am 3. und 4. Mai 1960 gefaßten Beschlüsse des Deutschen Bundestages einzeln aufgeführt, die alle nicht in Verbindung mit einem Finanzierungsplan erfaßt worden sind.
4. Die Bundesregierung hat Anfang Mai 1961 die vorzeitige Schuldentilgung an die USA und Großbritannien über den Weg einer Vereinbarung mit der Deutschen Bundesbank in Höhe von 3,1 Milliarden DM vorgenommen.
5. Bezüglich der Entwicklungshilfe sollen nach der am 5. Mai 1960 im Deutschen Bundestag gegebenen Auskunft für 1961 und 1962 insgesamt 5 Milliarden DM aufgebracht werden:

3 Milliarden DM	aus dem Bundeshaushalt einschl. der Industrieanleihe in Höhe von 1,2 Milliarden DM;
900 Millionen DM	aus dem ERP-Wirtschaftsplan;
500 Millionen DM	aus den Haushalten der Bundesländer;
600 Millionen DM	von der Kreditanstalt für Wiederaufbau.

6. Für das Regierungsprogramm der SPD ist in der Mannschaft und im Parteivorstand die Einführung einer staatlichen Mindestrente erörtert worden. Nach den statistischen Angaben für die Bundesrepublik sind 1962 voraussichtlich 5,85 Millionen Personen beiderlei Geschlechts 65 Jahre alt und älter. Unterstellt man ein einheitliches Altersgeld von 100,00 DM Monatsrente, so wären ohne Beachtung der Verwaltungskosten 7,020 Milliarden DM aufzubringen. Die Höhe dieses Betrages führte zu der Konsequenz, daß dieser Punkt nicht Gegenstand des Regierungsprogramms geworden ist.

Es folgten die finanzwirtschaftlichen Auswirkungen mit allen steuerlichen Problemen und den Schätzungen über die angenommene Entwicklung des Sozialprodukts. Dann sind sämtliche Ergebnisposten behandelt worden, besonders eingehend die Rentenreform. Als Schluß folgte eine übersichtliche Budgetierung der Steuermehreinnahmen und der Steuereinbußen für Bund und Länder unter Berücksichtigung der Rückflüsse (zum Beispiel ERP-Vermögen). Für Finanzierungsmöglichkeiten, die nicht aufgenommen waren, sind Beispiele angegeben worden.
Selten habe ich bis zum Wahltag so im Kreuzfeuer von Fragen und im Zielpunkt von Angriffen gestanden wie bei diesem Finanzierungsprogramm. Die vorgesehene Bearbeitung meines Wahlkreises mußte ich reduzieren, da ich an die vierzig Veranstaltungen im Bundesgebiet wahrzunehmen hatte. Aus einem sechs Druckseiten umfassenden »Spiegel«-Gespräch zitiere ich einige Stellen, da es sich um Fragen handelt, die überall gestellt worden sind.

»Spiegel: Welche Experten haben Ihnen bei der Aufstellung des Finanzplans zur Verfügung gestanden? Waren das Männer aus dem Parteivorstand oder aus der Assekuranz?
Möller: Meine Freunde aus der Assekuranz haben selbstverständlich nicht mitgewirkt, sondern wir haben einige tüchtige junge Wissenschaftler, die uns zur Verfügung stehen. Außerdem haben uns außerhalb des Dienstes einige Sachverständige aus einem großen Wirtschaftsinstitut geholfen. Das konnten sie nicht offiziell ...
Spiegel: Vom Wirtschaftswissenschaftlichen Institut ...
Möller: Ein wirtschaftswissenschaftliches Institut, aber nicht das der Gewerkschaften ...
Möller: Das Primäre war, sich zu überlegen, was liegt an Aufgaben vor, insbesondere an Gemeinschaftsaufgaben ...

Spiegel: Die Finanzierung kam dann später?
Möller: Ja . . . und zu überlegen, was für eine Dringlichkeitsstufe haben die einzelnen Aufgaben, und wie kann man das Ganze zu einer politischen Konzeption zusammenfassen, sozusagen zu einer Sache, die aus einem Guß ist.
Spiegel: Sie reden von der Dringlichkeit. Aber in Punkt zwei taucht beispielsweise . . .
Möller: Welcher Punkt zwei bitte?
Spiegel: Nummer zwei der zehn Punkte, die in Herrn Brandts ›Regierungsprogramm der SPD‹ vorgetragen sind. Da wird als Punkt zwei bereits der ›Goldene Plan‹ genannt. Finden Sie den so dringlich?
Möller: Nein, wir haben zum ›Goldenen Plan‹ gesagt: ›Die neue Bundesregierung wird den von der Deutschen Olympischen Gesellschaft aufgestellten ›Goldenen Plan‹ nicht nur bejahen, sondern tatkräftig verwirklichen helfen. Die neue Regierung wird vorschlagen, daß noch 1962 ein koordinierender Deutscher Sportrat aus Vertretern der Turn- und Sportverbände und aus Vertretern des Bundes, der Länder und der Gemeinden gebildet wird.‹ Das hat nichts mit der Dringlichkeitsstufe zu tun, sondern ergibt sich aus dem Grundsatz, der vorher in unserem Regierungsprogramm genannt wird: ›Wir wollen ein gesundes Volk in einem gesunden Staat.‹
Spiegel: Aha, deshalb fängt Ihr Programm wohl auch mit der Forderung ›Mindesturlaub – drei Wochen‹ an.
Möller: Ja, wir sagen erstens: Der Staat muß der Gesundheit seiner Bürger dienen. Dann kommt die Frage der sinnvollen Ausnutzung der Freizeit; dann die Soziale Krankenversicherung, dann der Wohlstand in unserer produktionsstarken Wirtschaft und so weiter. Wir glauben, daß das logisch entwickelt ist.
Spiegel: In den zehn Punkten ist weiter enthalten die Verbesserung der Sozialen Krankenversicherung, wobei Sie, um hier schon einmal ins Detail zu gehen, jedem Bundesbürger jährlich eine kostenlose ärztliche Untersuchung versprechen. Bedeutet das eine Kopie des englischen Gesundheitsdienstes, bei dem man bis zum künstlichen Gebiß und bis zur Perücke alles bekommt?
Möller: Nein. Ich darf darauf hinweisen, daß man den Satz so lesen muß, wie er geschrieben ist. Wir haben gesagt: ›Jeder Bürger muß die Möglichkeit haben, sich mindestens einmal im Jahr kostenlos untersuchen zu lassen‹ – muß die Möglichkeit haben!

Spiegel: Sie rechnen damit, daß nicht jeder hingeht?
Möller: Das ist bekannt. Das sehen wir bei den Röntgen-Reihenuntersuchungen.
Spiegel: Unter Punkt vier fordern und versprechen Sie dann eine großangelegte Verbesserung der Rentenreform. Darin sind die beiden Angaben enthalten: Bis Ende 1962 Erhöhung der Mindestrente auf 225 Mark im Monat und die Forderung, daß dem Rentner nach dem vollen Arbeitsleben 75 Prozent seines zuletzt bezogenen Einkommens auszuzahlen sind.
Möller: Nein, nicht so.
Spiegel: Wie denn?
Möller: Im ersten Fall muß ich darauf hinweisen, daß wir ausdrücklich gesagt haben: ›Nach Ablauf eines vollen Arbeitslebens soll die Rente auf 225 Mark steigen.‹ Und im zweiten Fall: nicht nur nach einem vollen Arbeitsleben, ›sondern aufgrund seines der Beitragszahlung zugrunde liegenden Arbeitsverdienstes‹.«

Ohne jedwede Beachtung von Tatsachen und Argumenten ist von unseren Gegnern 1961 unablässig behauptet worden, daß zur Finanzierung des Regierungsprogramms der SPD entweder die Betätigung der Notenpresse oder eine eklatante Steuererhöhung notwendig sei. Man war sich aber nicht einmal darüber einig, mit welcher Zahl die Wählerinnen und Wähler erschreckt werden sollten. So hat der Vorsitzende der CDU, Dr. Adenauer, bei einer Kundgebung der Jungen Union in Frankfurt/Main am 2. Juli erklärt, das, was wir forderten, koste 14 bis 15 Milliarden DM. Der Wahlkampfleiter der CDU, Ministerpräsident von Hassel, hat in Rendsburg seinen Vorsitzenden mit der Behauptung übertrumpft, die Kosten würden bei 30 Milliarden DM liegen. Die Kampfschrift des Industrieverlags hat 18,095 Milliarden DM errechnet.
Diese Zahlenakrobaten hätten eigentlich wissen müssen, daß man, um solche Resultate zu erreichen, im Eifer des Wahlgefechtes Äpfel und Birnen zusammengerechnet hatte. Weil man die von mir veröffentlichten Zahlen nicht antasten konnte, vergaß man, daß es sich um die Bundestagswahlen und um den Bundeshaushalt handelte, und schmuggelte in die Rechnung zum Beispiel zusätzliche Ausgaben der Länder für den kulturellen Bereich mit 9,747 Milliarden DM. Die Länder sind aber an der dynamischen Steuerentwicklung in erheblichem Umfang beteiligt, so daß von ihnen durchaus zusätzliche Aufgaben finanziert werden

konnten. Da das aber neben einigen anderen Willkürlichkeiten nicht reichte, um zu einer alarmierenden Endzahl zu kommen, gibt es in dieser sauren Milchmädchenrechnung die Position »Berücksichtigung der Eigendynamik der öffentlichen Haushalte« mit 3,9 Milliarden DM. Diese Kapitulation vor der Gewissenhaftigkeit einer Etatgestaltung mochte nach den Erfahrungen der letzten zwölf Jahre den gegnerischen Rechenkünstlern berechtigt erscheinen. Für eine sozialdemokratisch geführte Bundesregierung kann es jedoch nur eine Politik der finanzwirtschaftlichen Solidität geben. Wir Sozialdemokraten wollten zunächst vier Prozent der Mittel des Bundeshaushalts einsparen, um sie dann erforderlichenfalls für die von uns für vordringlich angesehenen Aufgaben mit einsetzen zu können. Wir haben unser Finanzierungsprogramm mit reinem Gewissen vertreten und darauf hingewiesen, daß nach vier Jahren die Wahrheit nicht mehr angezweifelt werden kann, denn dann liegen die Karten (das heißt die Ist-Zahlen) auf dem Tisch.

Die Gegenrechnung ging nicht auf

Die Deutsche Industrieverlags-GmbH, Köln, mußte 1961 mit den Autoren Heinrich Schreiner und Otto Vogel das Finanzierungsprogramm der SPD zum Anlaß nehmen und mit der Gegenschrift »Was will die SPD?« darzustellen versuchen, daß unsere Schätzungen unseriös wären. In den Polemiken ist vor allem hervorgehoben worden, die Einnahmeschätzungen würden nicht stimmen, so daß sich schon daraus ergäbe, daß das ganze Regierungsprogramm nicht durchführbar sei.

Beide Seiten haben heftig miteinander gestritten. Vier Jahre später war es dann soweit. Das will ich schon an dieser Stelle vorwegnehmen, um das Bild sofort abzurunden. Es konnte die ganze Schätzungsperiode mit den Ergebnissen erfaßt werden, die vom tatsächlichen Ist-Aufkommen der letzten vier Jahre ausgeht.

Tabelle I.

SPD-Schätzungen (Regierungsprogramm 1961) und Steueraufkommen

Rechnungsjahr	SPD-Schätzungen in Mrd. DM		Tatsächliches Ist-Aufkommen	
1961	80,8		78,5	
1962	85,4		86,4	
1963	90,3	256,5	91,1[1])	256,0
1964	95,4	351,9	99,4[1])	355,4
1965		100,7		105,3[2])
		452,6		460,7
Relation von 1961 zu 1965:	+ 19,9 Mrd. DM		+ 26,8 Mrd. DM	

1) Voraussichtlich
2) geschätzt, infolge des Steueränderungsgesetzes eintretende Ausfälle sind berücksichtigt.

Tabelle II.

SPD-Schätzungen der Steuereinnahmen des Bundes (Regierungsprogramm 1961) und Steueraufkommen

Rechnungsjahr	SPD-Schätzungen Anteil des Bundes an allen Steuern Mrd. DM		%	Ist-Ergebnis Mrd. DM		Anteil des Bundes an allen Steuern %	52% aller Steuern Mrd. DM	
1961	42,0		52	41,5a)		52,8	40,8	
1962	44,4		52	45,3a)		52,5	44,9	
1963	46,9	133,3	52	48,9b)	135,7	53,7	47,4	133,1
1964	49,6	182,9	52	53,9c), d)	189,6	54,2	51,7	184,8
1965		52,4	52		57,6c), d)	54,7		54,8
		235,3			247,2			239,6

a) Bundesanteil an der ESt und KSt = 35%
b) Bundesanteil an der ESt und KSt = 38%
c) Bundesanteil an der ESt und KSt = 39%
d) Soll-Zahlen

Zu den zwei Tabellen ist zu sagen, daß bei Tabelle I, welche die Steuerschätzungen beinhaltet, festgestellt werden muß, daß diese Zahlen bereits die im Regierungsprogramm vorgeschlagenen Steuersenkungen in Höhe von 3,428 Milliarden DM berücksichtigten. Der Vergleich der Etatjahre 1961 bis 1965 zeigt, daß nach den Schätzungen der SPD in dem noch laufenden letzten Rechnungsjahr rund 20 Milliarden DM Einnahmen mehr zur Verfügung stehen als im Jahr der Schätzung. Nach dem tatsächlichen Ist-Aufkommen unter Berücksichtigung der Regierungsschätzung für das letzte Jahr würde es sich sogar um einen Betrag von 26,8 Milliarden DM handeln.

Die von der Deutschen Industrie-Verlags GmbH herausgegebene Schrift »Was will die SPD?« kommt in drei Abschnitten (1. Mehraufwendungen 1963, 2. jährliche Mehraufwendungen für von der SPD nicht fixierte Positionen des Regierungsprogramms und 3. Auswirkung der Steueränderungen) zu einem Defizit von rund 14,2 Milliarden DM. Da man wohl damals schon unter der Furcht anderer und besserer Erkenntnisse stand, hat man in den Berechnungen schnell noch eine vierte Position »Berücksichtigung der Eigendynamik der öffentlichen Haushalte« hinzugefügt, um mit dem so entstandenen zusätzlichen Betrag von 3,9 Milliarden DM insgesamt auf rund 18 Milliarden DM zu kommen. Aber auch diese Zahl steht gegenüber der Ergebnistabelle I recht einsam und keineswegs mehr provozierend im Raum.

Bei der Tabelle II handelt es sich um die Steuereinnahmen des Bundes im Vergleich zum Gesamtaufkommen an Steuern und öffentlichen Abgaben. Die SPD, die 1961 nicht von Rechtsänderungen ausgehen konnte, hat den damaligen Anteil des Bundes an allen Steuern mit rund 52 Prozent zugrunde gelegt. Die Änderungen im Bundesanteil an der Einkommen- und Körperschaftsteuer haben inzwischen eine Verschiebung zugunsten des Bundes bewirkt; zum echten Vergleich wurde außerdem nach den Ist-Ergebnissen der 52prozentige Anteil für die einzelnen Jahre errechnet.

Noch eine Bemerkung zur Ausgabenseite: Es muß für das Regierungsprogramm der SPD aus dem Jahre 1961 und seinen finanzwirtschaftlichen Teil unterstrichen werden, daß es die Ausgaben unter bewußter Schwerpunktbildung nicht nur für den Bund, sondern zum Teil auch für Länder und Gemeinden erfaßt hat. Dabei handelte es sich um Aufgaben für einen längeren Zeitraum, der über eine vierjährige Legislaturperiode hinausgehen konnte, und vor allem um Vorhaben, die inzwischen in der

öffentlichen Diskussion nicht mehr strittig sind. Das gilt für das Postulat der nachhaltigeren Förderung von Wissenschaft und Forschung genauso wie für die sozialdemokratische Vorstellung eines blauen Himmels an der Ruhr, der Reinhaltung der Luft überhaupt, die damals die Regierungsparteien mit mildem Lächeln abzutun versucht haben.
Ein Gesamturteil muß berücksichtigen, daß es in dem seinerzeitigen sozialdemokratischen Regierungsprogramm ausdrücklich hieß, daß eine sozialdemokratisch geführte neue Bundesregierung »unabhängige Sachverständige beauftragen würde, Vorschläge zur Finanzreform noch 1962 zu erarbeiten«. Im Heft 60 des Instituts »Finanzen und Steuern« des Deutschen Industrie- und Handelstages, herausgegeben im Oktober 1962, wird festgestellt:

»Es muß ein jedes Land dafür sorgen, daß sein Finanzwesen in Ordnung ist. Das Finanzwesen der Bundesrepublik aber ist notleidend – in der Haushaltswirtschaft, in der Besteuerung und in der Verteilung der Steuern auf Bund, Länder und Gemeinden.«

Von Sachkennern, die 1961 gegen die SPD-Schätzungen gifteten, hat die SPD nichts mehr vernommen (auch keine Entschuldigung).

Zwischenbilanz im Deutschen Bundestag

Ein eindeutiger und nur in den Ausmaßen verschieden beurteilter Wahlerfolg der SPD, eine CDU/CSU, die ihre absolute Mehrheit verloren hatte, eine FDP mit einem Mende, dessen Wahlparole »Nicht mit Adenauer« ihm ein relativ gutes Wahlergebnis einbrachte – das war die Ausgangsposition nach dem 17. September 1961. Die äußerst schwierige Lage der Bundesrepublik Deutschland und West-Berlins, nicht nur gekennzeichnet durch den 13. August mit dem Beginn der Mauerarbeiten mitten durch Berlin, sondern auch durch alle weltpolitischen Zukkungen und unsere noch fehlende staatspolitische Substanz, hat die SPD wiederholen lassen, was sie bereits im Wahlkampf nachdrücklich betont hatte:
Unser nationaler Notstand erfordere eine Konzentration der Kräfte bei Bildung der vierten Bundesregierung.
Die Unterhändler der beiden anderen Bundestagsfraktionen hatten von

vornherein nur ein Ziel: Ausschaltung der SPD. Vor ihrer Beteiligung an der Bundesregierung schreckten sie zurück wie Mephisto vor dem Weihwasser. So wurde Adenauer zum viertenmal Bundeskanzler, diesmal mit acht Stimmen über der erforderlichen Mehrheit.
Mit Unbehagen hatte das deutsche Volk alle Umstände der Regierungsbildung zur Kenntnis genommen. Mit anhaltender Sorge beobachtete es die Versuche der Bundesregierung, den Hürden einer den gesellschaftspolitischen Zeitverhältnissen Rechnung tragenden Gesetzgebung bokkig auszuweichen. Die Aufgabe der Opposition war schwer. Nicht nur, weil sie auch im 13. Jahr der bundesrepublikanischen Existenz weiter vorhanden sein mußte. Je handlungsfähiger und je besser in allen Bereichen notwendiger Handlungen eine Bundesregierung agiert, um so leichter hat es eine Opposition, die es nicht einfach von sich aus sein will, sondern für die eine hohe staatspolitische Verantwortung daseinsbeherrschend bleibt. Je weniger befriedigend die Arbeit einer Regierung Außenwirkung zeigt, um so schwerer hat es die sozialdemokratische Opposition mit ihren rund 40% der Mandate im Deutschen Bundestag, zumal es in der angebrochenen vierten Legislaturperiode ebenso war wie vor vier, acht oder zwölf Jahren: Die Koalitionsmehrheit negierte das im Parlament überzeugend vorgetragene Argument. Hinzu kam diesmal der regierungshörige Zwitter des sogenannten Koalitionsausschusses, bei dem sich inzwischen jeder fragte, wer stranguliert wen?
Es wird nicht bestritten, daß ab und zu auch bei der anderen Seite der Wunsch nach Gemeinsamkeit vorhanden war, ohne daß man allerdings das Fundament der Gemeinsamkeit zur Ausschaltung der SPD verließ. Gemeinsamkeit, soweit sie nach außen nützlich war und soweit sie sich innenpolitisch schicklich ausnahm, das war das äußerste Zugeständnis der Bundesmachthaber.
In der Außenpolitik merkte man das Testen und Tasten, aber trotz aller eigenwilligen Versuche der FDP sah man nichts von einem politisch brauchbaren oder gar geistig imponierenden Beitrag zur notwendigen Entspannung der Lage.
Bundeswehr und militärische Verteidigung standen isoliert im Raum. Fritz Erler hatte gerade hierauf in der Debatte über die Verlängerung der Wehrdienstzeit nachdrücklichst hingewiesen. Der Bundesverteidigungshaushalt nahm statt wie im Vorjahr ein Viertel jetzt ein Drittel der Bundeseinnahmen in Anspruch. Diese Milliarden allein und für diesen Zweck genügten zur Existenzbehauptung unseres Volkes nicht. Hinzu-

kommen mußten über das Alltägliche, über die Routine hinauswachsende Leistungen auf kulturpolitischem und sozialpolitischem Gebiet, aber auch in der internationalen Zusammenarbeit und in unseren Aktionen für die Entwicklungsländer.
Sozialpolitisch mußte nach dem bisherigen Verhalten der Mehrheit die Frage gestattet sein, ob ein Stillstand oder gar ein Rückschritt drohte? Der Einfluß einiger Gruppen in dem Prozeß der wirtschaftlichen Machtkonzentration war stärker geworden. Jedenfalls wurden bei den bisherigen sozialpolitischen Debatten alle Anträge der SPD vom parlamentarischen Verhandlungstisch gewischt, und – ein beachtliches Novum – eine Große Anfrage, die lediglich die Absichten der Bundesregierung auf diesem Gebiet erkunden wollte, blieb unbeantwortet.
Die Agrarpolitik wurde durch die Brüsseler Beschlüsse für den EWG-Raum aktueller als in den Vorjahren. Noch deutlicher als bisher zeigte sich, daß wir uns in der Rolle des Weihnachtsmannes wohlgefühlt hatten. Daß es jetzt allerhöchste Zeit war, sich erstens ein klares Bild darüber zu machen, was für Leistungsmöglichkeiten die deutsche Landwirtschaft in den kommenden Jahren besaß, und zweitens sie zu entwickeln, strukturell zu beeinflussen und damit Subventionen nutzbringend zur Festigung der Strukturen der deutschen Landwirtschaft einzusetzen, war von den sozialdemokratischen Experten im Deutschen Bundestag in überzeugender Beweisführung und mit konkreten Anträgen herausgestellt worden. Diese Leistung als konstruktiver Beitrag zur deutschen Politik hatte mich mit besonderem Respekt erfüllt, weil es in der verfahrenen Situation wahrhaftig nicht leicht und einfach sein konnte, die richtige Zielsetzung mit klarer Wegweisung zu verbinden.
Wirtschaftspolitisch war der Landwirtschaftssektor sehr bedeutungsvoll, für den Bundeswirtschaftsminister aber wahrscheinlich nur eine Randerscheinung. Im übrigen blieb der Zustand, daß von der Regierungsseite nichts Ausreichendes getan wurde, um den ständigen Preissteigerungen entgegenzuwirken. Man hatte eine zielbewußte Politik zur rechtzeitigen Einfuhrsteigerung ebenso unterlassen wie eine dem Ganzen dienende Beeinflussung des Investitionsbooms im Herbst 1960. Eine erfolgwirksame Preis- und Kartellpolitik, auch mit Rücksicht auf die Verhältnisse im EWG-Raum, war und blieb ein Hauptanliegen der Bundestagsfraktion der SPD.
Finanz- und steuerpolitisch fehlten die Maßnahmen, die unerläßlich waren, um sie mit den Zielen der Wirtschaftspolitik zu koordinieren. Bei-

spielsweise war die Umsatzsteuer nicht nur im Inland wettbewerbsverzerrend, sondern auch für uns wettbewerbsschädigend, soweit Einfuhren aus EWG-Ländern in Frage kamen. Meine Vorschläge hatten nicht nur zum Ziel, finanz- und steuerpolitisch die Ordnungsfunktionen des sozialen Rechtsstaates auszulösen, sondern über eine Neuordnung der Finanzverfassung die Steuermasse nach der Dringlichkeit der Aufgabenstellung zu verwenden. Bei diesen Auseinandersetzungen waren keine Bemühungen der Gegenseite zu bemerken, eine Zusammenarbeit mit den Ländern und der sozialdemokratischen Opposition sicherzustellen, obgleich sie wissen mußte, daß die notwendige grundlegende Änderung in den Finanz- und Steuerfragen die Zustimmung der Länder und wegen der Zweidrittelmehrheit bei Grundgesetzänderungen die der Opposition erforderte.
Innenpolitisch war die Frage, inwieweit und mit welchen Methoden die Länder die Deckungslücke im Bundeshaushalt mit schließen helfen sollten, noch nicht entschieden. Die Sozialdemokratische Bundestagsfraktion hatte den Standpunkt eingenommen, daß man versuchen sollte, 1962 und 1963 ein Gentlemen's Agreement zwischen Bund und Ländern herbeizuführen, das eine präjudizierende Wirkung auf die Aufgabenverteilung ausschloß, die der großen Finanzreform vorbehalten bleiben mußte. Es sei hervorgehoben, daß sich die Opposition wie immer, so auch in diesem Fall, um tätige Hilfe bemüht hatte und weiter bemühen würde.
Der neue Bundesinnenminister Hermann Höcherl führte Gespräche über die Notstandsgesetzgebung. Keiner konnte das Ergebnis voraussagen; sie wurden aber so geführt, wie es im demokratischen Staat üblich und selbstverständlich sein muß: Es gab für die Opposition Punkte (zum Beispiel: Wie wird der Ausnahmezustand verhängt, wie ist es mit der Sicherung der Grundrechte, und anderes mehr), die außerhalb der Diskussion stehen sollten, weil die demokratische Grundordnung unangetastet bleiben mußte.
Diese Hinweise über Position und Aufgabe der SPD im 4. Deutschen Bundestag sind nur ein kleiner Auszug von Wichtigem und Vordringlichem. Der Bonner Neuling wurde manchmal von der Vorstellung erschreckt, was sich in Bonn tun würde ohne die sozialdemokratische Opposition, ohne eine Opposition, deren staatspolitische Verantwortung über alle Zweifel erhaben war. Man hatte auch nach dem 17. September die SPD links liegenlassen. Die Hohen Priester zur Erforschung der

Koalitionswürdigkeit in der Bundesrepublik Deutschland hatten den alten gesellschaftlichen Kräften weiter die Macht im Staate gesichert. Die Arbeit der Bundestagsfraktion der SPD würde in absehbarer Zeit auf den Schienen des Mitdenkens und des Mithandelns zur Mitverantwortung führen. Diese Zwischenbilanz über die parlamentarische Lage am Anfang der vierten Legislaturperiode ließ keinen anderen Schluß zu.

Goethe hat etwas über die Oppositionsmeiner geschrieben und empfohlen, sie wie Bewegungsleugner zu behandeln, die den Standpunkt vertreten, der Erfolg stelle sich schon ein, man müsse nur unablässig gelassen auf und ab gehen. Das war einmal. Ich hatte den Eindruck, diese Bewegungsleugner verfetteten sich im Regierungslager. Natürlich sind da alle – ohne Ansehen der Partei – gleich. Es ist immer nur eine Frage der Zeit, wann ein solcher Zustand eintritt und bemerkt wird.

XVII. DIE FINANZWIRTSCHAFT ALS MITTEL DER POLITIK

Die ersten Gefechte

Es war nicht einfach, sich in Bonn zurechtzufinden. Jeder Neuling auf diesem Pflaster empfindet Freundlichkeiten doppelt. Das habe ich mir in den folgenden Jahren, insbesondere bei Beginn einer neuen Legislaturperiode, gemerkt. Ich hatte eine enge Verbindung mit Erich Ollenhauer, Herbert Wehner, Fritz Erler und Heinricht Deist. Sie und andere haben mir mit Rat und Tat geholfen. Bei der Konstituierung der Fraktion wurde ich zum Vorsitzenden des Arbeitskreises »Öffentliche Finanzwirtschaft« gewählt und erhielt damit automatisch einen Sitz im Fraktionsvorstand, der eine beratende Mitwirkung bedeutete.
Gerade in den Tagen dieser Seßhaftmachung bekam ich von unserem großen alten Mann Wilhelm Keil, dem ich Verehrung und Bewunderung entgegenbrachte, diesen handschriftlichen Brief:

»Ludwigsburg, 7. Oktober 1961

Lieber Alex,
Dein Ausscheiden aus dem Landtag gibt mir Anlaß, Dir einen freundlichen Gruß zu senden, dem ein wenig Betrübnis beigemischt ist. Ich hätte Dein Verbleiben im Landtag gern gesehen, wenn doch, wie es nunmehr scheint, zur Übernahme der größeren Aufgabe keine Aussicht besteht. Du wirst sicher in Bonn in die vordersten Reihen treten, aber wahrscheinlich einer unter mehreren sein, im Landtag warst Du einer über vielen, und die vielen werden Dich sehr vermissen. Da nun aber nichts mehr zu ändern ist, wünsche ich Dir auf der größeren Bühne von Herzen reichen Erfolg.

In treuer Verbundenheit
Dein
Wilhelm Keil.«

Wilhelm Keil war Präsident des Stuttgarter Landtags und ist erst im Alter von 82 Jahren aus dem Landesparlament ausgeschieden. Bis zum Dritten Reich war er Abgeordneter des Deutschen Reichstages und einer der bekanntesten Sprecher der deutschen Sozialdemokratie in Finanz- und Steuerfragen (siehe auch Protokoll Heidelberger Parteitag der SPD 1925 und seine Bücher »Erlebnisse eines Sozialdemokraten«, Band I und II). Ich habe ihm sofort einen ersten Bericht über meine Bonner Eindrücke geschickt und die Verbindung zu ihm sehr gepflegt.
Wir standen in der Erwartung der Regierungsbildung, die vom 17. September bis zum 7. November 1961 dauerte, und der von Bundeskanzler Adenauer für die Koalition zwischen CDU, CSU und FDP abzugebenden Regierungserklärung, die dann enttäuschte, wie fast alle Zeitungen in ihren Berichten und Kommentaren bekundeten. Es sei noch erwähnt, daß Ludwig Erhard für den Bundeskanzler die Regierungserklärung vor dem Deutschen Bundestag verlesen hat.
Für die SPD sprachen Brandt, Erler und Ollenhauer, die in bestechender Form waren. Aus der Debatte ist hervorzuheben, daß Willy Brandt für die SPD-Fraktion »die grundsätzliche Bereitschaft zur Zusammenarbeit in den Lebensfragen unseres Volkes« anbot und dem Bedauern Ausdruck gab, daß keine Allparteienregierung gebildet worden sei, obwohl dies vor dem Hintergrund der Berlinkrise »vor unserem Volk, vor der ganzen Welt, vor Freund und Feind ein Zeichen der Reife und Entschlossenheit gewesen wäre«. Die ersten Sprecher der beiden Koalitionsparteien, von Brentano und Dr. Mende, erklärten, daß sie unter den gegebenen Umständen eine Allparteienregierung nicht für notwendig halten würden.
Mit dieser ersten großen Debatte der 4. Legislaturperiode beschäftigten sich am anderen Morgen Presse und Rundfunk sehr ausführlich. Zwei Pressestimmen seien zitiert.

Die »Frankfurter Rundschau«:

»Es ist ein düsterer Hintergrund, vor dem das vierte Kabinett Adenauer seine Tätigkeit aufnimmt, nicht ohne Schuld des alten und neuen Kanzlers. Die Regierungserklärung bestätigt, daß die neue Bundesregierung eine Fortsetzung der alten ist und daß der Einbau der FDP uns keine neue Politik gebracht hat. Dies wird erst dann möglich sein, wenn Konrad Adenauer abgetreten ist.«

Die »Rhein-Zeitung«:

»Niemand, der die Regierungserklärung liest, kann sich dem Ernst entziehen, der daraus spricht. Wenn es eines Beweises dafür bedurft hätte, dann hat ihn die Ankündigung der zivilen Dienstpflicht, Verlängerung der allgemeinen Wehrpflicht von 12 auf 18 Monate sowie des Gesetzes zur Umstellung der Wirtschaft, Ernährung und des Verkehrs auf Krisensituationen gebracht. Sie zeigt dem letzten Staatsbürger, daß die Zeit der Illusionen vorbei ist und daß wir in die härteste Nervenprobe unserer Geschichte überhaupt eintreten.«

Am 17. Januar 1962, nach den Weihnachtsferien, wurde die Mandatsniederlegung von Georg-August Zinn, Willy Brandt, Wilhelm Högner und Klaus Schütz bekanntgegeben. Am 24. Januar 1962 verzichteten Helmut Schmidt und Irma Keilhack auf die Mitgliedschaft im Deutschen Bundestag. Diese Verzichte der sechs Sozialdemokraten hingen mit der Fortführung ihrer Tätigkeiten in Landespositionen zusammen.
Am 17. Januar 1962 bin ich zu meiner Jungfernrede gekommen, denn ich hatte den Antrag der Fraktion der SPD auf Einsetzung einer Expertenkommission zur Vorbereitung der Finanzreform zu begründen. Von mir ist darauf hingewiesen worden, daß selbst in der Regierungserklärung festgestellt wurde, die Neuordnung der Finanzverfassung des Grundgesetzes besitze einen außergewöhnlichen Rang und erfordere eine sorgfältige Vorbereitung. Der außergewöhnliche politische Rang ergebe sich vor allem aus der Tatsache, daß ohne diese Neuordnung weder eine systematische Abstimmung in der Aufgabenerfüllung von Bund, Ländern und Gemeinden möglich sei, noch viel weniger die Durchführung der Aufgaben – wobei es sich ja nicht nur um die Deckung des öffentlichen Finanzbedarfs handele – in der Rangfolge der Dringlichkeit und der Reihenfolge der Bedürfnisse gesichert werden könne.
Dabei müsse man zur Kenntnis nehmen, daß diese Neuordnung, soweit sie Änderungen des Grundgesetzes zur Folge habe, einer Zweidrittelmehrheit des Bundestages bedürfe und daß die positive Mitwirkung der Länder, und zwar auch der sozialdemokratisch geführten Länder, erforderlich sei.
Man könne nicht das Bedauern darüber unterdrücken, daß zwei der vorangegangenen Adenauer-Regierungen eine Finanz- und Steuerreform zwar versprochen hätten, ohne allerdings ernsthafte Versuche zu unternehmen, sie zu realisieren.

In der am 29. November 1961 abgegebenen neuen Regierungserklärung hieß es:

»Diese Neuordnung . . . erfordert eine sorgfältige Vorbereitung.«

Eine solche sorgfältige Vorbereitung hätten die beiden vorangegangenen Adenauer-Regierungen bereits durchführen können. Der von dieser Regierung abgegebenen Erklärung könne die Ankündigung der Steuerreform entnommen werden. Die Ankündigung sei mit folgendem nach meiner Auffassung beachtlichen Schuldbekenntnis verbunden. In der Regierungserklärung heißt es:

»Wir sollten uns aber bemühen, aus der allzu gelegentlichen Steuerflickarbeit herauszukommen, die Jahr um Jahr hier und dort Kleinigkeiten ändert und die unser Steuersystem als Ganzes auf die Dauer eher verschlechtert als verbesert.«

Deutlicher könne man das bisherige Versagen nicht herausstellen. Nachdem von mir alle Bereiche, die eine Neuordnung unserer Finanzverfassung vordringlich erscheinen lassen, begründet worden waren, habe ich zum Schluß erklärt:

»Wir haben in der bisherigen Praxis erkennen können, wie sich in einem Zeitraum von drei Legislaturperioden die durch die Verfassung gesetzte Finanzordnung in eine Unordnung des Finanzwesens verwandelt hat. Für die Sachverständigen ist es daher eine wichtige Aufgabe, zu ermitteln, wie sich das Ausmaß des durch Gesetz festgelegten sowie des sonstigen voraussehbaren Bedarfs der öffentlichen Haushalte, insbesondere der Investitionsbedarf, in den nächsten zehn Jahren voraussichtlich entwickeln wird. Dieser Teil der Untersuchung erfordert eine besondere Sorgfalt, weil er die Legislative in die Lage versetzen sollte, bei der Neugestaltung der Finanzbeziehungen die künftige Entwicklung zu berücksichtigen.
Die Privatwirtschaft kennt eine Finanz- und Wirtschaftsplanung. Die moderne Volkswirtschaft wäre ohne vorausschauende Disposition der Wirtschaftsträger nicht denkbar. Im gleichen Maß muß auch von der öffentlichen Hand eine Vorausplanung von Bedarf und Deckung erwartet werden. Wenn in der Finanzwirtschaft der Gebietskörperschaften im Gegensatz zu privatwirtschaftlichen Unternehmungen die Einnahmen nach den Ausgaben bestimmt werden, so sollte doch eine Vorauspla-

nung über die Entwicklung gerade dieser Bedarfsseite und der daraus notwendigen Einnahmegestaltung für einen längeren Zeitabschnitt erfolgen. Der Ausgleich braucht nicht unbedingt im Zeitraum einer Rechnungsperiode herbeigeführt zu werden. Wenn man auf dem Standpunkt steht, daß die Finanzpolitik einen wesentlichen Beitrag zu einer antizyklischen Wirtschaftspolitik zu leisten hat, so läßt sich diese Einflußnahme ohnehin nur in längeren Zeitabschnitten, das heißt nur bei zusammengefaßten Rechnungsperioden verwirklichen.
Die Sozialdemokratische Bundestagsfraktion ist bereit, mit ihren Freunden in den Ländern alles zu tun, um eine Neuordnung unserer Finanzverfassung zu erreichen, die auf allen drei Ebenen die Bewältigung der uns gestellten Aufgaben finanz- und steuerpolitisch sichert.«

Der Schreck vor der Scylla

Zehn Sitzungen später, am 14. März 1962, habe ich in meiner Stellungnahme zur ersten Beratung des Haushaltsgesetzes 1962 einige aktuelle, aber auch grundsätzliche Bemerkungen gemacht, die zu einer eigenen Urteilsfindung gehören und deshalb an dieser Stelle wiedergegeben werden:

»Die Deckungslücke im Haushalt 1962 wirft eine ganze Anzahl finanzpolitischer Probleme auf. Ich meine, wir dürfen sie nicht nur aus der jetzigen Situation sehen, sondern wir müssen dabei auch das beachten, was in den letzten Jahren, was in der Vergangenheit versäumt worden ist. Ganz grell steht doch wohl im Scheinwerferlicht die Diskrepanz zwischen dem formellen Verfassungsrecht und der Wirklichkeit, soweit es sich um die Zuweisung von Aufgaben und die Verteilung der Steuereinnahmen handelt. Wenn man schon in früheren Jahren die Finanzreform ernsthaft in Angriff genommen hätte, würden wir heute andere Ausgangspunkte für die Diskussion haben, und kein Bundesfinanzminister wäre in die hier geschilderte Situation gekommen, als Bittsteller bei den Ländern in Erscheinung zu treten.
Man hätte spätestens aufgrund des Urteils des Bundesverfassungsgerichts über die Tilgung der Ausgleichsforderungen Veranlassung nehmen müssen, sich ernstlich über eine Neuordnung in der Verteilung der

Aufgaben und der Zuweisung von Steuereinnahmen zu unterhalten und zu einer Verständigung mit den Ländern zu kommen.
Ich möchte darauf aufmerksam machen, daß zu dieser Frage und eng damit zusammenhängend zu Art. 120 des Grundgesetzes, zu der Regelung der Kriegsfolgelasten, überhaupt nichts gesagt worden ist und daß eine gesetzliche Regelung, die sich aus dem Urteil des Bundesverfassungsgerichts ergeben müßte – und zwar nicht nur für die Tilgung, sondern zweifellos auch für die Verzinsung der Ausgleichsforderungen –, noch aussteht.
Der zweite Tatbestand, über den gesprochen werden muß, weil er Sünden der Vergangenheit aufzeigt, ist der, daß statt einer wegweisenden finanzpolitischen Konzeption mit Schwerpunkten immer die Vielzahl der Ressortstandpunkte den finanzpolitischen Rahmen abgesteckt haben, und dieser finanzpolitische Rahmen erhielt von der Koalition vor den Bundestagswahlen einen anderen Lack. Insoweit ist die Rede des Herrn Bundesfinanzministers am gestrigen Tage besonders beachtlich. Eine angesehene Zeitung hat heute morgen seine Ausführungen wie folgt kommentiert:

> ›Pointierter als der neue Finanzminister hat kaum ein Oppositionsredner den finanzpolitischen Schlendrian der letzten Jahre gerügt.‹

Das schreibt die ›Stuttgarter Zeitung‹! Ich habe die Rede des Herrn Bundesfinanzministers und seinen Notschrei – Ziffer 76 der Rede – genauso verstanden, nämlich den Notschrei – ich zitiere:

> ›Ich darf zunächst an die Bundesregierung und an dieses Hohe Haus appellieren, den Bund für 1962 nicht mit zusätzlichen Ausgaben zu belasten, weder im Haushalt noch durch neue Gesetze.‹

Meines Wissens ist es ungewöhnlich, daß der Herr Bundesfinanzminister im Parlament auch an die Bundesregierung appellieren muß; das ist ganz zweifellos auf gravierende Umstände zurückzuführen.«

Auf die Darstellung der Auffassungen der Sozialdemokratischen Fraktion zu den verschiedenen Positionen des Haushaltsentwurfs kann ich hier verzichten. Aber zu einem wichtigen politischen Komplex, der Unterstellung »Alles auf einmal« ist von mir Grundsätzliches gesagt worden, das seine Bedeutung nicht nur aus der Rückschau, sondern auch wegen der weiteren Entwicklung behalten hat:

»Der Herr Bundesfinanzminister hat in Ziffer 80 seiner Rede ein sehr böses Wort gesprochen. Er hat gesagt, das Grundübel der letzten Jahre liege in dem Ruf und der darin eingeschlossenen Praxis ›Alles auf einmal‹. Ich füge hinzu, daß im nächsten Absatz vom Herrn Bundesfinanzminister eine erhebliche Abschwächung vorgenommen worden ist, wo bemerkt wird: ›Gewiß, die Aufbaujahre standen unter dem Druck der Unaufschiebbarkeit.‹ Ich meine, das ist der entscheidende Gesichtspunkt. Man kann offen darüber reden, daß Interessengruppen in Bonn in den vergangenen Jahren eine besondere Rolle spielen konnten. Man kann aber nicht alles in einen Topf werfen und unterstellen, daß die Bevölkerung und insbesondere die, die es angeht, alles auf einmal haben möchte. Das trifft nur für Teile unseres Volkes zu.

Sicherlich trifft das nicht für die Teile zu, auf denen die Kriegsfolgeschäden lasten. Sie können nicht davon sprechen, alles werde auf einmal gefordert, wenn Sie an den großen Teil des Volkes denken, der unter den Lastenausgleich fällt, der immerhin von 1949 bis 1979 läuft, also dreißig Jahre. Es ist sicher nicht richtig, wenn man unterstellt, unser Volk sei so materialistisch und so wenig zu zügeln, daß es alles auf einmal haben wolle. Ich erkläre, große Gruppen der sozial Bedrängten haben in den vergangenen Jahren eine Langmut bewiesen, die staatspolitisch nicht hoch genug eingeschätzt werden kann. Wir alle sollten das in diesem Zusammenhang einmal dankbar vermerken.

Lassen Sie mich noch etwas hinzufügen. Ich habe in früheren Jahren einiges mit dem Personenkreis zu tun gehabt, der unter den Komplex Wiedergutmachung fällt. Hier wird die Anklage erhoben, es werde alles auf einmal gefordert. Was sich aber gerade bei diesen Personen an menschlicher Tragik, an Bürokratismus vollzogen und was sich da an mangelndem Willen zu helfen gezeigt hat, paßt nicht in diesen demokratischen Staat. Wir sind der Meinung, die im Memorandum der Acht zum Ausdruck kommt, aus dem ich folgende Sätze zitiere:*

> ›Es wäre eine Illusion zu meinen, die Verteidigung gegen den Kommunismus sei in erster Linie Sache der Außenpolitik und der Rü-

---

* »Memorandum der Acht«, Stellungnahme von acht bekannten Protestanten vom 6.11.1961, die als private Arbeitsgrundlage für interne Gespräche mit Bundestagsabgeordneten aller Fraktionen dienen sollte. Das Memorandum unterzeichneten folgende Persönlichkeiten: Rechtsanwalt Hellmut Becker, Kreßbronn; Präses D. Dr. Joachim Beckmann, Düsseldorf; Intendant Dr. Klaus von Bismarck, Köln; Prof. Dr. Werner Heisenberg, München; Dr. Günter Howe, Heidelberg; Dr. Georg Picht, Hinterzarten; Prof. Dr. Ludwig Raiser, Tübingen; Prof. Dr. Carl Friedrich Freiherr von Weizsäcker, Hamburg.
Zitiert aus: Archiv der Gegenwart, S. 9698, vom 24. 2. 1962

stung. Die Entscheidung darüber, ob unsere Gesellschaftsordnung der Herausforderung durch den Kommunismus gewachsen ist, fällt auf den Gebieten der Sozialpolitik und der Kulturpolitik, die nur in ihrem wechselseitigen Zusammenhang richtig verstanden und vernünftig geplant werden können.‹

Das ist auch unsere Auffassung, und gerade deswegen sehen wir manche Schwerpunkte der Haushalte in Bund, Ländern und Gemeinden anders. Wir möchten, daß die Bundesrepublik Deutschland durch einen bewußten Ausbau zu einem – wie der Artikel 20 des Grundgesetzes vorschreibt – demokratischen und sozialen Bundesstaat wird, in der Gewißheit, daß nur ein solcher Staat lebensfähig und krisenfest ist. Wir möchten einen solchen Staat im Staatsbewußtsein eines jeden einzelnen Bürgers verankert wissen. Wir möchten, daß jeder einzelne Bürger eine solche Verbindung zu unserem Staat bekommt, daß er sagen kann: Der Staat bin ich, der Staat: das sind wir alle. Wenn wir diese Auffassung durch unser politiscnes Handeln erreichen, haben wir, meine ich, Entscheidendes getan, um das Bollwerk gegen den Kommunismus zu verstärken.

Lassen Sie mich mit den Worten schließen, die der Herr Bundesfinanzminister am Ende seiner Rede gesagt hat:

›Ich bin der Überzeugung, daß wir trotz der aufgezeigten echten Schwierigkeiten in gemeinsamer Anstrengung die Lage meistern werden – und ich möchte deshalb meine Ausführungen mit den Worten des Odysseus an seine Begleiter, die vor der Scylla erschraken, schließen: Freunde, wir sind ja bisher nicht ungeübt in Gefahren. Und ich hoffe, wir werden uns einst auch dieser erinnern.‹

Nun, die Scylla wird von Homer im 12. Gesang wie folgt beschrieben:

›Diese Höhle bewohnt die fürchterlich bellende Scylla, deren Stimme hell wie der jungen saugenden Hunde Winseln tönt, sie selbst ein greulich Scheusal, daß niemand ihrer Gestalt sich freut, wenn auch ein Gott ihr begegnet.‹«

Bei allen Vorbehalten – so, Herr Bundesfinanzminister, möchte selbst die Opposition Ihren Bundeshaushalt nicht sehen.

Etwa einen Monat später, am 12. April 1962, erfolgte die Dritte Lesung des Haushaltsgesetzes 1962. Wenn ich nochmals Teile einer Rede aus dem Bundestagsprotokoll wiedergebe, dann deshalb, weil ich mich in diesem Abschnitt meines Buches mit der Finanzwirtschaft als Mittel der Politik beschäftige. Das heißt, mir liegt daran, den Leser mit dem Kernstück meiner politischen Konzeption vertraut zu machen, das mir in der SPD insbesondere die Position des »Finanzexperten« zugewiesen, das aber auch Bestimmungsmerkmale für meine übrige Tätigkeit gesetzt hat. Bundestagsprotokolle haben für mein Gefühl zwingend Verbindliches über den auszusagen, der Eigenes zum politischen Geschehen im Sinne des Gemeinwohls beizutragen beabsichtigt. Daher greife ich auf diese Dokumentationen zurück.
Für die Rede am 12. April 1962 hatte ich mir vorgenommen, eine allgemein-finanzwirtschaftliche Betrachtung vorauszuschicken:

»Die öffentliche Finanzwirtschaft ist zu einem Wissens- und Aufgabengebiet eines nicht allzu großen Kreises von Fachkundigen geworden, die sich entweder bei ihrer Berufsausübung notwendigerweise damit befassen müssen oder deren politische Funktion es erfordert. Der weitaus größte Teil der Bevölkerung nimmt leider an dem finanzpolitischen Geschehen – auch auf kommunaler Ebene – nur wenig Anteil.
Diese Gleichgültigkeit gegenüber dem öffentlichen Finanzwesen steht offensichtlich im Widerspruch zu der überwiegend vom rein ökonomischen Zweckdenken beherrschten Einstellung des Staatsbürgers von heute, der nicht nur nach höchstmöglichem Einkommen, sondern auch nach zweckmäßiger Verwendung seiner Einkünfte trachtet. Es ist bedauerlich, daß er dabei übersieht, daß sich in der Verwendung eines wesentlichen Teils seiner Einkünfte, der über Steuern und sonstige Finanzausgaben vereinnahmt wird, eine der wichtigsten Funktionen der Finanzwirtschaft vollzieht. Daß dieser Anteil nicht unerheblich ist, zeigt der bei kritischer Betrachtung des Staatsaufwands bevorzugt angeführte Vergleich zwischen der Höhe des Nettojahreseinkommens der in der Bundesrepublik beschäftigten abhängigen Erwerbspersonen und dem Volumen der während eines Rechnungsjahres durch die Kassen der öffentlichen Gebietskörperschaften fließenden Gelder.
Für das fehlende allgemeine Interesse am öffentlichen Finanzwesen las-

sen sich viele Gründe anführen, die geeignet sind, die gegenwärtige Einstellung des Steuerzahlers zu erklären. Einer der wesentlichsten dürfte sein, daß die öffentliche Finanzwirtschaft zu einer Spezialwissenschaft geworden ist. Die Vielzahl von Steuerarten und Rechtsvorschriften in unserem heutigen Steuer- und Finanzsystem ist für einen Laien unübersehbar und unverständlich geworden.

Auch für die Finanzwirtschaft gilt aber die allgemeine Erkenntnis, daß Verständnis vor allem Verstehen voraussetzt. Verstehen ist in diesem Falle nur möglich, wenn das öffentliche Finanzwesen besonders durch eine Verminderung der Steuerarten und eine Vereinfachung der Steuergesetze und -verordnungen sowie durch ihre Fassung in einer allgemeinverständlichen Sprache klarer und übersichtlicher gestaltet wird.

Ein allgemeines Verständnis für die öffentliche Finanzwirtschaft setzt ferner voraus, daß man ihre Existenzberechtigung anerkennt. Sie beruht auf dem Vorhandensein des Staates und dieser letztlich auf dem Gemeinschaftstrieb des Menschen, also gleichsam auf einem Naturgesetz. Die Aufgaben des Staates, die in der Erfüllung von Gemeinschaftsbedürfnissen bestehen, zu der der einzelne Staatsbürger finanziell nicht imstande ist oder für die kein individuelles Interesse vorliegt, ändern sich mit dem Entwicklungsstand, das heißt mit den politischen, ökonomischen und sozialen Verhältnissen. Daher muß die Öffentlichkeit laufend mit den aktuellen Aufgaben des Staates durch eine für jeden Bürger verständliche Publizität vertraut gemacht werden.

Nur so gewinnt der einzelne Staatsbürger einen Einblick in den Staatsbedarf, zu dessen Deckung er Steuern und sonstige Abgaben aufbringen muß. Dann erst kann er auch Interesse an der öffentlichen Finanzwirtschaft finden, die in erster Linie der Erfüllung der Staatsaufgaben dient, das heißt, der sowohl die planmäßige Beschaffung der öffentlichen Mittel und ihre Verwaltung als auch ihre Verwendung im Sinne der herrschenden Kultur-, Wirtschafts- und Sozialpolitik und aller anderen Aufgabenstellungen obliegen.

Zahlenmäßig spiegeln sich Art und Umfang der Beschaffung der öffentlichen Mittel wie auch ihre Verwendung für die einzelnen Aufgaben in den Einnahmen und Ausgaben des Bundeshaushalts, der Staatshaushalte der Länder und der Etats der Gemeinden und Gemeindeverbände wider. Insbesondere durch den Haushalt entsteht ein Röntgenbild über Gesinnung und Tendenz der jeweiligen Regierung und der sie stützenden Parlamentsmehrheit. Zeige mir deinen Haushalt, und ich sage dir, wer du bist, oder – um mit Karl Jaspers zu sprechen –: Wofür man Geld hat und wofür man es nicht hat, das läßt bei Kenntnis der zur Verfügung stehenden Gesamtmittel einen Schluß auf das Wesen des Menschen zu.«

Nach einer Darstellung der haushaltswirtschaftlichen Ausgangslage und der im Haushaltsausschuß vorgenommenen Änderungen habe ich daran erinnert, was der Bundesfinanzminister zur volkswirtschaftlichen Ausgangslage im Zusammenhang mit der Steuerschätzung 1962 erklären mußte:

»›Eine zuverlässige Beurteilung der wirtschaftlichen Entwicklung ist schwierig; voraussichtlich Verlangsamung des starken Wachstums; Unsicherheit hinsichtlich der geschätzten Zuwachsrate des Bruttosozialprodukts 1962. Grundlage der Steuerschätzung: Annahme einer Steigerung der Zuwachsrate des Bruttosozialprodukts in Höhe von 7,5% nominal.‹
Ohne an dieser Stelle die Auseinandersetzung über die Wirtschafts- und Konjunkturpolitik fortführen zu wollen, darf ich feststellen, daß der Herr Bundesfinanzminister am 7. April auf dem Landesparteitag der bayerischen FDP nach Zeitungsmeldungen behauptet hat, es handele sich nach seiner Auffassung nicht um eine Krise, sondern um einen gesunden Prozeß der Normalisierung, der sich jetzt anbahne.
Eine anerkannte Autorität hat einmal erklärt: Nach einem jahrelangen, fast heroisch anmutenden Aufschwung ist die Verlangsamung der Zuwachsrate wirklich kein nationales Unglück; man kann sie eher als einen Prozeß der Normalisierung bezeichnen. Das war der Präsident der Deutschen Bundesbank, Herr Blessing, vor der Industrie- und Handelskammer in Hagen im Januar 1959 mit einer Stellungnahme zu der geringeren Steigerung des Bruttosozialprodukts im Jahre 1958. Ich erinnere: 1958 machte die Zuwachsrate der Steuereinnahmen 4,2% im Vergleich zum Vorjahre aus, die Zunahme des Bruttosozialprodukts zu Marktpreisen 7% im Vergleich zum Vorjahr; im Jahre 1959 konnten wir dann eine Steigerung von 12,4 bzw. 8,5% erreichen.
In der Sitzung des Finanzausschusses am 22. März haben wir uns erneut mit den Steuerschätzungen beschäftigt, wobei von seiten der Regierungsvertreter erklärt wurde, daß man Steuerschätzungen für ein Jahr nicht nach den Ergebnissen einiger Monate ausrichten kann.
Ich darf festhalten: im Herbst 1961, als die Vorarbeiten für den Haushalt 1962 durchgeführt wurden, haben die wissenschaftlichen Institute ange-

nommen, das Sozialprodukt werde 1962 um 7,5 % ansteigen. Von dieser Zuwachsrate gehen die wissenschaftlichen Institute auch heute noch trotz der behaupteten veränderten Wirtschaftslage aus. Es ist gesagt worden, daß einige Tage vor der Sitzung des Finanzausschusses am 22. März diese Wirtschaftsinstitute noch einmal unter dem Vorsitz von Herrn Präsidenten Fürst zusammengetreten sind, um die Steuerschätzungen sehr gewissenhaft zu überprüfen. Diese Experten rechnen nach den uns gewordenen Mitteilungen mit einem realen Wachstum von 3,6 % gegenüber 4 % im Herbst 1961. Sonst ist es im großen und ganzen bei den Schätzungen über die Entwicklung des Sozialprodukts geblieben. Dasselbe gilt für die Steuern.
Diese Fachleute haben also am 20. oder 21. März dieses Jahres – kurz vor der Fernsehrede des Herrn Bundeswirtschaftsministers – erklärt, daß sie nach wie vor ihre Schätzungen aufrechterhielten, daß man mit einer Steigerung der Zuwachsrate des Bruttosozialprodukts in Höhe von 7,5 % rechnen müsse. Das bedeutet eine Steuerschätzung von + 10,6 %. Wir alle in diesem Hohen Hause sind uns darüber einig, daß es sich dabei selbstverständlich nicht um eine exakte mathematische Größe handeln kann, sondern um einen Mittelwert, bei dem ein wissenschaftlich akzeptierter Spielraum vorhanden ist.
Ich will die konjunktur- und wirtschaftspolitische Debatte der vergangenen Woche nicht noch einmal heraufbeschwören, aber was sich von Donnerstag der vergangenen Woche bis heute im Schoße der Regierungskoalition oder in der gestrigen Kabinettssitzung wirklich ereignet hat – ich sage das gestützt auf Zeitungsmeldungen –, übertrifft die schlimmsten Befürchtungen, die von meinen Kollegen in der Debatte der vorigen Woche geäußert worden sind.
Wir haben bald das Osterfest. Da würde ich empfehlen, daß der Herr Bundeswirtschaftsminister einmal den ›Faust‹ liest. Er wird darin eine Stelle finden:

›Geschrieben steht: Im Anfang war das Wort!
Hier stock ich schon! Wer hilft mir weiter fort?‹

Diese Betrachtung im ›Faust‹ schließt:

›Es sollte stehn: Im Anfang war die Kraft!‹

Das sind unsere guten Wünsche, die den Herrn Bundeswirtschaftsminister begleiten sollen.
Die Ergebnisse in wenigen Tagen beweisen eindeutig, daß er sehr viel größere Schwierigkeiten hat, sich mit seinen eigenen Freunden zu ver-

ständigen – insbesondere seit der Herr und Meister wieder da ist –, als sie sich etwa in einem echten Gespräch mit der Sozialdemokratischen Bundestagsfraktion ergeben würden.
Es gibt gewisse parlamentarische Gepflogenheiten und gewisse Gepflogenheiten im Verkehr zwischen der Bundesregierung und dem Parlament bzw. den im Parlament vertretenen Fraktionen, gute Gepflogenheiten! Manchmal werden sie von den Herren Bundesministern zum Kummer des Herrn Bundeskanzlers nicht genau beachtet. Das geschieht selbstverständlich nur im Eifer des Gefechts und nie in böser Absicht. Man soll in wichtigen Fragen der Außenpolitik oder der Situation in Berlin die Vorsitzenden der Fraktionen des Hohen Hauses vertraulich in Gesprächen informieren. Man soll versuchen, dabei eine gemeinsame Ausgangsposition für das weitere Verhalten auch im Parlament zu finden. Ja, meine Herren von der Regierung, warum erfolgt nicht einmal ein solches Gespräch mit den Vertretern der drei Fraktionen, wenn es sich um eine so ernste wirtschafts- und konjunkturpolitische Situation handelt, daß sich der Herr Bundeswirtschaftsminister kurz nach der Abreise des Herrn Bundeskanzlers zu einem dramatischen Appell im Deutschen Fernsehen veranlaßt sieht?
Vizepräsident Schoettle: Herr Abgeordneter, gestatten Sie eine Zwischenfrage?
Dr. h. c. Dr.-Ing. E. h. Möller (SPD): Es ist mir ein Vergnügen.
Dr. Barzel (CDU/CSU): Darf ich daraus schließen, Herr Kollege, daß Sie die Zusammenarbeit der Fraktionen in Fragen der Außen- und Wehrpolitik für vorzüglich halten?
Dr. h. c. Dr.-Ing. E. h. Möller (SPD): Ich habe das nicht gesagt. Ich habe ausdrücklich darauf hingewiesen, daß die Zusammenarbeit nicht immer so erfolgt, wie das wahrscheinlich der Herr Bundeskanzler wünscht, und hinzugefügt, daß das selbstverständlich nicht böse Absicht sei, sondern nur im Eifer des Gefechts geschehe. Ich entnehme aber Ihrer Zwischenfrage, daß Sie persönlich die Auffassung vertreten, daß eine solche gegenseitige Information gerade bei dem Ernst der politischen Lage der Bundesrepublik Deutschland erforderlich ist. Ich habe zu meiner Freude aus Ihrer Frage keine Ablehnung meines Vorschlags entnommen, daß es auch zweckmäßig sein dürfte, in einer so ernsten wirtschafts- und konjunkturpolitischen Situation ein solches Gespräch zu führen. Demokratie soll ja in der Führung von Gesprächen bestehen, soll darin bestehen, daß man die Meinung des anderen achtet und beachtet, daß man von der

gleichen Basis aus diskutiert und überlegt, um gemeinsam den richtigen Weg zu finden. Vielleicht gelingt es nicht, eine völlige Übereinstimmung zu erreichen. Das ist aber in der Demokratie leider ein Zustand, der jedem einzelnen von uns bekannt ist.
(Abg. Dr. Dr. h. c. Dresbach: Herr Kollege Möller, eben haben Sie gesagt: Am Anfang stand die Tat und nicht das Geschwätz. – Gegenrufe von der SPD: Die Kraft!)
Ich sagte, im Anfang war das Wort. Das hat Goethe im ›Faust‹ geschrieben. Ich traue mir viel zu, aber nicht so viel, daß ich einen Goethe ändern wollte.
Ich hatte gestern noch vor, dankbar anzuerkennen, daß sich die Sozialpartner am 10. April in einem neuen Spitzengespräch gefunden haben und daß sie dabei mit der vom Bundeswirtschaftsminister geplanten Bildung eines unabhängigen Sachverständigengremiums zur Prüfung der wirtschaftlichen Probleme einverstanden gewesen sind. Ich kann das aber deswegen nicht sagen, weil nach den heutigen Zeitungsmeldungen das Kabinett und der Herr Bundeskanzler, wie vermutet, etwas andere Vorstellungen über diese Expertenkommission und die Aufgaben dieser Kommission haben als der Herr Bundeswirtschaftsminister. Die Frage meiner Kollegen vom Donnerstag, ob das nun mit dem Herrn Bundeskanzler abgestimmt worden sei, ist nun wirklich nicht durch die Erklärung des Herrn Bundeswirtschaftsministers überflüssig geworden, daß er selbständig sei und daß er auch seine Kabinettskollegen nicht gefragt und gar keine Regierungserklärung im Deutschen Fernsehen abgegeben habe, obwohl die Intendanten der Rundfunkanstalten dieser Meinung gewesen sind. Dabei bleibt der Hinweis wichtig, daß der Herr Bundeskanzler die Richtlinien der Politik bestimmt. Mein Gott, das hat doch der Herr Bundeswirtschaftsminister so oft zu seinem Leidwesen erfahren, daß man eigentlich vermuten müßte, er sei durch Schaden klug geworden. Denn daß der Bundeskanzler irgendwann hier wieder erscheinen würde aus dem Land, wo die Zitronen blühen, das ist doch ein Punkt, der gar nichts mit Hellseherei zu tun hat.
Herr Bundeskanzler, Sie haben ja selber Gott sei Dank – und das muß bei einem Bundeskanzler und Chef einer Regierung so sein – eigene Gedanken und Vorstellungen über das, was auf diesem Gebiete erfolgen muß, und Ihr Schuldspruch ist schon sehr beachtlich, zumal Sie in diesem Ihren Schuldspruch Ihren Bundeswirtschaftsminister nicht ausgeklammert haben. Der Herr Bundeskanzler sollte sich einmal daran erinnern,

daß wir im 2. Bundestag, nämlich am 6. Juni 1956, einen Gesetzentwurf zur Förderung des stetigen Wachstums der Gesamtwirtschaft vorgelegt haben. In diesem Gesetzentwurf ist von uns auch bereits ein jährlicher Wirtschaftsbericht der Bundesregierung ebenso angeregt worden wie ein unabhängiger volkswirtschaftlicher Beirat. Ich wäre dankbar, wenn man in den Beratungen des Kabinetts diesen Gesetzentwurf oder Teile davon mit zur Diskussion stellen würde.

Bringen Sie doch einmal so viel Selbstüberwindung auf und denken Sie nicht an den, der den Gesetzentwurf verfaßt hat, sondern nehmen Sie einfach den Gesetzentwurf als einen Tatbestand, über den Sie sich mit Experten in den westlichen Ländern – ob in Holland oder in den nordischen Ländern, das wird Ihnen weniger imponieren, aber auch in Amerika – ausgiebig unterhalten können. Sie werden auf dieselben Gedankengänge und Überlegungen stoßen, und ich meine deshalb, daß es schon möglich wäre, einen Weg zu finden, der von allen Fraktionen des Hohen Hauses beschritten werden könnte.

Es ist – und das muß bei einer solchen Haushaltsdebatte besonders hervorgehoben werden – höchst bedauerlich, daß noch nichts Entscheidendes zu der vom Bundestag und von seiten der Wissenschaft und der Praxis hervorgehobenen Notwendigkeit einer Neuordnung des Haushaltsrechts getan worden ist. Wir arbeiten immer noch nach dem antiquierten Haushaltsrecht der Weimarer Republik. Auch hier erweist sich die jeweilige Bundesregierung als Meister in der Kunst der Versäumnisse.

Der Wissenschaftliche Beirat beim Bundesministerium der Finanzen hat am 30. Januar 1960 ein Gutachten erstattet über ›Aufgaben und Möglichkeiten der Finanzpolitik angesichts der Gefahren einer konjunkturellen Überhitzung‹. Dabei ist eine grundlegende Reform des Haushaltsrechts, und zwar gerade unter dem Gesichtspunkt der konjunkturellen Notwendigkeiten, gefordert worden. Ich darf die Mitglieder des Hohen Hauses auf die Ziffern 36 und 37 dieses Gutachtens hinweisen und nur die Schlußsätze noch einmal zur Kenntnis bringen. Am Schluß sagt der Wissenschaftliche Beirat – ich wiederhole: am 30. Januar 1960 –:

> ›Dabei wird es sich darum handeln, auf der einen Seite der Regierung den erforderlichen Handlungsspielraum zuzubilligen, und auf der anderen Seite jede nur mögliche Schranke gegen einen Mißbrauch dieser Befugnisse zu errichten.

– nämlich bei den neuen Gesetzen zur Modernisierung des Haushaltsrechts –

Das Ziel müßte also darin bestehen, einen vernünftigen Kompromiß zwischen schneller und wirksamer finanzpolitischer Aktion und der selbstverständlichen Respektierung der Rechte des Parlaments zu finden.‹

Die Bundesregierung Nr. 3 hat vor dieser Zielsetzung kapituliert. Wird es bei Nr. 4 anders? Wird nicht auch Nr. 4 überfordert sein? Das ist die Preisfrage, die wir bei Beginn der Legislaturperiode des 4. Deutschen Bundestages stellen.

Herr Kollege Dr. Schmidt (Wuppertal) hat in der Etatdebatte am 14. März erklärt, er vermöge mir nicht zu folgen, wenn ich das Auseinanderfallen von Verfassungsrecht und Verfassungswirklichkeit im Hinblick auf die unterbliebene bzw. verzögerte Finanzreform bedauere. Aber schon am 13. März 1958 hat der damalige Bundesfinanzminister Etzel die Anpassung der Finanzverfassung an die erneut veränderten wirtschaftlichen und finanziellen Erfordernisse verlangt und dabei erklärt: ›Der Finanzausgleich wird die Gretchenfrage des deutschen Föderalismus bleiben.‹ Und am selben Tage, an dem Herr Kollege Dr. Schmidt (Wuppertal) mir leider nicht folgen konnte, erschien im Pressedienst der CDU ein Artikel von Herrn Kollegen Etzel mit der Feststellung:

›Die unterschiedliche Einnahmeentwicklung bei Bund und Ländern zeigt, daß die im Grundgesetz verankerte Finanzverfassung nicht mehr mit der Wirklichkeit übereinstimmt.‹

Am Schluß seines Artikels spricht Herr Kollege Etzel von der grundlegenden Reform der Finanzverfassung und des Steuersystems und stellt fest, daß ›Verfassungsgrundsatz und Verfassungswirklichkeit nicht mehr in Übereinstimmung stehen‹. Wenn ich auch schmerzhaft empfinde, daß eine Übereinstimmung zwischen Herrn Kollegen Schmidt (Wuppertal) und mir in dieser wichtigen Frage nicht festgestellt werden konnte, so bin ich doch beruhigt, daß wenigstens der frühere Bundesfinanzminister in vollem Umfange meinem Standpunkt beitritt. Wir Sozialdemokraten haben – das möchte ich bei dieser Gelegenheit hervorheben – nicht nur dazu beigetragen, daß die Länder sich an der Beseitigung des Defizits im Bundeshaushalt beteiligten, sondern haben seit Jahren unseren Willen bekundet, an einer Neuordnung unserer Finanzverfassung und unseres Steuersystems mitzuarbeiten.

Ich will darauf verzichten, den früheren Bundesfinanzminister und seine Erklärungen auf dem CDU-Parteitag im April 1961 zu zitieren, darf aber zur Beruhigung der CDU/CSU-Fraktion ausdrücklich hinzufügen, daß wir uns bezüglich der Neuordnung des Steuersystems in wesentlichen Punkten mit den Konzeptionen durchaus befreunden könnten, die der damalige Herr Bundesfinanzminister auf dem CDU-Parteitag im April 1961 in Köln insbesondere aus gesellschaftspolitischen Gründen vorgetragen hat. Ich erinnere an folgende Punkte, die in seinem Referat eine Rolle spielten: Umsatzsteuer, verbesserte Einheitsbewertung, systematische Überprüfung der Vermögensteuer, der Gewerbesteuer und der Erbschaftsteuer und, wie er gesagt hat, einige andere wichtige Punkte, die man ändern muß, um den veränderten wirtschaftlichen Verhältnissen und gesellschaftspolitischen Zielen wirklich zu entsprechen. Das sind auch vom sozialdemokratischen Standpunkt aus sehr bemerkenswerte Erkenntnisse, und wir sind hinsichtlich der Realisierung in Form von Gesetzen und Novellen zu jeder tätigen Mithilfe bereit.«

Nach Erörterung verschiedener Bereiche des Haushalts nun der auch gekürzte Schluß der Rede:

»Mit Genehmigung des Herrn Präsidenten darf ich aus einem Artikel ›Rüstung mit Ruhe betrachtet‹ einen mir ganz besonders wichtig erscheinenden Abschnitt zitieren, weil es sich darum handelt, zu ermitteln, ob wir den in diesem Abschnitt angesprochenen kritischen Punkt erreicht haben oder nicht. Es heißt dort:

> ›Rüstungsleistungen sind nur so lange und insoweit vertretbar, als das Produktionsvolumen und die Produktivität der Volkswirtschaft es ohne Störung der sozialen Zwecksetzung alles wirtschaftlichen Tuns zulassen, Teile unserer gesellschaftswirtschaftlichen Arbeit Rüstungszwecken zuzuwenden. Jedes Mehr müßte entweder zum Verzicht auf die Erhaltung und Fortentwicklung der Produktivkräfte führen bzw. durch Konsumverzichte erkauft werden oder aber eine Störung oder sogar Zerstörung der wirtschaftlichen Ordnung und der Währung zur Folge haben. Damit aber würde sich der Sinn der Verteidigungsanstrengungen ins Gegenteil verkehren.‹

Das ist genau unsere Meinung. Und das, was hier geschrieben worden ist, stammt nicht von uns, sondern von Herrn Professor Dr. Ludwig Erhard, Bundesminister für Wirtschaft, geschrieben in einem Weihnachtsartikel am Freitag, dem 24. Dezember 1954, im ›Handelsblatt‹, Düsseldorf.

Meine Damen und Herren, ob Sie sich nun noch darüber unterhalten wollen, ob der Verteidigungshaushalt tabu sei oder nicht, spielt keine

Rolle mehr, denn im Bewußtsein der Bevölkerung ist er nicht mehr tabu.

Nehmen Sie eine so angesehene Zeitung wie die ›Welt‹. Da steht gestern im Leitartikel – nicht in einer Leserzuschrift – eine heftige Kritik über einen Beschluß, 25 Millionen DM für einen bestimmten Zweck nicht zu bewilligen. Was sagt man dazu:

> ›Niemand wird im Ernst behaupten wollen, daß die 25 Millionen DM nicht woanders eingespart werden könnten, und wenn es an dem mit einem Tabu behafteten 16-Milliarden-Verteidigungsetat wäre. Ein paar Panzer mehr oder weniger sind belanglos angesichts der Entscheidung, ob die Bundesrepublik Anschluß an den modernsten Zweig der Technologie gewinnen soll oder nicht.‹

Wer die Einheit der öffentlichen Finanzen bejaht, hat dafür zu sorgen, daß eine überzeugende Vertretbarkeit der Relation der Verteidigungslasten, der Soziallasten, der Lasten des Verkehrs, der Aufwendungen für kulturelle Aufgaben und der Aufwendungen für kommunale Aufgaben, um nur die wichtigsten Gebiete zu nennen, entsteht. Es darf auf keinem wichtigen Gebiet – hierin sollten wir uns einig sein – zu einer Unterbilanz in der Aufgabenerfüllung kommen.

Die Sozialdemokratische Fraktion will in dieser Zielsetzung Wächter und Mittler sein, weil sie es als Aufgabe der Opposition ansieht, diese Wächter- und Mittlerrolle insbesondere gegenüber der Bundesregierung zu übernehmen. Wir wären auch froh, wenn sich wieder das natürliche Gewicht des ganzen Parlaments, also der Legislative gegenüber der Exekutive, beweisen würde.

In vielen Positionen entspricht der Etat nicht unseren Vorstellungen. Wir haben Verständnis dafür, daß die Mehrheit in allen Abschnitten, die das Regierungsprogramm betreffen, unserer Konzeption nicht folgen kann. Umgekehrt erwarten aber auch wir Verständnis, wenn wir daraus die Konsequenzen ziehen. Hinzu kommt noch, daß für den wichtigen Vollzug des Haushalts die Bundesregierung die Verantwortung trägt. Diese Bundesregierung hat nicht unser Vertrauen. Den von ihr in der Verteilung der Gewichte bestimmten und von ihr zu vollziehenden Bundeshaushalt lehnt die Sozialdemokratische Bundestagsfraktion ab.«

Eine Wertung

Dieser Kommentar erschien am 18. April 1962 im »Vorwärts«, wobei nochmals zu bemerken ist, daß im vorangegangenen Kapitel nur etwa ein Drittel der Rede unter weitgehender Streichung von Zwischenrufen und Beifallsbezeugungen wiedergegeben worden ist:

»Mit der Rede von Dr. Alex Möller zur Finanzpolitik der Bundesregierung, die am 12. April gehalten wurde, erlebte der Bundestag eine der wenigen, allzu wenigen Stunden kraftvollen, parlamentarischen Geschehens. Ein guter Politiker ist noch lange kein guter Parlamentarier – und umgekehrt. Wenn beide Eigenschaften sich in einer Person vereinen, hat die Partei und hat auch das Parlament, in dem solche Abgeordneten tätig sind, einen großen Vorteil gewonnen, um so größer, wenn auf allen Seiten des Hauses Kräfte gleicher Art zum Kampf der Argumente zur Verfügung stehen.

Schneidig im Angriff, konziliant in der Form und nahezu unerschöpflich in der Fülle der Argumente und mit allen im Widerspruch zur Regierungspolitik, die er für verfehlt hält, humorig und in Übereinstimmung von Person und Sache bot Möller für die SPD eine souveräne Leistung. Man glaubte das, was gesagt wurde, weil, wie es gesagt wurde, aus der Macht der Überzeugung kam und weil zu hören war, daß Sachkunde und Wille zur Objektivität obwalteten. Das war ein Feuerwerk von Kritik und neuen Ideen, von Vorschlägen und Anregungen, von Hinweisen und Beweisen. Man erlebte eine freie und nahezu heitere Beherrschung von Stoff und Form. Der Kanzler, der ›aus dem Land, wo die Zitronen blühn‹, in das feuchtschwüle Bonn zurückgekehrt war, konnte sich des Schmunzelns und zuweilen auch des Lachens nicht erwehren, so wenig er selbst geschont wurde.

Nur ein Abgeordneter der CDU wagte eine Gegenfrage. Er wurde von dem Redner sachlich und rhetorisch in einer Weise ›bedient‹, daß selbst dieser wortgewandte und schnell zugreifende Mann von diesem Versuch an schwieg. Es wurde immer stiller, je länger Möller sprach, nachdem er mehrmals Zwischenrufe beantwortet und zerpflückt hatte. Dieses Schweigen brachte zwar kein Gold für die politischen Gegner des Redners, aber es bewahrte sie vor neuen und unerwarteten Zeugnissen der besseren Sachkenntnis, der überlegenen Dynamik und der exakten Kennzeichnung ihrer politischen Fehler und Versäumnisse, die sie durch

länger als ein Jahrzehnt der jüngsten deutschen Vergangenheit zu verantworten haben.
Das Parlament spürte die kühle Frische des Persönlichen, wenn Möller etwa dazu aufforderte, die Entscheidungen der Fraktionen im Bundestag aus der Routine der Ablehnung jeweils dessen herauszunehmen, was von der Gegenseite vorgeschlagen wird. Man möge sich an der Sache orientieren und nicht daran, wer sie angeregt oder beantragt hat. Wie, als habe er nichts gehört, trat wenig später der Sprecher der CDU in Haushaltsfragen an das Rednerpult und erklärte mit unbekümmerter Sicherheit: Wir lehnen (zu einem vorliegenden Antrag der SPD) alle Punkte mit festgestellten Beträgen ab, die anderen gehen an den Ausschuß! Als ob es keine sachliche Begründung gegeben hatte! Als ob es nicht jenseits des Schemas dringliche und noch vordringliche Aufgaben gäbe! Als ob nicht alle dazu berufen wären, selbst, jeder für sich, zu wägen, zu prüfen, zu entscheiden! Der Kontrast war erregend und belehrend. ›Stimmen Sie doch unserem Vorschlag zu, den Straßenbau nicht aus dem Etat zu streichen‹, beschwor Möller die Koalitionsparteien, und fügte hinzu: nicht weil wir es wollen, sondern weil doch alle Parteien den Straßenbau als unbedingt und dringend notwendig bezeichnen, ›wenigstens im Wahlkampf bezeichnet haben‹. Selten wurde die Doppelzüngigkeit der Politik so sichtbar wie in diesem Augenblick. Tiefe Stille folgte...
Da waren mehrere Tabus der parlamentarischen Praxis berührt worden, und besinnlich befragte mancher Abgeordnete sich selbst, wie es denn zu verantworten sei, den bequemeren Weg der Zustimmung zur üblichen Meinung im eigenen Kreise zu gehen oder den beschwerlichen der freien Selbstentscheidung aus der Sache.
Diese Rede eines Parlamentariers hat nicht nur der Finanzpolitik gegolten, sie könnte dem Parlament helfen.«

In einer Demokratie besteht normalerweise das politische Wechselspiel von Regierung und Opposition. Auf beiden Seiten strengen sich mindestens Führungskräfte ehrlich an, für ihre Standpunkte zu argumentieren. Die Logik muß meinen, dabei kommt dann vernünftig Abwägbares heraus, denn in keiner pluralistischen Gesellschaft lassen sich eigene Vorstellungen in puristischer Weise durchsetzen. Ist in dieser Art, sich in der Politik zu bewähren, die Logik ausgewiesen worden? Das mit Vernunft begabte Wesen Mensch sollte die Logik wieder einführen und ihr die Maßstäbe anvertrauen.

XVIII. PROBLEME HIER UND DRÜBEN

Kennedy und die Gewerkschaften

Es beruhte auf Gegenseitigkeit. John F. Kennedy »eroberte« bei seinem Besuch der Bundesrepublik in den Junitagen 1963 (23. bis 26. Juni) unsere Menschen, bei denen der Götterfunke der Freude zündete und Gefühle echter Verbundenheit tiefgehende Wurzeln schlugen. Kennedys Verstand hatte schon in seiner Senatorenzeit das geteilte Deutschland und Berlin in Tragik und Folgen erfaßt. Nun öffneten die demokratischen Deutschen dem Präsidenten der USA das Herz für ihr Schicksal, das sie auch ihm, insbesondere ihm anzuvertrauen bereit waren. Niemand, der in diesen Tagen dabeigewesen ist, kann dieses Stück Geschichte vergessen; es würde sich stärker und überzeugender fortentwikkelt haben, wenn es Kennedy vergönnt gewesen wäre, acht Jahre als amerikanischer Präsident und für die freie Welt zu wirken.*

Unter dem Erlebnis des Kennedy-Besuchs stehend, flog ich im Juli in die USA, um dem Auftrag meiner Parteifreunde zu entsprechen, bestimmte Gespräche, die vorbereitet waren, zu führen und für uns wichtige Informationen zu sammeln. In Fällen von allgemeiner Bedeutung hatte ich in Washington die Begleitung von Herren unserer Botschaft; die Gesprächsergebnisse sind in kurzen Vermerken festgehalten worden. Es ist vielleicht ganz vernünftig, diese nicht von mir verfaßten Vermerke anstelle eines Berichts wiederzugeben, weil sie geeignet erscheinen, einmal aufzuzeigen, wie im allgemeinen solche Gespräche verlaufen. In einigen Fällen habe ich in Form eines »Zusatzes« informative Bemerkungen hinzugefügt, um bestimmte Sachverhalte, die in den Unterredungen eine Rolle gespielt haben, für den Leser klarzustellen. Zu berücksichtigen bleibt auch der Termin Juli 1963 und die damalige politische Situation.

---

* Präsident Kennedy wurde am 22. November 1963 in Dallas/Texas ermordet.

Zunächst das
Gespräch mit Mr. Victor Reuther
Anwesend von der Botschaft: Herr Ruth
Bundestagsabgeordneter Dr. Möller wurde am 10. Juli 1963 von Mr. Victor Reuther, dem internationalen Direktor der Automobilarbeitergewerkschaft (UAW), und einigen seiner Kollegen zu einem längeren Gespräch empfangen. Dr. Möller berichtete eingangs über den begeisterten Empfang, der Präsident Kennedy in allen von ihm besuchten Städten bereitet wurde, und über Bemerkenswertes, soweit der Ablauf in Frage kam. Mr. Reuther stellte fest, daß der Besuch eine gute Sache gewesen sei.
Im weiteren Verlauf des Gesprächs beantwortete Mr. Reuther die ihm von Dr. Möller gestellten Fragen, unter anderem wie nachstehend in wenigen Sätzen zusammengefaßt:
In der gegenwärtigen innenpolitischen Diskussion nehme die Frage der Civil Rights den ersten Platz ein. Die Vereinigten Staaten befänden sich an einem historischen Wendepunkt. Ein positives Ergebnis der Auseinandersetzung um das schwierige Problem der Rassenintegration könne nach seiner Meinung eine Revitalisierung der amerikanischen Gesellschaft und eine Stärkung der demokratischen Prozesse sein.
Auf parteipolitischem Gebiet sei mit einer Regruppierung zu rechnen: Der traditionell demokratische aber konservative Süden könne republikanisch werden, während liberalere Republikaner sich in Zukunft der Demokratischen Partei anschließen würden. Diese neue Gruppierung werde besser der tatsächlich ideologischen Zugehörigkeit entsprechen. Der Präsident habe dadurch, daß er das Rassenproblem in seiner Fernsehrede vor das Volk gestellt habe, der Integration neue entscheidende Impulse gegeben. So sei nunmehr damit zu rechnen, daß nicht nur die Frage der Civil Rights, sondern auch Probleme wie die Arbeitslosigkeit, Wohnraumbeschaffung und die Erziehung mit größerer Konsequenz angepackt würden.
Im Hinblick auf die Präsidentschaftswahl 1964 vertrat Mr. Reuther die Meinung, daß es eine Tragik wäre, wenn die Civil Rights zum entscheidenden Punkt des Wahlkampfes würden. Er rechne nicht damit, obwohl Extremisten auf beiden Seiten sicherlich versuchen würden, die Frage der Integration und Segregation herauszustellen. Dagegen sei damit zu rechnen, daß andere Themen auf dem Gebiet der sozialen Gesetzgebung eine dominierende Rolle spielen werden.

Aus diesem Grunde sei er überzeugt, daß die weißen Arbeiter auch weiterhin für die Demokraten stimmen würden, weil sie wüßten, daß die Demokraten ihre Interessen am besten wahrnehmen.
Die Gewerkschaften insgesamt gäben dem Präsidenten ihre »kritische Unterstützung«. Die Kritik beruhe darauf, daß der Präsident nicht stark genug für die Beseitigung der Arbeitslosigkeit und für Gesetzesvorlagen wie die Altersversorgung eingetreten sei. Trotz dieser Kritik sei der Präsident der Unterstützung der Gewerkschaftler sicher, zumal die Republikaner keinen Kandidaten aufstellen könnten, der eine wirkliche Alternative sei.
Präsident Kennedy werde die Wahl von 1964 aus vorteilhafter Position bestreiten. Seine Vorteile lägen darin:

1. daß er als bisheriger Präsident einen natürlichen Vorsprung mitbringe,
2. daß die Religionsfrage keine Rolle mehr spiele, da auch die Protestanten erkannt hätten, daß Präsident Kennedy sich in seiner Staatsführung nicht von konfessionellen Interessen leiten lasse,
3. daß in der allgemeinen religiösen Atmosphäre durch die Stellungnahmen Papst Johannes' XXIII. ein großer Wandel eingetreten sei, der auch die Protestanten erfaßt habe.

Nach Ausführungen von Dr. Möller sagte Mr. Reuther, es bestehe wohl die Möglichkeit, daß unvorhergesehene Ereignisse, wie z. B. ein Streik, die Erfolgschancen des Präsidenten beeinträchtigen könnten. Er vertrete jedoch die Auffassung, daß die Gefahr gering sei. Das schwierigste Problem auf dem Gebiet der Beziehung zwischen Arbeitgeber und Arbeitnehmer bliebe die Auseinandersetzung bei den Eisenbahnen. Man könne aber damit rechnen, daß diese Frage bis zur Wahl ausgestanden sei. In der Stahlindustrie habe man sich ohne Streik geeinigt. In der Automobilindustrie werden die Tarifverhandlungen bald beginnen. In Anbetracht der günstigen Profitlage in der Automobilindustrie sei damit zu rechnen, daß eine Einigung erzielt werde.
Nach der Position der Gewerkschaften in der amerikanischen Öffentlichkeit befragt, führte Mr. Reuther aus, daß sie in rein gewerkschaftlichen Fragen, wie Lohn und Arbeitszeit, außerordentlich groß sei. Der allgemeine Einfluß in der Öffentlichkeit habe jedoch vor allem wegen der negativen Haltung des Präsidenten der Teamster's Union, Hoffa, gelitten. Die Gewerkschaften hätten ein Programm entwickelt, um diesen verlorengegangenen Einfluß wiederzugewinnen.

Abgeordneter Dr. Möller berichtete auf Wunsch von Mr. Reuther über Aspekte des Metallarbeiterstreiks in Baden-Württemberg und insbesondere über die wachsende Mitgliederzahl in der IG Metall als Folge der Aussperrung auch der nichtorganisierten Arbeiter. Er berichtete ferner über das in Deutschland noch unzureichend gehandhabte Instrument des Gesprächs als Mittel, um die Diskussion über Streitfragen zu versachlichen, und betonte, daß er das Gespräch – auch in Form echter Verhandlungen – für eine gute Form der Austragung von Gegensätzlichkeiten in der modernen Demokratie halte. Auf die Frage des Abgeordneten Dr. Möller nach der Haltung der amerikanischen Öffentlichkeit und der Gewerkschaften gegenüber Deutschland betonte Mr. Reuther, daß in der Öffentlichkeit und in den Gewerkschaften ein wachsendes Verständnis für die Wiedervereinigung und die Ziele der Bundesregierung festzustellen sei. Wie stark sich die Gewerkschaften mit dem deutschen Problem befassen, sei an der kürzlichen Entsendung einer Delegation von 35 Gewerkschaftsvertretern nach Berlin abzulesen. Gegenwärtig befänden sich 30 Jugenddelegierte in Wien, die im Anschluß an den Wiener Besuch nach Frankfurt, Berlin und Köln reisen würden. Die Mitglieder dieser Gruppe würden ihre Eindrücke in den Vereinigten Staaten und Kanada den Mitgliedern der Gewerkschaften mitteilen.
Zum deutsch-französischen Verhältnis bemerkte Mr. Reuther, daß man hier die Bemühungen um eine Versöhnung mit Frankreich begrüße, daß man jedoch besorgt sei über die Auswirkungen, die Präsident de Gaulles Haltung auf die europäische Einigung und das amerikanisch-europäische Verhältnis haben werde.
Mr. Reuther äußerte abschließend seine Auffassung, daß Präsident Kennedy glaube, wegen des chinesisch-sowjetischen Konflikts bestünde eine gewisse Chance, daß Chruschtschow bereit sei, die Beseitigung von Schwierigkeiten mit den Vereinigten Staaten zu diskutieren. Mr. Reuther fragte Dr. Möller, wie man in Deutschland die Aussichten der Moskauer Gespräche beurteile. Er, Dr. Möller, stellte fest, daß seine Partei – wie schon der Regierende Bürgermeister von Berlin dem Präsidenten versichert habe – der Konferenzführung durch die USA und England Vertrauen entgegenbringe.
Zusatz: Mr. Reuther konnte ich diesen Auszug aus der Rede des Präsidenten vor dem IV. Ordentlichen Gewerkschaftskongreß der IG Bau, Steine, Erden am 26. Juni 1963 in Berlin aushändigen:

»Es ist kein Zufall, daß in den vergangenen Jahren das Hauptziel der kommunistischen Bewegung die Zerstörung der Gewerkschaften gewesen ist. Wenn die Gewerkschaften erniedrigt werden, wenn die Gewerkschaftsführer von den Regierenden der Staaten ernannt werden, dann wird die Gewerkschaftsbewegung zerstört; ebenfalls wird die Demokratie zerstört. Aus diesem Grunde ist das, was Sie in Ihrem Lande tun, dazu bestimmt, die Freiheit zu erhalten. Der Beitrag, den Sie leisten, soll das Wohl Ihrer Mitglieder stärken, die Verantwortung, die Sie fühlen, nicht nur Ihren Mitgliedern, sondern auch Ihrem Lande gegenüber sowie gegenüber den Gewerkschaften anderer Länder, beweist Ihr Verantwortungsbewußtsein für die Freiheit. Solange das besteht, kann man mit Hoffnung in die Zukunft sehen. Ich bin stolz, das sagen zu können. In den Vereinigten Staaten haben alle Anstrengungen der letzten dreißig Jahre durch Präsident Roosevelt, der für die Menschen sich eingesetzt hat, und die Anstrengungen, die Präsident Eisenhower unternommen hat, alle diese Bemühungen haben einen Fortschritt erzeugt, welcher der Unterstützung auch der Gewerkschaften dient und allen Menschen gilt, die für die Freiheit eintreten. Aus diesem Grunde möchte ich Sie dringend bitten, diese Verantwortung für alle die zu übernehmen, die zu Ihren Gewerkschaften gehören, und auch zu erkennen, daß Ihre Gewerkschaften nur in einer freien Welt leben können. Ich möchte Sie dringend bitten, weiter daran zu arbeiten, wie wir es in den Vereinigten Staaten tun, daß Sie denen helfen, die versuchen, in Lateinamerika, in Asien und Afrika Gewerkschaften zu gründen, damit sie frei sein und ihre Gesellschaft frei erhalten können.
Darüber hinaus ist die Freiheit ein letztes Ziel, aber sie ist nicht nur ein Ziel, sondern auch ein Mittel und ein Weg. Ich bin überzeugt, daß nichts zerstörender für die Welt gewesen ist als die kommunistische Bewegung. Wenn es irgendeinen Mythos gegeben hat, der zerstört worden ist, dann ist es das Konzept des Kommunismus, der nicht mit dem wirtschaftlichen Fortschritt verbunden ist. Die Gewerkschaften sind ein Grundstein für das System des Fortschritts und für die Verantwortlichkeit in der Demokratie, für das Wohl der Menschheit, damit die Menschen einen hohen Lebensstandard genießen können. Außerdem wollen wir, daß sie ihre eigene Persönlichkeit entfalten können, daß sie voranschreiten können, um allen Menschen einen Anspruch auf gleiches Recht zu geben, auch allen Kindern eine Zukunft zu geben, die nicht nur in Europa und Amerika leben, sondern die überall in Freiheit leben möchten, damit sie eine

freie Gesellschaft mit freien Gewerkschaften bilden und den Fortschritt genießen können, auf daß die Vorteile der Produktion gemeinsam auf die Bevölkerung ausgedehnt werden, um die Früchte ihrer Arbeit genießen zu dürfen.«

Kooperation in Verteidigungsfragen

1. *Gespräch im Department of Defense*
Anwesend von der Botschaft: Hükelheim, Leiter Militärattachéstab

Am 10. Juli 1963 habe ich den Bundestagsabgeordneten, Herrn Dr. Alex Möller, bei Besuchen im Department of Defense begleitet.
Es fand zuerst eine Unterhaltung mit Assistant for International Logistics, Mr. Henry J. Kuss jr., statt. Dr. Möller führte zu Beginn aus, daß sich in der Bundesrepublik auf dem Verteidigungsgebiet neben rein militärischen Aufgaben und denen für die Entwicklungshilfe insbesondere auch solche innenpolitischer Natur stellen, die für die Bevölkerung hohe Bedeutung hätten. Dazu gehörten unter anderem Wohnungsbau, Krankenhäuser, Altersheime, Wasserversorgung, Straßenbau und andere Infrastrukturmaßnahmen. Es sei Besorgnis entstanden, weil der Verteidigungshaushalt immer weiter ansteige. Wenn in diesem Haushaltsjahr bereits 18,4 Milliarden DM gefordert würden, so spreche man nun von einer Erhöhung auf etwa 21 bis 22 Milliarden DM. Die Deckung wäre wohl nur durch Steuererhöhung möglich, um nicht andere lebenswichtige Aufgaben zu vernachlässigen.
Mr. Kuss wies auf den großen Wert des Abkommens über »Cooperative Logistic Systems« für die BRD und die USA hin. Durch gemeinsame Nutzung von Depot- und Ausbildungseinrichtungen wäre die Bundeswehr schneller zu den notwendigen Anlagen gekommen und hätte die Ausbildung intensivieren können. Man habe zum Beispiel 30000 gemeinsame Versorgungsartikel festgestellt, die man bei einer wirksamen Organisation gemeinsam benutzen könnte. Ca. 92600 qm Lagerraum seien der Bundeswehr von den amerikanischen Streitkräften überlassen worden. Auf dem Gebiet der Forschung und Entwicklung würde auf 16 Gebieten zusammengearbeitet. Man bemühe sich dabei, weitgehend auch deutsche Forderungen nachträglich zu berücksichtigen, wie es bei

der 155-mm-Haubitze geschehen sei. Man arbeite daran, das gemeinsame Versorgungssystem zu verbessern und auch für den Ernstfall Vorbereitungen zu treffen. Auf dem Gebiete der Ausbildung habe Secretary of Defense McNamara angeordnet, daß bei der Benutzung von Übungsplätzen der Bundeswehr in all den Fällen der Vorrang gegeben werden sollte, in denen die amerikanischen Truppen einen besseren Ausbildungsstand hätten.

Abschließend bemerkte Mr. Kuss, daß durch die Intensivierung der Zusammenarbeit auf logistischem Gebiet sicherlich viel Geld gespart werden könnte, wenn auch große Forderungen für die Vervollkommnung der Ausrüstung noch zu erfüllen seien.

Bei der Unterhaltung mit Deputy Assistant Secretary Henry S. Rowen wiederholt zunächst MdB Dr. Möller seine bereits bei Mr. Kuss gemachten Ausführungen und wies insbesondere noch einmal auf die Tatsache hin, daß den Erhöhungswünschen für Verteidigungskosten Grenzen gezogen seien. Er schilderte eingehend die finanzpolitische Situation in der BRD und erörterte verschiedene Lösungsmöglichkeiten. Mr. Rowen wies in seinen Ausführungen darauf hin, daß er bei seinem kürzlichen Besuch in der BRD den Eindruck gewonnen habe, daß einige sehr kritische Jahre bevorstünden. Sowohl auf dem Gebiet der Bevorratung als auch der Ausbildung seien Verbesserungen erforderlich. Er wies in diesem Zusammenhang auch auf die geringen Personalstärken der deutschen Bundeswehr hin. Wenn man für die deutschen 12 Divisionen und 4 Brigaden den gleichen Schlüssel anwenden wolle, wie er beim amerikanischen Heer üblich wäre, so müßte die Personalstärke des deutschen Heeres etwa 750000 Mann betragen. Sicherlich sei zu berücksichtigen, daß zwischen den USA und dem Einsatzbereich der amerikanischen Divisionen ein Ozean liege und die langen Verbindungswege mehr Menschen erforderten. Ein Unterschied aber zwischen 750000 und 260000 sei nach seiner Auffassung zu groß.

Abschließend unterstrich Mr. Rowen nochmals die Notwendigkeit, in den nächsten Jahren die Kampfbereitschaft der Bundeswehr zu erhöhen, damit die amerikanischen und die deutschen Truppen, die gegebenenfalls zusammen kämpfen müßten, den gleichen Einsatzgrad besitzen würden.

2. *Gespräch mit Charles A. Sullivan*, Assistant of the Secretary of the Treasury for National Security Affairs

3. *Gespräch mit Secretary of the Treasury Douglas Dillon*
– am 11. Juli 1963 –

Teilnehmer zu 2:
Charles A. Sullivan
F. L. Widman, Director of the
Office for Industrial Nations
(enger Mitarbeiter des Secretary of
the Treasury for Monetary Affairs
Robert V. Roosa und der Deputy Asst.
Secretary of International Finance
John Bullitt)
Ramond O'Bright
Gary Newman
Dr. A. F. Ernecke, Leiter der Wirtschaftsabteilung
LRW. Bäumer

Zunächst erläuterte der Bundestagsabgeordnete Dr. Möller den diesjährigen und den kommenden Verteidigungshaushalt der Bundesrepublik (18,4 bzw. 22 Milliarden Deutsche Mark), die zu erwartende Wachstumsrate der deutschen Wirtschaft und die Schwierigkeiten, mit denen bei der Deckung des deutschen Bundeshaushalts zu rechnen sei. Mr. Sullivan nahm dies mit großem Interesse entgegen, zeigte Verständnis für die Schwierigkeiten bei der Deckung des deutschen Bundeshaushalts und unterstrich, daß die amerikanische Regierung nach wie vor dankbar wäre, wenn die Bundesregierung wie bisher in den Vereinigten Staaten Rüstungskäufe tätigen würde. Dies wäre eine erhebliche Hilfe für die passive amerikanische Zahlungsbilanz. Dr. Möller vertrat die Auffassung, daß diese Hilfe in vertretbarem Rahmen möglich sei.

Dr. Möller wies nachdrücklich darauf hin, daß alle im Deutschen Bundestag vertretenen Parteien, wie auch das deutsche Volk in seiner Gesamtheit, voll und ganz hinter dem westlichen Verteidigungsbündnis ständen und sich bemühten, verläßliche und vollwertige Partner der Vereinigten Staaten zu sein. Dieses Bekenntnis wurde von Mr. Sullivan mit großer Befriedigung aufgenommen.

Es wurde dann das Thema der internationalen Währungszusammenarbeit angeschnitten. Mr. Widman erklärte dazu, daß die amerikanischen zuständigen Stellen, insbesondere das Treasury Department, dazu bisher keine besonderen oder gar endgültigen Pläne erarbeitet hätten, sondern lediglich beabsichtigten, die langfristige Entwicklung und den möglichen Ausbau des Internationalen Währungsfonds mit den Vertretern der Industrieländer während der nächsten Jahrestagung der Bretton-Woods-Institute zu erörtern. Nach Auffassung des Treasury Department sei die Weltliquidität zur Zeit ausreichend. Voraussichtlich werde die amerikanische Regierung demnächst ein Programm zur Aktivierung der amerikanischen Zahlungsbilanz veröffentlichen. Er nannte als einige Punkte dieses Programms verstärkten amerikanischen Export, Einschränkung der öffentlichen amerikanischen Auslandsausgaben und Erhöhung der Zinsen für kurzfristige Kredite. In diesem Zusammenhang regte Mr. Widman an, daß die Bundesregierung sich dafür einsetzen möge, die Kapitalzinsen in Deutschland alsbald zu senken. Dr. Möller erwiderte, daß in einer freien Marktwirtschaft nur ein geringer Einfluß auf die Kapitalzinsgestaltung genommen werden könnte; im übrigen seien in folgerichtiger Entwicklung in den letzten zwei bis drei Jahren die Zinsen für Industrieobligationen in Deutschland von etwa 8% auf etwa 6%, also um etwa 25%, gesunken. Der Kapitalbedarf Deutschlands sei als Folge des Krieges und im Zuge der Nachkriegsentwicklung nach wie vor sehr groß; infolgedessen sei das Zinsniveau entsprechend hoch.

Teilnehmer zu 3:
Douglas Dillon
J. Dewey Daane, Dep. Under Secretary
for Monetary Affairs
F. L. Widman
In dem Gespräch wurden zunächst die gleichen Themen erörtert. Mr. Dillon wies nachdrücklichst darauf hin, daß die deutschen Rüstungskäufe in Amerika eine wesentliche Hilfe für die amerikanische Zahlungsbilanz bedeuten, und gab der Hoffnung Ausdruck, daß sie im kommenden Jahr bei einem erhöhten deutschen Verteidigungshaushalt möglichst auf 1 Milliarde Dollar steigen würden. Damit wäre beiden Teilen gedient, denn das amerikanische strategische Material sei billiger und schneller zu erhalten.
Dr. Möller führte aus, daß nach seiner Auffassung die Verteidigung für die Bundesrepublik folgende Aspekte habe: Der eigentliche Verteidigungshaushalt, die Ausgaben zur Erhaltung und Stärkung des demokratischen Staatsgefüges der Bundesrepublik Deutschland sowie einer frei-

heitlich-demokratischen Lebens- und Denkungsweise der Bevölkerung und die Aufwendungen für Entwicklungshilfe, über die Mr. Dillon und er schon verschiedene Gespräche gehabt hätten, die bekanntlich nicht ohne befriedigende Wirkung geblieben wären. Nach den politischen und wirtschaftlichen Wirren, durch die Deutschland in diesem Jahrhundert gegangen sei (Kaiserreich, Weimarer Republik, Nationalsozialismus, Besatzung, Bundesrepublik), komme dem zweiten Aspekt der Verteidigung besondere Bedeutung zu. Die Entwicklungshilfe sei notwendig, um das Eindringen des Kommunismus in die betreffenden Länder zu verhindern und um den Industrieländern auch für die fernere Zukunft starke, ebenbürtige Handelspartner zu sichern; die rein menschliche Seite der Entwicklungshilfe sei selbstverständlich. Von diesen Ausführungen, die recht eingehend erfolgten, zeigte sich Mr. Dillon offensichtlich beeindruckt.

Mr. Dillon erklärte, in Amerika sei die Bundesrepublik bisher für einen »Champion« eines freien Welthandels gehalten worden, in der letzten Zeit dagegen sei man etwas besorgt. Die Erhöhung der Umsatzausgleichsteuer – ganz zu schweigen von der leidigen Hähnchenfrage, die er hier nicht erörtern wolle – hätte überrascht. Er hoffe jedoch, daß sich die Bundesregierung weiterhin verstärkt für einen freien Welthandel einsetzen werde. Dr. Möller begegnete der ersten Bemerkung zur Belustigung aller mit dem Hinweis, daß sich die Bundesrepublik in der Rolle eines Boxers befände, der eine Runde nicht gewonnen habe; ausschlaggebend bei einem Boxkampf sei jedoch das Endergebnis, nicht der Ausgang einzelner Runden. So würde es auch in diesem Fall sein. Er wolle hinzufügen, daß jeder in Deutschland die Januarereignisse betreffend den Beitritt Großbritanniens zur EWG bedauert hätte. Er hoffe sehr, daß diese Entwicklung verstärkt wieder in Gang komme. In diesem Sinne bemühe sich die SPD überall – selbstverständlich auch in den in Frage kommenden europäischen Ländern. Es hatte den Anschein, als sei diese Tatsache für Dillon neu und sehr befriedigend.

Dr. Möller unterstrich nochmals, seine politischen Freunde und die SPD hofften, daß sich die Zusammenarbeit zwischen der Bundesrepublik und den Vereinigten Staaten zunehmend enger und fruchtbarer gestalten werde. Dies sei auch der Wunsch des deutschen Volkes in der Bundesrepublik, wie Präsident Kennedy bei seinem kürzlichen Besuch in der Bundesrepublik und in Berlin mit großer Genugtuung habe erkennen können.

Zusatz: Unter dem Eindruck ihres starken Engagements in Südostasien drängen die USA auf eine Verminderung ihrer Lasten an der gemeinsamen atlantischen Verteidigung. Insbesondere von der Bundesrepublik erwarten sie eine stärkere Beteiligung.
Der Anteil der USA an den Verteidigungsausgaben der NATO hat sich von 1961 bis 1963 mit 73,4% um ein geringes vermindert. Der Anteil der europäischen NATO-Partner stieg im gleichen Zeitraum von 24% auf annähernd 26%. An der Spitze der Steigerung steht dabei die Bundesrepublik Deutschland.
Diese Hinweise sagen allerdings nichts über den militärischen Nutzeffekt der Milliarden-Aufwendungen aus. Es läßt sich daraus auch nicht entnehmen, in welchem Ausmaß die einzelnen NATO-Staaten ihr militärisches Potential dem NATO-Kommando unterstellen. So ist es ungewiß, wie hoch die »Force de Frappe« Frankreichs einzuschätzen sein wird.
Den Berechnungen sind die amtlichen Wechselkurse zugrunde gelegt; sie enthalten also nicht die unterschiedliche Kaufkraft und ihre laufenden Veränderungen in den einzelnen Staaten.

Bei Mr. Ball und Mr. Fulbright

1. *Gespräch mit Under Secretary of State, George Ball*
– 11. Juli 1963 –
Anwesend: Mr. O'Mahony, von der Botschaft Herr von Staden

Herr Abgeordneter Dr. Möller wies einleitend darauf hin, daß der derzeitige Bundestag im Herbst dieses Jahres seine Halbzeit erreiche und vor zwei weiteren, voraussichtlich nicht einfachen Jahren stehen würde. In einem solchen Augenblick sei es für einen Bundestagsabgeordneten der Fraktion der SPD wertvoll, sich über die Haltung des wichtigsten Partners der Allianz in einer Anzahl bedeutender Fragen zu unterrichten. Solche Informationen würden es der deutschen Oppositionspartei erleichtern, in den beide Länder betreffenden Fragen die jeweils gemäße Haltung zu finden. Das gelte beispielsweise für Komplexe wie Entwicklungshilfe und Verteidigung.
Herr Ball erklärte, daß auch er ein lebhaftes Interesse für die Ansichten

von Dr. Möller, dessen Qualifikation als Währungs- und Finanzfachmann bekannt sei, empfinde und daß er vor allem fragen wolle, wie Dr. Möller über die sich verschärfenden internationalen Währungsprobleme denke. Sei eine tiefgreifende Reform des internationalen Zahlungssystems erforderlich oder werde man die gegenwärtigen Probleme mit den Mitteln bewältigen können, die das derzeitige System zur Verfügung stelle? Es interessiere ihn ganz besonders seine Beurteilung der amerikanischen Zahlungsbilanz.

In der Antwort verwies Herr Dr. Möller auf sein auch in englischer Ausgabe vorliegendes Buch über »Währung und Außenpolitik« und behandelte hieraus einige Abschnitte. Das Problem der Zahlungsbilanz der USA sei, wie er fortfuhr, allgemein und genau bekannt. Alle Mitglieder der Allianz müßten daran interessiert sein, daß die Leitwährung des zwischenstaatlichen Zahlungsverkehrs innerhalb der freien Welt gesichert bleibe.

Um dies zu gewährleisten, habe man deutscherseits alle Anstrengungen gemacht, unter denen er nur die vorfristige Schuldenrückzahlung, die Beteiligung an der Entwicklungshilfe und die Placierung von Rüstungskäufen in den USA nennen wolle. Hinsichtlich des zuletzt genannten Komplexes träfen sich im übrigen die Interessen insoweit, als die Bundesrepublik in ihrer jetzigen Situation kein übergeordnetes wirtschaftliches Interesse daran haben könne, eine eigene sehr umfassende Rüstungsindustrie aufzubauen. Daher sei es zu begrüßen, daß die neuen Vereinbarungen zwischen der Bundesrepublik und den USA es erlauben würden, die erforderlichen Ausrüstungen zu hoffentlich günstigen Bedingungen zu kaufen und damit näher an das gesteckte Ziel einer notwendigen, ausreichenden Bevorratung heranzukommen.

Herr Ball erkundigte sich – wieder im Hinblick auf die amerikanische Zahlungsbilanzlage –, warum es nicht möglich sei, die Zinssätze in Deutschland und in Europa überhaupt zu senken. Damit würde dem amerikanischen Kapital ein Interesse an Investitionen im Ausland genommen.

Dr. Möller entgegnete, daß der Geldpreis ein Marktpreis und insofern nur sehr beschränkt manipulierbar sei. Ein gewisser Einfluß ließe sich über die Festsetzung des Diskontsatzes durch die Bundesbank ausüben. Im übrigen aber dürfe man nicht vergessen, daß der Zinsfuß in den letzten drei bis vier Jahren dank gemeinsamer Anstrengungen von 8 auf etwa 6% gesunken sei. Die Industrie nehme zur Zeit Umschuldungen

auf den niedrigeren Zinsfuß vor. Im übrigen dürfe auch der deutsche Devisenabfluß nicht unterschätzt werden. Um nur eine Zahl zu nennen: Deutsche Touristen hätten im Jahre 1962 rund 4,5 Milliarden DM im Reise-(Dienstleistungs-)verkehr mit dem Ausland verausgabt. Als Vergleichszahl nannte Dr. Möller den Betrag von rund 5,3 Milliarden DM an Exporterlösen für deutsche Automobile im gleichen Jahr.
Herr Ball erinnerte daran, daß die Vereinigten Staaten das zuletzt genannte Problem kennen, daß man aber nicht beabsichtige, den Tourismus zu hindern. Derartige Maßnahmen würden einen unzeitgemäßen Schritt in Richtung auf einen Isolationismus darstellen, worin Übereinstimmung bestand.
Er fragte sodann, wie Dr. Möller die Entwicklung der ökonomischen Einheit Europas beurteile und ob er Möglichkeiten sehe, um den Integrationsprozeß zu fördern und ihm neue Dynamik zu geben. Schwierig erschiene ihm vor allen Dingen das Problem der Landwirtschaft sowie die Frage, wie man den Geist erneuern könnte, dessen die Gemeinschaft bedarf, um Fortschritte zu machen.
Dr. Möller wies in Beantwortung dieser Frage darauf hin, daß vor allem die Beteiligung Englands wichtig sei, was die Sozialdemokratische Partei übrigens schon seit Jahren hervorgehoben habe. Man dürfe Europa nicht spalten; käme England jedoch zur Gemeinschaft hinzu, dann würden noch andere Länder des freien Europa folgen. Allerdings dürfe man, so wie die Dinge zur Zeit liegen, nicht hoffen, diese Probleme kurzfristig lösen zu können.
Zur Rolle der Bundesrepublik bemerkte Dr. Möller weiter, daß man deren begrenzte Möglichkeiten nicht verkennen solle. Die Bundesrepublik sei ein vergleichsweise kleines Land, dem eine helfende und unterstützende Mitwirkung möglich wäre, wenn das Land politisch gesund bleibe. Diese Feststellung habe besonders im Hinblick auf die Randlage Bedeutung. Daran müsse man auch denken, wenn man über den deutschen Verteidigungsbeitrag spreche. Für die Allianz wäre die Bundesrepublik nur solange wertvoll und von Bedeutung, als die politische Stabilität nicht in Frage gestellt würde. Wie hoch der Wert einer solchen Stabilität eingeschätzt werden müsse, habe der Kennedy-Besuch deutlich gezeigt. Es gebe keine radikalen Flügel mehr. Die demokratische Verläßlichkeit der im Bundestag vertretenen Parteien sei über jeden Zweifel erhaben. Er wolle noch darauf hinweisen, daß der mutmaßliche Zuwachs des Steueraufkommens von 1963 auf 1964 für den Bund schon nach den

heutigen Vorausschätzungen durch das Ansteigen der Verteidigungsausgaben konsumiert werde.
Herr Ball wies darauf hin, daß er über die Verteidigungsfrage unlängst mit Herrn Erler in gleichem Sinne gesprochen habe. Hinsichtlich der MLF sei zu sagen, daß die britische und die italienische Regierung im Augenblick nicht in der Lage wären, definitiv zu entscheiden. Deshalb sollen jetzt zunächst technische Diskussionen stattfinden, und man hoffe, eine Entscheidung dann in einigen Monaten herbeiführen zu können. Er wolle in diesem Zusammenhang fragen, ob das deutsche Volk tatsächlich den Wunsch habe, an der nuklearen Verantwortung teilzunehmen, und wenn nicht jetzt, ob dies mutmaßlich in einigen Jahren der Fall sein würde. Insbesondere interessiere ihn, ob man damit rechnen müsse, daß die Deutschen sich diskriminiert fühlen könnten, wenn Frankreich Atomwaffen hat. Er sei sich natürlich darüber im klaren, daß diese Fragen von größter Delikatesse sowohl innerhalb der Allianz als auch im Verhältnis zwischen den Alliierten und dem Ostblock seien, aber es interessiere ihn doch, wie das deutsche Volk darüber denke.
Dr. Möller entgegnete, daß das deutsche Volk nicht mehr den früheren militärischen Ehrgeiz besitze und daß in diesen Fragen allein der Gesichtspunkt der Zweckmäßigkeit entscheiden dürfe. In dieser Auffassung stimme er im übrigen mit General Heusinger überein, mit dem er am Tage vorher ein längeres Gespräch geführt habe, auf das sich Dr. Möller im einzelnen bezogen hat. Niemand würde negative Schlüsse ziehen hinsichtlich der Haltung der Vereinigten Staaten in der nuklearen Frage, insbesondere bezüglich der Bundesrepublik Deutschland. Unzweifelhaft sei in der jetzigen Situation ein Ausbau der konventionellen Abwehrkräfte erforderlich. Man dürfe in den Vereinigten Staaten sicher sein, daß die deutsche Opposition für die angesprochene Problematik Verständnis habe.
Herr Ball ging anschließend auf die bevorstehenden GATT-Verhandlungen ein und hob hervor, daß erreicht werden müsse, die Arbeitsteilung zu verbessern und den Wohlstand zu heben. Dabei sollten sowohl die Interessen der Industrie als auch die der Landwirtschaft berücksichtigt werden. Es wäre der Wunsch der Vereinigten Staaten, ihre Märkte in Westeuropa zumindest zu erhalten. Dabei sei man sich der deutschen agrarpolitischen Probleme durchaus bewußt, so wie man sich ebenfalls des deutschen Liberalismus auf dem Sektor der Industrie dankbar bewußt bleibe.

Dr. Möller wies eingehend darauf hin, daß es hier nicht nur um Probleme des Handels gehe, sondern daß diese Fragen auch in ihrem politischen Zusammenhang gesehen werden müßten. Keine Regierung sei um die Schwierigkeiten zu beneiden, die sie mit der Landwirtschaftspolitik habe. Es bestünde ein Dilemma zwischen den Interessen der Bauern und der Entwicklung in der EWG. Im übrigen gebe es auch auf industriellem Gebiet Ansätze für Wettbewerbsbenachteiligungen, und zwar infolge der unterschiedlichen Umsatzsteuersysteme. So sei französischer Stahl in Süddeutschland billiger als deutscher Stahl. Im übrigen seien die von Herrn Ball angeschnittenen Fragen tatsächlich nicht einfach, aber man müsse davon ausgehen, daß die Bundesrepublik den Willen habe, leider vorhandene Schwierigkeiten abzubauen.
Herr Ball dankte sehr lebhaft für das instruktive Gespräch und schloß es mit einer kurzen scherzhaften Bemerkung über die Geflügelfrage ab, die »den USA über ihre wahre finanzielle Bedeutung hinaus Ungelegenheiten bereite«.
Zusatz 1: Die Zahlungsbilanz ist ein großes Sorgenkind der USA. Sie ist chronisch passiv. Man erkennt wenig Anzeichen einer Besserung. Ursache dafür ist die umfangreiche Kapitalausfuhr. Sie wird bewirkt durch die Militär- und Wirtschaftshilfe der USA, gegeben an das Ausland, aber auch durch das Zinsgefälle zwischen den USA und den meisten anderen Ländern. Der Grund für dieses Zinsgefälle ist nicht zuletzt in der Politik des »billigen Geldes« zu suchen, die von der US-Regierung betrieben wird.
Die Auswirkungen dieses chronischen Zahlungsbilanzdefizits bleiben nicht auf die amerikanische Wirtschaft beschränkt. Eine massive Kapitalausfuhr aus den USA führt zwangsläufig in anderen Ländern zu Zahlungsbilanzüberschüssen mit all ihren negativen, insbesondere währungspolitischen Folgen.
Der Schaden ist aber auch ideeller Natur.
Insbesondere macht Frankreich den Dollar für die europäischen Inflationstendenzen verantwortlich. Es distanziert sich von ihm als Schlüsselwährung und fordert die Konstruktion einer neuen, andersartigen Reservewährung, was von den USA und den meisten anderen Ländern zurückgewiesen wird.
Die Amerikaner lassen es nicht an Maßnahmen fehlen, um das Zahlungsbilanzdefizit abzubauen. Nicht alle Schritte finden den Beifall ihrer Partnerstaaten.

Entscheidende Verbesserungen der Zahlungsbilanz sind bisher ausgeblieben. Es ist deshalb nicht verwunderlich, daß selbst in der amerikanischen Notenbank erhebliche Meinungsverschiedenheiten über die weitere Kreditpolitik bestehen. George Mitchell, der von Kennedy zu einem der sieben Mitglieder des Federal Reserve Board ernannt wurde, wendet sich scharf gegen eine Kreditverknappung und schlägt statt dessen zur Verbesserung der Zahlungsbilanz weitere selektive Maßnahmen ähnlich wie die Zinsausgleichsteuer vor, die bisher keine nachhaltige Wirkung gezeigt hat, da sie nur einen verhältnismäßig kleinen Bereich der Kapitalausfuhr trifft. Alfred Hayes, der Präsident der New Yorker Reserve Bank, ist genau entgegengesetzter Meinung. Auch Professor Burns dringt auf eine Kreditrestriktion.

Das Dilemma ist verständlich: eine Diskontsatzerhöhung verbessert zwar die Zahlungsbilanz, hat aber höchstwahrscheinlich unerwünschte Auswirkungen auf die amerikanische Inlandskonjunktur. Umgekehrt bringt die intensive Pflege der Inlandskonjunktur keine Lösung des Zahlungsbilanzproblems.

Zu welchen Maßnahmen sich die US-Regierung letztlich entscheiden wird, ist noch nicht erkennbar.

Zusatz 2: Hinsichtlich der internationalen Währungsprobleme muß folgendes hervorgehoben werden:

Blessing hat den Standpunkt offen vertreten, den nicht nur die Deutsche Bundesbank, sondern auch andere Notenbanken, nicht zuletzt diejenigen der Niederlande und der Schweiz einnehmen, und der darauf hinausläuft, daß die Ungleichgewichte in Europa und der anderen westlichen Welt gewiß weniger Sorge machen würden, wenn jedes Land darauf bedacht wäre, bei sich selbst Ordnung zu halten und die innere Stabilität zu wahren.

Es ist überwiegende Meinung, daß man den Tatbestand der schleichenden Inflation in der westlichen Welt nicht damit beiseite schieben kann, daß man 1. auf die relative Stabilität in den USA, 2. auf die Bemühungen für den inneren Ausgleich in England und 3. auf den Rückgang der Rohstoffpreise in den Entwicklungsländern hinweist.

Die Distanzierung der Franzosen vom Dollar als Schlüsselwährung und die Forderung der Konstruktion einer neuen, andersartigen Reservewährung sind ohne politische Nebenabsichten nicht zu verstehen und werden mit Schärfe von den Amerikanern, aber auch von anderen Staaten abgelehnt. Es bleibt abzuwarten, wie weit Frankreich – das ist in die-

sem Falle General de Gaulle – zu gehen entschlossen ist, insbesondere ob es Forderungen in Höhe von 500 Millionen Dollar in Gold konvertieren wird. Das gäbe eine starke währungspolitische Belastung, würde aber von den Amerikanern zweifellos verkraftet werden.
Das englische Interesse besteht zur Zeit darin, das Pfund als Reservewährung nicht nur im Sterling-Bereich zu erhalten, sondern deckungsmäßig auf eine breitere Basis zu stellen. Nur daraus ist zu erklären, daß von englischer Seite immer wieder behauptet wird, es gäbe zu wenig Liquidität in der westlichen Welt.
Was die amerikanische Politik angeht, so scheint es mir darauf anzukommen, daß die Bemühungen um den Ausgleich der Zahlungsbilanz energisch fortgesetzt werden. Erst wenn sie zu einem Erfolg geführt haben, wird die ständige Anreicherung der Liquidität in Europa entfallen und damit ein größerer Zwang geschaffen, ohne fremde Mittel auszukommen.

2. *Gespräch mit Senator Fulbright*
– 12. Juli 1963 –
Anwesend von der Botschaft: Herr Ruth

Herr Abgeordneter Dr. Möller führte am 12. Juli 1963 ein längeres Gespräch mit Senator Fulbright, dem Vorsitzenden des Außenpolitischen Ausschusses des Senats. Folgende Themen wurden angesprochen:
Deutsch-amerikanische Beziehungen,
Politik Präsident de Gaulles,
Zusammenkünfte atlantischer Parlamentarier.
Dr. Möller fragte Senator Fulbright nach seiner Beurteilung des deutsch-amerikanischen Verhältnisses. Fulbright antwortete, nach seiner Auffassung seien die Beziehungen zwischen Deutschland und den Vereinigten Staaten sehr zufriedenstellend. Was ihn in den letzten Monaten beunruhigt habe, war die Haltung General de Gaulles und die Frage, was die deutsche Antwort auf diese Haltung sein werde. Seiner Meinung nach sei die deutsche Antwort sehr klar gewesen. Es wäre vermieden worden, daß Deutschland in das Schlepptau General de Gaulles geraten sei.
Die Haltung General de Gaulles bedeute einen Schlag gegen das Vertrauen in die Fähigkeit des Westens, politische Aufgaben gemeinsam erfüllen zu können. Die endgültige Form der Partnerschaft innerhalb des Westens sei zwar noch nicht gefunden. Es stehe jedoch fest, daß ange-

sichts der Entwicklung im kommunistischen Lager ein Auseinanderfallen des Westens in egoistische Einzelstaaten vermieden werden müsse. Es solle versucht werden, Gemeinsamkeiten in der Außen- und Handelspolitik zu finden.
Die Äußerungen de Gaulles am 14. Januar und die späteren Stellungnahmen des französischen Informationsministers hätten in den USA besonders deshalb große Verärgerung hervorgerufen, weil sie den Zweifel an der Treue Amerikas zu seinen Verpflichtungen impliziert hätten. Zweifel an dieser Treue seien ohne jede Grundlage. Die genannten Äußerungen hätten es für die amerikanische Politik schwierig gemacht, ihre Ziele in Richtung auf eine Partnerschaft mit Europa weiterzuverfolgen. Abgesehen von diesen allgemeinen politischen Schwierigkeiten beinhalte eine solche Haltung auch die Gefahr einer Verminderung des Handelsaustausches und eine Vergrößerung des amerikanischen Zahlungsbilanzdefizits. Dr. Möller wies in seiner Antwort auf folgendes hin:

1. Bundesregierung und Bundestag hätten bei der Ratifizierung des deutsch-französischen Vertrages Wert darauf gelegt, daß in einem Protokoll eindeutig festgestellt wurde, daß der Vertrag die übergeordneten Verpflichtungen Deutschlands nicht berühre. Dadurch, daß das Protokoll von allen Parteien akzeptiert worden sei, wäre sichergestellt worden, daß kein Mißverständnis über die Intentionen entstehen könne, auch nicht bei Frankreich, denn die französische Regierung habe nicht widersprochen. Dieses deutsche Verhalten hat nach Frankreichs Veto gegen den Beitritt Großbritanniens zur EWG erheblich zur allgemeinen Beruhigung beigetragen.
2. Die deutsche Bevölkerung akzeptiere den deutsch-französischen Vertrag, weil mit der endgültigen Beseitigung der früheren deutsch-französischen Feindschaft ein Hauptgrund für die bisherigen Unruhen in Europa beseitigt sei. Der deutsch-französische Vertrag liege daher auch im Interesse des ganzen westlichen Bündnisses.
3. Die Kernfrage sei nunmehr, wie die Spannungen zwischen der EWG und Großbritannien beseitigt werden könnten. Die in Brüssel beschlossene Konsultation sei ein erster Schritt zur Lösung dieser Frage. Er erinnere auch an die Schlußsätze in der Erklärung von Edward Heath nach dem Scheitern der Verhandlungen am 28. Januar 1963 in Brüssel: »Wir in Großbritannien werden Europa nicht den Rücken kehren. Wir sind durch Geographie, Geschichte, Kultur, Handel und Zivilisation ein Teil Europas.«

Senator Fulbright wies wiederholt darauf hin, daß nicht zugelassen werden könne, daß durch General de Gaulle die Idee der Atlantischen Gemeinschaft zerstört werde. Hier hätten die Deutschen eine besondere Aufgabe, und er könne feststellen, daß diese Aufgabe weitgehend gelöst würde.
Senator Fulbright sprach von der Notwendigkeit, daß sich die atlantischen Parlamentarier regelmäßig zu einem Gedankenaustausch treffen sollten. Von diesen Zusammenkünften dürfe man zwar eine direkte politische Aktion nicht erwarten, aber sie könnten dazu dienen, die Atmosphäre zu schaffen, die notwendig sei, um den Gedanken der Partnerschaft voranzubringen. Auch dem Vertrag von Rom wären solche Treffen vorangegangen. Er hoffe, daß es möglich sein werde, die Begegnung von Parlamentariern aus Westeuropa, USA, Kanada, Großbritannien und Japan zustande zu bringen, um die Gemeinsamkeit unter diesen Ländern stärker zu unterstreichen. Er wisse, daß sich die NATO-Parlamentarier jährlich treffen und daß andere Parlamentariergremien zusammenkämen. Er habe jedoch eine umfassendere Einrichtung im Auge. Senator Fulbright erwähnte, daß er diese Gedanken in einem Vortrag vor der Fletcher School of Diplomacy entwickelt und daß ihm der frühere Ministerpräsident Pflimlin bereits einen zustimmenden Brief geschrieben habe. Er sei sich durchaus bewußt, daß zwischen den westlichen Staaten auch weiterhin Meinungsverschiedenheiten bestehen würden, aber es bleibe notwendig, ein Instrument zu finden, um Kriege zu verhindern.
Dr. Möller betonte, daß der Vorschlag Fulbrights sicher gut und nützlich sei. In Deutschland habe man die besten Erfahrungen mit Treffen zwischen deutsch-englischen sowie deutsch-französischen Parlamentariergruppen gemacht. Die zahlreichen Auslandsreisen deutscher Parlamentarier dienten ebenfalls dem notwendigen Gedankenaustausch mit Kollegen in anderen Ländern.
Zusatz: Über die Hähnchenfrage verlor Senator Fulbright kein Wort. Man hatte mir angekündigt, daß ich von ihm ein ernstes Privatissimum zu hören bekommen würde. Zu diesem sogenannten »Hähnchen-Krieg« seien zur Information kurz die Fakten angegeben.
Als Antwort auf die Zollerhöhungen der EWG-Staaten gegenüber Drittländern, die auch Geflügeleinfuhren betrafen, belegten die USA gewisse Lastwagentypen mit einem Zoll von 25% anstelle von bisher 8,5%. Die Erhöhung betraf tatsächlich nur den Verkauf von VW-

Transportern in den USA. Wenn man davon absieht, daß auch französischer Cognac und noch zwei Arten holländischer Stärke mit einem höheren Zoll belegt wurden, ist von dieser Maßnahme besonders die Bundesrepublik und hier wiederum ein Teil der Automobilindustrie betroffen worden.
Nach den Angaben deutscher Geflügelimporteure hat sich das Einfuhrvolumen bei amerikanischen Hähnchen trotz der Abschöpfungsbeträge gegenüber einem Normaljahr wesentlich erhöht. Die amerikanischen Geflügelzüchter dürften demnach keinen nennenswerten Schaden durch die EWG-Marktordnung erlitten haben. Man könnte daraus den Schluß ziehen, daß höhere Zölle nicht unbedingt als Handelshindernis wirken. Wo Nachfrage besteht, kann auch ein Markt geschaffen werden.

»Ich bin ein Berliner«

Besuch bei Mr. McCloy
Anwesend: der Pressereferent des Generalkonsulats, Erwin Boll

Am 26. Juli 1963, vormittags, hatte ich im New Yorker Büro von Mr. John J. McCloy ein sehr aufschlußreiches Gespräch. McCloy war gerade von einer längeren, durch Präsident Kennedy veranlaßten Reise zurückgekehrt und berichtete, daß er am 24. Juli 1963 nachmittags vom Präsidenten Kennedy empfangen worden sei. Der Präsident habe ihm nochmals dafür gedankt, daß er – McCloy – ihm nachdrücklichst zur Durchführung der Deutschlandreise geraten habe, trotz aller gegenteiligen Auffassungen in der amerikanischen Öffentlichkeit. McCloy schilderte, wie stark die Eindrücke seien, die Kennedy von seinem Besuch in der Bundesrepublik Deutschland habe.
Von mir wurde das erkennbare Ergebnis in Moskau bezüglich eines Versuchsstop-Abkommens zur Sprache gebracht. McCloy äußerte sich eingehend auch aus dem Gesichtspunkt seiner eigenen Erfahrungen und befürwortete diesen Testbann-Vertrag als ersten Schritt.
Wir kamen auf die für den 29. Juli angekündigte Pressekonferenz de Gaulles zu sprechen, wobei McCloy de Gaulle als den ewigen Neinsager kritisierte, den er auch als solchen schon während des Zweiten Weltkrieges kennengelernt habe. Zweifellos würde de Gaulle in seiner Pressekonferenz ein mit aller Vorsicht formuliertes Nein für Frankreich be-

kanntgeben. Man sei in Washington sehr gespannt auf die weitere Entwicklung, vor allen Dingen hinsichtlich der Auswirkung dieser Haltung auf die Bundesrepublik Deutschland bzw. auf das Verhalten der Bundesregierung. Nach seiner Meinung müßten die Konsultationsmöglichkeiten, die der deutsch-französische Vertrag vorsähe, nun zum Zuge kommen.
In der weiteren, sehr lebhaften Unterhaltung kam McCloy unter anderem auf Vorgänge zu sprechen, die mir bisher unbekannt waren.

1. McCloy erwähnte eine Unterredung, die er etwa 1952 mit dem Bundeskanzler Adenauer gehabt habe und in der er ihn darauf hingewiesen hätte, daß die Möglichkeit bestünde, sich mit Sowjetrußland zu arrangieren, falls sich die Bundesrepublik entschließen könne, die Oder-Neiße-Linie anzuerkennen. Adenauer habe das mit Nachdruck abgelehnt und unter anderem auf die bevorstehenden Bundestagswahlen sowie auf den großen Einfluß der Stimmen der Heimatvertriebenen hingewiesen. An diese Möglichkeiten, die um 1952 herum unzweifelhaft vorhanden gewesen waren, hätte ihn vor zwei Jahren bei seinem Besuch in Sowjetrußland Chruschtschow noch einmal erinnert.
2. Bei einer anderen, später stattgefundenen Unterredung habe McCloy Adenauer gefragt, ob er eigentlich glaube, daß de Gaulle eine Wiedervereinigung Deutschlands aktiv unterstützen würde. Adenauer habe mit einem klaren Nein geantwortet. Daran habe McCloy den Bundeskanzler im Februar dieses Jahres in einem Schriftwechsel erinnern müssen. Er habe nämlich von Adenauer nach Ablehnung des Beitritts Großbritanniens zur EWG ein persönliches Schreiben mit der Anfrage erhalten, wieso man sich in Amerika darüber aufregen könne. McCloy erklärte, er habe Adenauer sehr deutlich antworten müssen, was aber die Fortdauer ihrer guten Beziehungen nicht störe, denn inzwischen habe sich Adenauer in einem freundlichen Schreiben für die Informationen bedankt und ihn eingeladen, Ende Oktober nach Deutschland zu kommen, um sich an den Feierlichkeiten zu beteiligen, die aus Anlaß des Rücktritts vom Amt des Bundeskanzlers geplant seien. McCloy fügte hinzu, daß er die Absicht habe, der Einladung Folge zu leisten.

General Clay konnte mich schon am 23. Juli 1963 in seinem New Yorker Büro empfangen. Wir besprachen eingehend den Kennedy-Besuch in

Deutschland, das westliche Verteidigungsbündnis, Fragen der EWG und den verzögerten Beitritt Englands durch die Haltung de Gaulles. Ich fand bei dieser Unterredung General Clay besonders frisch und von einer politischen Konzentration, wie ich sie nur aus seinen Deutschlandjahren kannte.

Es war ein langes Gespräch, das in aller Offenheit geführt wurde, so daß ich mir viel Zeit genommen habe, um es gründlich zu überdenken.

Gelegentlich dieses Aufenthaltes in New York habe ich mit führenden Persönlichkeiten der amerikanischen Wirtschaft allgemeinpolitische und finanzpolitische Gespräche führen können. Überall fand ich eine bemerkenswerte Aufgeschlossenheit; insbesondere war wohltuend, daß man auch über gegensätzliche Standpunkte sachlich und befriedigend diskutieren konnte.

Bei der Einladung des Präsidenten der Metropolitan Life Insurance Company, eines der bedeutendsten Wirtschaftsunternehmen Amerikas, hat es sich um einen interessierten Teilnehmerkreis gehandelt. Die Metropolitan Life Insurance Company verfügt über einen Versicherungsbestand von umgerechnet rund 420 Milliarden DM, während der Bestand der gesamten deutschen Lebensversicherung im Jahre 1963 die 100-Milliarden-Grenze noch nicht erreicht hatte. Zum Board of Directors gehören unter anderem McCloy und General Clay. Nur am Rande wurden Versicherungsfragen erörtert, die Hauptpunkte waren folgende: Deutschlandbesuch des Präsidenten Kennedy, EWG, Zahlungsbilanz, Währungsfragen und Abschnitte aus »Währung und Außenpolitik«.

Einige Teilnehmer fragten mich, ob ich es für richtig halten würde, daß ein amerikanischer Präsident bei seinem Berlin-Besuch in aller Öffentlichkeit erkläre: »Ich bin ein Berliner!« Da ich diese Rede bei mir hatte, konnte ich den Zusammenhang durch drei Absätze, nämlich die folgenden, klarstellen:

»Vor zweitausend Jahren war der stolzeste Satz, den ein Mensch sagen konnte, der: Ich bin ein Bürger Roms. Heute ist der stolzeste Satz, den jemand in der freien Welt sagen kann: ›Ich bin ein Berliner!‹ Wenn es in der Welt Menschen geben sollte, die nicht verstehen oder die nicht zu verstehen vorgeben, worum es heute in der Auseinandersetzung zwischen der freien Welt und dem Kommunismus geht, dann können wir ihnen nur sagen, sie sollen nach Berlin kommen. Es gibt Leute, die sagen, dem Kommunismus gehöre die Zukunft. Sie sollen nach Berlin kom-

men! Und es gibt wieder andere in Europa und in anderen Teilen der Welt, die behaupten, man könne mit den Kommunisten zusammenarbeiten. Auch sie sollen nach Berlin kommen! Und es gibt auch einige wenige, die sagen, es treffe zwar zu, daß der Kommunismus ein böses und ein schlechtes System sei; aber er gestatte es ihnen, wirtschaftlichen Fortschritt zu erreichen. Aber laßt auch sie nach Berlin kommen!
Ein Leben in Freiheit ist nicht leicht, und die Demokratie ist nicht vollkommen. Aber wir hatten es nie nötig, eine Mauer aufzubauen, um unsere Leute bei uns zu halten und sie daran zu hindern, woanders hinzugehen. Ich möchte Ihnen im Namen der Bevölkerung der Vereinigten Staaten, die viele Tausende Kilometer von Ihnen entfernt auf der anderen Seite des Atlantik lebt, sagen, daß meine amerikanischen Mitbürger sehr stolz darauf sind, mit Ihnen zusammen selbst aus der Entfernung die Geschichte der letzten achtzehn Jahre teilen zu können. Denn ich weiß nicht, daß jemals eine Stadt achtzehn Jahre lang belagert wurde und dennoch lebt mit ungebrochener Vitalität, mit unerschütterlicher Hoffnung, mit der gleichen Stärke und mit der gleichen Entschlossenheit wie heute Westberlin.
Sie leben auf einer verteidigten Insel der Freiheit. Aber Ihr Leben ist mit dem des Festlandes verbunden, und deswegen fordere ich Sie zum Schluß auf, den Blick über die Gefahren des Heute hinweg auf die Hoffnung des Morgen zu richten, über die Freiheit dieser Stadt Berlin, über die Freiheit Ihres Landes hinweg auf den Vormarsch der Freiheit überall in der Welt, über die Mauer hinweg, auf den Tag des Friedens in Gerechtigkeit. Die Freiheit ist unteilbar, und wenn auch nur einer versklavt ist, dann sind nicht alle frei. Aber wenn der Tag gekommen sein wird, an dem alle die Freiheit haben und Ihre Stadt und Ihr Land wieder vereint sind, wenn Europa geeint und Bestandteil eines friedvollen und zu höchsten Hoffnungen berechtigten Erdteils ist, dann können Sie mit Befriedigung von sich sagen, daß die Berliner und diese Stadt Berlin zwanzig Jahre lang die Front gehalten haben. Alle freien Menschen, wo immer sie leben mögen, sind Bürger dieser Stadt Westberlin, und deshalb bin ich als freier Mann stolz darauf, sagen zu können: Ich bin ein Berliner!«

Das war am 26. Juni. Vier Tage später war Chruschtschow im östlichen Teil von Berlin erschienen. Es hatte sich um die Gratulationscour zum 70. Geburtstag Walter Ulbrichts gehandelt. Ich fragte die amerikanischen Vortragsteilnehmer: »Können Sie sich vorstellen, daß Chru-

schtschow wie Kennedy in aller Öffentlichkeit hätte erklären können: ›... deshalb bin ich als freier Mann stolz darauf, sagen zu können: Ich bin ein Berliner.‹« (Siehe die entsprechende Manuskriptseite der Kennedy-Rede auf Seite 578)
Es ist manchmal nicht so schwer, selbst in einem ungewöhnlichen Fall, durch eine kurze Wiedergabe des Zusammenhangs klarzustellen, daß vier Worte zwei Welten unüberbrückbar machen.

XIX. IN MOSKAU UND IN NORDISCHEN LÄNDERN

Der erste Eindruck von Moskau

Zwei Einladungen haben mich veranlaßt, vom 27. März bis 8. April 1965 Besuche in Moskau und in nordischen Ländern durchzuführen. Die Mosfilm-Gesellschaft hatte einige Male die Bavaria Atelier Gesellschaft mbH in München besucht, um Erfahrungen auszutauschen und zu ermitteln, ob Koproduktionen in den kommenden Jahren möglich seien. Dabei wurde auch darum gebeten, daß eine Delegation der Bavaria nach Moskau kommen möge, um die Verhältnisse bei der Mosfilm zu studieren, damit der Erfahrungsaustausch nicht einseitig bleibe. Wir haben nach Absprache mit den zuständigen Stellen zugesagt und ohne Schwierigkeiten die Einreisegenehmigung erhalten.
Gleichzeitig hatte der Repräsentant der Bundesrepublik Deutschland in Helsinki, Generalkonsul Kempff, der beste Beziehungen zum Finnisch-Deutschen Verein e. V. pflegte, mir den Wunsch des Vorsitzenden, des ehemaligen Ministerpräsidenten von Fieandt, mitgeteilt, dort zu dem Thema »Ist die Bundesrepublik ein Wirtschaftswunderland?« einen Vortrag zu halten.
Ich fand, beide Einladungen ließen sich nicht nur gut miteinander kombinieren, sondern gaben mir noch die Möglichkeit, Norwegen, Schweden und Dänemark zu besuchen. In allen Fällen lag mir daran, Gespräche mit den Finanzministern dieser Länder zu führen, was auch gelungen ist.
Nach Moskau flog ich von Wien mit einer russischen Düsenmaschine. Die Betreuung im Flugzeug war ausgezeichnet. Ich erlebte zum erstenmal, daß die Fluggäste, die aus verschiedenen Ländern kamen, das Formular zur Einreise in der jeweiligen Sprache ihres Landes ausgehändigt erhielten. Das hat korrekte Eintragungen und eine schnelle Abfertigung ermöglicht. Wir hatten eine Zwischenlandung in Kiew, bei der die Zollbeamten sehr entgegenkommend tätig wurden.

Dann erfolgte ein großartiger Abendflug über eine Landschaft, welche die Weite Rußlands erkennen ließ. Unwillkürlich fielen mir die Geschichtsstunden ein, in denen der Feldzug Napoleon I. gegen Rußland und sein katastrophaler Rückmarsch behandelt worden waren. Ohne viel Phantasie konnte man sich vorstellen, in welch elendem Zustand die Reste des französischen Heeres das übrige Europa erreicht haben.
Vor der Reise hatte ich mich laufend durch Berichte der deutschen Journalisten aus Moskau informiert. Dieses Studium verschaffte mir in Moskau manche Erleichterung.
Am Flughafen wurde ich von Regierungsvertretern empfangen und erhielt einen Begleiter zugeteilt, der mir mit Auto in all den Tagen aufopfernd zur Verfügung stand. Ihm habe ich es zu verdanken, daß ich viele Sehenswürdigkeiten kennenlernte, die einen bleibenden Eindruck hinterlassen haben (Gemäldegalerie, Bolschoi-Theater, Kreml, Kremlschloß, Schatzkammer, Empfangshallen, Schreibzimmer Lenins). Überall, selbst in den wiedergeöffneten Kapellen, waren viele Besucher anzutreffen. Vor dem Lenin-Mausoleum sah man täglich riesige Menschenschlangen. Dem ausländischen Besucher fiel am Grabe von Stalin die Entfernung des Denkmals bis auf den Sockel auf.
Überaus interessant erwies sich der Besuch der Mosfilm-Gesellschaft, eines Konzerns, der in eigener Regie alles für Filmproduktionen selbst herstellte, von Maschinen bis zum Maskenbild. Uns wurden politisch neutrale Filme vorgeführt, die als künstlerisch wertvoll anzusehen waren.
Beim Besuch der Universität und dem Empfang durch den Rektor, Professor Dr. Petrowski, lernte ich eine andere Welt im Studium der Wissenschaften und in den Verhaltensweisen der Studierenden kennen.
In Moskau zeigte sich nach meinem Eindruck eine großzügige Städteplanung mit reger Bautätigkeit. Die Menschen bewegten sich ohne Hast durch die Straßen. Die Kleidung war zwar mit der westlichen nicht vergleichbar, aber dennoch gut. Insgesamt wurde das Bild eines normalen Lebens vermittelt.
In der Wirtschaftspolitik dürfen Reformreden nicht darüber hinwegtäuschen, daß sich nichts am Kampf gegen den »brutalen Kapitalismus« geändert hat. Das Kollektiveigentum aller Produktionsmittel wird nicht in Frage gestellt.
Ab und zu gab es auch eine Überraschung. So befand sich im Erdgeschoß eines Neubaus in der Kutusowstraße, nahe dem Hotel »Ukraina«, ein

großer Laden ohne Hinweisschild: Atelier der Haute Couture mit exklusiver Kundschaft.
Selbstverständlich gibt es in einem kommunistischen Land Privilegierte. Das sind die Funktionäre. Ihre Vorrechte beruhen nicht allein auf Geld, sondern in erster Linie auf dem Anteil an Macht und dem damit verbundenen Ansehen. Sie genießen manche Vorteile: Auto, eigenes Haus, und vor allen Dingen müssen sie sich nicht mit Formalitäten herumplagen und an unzähligen Schaltern anstehen. So ist die Gleichheit ebenso eine Illusion wie der Mythos vom Arbeiterstaat.
In Unterhaltungen mit Journalisten wurde der neue Stil der Führung unter Breschnew und Kossygin mit dem Hinweis hervorgehoben, es gäbe jetzt weniger Improvisation, dafür aber eine leidenschaftslose Nüchternheit und einen Hang zum Realismus. Alles sei aber auch nach dem Sturz von Chruschtschow attraktionsloser und unpersönlicher geworden.
Aus ökonomischer Sicht verwies man auf das geplante Investitionsprogramm der Landwirtschaft für die nächsten fünf Jahre, das die Lage der bäuerlichen Bevölkerung in Stufen verbessern wollte. Das privat bewirtschaftete Land sollte vergrößert werden und der Lebensstandard aus der Stagnation herauskommen. Bei der Reorganisation der Wirtschaft erhielt die Schwerindustrie wieder Vorrang, aber es zeigte sich deutlich eine gewisse Konsumorientierung der Verbrauchsgüterindustrie.
Künstlerische Erlebnisse waren die Theaterbesuche, wobei das Bolschoi-Theater mit Recht den hohen Weltruf für sich in Anspruch nehmen kann.
Alle Gespräche, die ich mit Ministern und Staatssekretären hatte, wurden nach Absprache mit meinen Begleitern unter zwei Bedingungen geführt. Nicht möglich waren Gespräche über die Anerkennung der sogenannten DDR und Erörterungen über Tagungsbefugnisse des Deutschen Bundestages in Berlin.
Gespräche mit Mitgliedern des Zentralkomitees der Kommunistischen Partei Rußlands habe ich abgelehnt, da ich dazu in meiner Eigenschaft als Präsidiumsmitglied der Sozialdemokratischen Partei Deutschlands nicht berechtigt war.
Bei den verschiedenen Unterredungen mit Ministern und Staatssekretären, aber auch mit dem Vorsitzenden der Union der Nationalitäten des Obersten Sowjets, Professor Peyve, einem der zwei Präsidenten des Obersten Sowjets, kam zum Ausdruck:

1. Wie stellt man sich in der Bundesrepublik den Wert von diplomatischen Beziehungen zwischen zwei Ländern vor? In neun Jahren war ich der siebente Bundestagsabgeordnete, der die Sowjetunion besuchte. Es besteht kein Kulturabkommen mehr und kein neuer Handelsvertrag.
2. Welche Vorstellungen hat man über die Normalisierung der Beziehungen? Sind nicht trotz Aufrechterhaltung grundsätzlicher Standpunkte Gespräche möglich?

In beiden Punkten erfolgte ein unverbindlicher Gedankenaustausch. Im nachhinein ist hinzuzufügen, daß bei meinem nächsten Besuch im März 1967 von sowjetischer Seite erklärt wurde, es habe sich inzwischen herausgestellt, daß es auch ganz gut ohne Kulturabkommen und ohne einen neuen Handelsvertrag gehen würde.
Hinsichtlich der Informationsmöglichkeiten hat es der Bundesrepublikaner nicht leicht, denn man konnte nur das »Neue Deutschland« und die »Berliner Zeitung« kaufen, so daß man das Gegenteil von dem las, was richtig ist, dazu noch in recht gehässiger Weise. Zeitungen aus der Bundesrepublik gab es nicht. Interessant war die Feststellung deutscher Journalisten, die in jeder Weise mit Rat und Tat zur Verfügung standen, daß die Störsendungen gegen das Programm der »BBC« und der »Stimme Amerikas« eingestellt worden seien. Man könne auch Sendungen von Radio Peking in den Abendstunden auf russisch störungsfrei empfangen. Die Informationen der offiziellen Presse ließen sich auf diese Weise doch ergänzen. Wie lange ein solcher Zustand geduldet würde, hinge von den möglichen Folgen ab: Relativierung der Dogmen, Evolution des Regimes, obwohl das System nichts an Härte eingebüßt habe.
Aus einer Sendung von Radio Peking wurde mir die wörtliche Übersetzung folgender Polemik zur Verfügung gestellt:

»Wir möchten die neuen Führer der KPdSU ernsthaft fragen: Warum treten Sie in die Fußstapfen Chruschtschows? Warum fangen Sie nicht von vorn an? Ob Sie sich wieder in die Reihen der wahrhaften marxistisch-leninistischen Parteien eingliedern können, wird davon abhängen, ob Sie folgendes tun oder nicht tun:

1. Sie müssen vor allen Kommunisten und Menschen der Welt öffentlich und feierlich eingestehen, daß die Politik Chruschtschows falsch ist.

2. Sie müssen sich öffentlich verpflichten, die Fehler Chruschtschows zu korrigieren und auf den wahren Weg des Marxismus-Leninismus zurückzukehren.
3. Sie müssen öffentlich erklären, daß es falsch war, Teilkonferenzen von kommunistischen Parteien mit dem Ziel der Spaltung einzuberufen. Wir waren bisher der Meinung, daß bis zu einer Weltkonferenz aller kommunistischen Parteien vier bis fünf Jahre der Vorbereitung notwendig sind. Nun, nach der Spalterkonferenz der 19 kommunistischen Parteien vom 1. bis 5. März in Moskau, dürfte mindestens doppelt so lange Zeit erforderlich sein, um die Hindernisse zu beseitigen.
4. Wir müssen Ihnen feierlich erklären: Sie haben die illegale Konferenz der Spaltung organisiert. Sie sind deshalb für die ernsten Folgen verantwortlich.
5. Sie setzen fort, was Chruschtschow tat: Sie verbünden sich mit dem Imperialismus gegen den Kommunismus. Sie machen gemeinsame Sache mit den Amerikanern gegen die Volksrepublik China und die anderen revolutionären Länder. Sie stellen sich in Reih und Glied mit den Reaktionären in aller Welt und handeln gegen die Interessen der nationalen Freiheitsbewegungen. Sie sind sich einig mit den Renegaten aller Schattierungen sowie der Tito-Clique und fügen den wahrhaft marxistisch-leninistischen Parteien fortwährend Schaden zu.«

Der »Geheimkämmerer des Kreml«

Das Interessanteste, was ich in Moskau erlebt habe, war ein langes Gespräch mit dem Finanzminister der UdSSR Garbusow und seinem Stellvertreter Maletin. Diese Zusammenkunft bedeutete meines Wissens ein Novum, da bisher noch kein westlicher Politiker Gelegenheit hatte, mit der Spitze dieses Ministeriums zu konferieren.
Garbusow hatte einen aktuellen Aufhänger. Er beschäftigte sich ausgiebig mit der Pressekonferenz de Gaulles und dessen Forderung, von den Leitwährungen abzukommen und zur Golddeckung überzugehen. Dieser Gedanke wäre für die Sowjetunion ungewöhnlich sympathisch; er fügte nicht hinzu, daß die Sympathie daher rühre, daß die Sowjetunion dann – zusammen mit Südafrika – mit ihrer Goldproduktion eine Schlüsselstellung in der Währungspolitik der Welt erhalten würde.

Weitere Gesprächsthemen waren die Beurteilung der Pfund-Krise und die Zahlungsbilanzschwierigkeiten der USA. Im Mittelpunkt stand aber die Haushalts- und Finanzpolitik der Sowjetunion, für mich bis zu dieser Zusammenkunft ein Buch mit sieben Siegeln. Wenn ich das, was mir auseinandergesetzt und zu erklären versucht wurde, in wesentlichen Punkten zusammenfasse, so entsteht aus meinen Notizen folgendes Bild, wobei ich meine, daß der, der in der Sowjetunion die Haushalts- und Finanzpolitik zu verantworten hat, die Ehrenbezeichnung eines »Geheimkämmerers des Kreml« in Anspruch nehmen kann:
Detailliertes Zahlenmaterial über die sowjetische Wirtschafts- und Finanzpolitik ist nicht eben umfangreich. Es wird nur ein Rahmengesetz über die Bestätigung des jährlichen Staatshaushaltsplanes veröffentlicht. Dort finden sich lediglich Globalangaben über Einnahmen und Ausgaben der Union und der Unionsrepubliken sowie sonstige allgemeine Daten.
Der eigentliche Haushaltsplan und die darin festgelegten Einzelansätze werden nicht publiziert, so daß sich die Öffentlichkeit, vor allem auch der westliche Interessent, über Einzelheiten sowjetischen Finanzgebarens nur sehr schwer informieren kann. Wer sich ein Bild verschaffen möchte, ist vor allem auf die Angaben in den Haushaltsreden des sowjetischen Finanzministers vor dem Obersten Sowjet angewiesen.
Die Finanzpolitik hat im Wirtschaftssystem der Zentralverwaltungswirtschaft sowjetischen Typs andere Funktionen zu erfüllen als in einem Wirtschaftssystem mit marktwirtschaftlicher Ordnung. Die Haushaltspolitik der Sowjetunion ist im Zusammenwirken mit der Preispolitik nur indirekt auf die Wahrung der Geldwertstabilität gerichtet.
Die Fiskalpolitik dient vielmehr der Förderung des güterwirtschaftlichen Wachstums und der realen Produktionserhöhung. Mit der Ausgabenpolitik wird demnach nicht in erster Linie Konjunktur-, sondern Strukturpolitik betrieben. Es ist möglich, auf einzelne Wirtschaftssektoren das Schwergewicht zu legen und sie zu begünstigen. Was in der Vergangenheit auch tatsächlich geschehen ist: Viele Jahre hindurch wurde die Schwerindustrie gefördert bei manchmal grober Vernachlässigung der Konsumgüterindustrie und des Dienstleistungssektors.
In letzter Zeit soll jedoch ein Wandel zu beobachten sein. Die Schwerindustrie bleibt zwar weiterhin favorisiert; die Verbrauchsgüterindustrie wird aber im Interesse der Steigerung des Lebensstandards nicht mehr in dem früher üblichen Ausmaß vernachlässigt.

Alle Strategien der Planwirtschaft laufen im Volkswirtschaftsplan zusammen. Der Staatshaushaltsplan der UdSSR wird aus dem allgemeinen Volkswirtschaftsplan abgeleitet. Oberste und schwierigste Aufgabe in einem Wirtschaftssystem mit zentraler Planung ist daher die gegenseitige Abstimmung der Pläne und die Berücksichtigung der wirtschaftlichen Interdependenzen. Aus diesem Grunde bleibt der Haushaltsplan dem Volkswirtschaftsplan untergeordnet. Wichtigste Aufgabe der sowjetischen Haushaltspolitik ist es dann, den Vollzug des Volkswirtschaftsplanes zu ermöglichen und zu überwachen.
Im Unterschied zum Haushaltsrecht parlamentarisch-demokratischer Staaten, wonach jede Änderung der Haushaltsansätze das Parlament beschäftigt, kann der Ministerrat der UdSSR diese Ansätze ohne Mitwirkung des Obersten Sowjets variieren. Er hat sogar die Möglichkeit, die Struktur und die politische Bedeutung des Staatshaushaltsplanes im Verlauf eines Jahres von Grund auf zu verändern. Sein nachträgliches Einwirken wird außerdem durch einen in seinen Dimensionen recht beachtlichen Reservefonds verstärkt. Er steht für den Ministerrat, ebenfalls im Gegensatz zu den westlichen Ländern, zur eigenen Verfügung bereit.
Die Einnahmeseite des sowjetischen Staatshaushalts unterscheidet sich, auch schon rein äußerlich, sehr deutlich von der westlichen Haushaltsführung. Sie ist ein Spiegelbild des sowjetischen Planungs- und Wirtschaftssystems. Wichtigster Einnahmetyp: die Einnahmen aus der sozialistischen Wirtschaft.
Mit diesem Terminus wird dokumentiert, daß die öffentlichen Einnahmen von der verstaatlichten Wirtschaft und nicht, wie in westlichen Ländern, überwiegend durch die Besteuerung der Bevölkerung aufgebracht werden. Die sowjetische Theorie geht dabei von der Überlegung aus, daß der Staat als Eigentümer der Betriebe und der Produktionsmittel berechtigt sei, die dort erwirtschafteten Akkumulationen wieder dem Staatshaushalt zuzuführen.
Im Laufe der letzten Jahrzehnte haben die Einnahmen aus der kommunistischen Wirtschaft immer stärker an Gewicht gewonnen. Ihr Anteil an den Gesamteinnahmen nahm ständig zu. Im Jahre 1931 wurden nur rund 56% der Einnahmen aus Steuern und Abgaben der kommunistischen Wirtschaft bestritten. In Zukunft marschiert der sowjetische Finanzminister im Staatshaushalt auf einen Anteil zu, der 90% überschreiten soll.

Es muß jedoch berücksichtigt werden, daß sich die Struktur der in dieser Gruppe zusammengefaßten Einnahmearten im Laufe der Zeit wesentlich verändert hat. So konnte die sowjetische Umsatzsteuer im Jahre 1931 mit 46,2% und die Position der Gewinnabführungen nur mit 8,5% zu den Gesamteinnahmen beitragen.
Die Umsatzsteuer sowjetischer Konstruktion kann als Verbrauchsteuer bezeichnet werden. Die sowjetische Terminologie »Einnahmen aus der kommunistischen Wirtschaft« – im Gegensatz zu »Einnahmen aus der Bevölkerung« – ist deshalb nicht völlig korrekt, weil die Umsatzsteuer über den Preis von der Allgemeinheit aufgebracht und daher als Belastung der Bevölkerung angesehen werden muß. In der Regel ergibt sich die Umsatzsteuer als Differenz aus dem staatlich festgesetzten Einzelhandelspreis + Plangewinn = Betriebs-Abgabepreis. Ausgangspunkt für die Festlegung des Satzes der Umsatzsteuer ist der Einzelhandelspreis bzw. der Industrie-Abgabepreis.
Ein Problem eigener Art stellen die sowjetischen Aufwendungen für die Verteidigung dar. Im Hinblick auf die komplizierte internationale Lage, so Garbusow, haben Partei und Regierung die erforderlichen Schritte unternommen, um die »Verteidigungs«-fähigkeit des Landes weiter zu verstärken. Wie die folgende Aufstellung zeigt, erhöhte sich aber der Anteil der Verteidigungsaufwendungen am gesamten Etat gegenüber den Vorjahren nur unwesentlich. Der Anteil der direkten Verteidigungsausgaben an den Gesamtausgaben des sowjetischen Staatshaushalts beträgt (in Prozent):

1950	1955	1960	1961	1962	1963	1964
20,0	19,9	12,7	15,2	15,4	15,9	14,4.

Nach den mir gegebenen Auskünften gingen die Schätzungen der folgenden fünf Jahre von nachstehenden Anteilen der direkten Verteidigungsausgaben an den Gesamtausgaben des sowjetischen Staatshaushalts aus:

1965	1966	1967	1968	1969
12,6	12,7	12,7	12,9	13,2.

Es scheint mir sicher zu sein, daß diese Aufwandsposition bei weitem nicht alle sowjetischen Aufwendungen für die Verteidigung einschließt. Es läßt sich nicht nachprüfen, in welchem Umfang verdeckte Verteidi-

gungsaufwendungen in anderen Haushaltszuweisungen, etwa auf dem Gebiet der Schwerindustrie oder der Chemie, enthalten sind. Die Vermutung ist nicht von der Hand zu weisen, daß in dem nicht spezifizierten Ausgabenrest des sowjetischen Staatshaushalts, der jährlich beachtlichen Schwankungen unterliegt, größere Beträge für Rüstungsausgaben untergebracht sind. Ihr Anteil läßt sich jedoch nicht schätzen.
Der Kontakt zwischen Garbusow, seinem Vertreter Maletin und mir war so gut, daß ich wirklich große Mühe hatte, den Überredungskünsten des Finanzministers standzuhalten, der unter allen Umständen wollte, daß ich am nächsten Tag mit ihm angeln gehen sollte. Aber erstens bin ich kein Angler, zweitens mußte ich nach Finnland weiterreisen und drittens erinnerte ich mich daran, daß mir Willy Brandt über seinen Grund zum Angeln folgendes erzählt hatte: »Ich bin kein großer Angler. Wenn ich angeln gehe, dann nur, um endlich einmal nicht reden zu müssen, sondern nachdenken zu können.«

Von Finnland nach Skandinavien

Mein Abflug nach Finnland erfolgte in einer russischen Maschine, in der sich eine Ministerdelegation für Helsinki befand, die aber anscheinend wußte, daß ich ein Bundesrepublikaner war, und die mich zu einem Tee eingeladen hat. Dadurch stand ich nach der Landung mit dieser Delegation und meinem Gepäck sehr schnell auf finnischem Boden.
In Herrn von Fieandt traf ich auf eine Persönlichkeit, die mir in der kurzen Zeit meines Aufenthaltes viel Wissenswertes über die Situation in Finnland erzählt hat. Ich war ganz erstaunt von der Eröffnung, daß ich meinen Vortrag ohne Übersetzer in deutscher Sprache halten könnte. Allerdings bat mich Herr von Fieandt, recht langsam zu sprechen (also kein Temperamentsausbruch). Der größte Teil der finnischen Bevölkerung hätte früher Deutsch als Hauptfach in der Schule gewählt, und man wäre sehr traurig, daß die deutsche Sprache in seinem Lande immer mehr an Bedeutung verlieren würde. Es war wirklich ein Thema, das ich für wichtig genug gehalten habe, um zu überlegen, wie man hier helfen könnte, zum Beispiel mit interessanten deutschen Fernsehfilmen. Der Vortragssaal war überfüllt. Dem sehr eindringlich geäußerten Wunsch nach Drucklegung des Vortrags bin ich gern nachgekommen.

Die Sozialdemokratische Partei, die aus den gerade stattgefundenen Reichstagswahlen als Sieger hervorgegangen war, gab mir ein Mittagessen, bei dem wir weniger gegessen, aber dafür mehr und gründlich gesprochen haben. Der neugewählte Parteivorsitzende Rafael Paasio hatte es geschafft, die Partei weitgehend aus dem unheilvollen Zustand der Zersplitterung herauszubringen, allerdings mit dem Zugeständnis der Befreiung der Partei vom Odium der Moskau-Feindlichkeit, die ihr seit der Führung des großen alten Tanner immer noch anhaftete.
Die sozialdemokratischen Freunde haben sich sehr um mich gekümmert, so daß ich manches so kennenlernte, daß ich mir ein gutes Bild über die eigenartigen politischen Zusammenhänge in diesem Lande machen konnte. Der noch amtierende Finanzminister Finnlands, Prof. Dr. Esa Kaitila, hat mich in die finnische Haushaltsführung eingeweiht, die nach normalen europäischen Maßstäben zu beurteilen sind.
Abgesehen von einer Schlittenfahrt ins Land hatte ich noch ein weiteres Erlebnis, nämlich den Vorzug, einige Stunden mit dem berühmten Architekten Alvar Aalto zu verbringen, der mir nicht nur sein Schaffen und herausragende Ergebnisse erklärte, sondern mich vor allen Dingen mit der bei ihm liegenden Federführung für die Stadtplanung von Helsinki bekannt gemacht hat. In Alvar Aalto lernte ich eine Persönlichkeit kennen, die über hohe architektonische Fähigkeiten verfügte und – wie mir schien – einen beachtlichen Spürsinn besaß für die Grenzen des Machbaren. Aber das gibt es natürlich auch bei uns.
Wenn ich von Alvar Aalto schreibe, darf ich an dieser Stelle noch bemerken, daß mir bei einem späteren Besuch in Moskau von Romanowsky, dem Vorsitzenden des Komitees für die Kulturbeziehungen mit dem Ausland beim Ministerrat der UdSSR, gesagt wurde, welch einen hervorragenden Eindruck die deutsche Architekturausstellung in der Sowjetunion hinterlassen hat, die Hunderttausende von Besuchern in Moskau, Leningrad und Kiew angezogen hätte und die eine ungewöhnlich gute Beurteilung in der Fachpresse seines Landes gefunden habe. Für mich war dabei besonders interessant, daß die Klinikbauten in Baden-Württemberg und mein Freund Professor Horst Linde in diesem Zusammenhang eine sehr positive Bewertung erhielten. Über solche Überraschungen kann man sich nur freuen.
Es ging weiter nach Schweden. Im Flugzeug hatte ich, da es kein Frühstück gab, Gelegenheit, über die geschichtlichen Beziehungen Deutschlands zu den drei skandinavischen Ländern nachzudenken. Sie reichen

bis in die Zeit der Christianisierung dieser Gebiete durch das Erzbistum Bremen im 12. Jahrhundert und in die Zeit der Hanse zurück. Daß Bremen einst einmal schwedisches Herzogtum war, daß Vorpommern lange Zeit zu schwedischem und dänischem Gebiet gehörte, daß im vorigen Jahrhundert die schleswig-holsteinische Frage zum Krieg Dänemarks mit dem Deutschen Bund führte, ist seit langer Zeit Geschichte.
Schweden ist heute Mitglied des Europarates und der OECD.* Seine neutrale Haltung kam nach 1945 auch darin zum Ausdruck, daß es sich keinem militärischen Bündnissystem angeschlossen hat.
Ein selbständiges Norwegen besteht erst seit 1905. Im Ersten Weltkrieg blieb Norwegen ebenso neutral wie Schweden und Dänemark. Die Beziehungen zu Deutschland erfuhren auf verhängnisvolle Weise eine scharfe Zäsur durch den deutschen Überfall vom 9. April 1940 auf Norwegen. Der König weigerte sich, vom Exil in London aus Frieden zu schließen, und wurde vom deutschen Statthalter Terboven für abgesetzt erklärt. Die mit der deutschen Besatzungsmacht kollaborierende Regierung Quisling begegnete im Land selbst schärfstem Widerstand, bis Norwegen 1945 wieder frei wurde. Die deutsche Besetzung hat viel Leid verursacht »und Haß gesät« (Golo Mann). Um so beachtenswerter sind die zahlreichen Beweise ehrlicher Versöhnung und aufrichtiger politischer Verbundenheit, denen wir heute begegnen.
Norwegen ist gemeinsam mit der Bundesrepublik Mitglied im Europarat und in der OECD.** Trotz der verhängnisvollen Verwicklungen des Zweiten Weltkrieges stehen heute deutsche und norwegische Soldaten Seite an Seite im NATO-Bündnis.
Seit 1864 ist Dänemark nach den kriegerischen Auseinandersetzungen über die schleswig-holsteinische Frage neutral geblieben. Die strittige Grenzlinie zwischen Dänemark und Deutschland wurde nach dem Ersten Weltkrieg durch Volksabstimmung geklärt, als Nordschleswig 1920 an Dänemark fiel. Im Jahre 1939 schlossen Dänemark und Deutschland einen Nichtangriffspakt ab. Ein Jahr später fielen deutsche Truppen in Dänemark ein. Bis zum Kriegsende blieb Dänemark besetzt. Wie Norwegen ist Dänemark heute Mitglied des Europarates und der OECD.***
Dieser kurze Abriß ist ein Beweis für die Friedfertigkeit und Friedens-

* Schweden gehört darüber hinaus noch der EFTA an.
** Ferner gehört Norwegen der EFTA und der NATO an.
*** Dänemark ist außerdem Mitglied der NATO, der EG, der Montanunion und des Euratom.

liebe der drei skandinavischen Länder. Gerade Deutschland hat allen Anlaß, die freundschaftlichen Beziehungen auszubauen und zu pflegen, die sich nach dem Zweiten Weltkrieg infolge der politischen Entwicklung und dank der großzügigen Haltung dieser Völker ergeben haben. Hätten diese Länder, vor allem Norwegen und Dänemark, wegen des bewaffneten Überfalls und der Besatzungszeit nicht Grund genug, sich auf unvermeidbaren gegenseitigen Kontakt zu beschränken?
Beim Nachgrübeln über diese Fragen rollte die Maschine aus. Ich war in Stockholm.

Öfters zu den Nachbarn blicken

Mit einem halben Sonntag begann ich in der schwedischen Hauptstadt. Parteifreunde sorgten für schwedische Leckerbissen. Dabei meine ich nicht nur das Essen, denn abends war ich beeindruckt von einer künstlerisch wertvollen Aufführung des »Rigoletto«. Hervorragende Stimmen, eine beachtliche Darstellungskunst, Regie und Bühnenbild vortrefflich und freudig musizierende Künstler des großen Orchesters. Man könnte interessante Vergleiche ziehen zwischen der Eigenart der Stimmlagen russischer Sänger und der der Schweden. Aber das wäre anmaßend.
Also fangen wir an mit dem Gespräch am anderen Tag, das mit Finanzminister Gunnar Sträng vereinbart war, der mir sehr instruktiv die letzten Beschlüsse des Parlaments über die Erhöhung der Steuern erläuterte, ein interessantes Thema, bei dem immer wieder die Verschiedenartigkeit der Ausgangsbasis in den Begründungen auffällt.
Nicht nur die schwedischen Sozialdemokraten, sondern auch Kollegen der privaten Versicherungswirtschaft bezeichneten die Behauptung als unzutreffend, daß die sozialen Leistungen des Staates den Willen der Bevölkerung zur Vorsorge und zum Sparen erheblich einschränken würden. Der »Wohlfahrtsstaat« ermögliche immer noch beachtliche Spareinlagen, die in Schweden zu Beginn des Jahres 1965 pro Kopf 4 600 DM gegen pro Kopf 1 500 DM in der Bundesrepublik Deutschland ausmachten. Obwohl wir die zweitgrößte Industrienation seien, würden wir in der Sparquote in der westlichen Welt an 13. Stelle liegen. Dazu ließ sich natürlich im Hinblick auf alle Kriegsfolgen manches sagen, denn ein Standpunkt darf nicht einseitig ausufern.

In den verschiedenen Ministerien lernte ich zusammengefaßt folgende Prognosen kennen:
Die schwedischen Wirtschaftskreise gingen davon aus, daß im Jahr 1965 der Aufschwung und die günstigen Absatzmöglichkeiten der Exportindustrie anhalten würden. Allerdings schätzte man die Zunahme der Exporte nur auf 6,5% (Vorjahr 9,5%) und die der Importe auf 7% (Vorjahr 10%). Die Handelsbilanz und die Devisenreserven würden sich im Jahre 1965 kaum verändern.
Wegen der Schwierigkeiten am Arbeitsmarkt rechnete die Regierung für das laufende Jahr nur mit einem Produktionszuwachs von 4% (Vorjahr 6%). Die Investitionstätigkeit würde demgegenüber um 6,5% zunehmen.
Für 1965 wurde wieder eine Preissteigerung um 5,9% vorausgesagt; die Regierung hatte die Absicht, neben einer neuen Steuervorlage eine verschärfte Preisüberwachung vorzunehmen. Unangemessene Preiserhöhungen sollten durch entsprechende Maßnahmen verhindert werden. Um die Preisentwicklung unter Kontrolle zu halten, würde das Preis- und Kartellamt in einem Gutachten das System der Richtpreislisten untersuchen. Es war jedoch fraglich, ob die Regierung von dem Ergebnis dieses Gutachtens Gebrauch machen würde.
Seit 1958 war der Verbraucherpreisindex um 19% gestiegen (übrige westeuropäische Länder: 13 bis 29%). Die Lohnsteigerungen erreichten von 1957/58 bis 1963/64 (außer Bergbau und Baugewerbe) 10%.
Die günstige Situation Schwedens führte Finanzminister Sträng auf die schnellen Rationalisierungserfolge in den ersten Nachkriegsjahren zurück. Nach wie vor bereitete der Mangel an Arbeitskräften die größten Schwierigkeiten, wobei die Gewerkschaften forderten, die Einwanderung ausländischer Arbeitskräfte weder anzuregen noch zu begünstigen, sondern die Arbeitskraftreserve mehrerer hunderttausend verheirateter Frauen zu mobilisieren.
Man nahm sich in sämtlichen Gesprächen Zeit, um mir alle Fragen, die ich auf dem Herzen hatte, nicht nur zu beantworten, sondern um mich auch mit dem notwendigen Material auszurüsten. Das galt insbesondere für meinen Lerneifer, der die schwedischen Investitionsfonds als ein Instrument antizyklischer Finanzpolitik betraf. Nach meiner Rückkehr in die Bundesrepublik habe ich hierüber einen Artikel veröffentlicht, der genaue Auskünfte gegeben hat. Als später diese Investitionsfonds nach schwedischem Muster in unseren Überlegungen, neue Instrumente anti-

zyklischer Finanzpolitik zu entwickeln, eine Rolle spielten und in einer Sitzung der Bundestagsfraktion der SPD hierüber hin- und hergerätselt wurde, habe ich diese Arbeit aus der Tasche gezogen und konnte feststellen, daß keiner der Diskutierenden sie gelesen hatte. Selbst die Oberen kann ich nicht ausnehmen. So fand dieser Artikel nach Jahren endlich die ihm gebührende Aufmerksamkeit; nicht der Artikel als solcher, sondern das, was in ihm über das Funktionieren des Investitionsfondssystems in Schweden dargestellt worden ist. Nur ein Absatz sei zitiert, weil er Parallelen zu unseren Verhältnissen möglich macht:

»Wenn wir – 1965 – auf das in Schweden durch etliche Jahre hindurch erprobte System der Investitionsfonds blicken, zeigen sich trotz mancher Anfangsschwierigkeiten eindeutig die großen Vorteile, die die Fonds als Mittel der Konjunkturstabilisierung bieten. Sie ermöglichen den Behörden und Betrieben in bestimmten wirtschaftlichen Lagen ein schnelles und gezieltes Handeln, sind anpassungsfähig an regionale Bedingungen wie auch an spezielle Industriezweige, und sie zwingen jedenfalls die Firmen, die Mittel in Investitionsfonds festgelegt haben, immer fertige Pläne für etwa konjunkturell wünschenswerte Investitionen bereit zu halten.«

In Norwegen war ich einige Stunden mit Finanzminister Adreas Cappelen zusammen, nicht nur in seinem Ministerium, sondern er hat mich auch mit der Stadt Oslo bekannt gemacht. Eine Woche vor unseren Wahlen im September 1965 fanden in Norwegen ebenfalls Parlamentswahlen statt. Sowohl beim Finanzminister als auch später in einer längeren Unterredung mit den Parteifreunden im norwegischen Parlament herrschte über den Ausgang echter Pessimismus. Man glaubte nicht, daß man die Wahlen gewinnen würde, was eingetreten ist. Zwei Gründe waren in der Beurteilung maßgebend:

1. der Preisauftrieb im Jahre 1964 (7%) und die Gewißheit, daß es bis zum Wahltag trotz aller energischen Versuche, auch von seiten der Gewerkschaften, nicht gelingen würde, den weiteren Preisauftrieb abzuwehren;
2. das Trommelfeuer der Illustrierten auf die Partei, weil die Einnahmen aus Inseraten mit einer besonderen Steuer belegt worden waren.

Ich bin nicht mit fröhlichen Gefühlen nach Kopenhagen weitergeflogen. Dort erklärte mir Finanzminister Poul Hansen, daß Dänemark ebenso wie Schweden die Mehrwertsteuer einführen wolle. Vorgesehen war

diese Maßnahme mit Beginn 1. Januar 1966. Wir haben uns über dieses Thema ausführlich unterhalten (wie auch in Schweden), da sich die Bundesrepublik wegen der Harmonisierung in der EWG mit der Umstellung der Allphasensteuer zur Mehrwertsteuer beschäftigen mußte.
Finanzminister Hansen legte mir die Gründe dar, warum das Folketing im März Steuererhöhungen von insgesamt 2 Milliarden dänischer Kronen gebilligt habe (Erhöhung der allgemeinen Warensteuer, der Körperschaftsteuer, Abgabeerhöhung für Spirituosen und Tabakwaren). Dadurch könne man für das am 1. April 1965 beginnende Haushaltsjahr mit Kassenüberschüssen von mehr als 1 Milliarde dänischer Kronen rechnen. Parallel zu diesem Vorgang müsse aber beachtet werden, daß Diskussionen zur Erhöhung des Kindergeldes und der Alterspensionen begonnen hätten.
Um Zahlungs- und Handelsbilanzdefizite abzubauen (1,5 und 3,6 Milliarden dänische Kronen) solle bei Haushaltsmehreinnahmen Dänemarks von 11 bis 12% der private und öffentliche Verbrauch nur um 3% zunehmen. Es wurde betont, daß die Regierung Krag als Minderheitsregierung (77 von 179 Sitzen) keine ausgeprägt sozialdemokratische Politik betreiben könne. Auch das Ausscheiden von zwei Abgeordneten des radikal-liberalen Flügels der Venstre-Partei würde keine Unterstützung bedeuten.
Wenn ich alle Finanzminister zusammenzähle, die ich in meinem politischen Leben kennengelernt habe, so würde ich sie – von einigen Ausnahmen abgesehen – als politische Meteorologen bezeichnen, die keine Neigung entwickeln, im rauhesten Wetter zu verzweifeln, solange noch die Möglichkeit besteht, daß sich am politischen Himmel irgendwo ein blaues Fleckchen zeigen könnte.

XX. ÜBERGANG STATT NEUBEGINN

Die Autorität bröckelt

Als am 7. November 1961 der Deutsche Bundestag Dr. Konrad Adenauer zum Bundeskanzler wählte, wußte jedermann, daß ein Bundeskanzler auf Zeit gewählt worden war. Die Bundespräsidentenwahl am 1. Juli 1959 mit einer Dramatik, die vom Gegeneinander Adenauer-Erhard ausging, hatte nicht zuletzt die Folge, daß die starke Position, die Bundeskanzler Adenauer bis dahin vor allen Dingen in seiner eigenen Fraktion besaß, auf die Dauer ins Wanken geriet (im Juli 1959 ergab eine Emnid-Umfrage, daß Erhard von der Mehrheit der Befragten als Bundeskanzler vorgezogen wurde: 51% für Erhard und 32% für Adenauer).
Wolfgang Wagner hat hierüber unter dem Titel »Die Bundespräsidentenwahl 1959« im Matthias-Grünewald-Verlag, Mainz, eine Dokumentation veröffentlicht, die schon im Inhaltsverzeichnis den dramatischen Ablauf erkennen läßt und die vom Verfasser im Schlußkapitel »Die Krise im Rückblick« als Lehrbeispiel für die Unzulänglichkeit menschlicher Voraussicht in politischen Angelegenheiten bezeichnet wird. Folgende Beurteilung schließt sich an:

»Wenn es Konrad Adenauer auf dem Höhepunkt der Krise darum ging, durch die Zurücknahme seiner Kandidatur für das Präsidentenamt zu vereiteln, daß Ludwig Erhard sein Nachfolger werde, so hatte er zwar im Augenblick Erfolg, aber vier Jahre später mußte er die Kanzlerschaft doch an Erhard übergeben. Die leidenschaftlichen Auseinandersetzungen im Juni 1959 haben vielleicht sogar dazu beigetragen, die Wahl des Bundeswirtschaftsministers zum Kanzler unausweichlich werden zu lassen. Gerade das Erlebnis, daß Erhard auf der Nachfolge Adenauers bestand und für den Fall der Wahl eines anderen drohte, der CDU/CSU das Gewicht seiner Popularität zu entziehen, festigte seine Position bis

zu dem Grade, daß Adenauer sich schließlich fügen mußte. Weit davon entfernt, aus den Streitigkeiten, wie er selbst einmal sagte, abgewetzt hervorzugehen, wurde Erhard eben durch den Verlauf der Krise zu einer Art Märtyrer der Parteieinheit, dem nach dem Gefühl vieler CDU/CSU-Politiker am Ende unweigerlich Genugtuung verschafft werden mußte.
Was Erhard angeht, so hat er zwar sein Ziel schließlich erreicht, aber Ablauf und Ende seiner Kanzlerschaft lassen zweifeln, ob es nicht für ihn selbst und für die Bundesrepublik besser gewesen wäre, wenn er im Winter 1958/59 Gerhard Schröders Vorschlag gefolgt wäre und die Kandidatur für das Amt des Bundespräsidenten übernommen hätte. Das Kanzleramt – darin werden Adenauer heute auch seine damaligen Kritiker zustimmen – war Erhard zumindest nicht auf den Leib zugeschnitten. Nachträglich weiß man, daß Erhards Tugenden zugleich seine Fehler waren. Wie einige seiner guten Eigenschaften – seine demokratische Gesinnung und seine Abneigung gegen Machtmißbrauch – in den kritischen Wochen Mitte 1959 eine wesentliche Rolle spielten, so zeigte sich auch damals schon sein Mangel an handfester politischer Praxis, ohne die ein Kanzler nicht lange erfolgreich sein kann.«

Ein weiterer Vorgang kann nicht spurlos an dem Bundeskanzler vorbeigegangen sein. Adenauer hat durch die »Spiegel«-Affäre, die am 26. Oktober 1962 begann und von der man nicht sagen kann, sie sei mit der einen oder der anderen Haftentlassung erledigt gewesen, keinen letzten Glanz für das Ausscheiden aus dem schwierigen Amt als erster deutscher Bundeskanzler der Nachkriegszeit hinzugewinnen können. Die Zeitung »Das Parlament« berichtet in der Nummer 46 vom 14. November 1962 auf mehr als 13 Seiten über den Fall »Spiegel«, der am 7., 8. und 9. November im Deutschen Bundestag behandelt wurde, ausführlich und damit sehr anschaulich.
Ausgelöst durch die Durchsuchung der Redaktionsräume des »Spiegel«-Redakteurs Conrad Ahlers wegen des Verdachts auf Landesverrat hat die SPD-Fraktion in Fragestunden versucht, Klarheit über die tatsächlichen Vorgänge zu gewinnen und gleichzeitig herauszufinden, ob möglicherweise Verstöße gegen rechtsstaatliche Prinzipien vorlagen. Durch eine Erklärung Bundeskanzler Adenauers am 7. November wird eine allgemeine Debatte eröffnet. Dabei kommt es zu erregten Szenen (Präsident D. Dr. Eugen Gerstenmaier droht mit dem Abbruch der Sit-

zung), als Bundeskanzler Dr. Konrad Adenauer erklärt: »Es ist Landesverrat geübt worden – das ist sehr wahrscheinlich – von einem Mann, ... der eine journalistische Macht in Händen halte«. »Nein, ... wir haben einen Abgrund von Landesverrat im Lande. ... Denn, meine Damen und Herren, wenn von einem Blatt, das in einer Auflage von 500000 Exemplaren erscheint, systematisch, um Geld zu verdienen, Landesverrat getrieben wird ...« Der FDP-Abgeordnete Wolfgang Döring entgegnet Adenauer: »Aber Herr Bundeskanzler, ich bin es nicht nur meinem Freunde, sondern auch dem Staatsbürger Augstein und allen anderen schuldig, dagegen zu protestieren, daß Sie hier sagen: Herr Augstein verdient am Landesverrat. Da haben Sie als erster ein Urteil gefällt, das zu fällen nur dem Gericht zusteht ...«
In der Fragestunde am 8. November gibt Bundesinnenminister Hermann Höcherl zu, daß die Verhaftung von Conrad Ahlers in Spanien »etwas außerhalb der Legalität« geschehen sei.
Im Rahmen der Frage, ob auch Telefongespräche der »Spiegel«-Redaktion abgehört wurden, erklärt Bundeskanzler Dr. Konrad Adenauer am 9. November:

»Seit einiger Zeit wage ich nicht mehr, vertrauliche Sachen – geheime Sachen kommen nicht in Frage – über meinen Fernsprecher von Rhöndorf nach Bonn zu sprechen, weil offenbar ständig andere da mitverbunden sind. Ich habe den Herrn Postminister gebeten, doch gerade diesen Fall auch genau zu untersuchen. Er hat mir gestern hier im Saale erklärt, daß er einen besonderen Untersuchungstrupp aus München kommen lasse, der diese Verhältnisse des Mithörens untersuchen werde.«

Obwohl Verteidigungsminister Strauß schon Ende Oktober in der Öffentlichkeit eindeutig erklärt hatte: »Ich habe nichts, im buchstäblichen Sinne nichts mit der ›Spiegel‹-Angelegenheit zu tun ...«, muß er in der Fragestunde des Deutschen Bundestages am 8. November 1962 mitteilen, daß sein Ministerium am 27. Oktober um 2.00 Uhr früh mit dem deutschen Militärattaché in Madrid, Oster, telefoniert habe, um durch die spanischen Behörden die sofortige Verhaftung von Conrad Ahlers durchzusetzen. Auf die Frage des Abgeordneten Dr. Mommer: »Der Bundesverteidigungsminister könnte Auskunft geben, wer die Weisung an Herrn Oster gegeben habe, die Festnahme von Herrn Ahlers zu veranlassen?«, antwortet Strauß: »In dieser Fragestellung steckt eine Behauptung, die in dieser Form wohl nicht zutrifft.« Am nächsten Tag er-

gibt sich aber aus einer weiteren Antwort, daß Herr Strauß in der Nacht des 27. Oktober persönlich mit Herrn Oster telefoniert hatte.
Die Regierungskrise wurde offenkundig durch den am 19. November 1962 vollzogenen Rücktritt der FDP-Minister; am 27. November folgten die Minister der CDU und CSU. Nun wurden zwei Erklärungen abgegeben, am 30. November die von Strauß, daß er wegen der Haltung der FDP auf ein neues Ministeramt verzichte, und am 7. Dezember die von Adenauer, daß er im Herbst 1963 zurücktreten werde. Sein 5. und letztes Kabinett bildete Bundeskanzler Dr. Konrad Adenauer am 14. Dezember 1962 mit drei Änderungen: für Strauß kam Kai-Uwe von Hassel; Justizminister Stammberger wurde durch Bucher und Finanzminister Starke durch Dahlgrün ersetzt.
In den Adventstagen kam es zum erstenmal auf Bundesebene zu Fühlungnahmen zwischen Persönlichkeiten der CDU, der CSU und der SPD, die man nicht als Koalitionsgespräche bezeichnen konnte. Immerhin: erste Striche in einem neuen Bild über die Regierungsfähigkeit der deutschen Sozialdemokratie?
Das Hauptverfahren gegen Augstein und Ahlers ist erst am 13. Mai des Jahres 1963 vom Bundesgerichtshof abgeschlossen worden; beide wurden wegen Mangels an Beweisen außer Verfolgung gesetzt.

Der Wechsel

Am 9. Oktober 1963 fand die letzte Kabinettssitzung mit Bundeskanzler Adenauer statt; am 11. Oktober überreichte er dem Bundespräsidenten seine Rücktrittserklärung. Adenauer hatte sein Amt als Bundeskanzler länger geführt, als das Hitler-Reich bestand. Selbst die Amtsdauer der 21 Kabinette der Weimarer Republik war um 17 Tage geringer als die seine.*
Am 16. Oktober 1963 wählte der Deutsche Bundestag mit 279 gegen 180 Stimmen bei 24 Enthaltungen den bisherigen Bundeswirtschaftsminister Ludwig Erhard zum neuen Bundeskanzler. Die CDU/CSU stellte wieder 15, die FDP 5 Mitglieder des Kabinetts, einige wenige zogen sich

---

* Weimarer Republik: 19.1.1919 bis 29.2.1933 = 14 Jahre, 10 Tage
Hitler-Reich: 30.1.1933 bis 8.5.1945 = 12 Jahre, 3 Monate, 9 Tage
Adenauer/Bundeskanzler: 15.9.1949 bis 11.10.1963 = 14 Jahre, 27 Tage

zurück, geringfügige personelle Änderungen; es lohnt sich nicht, sie zu erwähnen, es kam bis auf Erich Mende alles vom »Alten«. Regierungserklärung wie gehabt. Debatte: von jeder Fraktion ein Redner! Man dachte mehr an Adenauer als an Erhard. Beide hatten die Fraktionsentscheidung vom 23. April 1963 (159 gegen 47 Stimmen), Erhard zum Kanzlerkandidaten zu bestimmen, respektiert. Erhard konnte und wollte nicht nein sagen. Der alte Herr hatte vorher noch gemeint, Erhard sei »ein Wirtschaftsminister von höchsten Fähigkeiten«, aber »nicht qualifiziert für das Amt des Bundeskanzlers«. Auf Abstimmungsergebnisse läßt sich immer das Wort Adenauers vom Juni 1959 anwenden: »Ich bin der festen Überzeugung – ich will mal sehr vorsichtig sein –, der Prozentsatz derjenigen Menschen in der Welt, die geistig nicht mehr so ganz dabei sind, hat zugenommen.« Mit einer solchen Lebensauffassung läßt sich vieles überspielen.
Der kluge Golo Mann schrieb am 18. Oktober 1963 in »Die Zeit« Gedanken und Überlegungen nieder, die unter Bezugnahme auf den Reichskanzler von Bismarck als Würdigung des ersten Bundeskanzlers des Nachkriegsdeutschlands gedacht waren. Er meinte unter anderem:

»Beide trauten sich selber viel und ihrem Volk wenig. Aber Bismarck war ein Artist, ein verwegener Spieler, der mit vielen Bällen auf einmal jonglierte. Adenauer trug einen einzigen in festen Händen, immer in der gleichen Richtung. Bismarck dachte feudal und historisch, dachte in den Begriffen von Staat, Klasse, Herrschaft, Macht, Großmacht, was schon zu seiner Spätzeit ein Anachronismus war. Adenauer dachte gesellschaftlich und wollte große deutsche Außenpolitik nur führen, um großer deutscher Außenpolitik für immer ein Ende zu machen. Jener war der geistvollste Schriftsteller und geistige Abenteurer, dieser – nicht.«

Otto von Bismarck, der die Höhen und Tiefen der komplizierten Politik kennengelernt hat, schrieb einmal dieses Wort, das Konrad Adenauer meiner Meinung nach auf sich hätte beziehen können:

»Ich habe gelernt, ohne den Dank der Welt zu leben, ich habe ihn erworben und verloren, ich habe ihn wiedergewonnen, ich habe ihn wieder verloren – ich mache mir gar nichts daraus, ich tue einfach meine Pflicht.«

Nun, es mußte weitergehen. Der neue Bundeskanzler gab eine Regierungserklärung ab, in der er zu Recht zunächst die Ära Adenauer würdigte, dann aber über Gesetzesvorhaben sprach, die schon lange in Wiedervorlagemappen ruhten. Daher: »Wie gehabt.« Dabei war es bereits die vierte Regierungserklärung in der am 17. Oktober 1961 begonnenen 4. Legislaturperiode des Deutschen Bundestages. Fritz Erler bestätigte am 24. Oktober 1963 in der Debatte ausdrücklich, daß diese Erklärungen umfangreiche Kataloge von Versprechungen enthalten hätten, aber keine ließen sich im Zustand knospender Taten entdecken. Wörtlich: »Bei den bisherigen Kabinetten seit 1961 war die Formulierungskunst größer als die Regierungskunst.« Alles, was zum Beispiel zur Gesundheits- und Sozialpolitik vom neuen Bundeskanzler gesagt worden sei, wäre so vage, daß man leider nur von einem faktischen Meisterstück koalitionsinterner Beratungen sprechen könne. Erler hat sehr stark herausgestellt – und er wußte, warum –, daß der neue Bundeskanzler den Mut haben müsse, langfristige Strukturveränderungen der Gesellschaft früh genug zu erkennen, um rechtzeitig mit einem planerischen Instrumentarium diese Prozesse selbst gestalten zu können. Wie sehr dieser Dreh- und Angelpunkt für eine in den Griff zu bekommende Entwicklung gerade auch von Erhard, der es wissen mußte, vernachlässigt worden ist, darüber wird zu berichten sein, wenn es um die Abwahl des Bundeskanzlers in der eigenen Fraktion geht.

Wieder einmal – am 18. Oktober 1963 – kündigte Erhard in der Regierungserklärung die »unverzügliche« Aufnahme der Vorbereitungsarbeiten für eine Finanzreform an, da »eine klare Abgrenzung der Finanzverantwortlichkeiten zwischen Bund, Ländern und Gemeinden dringlich geworden« sei und »die Vorarbeiten für eine Finanzreform . . . eine allzu lange Verzögerung erfahren« hätten. Ich füge hinzu, daß erst am 20. März 1964 nach einer Vereinbarung des Bundeskanzlers mit den Ministerpräsidenten der Länder die Sachverständigenkommission für die Finanzreform gebildet worden ist. Dabei wußte jeder Fachmann, daß man eine solche Reform nicht mit dem Rechenstift machen konnte, sondern daß man sie in ihrem staats- und gesellschaftspolitischen Rang begreifen mußte.

In meiner Rede am 9. Januar 1964 zum vorgelegten Bundeshaushalt habe ich darauf hingewiesen, daß der Bundeskanzler in seiner Regierungserklärung am 18. Oktober 1963 erklärt hätte, daß es innenpolitisch das zentrale Anliegen sei, »die Stabilität unserer Wirtschaft und Währung zu wahren«, wozu der Bundeshaushalt 1964 einen Beitrag leisten werde. Leider mußte ich nachweisen, daß dieser Beitrag nicht geleistet worden ist. Grundsätzlich habe ich hinzugefügt:

»Die Regierungserklärung vom 18. Oktober vorigen Jahres hat den großen Spannungsbogen der schwerpunktmäßig nun einmal vorhandenen Aufgabenstellung in der Innen- und Außenpolitik deutlich gemacht, allerdings ohne ausreichend der Sünden der Vergangenheit zu gedenken und ohne mehr zu tun, als den Willen für die Tat in Erscheinung treten zu lassen.

Die Finanzpolitik ist nun einmal zur wichtigsten Ausgangsposition für Ausmaß und Zielsetzungen in der gesamten Politik geworden. Die Finanzen sind der Nerv aller Dinge, und der Bundeshaushalt muß sozusagen als Nervensystem der öffentlichen Finanzwirtschaft angesehen werden. Auch an dieser Stelle wiederhole ich: Jeder Etat offenbart die in Geldwert bemessene Regierungspolitik. In den Einnahme- und Ausgabenansätzen hat sich widerzuspiegeln, was in der Regierungspolitik getan und wie es finanziert werden soll. So war es durchaus verständlich, daß sich in der Erhardschen Regierungserklärung immer wieder Hinweise auf den noch vorzulegenden Haushaltsplan 1964 gefunden haben. Dieses Regierungsprogramm und die jetzt zur Debatte stehende Haushaltsvorlage sind zwei Seiten derselben Münze. Wie man die Münze auch wirft, was immer oben liegt, ob Kopf oder Zahl, hat notwendig das andere zur Rückseite. Die Haushaltsvorlage 1964 gehört zur Regierungserklärung. Beide sind siamesische Zwillinge.

Wir Sozialdemokraten haben uns in diesem Bundestag redlich abgemüht zu verhindern, daß sich die Koalitionsmehrheit in einer finanzwirtschaftlichen Sackgasse festrennt, und haben immer wieder vernünftige Vorschläge zur Debatte gestellt. Wenn nicht allzuoft Rechthaberei als Mittel der Politik angesehen würde, hätte die jetzige Regierung einen besseren Start haben können. Es fehlt seit Jahren die Erkenntnis, die der neue Bundeskanzler in der richtigen Formulierung ausgedrückt hat, daß die Opposition ein notwendiger und vollwertiger Bestandteil des parlamentarisch-demokratischen Systems ist. Das bedeutet, in vollem Umfange Verantwortung tragen, um dieser staatspolitischen Aufgabe gerecht zu werden. Deswegen stellt unsere Fraktion die Forderung: An Stelle von Rechthaberei und Parteiegoismen muß immer das bessere Argument Mittel der Politik sein.«

Der frühere Juliusturm des ersten Finanzministers der Bundesrepublik, Fritz Schäffer von der CSU, war stattlich hoch, der Ausgabenrausch entsprechend groß und andauernd. Er erfaßte im Zeichen der Gewöhnung auch die Wahljahre 1961 und 1965. Frühzeitig und eindringlich warnende Stimmen wurden überhört. Man ließ sich täuschen durch die mit anhaltender Konjunktur steigenden, allerdings zum Teil bereits durch den Preisauftrieb bedingten Steuermehreinnahmen. Diese Finanzierung der Ausgaben verschleierte die wahre Situation, erhöhte aber die Gefahren für die späteren Jahre, weil die Bonner Regierungspolitik bewußt finanzwirtschaftliche Auswirkungen nach abgelaufenen Wahlterminen unbeachtet gelassen hat. So vollzog sich der unheilvolle Prozeß weiter in Richtung wachsender Manövrierunfähigkeit der öffentlichen Haushalte durch die starren Blocks festliegender Ausgaben bei Bund, Ländern und Gemeinden mit den zusätzlichen Risiken, die sich aus der Ablehnung einer antizyklischen Finanzpolitik ergeben mußten.
Die Vorausschau des Bundesfinanzministeriums im Finanzbericht für den Ausgabenbedarf des Bundes von 1966 bis 1970 zeigte, daß die Ausgaben des Bundes, die auf gesetzlicher, vertraglicher oder internationaler Bindung beruhten, etwa 90% des Gesamtvolumens des Bundeshaushalts in Anspruch nahmen. Die rechtlich nicht gebundenen Ansätze beliefen sich nur noch auf 10% der Gesamtausgaben. Dieser Rest war daher zwangsläufig von besonderem politischen Gewicht. Mit einer solchen Erstarrung des öffentlichen Haushalts aufgrund von festliegenden Ausgabepositionen wurde die Steuerungsfunktion der öffentlichen Haushalte im Sinne konjunkturgerechter Politik mehr und mehr eingeengt, so daß für die Zukunft erhebliche Anstrengungen gemacht werden mußten, um eine ausreichende Manövrierfähigkeit zurückzugewinnen.
Diese Entwicklungen hätten vorausgesehen und verhindert werden können, wenn die damaligen Bundesregierungen entschlossen gewesen wären, von dem Instrument der mittelfristigen Finanzvorausschau und Finanzplanung Gebrauch zu machen. Es war zwar ein Antrag der Sozialdemokratischen Bundestagsfraktion zum Haushaltsgesetz 1963 vom Deutschen Bundestag angenommen worden, der von der Bundesregierung eine mindestens dreijährige vorausschauende Übersicht über die Entwicklung der Bundesfinanzen forderte, aber die Bundesregierung

Erhard/Mende entledigte sich dieser Aufgabe erst mit zweijähriger Verspätung bei Vorlage des Finanzberichts 1965 in völlig unzulänglicher Weise.

Die Steuersenkungen 1964/65 brachten für den Bund, die Länder und über den Steuerverbund auch für die Gemeinden einen Steuerausfall von insgesamt 3,7 Milliarden DM. Davon gingen zu Lasten des Bundes 1,4 Milliarden DM, der Länder und Gemeinden rund 2,3 Milliarden DM. Die Länder hatten außerdem noch durch die Senkung ihres Anteils an der Einkommen- und Körperschaftsteuer zugunsten des Bundes erhebliche Einbußen hinzunehmen, was wesentlich zur rapiden Verschlechterung der Finanzlage der Länder und Gemeinden sowie letzten Endes auch zu einer stärkeren Beanspruchung des Kapitalmarktes beigetragen hat.*

Konjunkturpolitisch gesehen war der Zeitpunkt für die Steuersenkungen 1965 verfehlt, weil sie den allgemeinen Preisauftrieb beschleunigt haben. Nicht nur die EWG-Kommission, sondern auch der Wissenschaftliche Beirat beim Bundesfinanzministerium warnten vor diesen Steuersenkungen, denn sie wirkten

1. prozyklisch, weil sie auf der Höhe eines ungewöhnlichen Konjunkturaufschwungs vorgenommen worden sind und damit die übersteigerte Nachfrage zusätzlich angeheizt haben, und waren
2. entscheidend für das noch im gleichen Jahr auftretende Haushaltsdefizit des Bundes sowie die sich kumulierenden Etatschwierigkeiten in den Ländern und Gemeinden, hier besonders gravierend durch die Einengung auf der Einnahmeseite bei wachsendem Kostenaufwand für unerläßliche Infrastrukturmaßnahmen.

Trotz der mit dieser Politik bewußt herbeigeführten Senkungen der Einnahmen wurden von der Regierung Erhard/Mende und der sie tragenden Koalition vor der Bundestagswahl 1965 insgesamt 56 finanzwirksame Gesetze in einer Größenordnung von fast sechs Milliarden DM mit Wirkung für 1966 beschlossen, wovon nach den Feststellungen des Bundesfinanzministeriums 41 Vorlagen von der Bundesregierung selbst, neun Gesetzentwürfe von der damaligen Koalition und je zwei Gesetzentwürfe aller Parteien, der CDU/CSU und einzelner Abgeordnetengruppen kamen. Bundeskanzler Erhard hat nichts unternommen, um

* Bei den Zahlen muß man die damaligen Größenordnungen berücksichtigen.

diese Ausgabenflut einzudämmen; er verzichtete auf die Anwendung des Artikels 113 des Grundgesetzes.*

Hierzu schrieb die »Stuttgarter Zeitung« am 14. August 1965 unter dem Titel »Groteske Situation« unter anderem:

»Morgen, morgen, nur nicht heute . . . nach diesem Spruch ist das Bundeskabinett abermals verfahren, als es den restlichen 19 Ausgabegesetzen der 4. Legislaturperiode seinen zweifelhaften Segen gab. Es bleibt also dabei, daß die Regierung Erhard dem 5. Deutschen Bundestag – trotz achtenswerter Bemühungen am Anfang – eine verwahrloste Finanzwirtschaft hinterläßt, die vernünftig zu ordnen sie selbst nicht fähig war. Die Argumente des Kabinetts, mit denen es erläuterte, warum es jetzt von seinen Rechten nach Grundgesetzartikel 113 keinen Gebrauch machen wolle, klingen ehrenhaft. Der Bundestag hätte aus Zeitgründen keine der Regierung akzeptabel erscheinenden Kompromisse mehr beschließen können. Der Zufall hätte also beim Töten von Gesetzen seine Hand im Spiel gehabt. Hinter der Fassade von Ehrenhaftigkeit verbirgt sich jedoch das entscheidende innenpolitische Versäumnis der Regierung Erhard.
Die Situation, die Erhard und Dahlgrün mit ihrem Koalitionskabinett heraufbeschworen haben, ist grotesk: die Regierung erkennt öffentlich an, daß die von ihr ausnahmslos nach Artikel 113 gebilligte Gesetzgebung nicht in allen Stücken zu verwirklichen ist. Sie kündigt für den Fall ihrer Wiederwahl an, daß bei allen Gesetzen mit Abstrichen zu rechnen sei. Koalition und Kanzler haben im letzten Jahr Wahlgeschenke über Wahlgeschenke verteilt, damit Erhard wieder Bundeskanzler werde. Nun soll Erhard Bundeskanzler werden, um einen nicht geringen Teil dieser Wahlgeschenke wieder zunichte machen zu können. Das verstehe, wer will. Deutlicher jedenfalls hätte finanzpolitisches Versagen nicht demonstriert werden können als mit dem Eingeständnis, der 5. Bundestag müsse im Wege des Nachsitzens die Schularbeiten korrigieren, die der 4. Bundestag falsch angefaßt hat.
Es ist fast tragisch, mit anzusehen, in welchem Maß Erhard daran gescheitert ist, sein im Oktober 1963 bekundetes gutes Wollen wenigstens

* Grundgesetzartikel 113: Erhöhung der Ausgaben. Beschlüsse des Bundestages und des Bundesrates, welche die von der Bundesregierung vorgeschlagenen Ausgaben des Haushaltsplanes erhöhen oder neue Ausgaben in sich schließen oder für die Zukunft mit sich bringen, bedürfen der Zustimmung der Bundesregierung.

auf seinem Fachgebiet auch zu vollbringen. Die Schuld daran liegt zum Teil bei der CDU/CSU, die auf Erhard schwört, ohne ihm zu folgen, ja, die längst mit anderen Kanzlerkandidaten liebäugelt. Sie liegt aber mindestens ebenso stark bei Erhard selbst, der führen will, ohne sich der normalen Führungsmittel eines Kanzlers zu bedienen.
Wäre die Wahlschlacht nicht schon entbrannt, man wäre versucht, Erhard den Rat zu geben, sich eine andere Partei zu suchen, oder der Union zu empfehlen, ihr Geschick einem anderen Kanzlerkandidaten anzuvertrauen. Wenn es noch eines Beweises bedurft hätte, daß die beiden nicht miteinander harmonisieren, dann hat Erhard ihn mit seiner Zaghaftigkeit und die CDU/CSU ihn mit ihrer Unfähigkeit geliefert, Interessengegensätze in sich realpolitisch zu verarbeiten, statt sie finanzpolitisch aufzusummieren. Das Resultat ist skandalös.«

Der Sachverständigenrat zur Begutachtung der gesamtwirtschaftlichen Entwicklung stellte zu dem Sachverhalt in seinem Jahresgutachten 1965/66 noch das Folgende fest:

»So muß ohne große Einschränkung festgehalten weden, daß das Ausmaß der staatlichen Ausgabensteigerung (rund 10%) im Vergleich zum Wachstum des realen Bruttosozialprodukts (5%) Ausdruck dafür ist, wie stark der Staat 1965 zum Fortgang der schleichenden Inflation in der Bundesrepublik beigetragen hat.« (Textziffer 150).

In Textziffer 154 sagt der Sachverständigenrat:

»Möglicherweise hätte der 4. Deutsche Bundestag so hohe zusätzliche Ausgaben nicht beschlossen, wenn ihm ein mehrjähriger und detaillierter Finanzplan vorgelegen hätte.«

Die aus den Fugen geratene Ausgabenpolitik stand auch unter dem Verhängnis, aus mangelnder Einsicht in die Zusammenhänge gesamtwirtschaftlichen Geschehens den öffentlichen Wohlstand und das soziale Gleichgewicht vernachlässigt zu haben. Die Bundesrepublik Deutschland, die ihren Aufstieg nicht zuletzt und unbestreitbar dem früher hohen Ausbildungsstand der Bevölkerung verdankte, hatte in den zurückliegenden Jahren nicht genug unternommen, um sich in Ausbildung, Forschung und Lehre dem Tempo anzupassen, das sich aus der technischen Neubildung der Welt durch das gestiegene Niveau von Wissenschaft und Forschung ergab. Unser Land, das immer mehr in eine europäische Gemeinschaft hineingewachsen war, überflügelte seine Partner-

staaten an Produktionsergebnissen und Zuwachsraten, aber es blieb noch zurück, wenn man den Stand der technisch-wissenschaftlichen Ausbildung an den großen zwingenden Erfordernissen der Zukunft zu messen bereit war.
Was uns als Bildungsnotstand, Verkehrschaos, fehlende Raumordnung, Gesundheitsgefährdung durch Luft und Wasser große Sorgen bereitete, hatte seinen Ursprung in den Versäumnissen der vergangenen Jahre, in denen Adenauer/Mende/Erhard-Regierungen dem Druck partikularer Interessenwünsche nicht standgehalten haben und in denen die Struktur der kopflastig konsumptiven Staatsausgaben bei unverständlicher Vernachlässigung der manchmal in ihrer fundamentalen Bedeutung regierungsamtlich einfach nicht anerkannten Gemeinschaftsaufgaben verfestigt worden ist. Das böse Wort von der »Gefälligkeitsdemokratie« ist in diesen zurückliegenden Jahren geboren worden.
Unsere Warnungen vor den Bundestagswahlen hatten bekanntlich kein Gehör gefunden. Das Beispiel, das die Sozialdemokratische Bundestagsfraktion am 26. Februar 1965 durch das Zurückziehen eigener Gesetzentwürfe mit finanziellen Auswirkungen im Bundestag gegeben hatte, war nicht nachvollzogen worden. Allerdings haben die Dokumentationen der SPD wesentlich zur Information der Öffentlichkeit über die wahre Finanzsituation beigetragen. Aber die eigentlich Verantwortlichen entzogen sich weiterhin dem Druck dieser harten Tatsachen, denn noch am 13. August 1965 verkündete der damalige Bundeskanzler Erhard: »Wenn die SPD von einer Finanzkatastrophe spricht, so nehmen Sie es nicht ernst; nehmen Sie es heiter!«
Die SPD hatte für die Bundestagswahl 1965 wieder ein Regierungsprogramm mit qualitativer und quantitativer Zielsetzung ausgearbeitet, das im August 1965 noch durch ein Stabilisierungsprogramm zur Eindämmung des Preisauftriebs ergänzt worden war. Die SPD rückte damit einige Monate vor den Bundestagswahlen 1965 bewußt die Sanierung der Staatsfinanzen, die Wiedergewinnung der Preisstabilität nach einem Stufenplan und die Förderung von Gemeinschaftsaufgaben in den Vordergrund der innenpolitischen Auseinandersetzungen. Dem SPD-Programm lag ein quantifizierter und gründlich erarbeiteter Finanzierungsplan für die Legislaturperiode 1965 bis 1969 zugrunde, der die politischen Entscheidungen über Aufgabenprioritäten ermöglicht hätte.
Aber es reichte noch nicht. Der Sozialistenschreck, die Chancenungleichheit zwischen einer zur Gewohnheit gewordenen Regierungspar-

tei und einer guten Opposition, die Undurchsichtigkeit komplizierter politischer Vorgänge sowie manche Auffassung, man mache es dem Erhard auch zu schwer, und man solle ihm die Chance, doch zu überleben, etwas verlängern – dieses und mehr waren Elixiere für einen Torso, der nicht mehr lange das Gütesiegel der Regierungsfähigkeit tragen würde.

Götterdämmerung

Es gehört zwar der Geschichte an, ist aber Fortsetzung und Schluß zugleich für die letzte Auflage der verhärmten Koalition Erhard/Mende. Am 20. Oktober 1965 wurde Professor Ludwig Erhard noch einmal zum Bundeskanzler gewählt, und am 26. des gleichen Monats erfolgte die Ernennung des Kabinetts, bei dem nur wenige Köpfe ausgewechselt wurden.

Nach der Regierungserklärung vom 10. November nahmen Vertreter der Fraktionen im Rundfunk Stellung, da die Debatte erst am 29. November stattfand. Ich sagte unter anderem:

»Die Regierungserklärung des Bundeskanzlers Erhard zeigt einen breiten Fächer von Sorgen und Befürchtungen, von der Labilität der Wirtschaft und der Unordnung unserer Finanzen bis zu den Krisen der EWG und der NATO sowie der Lähmung der Außenpolitik überhaupt. Diese Bilanz des Unzulänglichen legte ein Mann vor, der von 1949 bis 1963 als Bundeswirtschaftsminister und in den letzten zwei Jahren als Bundeskanzler amtiert hat. Man hätte meinen können, der Bundeskanzler, der da sprach, wäre der frühere Oppositionsführer, der sich mit Beginn einer neuen Ära verpflichtet fühlt, Fehler, Versäumnisse und Schuld der bisherigen Regierungen noch einmal festzuhalten, um zu begründen, warum die Lage noch nie so ernst war wie jetzt, und warum es schwer sein wird, innenpolitisch mit dem Rotstift und außenpolitisch mit Phantasie zu regieren. Bedenkliche Analysen und fehlende Konsequenzen, eine erschreckende Diskrepanz zwischen Darstellung und konkreten Zielsetzungen sind so auffallend, daß jeder objektiv Urteilende sich voll ernster Sorge fragen muß, was wird nun werden?«

Die Sanierungsversuche der Bundesregierung für den Bundeshaushalt 1966 blieben unzulänglich. Das Haushaltssicherungsgesetz für 1966 lö-

ste die Probleme nicht, sondern verlagerte sie nur teils auf spätere Jahre, teils auf Dritte; zudem kamen die Maßnahmen in konjunktureller Hinsicht zu spät. Im letzten Jahresgutachten des Sachverständigenrates wurde erklärt, dieses sogenannte Haushaltssicherungesgestz habe nur die Ausführung von Gesetzen vertagt (Textziffer 133). Später ist es von höchster Stelle als »eine Krücke« bezeichnet worden, »die nur über die Schwierigkeiten eines einzigen Jahres hinweghalf«.
Bei der Aufstellung des Bundeshaushalts 1967 kam es dann zur Götterdämmerung. Es zeigten sich bei nunmehr rückläufiger Konjunktur die wahren Schwierigkeiten in ihrem ganzen Ausmaß, gekennzeichnet durch die Misere des Kapitalmarktes, die Unbeweglichkeit der Staatsausgaben durch festliegende Ausgabenblöcke und Subventionen, mangelnde Förderung von Gemeinschaftsaufgaben, falsche Vorstellungen der alten Bundesregierung über die Höhe der Beteiligung des Bundes an der Einkommen- und Körperschaftsteuer, das Fehlen der mittelfristigen Finanzplanung mit der Schaffung von Prioritäten und nicht zuletzt die fehlende Reform der Finanzverfassung.
Der Bundesrat befaßte sich am 28. Oktober 1966 mit dem von der Erhard/Mende-Regierung vorgelegten Entwurf des Bundeshaushalts 1967, der unter anderem auf dem unrealistischen Bundesanteil an der Einkommen- und Körperschaftsteuer von unverändert 39 % basierte, und gab ihn – erstmals in der Geschichte der Bundesrepublik – an die Bundesregierung mit dem Petitum zurück, daß sie beschleunigt einen neuen Haushalt oder einen Ergänzungshaushalt vorlegen solle, um den Bundeshaushalt 1967 realistisch zu gestalten und echt auszugleichen.
An den Folgen dieser Aufforderung, das heißt an den mit dem Etatausgleich verbundenen Schwierigkeiten, zerbrach die alte Koalition. Die Chronik meldet am 28. Oktober 1966:

»Die FDP-Minister in der Bundesregierung sind am 27. Oktober zurückgetreten. In Übereinstimmung mit der Fraktion haben Vizekanzler Mende und die Minister Dahlgrün, Scheel und Bucher diesen Schritt mit der Begründung unternommen, daß mit den vom Kanzler vorgesehenen Maßnahmen eine langfristige Stabilität nicht zu erreichen sei.
Der Vorstand der CDU/CSU-Fraktion wurde unterrichtet. Dr. Erich Mende erklärte, daß die Koalition zwischen CDU/CSU und der FDP beendet sei; die FDP betrachte sich jetzt als Oppositionspartei.
Bundeskanzler Professor Ludwig Erhard wird bis auf weiteres eine

Minderheitsregierung mit den Ministern der CDU/CSU führen. Die verwaisten Ministerien werden von anderen Kabinettsmitgliedern verwaltet.«

In einer Antwort auf den persönlichen Brief eines Tieftraurigen an mich, der ob dieses Ereignisses mit dem Schicksal haderte, habe ich an das Wort Schopenhauers erinnert: »Was die Menschen Schicksal nennen, sind ihre eigenen dummen Streiche.«

XXI. ES KAM, WIE ES KOMMEN MUSSTE

Bundeskanzlerkandidat Kiesinger

Am 8. November 1966 forderte eine aus SPD und FDP bestehende Mehrheit des Deutschen Bundestages den Bundeskanzler des Minderheitenkabinetts, das sich nur noch an CDU und CSU anlehnte, nach einer Geschäftsordnungsdebatte auf, die Vertrauensfrage zu stellen. Dieser Antrag wurde auf die Tagesordnung gesetzt und gegen die Stimmen der Unionsparteien angenommen, die den Antrag für unzulässig hielten. Bundeskanzler Erhard erklärte wörtlich:

»Ich werde dem Ersuchen, das Vertrauen des Hauses für mich zu erbitten, unter gar keinen Umständen nachkommen, und zwar weil ich nicht gegen Geist und Sinn der Verfassung verstoßen möchte.«

Die Mehrheit bezog sich auf Artikel 68 des Grundgesetzes, der folgenden Wortlaut hat:

»(1) Findet ein Antrag des Bundeskanzlers, ihm das Vertrauen auszusprechen, nicht die Zustimmung der Mehrheit der Mitglieder des Bundestages, so kann der Bundespräsident auf Vorschlag des Bundeskanzlers binnen einundzwanzig Tagen den Bundestag auflösen. Das Recht zur Auflösung erlischt, sobald der Bundestag mit der Mehrheit seiner Mitglieder einen anderen Bundeskanzler wählt.
(2) Zwischen dem Antrag und der Abstimmung müssen achtundvierzig Stunden liegen.«

Ludwig Erhard war von der FDP im Stich gelassen worden. Der Vorsitzende der Fraktion der FDP gab in dieser Debatte nachstehende Erklärung ab:

»Wir haben uns zum Austritt aus der Bundesregierung entschlossen, nachdem sich zeigte, daß die fundamentalen Gegensätze in der CDU/CSU die Formulierung einer klaren politischen Konzeption der Bundesregierung und die Kraft zu einschneidenden und unpopulären

Entscheidungen verhinderten. Beides aber ist die Voraussetzung für einen Haushalt der Stabilität.«

Ohne jeden Zweifel konnten die bisherigen Partner nicht mehr gemeinsam regieren. Diese Tatsache ist in den späteren Koalitionsverhandlungen mit der Feststellung unterstrichen worden, daß am Nachmittag des 25. November die Unionsparteien und die FDP zu dem Ergebnis kamen, daß ihre unterschiedlichen Auffassungen über die Deckungsmöglichkeiten des Haushalts 1967 nach wie vor nicht zu überbrücken seien. Wenn sich also Ludwig Erhard am 8. November doch entschlossen hätte, nach Artikel 68 Grundgesetz die Vertrauensfrage zu stellen, so wäre ihm manches erspart geblieben, und er hätte unserem Souverän, dem Volk, die Möglichkeit gegeben, nach den leider vorübergehend gelungenen Vernebelungsversuchen vom 19. September 1965 bei den jetzt erkennbaren Verhältnissen ein sich hierauf stützendes neues Votum abzugeben. Ich füge die Frage hinzu, ob es überhaupt sicher war, wie die Antwort auf die Vertrauensfrage ausgefallen wäre. Die Mandatsverteilung: 245 (242)* CDU/CSU, 49 (67) FDP und 202 (190) SPD verführt doch beinahe zur Sterndeuterei. Für mich, aber auch für die SPD, war eine Neuwahl des Deutschen Bundestages in bester Weise mit Geist und Sinn der Verfassung vereinbar (siehe Parallele vom 20. September 1972: Vertrauensfrage durch Willy Brandt).
Die Erschwerung in der Abwahl des Bundeskanzlers hatte in erster Linie deshalb im Grundgesetz Eingang gefunden, weil die Weimarer Erfahrungen zur Vorsicht gemahnt hatten. Wenn nach Eintreten neuer gewichtiger politisch-parlamentarischer Ereignisse die Entscheidung über die Anwendung des Artikels 68 beim Bundeskanzler liegt, so hätte man gerade in diesem Fall Ludwig Erhard zur Probe aufs Exempel raten müssen. Angst vor dem Ausgang einer Neuwahl darf kein Bestimmungsfaktor sein (siehe Parallele vom 20. September 1972: Vertrauensfrage durch Willy Brandt).

---

* In Klammern die Mandate im 4. Deutschen Bundestag

An dieser Stelle sei das Ergebnis der Landtagswahlen in Hessen vom 6. November 1966 genannt:

SPD	51,0%	– 52 Mandate
CDU	26,4%	– 26 Mandate
FDP	10,4%	– 10 Mandate
NPD	7,9%	– 8 Mandate.

Am 7. November 1966 begannen die ersten Beratungen in den Parteien über die Bewältigung der Regierungskrise. Die Überlegungen bei der SPD führten zu der oben behandelten Debatte im Deutschen Bundestag vom 8. November.
Der 9. November, ein nicht mit Absicht gewähltes Datum, brachte die Überraschung der Wahl des baden-württembergischen Ministerpräsidenten Kurt Georg Kiesinger zum Kanzlerkandidaten – durch die CSU. Während am nächsten Tag die Erste Lesung des Bundeshaushalts 1967 erfolgte, wählte die Bundestagsfraktion der CDU/CSU Kurt Georg Kiesinger im 3. Wahlgang mit 137 Stimmen zu ihrem Kanzlerkandidaten; Gerhard Schröder erhielt 81 und Rainer Barzel 26 Stimmen. Noch am gleichen Tage forderten die Unionsparteien die SPD und die FDP zu Koalitionsverhandlungen auf. Herr Kiesinger auf dem Rückweg nach Bonn trotz dieses Ergebnisses in der Bundestagsfraktion? Nach meinen Erfahrungen in Stuttgart konnte ich nur annehmen, daß er den Versuch unternehmen würde, das aufgekündigte Bündnis mit der FDP zu erneuern und unterschriftsreif zu machen. Sehr bald bat mich der Kanzlerkandidat um eine Unterredung, in der er mir glaubwürdig klarmachte, daß meine Annahme unrichtig und er nach beiden Seiten offen sei.
Am 10. November abends hat das Präsidium der SPD mit den Vorsitzenden und Geschäftsführern der Sozialdemokratischen Bundestagsfraktion die am nächsten Tag stattfindende gemeinsame Sitzung der Vorstände von Partei und Fraktion gründlich vorbereitet. In beiden Sitzungen bestand Übereinstimmung, daß die beste Lösung der Krise die Neuwahl des Deutschen Bundestages gewesen wäre. Unsere Enttäuschung war groß, als feststand, daß dieses Ziel nicht erreicht werden konnte. Die Diskussion zeigte verschiedene Präferenzen. Ich habe die Gelegenheit benutzt, um darzustellen, daß sich nun doch, wenn auch um ein schlechtes Jahr verspätet, meine Voraussagen, daß diese Regierungen irgendwann den Offenbarungseid leisten müßten und dann ohne die SPD nichts mehr gehen würde, als richtig erwiesen hätten.

Das Beratungsergebnis der gemeinsamen Sitzung der Vorstände der SPD und ihrer Bundestagsfraktion vom 11. November 1966 wurde veröffentlicht:

»1. Wer Bundeskanzler wird, entscheidet sich durch die Bildung einer Mehrheit für das Sachprogramm einer neuen Regierung. Die SPD bestreitet den Anspruch der CDU/CSU, die im Bundestag nicht über die Mehrheit verfügt, allein über die Benennung des neuen Bundeskanzlers befinden zu wollen.

2. Die SPD bedauert, daß sie bei anderen Parteien bisher keine Unterstützung für die Lösung der Bonner Krise durch Neuwahlen gefunden hat.

3. Der Vorsitzende der SPD schlägt den Vorsitzenden der anderen im Bundestag vertretenen Parteien – CDU, CSU und FDP – und ihrer Fraktionen vor, daß sie zunächst über die sachlichen Notwendigkeiten der deutschen Politik nach innen und außen gemeinsam beraten. Die SPD wird die Initiative dazu ergreifen, daß solche Sachgespräche unverzüglich anberaumt werden.

4. Die SPD wird in den nächsten Tagen das 8-Punkte-Programm der Sozialdemokratischen Bundestagsfraktion näher erläutern und den anderen Parteien als eine Grundlage der vorgeschlagenen gemeinsamen Sacherörterungen unterbreiten.

5. Für Verhandlungen über die innen- und außenpolitischen Sachfragen benennt die SPD eine Kommission, der der Parteivorsitzende Willy Brandt, der amtierende Fraktionsvorsitzende Herbert Wehner und die stellvertretenden Fraktionsvorsitzenden Alex Möller, Karl Schiller und Helmut Schmidt angehören.

6. Dic SPD bchält sich vor, im Vcrlauf odcr als Ergcbnis dcr Sachcrörterungen von der Möglichkeit des konstruktiven Mißtrauensvotums Gebrauch zu machen.

7. Über ihre Vorstellungen zur Überwindung der Regierungskrise wird die SPD den Herrn Bundespräsidenten unterrichten.«

Schwierige Verhandlungen

Bis zu den Landtagswahlen in Bayern am 20. November 1966 fanden zwei Sitzungen mit der Verhandlungskommission der CDU/CSU und eine mit den Unterhändlern der FDP statt. Die Erörterungen waren gründlich und zeigten, daß es für die SPD immer wieder notwendig wurde, neues Material zu erbitten, über das nur die Regierungsseite verfügte, und die bestand aus den Unionsparteien. Für die Sozialdemokraten war das Acht-Punkte-Programm die Ausgangsbasis. Es hatte folgenden Inhalt:

»Jede neue Bundesregierung steht vor folgenden Aufgaben:

1. Die Bundesregierung muß, um unserer äußeren Stabilität und Sicherheit willen, das Verhältnis zu Washington und Paris wieder in Ordnung bringen.
2. Um der Stabilität des Bündnisses willen und als Beitrag zur Entspannung muß sie den Ehrgeiz auf atomaren Mitbesitz aufgeben.
3. Sie muß aktiv für die Normalisierung unseres Verhältnisses zu den östlichen Nachbarvölkern und für die Versöhnung mit ihnen eintreten.
4. Sie muß Klarheit schaffen über unseren eigenen Handlungsspielraum gegenüber den Ostberliner Machthabern; sie muß diesen Handlungsspielraum ausfüllen.
5. Die Wirtschaft der Bundesrepublik Deutschland ist durch die politischen Versäumnisse der bisherigen Regierung in die Gefahr der Stagnation und des Rückschlags geraten. Durch sofort einzuleitende Maßnahmen muß der deutschen Wirtschaft die Möglichkeit geschaffen werden, in einen neuen Aufschwung einzutreten, damit in Zukunft Stabilität und Wachstum gleichermaßen gesichert sind.
6. Die Ordnung der Staatsfinanzen ist hierzu unabdingbare Voraussetzung. Die neue Bundesregierung muß die Haushaltskatastrophe für 1967 abwenden; sie darf dabei die bisherige Augenauswischerei nicht fortsetzen, die für das Jahr 1968 das Defizit noch verdoppeln würde.
7. Bund, Länder und Gemeinden sind die gleich notwendigen tragenden Säulen unseres Staates; die finanzielle Neuordnung muß allen Dreien gleichberechtigt die Voraussetzung für die Lösung ihrer jeweiligen Aufgaben verschaffen. Die Bundesregierung hat für eine

allgemeine Rangordnung zu sorgen, die sich an den wirtschafts- und sozialpolitischen Notwendigkeiten orientiert.

8. Wirtschaftliches Wachstum, finanzielle Ordnung und soziale Stabilität sind die innenpolitischen Grundlagen für den Fortschritt unserer Gesellschaft und für eine kontinuierliche Politik nach innen und außen.«

Diese acht Punkte sind mit eingehenden Erläuterungen versehen selbstverständlich den Verhandlungspartnern für die gemeinsamen Sacherörterungen zugeleitet worden.
Vor den Bayern-Wahlen lieferte die Gerüchteküche alles, was bestellt wurde, in beliebiger Qualität. Wir sahen uns deshalb veranlaßt zu erklären, daß noch nichts entschieden sei und wir Entscheidungen über die Regierungsbildung erst dann für vertretbar und zulässig hielten, wenn zuvor eine vollständige Klärung aller wesentlichen Sachverhalte für eine solide deutsche Politik nach innen und nach außen stattgefunden habe. Kein Zweifel sei gegenüber dem Bestreben der SPD angebracht, die Krise so rasch wie möglich zu überwinden. Deshalb dränge sie auf zügigen Fortschritt in der Bestandsaufnahme der Rudimente der bisherigen Regierungsarbeit.

Die Bayern-Wahlen vom 20. November brachten doch eine Überraschung. Die CSU erhielt 48,1% (47,5%), die SPD 35,8% (35,3%), die FDP 5,1% (5,9%) und die NPD 7,4% (–) der Stimmen.* Zum erstenmal konnte die NPD in den Bayerischen Landtag einziehen (wie zwei Wochen vorher auch in Hessen). Die FDP war zwar in Hessen im Landtag verblieben, durch das komplizierte Wahlrecht in Bayern war sie aber im Münchener Parlament nicht mehr vertreten.** Das ist eine bittere Pille gewesen. Wir merkten es zwei Tage später, als sich die Verhandlungskommissionen von SPD und FDP trafen. Alles verlief verkrampft und lustlos. Die Sozialdemokraten bedauerten ehrlich, daß die Freien Demokraten gerade in dieser Situation nicht mehr dem Bayerischen Landtag angehörten. Die Unsicherheit dieses Gesprächspartners erhöhte sich und konnte auch durch forsches Auftreten von Erich Mende nicht mehr überspielt werden. Um uns nicht festzufahren, machte ich den Vor-

* In Klammern die Prozentzahlen der Landtagswahlen 1962

** Bis zur Landtagswahl 1974 lautete der Art. 14, Abs. 4 der Bayrischen Verfassung: »Wahlvorschläge, auf die nicht mindestens in einem Wahlkreis (= Regierungsbezirk) zehn Prozent der abgegebenen Stimmen fallen, erhalten keinen Sitz zugeteilt.« Ab der Landtagswahl wurde der Prozentsatz auf einheitlich fünf Prozent geändert.

schlag, für die finanz- und wirtschaftspolitischen Fragen im weitesten Sinne eine Expertenkommission einzusetzen, zumal sinnigerweise am nächsten Tag die Erste Lesung des Nachtragshaushaltsgesetzes 1966 im Plenum zur Beratung anstand. Es konnte bei der Debatte nichts Gemeinsames in diesem Stadium der Koalitionsverhandlungen herauskommen. Ich hatte aber Gelegenheit, nochmals klarzustellen, wie schwer es für die Opposition in den 17 Jahren gewesen sei, finanzwirtschaftlich verantwortlicher zu handeln sowie zu versuchen, Einnahmen und Ausgaben ausgewogener zu gestalten, als das bei den Regierungsvorlagen gewesen ist. Daß sich meine Fraktionskollegen immer wieder zu einem solchen Verhalten entschlossen hätten, kann ihnen bei objektiver Wertung gar nicht hoch genug angerechnet werden (und das würde auch einmal ein sozialdemokratischer Bundesfinanzminister beachten müssen). Ich appellierte bei dieser Rede an die Bevölkerung, die für dieses Thema plötzlich offene Ohren bekommen hatte, einzusehen, daß die regierungsamtlich entstandene finanzwirtschaftliche Not zu Konsequenzen führe, nämlich zu dem Gebot der realistischen Einnahmeschätzung, der Sorgfalt in der Überlegung aller Maßnahmen in unserer Ausgabenwirtschaft und der Erkenntnis, daß zur erforderlichen Stabilität das in ökonomisch vernünftigen Bahnen verlaufene wirtschaftliche Wachstum gehören müsse.
An diesem Tag trat die sozialdemokratische Verhandlungskommission zusammen, beriet über den Fortgang und kam zu einer einheitlichen Meinungsbildung. Für mich war nicht nur diese Feststellung befriedigend, sondern auch die, daß jeder von uns sich gründlich vorbereitet hatte und die Experten der Fraktion die Verhandlungskommission laufend mit ausgezeichnetem Material bedienten.
Am 24. November 1966 fand zunächst eine Zusammenkunft der Expertenkommission von SPD und FDP statt, die völlig unbefriedigend verlief. Es ist mir zum Beispiel nicht möglich gewesen, der Gegenseite klarzumachen, warum wir in der Bundestagsdebatte den Vorschlag unterbreitet hatten, den neuen Bundeshaushalt in einen Kernhaushalt und einen nach konjunkturpolitischen Gesichtspunkten auszugestaltenden Stabilisierungshaushalt zu gliedern. Nur Kollege Dr. Emde* war in der Lage, in diesen und anderen Fragen mit uns aufgeschlossen zu diskutieren. Aber wir kamen in den uns zugewiesenen Bereichen nicht weiter.

[1] Später Staatssekretär im Bundesfinanzministerium, dann Mitglied des Direktoriums der Deutschen Bundesbank.

In der Sitzung der Verhandlungskommissionen der CDU/CSU und der SPD hatten wir an Hand von Materialien zu verhandeln, die außerordentlich wichtig und zu einem beachtlichen Teil für uns neu waren, so daß die SPD-Unterhändler am Abend noch lange tagen mußten, um sich Klarheit zu verschaffen und zusätzliche Verhandlungspunkte herauszuarbeiten.
Am nächsten Tag versuchten es die Experten der SPD und der FDP noch einmal. Als Vorsitzender und persönlich war ich an einem positiven Ergebnis stark interessiert. Es ist nicht gelungen, Vernünftiges zu erreichen. Dasselbe gilt für die anschließende Sitzung mit der Verhandlungskommission der FDP.
Am Nachmittag tagten die Vorstände der Partei und der Bundestagsfraktion, um über die Berichte ihrer Unterhändler zu diskutieren. Festlegungen erfolgten nicht.
Dann wurde uns mitgeteilt, CDU/CSU und FDP hätten in ihren Gesprächen inzwischen festgestellt, daß die unterschiedlichen Auffassungen über die Deckungsmöglichkeiten des Bundeshaushalts 1967 nicht zu überbrücken seien.
Wir baten unsere Vorstände noch am Abend zu einer zweiten Sitzung.
Dann kam der 26. November. Die Verhandlungskommissionen der CDU/CSU und der SPD einigten sich, ihren Gremien vorzuschlagen, gemeinsam eine Bundesregierung zu bilden. Die Bundestagsfraktion der SPD trat am Abend zusammen. Es kam zu einer langen Nachtsitzung. Immer mehr Kollegen ließen sich in die Rednerliste eintragen. Jeder bekam das Wort. Bei einem Teil der Fraktion war die Enttäuschung darüber groß, daß ein Zusammengehen mit der FDP nicht praktikabel war. Wer diese Tatsache aus heutiger Sicht beurteilt, begeht oft den großen Fehler, zu übersehen, daß uns dieser neue Beginn ohne jede Erfahrung in der Bonner Regierungsarbeit und ohne echtes Zutrauen zu Koalitionspartnern antraf. Nach meiner festen Überzeugung war damals die FDP politisch nicht manövrierfähig. Den letzten Beweis für diese Behauptung erbrachten später bei der ersten Bundesregierung Brandt/Scheel die Übertritte von FDP-Mandatsträgern zur CDU/CSU-Fraktion. Wenn dann auch einmal ein SPD-Mann wackelig wurde, so ist damit die Beweisführung nur unterstrichen.
Die größte Schwierigkeit lag in den Gefühlsimponderabilien. Wer sich an CDU/CSU-Wahlplakate erinnerte wie solche: »SPD – Untergang Deutschlands«, »Alle Wege des Sozialismus führen nach Moskau« oder

an Verunglimpfungen wie »vaterlandslose Gesellen«, »Salonkommunisten«, »Landesverräter« und ähnliche Ausdrücke – der wird verstehen können, wie schwer es war oder warum es gar nicht gelang, sich hierüber hinwegzusetzen. Dieselben Stimmungen spiegelte die Debatte des Parteirates am 28. November wider.
Übergeordnete staatspolitische Interessen gaben dann den Ausschlag. Das war die Mehrheitsentscheidung der SPD-Bundestagsfraktion:

»1. Im Interesse der Bundesrepublik Deutschland, ihrer Bürger und der Gesamtnation sind Aufgaben anzupacken, die ohne die Sozialdemokraten nicht mehr zu bewältigen sind. Daher billigt die Fraktion den Bericht der Verhandlungskommission über die vorgesehene Bildung der neuen Bundesregierung. Hierdurch wird nichts von dem abgeschwächt, was die SPD zur bisherigen Politik der CDU/CSU und zur Haltung führender Unionspolitiker gesagt hat.
2. Die sozialdemokratischen Mitglieder der neuen Bundesregierung werden sich in der Regierungsverantwortung für Deutschland auf das volle Vertrauen der Bundestagsfraktion stützen können und gemeinsam mit der Fraktion und der ganzen Sozialdemokratischen Partei ihren Beitrag zur Erneuerung der deutschen Politik leisten.
3. Damit die Regierung jetzt auf breiter Basis und mit entscheidender sozialdemokratischer Beteiligung gebildet werden kann, werden die Mitglieder der Sozialdemokratischen Bundestagsfraktion der Wahl von Ministerpräsident Kiesinger zum Bundeskanzler zustimmen.«

Kritische Nachtstunden

Ich habe zu denen gehört, die vor der Entscheidung im Lande herumgefahren sind, um mit Parteifreunden und Bürgern zu sprechen, die um unseren demokratischen Staat besorgt waren. Meinen unvergeßlichen Freund Fritz Erler suchte ich in der Universitätsklinik Freiburg auf und berichtete ihm alles, was ich auf dem Herzen hatte. Mit einer Abgeklärtheit, die mich tief berührt hat, erteilte er seine Ratschläge. Meiner Bitte, der Bundestagsfraktion über den Vorsitzenden der Partei seine Meinung schriftlich zu übermitteln, ist Fritz Erler, unser Fraktionsvorsitzender, der gerade in diesen Tagen und Wochen als schwerkranker Mann nicht anders aktiv werden konnte, nachgekommen. Willy Brandt hat der

Fraktion von diesem Schreiben, das sich durch Logik und Überzeugungskraft auszeichnete, Kenntnis gegeben. Für viele bedeutete es den letzten Ruck zur positiven Entscheidung; für die SPD war es ein Vermächtnis.

Aus diesem Brief vom 28. November 1966 seien folgende Abschnitte veröffentlicht:

»... Im jetzigen Augenblick halte ich es aber für geboten, Dir und unseren Freunden meine Meinung zu der schwierigen Entscheidung, die unsere Partei zu fällen hat, nicht vorzuenthalten. Unser Volk und unser Staat befinden sich in einer Lage, in der es keine einfachen Entscheidungen gibt, sonst wäre ja für unsere Partei die zu treffende Entscheidung auch nicht so umstritten.
Die ideale Lösung, eine von der Mehrheit gestützte sozialdemokratische Alleinregierung, ist uns von der Wählerschaft nicht beschert worden. Ich weiß, daß unsere Unterhändler sich redlich darum bemüht haben, ein Zusammengehen mit den Freien Demokraten zustande zu bringen. Das hat sich leider als nicht realisierbar erwiesen. Der ›Kölner Stadtanzeiger‹ schreibt in einem langen Aufsatz zugunsten dieser Koalition den leicht zu übersehenden Kernsatz: ›Würde sie jedesmal vor wichtigen Debatten und Beschlüssen am Rande einer Abstimmungsniederlage lavieren, sollte sie lieber gar nicht erst anfangen. Weitgehende Übereinstimmung in der Finanz- und Wirtschaftspolitik ist die Voraussetzung für eine funktionierende Regierung aus Sozialdemokraten und Freien Demokraten.‹ Diese Voraussetzung ist leider nicht erfüllt. Daran können auch viele Telegramme und wohlmeinende Artikel nichts ändern. Das Verhalten von FDP-Abgeordneten in Ausschußberatungen des Bundestages noch während der Koalitionsverhandlungen mit der FDP hat leider gezeigt, daß auf ein festes Zusammenstehen kein Verlaß ist.
Unter diesen Umständen steht unsere Partei nicht vor der Frage, ob sie mit der FDP oder mit der CDU/CSU koalieren, sondern ob sie überhaupt Regierungsverantwortung übernehmen will. Ein Ausschlagen der jetzigen Chance der Regierungsbeteiligung würde die Wiederherstellung der alten Koalition CDU/CSU und FDP bedeuten. Das wäre schlecht für Volk und Staat. Es ist aber keineswegs sicher, ob es gut für die Sozialdemokratische Partei wäre. Auch das ergibt sich doch wohl aus den Wahlen in Hessen und Bayern.
Niemand von uns übersieht die verständlichen Gefühle eines großen

Teiles der Parteimitgliedschaft, der sich dagegen wehrt, mit dem bisherigen innenpolitischen Gegner nunmehr zusammenzuarbeiten. Man sollte aber wissen, daß uns Millionen von Wählern ihre Stimme gegeben haben, um etwas zu ändern und nicht, um die bisherige Koalition CDU/CSU-FDP am Leben zu erhalten. Diese Wähler wären durch eine Flucht der SPD aus der Verantwortung enttäuscht und würden ihre Stimme als weggeworfen betrachten.
Wir haben jetzt die Chance der Änderung. Sie wäre bei einem Zusammengehen mit der FDP größer gewesen, wenn sich dies hätte verwirklichen lassen. Da dies nicht der Fall ist, dürfen wir die andere Chance nicht ausschlagen. Die Bundesrepublik Deutschland gewinnt für das eigene Volk und für die Umwelt ein anderes Gesicht, wenn die CDU/CSU aufhören muß, Staatspartei zu sein, und wenn die Sozialdemokraten als gleichberechtigter Partner mit einer starken Mannschaft in die Bundesregierung einziehen . . .
Ich weiß, daß die Erbschaft, welche die neue Bundesregierung antritt, sehr schwer ist. Wenn wir jetzt nicht unser Können, unser Ansehen und unsere Vertrauensbasis mit einbringen, wird die Erbschaft für künftige Regierungen aber auf keinen Fall leichter. Sozialdemokraten als gleichberechtigte Partner in Bonn und in der Führung in Düsseldorf bedeuten mehr Vertrauen der Umwelt zur deutschen Demokratie und Vertrauen in ein endlich wieder einsetzendes gesundes Wachstum unserer Wirtschaft und damit auch in die Quellen, aus denen allein unsere öffentlichen Aufgaben einschließlich der Gemeindeleistungen finanziert werden können. Ich halte daher den Vorschlag unserer Verhandlungskommission, den sie nach reiflicher Erwägung gemacht hat, für richtig und stehe zu ihm . . .«

Der Parteivorsitzende Willy Brandt mußte am 29. November nach Düsseldorf, um während der dortigen Koalitionsverhandlungen zwischen SPD und FDP unsere politischen Freunde über den Bonner Ablauf zu unterrichten und ihre eigene Entscheidungsfreiheit klarzustellen. Nach seiner Rückkehr am gleichen Tage erfolgte das erste Gespräch zwischen Kurt Georg Kiesinger und Willy Brandt in Personalfragen. Ab 21.30 Uhr tagten die beiden Verhandlungskommissionen ohne Brandt und Kiesinger, die sich zurückgezogen hatten, um unabhängig von ihren Kommissionen an der Kabinettsliste zu basteln. Dann getrennte Berichterstattung. Einigung über die von der SPD zu machenden Vor-

schläge, die vorher nicht abgesprochen waren. An dieser Stelle möchte ich als mein persönliches Urteil festhalten, daß Willy Brandt nicht unbedingt Minister in dieser Bundesregierung der Großen Koalition werden wollte. Nach unser aller Meinung wäre aber ohne ihn, den Parteivorsitzenden, die Koalition nicht zustande gekommen.
Mit einigen der Vorgeschlagenen konnten wir erst am folgenden Vormittag Verbindung aufnehmen, so mit Carlo Schmid, den wir gern für das Ministerium Bundesrat gewinnen wollten, weil wir durch ihn die gerade in diesem Zeitabschnitt wichtige Zusammenarbeit mit den Ländern gesichert sahen. Außerdem würden seine Rechtskenntnisse sowie seine Erfahrungen bei den Beratungen des Grundgesetzes im Parlamentarischen Rat ganz sicher für die Regierungsarbeit von besonderer Bedeutung sein. Georg Leber, der noch nichts von seinem Glück ahnte, war in Rom. Ihm mußten wir telefonisch auseinandersetzen, warum wir ihn als Verkehrsminister brauchten. So sehen also Entscheidungen über Ministersessel in der Wirklichkeit aus.
Von 0.30 bis 3.30 Uhr tagten beide Verhandlungskommissionen (in der Landesvertretung Berlin), um Einigkeit über die Kabinettsliste und andere wichtige Personalien zu erzielen. Da sich vorher Kiesinger und Brandt bereits verständigt hatten, war ich der Auffassung, das gehe nun alles ohne Schwierigkeiten über die Bühne, obwohl in unserer Vorbesprechung heftige Schluckbeschwerden aufgetreten waren, die sich aber infolge der pfleglichen Behandlung durch den Parteivorsitzenden im Abklingen befanden. Wir waren sehr erstaunt, daß bei der anderen Seite einige Kollegen sogar unter einem Keuchhusten litten. Gerade als ich hundemüde geworden war, wurde behauptet, nun habe man sich auch über die Zusammensetzung des Kabinetts und die anderen Personalfragen verständigt.
Nach ein paar Stunden Schlaf tagten noch einmal für bestimmte Sachgebiete die Experten. Dann schloß die Verhandlungskommission der SPD ihre Beratungen ab und die der Bundestagsfraktion begannen um 16.30 Uhr mit einer eingehenden Berichterstattung. Es ging wieder lebhaft zu. Am Schluß ließ sich aber feststellen, daß das, was von den Beauftragten der Partei und der Fraktion unter intensiver Beratung durch sachverständige Freunde erreicht worden war, die Grenzen des Möglichen und des Machbaren aufzeigte. Die Zustimmung erfolgte mit großer Mehrheit.
Erhard trat zurück.

Am 1. Dezember wählte der Deutsche Bundestag mit 340 von 473 Stimmen den Ministerpräsidenten von Baden-Württemberg, Kurt Georg Kiesinger, zum neuen Bundeskanzler. 109 Nein-Stimmen wurden abgegeben. 23 Abgeordnete enthielten sich der Stimme. Von den Berliner Abgeordneten stimmten 16 mit Ja, 3 mit Nein, und 3 enthielten sich der Stimme.

Die Regierung Kiesinger bestand aus zehn Ministern der CDU/CSU und neun der SPD. Ferner waren sieben Parlamentarische Staatssekretäre vorgesehen. Zur CDU/CSU gehörten: Paul Lücke (Innenministerium), Dr. Gerhard Schröder (Verteidigung), Franz Josef Strauß (Finanzen), Hans Katzer (Arbeit), Hermann Höcherl (Ernährung), Dr. Werner Dollinger (Post), Dr. Gerhard Stoltenberg (Forschung), Dr. Bruno Heck (Familie), Kurt Schmücker (Schatz), Kai Uwe von Hassel (Vertriebene); zur SPD: Willy Brandt (Auswärtiges Amt und Vizekanzler), D. Dr. Gustav Heinemann (Justiz), Professor Dr. Karl Schiller (Wirtschaft), Herbert Wehner (Gesamtdeutsch), Hans-Jürgen Wischnewski (wirtschaftliche Zusammenarbeit), Georg Leber (Verkehr), Käte Strobel (Gesundheit), Dr. Lauritz Lauritzen (Wohnungsbau), Professor Dr. Carlo Schmid (Bundesrat). Die Minister wurden am gleichen Tage vom Bundespräsidenten ernannt und anschließend von Bundestagspräsident Gerstenmaier vereidigt.
Am 27. März 1930 ist die von einem sozialdemokratischen Reichskanzler geführte Regierung zurückgetreten, nachdem es in der Frage einer neuen Regelung der Arbeitslosenversicherung in den eigenen Reihen nicht zu einer Verständigung gekommen war. Erst am 1. Dezember 1966 gelang es, zum erstenmal wieder Sozialdemokraten an einer zentralen Regierung zu beteiligen. Als nach der Vereidigung die sozialdemokratischen Bundesminister auf der Bonner Regierungsbank Platz nahmen, waren die Mitglieder der Bundestagsfraktion der SPD tief bewegt. Sie überdachten die hinter ihnen liegenden Jahre oder Jahrzehnte. Die Geschichte packt uns nicht nur mit dem, was vergangen ist, sondern in besonderen Stunden auch mit dem, was gerade geschieht. Ich habe mich nicht geschämt, Tränen in den Augen zu spüren. Ich konnte, wie von einer lange getragenen Last befreit, aufatmen.

Repetition

Wenn ich an die Auseinandersetzungen um die Bildung der Großen Koalition zurückdenke, dann scheint es zweckmäßig zu sein, daran zu erinnern, daß nicht nur die Tatsache des Eintritts der immer von mir vorausgesagten Finanzkatastrophe mit den Folgen der Einschrumpfung der kulturpolitischen Leistungsfähigkeit der Länder und der Verkümmerung der Infrastruktur der Gemeinden als entscheidende Ursache anzusehen war, sondern daß aus der Sicht des Jahres 1966 vier weitere Ursachen von erheblicher Bedeutung hinzugekommen sind:

1. Die amtliche Wirtschaftspolitik konnte die Zukunft nicht meistern. Sie kam erst im letzten Stadium der Regierung Erhard/Mende und dann noch unzulänglich zu Stabilisierungsbemühungen, die vor Jahren notwendig und richtig gewesen wären. Die Gutachten des Sachverständigenrates wurden vom Tisch gewischt. Das Stabilisierungsgesetz stand auf einem Bein und einer Prothese und war ein Körper ohne Arme.
2. Die Außenpolitik lebte von Wunschträumen, belastete unser Verhältnis zu den USA durch den Komplex der Devisenausgleichszahlungen, aktivierte den Freundschaftsvertrag mit Frankreich nicht ausreichend und blieb phantasielos in der Aufschlüsselungspolitik gegenüber den Ostblockstaaten.
3. Daher entstanden bedauerliche Störungen der Gehversuche hinsichtlich kleiner Schritte in der Deutschlandpolitik. Der mögliche Spielraum gegenüber Pankow wurde weder ermittelt noch mit konkreten Maßnahmen ausgefüllt.
4. Die Verteidigungspolitik erlitt das Schicksal, autark sein zu wollen, und berücksichtigte nicht die Änderungen in der Umwelt, die nicht nur durch die nukleare Waffenentwicklung eingetreten waren, sondern auch durch den Willen vieler Völker zur militärischen Entspannung. Es wurden weder die Grenzen erkannt, die durch die volkswirtschaftliche Leistungsfähigkeit bei den Verteidigungsausgaben entstehen, noch Zwangsläufigkeiten, die sich aus der zeitlichen Begrenzung des NATO-Vertrages und dem Austritt Frankreichs aus der NATO ergaben.

Um hier die Wende in der deutschen Politik zu ermöglichen, durfte in der Krise die Chance nicht vertan werden, die große, unverbrauchte

Kraft der deutschen Sozialdemokratie in der Regierungsverantwortung einzusetzen.
Ich bin in der Zeit oft gefragt worden: warum keine Regierungsbildung mit der FDP? Für die fairste Lösung habe ich Neuwahlen gehalten, die sich – wie nachgewiesen – nicht realisieren ließen. Danach mußte meiner Meinung nach der logische Versuch folgen, zu prüfen, ob eine Regierungsbildung mit den beiden in Opposition befindlichen Fraktionen möglich war. Der Weg hierzu führte nach den vergeblichen Bemühungen um die Praktizierung des Artikels 68 Grundgesetz nur über ein konstruktives Mißtrauensvotum. SPD und FDP verfügten über 251 Mandate. Für ein konstruktives Mißtrauensvotum wurden 249 Mandate benötigt. Wer berücksichtigte, daß mindestens ein Bundestagskollege dieser etwaigen Koalition (unser Fraktionsvorsitzender Fritz Erler) nicht transportfähig war, und weiter an die Erklärung des bayerischen FDP-Abgeordneten Ertl denkt, er werde Willy Brandt nicht zum Bundeskanzler wählen, sowie beachtet, daß Ertl mit dieser Auffassung nach den Bayern-Wahlen innerhalb seiner Fraktion nicht allein stand, konnte das Experiment einer solchen Abstimmung nicht mehr empfehlen. Vor den Bayern-Wahlen war die FDP für ein konstruktives Mißtrauensvotum nicht zu haben, und später hätte dieser Versuch keine Aussicht auf Erfolg gehabt.
In wichtigen Sachfragen, zum Beispiel Gemeindefinanzierung und Gesellschaftspolitik, ist es nicht zu einer Übereinstimmung zwischen SPD und FDP gekommen. Aus den offen und fair geführten Verhandlungen ergaben sich Standpunkte, die kein gemeinsames Handeln sichergestellt hätten.
Am 25. November 1966 hatte der Präsident des Bundesverbandes der Deutschen Industrie, Fritz Berg, in einem Vortrag erklärt, wir befänden uns »in der gefährlichsten Situation seit 1948«. Diese Feststellung war zweifellos richtig. Politisch brauchten wir schnellstens eine stabile Bundesregierung, weil nur sie in der Lage war, uns aus der wirtschaftlichen Stagnation mit den dadurch wahrscheinlichen Verlusten an Arbeitsplätzen ebenso herauszuführen wie aus der außenpolitischen Blockierung, deren Gefahren immer offensichtlicher wurden.
Es war 1966 meine feste Überzeugung (und sie ist es heute noch), daß so schwierige Aufgaben uns bedrängten, daß ohne die SPD ihre Lösung mit dem erforderlichen Nutzen für unser Volk nicht möglich gewesen wäre. Politik machen bedeutet, so viel Einfluß zu nehmen und so viel Verant-

wortung zu tragen, wie nur möglich ist. Das Ergebnis der Wahlen zum 5. Deutschen Bundestag blieb eine Realität, die bei der Neubildung der Bundesregierung berücksichtigt werden mußte. Es ist erwiesen, daß die SPD, die über rund 40% der Mandate verfügte, mit ihrer Konzeption und ihrem Rat die Handlungen der bisherigen Bundesregierungen nicht beeinflussen konnte. Daher bleibt zwingend, daß die Sozialdemokraten dann die Mitwirkung in der Regierungsverantwortung nicht ausschlagen durften, wenn sie unter vertretbaren Bedingungen geschehen konnte. Sicher, viele unserer Anhänger haben die plötzlich auf die SPD hereinbrechende Zusammenarbeit mit den Unionsparteien kaum verkraften können, aber in einer großen Partei, die in den langen Jahren der Weimarer Republik bis zum Dezember 1966 von der zentralen Regierungsverantwortung ausgeschlossen war, wird jede Koalition (das heißt eine zeitlich begrenzte Verbindung mit politisch Andersdenkenden zur Herstellung einer regierungsfähigen Mehrheit) Diskussion und Kritik über eine getroffene Entscheidung auslösen. Alle Parteimitglieder, die diskutieren oder kritisieren, wollen dabei nicht nur das Beste für die Partei, sondern auch für die Sicherung einer konstruktiven Politik in der Bundesrepublik Deutschland überall dort, wo die bisherigen Leitbilder nicht mehr in die politische Landschaft passen. In der SPD kann man niemanden überreden, sondern hat jeden zu überzeugen. Und das ist gut so.
Diese Kurzdarstellung soll aus der Sicht der Entscheidung für die Große Koalition – und ohne Bezugnahme auf das, was nach dem 1. Dezember 1966 überhaupt geschehen ist – beweisen, daß richtig war, was geschah. Es jetzt so zu beurteilen, ist weder schwer noch eine Zumutung.
In komplizierten politischen Situationen hat Schlausein kurze Beine und kurzen Atem. Über die Schlauen in allen Lebenslagen wird sich der eine oder der andere manchmal wundern. Helfen kann man ihnen und der Umwelt nicht, denn niemand wagt es, sie aus dem Verkehr zu ziehen.

XXII. SOZIALDEMOKRATEN REGIEREN MIT

Regierungserklärung und Debatte

Alles war voller Spannung. Die Bildung der Großen Koalition hatte sich nicht im Scheinwerferlicht von Fernsehstudios vollzogen. Selbst die fündigsten Journalisten mußten mit Mosaiksteinchen arbeiten. Aber schon Konrad Adenauer philosophierte: »Die Journalisten sind janz verflixte Kerle. Da jehe ich am Abend allein im Jarten spazieren und überleje mir eine verzwickte Frage (Zusatz des Verfassers als eine Möglichkeit: ›Wie halte ich's mit der Großen Koalition?‹). Und wat soll ich Ihnen sagen: am nächsten Morgen steht dat alles haarjenau in der Zeitung!«

Jetzt kam es mit der Abgabe der Regierungserklärung zum Schwur, und zwei Tage später beim Salometanz der Debatte fiel der letzte Schleier. Es hat in Zeitungen und Rundfunk eine ausführliche und – wie ich meine – ausgewogene Berichterstattung gegeben. In Leitartikeln und Kommentaren fand man fast überall die Suchspur nach Neuem und oft surrealistisch anmutende Darstellungen des Geschehens.

Ich selbst war von der Regierungserklärung des neuen Bundeskanzlers der schwarz-roten Koalition beeindruckt. Wer die beiden in der ersten Reihe sitzenden Vorgänger, deren große Verdienste für unser Volk unbestritten bleiben werden, aufmerksam betrachtete, spürte das verhaltene Abwägen des Gesprochenen und das Abtasten so entstehender Politiken insbesondere bei Konrad Adenauer.

Kiesinger hat zu Beginn seiner Rede nachdrücklichst darauf hingewiesen, daß die stärkste Absicherung gegen einen möglichen Mißbrauch der Macht der feste Wille der neuen Koalitionspartner sei, diese nur auf Zeit, also bis zum Ende der Legislaturperiode, fortzuführen. Es solle ein neues Wahlrecht grundgesetzlich verankert werden, das für künftige Wahlen zum Deutschen Bundestag nach 1969 klare Mehrheiten ermögliche. Für die Bundestagswahl 1969 müsse man die Möglichkeit eines Übergangswahlrechts gemeinsam prüfen.

In der Aussprache, die zum ersten Mal seit 17 Jahren von der Opposition eröffnet wurde, sprach Mischnick sofort die für die FDP lebensbedrohende Frage der angekündigten »Manipulation des Wahlrechts« an.

»Damit wollen Sie die gewachsene Parteienstruktur unter Mißachtung des Grundrechts der Chancengleichheit in das Ebenbild dieser Ihrer Koalition umpressen«, behauptete er unter dem Beifall der FDP-Abgeordneten und fügte hinzu: »Wundern Sie sich eigentlich darüber, Herr Bundeskanzler, daß in der Öffentlichkeit die Befürchtung laut geworden ist, diese Koalition könne am Ende zu einer Gefahr für die Freiheit in unserer Demokratie werden?«

Hierauf hat der erste Redner der SPD-Fraktion, Helmut Schmidt, geantwortet:

»Die Regierung hat ihre Absicht erklärt, ein Wahlrecht zu schaffen, das klare Mehrheiten im Bundestag ermöglicht. Diese Absichtserklärung findet in beiden regierungstragenden Fraktionen eine sehr unterschiedliche Beurteilung. Meine Fraktion – das habe ich hier zu erklären – wird auf einer sehr gründlichen Prüfung dieser schwierigen Materie bestehen, ehe sie überhaupt zu einer Entscheidung bereit ist. Meine Partei wird diese Frage auch auf einem Bundesparteitag behandeln.«

Um weitere Überlegungen unnötig zu machen, sei festgestellt, daß die Pläne, ein mehrheitsbildendes Wahlrecht zu schaffen, nicht realisiert worden sind. Es hat sich aber auch sehr bald gezeigt, daß die Große Koalition wirklich nur auf Zeit geschlossen worden war und es unnötig wurde, mit der Begründung durch Wahlrechtsänderungen den heilsamen Zwang zum Ende herbeizuführen.
Nach der Behandlung des Entschlusses der Koalitionspartner, nur eine zeitlich begrenzte Koalition zu bilden, hat Bundeskanzler Kiesinger die nächstliegende Sorge, den Haushalt 1967 auszugleichen, zusammen mit dem düsteren Bild über die Finanzlage des Bundes in den nächsten Jahren dargestellt. Die von ihm dabei gestellte Frage: »Wie kam es zu dieser Entwicklung?« beantwortete der Bundeskanzler mit einer Deutlichkeit, die nun wirklich keine Ausrede oder Vertuschung mehr gestattete:

»1. Es fehlte an der mittelfristigen Vorausschau. Hätten wir schon rechtzeitig die schlichten Finanzprognosen, wie wir sie heute aufstellen, erarbeitet, so wäre diese Entwicklung vermieden worden. Aber die in der Hochkonjunktur anschwellenden Staatseinnahmen, eine überalterte Haushaltspraxis, die verwirrende Vielfalt der öffentlichen Aufgaben, aber auch zu große Nachgiebigkeit gegenüber Interessengruppen und Überschätzung unserer Möglichkeiten haben dazu verführt, Jahr für Jahr neue fortlaufende Ausgaben und fortwirkende Einnahmeverminderungen zu beschließen, ohne ihre Folgen für die Zukunft genügend zu bedenken.

2. Noch 1965 wurden die Bundeshaushalte durch Einnahmeverzichte und Ausgabeerhöhungen zusätzlich mit insgesamt 7,2 Milliarden DM belastet. Die beiden Steueränderungsgesetze führten für Bund und Länder zu Einnahmeverlusten in Höhe von 3,1 Milliarden DM; zusätzliche Ausgaben in Höhe von 6 Milliarden DM wurden beschlossen. Hinzu kommt, daß sich 1965 erstmals die 1964 beschlossene Übernahme des Kindergeldes auf den Bundeshaushalt mit einem vollen Jahresbetrag von rund 2,8 Milliarden DM auswirkte.

Die Unzulänglichkeit des Art. 113 des Grundgesetzes und auch die unbegründete Furcht vor der Ungunst der Wähler haben eine Korrektur dieser Entscheidungen vor den Bundestagswahlen verhindert. Auch nach den Wahlen gelang es nicht, den eingeschlagenen Weg ins Defizit zu verlassen. Das Haushaltssicherungsgesetz 1966 war eine Krücke, die nur über die Schwierigkeiten eines einzigen Jahres hinweghalf: Von 3,1 Milliarden DM Ausgabekürzungen waren nur rund 400 Millionen DM Dauereinsparungen; die übrigen Ausgaben wurden lediglich um 1 bis 2 Jahre verschoben. Das ist die Wahrheit, die wir uns eingestehen müssen und die wir unserem Volk nicht vorenthalten dürfen. Wäre von vornherein das getan worden, was wir nunmehr tun müssen, wären nicht jene Erwartungen und Gewöhnungen entstanden, die heute enttäuscht werden müssen.

Die Gesundung der Bundesfinanzen ist weniger eine Frage des Sachverstandes als des politischen Mutes und der Einsicht aller Mitverantwortlichen. Die Regierung weiß das und wird die Entscheidungen vorbereiten, die nötig sind, um die ab 1968 drohenden Deckungslücken auszugleichen, und dafür sorgen, daß vorrangige Aufgaben besser erfüllt werden können. Dies wird nicht allein durch Maßnahmen gelingen, die niemandem weh tun.

Bei der Neuorientierung der Haushaltspolitik und der Auswahl der

Maßnahmen zur Ausgabeverminderung oder Einnahmeerhöhung wird die Bundesregierung von folgenden Leitlinien ausgehen:

1. Wir werden uns um eine Normalisierung der Kapitalmarktlage bemühen und Investitionsausgaben, soweit das wirtschaftspolitisch und konjunkturpolitisch vertretbar ist, durch Kredite finanzieren.
2. Wirtschaftswachstum, Erhöhung der Produktivität und Vollbeschäftigung müssen gesichert bleiben. Nur eine vollbeschäftigte und beständig wachsende Wirtschaft kann uns jene Staatseinnahmen erbringen, die für die öffentlichen Aufgaben gebraucht werden.
3. Die Einschränkungen und Belastungen müssen möglichst gleichmäßig auf alle Gruppen und Schichten des Volkes verteilt werden.
4. Die großen Blöcke der Konsumausgaben im Bundeshaushalt müssen ohne Scheu vor Tabus überprüft werden. Niemandem, am wenigsten den scheinbar Begünstigten, würde eine wirklichkeitsfremde Politik nützen, der die Finanzgrundlage fehlt oder die nur zu Lasten anderer für unser Volk lebenswichtiger Zukunftsaufgaben finanziert werden könnte.«

Kiesinger hat sich in seiner Regierungserklärung eingehend und überzeugend mit allen wichtigen innen- und außenpolitischen Fragen, die uns beschäftigten und die neuer Anstöße bedurften, auseinandergesetzt. Von der einstündigen Regierungserklärung beanspruchte der Bundeskanzler 38 Minuten für die klaren Aussagen zur Finanz- und Wirtschaftspolitik und 22 Minuten für die behutsam formulierten Themen der Außen- und Deutschlandpolitik. Rund 16 Stunden Beratungen im Kabinett wurden für die endgültige Ausformulierung des Textes benötigt. Es ist erstaunlich, entspricht aber den Tatsachen, daß die harte Kritik Kiesingers an dem unerträglichen Ausmaß der Finanzmisere als Offenbarungseid gewertet wurde, der einen klaren Strich unter die Sünden des zweiten Bundeskanzlers zog, um den dritten von den Folgen freizusetzen. Helmut Schmidt sagte in der Debatte zu diesem Thema unter anderem, daß die Zahlen der finanzwirtschaftlichen Bestandsaufnahme während der Koalitionsverhandlungen um die Regierungsbildung auf beiden Seiten des Verhandlungstisches »blankes Entsetzen« ausgelöst hätten, »denn der Finanzbericht 1966 vom Februar hatte die tatsächliche Lage verschleiert und beschönigt. Demgegenüber ist es mein Freund Alex Möller gewesen, der seit Jahr und Tag vor dem Weg in die finanzielle Anarchie gewarnt hat.«

Zur Außen- und Deutschlandpolitik enthielt die Regierungserklärung Formulierungen, die zwar nicht unbedingt so eindeutig waren wie die Begründungen zum Acht-Punkte-Programm der SPD, die sich aber in inhaltlicher Übereinstimmung befanden.
Für die Opposition führte ihr stellvertretender Vorsitzender, Mischnick, nach seiner scharfen Attacke gegen die beabsichtigte Wahlrechtsänderung noch aus: Die Freien Demokraten hätten, angefangen vom Frankfurter Wirtschaftsrat, dem Parlamentarischen Rat, der ersten Regierung Adenauer bis in die jüngste Zeit maßgeblich zum Aufbau des Staates und der Entwicklung seiner Wirtschaftspolitik beigetragen. Koalitionen seien in der parlamentarischen Demokratie nicht etwas Böses. Die dritte Legislaturperiode von 1957 bis 1961, in der die CDU/CSU die absolute Mehrheit hatte, sei die politisch sterilste Zeit nach 1949 überhaupt gewesen.
Die FDP werde in der Opposition konstruktiv mitarbeiten, sagte Mischnick. Es gehe ihr nicht um Verneinung um jeden Preis. Sie werde aber sorgfältig darüber wachen, ob Notwendiges nicht geschehe, weil sich die neue Koalition wegen ihrer inneren Gegensätze zu keiner Handlung aufraffen könne.
Dr. Rainer Barzel hob für die CDU/CSU hervor, daß man den Entschluß zur Großen Koalition nicht leichten Herzens gefaßt habe. Man wolle diese Koalition auf Zeit. Zu den fünf großen gemeinsam erreichbaren Zielen zählte Barzel:

1. Die Stärkung unserer Wirtschaft,
2. Reform des Grundgesetzes und der Haushaltspolitik,
3. die Selbstbesinnung und die Selbstbestimmung der Deutschen,
4. Europa unter Einschluß Großbritanniens,
5. Bündnis mit den USA und Entspannung mit Moskau.

Barzel betonte, die Große Koalition sei nötig vor allem wegen der Ziele, nicht so sehr wegen der Lage. Die Bundesrepublik brauche Reformen, die ohne Verfassungsänderungen unmöglich seien und besonderer Mehrheiten bedürften. Er versicherte, staatspolitische Entscheidungen allein hätten den Ausschlag zur Großen Koalition gegeben. Zusammenarbeit in der Großen Koalition heiße nicht Eintopf. Sie sei keine Langeweile und keine Uniformität und lasse jedem Handlungsspielraum. Im Parlament werde es lebendig bleiben.
Helmut Schmidt erklärte für die SPD:

»Die Bildung dieser neuen Regierung konnte erst erfolgen, nachdem sich die Fraktionen des Deutschen Bundestages endlich zu der von uns seit Jahren geforderten Bestandsaufnahme durchgerungen hatten.«

Zu dieser Bestandsaufnahme hätten auch die Alarmzeichen in der Wirtschaft gehört. Auf dem Felde der wirtschafts- und finanzpolitischen Fragen müsse zunächst der Schwerpunkt der Regierungsarbeit liegen. Außer der Notstandsgesetzgebung gehe es um drei große Aufgaben:

1. Die Finanzreform,
2. die Änderung des Gesetzes zur Förderung der Stabilität und des wirtschaftlichen Wachstums (Artikel 109) und
3. die Grundsätze des Wahlrechts.

Außenpolitisch wolle man im Verhältnis zu den Ostblockstaaten einen neuen Ansatz suchen.
Das war der Schluß der Rede von Helmut Schmidt:

»Wir wissen, daß unser Volk in beiden Teilen des Landes große Erwartungen hegt, die von einer breiten Mehrheit getragene neue Regierung werde die schweren Probleme bewältigen, vor denen unsere Nation steht. Die Zweifler durch Leistung zu überzeugen und die Erwartenden nicht zu enttäuschen, ist die gemeinsame Aufgabe, vor der die Regierung und die beiden Fraktionen stehen, die diese Regierung gebildet haben. Unser Volk muß wieder Vertrauen in seine Regierung gewinnen. Das gilt nicht nur für die Wähler der CDU und CSU und für die Wähler der SPD, sondern das gilt für die Wähler aller Parteien; das gilt für jeden einzelnen Staatsbürger. Jedermann in Deutschland hat Anspruch darauf, seiner Regierung vertrauen zu können. Gerade weil das so ist, wird meine Fraktion an die künftige Arbeit dieser Regierung scharfe Maßstäbe und scharfe Kontrolle anlegen.
Wir Sozialdemokraten stehen dabei in der geistigen und politischen Tradition einer Partei, die vor über 100 Jahren mit dem Willen angetreten ist, den Frieden zu sichern und Freiheit und Gerechtigkeit für alle zu verwirklichen. Wir stehen fest auf dem geistigen Boden unseres Godesberger Programms, und wir setzen die politische Arbeit kontinuierlich fort, die wir vor 17 Jahren in diesem Hohen Hause begonnen haben.«

An der Debatte haben sich 21 Redner beteiligt: zehn von der CDU/CSU, sieben von der FDP und vier von der SPD. Ich habe mich als zweiter Redner der Bundestagsfraktion der SPD um eine wirtschafts-

und finanzpolitische Bestandsaufnahme bemüht und versucht, die sich hieraus ergebenden Verpflichtungen der Koalition klar zu umreißen. Zum erstenmal seit meiner Arbeit im Deutschen Bundestag befand ich mich dabei in Übereinstimmung mit der Bundesregierung. Dieses Gefühl hat wahrscheinlich den Schluß meiner Rede bestimmt:

»Selten entsteht Gutes, wenn man zur politischen Wirklichkeit, ihren Realitäten und den Konsequenzen, nur mit schlechtem Gewissen ein halbes Ja sagt. Die Sozialdemokratische Bundestagsfraktion sagt zu dieser Regierung und zu der in der Regierungserklärung aufgezeigten politischen Konzeption mit einem sich aus der Verantwortung ergebenden guten Gewissen ein klares und ganzes Ja.
Wir wollen unser Teil dazu beitragen, die Unterbilanz in der Aufgabenerfüllung überwinden zu helfen. Herr Dehler begann mit der Bemerkung: ›In der Geschichte ist nichts zufällig.‹ Meine Damen und Herren, die Geschichte faßt uns doppelt. Es ist die Geschichte, die hinter uns liegt, die zur Vergangenheit gehört, aus der wir aber Lehren zu übernehmen haben; und es ist die Geschichte, mit der wir fertig werden müssen, die wir mitgestalten. Da meine ich, auf die Vergangenheit bezogen: die Geschichte der Weimarer Republik lehrt, daß man nicht früh genug mit dem notwendig Gewordenen beginnen kann.
Notwendig aber ist heute und morgen, die innere Stabilität und Sicherheit in der Bundesrepublik Deutschland wiederherzustellen. Dann können die demokratischen Parteien später erneut miteinander um die Entscheidung ringen, durch die unsere Zukunft gestaltet wird: im Geistigen, im Leistungsstand von Wissenschaft und Forschung, mit dem erarbeiteten Sozialprodukt, mit dem, was der moderne Staat seinen umweltbezogenen Menschen gibt, das so anders gewordene Leben wirklich im höheren Sinne lebenswert zu machen.«

Den Worten folgen Taten

Es ist verständlich, daß nach Abgabe der Regierungserklärung und dem Ablauf der Debatte in der Öffentlichkeit der auslösende Punkt eine hochgespannte Aufmerksamkeit fand. Was geschieht nun mit den Finanzen, wann passiert es und wie?
Am 29. August 1966 brachte ein angesehenes Blatt, das nicht der SPD

nahestand, folgende Schlagzeile: »Bundeshaushalt 1967: 73,9 Milliarden. Statt der angekündigten drastischen Kürzungen hat das Kabinett nur 100 Millionen gestrichen.« Angekündigt hatte die Bundesregierung Erhard/Mende, man wolle die Obergrenze des Haushalts um rund 1,5 Milliarden DM unterschreiten! Mein Kommentar: »Kreißend dreht sich der Berg, und hervor kommt winzig ein Mäuslein.«
Dieselbe Zeitung brachte am 21. Januar 1967 diese Schlagzeile: »Ausgleich des Etats ohne Steuererhöhung. Kiesinger verkündet vor dem Bundestag den Kabinettsbeschluß: Ausgabenkürzungen, Abschaffung von Steuervergünstigungen zur Schließung der Deckungslücke von 3,6 Milliarden.«
Diese Beschlüsse sind am 50. Tage der Existenz der Bundesregierung Kiesinger/Brandt gefaßt worden; die Weihnachtstage mitgerechnet.
Der Bundeskanzler sprach in seiner Erklärung vor dem Deutschen Bundestag am 20. Januar 1967 von einer »Herkulesarbeit, die geleistet werden mußte«. Herkules, dieser bedeutende Held der griechischen Sage, hat im Dienste seines Königs – in unserem Falle ist das Volk der Souverän – dessen riesige Ställe an einem Tag gereinigt, aber nach der griechischen Sage in seinem Leben dazu noch weitere elf schwierige Taten vollbracht.
Meine politischen Freunde und ich haben die erste große Tat dieser Bundesregierung auf dem Gebiete der Innenpolitik mit großer Befriedigung registriert und festgestellt, daß erfreulicherweise das Kabinett nicht beim wohlüberlegten Ausgleich der Deckungslücke von 3,7 Milliarden DM stehengeblieben war, sondern im Zusammenhang hiermit zwei dynamische Maßnahmen zur Sicherung von Stabilität und Wachstum beschlossen hatte: erstens die sofortige Vorlage eines Eventualhaushalts mit erheblichen Investitionen und zweitens die Förderung der notwendigerweise wieder herbeizuführenden Investitionsbereitschaft der Unternehmen durch Sonderabschreibungen für die Dauer von neun Monaten bei beweglichen Wirtschaftsgütern in Höhe von 10%, bei unbeweglichen Wirtschaftsgütern in Höhe von 5% des Anlagevermögens.
Diese neue Bundesregierung Kiesinger/Brandt war keine Wunderwaffe, sie konnte auch keine Wunder vollbringen. Sie mußte in zäher, zielbewußter Arbeit innenpolitisch vordringlich die Sanierung der Bundesfinanzen, die Sicherung der Stabilität und wieder ein gesundes Wachstum der Wirtschaft herbeiführen. Und da konnten Regierung und Koalitionsfraktionen schon nach 50 Tagen einiges vorweisen:

Der Deutsche Bundestag hatte vor den Weihnachtsferien eine Verbesserung der Haushaltslage des Bundes für das Jahr 1967 durch Verabschiedung des Finanzplanungsgesetzes und der Steueränderungsgesetze 1966 in Höhe von 4,7 Milliarden DM beschlossen. Bei den anderen Vorlagen handelte es sich um einen Gesamtbetrag von 3,7 Milliarden DM. Das waren zusammen 8,4 Milliarden DM Entlastungen des Bundeshaushalts in wenigen Wochen, nachdem jahrelang Ausgabenbeschlüsse gefaßt worden waren, die uns in diese die Dämme brechende Milliardenflut hineingeführt hatten.
8,4 Milliarden DM in wenigen Wochen an Abbau von Ausgaben und Vergünstigungen und an Belastungen, wie zum Beispiel durch die Tabaksteuer, das war die notwendige Rückkehr zu einer parlamentarischen Verantwortung, die für jeden Bürger in solchen Situationen eines demokratischen Staates eine zwar nicht vermeidbare, aber drückende Bürde darstellt.
Das Hervorstechendste an den Kabinettsvorschlägen war die starke Berücksichtigung der wirtschaftlichen Auswirkungen der geplanten finanzpolitischen Maßnahmen. Diese Feststellung betraf nicht nur den vorgesehenen Eventualhaushalt, sondern auch die weiteren Vorschläge zur Sanierung der Bundesfinanzen. Die vorgenommene Aufteilung des Haushalts in einen Eventualhaushalt und einen Kernhaushalt hatte die Sozialdemokratische Bundestagsfraktion im Hinblick auf die wirtschaftliche Entwicklung bereits in der Debatte des Bundestags am 10. November 1966 gefordert, als sie als Opposition ihre von den beiden anderen Fraktionen positiv aufgenommene Alternative entwickelte.
Es verdient hervorgehoben zu werden, daß der Kernhaushalt 1967 in der vorliegenden Fassung ein Gesamtvolumen von 74,03 Milliarden DM aufwies und damit unter dem Betrag des ursprünglichen Entwurfs der vorigen Regierung einschließlich des Ergänzungshaushalts 1967 mit einem Volumen von 75,279 Milliarden DM blieb.
Bedeutsamer als die Reduzierung der bisherigen Ansätze war aber die Tatsache, daß dieser Entwurf auch die Positionen auswies, die zwangsläufig auf den Bundeshaushalt zukommen mußten und die dennoch von der Regierung Erhard/Mende nicht etatisiert worden waren, zum Beispiel der neue Bundesanteil an der Einkommen- und Körperschaftsteuer.
Die Neuverteilung der Einkommen- und Körperschaftsteuer auf Bund und Länder war eine wesentliche Position im Katalog der von der SPD

noch in ihrer Oppositionsstellung dargestellten Alternative zum ersten Etatentwurf 1967 der Regierung Erhard/Mende, und sie war von großer Bedeutung in den Verhandlungen um die Regierungsneubildung.
Dem in der Großen Koalition erzielten Kompromiß über den Bundesanteil habe ich besonderes politisches Gewicht beigemessen. Das angestrebte Beteiligungsverhältnis – Bund 37%, Länder 63% – berücksichtigte in Verbindung mit den übrigen Maßnahmen die finanziellen Notwendigkeiten bei allen Gebietskörperschaften im Rahmen des Möglichen. Den Ländern würden zu Lasten des Bundes 980 Millionen DM Einnahmen zufließen. Aus dem Steuerverbund zwischen Ländern und Gemeinden ergab sich dadurch eine Verbesserung der Gemeindefinanzen um etwa 265 Millionen DM, und zwar bei einem angenommenen Verbundsatz von 25%.
Unter Berücksichtigung des von der Koalition bereits verabschiedeten Antrags, der bei den Regierungsverhandlungen vereinbart worden war, die Erhöhung aus der Mineralölsteuer in einer Größenordnung von 660 Millionen DM voll den Gemeinden zugunsten des Ausbaus ihrer Verkehrswege zukommen zu lassen, erhielten die Gemeinden 1967 fast 1 Milliarde DM zusätzliche Deckungsmittel. Mit diesem Ergebnis bewegten wir uns schon einen beträchtlichen Schritt voran auf dem Wege, der in dem Gutachten der Sachverständigenkommission zur Finanzreform vorgezeichnet worden war und der von der Großen Koalition in dieser Legislaturperiode gemeinsam zu Ende gegangen werden mußte.
Da die Sozialdemokratische Bundestagsfraktion es als eine der wesentlichen Aufgaben der Bundesregierung Kiesinger/Brandt betrachtete, das große Werk der Finanzreform gesetzgeberisch in dieser Wahlperiode zu realisieren, begrüßten wir den Kompromiß über den Bundesanteil an der Einkommen- und Körperschaftsteuer, der sicher zu einer wesentlichen Klimaverbesserung zwischen Bund und Ländern beitragen würde.
Das alles war nach 50 Tagen Regierung der Großen Koalition geschehen. Es handelte sich allerdings auch um die Priorität Nr. 1. Wie war die Lage nach 100 Tagen?
Um eine sehr umfangreiche Darstellung zu vermeiden, soll versucht werden, durch einen Katalog die Ergebnisse sozialdemokratischer Arbeit in der Großen Koalition übersichtlich wiederzugeben:

I. Finanzpolitik:

1. Ausgleich des Bundeshaushalts 1967 durch Etatentlastungen – wie schon dargelegt – in Höhe von rund 8,4 Milliarden DM durch

   a) Verabschiedung des Steueränderungsgesetzes 1966 mit einer Einnahmeerhöhung von 1,9 Mrd DM

   b) des Finanzplanungsgesetzes mit einer Ausgabenkürzung von 2,8 Mrd DM

   c) weitere Ausgabenkürzungen von 2,5 Mrd DM und Einnahmeverbesserungen von 1,2 Mrd DM.
2. Verhinderung der geplanten Eingriffe bei steuerlichen Freibeträgen und Präferenzen.
3. Keine Reduzierung der Kilometerpauschale von 50 auf 10 Pfennig, sondern nur von 50 auf 36 Pfennig.
4. Erstmalig Ergänzungszuweisungen an die Länder in Höhe von 260 Mio DM.
5. Überlassung des Aufkommens aus der Erhöhung der Mineralölsteuer in Höhe von 660 Mio DM an die Länder zum Ausbau der Verkehrswege.
6. Verabschiedung des Mehrwertsteuergesetzes (Wettbewerbsneutralität und Harmonisierung der Steuersysteme in der EWG).
7. Energisches Vorantreiben der Vorarbeiten für die große Finanzreform, damit noch in dieser Legislaturperiode die Verabschiedung möglich wird.
8. Mittelfristige Finanzplanung für 1968 bis 1971; Verminderung der übernommenen Deckungslücke von insgesamt rund 64 Mrd DM durch Ausgabekürzungen von 30 Mrd DM und Einnahmeerhöhungen von 13,6 Mrd DM.
9. Gerechtere Lastenverteilung durch Einführung der Ergänzungsabgabe.
10. Erhöhung der Ausgaben für Wissenschaft und Forschung sowie für den Straßenbau.

II. Wirtschaftspolitik:

1. Zusätzliche öffentliche Investitionen über den Eventualhaushalt zur Bekämpfung des bei der Regierungsumbildung vorhandenen wirtschaftlichen Abschwungs.
2. Verbesserung des Investitionsklimas durch Sonderabschreibungen.

3. Verabschiedung des Gesetzes zur Förderung der Stabilität und des Wachstums der Wirtschaft, vervollständigt unter anderem durch die Einführung von Lenkungsinstrumenten.
4. Ablösung der Maßhalte-Appelle der Regierung Erhard/Mende durch die »Konzertierte Aktion«.
5. Verabschiedung eines weiteren Konjunktur- und Strukturprogramms mit dem zweiten Eventualhaushalt, das auch verstärkte Investitionen der Länder und Gemeinden vorsieht.
6. Verbesserung unserer Wirtschaftsstruktur (Energieprogramm).

III. Verkehrspolitik:

1. Vorlage eines Gesamtverkehrsplanes mit klaren Zielvorstellungen.
2. Versuch der Absicherung einer Jahreszuwachsrate von 7,7% im Rahmen der mittelfristigen Finanzplanung.
3. Finanzielle Absicherung des neuen Vierjahresplanes für den Ausbau von Bundesfernstraßen mit einem Volumen von 18 Mrd DM.
4. Investitionshilfen für die Deutsche Bundesbahn im Rahmen der mittelfristigen Finanzplanung.
5. Verbesserung der Verkehrsverhältnisse in den Gemeinden durch Zweckbindung der zusätzlichen Mittel aus der Mineralölsteuer.

IV. Wohnungswesen, Städtebau- und Raumordnungspolitik:

1. Bis auf weiteres keine Verminderung im Bau von jährlich 400 000 Wohnungen, davon mindestens 200 000 im Rahmen des sozialen Wohnungsbaus.
2. Zügige Vorarbeiten zur Schaffung eines Städtebauförderungsgesetzes.
3. Verabschiedung eines Gesetzentwurfs zur Änderung mietrechtlicher Vorschriften durch das Bundeskabinett; dadurch Verhinderung von sozial ungerechtfertigten Beendigungen von Mietverhältnissen.
4. Hinausschieben der Abschaffung der Wohnungsbewirtschaftung in verschiedenen Kreisen, Verabschiedung eines Gesetzentwurfs durch das Bundeskabinett zur Änderung des Schlußtermins für den Abbau der Wohnungszwangswirtschaft.
5. Kein Wegfall des Wohngeldes, sondern nur Herabsetzung des Pauschalabzugs für Versicherungen und Steuern von 15 auf 10% und Wegfall oder Kürzung verschiedener bei der Einkommensermittlung absetzbarer Beträge.

6. Vorarbeiten zu einer aktiven und koordinierten Raumordnungspolitik des Bundes.

V. Entwicklungshilfepolitik:
Stärkeres ökonomisches Ausrichten der Kreditvergabe bei Beachtung der eigenen konjunkturpolitischen Erfordernisse.
Zielvorstellung: politisch ausgeglichenes Verhältnis zwischen multilateraler Entwicklungshilfe und bilateralen Vereinbarungen.

VI. Sozial- und Arbeitspolitik:
1. Trotz großer Haushaltsschwierigkeiten keine Gefährdung des sozialen Status.
2. Keinen Abbau der Kriegsopferrenten und keine Besteuerung von Sozialversicherungsrenten.
3. Erhöhung des Arbeitslosengeldes um durchschnittlich 15%.
4. Verhinderung der Einschränkung der Mitbestimmung in Montanunternehmen durch rechtzeitige Verabschiedung des Mitbestimmungsänderungsgesetzes.
5. Einschaltung des Vorstands der Bundestagsfraktion der SPD vor Ort, um baldige Lösung der Ruhrkohlenkrise zu erreichen.
6. Beginn der Arbeiten zur Neugestaltung des Familienlastenausgleichs durch Zusammenfassung von Kindergeld und Kinderfreibeträgen im Steuerrecht.
7. Zügige Bearbeitung des Entwurfs eines Arbeitsförderungsgesetzes und eines Berufsausbildungsgesetzes.

VII. Außenpolitik:
1. Neuorientierte Außenpolitik unter der Zielsetzung von Friedenssicherung und Entspannung.
2. Bereitschaft für diplomatische Beziehungen zu osteuropäischen Staaten.
3. Abbau der Gefahr einer außenpolitischen Isolierung.
4. Beginn der Beseitigung der entstandenen Schwierigkeiten in der Frage der Stationierung französischer Truppen in der Bundesrepublik Deutschland und der Devisenausgleichszahlungen an die USA durch Verbesserung unserer Beziehungen zu Paris und Washington.

VIII. Gesamtdeutsche Politik:
1. Schaffung einer größeren Realitätsbereitschaft in der öffentlichen Meinung.

2. Fortführung des Gesprächs mit den Verantwortlichen im anderen Teil Deutschlands und Aufnahme von Kontakten, um die Verhältnisse dort zu verbessern.

IX. Justiz:

1. Verabschiedung des Parteiengesetzes.
2. Beschleunigung der Vorarbeiten zur Strafrechtsreform (Berufung einer großen Strafvollzugskommission).
3. Verbesserung der Entwürfe für eine Notstandsverfassung. Zielvorstellung: Verabschiedung im Laufe des Jahres 1968 und Erlöschen der alliierten Vorbehaltsrechte.
4. Inangriffnahme eines umfassenden Reformprogramms im Bereich des Ehe- und Familienrechts.
5. Vorarbeiten für eine Justizreform.

Über Kürzungsmöglichkeiten im Verteidigungshaushalt hatte die Sozialdemokratische Bundestagsfraktion am 26. Januar 1967 im Deutschen Bundestag eine Erklärung abgegeben, aus der hervorging, daß sie sich hierum weiter bemühen würde.
Die 100 Tage waren vorüber, als am 12. April 1967 der Vorsitzende der Sozialdemokratischen Bundestagsfraktion, Helmut Schmidt, dem Bundeskanzler Dr. Kurt Georg Kiesinger einen Brief schrieb, aus dem sich ergab, wie von ihm (und der Fraktion) die erste Zwischenbilanz bewertet wurde:

»Die Sozialdemokratische Bundestagsfraktion hat in ihrer gestrigen Sitzung eine erste Zwischenbilanz der Großen Koalition gezogen. Diese Zwischenbilanz ist im ganzen recht positiv ausgefallen; in einer Anzahl von Punkten gab die Fraktion jedoch einer gewissen Unzufriedenheit Ausdruck. Ich darf Sie darüber im folgenden unterrichten:

1. Es wurde kritisiert, daß es bisher keine Äußerung der Bundesregierung über den Atomwaffensperrvertrag vor dem Bundestag gegeben hat. Die Fraktion sprach die Erwartung aus, daß die Bundesregierung in der kommenden, spätestens in der übernächsten Woche eine Regierungserklärung zu dieser Frage abgebe; dazu ist eine gemeinsame Große Anfrage der beiden Koalitionsfraktionen wünschenswert, weil die Opposition auf ihrem Verlangen besteht, ihren Antrag betreffend friedliche Nutzung der Kernenergie in einer der Plenarsitzungen der nächsten Woche zu behandeln. Meine Fraktion hält es im

Prinzip nicht für angängig, einem Antrag der FDP auf Aufsetzung dieses Antrages auf die Tagesordnung im Plenum zu widersprechen. Sie würde jedoch eine Verschiebung der Aufsetzung des FDP-Antrages auf übernächste Woche unter Hinweis auf verbundene Beratung mit der seit mehreren Wochen beabsichtigten Großen Anfrage der Koalitionsfraktionen für angemessen halten.

2. Mit Unbehagen wurden in der Fraktion Unfreundlichkeiten konstatiert, die sich Herr Bundesminister Kai Uwe von Hassel im schleswig-holsteinischen Wahlkampf erlaubt. Ich meine dazu, daß Politiker, die in Bonn in hervorragender Position an der Großen Koalition beteiligt sind, in den Landtagswahlkämpfen nicht mit anderer Zunge reden sollten als in Bonn, anderenfalls wären Erwiderungen in entsprechender Tonart und eine Beeinträchtigung der Zusammenarbeit in Bonn kaum zu vermeiden.
3. Die Fraktion hält es für konjunkturschädlich, daß aus Kreisen der Bundesbürokratie in den letzten Tagen mit großer Publizität verlautete, daß die Bundesregierung angeblich schon für 1968 ein Haushaltsdefizit von 8 Milliarden erwarte, wie ja in letzter Zeit schon wiederholt hohe Milliarden-Defizitbeträge genannt wurden. Ein solches Verhalten erscheint geeignet, das allgemeine wirtschaftliche Unbehagen und die Verdrossenheit der Steuerzahler zu verstärken sowie das Vertrauen in die erklärten Absichten und den festen Willen der Großen Koalition und ihrer Regierung zu beeinträchtigen, auch die öffentlichen Finanzen sehr schnell wieder in Ordnung zu bringen. So richtig es ist, im Sinne der Regierungserklärung auszusprechen, was ist, so sehr muß doch vermieden werden, daß man in Finanzpessimismus verfällt.
4. Besondere Kritik haben öffentliche Äußerungen, auch von Beamten, über den Sozialhaushalt hervorgerufen, aus denen die Folgerung gezogen wird, daß Kürzungen im Sozialhaushalt unumgänglich seien. Von bevorstehenden drastischen Abstrichen am Sozialetat zu sprechen, halten wir für höchst bedenklich.
5. Es liegt meiner Fraktion dringend am Herzen, Ihnen unmittelbar, sehr geehrter Herr Bundeskanzler, ihre große Sorge wegen des unzureichenden Tempos zu unterbreiten, mit dem die Absichten des Eventualhaushaltes in die Tat umgesetzt werden. Die Fraktion bittet Sie, die Ursachen der sehr unbefriedigenden Abwicklung des Kreditfinanzierungsgesetzes festzustellen und jene Ressorts zu ermahnen,

die seinerzeit bei der Anmeldung ihrer angeblich ausschreibungsreifen Projekte sehr viel höhere Beträge angefordert haben, als ihnen nachher bewilligt wurden, deren bisher erteilte Aufträge aber in keinem Verhältnis zu den von ihnen angeforderten und zu den bewilligten Mitteln stehen. Auch gegenüber den Ländern erscheint dort ein festes Auftreten wünschenswert, wo partikulares Eigeninteresse und endloser Streit über die Aufteilung die Investition der 660 Mio DM aus der Mineralölsteuererhöhung in den kommunalen Straßenbau unerträglich verzögert.
Die konjunkturelle Entwicklung läßt unseres Erachtens eine zügige Verwirklichung des Investitionshaushaltes als zwingend geboten erscheinen.

6. Schließlich möchten wir Ihre Aufmerksamkeit erneut – ich tat dies bereits einmal vor der Osterpause – für die Notwendigkeit einer öffentlichen Klärung der Positionen der Bundesregierung zu den anhängigen Fragen der Verteidigungspolitik erbitten. Ich habe heute in gleichem Sinne auch an Herrn Dr. Schröder geschrieben. Es war nicht ganz einfach, während der letzten vier Monate die auf diesem Gebiete tätigen Abgeordneten meiner Fraktion zur öffentlichen Zurückhaltung zu bewegen, weil ja die vom vorigen Verteidigungsminister hinterlassenen Probleme und die innerhalb des Bündnisses kontrovers diskutierten Fragen geradezu zur kritischen Stellungnahme herausfordern. Ich möchte gern vermeiden, daß ein aufgestauter Nachholbedarf an Kritik sich bei der Haushaltsberatung gegenüber der Bundesregierung entlädt.

Ich bin gewiß, daß Sie, Herr Bundeskanzler, Verständnis für diese Besorgnisse haben. Herr Dr. Alex Möller und ich stehen Ihnen natürlich jederzeit zur Besprechung der genannten Punkte zur Verfügung. Im Interesse der Kooperation lasse ich den Herren Willy Brandt und Dr. Rainer Barzel je eine Kopie dieses Briefes zugehen.
Abschließend darf ich hervorheben, daß die Sozialdemokratische Bundestagsfraktion und ebenso ich selbst in der gestrigen Fraktionsdebatte, die fünf Stunden dauerte, sehr einmütig ihre grundsätzliche Befriedigung über die gemeinsame Arbeit der letzten vier Monate ausgedrückt hat.«

Bundesregierung, Bundestag und Bundesrat hatten endlich das Stabilitäts- und Wachstumsgesetz erarbeitet; es trat am 10. Mai 1967 in Kraft. In der langen Geschichte parlamentarischer Gesetzgebungspraxis stellte dieses »Gesetz zur Förderung der Stabilität und des Wachstums der Wirtschaft« etwas Neuartiges dar. Es wurde der Versuch gemacht, Grundsätze für eine in der heutigen Zeit als notwendig erkannte koordinierte Wirtschafts- und Finanzpolitik in der Form von Rechtspflichten für die staatlichen Organe in Bund und Ländern verbindlich zu machen. Außerdem bestand die Bedeutung des Gesetzes darin, daß die für diese Politik unabdingbar notwendigen gesetzlichen Ermächtigungen geregelt wurden.

Da zahlreiche Bestimmungen des Stabilitäts- und Wachstumsgesetzes wirtschaftswissenschaftliches Allgemeingut normieren, liegt die Frage nahe, warum sich der Gesetzgeber überhaupt zum Erlaß dieses Gesetzes veranlaßt gesehen hatte. Die Entstehungsgeschichte zeigt deutlich, daß sich in mehreren Vorschriften, vor allem in den bei Beginn der parlamentarischen Beratungen vorgelegten Änderungs- und Ergänzungsanträgen der Sozialdemokratischen Bundestagsfraktion, ein Mißtrauen gegen die Wirtschafts- und Finanzpolitik der damals amtierenden Regierung dokumentierte. Adressat zahlreicher Bestimmungen des Gesetzes war im Grunde nur eine Bundesregierung, die keine klare wirtschafts- und finanzpolitische Konzeption besaß und die durch ein solches Gesetz zu einem Minimum geplanter und rational erkennbarer Wirtschaftspolitik gezwungen werden sollte. Insoweit erscheint mir die Feststellung richtig, das Gesetz sei ein »normatives Aktionsmodell« (Kaiser, Planung II, S. 17).

Ein besonderes Kennzeichen des Gesetzes ist, daß es sich an die staatlichen Organe in Bund und Ländern wendet, während die Rechtsstellung des Bürgers nur durch die steuerrechtlichen Ermächtigungen in den §§ 26 bis 28 (Abzug von der Steuer für Investitionen, Aussetzung von Sonderabschreibungen, Variation der Einkommen- und Körperschaftsteuer) betroffen wird. Zahlreiche Bestimmungen des Gesetzes hätte man von ihrem materiellen Inhalt her auch in der Form einer Regierungserklärung verkünden können; jedoch hat die gewählte Gesetzesform eine wichtige verfassungspolitische Bedeutung. Bei Beginn der parlamentarischen Beratungen war ausführlich die Frage diskutiert worden, ob man nicht an Stelle eines erst durch Verfassungsänderung möglichen Gesetzes die angestrebten Ziele durch den Abschluß von Staatsverträgen oder Verwaltungsvereinbarungen mit den Ländern hätte erreichen können. Im Hintergrund dieser Überlegungen stand auch der Gedanke, daß der überkommene Gesetzesbegriff und die juristisch-technischen Formen der Gesetzessprache nicht geeignet seien, wirtschafts- und finanzpolitische Zielsetzungen zu erfassen. Jeder, der den Text des Gesetzes und die darin verwendeten Begriffe liest, wird die Unzulänglichkeiten der Gesetzessprache zum Ausdruck derartiger Inhalte und die Schwierigkeiten einer juristischen Auslegung und justizförmigen Kontrolle deutlich spüren. Trotz dieser Feststellung hat die Gesetzesform einen entscheidenden verfassungspolitischen Wert, weil sie die heute immer noch adäquateste und wirksamste Äußerungsform des Parlaments ist, um für die anderen Glieder der staatlichen Organisation die eigenen Vorstellungen verbindlich zu machen.

Das Stabilitäts- und Wachstumsgesetz ist ein deutlicher Beweis dafür, daß die Aufgabenverteilung zwischen Parlament und Regierung nicht in einer klaren Funktionstrennung im Sinn des überkommenen Systems der Gewaltenteilung besteht. Eine alleinige Funktionsaufteilung nach den Kriterien Rechtssetzung und Rechtsanwendung ist als überholt anzusehen. In einem parlamentarischen Regierungssystem muß sich die Aufteilung der Aufgaben zwischen Parlament und Regierung den ständig wechselnden Staatsaufgaben anpassen. Die Stellung des Parlaments gegenüber der Regierung kommt in einem System genereller und spezieller parlamentarischer Vorbehaltsbereiche zum Ausdruck. Die Regierungsgewalt ist eigenständig, dennoch kann sie jederzeit durch das Parlament gebunden und beschränkt werden.

Von der Sach- und Funktionsnähe her ist die Zuständigkeit des Parlaments für den Bereich einer global steuernden und einer langfristig planenden Wirtschafts- und Finanzpolitik keineswegs selbstverständlich; eher könnte man an eine umfassende Zuständigkeit der Regierung für alle wirtschafts- und finanzpolitischen Aktionen denken. Durch das Stabilitäts- und Wachstumsgesetz hat das Parlament von seinem Recht Gebrauch gemacht, die Gestaltung dieses neuen Sachgebietes an sich zu ziehen. Das Parlament hat den Zugriff auf diesen Bereich zugleich in Artikel 109 GG verfassungsrechtlich dadurch verstärkt, daß es ihn auch gegenüber den Ländern in Form allgemeiner Grundsätze für eine konjunkturgerechte Haushaltswirtschaft und für eine mehrjährige Finanz-

planung geltend machen kann. Eine wesentliche verfassungspolitische Bedeutung der Schaffung des Artikels 109 Abs. 3 GG und des Stabilitäts- und Wachstumsgesetzes besteht darin, daß das Parlament die Zurückhaltung vor einer Einflußnahme auf die Wirtschafts- und Finanzpolitik aufgegeben hat. Der Artikel 109 Abs. 3 GG ist eine Kompetenzbestimmung zugunsten des Bundes, enthält aber zugleich auch einen Auftrag an den Gesetzgeber, dem die Verantwortung für die Aufstellung von Grundsätzen für eine konjunkturgerechte Haushaltswirtschaft und für eine mehrjährige Finanzplanung zugewiesen wird.
Erst vor diesem Hintergrund läßt sich die Frage beantworten, ob nicht einzelne Bestimmungen des Stabilitäts- und Wachstumsgesetzes der Regierung zu weitgehende Eingriffe in traditionelle parlamentarische Vorbehaltsbereiche ermöglichen. Dabei ist vor allem an den überkommenen Umfang des parlamentarischen Budgetrechts gedacht, der durch die Art und Weise der Leistung zusätzlicher Ausgaben nach den Bestimmungen des § 6 Abs. 2 und 3 und § 8 Stabilitäts- und Wachstumsgesetz berührt wird, und an die Veränderungen in der Gestaltung des Rechts zur Steuererhebung, das zu den ältesten Rechten in der Geschichte der Parlamente gehört. Dieses Recht wird durch die Möglichkeit von Erhöhungen oder Senkungen der Einkommen- und Körperschaftsteuer im Wege von Rechtsverordnungen nach §§ 26 und 27 Stabilitätsgesetz betroffen.
Der Funktionswandel des Budgets bedingt eine Änderung in der Art und Weise der Ausübung des Budgetrechts. Soll die wirtschaftspolitische Funktion des Budgets konjunkturell wirksam werden, muß es schnellere Wege als die zeitraubende Verabschiedung eines Nachtragshaushalts im normalen Gesetzgebungsverfahren geben, wenn zusätzliche Ausgaben geleistet werden sollen. Diese Überlegung liegt den §§ 6 und 8 Stabilitätsgesetz zugrunde und rechtfertigt es, daß § 8 kein unmittelbares Gestaltungsrecht des Parlaments für zusätzliche Ausgaben vorsieht, sondern nur ein globales Vetorecht einräumt.
Bereits in dieser Zeit bereitete es dem Bundestag erhebliche zeitliche Schwierigkeiten, das Budgetrecht in parlamentarisch ausreichendem Umfang auszuüben. Niemand kann sagen, daß die haushaltsrechtlichen Bestimmungen des Stabilitäts- und Wachstumsgesetzes eine Ideallösung wären; aber sie sind sicherlich ein vertretbarer Kompromiß zwischen konjunkturpolitischer Effektivität des Budgets und parlamentarischer Kontrolle.

Durch das Stabilitäts- und Wachstumsgesetz wird neben dem parlamentarischen Budgetrecht auch das parlamentarische Steuererhebungsrecht berührt. Gegenüber dem Regierungsentwurf wurden die steuerrechtlichen Ermächtigungen des Stabilitäts- und Wachstumsgesetzes erheblich erweitert, um der Regierung eine konjunkturell wirksame Steuerpolitik zu ermöglichen. In der Ermächtigung zu einer Steuervariation zur Kaufkraftbeeinflussung in § 26 wird ein verfassungspolitisch bedeutsamer Wandel in der Funktion der Steuer sichtbar. Der ursprüngliche Zweck der Bedarfsdeckung bei der Steuererhebung wird von den wirtschaftspolitischen Aufgaben der Besteuerung überlagert. Diese erweiterte Funktion der Steuern bedingt Änderungen in Form und Verfahren der Steuergesetzgebung. Im Gegensatz zum Regierungsentwurf hatte sich das Parlament bemüht, im Stabilitäts- und Wachstumsgesetz das parlamentarische Steuererhebungsrecht aufrechtzuerhalten und nicht auf die Regierung zu übertragen. Bei den steuerlichen Maßnahmen zur Konjunkturbeeinflussung ist im Unterschied zu den haushalts- und kreditpolitischen Maßnahmen nicht nur ein nachträgliches Aufhebungsrecht des Parlaments vorgesehen, sondern ein Mitwirkungsrecht des Bundestages bei der Beschlußfassung. Die Mitwirkung ist je nach der beabsichtigten Maßnahme abgestuft. Während bei dem Abzug von der Steuer für Investitionen und bei der Aussetzung von Sonderabschreibungen nach § 26 die Mitwirkung des Parlaments durch eine fiktive Zustimmung ersetzt werden kann, bedarf das einschneidende Mittel der Variation der Einkommen- und Körperschaftsteuer stets der ausdrücklichen Zustimmung des Parlaments.

Es läßt sich feststellen, daß der Deutsche Bundestag bei der Beratung des Stabilitäts- und Wachstumsgesetzes darauf geachtet hat, der Regierung nicht mehr Vollmachten einzuräumen, als es durch die Erfordernisse einer wirksamen Konjunkturpolitik geboten ist. Dabei mußten allerdings das parlamentarische Budgetrecht und das parlamentarische Steuererhebungsrecht nach Inhalt und Form ihrer Ausübung modifiziert werden; andernfalls würden überkommene Vorbehaltsbereiche des Parlaments eine sachgerechte Wahrnehmung dieser neuen staatlichen Aufgaben verhindern.

Es ist in den letzten Jahren – unabhängig von der grundsätzlichen Überlegung einer Novellierung des Stabilitäts- und Wachstumsgesetzes – immer wieder die Frage nach einer Verbesserung des steuerlichen Teils aufgeworfen worden. Das beruht in erster Linie darauf, daß konjunk-

turpolitische Regelungen im Steuerbereich nicht auf der Grundlage der Ermächtigungen des Stabilitäts- und Wachstumsgesetzes vorgenommen wurden, sondern aufgrund von konjunkturpolitisch motivierten Spezialgesetzen getroffen worden sind.
Im Zusammenhang mit den Untersuchungen zu einer Überarbeitung der steuerrechtlichen Vorschriften des Stabilitäts- und Wachstumsgesetzes drängen sich zwei Fragen auf:

1. Ist die Ermächtigung des § 26 zur Variation der Einkommensteuer ein zu schmales Angebot für die staatliche Konjunkturpolitik; bedarf es also zusätzlicher Ermächtigungen für weitere konjunkturpolitische Steuermaßnahmen?
2. Sind die Tatbestandsmerkmale des § 26 nicht praktikabel genug gefaßt und müßte die Gesetzesfassung an veränderte Intentionen der konjunkturpolitisch verantwortlichen Instanzen angepaßt werden?

Dabei wäre zunächst der Frage nachzugehen, warum die 10%ige Steuervariation in der Vergangenheit nicht vorgenommen und statt dessen (rückzahlbare) Konjunkturzuschläge und andere Maßnahmen erfunden worden sind. So geschehen, obwohl in der Ermächtigung des Stabilitäts- und Wachstumsgesetzes ein vereinfachtes und beschleunigtes Gesetzgebungsverfahren mit einfacher Zustimmung des Bundestages und des Bundesrates vorgesehen ist. Bekanntlich hat es bei den Überlegungen zur Anwendung dieser Bestimmung Bedenken gegeben, ob die gesetzliche Formulierung auch spezielle Gesichtspunkte zuläßt, die man mit einbeziehen wollte. Da war einmal – aus Gründen der Verwaltungsvereinfachung – die Bestimmung einer Betragsuntergrenze, von der an die Steuerzahler erst in Anspruch genommen werden sollten, und da war außerdem der gewollte Ausschluß bestimmter Einkommensgruppen durch eine Einkommensuntergrenze. Gleichzeitig wurde jeweils bei der Schaffung von speziell konjunkturpolitisch ausgerichteten Steuergesetzen deutlich, daß es nicht zwangsläufig eine Beschleunigung im Gesetzgebungsverfahren bedeutete, wenn man von der Ermächtigung des Stabilitäts- und Wachstumsgesetzes Gebrauch machte. Eine zügige Beratung und Verabschiedung im Bundestag und im Bundesrat war trotz eines normalen Gesetzgebungsverfahrens festzustellen, so daß keine Verzögerung eintrat. Die konjunkturpolitische Verantwortung des Gesetzgebers zwang ihn zwar nicht, die einfache Regelung des Stabilitäts- und Wachstumsgesetzes in Kraft zu setzen, veranlaßte ihn aber, globale Maßnahmen mit ökonomischer Breitenwirkung, die ohne eine langwie-

rige Vorbereitungs- und Beratungszeit in Gang gesetzt werden konnten, zu beschließen. Die relativ begrenzte Beratungszeit ist bei konjunkturpolitisch orientierten Maßnahmen unumgänglich. Sonst würden durch Ankündigungseffekte in der Öffentlichkeit kontraproduktive Verhaltensweisen bei den Wirtschaftssubjekten ausgelöst werden, zum Beispiel würde statt einer erhöhten ökonomischen Aktivität bis zur Verabschiedung des Gesetzes mit Begünstigungsregelungen eine wirtschaftliche Zurückhaltung eintreten. Die Erfahrung der letzten Jahre hat gezeigt, daß der Gesetzgeber bei den Steuergesetzen mit konjunkturpolitischer Ausrichtung, die man als eine Alternativregelung zum § 26 ansehen kann, entweder ökonomische oder steuerpolitische Zielsetzungen, die über die reine Konjunkturpolitik hinausgingen, einbeziehen wollte, oder aber es sollte die Maßnahme gezielter eingesetzt werden als die Steuervariation nach § 26.
Es ist der kritische Einwand erhoben worden, die steuerrechtliche Vorschrift passe nur in eine rein global orientierte Konjunktur- und Wirtschaftspolitik, werde aber den Bedürfnissen einer gezielten Konjunkturpolitik, die Rücksicht auf Sektoren und Regionen nehmen müsse, nicht gerecht. Dabei wird an die Vorschläge für eine regionalisierte Konjunkturpolitik gedacht, wie sie von den finanzschwachen Bundesländern vorgetragen werden. Dieser Ansatzpunkt scheint mir falsch zu sein, weil steuerrechtliche Regelungen, mit denen ein gesamtwirtschaftlich ins Gewicht fallendes Finanzvolumen bewegt werden soll, die aber andererseits nur für eine bestimmte Dauer gedacht sind, zwangsläufig global und mit einem möglichst geringen Verwaltungsaufwand verbunden sein müssen. Seit der Schaffung des Stabilitäts- und Wachstumsgesetzes ist es in der Bundesrepublik unbestritten, daß man auch das Steuerrecht zur konjunkturpolitischen Steuerung einsetzen kann und daß dazu sogar die gesetzliche Verpflichtung des § 1 zwingt (»Bund und Länder haben bei ihren wirtschafts- und finanzpolitischen Maßnahmen die Erfordernisse des gesamtwirtschaftlichen Gleichgewichts zu beachten«). Der Einsatz steuerpolitischer Instrumente zur Konjunktursteuerung schließt nicht aus, daß hier eine steuerrechtliche Regelung über rein konjunkturpolitische Absichten hinaus gleichzeitig auch für andere politische Zielsetzungen offen sein kann. Man muß aber doch wohl vermeiden, daß durch zu detaillierte Regelungen und zu viele Ausnahmetatbestände die konjunkturelle Effizienz unterlaufen wird.
Grundsätzlich ist weiter anzumerken, daß das Stabilitäts- und Wachs-

tumsgesetz von einer wellenförmig verlaufenden Konjunktur ausgeht und daß dann mit Hilfe der Kaufkraftabschöpfung oder der Kaufkraftverstärkung über die Steuervariation eine Abschwächung der konjunkturellen Ausschläge des Wirtschaftsablaufs erreicht werden kann. Da aber nicht vorauszusehen ist, wie lange eine Konjunkturphase anhalten wird, andererseits das Steuerrecht aber klare Abgrenzungen für die Geltungsdauer einer nur vorübergehenden Maßnahme verlangt, liegt hier eine offensichtliche Diskrepanz vor. Es darf auch nicht verkannt werden, daß das Auslaufen einer steuerpolitischen Maßnahme erhebliche konjunkturelle Effekte hat, deren Abschätzung im Zeitpunkt der Einführung sehr schwierig ist. Gewiß sieht das Stabilitäts- und Wachstumsgesetz vor, daß man eine Steuervariation um ein weiteres Jahr verlängern kann. Nur bedeuten derartig gravierende Steuerrechtsänderungen erhebliche Präjudizierungen für eine konstante Lösung.
Nachdem wir davon ausgehen können, daß die Einkommensteuertarife nur so zu gestalten sind, daß sie alle 3 bis 4 Jahre nominell angepaßt werden müssen, ist der Druck auf die Überleitung einer Maßnahme nach dem Stabilitäts- und Wachstumsgesetz in eine anschließende Tarifkorrektur politisch von großem Gewicht, zumal sie sich konjunkturpolitisch leicht begründen läßt. Diese Überlegungen werden Regierung und Gesetzgeber nicht gerade motivieren, von der Ermächtigung Gebrauch zu machen.
Einen Weg in die Perfektionierung des Gesetzgebungsverfahrens würde es für manchen Sachkundigen bedeuten, wenn man dem § 26 noch eine Vielzahl von inzwischen in der Bundesrepublik und im Ausland angewandten und erprobten gesetzlichen Regelungen zur Konjunktursteuerung zur Seite stellt; damit besteht aber keineswegs die Gewähr, daß man vorausschauend alle die Aspekte mit einbezieht, die der Gesetzgeber in der jeweiligen Situation in den zukünftigen Jahren mit geregelt sehen will. Meiner Meinung nach liegt die Wahrheit in der Mitte. Das ist eine sorgfältige Auswahl des für uns in Frage kommenden Instrumentariums.
Hat nun der § 26 seinen Zweck verloren? Es spricht viel dafür, eine Ermächtigung zum vereinfachten Gesetzgebungsverfahren beizubehalten, das als ein Instrument des Konsenszwanges gegenüber dem Gesetzgeber auch einen konjunkturpolitisch notwendigen Druck auf das Beratungsverfahren ausübt, indem es zeitliche Maßstäbe setzt. Ich würde daher die gesetzliche Ermächtigung in § 26 zur Steuervariation nicht als eine über-

holte Bestimmung ansehen, sondern als eine subsidiär vorhandene Meßlatte für den Gesetzgeber. Wenn man den § 26 weiter anwenden will, müßte man einige Änderungen vornehmen und den gesetzlichen Tatbestand etwas verbreitern, die gesetzliche Ermächtigung also ausweiten.
Es steht die Entscheidung im Raum, ob das Gesetz zur Förderung der Stabilität und des Wachstums der Wirtschaft nicht tatsächlich aufgrund der inzwischen gesammelten Erfahrungen der Überarbeitung bedarf. Das Gesetz hat seinerzeit überall, insbesondere bei unseren Verbündeten – wie ich aus zahlreichen Gesprächen weiß – besonderen Respekt ausgelöst. Warum eigentlich soll es nicht modernisiert werden? Im Gegensatz zur Modernisierung des militärischen Waffenarsenals kostet ein solches Unternehmen kein Geld, sondern nur Verstand.

Die Ergebnisse der Finanzreform

Nun sei gleich über ein Werk der Großen Koalition berichtet, das nach mühevoller Arbeit zustande gekommen ist: die Finanzreform.
Der Deutsche Bundestag hat am 23. April 1969 mit großer Mehrheit, der Bundesrat am 9. Mai 1969 einstimmig das Finanzreformgesetz (21. Gesetz zur Änderung des Grundgesetzes) und im Zusammenhang damit ein weiteres Gesetz (22. Gesetz zur Änderung des Grundgesetzes) – Erweiterung der Gesetzgebungszuständigkeit des Bundes – angenommen. Die neuen Verfassungsbestimmungen trafen zum Teil unmittelbar konkrete Regelungen, zum Teil schafften sie die verfassungsrechtlichen Voraussetzungen zum Erlaß entsprechender Ausführungsgesetze. Folgende Ausführungsgesetze zur Finanzreform hat der Deutsche Bundestag verabschiedet:
1. Gesetze über die Gemeinschaftsaufgaben.
2. Gemeindefinanzreformgesetz.
3. Gesetz über die Steuerverteilung und den Finanzausgleich unter den Ländern.

Der Bundesrat hat die erforderliche Zustimmung gegeben. Somit traten alle wesentlichen Ausführungsgesetze zur Finanzreform am 1. Januar 1970 in Kraft.
Die Finanzreform zählte zu den Reformen, die die Sozialdemokraten

zur Bedingung für einen Eintritt in die Bundesregierung der Großen Koalition gemacht hatten. Dieses wesentliche Ziel konnte wegen der notwendigen Zweidrittelmehrheit für die erforderlichen Verfassungsänderungen nur durch die Zusammenarbeit der beiden großen Parteien verwirklicht werden.

Bei der Finanzreform ging es darum:
1. eine den Bedürfnissen unserer Gegenwart besser angepaßte Aufgabenverteilung zwischen Bund und Ländern festzulegen. Bund und Länder mußten zu neuen Formen der Zusammenarbeit bei den großen Aufgaben der Gegenwart und Zukunft kommen;
2. das System der Steuerverteilung zwischen Bund, Ländern und Gemeinden stabiler und funktionsfähiger zu gestalten sowie die Steuerkraftunterschiede zwischen armen und reichen Ländern und zwischen armen und reichen Gemeinden zu vermindern;
3. die Gemeinden insgesamt mit mehr Mitteln auszustatten, so daß sie ihre Aufgaben, insbesondere im Bereich der wachstumsnotwendigen und gesellschaftspolitisch dringlichen Infrastrukturinvestitionen, umfassender als in der Vergangenheit erfüllen können. Außerdem bedurfte das kommunale Finanzsystem einer strukturellen Neuordnung;
4. insgesamt also die Voraussetzungen dafür zu schaffen, daß die öffentlichen Aufgaben mit den vorhandenen Mitteln besser erfüllt und die Steuereinnahmen dorthin gelenkt werden, wo sie für den Bürger den größten Nutzen bringen.

Im Mittelpunkt der Finanzreform standen also nicht nur finanzwirtschaftliche Fragen, sondern die Anpassung unserer bundesstaatlichen Ordnung an die Notwendigkeiten unseres wirtschaftlichen und gesellschaftlichen Lebens. Es ging um die Sicherung und Festigung des Föderalismus unter neuen Bedingungen: um einen »kooperativen Föderalismus«. Wenn auch nicht alle Probleme unserer föderativen Ordnung gelöst wurden – und das konnte im Rahmen der Finanzreform nicht das Ziel sein –, so wurde doch im finanzwirtschaftlichen Bereich eine echte Reform erreicht.
Insgesamt besteht die Finanzreform aus zwei Teilen: Es ging erstens um die Neuordnung der finanzwirtschaftlichen Beziehungen zwischen Bund und Ländern und zweitens um die Gemeindefinanzreform.
Wie die Aufgabenverteilung Grundlage jeden Finanzausgleichs ist, so

geht auch die Finanzreform von einer neuen Abgrenzung der Aufgaben zwischen Bund und Ländern aus. Dazu zählen die Ausdehnung der konkurrierenden Gesetzgebungszuständigkeit des Bundes (wirtschaftliche Sicherung der Krankenhäuser und die Regelung der Krankenhauspflegesätze) sowie die Ausdehnung der Rahmengesetzgebungszuständigkeit des Bundes (für das Hochschulwesen sowie für Rahmenvorschriften über einheitliche Maßstäbe für den Aufbau und die Bemessung der Beamtenbesoldung), Art. 74 und 75 GG. Darunter fällt auch die seit Jahren angestrebte Ausdehnung der konkurrierenden Gesetzgebung auf die Ausbildungsförderung (Art. 74, Abs. 13 GG).

Ein Kernstück der Finanzreform bildeten die Gemeinschaftsaufgaben von Bund und Ländern (Art. 91a), die neu in das Grundgesetz eingeführt wurden. Es soll zwar auch künftig der Grundsatz der getrennten Aufgabenerfüllung von Bund und Ländern gelten, jedoch haben sich in der Praxis Aufgabenbereiche herausgebildet, die sinnvoll nur noch von Bund und Ländern gemeinsam gelöst werden können. Folgende Aufgabenbereiche wurden in der Verfassung zu Gemeinschaftsaufgaben erklärt:

1. Ausbau und Neubau von wissenschaftlichen Hochschulen einschließlich Hochschulkliniken,
2. Verbesserung der regionalen Wirtschaftsstruktur,
3. Verbesserung der Agrarstruktur und des Küstenschutzes.

Außerdem wurde in der Verfassung niedergelegt, daß Bund und Länder gemeinsam bei der Förderung der wissenschaftlichen Forschung und der Bildungsplanung zusammenwirken können (Art. 91b).

Die Tatsache, daß der Katalog der Gemeinschaftsaufgaben nur noch drei Aufgabenbereiche umfaßte, bedeutete nicht, daß das Reformprogramm reduziert worden ist. Die SPD hatte von Beginn der Diskussion an erklärt, daß es ihr nicht auf die verfassungsrechtliche Form der Neuordnung ankomme, sondern vielmehr auf die sachgemäße Aufgabenerfüllung in den neuordnungsbedürftigen Bereichen.

Die gemeinsame Zuständigkeit von Bund und Ländern bezieht sich auf die gemeinsame Finanzierung sowie auf die gemeinsame Rahmenplanung. Die Ausführung bleibt nach wie vor Sache der Länder.

Der Bund gewährt aufgrund des neuen Art. 104a Abs. 4 Finanzhilfen für besonders bedeutsame Investitionen von Ländern und Gemeinden:

a) zur Abwehr einer Störung des gesamtwirtschaftlichen Gleichgewichts,

b) zum Ausgleich unterschiedlicher Wirtschaftskraft und zur Förderung des wirtschaftlichen Wachstums.

In seinem ersten Teil – bei den Finanzhilfen zur Abwehr einer Störung des gesamtwirtschaftlichen Gleichgewichts – hat sich dieses neue verfassungsrechtliche Institut, das im Vorgriff auf die Finanzreform schon bei der Bekämpfung der Rezession der Jahre 1966 und 1967 praktiziert wurde, bereits bewährt. Die Finanzreform hat eine klare verfassungsrechtliche Grundlage für künftige Fälle dieser Art geschaffen.

Der zweite Teil der Bestimmung hat eine struktur- und wachstumspolitische Ausrichtung. Nach Auffassung des Gesetzgebers fallen darunter Aufgabenbereiche wie die gemeindliche Verkehrsfinanzierung, der Wohnungsbau, die Städtesanierung und Dorferneuerung sowie der Krankenhausbau. Die Mitwirkung der Länder ist dadurch gewährleistet, daß das Nähere, insbesondere die Arten der zu fördernden Investitionen, durch ein Bundesgesetz mit Zustimmung des Bundesrates oder durch Verwaltungsvereinbarung aufgrund des Bundeshaushaltsgesetzes geregelt werden kann. Es handelte sich nicht darum, daß der Bund auf dieser neuen verfassungsrechtlichen Grundlage nun in beliebiger Weise in Zuständigkeiten der Länder eindringen kann. Vielmehr ist der bisherige Wildwuchs verfassungsrechtlich problematischer Dotationen durch eine Finanzierungsregelung für Investitionen von besonderer Bedeutung abgelöst worden. Diese neue verfassungsrechtliche Vorschrift deckt nicht zuletzt die bewährte Regelung der Beteiligung der Gemeinden am Mineralölsteueraufkommen.

Die Finanzreform brachte die längst überfällige Einbeziehung der Umsatzsteuer (Mehrwertsteuer) in den Steuerverbund von Bund und Ländern, der bei der Verabschiedung nahezu 70% der Steuereinnahmen von Bund und Ländern umfaßte.

Zu dieser Regelung hatte sich schon der Parlamentarische Rat bekannt. Die Einführung des Großen Steuerverbundes scheiterte 1947 am Einspruch der Hohen Kommissare.

Der Deutsche Bundestag hatte eine einheitliche Verbundquote für alle drei Gemeinschaftssteuern vorgesehen, die allerdings nicht in der Verfassung, sondern in einem einfachen Gesetz festgelegt werden sollte, um flexibel zu sein für sich in der Zukunft möglicherweise wandelnde Anforderungen an die Leistungen der einzelnen Gebietskörperschaften. Doch konnte der Deutsche Bundestag sich nicht dem Sicherungsbedürfnis der Ländermehrheit nach einer verfassungskräftigen Garantie ihres

Beteiligungssatzes an der Einkommen- und Körperschaftsteuer verschließen, wie sie vom Vermittlungsausschuß vorgeschlagen wurde. Bundestag und Bundesrat einigten sich 1969 auf eine Verfassungsbestimmung, nach der Bund und Länder je zur Hälfte das Aufkommen an der Einkommen- und Körperschaftsteuer erhalten, abzüglich eines Teiles der Einkommensteuer, der den Gemeinden nach der neuen Finanzverfassung zusteht (Gemeindeeinkommensteuer).
Der Beteiligungssatz an der Mehrwertsteuer wird durch ein Bundesgesetz, das der Zustimmung des Bundesrates bedarf, festgesetzt. Die Einnahmen aus den Kapitalverkehrsteuern, der Wechselsteuer und der Versicherungsteuer mit einem Volumen von insgesamt 900 Mio DM gingen von den Ländern auf den Bund über.
Bis zur Finanzreform bestanden zwischen den Bundesländern starke Steuerkraftunterschiede. Sie wurden allein durch einen horizontalen Finanzausgleich, das heißt einen Ausgleich auf Länderebene zwischen finanzstarken und finanzschwachen Ländern, zum Teil ausgeglichen.
Die finanzschwächeren Länder waren mit Recht sowohl mit der Form als auch mit der Höhe dieser Ausgleichsleistungen der finanzstarken Länder unzufrieden. Durch die Finanzreform ist eine gleichmäßigere Steuerverteilung und eine größere Angleichung der Finanzausstattung zwischen den Ländern erzielt worden.
Die Angleichung der Finanzkraftunterschiede ist durch eine Neugestaltung des Systems der Steuerverteilung erreicht worden. In der Verfassung ist festgelegt, daß der Länderanteil an der Mehrwertsteuer (10 Mrd DM im Jahre 1970) nach der Einwohnerzahl verteilt wird. Darüber hinaus erhalten die ausgleichsberechtigten Länder von diesem Länderanteil an der Mehrwertsteuer vorweg zusätzliche eigene Steuereinnahmen. Ferner werden die veranlagte Einkommensteuer nach dem regionalen Aufkommen, die Lohn- und Körperschaftsteuer nach einem bereinigten regionalen Aufkommen verteilt.
Die in Einzelfällen auftretenden Verzerrungen in der Steuerkraft der einzelnen Länder, die dadurch entstehen, daß der Unternehmenssitz, an dem die Steuern gezahlt werden, in einem anderen Land liegt als der Ort der Betriebsstätte, an dem die zu versteuernden Leistungen erwirtschaftet worden sind, wurden durch ein Steuerzerlegungsgesetz beseitigt. Durch dieses Zerlegungsgesetz, das die neue Finanzverfassung zwingend vorschreibt, bleiben Steuern in dem Bundesland, in dem sie erwirtschaftet werden.

Dr. Heinrich Troeger, der Vorsitzende der unabhängigen Sachverständigenkommission für die Finanzreform, hat die geglückte Kombination von bereinigten regionalen Aufkommen und der Verteilung nach der Einwohnerzahl als »sehr elegante Lösung« im Sinne eines unerläßlichen föderativen Staatsaufbaus charakterisiert.
Zur Gemeindefinanzreform sei noch informierend hinzugefügt, daß sie für die SPD von so großer Bedeutung war, daß sie ihre Zustimmung zu den für die Finanzreform erforderlichen Grundgesetzänderungen erst gab, nachdem durch eine Koalitionsvereinbarung vom 10. Dezember 1968 eine befriedigende Ausgestaltung der Gemeindefinanzreform sichergestellt war.
Bei der Verabschiedung der Gesetze zur Finanzreform, für die ich viel Kraft eingesetzt und manche harte Auseinandersetzung in Kauf genommen habe, war ich wegen einer ernsten Erkrankung nicht anwesend. Der für mich sprechende Kollege Reischl sagte hierzu:

»Ich glaube also, daß mit diesem Reformwerk von diesem Hause eine geschlossene Sache verabschiedet worden ist, und darf hier eine persönliche Bemerkung anfügen. So ehrenvoll es für mich ist, hier die Schlußerklärung für meine Fraktion abzugeben, so sehr bedaure ich es, daß an meiner Stelle hier nicht mein Freund Alex Möller stehen kann, der einer der Motoren der Finanzreform in diesem Hause war. Ich glaube, wir sollten uns freuen, daß wir mit der Verabschiedung dieser Vorlage vielleicht ein bißchen mitgeholfen haben, ihn schneller wieder gesund zu machen, und sollten ihm recht gute Besserung wünschen.«

Bundesfinanzminister Dr. h.c. Strauß erklärte ergänzend:

»Ich möchte mich auch dem Dank anschließen, den Sie, Herr Kollege Reischl, für Ihren Fraktionsfreund Alex Möller ausgesprochen haben. Er war es, der damals bei den Koalitionsverhandlungen – das war Musik in meinen Ohren – die Koalition, beide Koalitionspartner, darauf festgelegt hat, daß diese Koalition nicht in den Bundestagswahlkampf gehen darf, wenn sie nicht vorher die Finanzverfassungsreform und die dazugehörigen Gesetze verabschiedet hat. Auch das muß der Vollständigkeit der Darstellung halber hier auch von mir noch einmal erwähnt werden.«

Auch in Einzelbereichen hat man sich in späteren Jahren an die steinige Pionierarbeit erinnert. So sagte in der Bundestagssitzung vom 5. Oktober 1977 Dr. Franz Josef Strauß:

»Hier erhebt sich die Frage: Was haben eigentlich Finanzpläne noch für einen Sinn, was hat eigentlich das Institut der sogenannten mehrjährigen Finanzplanung noch für einen Zweck? Daß es eingeführt wurde, ging ja auf einen Vorschlag des Kollegen Alex Möller seinerzeit zurück. Es war sein großes Verdienst, und ich war von der Richtigkeit dieses Vorschlages überzeugt. Wir haben es gemeinsam in der Großen Koalition getragen. Am 4. September hat die Bundesregierung zum erstenmal eine mehrjährige Finanzplanung bis 1972 beschlossen. Volkswirtschaftliche Grundlage ist eine gesamtwirtschaftliche Zielprojektion für den in Frage kommenden Zeitraum. Aber irgendwie muß doch eine Vergleichbarkeit zwischen mehrjähriger Finanzplanung und tatsächlichem Ergebnis bestehen.«

Was richtig ist.

Herbert Wehner hatte im Stadium der Bildung und der Rechtfertigung der schwarz-roten Koalition behauptet: »Die Große Koalition ist keine Todsünde und schon gar kein Lotterbett.« Die vom kleinen Partner verlassene, aus zwei Parteien, CDU und CSU, bestehende größte Fraktion im Bundestag hatte am Ende des Jahres 1966 mit legitimen Mitteln Anschluß gefunden an die in Bonn fleißig Opposition übende SPD, die auf diese Weise zu einem Macht-Wechsel kam. Ihn im Herbst 1969 einlösen zu lassen war das Ziel. Es zu erreichen, erforderte harte Arbeit. In einer Koalition, die zahlenmäßig 90% der Abgeordneten erfaßte, gab es zwangsläufig die innere Opposition, die es in sich hatte. In der Gesetzesarbeit und in Beurteilungen der Regierungstätigkeit machte sie sich penetrant bemerkbar. Der Luxus der großen Zahl überwucherte manchmal das argumentativ bedingte gemeinsame Operieren. Aber es langte immer noch, die Ergebnisse möglich zu machen, von denen die Partner, als sie ihr Bündnis schlossen, ausgegangen waren. Die Bundestagsprotokolle sind dafür eine Fundgrube.

XXIII. RICHTUNG MIT KOMPASS

Besuch der Leipziger Messe

In der Regierungserklärung vom 12. Dezember 1966 war herausgestellt worden, daß »die Bundesregierung um die Ausweitung des innerdeutschen Handels, der kein Außenhandel ist, bemüht sei«. In der Erklärung vom 12. April 1967 wurden verschiedene wirtschaftliche und verkehrspolitische Vorschläge zur Deutschlandpolitik gemacht, zum Beispiel Maßnahmen zur Erleichterung des täglichen Lebens für die Menschen in den beiden Teilen Deutschlands, Maßnahmen zur verstärkten wirtschaftlichen und verkehrspolitischen Zusammenarbeit, Rahmenvereinbarungen für den wirtschaftlichen, technischen und kulturellen Austausch.

Der Verlauf des innerdeutschen Handels im Jahre 1967 und die bevorstehende Leipziger Messe vom 2. bis 4. März 1968 veranlaßten mich im Januar dieses Jahres nach einem Schriftwechsel mit dem Bundeswirtschaftsministerium, den Besuch der Leipziger Messe ins Auge zu fassen. Mein Freund Klaus Dieter Arndt, der Parlamentarische Staatssekretär, hatte die Freundlichkeit, mich am 28. Februar in meiner Bonner Wohnung über den derzeitigen Stand des innerdeutschen Handels, die vorhandenen Schwierigkeiten und Möglichkeiten zu informieren.

Das »Handelsblatt« hat in der Nr. 46. vom 5. März 1968 den Besuch des hessischen Wirtschaftsministers Rudi Arndt und mir mit folgender Feststellung begleitet:

». . . immerhin fehlte im Reigen der politischen Messesondierungen bisher die SPD, nachdem in früheren Jahren FDP- und CDU-Leute Vorstöße unternahmen. Diese Lücke ist jetzt geschlossen.«

Zusammen mit Dr. Geske, meinem Persönlichen Referenten, flog ich am Samstag, den 2. März 1968, mittags mit einer Zwei-Propeller-Maschine von Berlin-Ost nach Leipzig. Zollkontrolle und Abfertigung wa-

ren ausgesprochen entgegenkommend. In Leipzig-Schkeuditz, dem Messe-Flughafen, wurde ich zum Informationsschalter gebeten und erhielt die Mitteilung, daß mir für meinen Aufenthalt in Leipzig ein Wagen mit Fahrer zur Verfügung stehe.
Bei der Fahrt nach Leipzig berührt besonders die Erkenntnis, daß die Häuser sich noch in einem Zustand wie vor 30 Jahren befinden und zum Teil nur notdürftig bewohnbar gemacht worden sind. Wenn man einmal in der DDR das Wohnungsproblem so anfaßt wie in der Bundesrepublik Deutschland, werden später erhebliche Anstrengungen erforderlich sein. Weite Teile des Gebietes von Leipzig lagen bei meinem Besuch brach und waren als große Lücken, durch Kriegszerstörungen entstanden, erkennbar, von denen man nicht wußte, wann und wie sie geschlossen werden könnten.
Am Sonntag waren in Leipzig Massen von Besuchern in Bewegung, die manches interessante Studium ermöglichten. Ihr Interesse galt in erster Linie der Konsummesse, die an vielen Stellen im Stadtinneren untergebracht war.
Propaganda und Diskussion standen völlig im Zeichen der »Sozialistischen Verfassung der DDR – die deutsche Charta der Freiheit und der Menschlichkeit«. In fast allen Schaufenstern waren entsprechende Erklärungen der Belegschaft zu finden, wobei Dr. Geske und mir insbesondere die ausgestellte Urkunde in einem Fischgeschäft aufgefallen ist, die unter Bezugnahme auf das Bekenntnis zur »Sozialistischen Verfassung der DDR – die deutsche Charta der Freiheit und der Menschlichkeit« noch folgendes erklärte: »Wir verpflichten uns, durch ein abwechslungsreiches Angebot von Fischen und Fischwaren die Schaffenskraft unserer Mitglieder und Kunden zu erhöhen.« Ähnliche Versicherungen fand man überall.
Imposant war unzweifelhaft die technische Messe, von der behauptet wurde, daß sich an ihr 10290 Aussteller aus 65 Ländern beteiligten. Der stellvertretende Generaldirektor des Leipziger Messeamts, Fred Merkwitschka, erwähnte auf der Eröffnungs-Pressekonferenz die westdeutschen Aussteller nicht, die 1968 immer noch nach der DDR mit 1171 Firmen aus der Bundesrepublik und Westberlin das zweitstärkste Kontingent stellten.
Ich fand insbesondere die Ausstellung aus dem Maschinenbau, der Elektrotechnik und der Chemie überzeugend. So hatte zum Beispiel die Braunschweigische Maschinenbauanstalt en miniature eine ganze Zuk-

kerfabrik aufgebaut, von der drei nach der Sowjetunion geliefert worden waren und dort hohe Auszeichnungen erhalten hatten. Wenn man berücksichtigt, wie viele Delegationen aus den Ostblockstaaten die Leipziger Messe besuchen, so kann man über die Bedeutung der imponierenden industriellen Visitenkarte der Bundesrepublik Deutschland nicht im Zweifel sein.
Es ließ sich im Ablauf des Sonntags noch nicht beurteilen, ob in Leipzig die »Messe des technischen Fortschritts und des weltoffenen Handels« für die Aussteller aus der Bundesrepublik mehr als eine good-will-Aktion sein würde. Insbesondere blieb zu beachten, daß die DDR mit über 75 % ihres Außenhandels langfristig an die COMECON-Länder gebunden war. Ohne die Verschiebung des Saldierungstermins vom 30. Juni 1968 auf den 30. Juni 1969 hätte meines Erachtens mit einem negativen Ausgang unserer Bemühungen gerechnet werden müssen. Nach dieser Auflockerung waren sicher bessere Ergebnisse erreichbar, zumal viele westdeutsche Aussteller die Resultate einer gezielten Marketing-Politik in Leipzig auswerteten, um die Chancen für Waren zu nutzen, die in den COMECON-Produktionsabsprachen noch nicht eingeplant waren. Außerdem bemühten sich große Firmen um die Kooperation mit Zonen-Betrieben.
Die Einladung zur Eröffnungsfeier am Samstag im Leipziger Opernhaus, einem eindrucksvollen modernen Bau, wurde von uns wahrgenommen. Die Prominenz der DDR bzw. der SED war mit Ulbricht und Stoph an der Spitze vollzählig erschienen. Einer der Stellvertreter des Vorsitzenden des Ministerrats der DDR, Wolfgang Rauchfuß, hielt die Festrede, in der es unter Bezugnahme auf die Bundesrepublik Deutschland und Westberlin unter anderem hieß:

»Während der Außenhandelsumsatz der DDR mit den meisten kapitalistischen Industrieländern im Jahre 1967 gegenüber dem Vorjahr beträchtlich gewachsen ist, verringerte er sich zwischen den beiden deutschen Staaten um sieben Prozent. Diese Entwicklung zeigt, daß das Fehlen normaler Beziehungen zwischen den beiden deutschen Staaten und das Verharren der Bonner Regierung auf der Alleinvertretungsanmaßung der westdeutschen Wirtschaft selbst zum Schaden gereicht.
Die Regierung der DDR hat mit dem Vorschlag auf Abschluß eines Vertrages über die Herstellung und Pflege normaler Beziehungen zwischen den beiden deutschen Staaten, dem Angebot eines Vertrages über Ge-

waltverzicht und den weiteren Vorschlägen zur Regelung der Handelsfragen ihre Bereitschaft erklärt und die Lösungswege gezeigt, wie sich auch die Wirtschaftsbeziehungen zwischen den beiden deutschen Staaten positiv entwickeln könnten.
Die bisherige Ablehnung dieser konstruktiven und vernünftigen Vorschläge der DDR durch die Bonner Regierung zeigt jedoch, daß sie die Behinderung des Handels nach wie vor als Bestandteil ihrer gegen die DDR gerichteten Politik betrachtet. Daran ändert auch nichts, daß sie inzwischen einige von ihr selbst geschaffene Hemmnisse beseitigt hat.
Was den Handel mit der selbständigen politischen Einheit West-Berlin betrifft, so bestätigt sich ständig aufs neue, daß sich der Senat mit seiner Politik nicht von den Interessen der Wirtschaft und der Bürger West-Berlins leiten läßt, sondern sich völlig der Bonner Politik unterordnet. Notwendig ist jedoch statt dessen, daß der Senat von West-Berlin seine destruktive Haltung aufgibt und auf die Vorschläge der Regierung der DDR zur Normalisierung der staatlichen Beziehungen positiv reagiert.«

Das Gespräch mit dem stellvertretenden Minister für Außenwirtschaft, Berendt, war von Herrn Pollak, dem Leiter der Treuhandstelle für innerdeutsche Wirtschaftsbeziehungen in Berlin, der sich sehr um uns bemühte, vermittelt worden. Herr Berendt hatte uns schon am Samstagnachmittag im Hotel »Stadt Leipzig« begrüßt. Er ließ uns später durch den Generaldirektor Haubold (seinen Stellvertreter, mit dem wir auch ein längeres Privatgespräch führen konnten) mitteilen, daß es sein Wunsch sei, zunächst mit mir allein zu sprechen. Nachdem Rudi Arndt einverstanden war, bin ich dieser Einladung gefolgt und habe Herrn Berendt gebeten, nach mir auch den Hessischen Wirtschaftsminister Rudi Arndt zu einem besonderen Gespräch gleichfalls unter vier Augen zu empfangen, um das Gleichgewicht wiederherzustellen. Berendt ist diesem Ersuchen nachgekommen.
Es war bemerkenswert, daß B. in der Unterredung immer darauf abgehoben hat, daß ich als Mitglied des Präsidiums der SPD ein wichtiger Gesprächspartner sei. Er erklärte einleitend, daß er sich vorher von Ministerpräsident Stoph zu der Zusammenkunft und dem Vorzutragenden habe autorisieren lassen. Ich stellte fest, daß ich privat und in keinerlei Auftrag die Leipziger Messe besuchen würde. Mir sei aber an dieser Zusammenkunft gelegen, um seinen Eindruck über den innerdeutschen Handel, die Schwierigkeiten und weiteren Möglichkeiten kennenzuler-

nen. Es sei selbstverständlich, daß ich darüber dem Bundeswirtschaftsministerium berichten würde.
Herr Berendt trug dann die nachfolgenden vier Punkte vor, und zwar nicht zusammenhängend, sondern immer so, daß ich die Möglichkeit der Beteiligung, der Ergänzung oder der Klarstellung hatte.

1. Treibstoffbezüge aus der DDR
B. hob hervor, daß durch die Beseitigung der Binnenzölle im Rahmen des EWG-Vertrages eine entsprechende Senkung des Aufkommens aus den Zöllen bei Mineralöleinfuhren entstanden sei und daher »zum Ausgleich für den Haushalt« eine Erhöhung der Mineralölsteuer vorgenommen worden wäre.
(Anmerkung: Diese Änderung des Mineralölsteuergesetzes ist am 30. Dezember 1963 im Bundesgesetzblatt veröffentlicht worden.)
Es handelte sich unzweifelhaft um eine fiskalische Steuer. Im August 1960 wurden neue Warenlisten zum Interzonenhandelsabkommen und dabei neue Bezugswertgrenzen für Dieselkraftstoff vereinbart. Nach der Änderung des Mineralölsteuergesetzes gab es dann keine Verträge westdeutscher Bezugsfirmen mit der DDR zu den alten Preisbedingungen (also ohne Zollaufschlag), sondern der Marktpreis wurde Bezugspreis (also einschließlich Aufschlag der erhöhten Mineralölsteuer).
(Anmerkung: Die westdeutschen Firmen erhielten für die Zeit der Umstellung bis 1969 Beihilfen.)
1964 erhielt die DDR einen Ausgleich von 75 Millionen DM über das Interzonenhandelskonto, errechnet auf die Bezüge von 582000 t Treibstoff mit 129 DM/t.
Es sind dann der DDR für 1965 bis 1967 degressive Ausgleichszahlungen über insgesamt 100 Millionen DM angeboten worden. Das Angebot war Teil eines Verhandlungspaketes, das an der Unterschriftsfrage gescheitert ist. Die DDR forderte für die 1965 und 1966 gelieferten 1515000 t : 129 DM/t = 195 Millionen DM. Da von der Bundesrepublik Deutschland keine Ausgleichszahlung geleistet wurde, hat die DDR ab 1. Januar 1967 ihre Treibstofflieferungen eingestellt, wodurch eine höhere Verschuldung der DDR bzw. eine entsprechende Minderung der Liefermöglichkeiten aus der Bundesrepublik eingetreten ist.
(Anmerkung: Es sei darauf hingewiesen, daß der Bundeswirtschaftsminister im Jahre 1967 im Kabinett mehrere Versuche zur Lösung dieser Frage unternommen hat. Dabei war wohl der wichtigste, eine Änderung

des Mineralölsteuergesetzes zugunsten der Treibstoffbezüge aus der DDR (Steuerermäßigung um 129 DM) zu erreichen.
B. erklärte mir, daß das Außenwirtschaftsministerium die 195 Millionen DM voll in Anspruch nehmen müsse und Entsprechendes veranlasse. Er sehe insoweit eine Möglichkeit zur Verständigung, als es ihnen nicht darauf ankomme, Barleistungen zu erhalten, sondern das Konto der gegenwärtigen Swing-Verschuldung mit 190 Millionen Verrechnungseinheiten zu bereinigen; hier müsse man aufrechnen.
Mit einiger Phantasie konnte man sich vorstellen, daß die DDR im Rahmen eines solchen Ausgleichs bereit sein würde, langfristige Lieferungen mit Kreditierung und Verrechnung unterzubringen, wobei meine Frage, auf welchem Gebiet, für mich überraschend mit »in der Hauptsache Chemie« beantwortet wurde.

2. Langfristigkeit
Der Hinweis, die Beziehungen innerdeutscher Handel durch langfristige Elemente zu verstärken, wurde sehr nachdrücklich vorgetragen und mit Beispielen ergänzt.

3. Erhöhung des Swing-Betrages
Daß die bisher getrennten zwei Swing-Beträge von je 100 Millionen Verrechnungseinheiten zu einem Gesamt-Swing zusammengefaßt worden sind und damit der technische Verrechnungskredit durch die Zusammenlegung von Unterkonten vereinfacht wurde, erkannte B. ausdrücklich an. Die Vorstellung ging dahin, eine Erhöhung des Swing-Betrages auf mindestens 10 % des Umsatzes aus Lieferungen und Bezügen zu erreichen.

1967: Lieferungen 1490 Millionen (minus 11 %)
1967: Bezüge 1255 Millionen (minus 5 %)
1967: zusammen 2745 Millionen (minus 8 %).

4. Neuregelung der Ausschreibungs- und Genehmigungsbedingungen mit ebenfalls neuen Wertbegrenzungen
Auch dieses Vorhaben hielt B. für einen wichtigen Punkt. Dabei sind für das Jahr 1967 noch einmal folgende, vom Bundeswirtschaftsminister erreichte Verbesserungen festzuhalten:

3. 3. 1967 Bundesgarantie für langfristige Investitionsgüterlieferungen mit einem Gesamtplafond von zur Zeit 650 Millionen;

22. 5. 1967 Gründung der Gesellschaft zur Finanzierung von Industrieanlagen (Gefi) mit zwei Plafonds über je 150 Millionen;

9. 8. 1967 die Treuhandstelle für den Interzonenhandel konnte neue Vereinbarungen mit erheblichen Verbesserungen abschließen;

22. 8. 1967 Beseitigung der Widerrufsklausel; ab

1. 9. 1967 günstige Sonderregelungen zum Mehrwertsteuergesetz, die den innerdeutschen Handel erleichtern, wobei B. darauf hingewiesen hat, daß für sie störend wäre, daß sie weder gesetzlich geregelt noch durch eine Vereinbarung mit der DDR planiert seien, sondern aufgrund einer Verordnung des Bundesfinanzministers erfolgten, die dieser jederzeit ändern könne. Das Unsicherheitselement dürfe daher von uns nicht unterschätzt werden;

28.12. 1967 neue verbesserte Ausschreibungen für Warenbezüge.

B. hatte darum gebeten, in dem Gespräch mit ihm nur Fragen, die seine Zuständigkeit berührten, zu behandeln und alles andere, zum Beispiel Bundespost und Bundesbahn, auszuklammern. Er bedauerte dabei, daß ich Montagvormittag zurück müsse, weil er mir sonst auch Gesprächspartner für die anderen Gebiete hätte vermitteln können.
Ich erwiderte, dieser erste Besuch sei als ein Erkundungsbesuch anzusehen, der mit Absicht kurzgehalten würde, zumal ich ab Montag an der Berlin-Woche des Deutschen Bundestages teilnehmen müsse. Trotz dieser Tatsache bin ich auf dem Rückflug und bei der Abfertigung ausgesprochen aufmerksam behandelt worden.
B. äußerte noch den Wunsch, daß in Zukunft Besprechungen und Verhandlungen nicht durch vorzeitige Veröffentlichungen erschwert würden. Solche Berichte würden an anderen Stellen vermerkt, und Eingriffe seien manchmal zu seinem eigenen Bedauern dann nicht vermeidbar.
B. fragte mich weiter, ob ich eine Möglichkeit sähe, daß er die Stellungnahme zu den vier Punkten durch mich oder durch den Parlamentarischen Staatssekretär Klaus Dieter Arndt erfahren könne. Er werde mit Generaldirektor Haubold (allerdings nicht in den ersten Tagen) zur Messe nach Hannover kommen und dort zu Gesprächen mit dem in Hannover anwesenden Parlamentarischen Staatssekretär Klaus Dieter Arndt zur Verfügung stehen.

Dieser Erkundungsbesuch hat sich als nützlich erwiesen. Für manchen Standpunkt, den Herr Berendt vertreten hatte, mußte man ein gewisses Verständnis haben. Auf der anderen Seite war es leider richtig, daß die inzwischen von uns veranlaßten Verbesserungen von der DDR als »Beseitigung der von uns selbst geschaffenen Hemmnisse« abgewertet wurden. Ich hatte mich bemüht, in den Gesprächen nachzuweisen, daß diese sogenannten »Nachleistungen« ohne die Bemühungen dieser Bundesregierung nicht eingetreten wären. Wir würden uns trotz aller Widerstände, ganz gleich wo, gemäß der Regierungserklärung vom 13. Dezember 1966 um die Ausweitung des innerdeutschen Handels mit allen Kräften bemühen. Dabei würde es von uns begrüßt werden, wenn man sich auch endlich auf seiten der DDR entschließen könnte, das Schreiben des Bundesverkehrsministers vom 17. November 1967 an den DDR-Verkehrsminister, Herrn Kramer, und das Schreiben des Bundespostministers vom 18. November 1967 an den DDR-Postminister, Herrn Schulze, zu beantworten.
Das Zentralorgan der SPD »Vorwärts« berichtete über die Berlin-Sitzung der Sozialdemokratischen Bundestagsfraktion unter anderem:

»Über sechs Stunden hat die letzte Fraktionssitzung der Sozialdemokraten in Anspruch genommen. Die 217 Abgeordneten hatten ein ungewöhnliches Arbeitspensum zu bewältigen; es reichte von der Vorbereitung der Debatten über den ›Grünen Bericht‹ und die ›Lage der Nation‹ bis zu einer Großen Anfrage zur Gesundheitspolitik; von einem Bericht Alex Möllers über seinen Leipziger Messe-Besuch bis zu den Informationen Helmut Schmidts über die jüngsten Koalitionsgespräche.
Weil es um die Sache (um die Ausweitung des innerdeutschen Handels) geht, hatte Alex Möller darauf verzichtet, nach seiner Rückkehr aus Leipzig Interviews zu geben oder Artikel zu schreiben. Er hat aber, wie er vor der Fraktion betonte, sofort die zuständigen Minister über alle Einzelheiten seiner Gespräche informiert. Auch die Fraktion erhielt von ihm einen sehr eindrucksvollen Bericht. Möllers zurückhaltende Informationspolitik in der ebenso wichtigen wie diffizilen Frage des innerdeutschen Handelsverkehrs wurde von der Fraktion mit Beifall akzeptiert. Jedermann im Saale erkannte, daß in diesem speziellen Falle weniger wirklich mehr ist.«

In Heft 4 »Deutschland Archiv«, Zeitschrift für Fragen der DDR und der Deutschlandpolitik (Juli 1968), habe ich »Wirtschaftspolitische

Aspekte des Interzonenhandels« dargestellt und am Schluß ausgeführt:

»Allerdings sollte man sich bei den von uns veranlaßten Maßnahmen nicht der Hoffnung hingeben, hiermit sei von unserer Seite alles getan, um den Interzonenhandel wieder ansteigen zu lassen. Die Erleichterung des Ausschreibungsverfahrens wirkt sich leider nicht für Bezüge aus. Wünschenswert wäre meines Erachtens, der DDR einen Kreditspielraum zur Verfügung zu stellen, der der jetzigen Lage gerecht wird. Das derzeitige Volumen von 200 Millionen DM ist in einer Zeit festgesetzt worden, als der Interzonenhandel noch wesentlich geringer war als heute. Es dürfte sicherlich eine Aufstockung auf etwa 300 Millionen DM zu empfehlen sein.

Eine wachsende Verschuldung der DDR gegenüber der Bundesrepublik ist nicht das richtige Rezept zur Verstärkung des innerdeutschen Handels, was das Bundeswirtschaftsministerium wohl ähnlich wertet. Über Jahre hinweg läßt sich eine solche Politik nicht fortsetzen. Vielmehr muß versucht werden, das Ungleichgewicht im Warenaustausch durch eine Erhöhung der Bezüge aus der DDR zu beseitigen. Dazu können beide Seiten beitragen. Der nachfragebedingte Rückgang der Bezüge von Braunkohlenbriketts* und die Einstellung der Mineralöllieferungen** durch die DDR seit 1967 haben die Möglichkeit eines ausgeglichenen Warenaustausches stark reduziert. Landwirtschaftliche Erzeugnisse – insbesondere für Berlin – konnten dafür in den letzten Jahren nur einen teilweisen Ausgleich schaffen.*** Eine stärkere Versorgung West-Berlins mit leichtverderblichen Nahrungsmitteln wäre ein Weg, um der DDR größere Liefermöglichkeiten einzuräumen. Vielleicht lassen sich auch die Mineralölbezüge in Zukunft wieder aufnehmen. Es sollte außerdem versucht werden, die Lieferungen von industriellen Konsumgütern einschließlich Textilien, Glas- und Keramikwaren weiter zu erhö-

---

* Der Anteil der Braunkohlenbriketts an den gesamten Bezügen der Bundesrepublik aus der DDR erreichte 1962 mit 24 Prozent seinen Höhepunkt, sank dann aber von Jahr zu Jahr ab bis auf 8 Prozent im Jahr 1967.

** Ab 1. Januar 1967 wurden die Mineralöllieferungen von der DDR wegen von der Bundesrepublik abgelehnter Ausgleichszahlungen eingestellt. Im Jahr 1962 belief sich der Anteil dieser Lieferungen am Gesamtvolumen der DDR-Lieferungen in die Bundesrepublik auf 19 Prozent.

*** Hatte sich der Anteil landwirtschaftlicher Erzeugnisse an den gesamten Bezügen aus der DDR 1960 auf 13 Prozent und 1962 auf 12 Prozent belaufen, so erreichte er 1966 27 Prozent und 1967 sogar 30 Prozent.

hen. Hierbei muß aber die Initiative von der DDR ausgehen. Für Marktforschung, Werbung und Kundendienst ist mehr als bisher zu tun. Dann bedürfen Qualität der Erzeugnisse und Liefermöglichkeiten einer weiteren Verbesserung, damit Vorurteile gegen DDR-Produkte abgebaut werden. Beachtliche Deviseneinnahmen wären gewiß durch Öffnung der DDR für den Fremdenverkehr zu erzielen.
Nach Befragen des Deutschen Reisebüros (DER) würden etwa 8 Millionen Bundesbürger eine Reise in den anderen Teil Deutschlands unternehmen, wenn hierzu die Möglichkeit bestünde. Ost-Berlin sollte schon aus wirtschaftlichen Gründen in Erwägung ziehen, den Westberlinern wieder den Zugang zur DDR zu eröffnen.«

Eine neue Umsatzsteuer

Einer der brillanten Fachleute aus dem Bundesfinanzministerium, August Schlienkamp, schrieb zur Einführung der Mehrwertsteuer in der Beilage 5/1967 des »Betriebs-Beraters«:

»Der Deutsche Bundestag hat am 26. April 1967 ein neues Umsatzsteuergesetz verabschiedet, das in Kürze verkündet wird. Es tritt am 1. Januar 1968 in Kraft und löst dann die bisherige Bruttoumsatzsteuer, die wegen ihrer Mängel nicht mehr den wirtschaftlichen Erfordernissen entspricht, nach mehr als fünfzigjährigem Bestehen durch ein neues wettbewerbsneutrales Umsatzsteuersystem mit Vorsteuerabzug (Mehrwertsteuer) ab.
Die Notwendigkeit des Übergangs zu einem wettbewerbsneutralen Umsatzsteuersystem wurde durch das Urteil des Bundesverfassungsgerichts vom 20. Dezember 1966 unterstrichen. Es entschied zwar, daß der Mangel an Wettbewerbsneutralität des geltenden Umsatzsteuersystems – soweit es sich um einstufige und mehrstufige Unternehmen handelt – bis zum Abschluß der bevorstehenden Umsatzsteuerreform hingenommen werden müsse. Dabei ist das Gericht jedoch davon ausgegangen, daß der Gesetzgeber die begonnene Reform in angemessener Zeit abschließen werde.
Schließlich entspricht das neue Umsatzsteuersystem den Richtlinien zur Harmonisierung der Umsatzsteuer in der EWG. Nach diesen Richtlinien müssen die Mitgliedstaaten ihre derzeitigen Umsatzsteuersysteme spä-

testens bis zum 1. Januar 1970 durch ein gemeinsames Mehrwertsteuersystem ersetzen, wobei allerdings den einzelnen Staaten zur Erleichterung des Übergangs noch ein gewisser Spielraum für nationale Sonderregelungen verbleiben soll.«

Zum Urteil des Bundesverfassungsgerichts ist zu bemerken, daß der Leidensweg der Abgeordneten zur Erkürung eines neuen Umsatzsteuersystems schon mit der Einbringung des Mehrwertsteuergesetzentwurfs der Bundesregierung vom 30. Oktober 1963 begonnen hatte. Ende November 1965 wurde im neu gewählten Deutschen Bundestag dieser Gesetzentwurf als Initiativantrag der damaligen Koalition wieder eingebracht. Dabei ging man davon aus, daß sich die Beratungen im Finanzausschuß auf die bereits schon erarbeiteten Ergebnisse stützen konnten. Das sah so aus, als wenn es richtig wäre. In Wirklichkeit muß man aus verschiedenen Gründen immer neu beginnen. Deshalb wurde auch in diesem Fall der alte Regierungsentwurf der Behandlung zugrunde gelegt, obwohl er schon mancher Änderung erlegen war. Man sollte bei komplizierten Reformwerken lieber noch einmal bei der Bundesregierung anfangen, die ihr Gesetz mit den Stellungnahmen des Bundesrates und den Ergebnissen der systematischen Befragung der interessierten Verbände vorlegt. Ein solches Vorgehen hat viele Vorteile und bietet eine relativ sichere Ausgangsbasis.
Nach den Richtlinien zur Harmonisierung der Umsatzsteuer in der EWG mußte das bis zum 1. Januar 1970 erreicht sein, was von August Schlienkamp in verständlicher Kurzfassung dargestellt worden ist. Aber inzwischen sind wir sicher zu der Erkenntnis gekommen, daß man in Brüssel die Richtlinien erfindet und daß man sie in Bonn nur ausführt. Um 1970 herum ist Brüssel auf den Gedanken gekommen, zunächst einmal in Gutachten untersuchen zu lassen, was alles zu tun ist, um ein wettbewerbsneutrales Steuersystem auf einen vertretbaren Nenner zu bringen. Das soll uns nicht hindern, weiter überall durch einen Fleiß aufzufallen, den manche als lästig empfinden.
Jedenfalls: Wir schafften es 1967 an meinem Geburtstag. Der allgemeine Steuersatz wurde auf zehn Prozent festgesetzt. Die Mehrwertsteuer besitzt innerhalb des jeweiligen Gewerbezweiges die völlige Wettbewerbsneutralität. Sie bleibt bei dem Unternehmer ein durchlaufender Posten, der sich erst beim Verkauf an den letzten Verbraucher niederschlägt, was bei der Bruttoumsatzsteuer nicht der Fall war und als

echter Nachteil gewertet werden mußte. Jetzt kann der Unternehmer die Steuer auf der Rechnung seiner Lieferanten von seiner Steuerschuld sofort absetzen. Ein Steuersatz von fünf Prozent wurde für die Landwirtschaft, für Lebensmittel (ausgenommen einige Luxusartikel) sowie für Milch und Wasser, für die Umsätze der Freien Berufe, für Rundfunk, Fernsehen, Zeitungen, Zeitschriften, Illustrierte, für Zirkusunternehmen, Schausteller sowie für Schwimm- und Heilbäder und für Personenbeförderungsunternehmen im Nahverkehr festgesetzt. Das Gesetz enthält einen ganzen Katalog von Steuerbefreiungen. Übergangsregelungen sollen unerwähnt bleiben; sie waren aber zum Teil bis zur letzten Stunde umstritten, zum Beispiel die Behandlung der Altvorräte.
In meiner bisherigen parlamentarischen Arbeit hatte ich noch nie so viele Einzelkämpfer für lobbyistische Interessen im Plenum des Deutschen Bundestages erlebt. Dabei erkannte man auch Geheimbünde. Bis auf wenige Ausnahmen befaßten sich die Regierungsmitglieder nicht mit der notwendigen Abwehr. Dafür gingen die Abgeordneten des Finanzausschusses – nach Absprachen unter sich – auf die Barrikaden. Mit großem Erfolg verhinderten sie eine fleckige Palette von Unvertretbarem.
Wir hatten mit der Mehrwertsteuer eine wichtige Maßnahme vollzogen, um eine immer bedrohlicher werdende Wettbewerbsverzerrung im Inland und im grenzüberschreitenden Warenverkehr endgültig zu beseitigen. Ich war mir darüber klar, daß insbesondere im Dienstleistungsbereich einige Schwierigkeiten auftreten würden, aber bei der Anlage der neuen Steuer konnte im Jahre 1968 kein höheres Umsatzsteuerergebnis herauskommen als nach dem alten System. Wenn man die Anfangsschwierigkeiten überwunden hatte und eine sorgfältige Überwachung der Preisentwicklung erfolgen würde, müßte überall zu erkennen sein, daß diese Neuordnung im gesamtwirtschaftlichen Interesse notwendig war. Die Bundesregierung hatte eine Aufklärungsschrift über die Finanzämter zur Verfügung gestellt, um früh genug die notwendigen sachdienlichen, amtlichen Auskünfte zu erteilen. Außerdem wurde dem von den deutschen Gewerkschaften vorgetragenen Wunsch entsprochen und über sie in ausreichender Auflage eine Aufklärungsfibel zur Mehrwertsteuer verteilt, die es gestattete, genau zu kontrollieren, ob eine Preiserhöhung berechtigt ist oder nicht.
Die bösen Voraussagen über die anrollende Preislawine traten nicht ein. Der Übergang vollzog sich in einem hierfür günstigen Konjunkturab-

schnitt. Dasselbe gilt für die kürzlich vollzogene bescheidene Erhöhung der Mehrwertsteuer.
Die Anlage 7 gibt eine Übersicht der Umsatzsteuersätze 1978 in anderen Ländern.

Für Notzeiten der Demokratie

Bundesinnenminister Schröder hatte am 30. Oktober 1958 erstmals in der Öffentlichkeit auf die Notwendigkeit einer Ergänzung des Grundgesetzes für den Notstandsfall des demokratischen Staates hingewiesen und noch im gleichen Jahr einen ersten, zehn Artikel umfassenden Gesetzentwurf vorgelegt.
Am 27. Juni 1968 konnte ein solches Gesetz zur Ergänzung des Grundgesetzes im Bundesgesetzblatt verkündet werden. Die damit im Zusammenhang stehenden und mit einfacher Mehrheit zu verabschiedenden Gesetze hatten ebenfalls die parlamentarische Hürde genommen. Ein zehnjähriges Ringen war erforderlich gewesen, um von verschiedenen Ausgangspositionen und mit veränderbaren Zielsetzungen eine verfassungsgesetzliche Vorsorge für Notzeiten der Demokratie zu erreichen. Dabei hatte es weitgehende Meinungsverschiedenheiten innerhalb der jeweiligen Regierungen und der jeweiligen Koalitionen, des Parlaments gegenüber der Bundesregierung, innerhalb der Fraktionen, der Parteien, der Gewerkschaften, sonstiger Berufsverbände, der Medien und der politisch interessierten Gruppen gegeben. Besonders engagiert hatten sich Schriftsteller, Verleger, Professoren, Publizisten, Künstler und Studenten. Vorlesungsstreiks, Flugblattaktionen, »Teach-ins«, öffentliche, aber völlig einseitige »Diskussionen« und Demonstrationen, bei denen vollreife Tomaten einen beliebten Schlußpunkt abgaben, waren zum Beispiel Kampfmittel von Studenten.
Gerade beim Endspurt der Notstandsgesetzgebung waren die Gegner in radikalen und »revolutionären« Aktionen finster entschlossen, mit Übertreibungen und Unwahrheiten die Stimmung der durchaus verschieden motivierten Gruppen anzuheizen. Hierzu sagte Helmut Schmidt in der Sitzung des Deutschen Bundestages am 30. Mai 1968:

»Wie sehr schon durch die Übertreibungen in der öffentlichen Notstandsdiskussion mancher ins Schwimmen geraten ist, der die Spielre-

geln der Demokratie zu verlassen anderen erlaubt, das spürt heute auch hier oder da ein Arbeiterführer oder hier oder da ein bedeutender Journalist, der von seinem eigenen Publikum ausgepfiffen wird, den man nicht zu Ende sprechen läßt, weil es Leute gibt, die statt geistigen Ringens nur die Bestätigung ihrer eigenen Vorurteile hören wollen und die, als ob es sich um Totalitäre handelte, eine Diskussion abbrechen, wenn der andere etwas sagt, was ihnen nicht gefällt.
Vor mir liegt das vielen Menschen draußen im Lande bekannte Extrablatt eines Herrn Schauer, der als Sekretär jenes durch keinen Wähler legitimierten Kuratoriums auftritt. Unter der Balkenüberschrift »Was sie in Wahrheit beschlossen haben« wird dort zum Beispiel das Märchen verkündet, in Zukunft könnten Streiks durch Zwangsverpflichtung unterlaufen werden.
Wir wissen hier alle, daß das Gegenteil wahr ist – der Mann weiß das auch!
Ich wiederhole: Dienstverpflichtungen werden in Artikel 12a des Grundgesetzes geregelt; und im Artikel 9 Absatz 3 heißt es: ›Maßnahmen nach dem Artikel 12a dürfen sich nicht gegen Arbeitskämpfe richten.‹ Herr Schauer spricht die Unwahrheit, und er weiß es. Er behauptet zum Beispiel auch: ›Die stärkste Waffe zum Schutz der Demokratie, der politische Streik, wird den Arbeitnehmern aus der Hand geschlagen.‹ Herr Schauer verkehrt die Wahrheit in ihr Gegenteil. Wir wissen, daß Artikel 20 Absatz 4 in Zukunft erstmalig und ausdrücklich allen Deutschen das Recht zum Widerstand gegen jeden bescheinigt, der es unternimmt, die verfassungsmäßige Ordnung zu beseitigen, wenn andere Abhilfe nicht möglich ist. Hier wird zum ersten Mal seit Beginn der Bundesrepublik Deutschland die letzte und die stärkste Waffe zum Schutz der Demokratie für jedermann, einzeln oder gemeinschaftlich, ausdrücklich zur Verfügung gestellt, und zwar keineswegs etwa bloß für einen vom Bundestag erklärten Notstandsfall.
Man kann die Reihe der Unwahrheiten aus diesen Extrablättern noch erheblich verlängern. Ich will darauf verzichten, denn im Grunde vertraue ich auf die nüchterne Urteilskraft der großen, der überwältigenden Masse der Arbeitnehmer draußen im Lande, die weder der Christlich Demokratischen Union noch der FDP, noch der SPD, noch dieser Bundesregierung solche Beschlüsse zutrauen, wie sie als hier angeblich gefaßt in Hunderttausenden von Exemplaren in vergiftender Weise in Deutschland verbreitet werden.«

In derselben Sitzung wies Helmut Schmidt darauf hin, daß die Bundestagsabgeordneten im Laufe der letzten anderthalb Jahre in Ausschußsitzungen, in Arbeitskreisen, in Fraktionsberatungen, in öffentlichen Anhörungsverfahren und in Diskussionen draußen im Lande »mehrere Hundert von Arbeitsstunden hoher geistiger Anstrengung« für dieses Thema aufgebracht hätten.
Wörtlich erklärte Helmut Schmidt:

»Ich darf dazu noch drei Zahlen nennen: Seit Beginn des Jahres hat allein das Plenum der Sozialdemokratischen Bundestagsfraktion fast 50 Stunden lang diese Vorlage behandelt – allein das Plenum der Fraktion. Und in der Fraktionssitzung vor der Zweiten Lesung – in einer einzigen Fraktionssitzung bis spät in die Nacht – haben 184 Abgeordnete nacheinander zu verschiedenen Problemen das Wort ergriffen, und zwölfmal hat diese Fraktion in jener Sitzung durch Abstimmung ihre eigene Meinung geklärt. Und manch einer wird sich auch schämen müssen, der draußen den Eindruck erweckt, als ob hier wer überfahren worden sei.
Kein Abgeordneter darf sich unter Druck setzen lassen, weder unter den angeblichen Druck seiner Fraktionsführung noch unter den tatsächlichen und teilweise in den letzten Tagen weiß Gott bösen Druck draußen, zu Hause, wo er oder seine Ehefrau oder wo seine Familie wohnt.«

Diese letzten Debatten im Deutschen Bundestag waren erklärlicherweise durch die Osterunruhen, die zu einer Sondersitzung geführt hatten, beeinflußt. Innenminister Ernst Benda legte bei dieser Gelegenheit eine erschütternde Bilanz der Demonstrationen und Gewalttätigkeiten der Ostertage vor, wobei er zu Recht ein Verbot des SDS (Sozialistischer Deutscher Studentenbund) ablehnte. Benda versuchte klarzustellen, daß es nicht um eine Ordnung der Frage im polizeilichen Sinne, sondern um die verfassungsmäßige Ordnung gehe. Die Mittel des Rechts, mit denen der Gewalt entgegengetreten werde, seien keine befriedigende Antwort auf die Unruhe der jungen Generation, auf einen Vorgang, der sich in gleicher oder ähnlicher Form weltweit vollziehe (Chronik Seite 138f.). Hinzu kamen noch Besorgnisse über die NPD und ihre Entwicklung bis zu den Bundestagswahlen.
Für die Zweite Lesung war es den Koalitionsfraktionen nach der zwischen ihnen erzielten Einigung gelungen zu vereinbaren, Anträge der Freien Demokraten und ihre Forderung, über einzelne Artikel in na-

mentlicher Abstimmung zu entscheiden, nicht zu unterstützen. Dadurch wurde die Zahl von mindestens 50 Abgeordneten nicht erreicht, die nach der Geschäftsordnung für einen Antrag auf Durchführung einer namentlichen Abstimmung erforderlich ist. Außerdem war es unter den SPD-Abgeordneten zu der Vereinbarung gekommen, keine eigenen Anträge mehr zu stellen, weder durch die Fraktion noch durch Gruppen oder einzelne; diejenigen, die ihren Widerstand gegen die Notstandsgesetzgebung nicht aufgeben wollten, sollten ihre Auffassung bei der Abstimmung zu den einzelnen Artikeln erkennbar machen, aber nicht gegen die festgelegte Fraktionsmeinung sprechen. Es gab nur eine Ausnahme: Hans Matthöfer war gegen die Aufnahme des Wortes »Arbeitskämpfe« in Artikel 9 des Grundgesetzes und plädierte für das Wort »Streikrecht«. Einen Antrag stellte er nicht. Martin Hirsch erklärte für die SPD-Fraktion, daß das Streikrecht sogar bis in den Krieg hinein sichergestellt sei. Das gäbe es in keinem anderen Land der Welt. Elf sozialdemokratische Abgeordnete stimmten bei diesem Punkt mit Nein. In der Dritten Lesung äußerte sich der Bundesaußenminister und Vorsitzende der SPD sehr eindrucksvoll über die Notwendigkeit, die Notstandsgesetze in der vorliegenden Fassung zu verabschieden, weil mit dem Inkrafttreten die Vorbehaltsrechte erlöschen würden*, die den Alliierten in einem Notstandsfall einen unbegrenzten Handlungsspielraum einräumen. Die Vorbehaltsrechte würden auch dann nicht wiederaufleben, wenn der deutsche Gesetzgeber später durch eine erneute Grundgesetzänderung die Notstandsverfassung ändere. Willy Brandt wandte sich gegen das Mißtrauen der Gegner und unterstrich mit allem Nach-

---

* Der Wortlaut der Erklärung der Drei Mächte zur Ablösung der alliierten Vorbehaltsrechte vom 27. Mai 1968:
»Die Regierung der Vereinigten Staaten von Amerika hat die Texte des ›Siebzehnten Gesetzes zur Änderung des Grundgesetzes‹, wie es vom Bundestag in Zweiter Lesung angenommen worden ist, und eines ›Gesetzes zur Beschränkung des Brief-, Post- und Fernmeldegeheimnisses‹, wie es vom Rechtsausschuß des Bundestages angenommen worden ist, zur Kenntnis genommen.
Die Regierung der Vereinigten Staaten von Amerika erachtet, in Übereinstimmung mit der Regierung der Französischen Republik und der Regierung des Vereinigten Königreichs von Großbritannien und Nordirland, daß die Texte, auf die in dem vorhergehenden Absatz Bezug genommen wird, den Erfordernissen des Artikels 5, Absatz 2 des Vertrags über die Beziehungen zwischen der Bundesrepublik Deutschland und den Drei Mächten entsprechen. Die von den Drei Mächten bisher innegehabten oder ausgeübten Rechte in bezug auf den Schutz der Sicherheit von in der Bundesrepublik stationierten Streitkräften, die gemäß dieser Bestimmung zeitweilig beibehalten werden, werden dementsprechend erlöschen, sobald der jeweilige Gesetzestext in Kraft tritt.«

druck, daß sich die SPD jedem Versuch eines Mißbrauchs widersetzen werde.
Von der Koalitionsmehrheit wurde der FDP-Antrag abgelehnt, die Mitteilungspflicht bei der Kontrolle des Post- und Fernmeldeverkehrs wieder einzuführen und bei Einsprüchen ordentliche Gerichte einzuschalten. Das gleiche Schicksal war dem Antrag beschieden, durch den die Dienstverpflichtung von Frauen für Sanitätsaufgaben rückgängig gemacht werden sollte. Über die innere Problematik beider Entscheidungen gab es wohl keinen Zweifel.
Sehen wir diese drei Jahreszahlen:
1958: Erste Notstandsvorlage.
1968: Verabschiedung der Notstandsverfassung.
1978: Heute läßt sich sagen, Martin Hirsch hatte recht, wenn er 1968 bei der Verabschiedung der Notstandsgesetze erklärte, das erzielte Ergebnis sei ein »autonomes Werk des Parlaments«, denn die Koalitionsfraktionen hätten sich in wichtigen Bereichen gegen Regierungsauffassungen und die Bürokratie durchgesetzt.

Es war ein langer Marsch von der ersten Vorlage des damaligen Innenministers Schröder im Jahre 1958 bis zu der beschlossenen Fassung am 30. Mai 1968.
Bei den verfassungsändernden Gesetzen stimmten 384 und 20 Berliner Abgeordnete mit Ja, 100 Abgeordnete und 1 Berliner mit Nein, 1 Abgeordneter und 1 Berliner Abgeordneter enthielten sich der Stimme. Bei 496 stimmberechtigten Mitgliedern des Hauses betrug die für eine Verfassungsänderung notwendige Zweidrittelmehrheit 331; sie wurde bei der Abstimmung um 53 Stimmen überschritten. Von den 100 Nein-Stimmen wurden 54 von der SPD, 45 von der FDP und 1 von der CDU (Schulze-Vorberg) abgegeben. Ein Abgeordneter der FDP (Mießner) stimmte mit Ja.
Für Notzeiten der Demokratie war ein Schutzwall für die Bedrohten und die Schwachen, für die Freiheit und das Recht in einem lebensfähig bleibenden demokratischen Staat geschaffen worden. Wir müssen ihn hoffentlich nie in Anspruch nehmen, aber er muß fest und sicher bleiben.

Das außenpolitische Bemühen

In der Regierungserklärung vom 13. Dezember 1966 hieß es:

»Alle unsere Bemühungen um innere Ordnung, wirtschaftliches Wachstum und soziale Gerechtigkeit haben freilich nur Sinn und Verstand, wenn es gelingt, den Frieden und eine freiheitliche Lebensordnung zu bewahren. Darum ist der Wille zum Frieden und zur Verständigung der Völker das erste Grundanliegen der Außenpolitik der Regierung der Großen Koalition.«

Drei große Aufgaben waren gestellt:
1. Die atlantische Allianz zu festigen und zu stärken.
2. Die europäische Einigung voranzutreiben.
3. Eine aktive Friedenspolitik gegenüber Osteuropa zu treiben, verbunden mit dem Bemühen, ein geregeltes Nebeneinander mit dem anderen Teil Deutschlands zu erreichen.

Welche Bilanz konnten wir dazu an der Jahreswende 1968/69 ziehen?

Zum Punkt 1 (die atlantische Allianz festigen und stärken):
Die letzte NATO-Ratssitzung in Brüssel am 16. November 1968 hatte die allgemeine Bereitschaft des Bündnisses gezeigt, die NATO mit neuem Leben zu erfüllen. Kein Partner beabsichtigte, das Bündnis zu verlassen, was nach dem Wortlaut der Verträge möglich gewesen wäre. Es wurde unterstrichen, daß die festgelegte doppelte Zielsetzung der Allianz, die Sicherheit zu schützen und die Entspannung zu fördern, weiterhin verbindlich sei. Die Herbeiführung gesicherter und friedlicher Beziehungen zwischen Ost und West und die Lösung der grundlegenden Fragen, die Ost und West trennen, blieben nach wie vor ein vordringliches Ziel der NATO. Man war sich darüber einig, daß Fortschritte auf den Gebieten der Abrüstung und der Rüstungskontrolle unerläßlich seien, um den Frieden zu erhalten. Die nordatlantische Allianz blieb der Garant der Sicherheit und die wesentliche Grundlage für die europäische Versöhnung.

Zum Punkt 2 (die europäische Einigung vorantreiben):
In ihrem Acht-Punkte-Programm von 1966 hatte die SPD die Überwindung der Stagnation in den europäischen Einigungsbemühungen gefordert. Diese Forderung war aktuell geblieben. Allerdings wurden in der EWG weitere wirtschaftliche Integrationserfolge erzielt. Seit dem 1. Juli

1968 waren die Binnenzölle unter den sechs EWG-Ländern abgeschafft. Ein gemeinsamer Außenzoll war in Kraft getreten. Die Agrarpolitik unterlag einheitlichen Markt- und Finanzierungsregeln. Die EWG hatte die Kennedy-Runde erfolgreich abgeschlossen. Seit ihrer Gründung im Jahre 1958 war die EWG der Wirtschaftsraum mit dem größten Produktions- und Handelswachstum in der Welt geworden.
Trotz dieser wirtschaftlichen Erfolge blieb leider wahr, daß der europäische Kontinent politisch zerrissen und unfähig war, mit einer Stimme in der Weltpolitik zu sprechen. Dem US-Präsidenten Richard Nixon zeigte sich bei seinem Europa-Besuch Ende Februar 1967 immer noch ein außen- und wirtschaftspolitisch uneiniger und zerstrittener Kontinent.
Das Verhalten einiger europäischer Regierungen erinnert manchmal an die rücksichtslose Machtpolitik vergangener Jahrhunderte. Es muß auch auf die Ressentiments im Zusammenhang mit der Währungskrise vom November 1968 hingewiesen werden. In vielen Bereichen der Europapolitik gibt es immer wieder Rückfälle in nationale oder nationalistische Politik; es fehlt der Wille, sich an dem Gemeinsamen zu orientieren. Die wirtschaftliche und politische Einigung aller europäischen Staaten kann aber auf die Dauer nicht blockiert werden. Die ständige Anwendung des Vetos ist eine schlechte Politik. Trotz unterschiedlicher Auffassungen über die Europapolitik und die NATO bildet die Freundschaft und Aussöhnung zwischen dem deutschen und dem französischen Volk die Grundlage jeglicher europäischer Einigungsbemühungen. Dafür traten schon August Bebel und Jean Jaurès vor dem Ersten Weltkrieg ein. Beide Regierungen sind sich darüber einig, daß die EWG nicht aufgelöst werden soll. Eine solche Politik wäre unverantwortlich und in höchstem Maße schädlich für die 180 Millionen Menschen im Gemeinsamen Markt. Um den jahrelangen Stillstand in Europa zu überwinden, müssen allerdings neue Formen der Zusammenarbeit gefunden werden, denn der EWG ist es bisher noch nicht gelungen, die beiden Hauptforderungen zu erfüllen: eine geographische Erweiterung auf die übrigen demokratischen Staaten und eine Ausdehnung der wirtschaftlichen Integration auf die Bereiche einer gemeinsamen Außen-, Verteidigungs- und Kulturpolitik.
Die ausgleichende Politik der neuen Bundesregierung und ihres Außenministers Willy Brandt konnte erreichen, daß ein Zerfall der EWG, der Montanunion, der Europäischen Atomgemeinschaft und der Westeuropäischen Union verhindert wurde. Unser Vorschlag für ein handels-

politisches Arrangement zwischen der EWG und Großbritannien war eine Zwischenlösung bis zum endgültigen Beitritt. Sowohl Paris als auch London konnten diesem Kompromiß zustimmen. Die Sozialdemokraten mußten in der Bundesregierung, im Deutschen Bundestag und in den Europäischen Parlamenten mit aller Energie für die Erweiterung der EWG auf die beitrittswilligen Staaten Großbritannien, Dänemark, Norwegen und Irland eintreten. Die EWG muß von der Zollunion zur Wirtschaftsunion ausgebaut werden. Leider ist festzustellen, daß im Gegensatz zur Agrarpolitik fast alle anderen Bereiche der EWG-Wirtschaftspolitik bisher vernachlässigt worden sind. Die EWG-Agrarpolitik und ihre Finanzierung bedürfen dringend einer Revision. Die mittelfristige Finanzplanung läßt es nicht zu, daß die Bundesrepublik künftig noch höhere Milliardenbeträge für die Landwirtschaften der anderen EWG-Länder zahlt.
Nach wie vor sollte für die Bundesrepublik Deutschland gelten, was die Sozialdemokratische Partei in ihren »Perspektiven im Übergang zu den siebziger Jahren« im März 1968 in Nürnberg erklärt hat:

»In dieser Welt kann ein Europa, das nicht mehr als eine Addition von Nationalstaaten oder Allianzen ist, keine entscheidende Rolle spielen. Heute stoßen Versuche, die in den fünfziger Jahren gegründeten Westeuropäischen Gemeinschaften fortzuentwickeln und auszudehnen, immer wieder auf Schwierigkeiten, da noch vermeintliche nationale Interessen dem wahren Interesse aller europäischen Völker übergeordnet werden. Die Erweiterung der Europäischen Gemeinschaft bleibt auf der Tagesordnung und steht nicht im Gegensatz zu einer Zusammenarbeit zwischen allen europäischen Staaten. Neue Anstrengungen sind erforderlich, um die Zusammenarbeit in Politik, Wirtschaft und Kultur so eng wie möglich werden zu lassen. Es geht darum, Europa als Völkergemeinschaft zu organisieren.«

Zum Punkt 3 (eine aktive Friedenspolitik gegenüber Osteuropa treiben, verbunden mit dem Bemühen, ein geregeltes Nebeneinander mit dem anderen Teil Deutschlands zu erreichen):
Der Bundesrepublik Deutschland war es in den letzten beiden Jahren gelungen, ihre Friedenspolitik gegenüber Osteuropa glaubwürdiger darzustellen, als das vorher der Fall war. Diese Wahrheit mußte man aussprechen, trotz aller Kampagnen aus Ostberlin, Moskau und Warschau gegen diese deutsche Ostpolitik, die natürlich erst in den Anfängen

stand. Wir haben am 31. Januar 1967 diplomatische Beziehungen mit Rumänien aufgenommen, mit Jugoslawien am 31. Januar 1968 wiederaufgenommen und mit der CSSR amtliche Beziehungen hergestellt. Dabei wird niemand in Abrede stellen wollen, daß die deutsche Ostpolitik durch den Einmarsch in die CSSR am 21. August 1968 einen Rückschlag erlitten hatte. Trotzdem konnten wir nicht darauf verzichten, zu einem Ausgleich mit den östlichen Nachbarn zu kommen. Wir waren uns von vornherein darüber im klaren, daß es sich dabei um einen langfristigen Prozeß handeln würde, daß er nur in einer engen Kooperation mit dem Westen möglich sei und daß unsere Sicherheit dabei nicht gefährdet werden dürfe. Unter diesen Voraussetzungen blieb es das Ziel deutscher Ostpolitik, das Mißtrauen gegenüber Deutschland abzubauen. Diese Politik mußte trotz aller Hindernisse und gerade nach den bestürzenden Ereignissen in der CSSR fortgeführt werden. Wir wollten keine Feindschaft gegenüber der Sowjetunion; wir wollten uns mit ihr verständigen. Diese Bereitschaft wurde durch Rückschläge erschwert, aber nicht aufgehoben.

Bundeskanzler Kiesinger erklärte im Herbst 1967 im Deutschen Bundestag:

»Wir anerkennen natürlich, daß sich da drüben etwas gebildet hat, ein Phänomen, mit dem ich in einen Briefwechsel getreten bin.«

Für konkrete Verhandlungen wollte man Beauftragte ernennen. Die Bundesregierung benannte Karl Carstens, Ostberlin paßte. Auf dem Nürnberger Parteitag der SPD hatte der Vorsitzende zum Ausdruck gebracht, daß man alles Erdenkliche tun müsse, um das Nebeneinander und das Miteinander der beiden Teile Deutschlands im Interesse unserer Menschen und des Friedens zu organisieren.

Die SED sprach aber immer noch von der Erringung der Einheit Deutschlands durch den Klassenkampf. Dem war die demokratische Lösung der deutschen Frage entgegenzusetzen. Ich zitiere Herbert Wehner, der erklärt hatte:

»Wir müssen uns stets der Tatsache eingedenk sein, daß es ohne die handlungsfähige Bundesrepublik Deutschland keine gerechte und dauerhafte Lösung der nationalen Frage unseres Volkes gibt. Allein durch sie auch nicht, aber ohne sie überhaupt nicht.«

Eine Bilanzierung läßt eindeutig erkennen, daß durch den Eintritt der

SPD in die Große Koalition und die Übernahme des Bundesaußenministeriums durch Willy Brandt in der deutschen Außenpolitik neue Akzente gesetzt worden sind. Im Ausland wird diese Tatsache anerkannt. Auch bei uns sollten alle diejenigen, die sich bemühen, objektiv zu urteilen, anerkennen: Die Gefahr der Isolierung, in der wir uns 1966 befanden, konnte überwunden werden. Die Sicherheit der Bundesrepublik ist durch die nie ins Zwielicht geratene aktive Friedenspolitik dieser Bundesregierung erhöht worden. Das politische Gewicht und das Ansehen der Bundesrepublik haben zugenommen.
Einige Bemerkungen noch zu der Frage, die damals in der Bundesrepublik diskutiert wurde: die Frage der deutschen Unterschrift zum Atomwaffensperrvertrag.
Für die Bewertung dieses Vertrages hatte der Bundesaußenminister im Namen der Bundesregierung am 27. April 1967 nachstehende vier Kriterien aufgestellt:

1. die ungehinderte Nutzung der Kernenergie zu friedlichen Zwecken;
2. die Gewährleistung der Sicherheit für die Bundesrepublik Deutschland;
3. klare Verbindung zur allgemeinen Abrüstung;
4. keine Beeinträchtigung europäischer Einigungsbestrebungen.

Der NV-Vertrag wollte seiner Zielsetzung nach die Weitergabe von Kernwaffen verhindern, dabei aber die friedliche Nutzung der Kernenergie fördern. Für die nichtnuklearen Staaten entstanden einige Probleme. Hierüber hatten in den letzten beiden Jahren Verhandlungen und Gespräche der interessierten Mächte untereinander und besonders zwischen uns und den Vereinigten Staaten stattgefunden. Von den Vereinigten Staaten waren Interpretationen zum Schutz der friedlichen Nutzung der Kernenergie gegeben worden, um den Bedenken der nichtnuklearen Staaten wegen einer sich möglicherweise aus der Unklarheit der Definition ergebenden Behinderung ihrer friedlichen nuklearen Tätigkeiten entgegenzukommen. Damals wurden noch Gespräche geführt, aber es blieb abzuwarten, ob die friedliche Nutzung im NV-Vertrag soweit geschützt wird, wie es in einem derartigen Vertragstext überhaupt möglich sein kann.
Dabei handelte es sich für uns in damaliger Sicht ganz eindeutig um die entscheidende Frage, zu erkennen und zum Ausdruck zu bringen, daß wir dann von diesem Vertrag zurücktreten müssen, wenn sich nach deut-

scher Unterzeichnung herausstellen sollte, daß sich daraus eine Behinderung der zivilen Forschung und der wirtschaftlichen Nutzung der Kernenergie ergeben würde. Ein anderes Verhalten war für die Bundesrepublik Deutschland unzumutbar.
Was die Frage der Sicherheit anbelangte, so berührte meines Erachtens dieser Vertrag die Bundesrepublik in diesem Punkt nicht. Unsere Sicherheit beruhte auf dem NATO-Bündnis und dem Schutz der Vereinigten Staaten. Durch den Vertrag gab es keine Einschränkung unserer Verteidigungsplanung; die Präsenz der Amerikaner einschließlich ihrer Kernwaffen in Europa war durch ihn nicht berührt.
Wir mußten bei Beginn des Jahres 1969 von folgendem ausgehen:
Der Text des Vertrages war unveränderlich und von fast 90 Nationen unterzeichnet worden. Außer der Bundesrepublik Deutschland hatten alle NATO-Staaten, mit Ausnahme von Frankreich und Portugal, unterzeichnet. Auch unsere vier EURATOM-Partner Italien, die Niederlande, Belgien und Luxemburg waren dem Vertrag beigetreten; das hieß, wir mußten uns darüber im klaren sein, welche Konsequenzen es für uns hatte, wenn dieser Vertrag die deutsche Unterschrift nicht erhielt.
Am 25. und 26. September 1968 gab es nach einer Regierungserklärung, die in erster Linie durch die Besetzung der Tschechoslowakei veranlaßt worden war, eine große außenpolitische Debatte, von der »Die Welt« schrieb, »sie sei von Qualität gewesen, beherrscht von jenem Ernst und jener Abgewogenheit, die unsere Lage verlangt«. Der Abschluß erfolgte durch Annahme eines Entschließungsantrags der Koalitionsfraktionen mit folgenden 15 Punkten:

1. Die Friedenspolitik wird fortgesetzt.
2. Der Deutsche Bundestag verurteilt den Einmarsch in die CSSR als völkerrechtswidrigen Akt.
3. Die haltlosen Beschuldigungen Moskaus gegen Bonn sollen offenkundig von der sowjetischen Aggression ablenken.
4. Die sowjetischen Angriffe richten sich gegen lebenswichtige Positionen der deutschen Politik.
5. Das Selbstbestimmungsrecht der Völker darf durch keine militärische Macht gebeugt werden.
6. Die Bundesregierung als die einzige frei und rechtmäßig gebildete deutsche Regierung spricht auch für jene, denen mitzuwirken bisher

versagt ist. Die Anerkennung des anderen Teils Deutschlands als Ausland oder als zweiter souveräner Staat deutscher Nation kommt nicht in Betracht. (Dieser Punkt wurde von der FDP abgelehnt. Sie erklärte sich gegen das Recht der Bundesregierung, für alle Deutschen zu sprechen. Einem parlamentarischen Brauch entsprechend, konnte sie daher der Entschließung nicht zustimmen.)

7. Der Deutsche Bundestag unterstützt alle Verhandlungen und Maßnahmen der Bundesregierung, die im Interesse des Zusammenhalts der Nation möglich sind.
8. Der Deutsche Bundestag hält am Vier-Mächte-Status für ganz Berlin fest und weist Versuche zurück, das freie Berlin politisch und rechtlich zu isolieren.
9. Der Deutsche Bundestag bekräftigt den Willen zur Aussöhnung mit dem polnischen und dem tschechoslowakischen Volk.
10. Sicherheit und Freiheit der Bundesrepublik beruhen auf der NATO.
11. Der Deutsche Bundestag tritt für internationale Vereinbarungen über gleichwertige Maßnahmen zur Rüstungskontrolle, Rüstungsbegrenzung und Abrüstung ein.
12. Das Grundgesetz verbietet die Störung des friedlichen Zusammenlebens der Völker und den Angriffskrieg.
13. Kein Staat hat das Recht, sich in die inneren Angelegenheiten der Bundesrepublik einzumischen oder gar mit Gewalt zu intervenieren.
14. Die bestehenden europäischen Gemeinschaften müssen ausgebaut und erweitert werden.
15. Nur in enger Zusammenarbeit aller Völker Europas kann eine Ordnung des Friedens geschaffen werden.

Wir leben nicht in einer nach Belieben einzurichtenden kleinen abschließbaren Welt. Politische Ignoranz und Diskriminierungsübungen machen noch schlimmer, was schon schlimm genug ist. Warum versuchen wir es nicht – wenigstens bei uns – mit Einsicht, Umsicht und Weitsicht. Sozusagen in einem Verein auf Gegenseitigkeit. Die richtige Sicht ist wichtig, weil sie Schweres entschweren hilft.

XXIV. KEIN ABONNEMENT AUF MACHT

Ein neuer Bundespräsident

In meiner Bonner Wohnung, die sich durch Gemütlichkeit auszeichnet, habe ich oft und gern Gäste empfangen – zum Frühstück, zum Drink, zum Mittagessen, zum Cocktail, zum Abendessen. Es waren interessante Gesprächspartner aus allen Fraktionen, Journalisten, Rundfunkmanager, Schriftsteller und Künstler, Männer aus Regierungen, ausländische Freunde und recht oft nur zwei, der Besucher und der Gastgeber. Es war immer ein offenes Gespräch möglich. Es gab keine Wanzen. Diskretion war nicht Glücksache, sondern selbstverständlich. Wenn ich berücksichtige, daß in den 17 Jahren dieser Zusammenkünfte nichts das dunkle Licht der zu Häßlichkeiten bereiten Umwelt erblickt hat, so bin ich mit diesem Teil meines Bonner Daseins eigentlich recht zufrieden. Ausgenommen von indiskretem Bekanntwerden sind natürlich vereinbarte Interviews oder Gespräche, die zu Buchbeiträgen führten, wie zum Beispiel Axel Eggebrecht mit »Millionär und Sozialist« für das von Hans Werner Richter 1965 herausgegebene »Plädoyer für eine neue Regierung oder keine Alternative«. Ein paar Sätze aus diesem Beitrag von Axel Eggebrecht, der im F 4, »Hanseat«, auf der Fahrt von Hamburg nach Bonn folgende Fragen – wie er schreibt – provisorisch formulierte:

»Sind Sie ehrgeizig?
Geriet der Generaldirektor nie in Konflikt mit dem Vorderbänkler der SPD? Einer immer noch als rot verfemten Partei? Das sollte zum Persönlichen genügen. Über sein Fachgebiet wird er gewiß von selber sprechen, präparieren wir lieber ein paar Fragen von allgemeiner politischer Bedeutung:
Wie stehen Sie zu einer Reform unseres Wahlrechts?
Weshalb wird so viel Rücksicht auf die Vertriebenen-Verbände genommen?
Wäre es nicht klüger, die KPD wieder zuzulassen?

Was hält Alex Möller von einer entschlossenen Änderung unserer Ostpolitik?
Wie denkt er über de Gaulle?
Wie können wir den, nach Ansicht berufener Kenner katastrophalen Notstand des Bildungswesens überwinden? In Schule, Hochschule und Forschung?
Und was gedenkt der präsumtive Bundesfinanzminister gegen die unaufhörlich zunehmende Verkehrs-Misere zu tun?
Schließlich wüßte ich gern von ihm, der doch ein Sonderfall in der SPD-Prominenz ist: Wird es auch in Zukunft undenkbar bleiben, gelegentlich parteilose Autoritäten ins Kabinett zu holen? Oder gar Mitglieder der Opposition, wie das in den USA mehrfach geschah? Ein Thema aber werde ich wohl kaum anrühren: die Wiedervereinigung. Unter den gegenwärtigen Umständen wäre es geradezu taktlos, da eine offene Antwort zu fordern. Und aufrichtige Auskunft möchte ich bekommen auf meine zehn Fragen, in denen natürlich zwanzig andere stecken.
Bonn kommt in Sicht, die Fahrt verlangsamt sich. Da entdecke ich zuletzt, im Abdruck eines Rundfunkgesprächs, noch einen Satz: ›Ich arbeite ohne Schablone, und wenn ich sagen darf, ich bin sozusagen bokkig.‹
Vortrefflich! Das könnte der Anker sein, den ich in einem mir so völlig unbekannten Gewässer auswerfe.«

Und noch diese Sätze:

»Alex Möller hat sein Bonner pied-à-terre wenige Minuten vom Bundeshaus entfernt. Ein ansehnliches Domizil, solide eingerichtet, alles Moderne ist scheinbar bewußt vermieden. Ich hatte Zeit, mich umzusehen; denn als die süddeutsch-herzliche Hausdame mich hineinführte, diktierte der Vielbeschäftigte seiner Sekretärin gerade den Schluß eines Briefes . . . Es wurde dann keine Minute lang trocken, akademisch, nicht beim Abendessen, nicht bei den badischen Weinen, die der geborene Dortmunder heute als Wachstum seiner neuen Heimat schätzt und pflegt.«

An einem Abend Mitte August 1968 hatte ich den Bundestagsabgeordneten Hans-Dietrich Genscher zu Gast. Wir besprachen bestimmte Bereiche der parlamentarischen Situation. Ich hielt den Kollegen Genscher für einen besonders begabten Sprecher der Opposition, der einen beachtlichen Spürsinn für schwache Stellen in den Konzeptionen der Großen Koalition entwickelte. Es ist manchmal ein Genuß gewesen, ihm zuzuhören, denn es konnte nicht alles lupenrein sein, was dem »Hohen Hause« angeboten wurde.

Nun, an diesem Abend plauderten wir ohne Hemmungen. Auch das Rätsel der bevorstehenden Neuwahl des Bundespräsidenten wurde berührt. Für mich stand fest, daß die SPD einen eigenen Kandidaten aufstellen würde. Ich nannte verschiedene Möglichkeiten und fügte hinzu, daß ich persönlich Gustav Heinemann favorisiere. Aus den objektiven Gesamtüberlegungen gewann ich den Eindruck, daß Hans-Dietrich Genscher eine Heinemann-Kandidatur als eine gute Lösung erschien. Aber in diesem Stadium konnte man nur Möglichkeiten abtasten. Letzten Endes treffen immer die Fraktionen der Bundesversammlung die Entscheidungen. Über die Zusammensetzung dieser Fraktionen und das damit verbundene Risiko wurde schon auf Seite 108 berichtet.

Meiner Meinung nach hatte die SPD zum erstenmal eine echte Chance, zu erreichen, daß ein Sozialdemokrat Bundespräsident würde. Wäre Heinrich Lübke am 1. Juli 1964 nicht zum zweitenmal von der Bundesversammlung für fünf Jahre in das höchste Amt gewählt worden (mit 710 von 1024 Stimmen), so stünde nun ein der CDU angehörender Bundespräsident zur Wiederwahl an, die bestimmt angestrebt würde. Ich hielt es für ausgeschlossen, daß die FDP in ihrer schwierigen Situation gegen einen amtierenden Bundespräsidenten, der wiedergewählt werden wollte, votiert hätte. Da gibt es viele Gründe, nicht zuletzt den: Das wäre die Rache für die »Große Koalition«. Gegen frei schwebende Kandidaten konnte sie abwägen:

1. war er geeignet oder geeigneter als ein anderer und
2. wie würde ihre Entscheidung die Interessenlage der FDP (Existenzfrage, Wahlrecht) positiv beeinflussen?

Der Bundesvorstand der SPD hatte eine Siebener-Kommission (Willy Brandt, Herbert Wehner, Helmut Schmidt, Alfred Nau, Alex Möller, Johannes Rau und Volkmar Gabert) eingesetzt, die in ihrer zweiten und letzten Sitzung am 28. Oktober 1968 in Berlin (also vor dem November-Parteitag der SPD) den Vorschlag über den sozialdemokratischen Kandidaten für die Wahl des Bundespräsidenten beschließen sollte. Vorstand, Parteirat und Kontrollkommission der SPD sind dem Vorschlag gefolgt und haben gemeinsam bei einer Gegenstimme den Bundesjustizminister Dr. Gustav Heinemann als ihren Kandidaten für das Amt des Bundespräsidenten nominiert. Gustav Heinemann hatte Gegner bei der CDU/CSU schon allein wegen seines Ausscheidens als Innenminister aus dem ersten Kabinett Adenauer 1950 wegen der Wiederbewaffnung und eines solchen Angebots des Bundeskanzlers an die USA ohne vorangegangene Kabinettsberatungen. Bei der FDP war zweifellos eine positive Beurteilung vorhanden. Allerdings schien die Kandidatur der Christdemokraten mit Gerhard Schröder das Stimmungsbarometer der Freien Demokraten nicht völlig unbeachtet gelassen zu haben. Die C-Parteien waren immer entschlossen gewesen, unter allen Umständen für den ersten Wahlgang einen eigenen Kandidaten zu benennen. In den Oktobertagen 1968 gab es Verlautbarungen, daß dann, wenn zwischen den Bewerbern der beiden großen Fraktionen um das höchste Staatsamt keine Entscheidung gefallen sei (meines Erachtens nach den ersten beiden Wahlgängen, denn da ist in der Bundesversammlung die absolute Mehrheit erforderlich, während im dritten Wahlgang der gewählt ist, der die meisten Stimmen auf sich vereinigt), die Möglichkeit entstehen könne, daß die CDU bereit sei, »ihren Delegierten die Wahl des sozialdemokratischen Kandidaten zu empfehlen« (»Die Welt«, Nr. 252, 28. Oktober 1968). Allerdings müßte ein anderer Kandidat benannt werden als Gustav Heinemann. Hierzu schreibt die genannte Zeitung:

»Es ist vorläufig ungewiß, ob die Sozialdemokraten Verkehrsminister Georg Leber an Heinemanns Stelle treten lassen. Leber sagte vor zwei Wochen in einem Fernsehinterview: ›Ohne daß ich jetzt für meine Person plädiere, möchte ich meinen, das wäre für den Staat gut, wenn die Arbeiterschaft sähe, daß einer aus ihren Reihen einmal an der Spitze den Staat repräsentieren würde ... Ich würde meinen, ohne daß ich mich jetzt als künftiger Bundespräsident fühle, diese Aufgaben auf meine Art sicher auch bewältigen zu können.‹«

Ich hätte den Erhalt des höchsten Lottogewinns für wahrscheinlicher gehalten als die Realisierung eines die SPD begünstigenden Pakts mit der CDU bei der Wahl des Bundespräsidenten, selbst im dritten Wahlgang.
Dagegen war ich ziemlich sicher, daß es gelingen würde, die FDP für Gustav Heinemann zu gewinnen. Am vorangegangenen Abend (4. März 1969) dauerte ihre Klausurtagung allerdings über sieben Stunden. Da kann man schon nervös werden. Die Würfel waren gefallen, als ich hörte, daß sich 78 der befragten 83 FDP-Wahlmänner verpflichtet hätten, für

Heinemann zu votieren. Zunächst wollten sich 23 FDP-Wahlmänner für Gerhard Schröder entscheiden, zwei waren lustlos. Aber am Schluß gab es noch fünf, die sich nicht überzeugen ließen.

1036 Wahlmänner zählte die Bundesversammlung, 518 Abgeordnete des Deutschen Bundestages und 518 Wahlmänner aus den Ländern. Die CDU/CSU hatte 482 Wahlmänner, die SPD 449, die FDP 83 und (nur aus den Ländern kommend) die NPD 22. Erschienen waren 1023 Wahlmänner.

Um 10.15 Uhr begann der erste Wahlgang. Man wählte in namentlicher Abstimmung. Um 13.00 Uhr wurde das Ergebnis bekanntgegeben. Die Mehrheit der Wahlmänner rechnete trotz aller Abmachungen und Eide mit einem zweiten Wahlgang. Oder sollte die Bundesversammlung nur aus Mitgliedern bestehen, die ohne jede Anfechtung waren? Alles blanke Ehrlichkeit – nicht nur in den Augen? Um eine Nasenspitze wurde das Ziel verpaßt.

Präsident von Hassel: »Meine Damen und Herren! Ich gebe das Ergebnis der ersten Abstimmung bekannt. Insgesamt sind 1021 Stimmen abgegeben worden. Für den Kandidaten Dr. Heinemann sind 514 Stimmen, für den Kandidaten Dr. Schröder 501 Stimmen abgegeben worden. Enthalten haben sich 5 Mitglieder; 3 Stimmen sind ungültig.

Nach Artikel 54 Abs. 6 des Grundgesetzes ist gewählt, wer die Stimmen der Mehrheit der Mitglieder der Bundesversammlung erhält, das heißt, wer mindestens 519 Stimmen auf sich vereinigt. Ich stelle fest, daß keiner der vorgeschlagenen Kandidaten diese Mehrheit erreicht hat.

Nach Artikel 54 Abs. 6 des Grundgesetzes muß nunmehr ein zweiter Wahlgang stattfinden. Auch in diesem zweiten Wahlgang ist nur gewählt, wer mehr als die Hälfte der Stimmen der Mitglieder der Bundesversammlung, das heißt mindestens 519, auf sich vereinigt.«

Trotz allem: Es war wie ein Schlag. Die Sozialdemokraten sahen zornig zu den Freien Demokraten; von da kamen eisige Rückblicke. Die Christdemokraten waren in das Zahlenrätsel vertieft, das auch die 22 NPD-Stimmen erfaßte. Die einzige Frohnatur war Walter Scheel, der mich ernsthaft fragte, wo denn nun eigentlich die Geschlossenheit der SPD wäre? Die Rechnungen, die wir aufmachten, sind nur in einem Punkt richtig gewesen: Es blieben 7 Unbekannte. 443 SPD-Mitglieder der Bundesversammlung, 78 angekündigte Heinemann-FDPler = 521 Stimmen; die erforderliche absolute Mehrheit betrug 519.

Gegen 16.00 Uhr war die Qual des Wartens zu Ende. Komisch, jeder

fühlte sich sicherer. Dann war es kaum zu fassen. Weder Heinemann noch Schröder waren gewählt. Gegenüber dem ersten Wahlgang hatte der SPD-FDP-Kandidat 3 Stimmen weniger, der zweite Bewerber 6 Stimmen mehr, das Verhältnis 511 zu 507, also statt 13 noch 4 Stimmen Vorsprung für Gustav Heinemann. Dieses Ergebnis machte den Fortgang nicht mehr schätzbar. Ich sprach mir selbst Trost zu, indem ich mir klarzumachen versuchte, daß nur die NPD-Kolonne mit ihren 22 Mann (oder waren nur 20 anwesend?) nach Durcheinander trachten könnte. Aber wo waren wie viele hängengeblieben? Draußen in den Vorräumen verkündete der Herr von Thadden großspurig, jetzt sind diese Salondemokraten schon am Boden zerstört.
Wir sorgen für das Erwachen. Wem wir jetzt unsere Stimme geben, der ist der neue Bundespräsident!
Man war beinahe versucht, es zu glauben. In den Hallen draußen sah man ein Hin und Her, ein Auf und Ab. Gewagte Spekulationen, ironische Kommentare und provozierende Rechthaberei beherrschten die Szene. Die Sonne, die diesen in Erinnerung bleibenden Märztag einwärmte, begann uns zu verlassen, als wenn auch bei ihr Redaktionsschluß wäre.
Vor dem dritten Wahlgang soll erwähnt werden, daß die Wahlen ohne Debatte stattfinden. Es hat daher im Plenum niemand die Möglichkeit, durch Beredsamkeit Meinungsänderungen zu erreichen. Diese Tatsache muß bei der Beurteilung der unterschiedlichen Ergebnisse berücksichtigt werden.
Im dritten Wahlgang ist der Kandidat gewählt, der die meisten Stimmen auf sich vereinigt. Besteht Stimmengleichheit, so schließt sich ein weiterer Wahlgang an, der nicht erforderlich wurde.
Gegen 18.30 Uhr erklärte Herr von Hassel, der Präsident der Bundesversammlung:

»Es sind abgegeben 1023 Stimmen. Für den Kandidaten Dr. Heinemann sind 512 Stimmen abgegeben worden, für den Kandidaten Dr. Schröder 506 Stimmen. Es haben sich enthalten 5 Mitglieder, ungültig ist keine Stimme. Nach Artikel 54 Abs. 6 des Grundgesetzes ist im dritten Wahlgang gewählt, wer die meisten Stimmen auf sich vereinigt. Nach dem soeben bekanntgegebenen Ergebnis hat Herr Bundesminister Dr. Heinemann die meisten Stimmen erhalten. Herr Dr. Heinemann ist somit zum dritten Präsidenten der Bundesrepublik Deutschland gewählt.«

Der Gewählte erklärte, daß er die Wahl annehme, und fügte hinzu: »Ich möchte all denen, die mich gewählt haben, für das Vertrauen danken, das Sie mir entgegenbringen. Denen, die eine andere Wahlentscheidung getroffen haben, bekunde ich meinen vollen Respekt. Ich hoffe, daß es auch mit Ihnen zu einer gedeihlichen Zusammenarbeit bei der Gemeinsamkeit der Aufgaben, die uns allen gestellt sind, kommt.
Gerne möchte ich zu diesem bewegenden, auch mich persönlich bewegenden Vorgang noch etliches sagen. Aber das ist jetzt nicht angebracht. Das muß auf den Zeitpunkt zurückgestellt werden, da der Amtswechsel stattfindet. Ich danke Ihnen und grüße alle deutschen Bürger.«

Alle, die den neuen Bundespräsidenten gewählt hatten, begrüßten ihn mit stürmischen Ovationen. Höflichen Beifall spendete der andere Teil der Bundesversammlung.
Mit sichtlich großer Freude gab Walter Scheel seine Interviews. Auf die Frage (»AZ-München«), ob die Präsidentenwahl die politische Landschaft verändern würde, erfolgte die Antwort:

»Sicherlich ist das ein bedeutendes Datum, weil sich zum erstenmal in einer so wichtigen Frage eine andere als die bisher übliche Mehrheit gebildet hat. Seit der Gründung der Bundesrepublik 1949 gab es in allen großen Fragen nie eine Mehrheitsentscheidung gegen die CDU/CSU. Das heißt natürlich nicht, daß dies bei der Präsidentenwahl die Absicht der FDP war. Möglicherweise werden von diesem Wahlgang Impulse in die Öffentlichkeit ausgehen können.«
»Warum entschied sich die FDP für den Sozialdemokraten Gustav Heinemann?«
»Allein darum«, antwortete Scheel, »um einen für unsere Zeit geeigneten Präsidenten zu wählen. Heinemanns Vorteile liegen in unserer Erwartung, daß er in der Lage ist, in unserem Volk integrierend, ausgleichend zu wirken. Wir trauen ihm die innere Aussöhnung der gegensätzlichen Gruppen zu, vor allem auch zwischen den Generationen.«

Es ist nicht unbedingt ein Geheimnis, und man kann ruhig darüber sprechen, wen man wählt. Ich zum Beispiel habe jeweils bei der zweiten Kandidatur Professor Heuss und Heinrich Lübke und in diesem Fall in jedem Wahlgang Dr. Gustav Heinemann gewählt. Überdies hielt ich es als Staatsbürger für richtig, daß nun ein Sozialdemokrat, der in jeder Weise als qualifiziert galt, das höchste Amt wahrnehmen würde.

Der CDU/CSU hatte diese Wahl einen Schock versetzt, und dabei handelte es sich um ein geachtetes Mitglied der Regierung Kiesinger. In demokratischen Staaten gibt es kein Abonnement auf Macht. Man sollte sich immer auf Ablösungen einrichten. Wie gut, daß unsere Koalitionsfreunde im März 1969 noch nicht ahnen konnten, daß sogar einmal Sozialdemokraten die Ämter des Bundespräsidenten, des Bundestagspräsidenten und des Bundeskanzlers besetzen würden. Allerdings nur vorübergehend.

Die Kreßbronner machen weiter

Wieder in Bonn. Die parlamentarische Arbeit ging weiter. Es war noch ein Gesetzesprogramm zu erledigen, bei dem in einzelnen Teilen gegensätzliche Meinungen auf einen Nenner gebracht werden mußten. Seit Kreßbronn (September 1967) versuchte Bundeskanzler Kiesinger, durch Abklärung strittiger Punkte vor Behandlung von Gesetzesvorhaben im Kabinett oder vor wichtigen Entscheidungen auf anderen Gebieten (zum Beispiel Berufung einer Steuerreformkommission bzw. ihre Zusammensetzung) eine Linie im Kreise von maßgebenden Koalitionspolitikern festzulegen, von der aus man gemeinsam und vernünftig operieren konnte. Manchmal kam es auch vor, daß solche Zusammenkünfte während der parlamentarischen Ausschußberatungen oder bei der Zweiten und Dritten Lesung im Plenum, wenn sich Meinungsverschiedenheiten zeigten, erforderlich wurden. Ein solches Vorgehen hat nichts mit Ausschaltung des Parlaments oder Brüskierung der Opposition zu tun, sondern war zwingend, wenn man parlamentarische Niederlagen vermeiden und sachgerechte Lösungen finden wollte. Es ist doch unmöglich, bei erkannten oder später auftauchenden Schwierigkeiten die Hände in den Schoß zu legen und die Dinge einfach laufen zu lassen. Das hätte Bruchlandungen ergeben, und jeder Wiederholungsfall konnte das Ende bedeuten. Auch fehlende Sympathie für eine Koalition darf solche Notwendigkeiten nicht wegzutadeln versuchen. Drei Beispiele will ich nennen, weil ich dabei mitgewirkt habe:
Erstens: Am 16. Juli 1968 verabschiedete die Bundesregierung das Gesetz zur Ergänzung der handelsrechtlichen Vorschriften über die Änderung der Unternehmensform (Umwandlung von Personengesellschaften

und von Unternehmen eines Einzelkaufmanns in eine Kapitalgesellschaft im Wege von übertragender Umwandlung).
Zweitens: Am 26. Juli 1968 hatte die Bundesregierung ein Gesetz über steuerliche Maßnahmen bei Änderung der Unternehmensform eingebracht, bei dem es sich um steuerliche Erleichterungen der Umwandlungen von Personenhandelsgesellschaften, Unternehmen eines Einzelkaufmanns und von Körperschaften sowie Anstalten des öffentlichen Rechts in eine andere Unternehmensform handelte.
Drittens: Die Bundesregierung hatte auf Grund des Kabinettsbeschlusses vom 5. August 1968 Wert darauf gelegt, daß baldmöglichst vom Deutschen Bundestag ein Gesetz über die Rechnungslegung von bestimmten Unternehmen und Konzernen (Ausdehnung der Pflicht zur Offenlegung des Jahresabschlusses auf alle Großunternehmen ohne Rücksicht auf deren Rechtsform) abschließend behandelt werden sollte.
In all den drei Fällen, die sicher nicht weltbewegend waren, wurden akzeptable Einigungsformeln gefunden. Die Bedeutung solcher Gesetze darf man nicht unterschätzen. Im dritten Fall war besonders umstritten, wie weit man mit der Pflicht zur Offenlegung gehen solle, wobei ich der Meinung war, das Wichtigste sei, das Gesetz überhaupt zu verabschieden und es nicht an der Ausweitung der Liste scheitern zu lassen.
Die erzielten Ergebnisse mußten gebilligt werden (Zustimmung der Bundesregierung vorausgesetzt) von den zuständigen Ausschußmitgliedern und den Fraktionen. Wenn es mit Hilfe des sogenannten Kreßbronner Kreises gelungen ist, Gesetze mit vertretbarem Inhalt für das Parlament verabschiedungsreif zu machen, so ist nicht Tadel, sondern Anerkennung am Platze. Der Fachminister kann bekanntlich in den Ausschußberatungen nichts anderes tun, als die Regierungsvorlage zu vertreten.
Daß man Reformwerke wie die Notstandsgesetzgebung, die Mehrwertsteuer oder die Finanzreform nicht im Kreßbronner Kreis ähnlich vorbereiten konnte (vielleicht abgesehen von politischen Schwerpunkten), sei der Vollständigkeit halber hinzugefügt. Bei Differenzen mit dem Bundesrat gab es den Vermittlungsausschuß.
Der bekannte, mit einem objektiv abwägenden Urteil ausgestattete Journalist Oskar Fehrenbach hat einmal in einem Beitrag zu der kritischen Bestandsaufnahme über »Die Große Koalition 1966 bis 1969« (Redaktion: Dr. Alois Rummel) unter der Unterüberschrift »Die Ge-

genregierung Barzel/Schmidt« in seiner Gesamtbetrachtung »Der Bundestag im Zeichen der Großen Koalition« geschrieben:

»Am Ende dieses manchmal verblüffenden Prozesses mit ständig wechselnden Fronten quer durch den ganzen Bundestag einschließlich der Opposition waren dann die Kritiker sogar so weit, die Gefahr einer ›Gegenregierung‹ zu beschwören. Nicht ganz zu Unrecht. Wieder war es Schmidt, der das Stichwort lieferte. Vor der Presse in Bonn erklärte er zum Ausklang der Legislaturperiode Ende Juni 1969, man möge einmal darüber nachdenken, ob die parlamentarische Tischrunde, die sich mit ihm, Barzel, Alex Möller und Richard Stücklen an der Spitze, jeden Dienstag zusammenfand, um den Rahmen für gemeinsame Aktionen abzustecken, nicht viel bedeutsamer gewesen sei als der im Rampenlicht der Aufmerksamkeit stehende ›Kreßbronner Kreis‹ unter Kurt Georg Kiesinger? Mokant, aber zutreffend fügte er hinzu, daß dies den meisten Journalisten entgangen sei.«

Diese Dienstagmittaggespräche waren für die parlamentarische Arbeit unerläßlich, denn beide Spitzen der Fraktionen mußten am Nachmittag ihren Kollegen sagen, welches Programm zur Abwicklung vorlag, wie die Absichten des Partners wären und welche Differenzen schon jetzt erkennbar seien (oder wo es wohl keine geben würde). Ein solches Vorgehen war unerläßlich, sonst hätten wir aneinander vorbeigetagt. Jedenfalls hat es auf beiden Seiten geklappt, und darauf kommt es an.
Es gab verschiedene Gebiete, die im Brennpunkt langwieriger Auseinandersetzungen standen. Das gilt vor allem für das Verkehrsprogramm (den sogenannten »Leberplan«), das der Bundesverkehrsminister im Herbst 1967 der Öffentlichkeit bekanntgab und das Anfang November 1967 von der Bundesregierung mit einigen Modifizierungen beschlossen wurde. Dabei ist – wie ich meine – erfolgreich versucht worden, gewisse Härten auszuschalten und einige echte Konfliktpunkte zu entschärfen. Die Zeitungen berichteten mit Überschriften wie »Union kein Freund des Leberplans«. Am 22. Januar 1968 konnte man lesen, daß die CDU/CSU beschlossen habe, konkrete Gegenvorschläge mit beträchtlichen Änderungswünschen vorzulegen. Das geschah und führte zu der Gesprächsrunde von Verkehrsexperten beider Fraktionen. Es zeigte sich, daß es gar nicht so schwer ist, unter Experten die Gespräche so zu führen, daß man sich immer weiter voneinander entfernt. In den Pausen mußten die Freunde des Leberplans den Minister immer wieder wegen

der nicht aufzuweichenden Haltung der Gegner seiner Konzeption beruhigen. Im weiteren Verlauf der Glättungsversuche schaltete sich der Kreßbronner Kreis ein, wobei sich ergab, daß Bundeskanzler Kiesinger auf seiten Lebers stand. Nach »monatelangem Kampf« – wie Leber erklärte – kam es dann doch zu einem Kompromiß, dem die Koalitionsfraktionen am 26. Juni 1968 zustimmten und der in den wichtigsten Punkten, wie der Bundesverkehrsminister in einer Pressekonferenz erklärte, vorsah:

1. Für den gewerblichen Güterfernverkehr wird vom 1. Januar 1969 an eine Beförderungsteuer von einem Pfennig je Tonne und Kilometer erhoben. Für den Werkfernverkehr gelten folgende Steuersätze: für Lastwagen bis vier Tonnen mit Anhänger je drei Pfennig je Tonne und Kilometer, für Wagen bis fünf Tonnen vier, für solche von sechs Tonnen an fünf Pfennig je Tonne und Kilometer.
2. Eine Verbotsliste für die Beförderung bestimmter Waren auf der Straße wird nicht eingeführt. Anstelle der Verbotsliste stehen Bundesverkehrsminister Leber jährlich 250 Millionen DM zur Verfügung für ein Programm zur »marktkonformen Umlenkung« des Güterverkehrs von der Straße auf die Schiene. Hier ist an den Bau von Container-Umschlagstellen sowie an die Förderung des Huckepack- und Container-Verkehrs gedacht.
3. Die Beförderungsteuer soll von 1970 an im Zuge der Harmonisierung der Verkehrspolitik in der EWG durch ein System von Straßenbenutzungsgebühren abgelöst werden, das die Wegekosten berücksichtigt.

Die beabsichtigten Maßnahmen seien als Instrument der Marktwirtschaft zu bezeichnen, EWG-konform und somit nicht anfechtbar. Minister Leber erklärte, daß der Werkfernverkehr, der in den letzten Jahren stark ausgeufert sei, von der Neuregelung am meisten belastet werde. Die Mehrbelastung entfalle jedoch, wenn statt der Straße die Schiene benutzt werde.

Wenn ich mir nach zehn Jahren den Schaden besehe, dann merke ich doch, daß unsere Bemühungen vergleichbar sind mit dem Versuch der Stechmücke, einem Elefanten beizukommen. Es ist gleichbleibend imponierend, die Lastwagen als Beherrscher der Autobahnen zu erleben und immer wieder dieses Glücksgefühl zu empfinden, wenn es gelingt, sich mit einem Pkw an den Wunderwerken der Lkw-Fabriken vorbeigeschlängelt zu haben. Natürlich gebe ich zu, daß auch Inhaber von Pkws in gewissen Stoßzeiten die Kühnheit besitzen, auf Autobahnen ihr Ichbewußtsein zu demonstrieren, aber meistens handelt es sich, wenn es sehr auffällt, um eine humanitäre Harmonisierung des Pkw-Verkehrs aus den EG-Ländern. Diese mit einer erkennbaren Überlegenheit fahrenden Autokünstler fühlen sich verpflichtet, Autobahnen ohne Gebühren und unter totaler Verschonung der Autobahnraststätten in Anspruch zu nehmen, leise fluchend, wenn ein Einheimischer sie gar überholen möchte. So ist die Wirklichkeit. Was heißt da Macht?

Wir Parlamentarier blieben nach wie vor fleißig und wagten uns an alles heran, von der Änderung des Brotgesetzes bis zum Weingesetz (neue Qualitätseinteilung des deutschen Weins in drei Klassen, Verbot der Bezeichnung Naturwein und naturrein sowie ähnliches), vom Reparationsschädengesetz bis zur Änderung des Bundesrückerstattungsgesetzes, vom 9. Strafrechtsänderungsgesetz (das zur Aufhebung der Verjährung von Völkermord und zur Verlängerung der Verjährung von Mord von 20 auf 30 Jahre führte) bis zur Änderung des Gesetzes über die Einrichtung eines Bundeskriminalamtes, vom Gesetz über die Fortzahlung des Arbeitsentgelts im Krankheitsfalle und über Änderungen des Rechts der gesetzlichen Krankenversicherung (unabdingbarer Lohnfortzahlungsanspruch der Arbeiter im Krankheitsfall bis zu sechs Wochen) bis zum Ausbildungsförderungsgesetz (bundeseinheitliche Regelung).

Mir haben manche Debatten, an denen ich als aufmerksamer Zuhörer beteiligt war, wegen ihres hohen Niveaus imponiert, so die Strafrechtsdebatte. Dr. Max Güde (CDU/CSU), ein Jurist, der selbst in juristischen Dingen zu überzeugen verstand, nannte die Basis der Reform eine Grundlage traditioneller Liberalität und erkannte in einem Satz, der generelle Gültigkeit hat und in mancher Stube einen Aufhänger finden sollte: »Was im politischen Raum entsteht, wird kaum einmal lupenrein sein im Sinne der Wissenschaft.« Ohne der Wissenschaft weh tun zu wollen, wurde hier Positives zur Politik gesagt.

Wie war nun das Urteil vor Beginn des Bundestagswahlkampfs 1969 über die Große Koalition? Alle drei Fraktionen haben sich geäußert. Sie seien ein orientierender Wertmaßstab.

Die »Freie Demokratische Korrespondenz« urteilte am 4. Juli 1969 (es ist der letzte Absatz der Verlautbarung):

»Die FDP hat in diesen vergangenen vier Jahren, insbesondere aber seit der Bildung der Großen Koalition, energisch dafür gestritten, die parlamentarische Demokratie in der Bundesrepublik trotz Kreßbronner Kreis und weitgehender Ausschaltung des Parlaments bei den politischen Entscheidungen der Regierung am Leben zu erhalten. Die 49 Freien Demokraten im Bundestag nahmen oft bis zur Grenze ihrer Kraft die Aufgabe wahr, der Regierung auf die Finger zu schauen, Fehlentscheidungen der Regierungsmehrheit zu verhindern und Vorschläge für eine vernünftige und zeitgemäße Politik in Deutschland zu unterbreiten. Der Nürnberger Parteitag hat gezeigt, daß die FDP wohl gerüstet ist, den Kampf für eine fortschrittliche Politik in Deutschland fortzusetzen und im 6. Deutschen Bundestag ihren politischen Einfluß in dieser Richtung zu verstärken.«

Der »SPD-Pressedienst« schrieb am 5. Juli 1969:

»Der Eintritt der Sozialdemokraten in die Regierung der Großen Koalition brachte die erlösende Wende. Sie entzogen sich nicht der Verantwortung und widerstanden den Versuchen, die ›anderen‹ völlig abwirtschaften zu lassen. Die Entscheidung fiel ihnen nicht leicht, leidenschaftliche Diskussionen gingen ihr voraus. Die Sozialdemokraten entschieden sich für die Regierungsbeteiligung, nicht um die Unionsparteien zu retten, sondern um schweren Schaden von Volk und Staat abzuwehren.
Heute ist der Streit darüber verstummt, er gehört der Geschichte an. Es zählt das Gewicht der Tatsachen. Die Große Koalition hat trotz mancher unvermeidlicher Reibungen ihre Existenz gerechtfertigt und das Programm erfüllt, das sie sich vorgenommen hatte. Die unverbrauchten Energien sozialdemokratischer Bundesminister kamen dem Ganzen zugute, und die Gedanken und Vorstellungen, die sie mit einbrachten, fanden ihren Niederschlag in einer veränderten politischen Landschaft.«

Der »Deutschland-Union-Dienst« erklärte am 11. Juli 1969:

»Die Bilanz der Zusammenarbeit von CDU/CSU und SPD in einer Koalition unter Führung von Kurt Georg Kiesinger war insgesamt gut. Natürlich kommt es in einer Koalition immer darauf an, welche Bereitschaft die beiden Partner zu Kompromissen haben. Diese Bereitschaft haben sie gerade auch bei schwierigen Gesetzen bis in die letzte Phase der Zusammenarbeit hinein bewiesen.
Bei Beginn der Großen Koalition hatten manche geglaubt, die Zusammenarbeit im Parlament werde sich als schwierig erweisen, die Parla-

mentsdebatten würden eintönig werden und die Kontrolle der Regierung fände nicht in dem erwünschten Maße statt. Das Gegenteil war der Fall. Die Arbeit des Parlaments hat eher an Lebendigkeit und Farbigkeit gewonnen, und gerade die oft differenzierten Äußerungen machten das Parlamentsleben interessant. Niemand wird behaupten können, daß sich das Parlament in der Großen Koalition als ein bloßer Erfüllungsgehilfe der Bundesregierung oder eine Stempelmaschine für die Vorlagen der Bundesregierung erwiesen habe.

Am Ende der Großen Koalition ist das beachtliche Phänomen festzustellen, daß die Regierungserklärung Bundeskanzler Kiesingers vom 13. Dezember 1966 bis auf das Wahlrecht vollständig erfüllt ist. Wenn diese Tatsache der Nicht-Verabschiedung des Wahlrechts auch sehr zu beklagen ist, so ist andererseits festzustellen, daß die Große Koalition sogar noch in vielen Punkten über die Regierungserklärung hinausgegangen ist, wie zum Beispiel bei der Verkehrsgesetzgebung, der Lohnfortzahlung in Verbindung mit einer ersten Stufe der sozialen Krankenversicherungsreform und in anderen Bereichen.

Die Große Koalition war unter anderem auch deswegen gebildet worden, um für unser Volk wichtige Reformen verabschieden zu können. So lag naturgemäß der Schwerpunkt in der Gesetzgebungsarbeit bei diesen Reformen. Zu der Bilanz der Großen Koalition gehören hier folgende wichtige Gesetzgebungswerke: die Finanzverfassungsreform, das Gesetz über Stabilität und Wachstum, die Notstandsgesetzgebung, das Mehrwertsteuergesetz, die Lohnfortzahlung und die erste Stufe einer sozialen Krankenversicherungsreform, die Verkehrsgesetzgebung, der Allgemeine Teil der Strafrechtsreform, die Neuregelung des politischen Strafrechts und des Sittenstrafrechts, die Reform des Haushaltsrechts sowie eine Reihe von Verbesserungen in der Lastenausgleichsgesetzgebung, im Bereich der Landwirtschaft und auf dem Gebiet der Verteidigungspolitik. Zu dieser Bilanz gehören auch die Verabschiedung des Parteiengesetzes und die Reform des Unehelichenrechts.« (Verfasser: Dr. Eduard Ackermann)

Als sich Sozialdemokraten in Regierungsverantwortung begaben, erfolgte nicht der oft vorausgesagte Untergang Deutschlands. Sie zeigten in schwieriger Zeit, daß sie über die Fähigkeiten verfügen, regieren zu können. Zur Bilanz der Großen Koalition schrieb am 26. September 1969 Marion Gräfin Dönhoff am Schluß ihrer Untersuchung:

»Jetzt ist der Weg frei für eine normale Innenpolitik, bei der die beiden großen Parteien einander in der Regierung abwechseln können. Das gemeinsame Regieren der beiden großen Parteien als Dauerlösung würde das Ende der Demokratie bedeuten. Diese Kombination war nur als einmalige Übergangslösung zu rechtfertigen. Der Übergang aber ist geschafft. Die Bundesrepublik ist in diesen letzten drei Jahren ein großes Stück weitergekommen.«

Moskau-Pilger

Bei einem privaten Mittagessen in Bonn am 25. Juni 1969 fragte mich Botschaftsrat Boronin von der sowjetischen Botschaft, wie die Fraktionsspitze der SPD auf eine Einladung aus Moskau reagieren würde. Ich erkundigte mich nach Einzelheiten und erklärte dann, über diese Frage eine Stellungnahme der Parteispitze herbeizuführen. Das konnte noch am gleichen Tage geschehen. Ich unterrichtete Boronin von der positiven Reaktion und bat, mir zu gegebener Zeit Näheres mitzuteilen. Meines Wissens hatte die FDP vor längerer Zeit ihr Interesse an Gesprächen mit der Sowjetunion bekundet (als Oppositionspartei sehr verständlich) und die Einladung erst im Juni für Juli erhalten. Aus diesem Grunde machte ich Boronin darauf aufmerksam, daß die Delegation am 24. August, dem Eröffnungstag des SPD-Wahlkampfes, zurück sein müsse. Wir hatten noch einige Unterredungen, die letzte am 5. August im Hotel Intercontinental in Frankfurt am Main, bei denen sich der Gesprächspartner sehr um Geheimhaltung bemühte. Ich fuhr in Urlaub und erhielt von meinem Sekretariat die Nachricht, Boronin habe am 13. August angerufen und sei gebeten worden, mit dem Fraktionsvorsitzenden Helmut Schmidt zu telefonieren, der sich in Bonn befinde. Am 14. August schrieb der Vorsitzende der Sozialdemokratischen Bundestagsfraktion an Botschafter Zarapkin unter anderem:

»Sie haben gestern Herrn Egon Franke und mir offiziell eine Einladung durch den Vorsitzenden des Rates der Union, Herrn Spiridonow, übermittelt, die sich gleichermaßen auch auf meinen Kollegen Dr. Alex Möller bezieht. Wie wir Ihnen gestern schon sagten, nehmen wir die Einladung an und freuen uns darauf, in der nächsten Woche in Moskau den Vorsitzenden des Unionssowjets des Obersten Sowjets der UdSSR,

Herrn Spiridonow, den 1. stellvertretenden Ministerpräsidenten Poljanskij und den Herrn Außenminister Gromyko zu sprechen.
Meine Freunde im Präsidium der Sozialdemokratischen Partei Deutschlands haben heute morgen ausdrücklich diesem Besuch zugestimmt.«

Herr Kossygin war zu dem Zeitpunkt im Ausland in Urlaub, der Außenminister hatte sich bereit erklärt, den Urlaub zu unterbrechen. Es blieb keine andere Möglichkeit, als am 20. August nach Moskau zu fliegen, am 21. und 22. August die Gespräche zu führen, um den Sonnabend, 23. August, zur Rückreise zu benutzen.
Über diese Daten hatte man im Präsidium gesprochen, aber keine Ausweichmöglichkeiten gesehen. Im übrigen, wenn die Reise vorher realisierbar gewesen wäre, der 21. August als Jahrestag des Einmarsches der Truppen der Sowjetunion und von Staaten des Warschauer Paktes in die Tschechoslowakei konnte in unseren Gesprächen nicht übergangen werden. Die Bundesrepublik Deutschland und unsere NATO-Partner waren durch die Okkupation der CSSR mit den harten Fakten der Interventionsdoktrin des Warschauer Paktes konfrontiert worden. Die westliche Welt hatte die Berufung der Sowjetunion auf Schutzverpflichtungen gegenüber sozialistischen Staaten nicht anerkannt und der mit dem Völkerrecht differierenden Auffassung des östlichen Machtsystems scharf widersprochen. Darüber mußte – ganz gleich, an welchem Tag, in diesem Fall am 21. August – von unserer Seite unmißverständlich ein Wort gesagt werden. Die Konsequenzen blieben überschaubar. Allerdings konnten wir nicht voraussehen, daß neue Unruhen in der CSSR ausbrechen würden. Zum Glück griffen keine sowjetischen Verbände ein.
Wir kamen mit zwei Stunden Verspätung an und wurden von unserem Gastgeber Spiridonow sowie dem deutschen Botschafter Allardt auf dem Flugplatz begrüßt. Für die Fahrt in das 40 Kilometer entfernt liegenden Stadtzentrum standen uns und den mitreisenden Journalisten große Pkws vom Typ Schaika zur Verfügung. Die Delegation wohnte in dem Prominentenhotel »Sowjetskaja«; sie wurde während des ganzen Aufenthaltes hervorragend betreut (was ich von jedem meiner nicht wenigen Besuche in Moskau sagen kann). Wir hörten, daß den deutschen ARD-Korrespondenten zum erstenmal seit drei Monaten ein sowjetisches Kamerateam für Fernsehaufnahmen zur Verfügung gestellt worden und jeder mit der zuvorkommenden Behandlung zufrieden war.
Am nächsten Morgen begann der Ernst des Lebens mit einem zweistün-

digen Gespräch bei Spiridonow in Anwesenheit und unter Beteiligung sachkundiger Persönlichkeiten aus den verschiedenen Institutionen, einschließlich des Präsidiums des Obersten Sowjets. In der Aufzeichnung des Dolmetschers heißt es am Anfang:

»Nach der Begrüßung durch Herrn Spiridonow dankt Herr Schmidt für die Einladung und stellt die Mitglieder der Delegation der Sozialdemokratischen Fraktion vor. Er führt dabei aus, daß die Herren Möller und Franke durch den Nationalsozialismus verfolgt worden seien, inhaftiert waren und auch zur Aufgabe ihres Berufes gezwungen wurden. Er erklärte, daß dieser Besuch nach zehn Jahren der erste offizielle Besuch von Vertretern seiner Partei in Moskau sei. Man werde sich sowjetischerseits noch gut an den Besuch der Herren Fritz Erler und Carlo Schmid erinnern. Der sowjetischen Seite sind die Gesprächsthemen, die wir zu behandeln wünschen, übermittelt worden.
Herr Spiridonow antwortete, daß ihm unser Themenbereich übermittelt worden und man damit einverstanden sei. Er glaube, dieser Besuch werde noch eine größere Rolle spielen als der Besuch vor zehn Jahren, da sich in den letzten Jahren doch Lichtblicke für eine Verringerung der internationalen Spannung gezeigt hätten. Die Zeit des kalten Krieges sei vorbei. Man könne trotz einiger verbliebener Überreste aus dieser Zeit hoffen, daß man in Zukunft eine gemeinsame Plattform zur Verständigung finden würde mit dem Ziel des Abbaus der Spannungen und der Verbesserung der Beziehungen zwischen allen Ländern Europas, unabhängig von ihrer Gesellschaftsform.«

Helmut Schmidt sprach in seinen Ausführungen sofort die Situation in der Tschechoslowakei an und stellte sehr deutlich unseren Standpunkt dar bei Erwiderung durch die sowjetische Seite. In der Wiedergabe des Gesprächs mit dem Außenminister der UdSSR, A. A. Gromyko, wird auf diesen wichtigen Punkt und die anderen grundsätzlichen politischen Fragen eingegangen, so daß hier nur aus unserem Themenbereich, der nachstehend wiedergegeben ist, das Ostproblem berührt wird.
Unser Themenbereich bei allen Gesprächen:

1. Fragen der deutsch-sowjetischen Beziehungen und der dafür wichtigen grundlegenden Probleme, die durch den Zweiten Weltkrieg entstanden sind,
2. das Verhältnis der Bundesrepublik Deutschland und der DDR zueinander,

3. unser Vorschlag zu Gewaltverzichtsabkommen,
4. die sowjetischen Vorschläge für ein europäisches Sicherheitssystem,
5. Berlin,
6. die zukünftigen deutsch-sowjetischen Wirtschaftsbeziehungen,
7. die bevorstehenden Verhandlungen über Begrenzung der strategischen Rüstung zwischen der Sowjetunion und den USA,
8. die Auswirkungen des zukünftigen Verhältnisses der drei Weltmächte Sowjetunion, USA und Volksrepublik China auf Europa.

Spiridonow meinte auf unsere Frage, was das östliche Problem angehe, so wolle er das hervorheben, was Außenminister Gromyko auf der letzten Sitzung des Obersten Sowjet gesagt habe, nämlich daß im Verhältnis zu China die Sowjetunion weiterhin ruhig und zurückhaltend auf die chinesischen antisowjetischen Kampagnen reagieren und der Hoffnung treu bleiben werde, daß die freundlichen Beziehungen zwischen der Sowjetunion und China irgendwann wieder hergestellt werden könnten. Gleichzeitig habe die sowjetische Regierung die erforderlichen Maßnahmen zur Sicherung der östlichen Grenzen getroffen. Es sei schwierig, ein Urteil über die chinesische Außenpolitik zu fällen. Der außenpolitische Kurs der chinesischen Volksrepublik in der letzten Zeit sei durch häufige Zick-Zack-Wendungen gekennzeichnet. Die sowjetische Seite hoffe, daß die politische Vernunft über die persönliche Doktrin Maos siegen werde und daß es nicht zu einem Konflikt komme. Die Vernunft müsse siegen. Die Folgen eines Konflikts könne man sich nur schwer vorstellen. Er würde nicht nur die Sowjetunion einbeziehen.

Das Gespräch mit dem sowjetischen Außenminister Gromyko am 21. August 1969 um 16.30 Uhr fand im Gästehaus des Ministers statt. Das Klima in dem nicht gerade gemütlich wirkenden Saal des 1894 gebauten Stadtpalastes eines Textilfabrikanten wechselte von Unterkühlung bis zu einer angenehmeren Temperatur. Der Tee blieb unverändert gut.

Die sich anschließende gekürzte Wiedergabe des Gesprächs erfolgt nach den Aufzeichnungen unseres Dolmetschers.

Zunächst bedankte sich Herr Schmidt dafür, daß Herr Außenminister Gromyko trotz seines Urlaubs nach Moskau gekommen sei, um dieses Gespräch zu führen. Der von dem Vorsitzenden der Parlamentarischen Gruppe der UdSSR, Spiridonow, ergangenen Einladung wären wir nach Prüfung gefolgt, da die deutsche Seite die Ansicht vertrete, daß es 25 Jahre nach dem Kriege notwendig sei, ein besseres gegenseitiges Verständnis zu finden, als es zur Zeit bestehe.

Herr Gromyko bat um einige Worte der Charakterisierung, wie sich nach Meinung der deutschen Seite das Verhältnis zur Zeit darstelle. Herr Schmidt antwortete, die Beziehungen seien nicht sehr schlecht, aber auch nicht sehr gut. Beide Seiten hätten miteinander grundlegende und aktuelle Probleme. Schmidt glaube, die aktuellen Probleme ließen sich leichter lösen als die grundlegenden. Man habe mit Aufmerksamkeit die Rede des Herrn Gromyko vor dem Obersten Sowjet am 10. Juli 1969 gelesen und analysiert. Die deutsche Seite hätte das Gefühl gehabt, daß diese Rede, was die Bundesrepublik Deutschland und Berlin anbelange, etwas andere Aspekte geboten habe, als man sie vor einem Jahr und im September oder im Oktober 1968 hörte. Es gäbe in dieser Rede in bezug auf Deutschland neue Nuancen für die Prüfung des deutsch-sowjetischen Verhältnisses.
Gromyko antwortete, »nicht sehr schlecht und nicht sehr gut« sei eine allgemeine Formulierung; man könne es so ausdrücken, aber für ihn sei es besser, wenn Formeln mit Inhalt gefüllt würden. Wenn man das Verhältnis zwischen den beiden Staaten auf eine Formel bringen wolle, könne man etwa sagen, daß mehr nicht getan werde, als getan worden sei. Wenn er behaupte, daß mehr nicht getan werde, so wolle er damit zum Ausdruck bringen, daß die sowjetische Seite glaube, die potentiellen Möglichkeiten für eine Verbesserung der Beziehungen müßten nunmehr genutzt werden. Er möchte Steigerungsformen vermeiden, aber man könne doch wohl zwei Stufen weiter sein. Zwar lasse sich die Geschichte nicht so bald vergessen, jedoch sollten die Deutschen in der Bundesrepublik Deutschland und die Sowjetmenschen immer daran denken, daß sie unter einem europäischen Dach leben. Die sowjetische Seite trete für eine Verbesserung der Beziehungen zwischen den beiden Ländern ein, nicht etwa erst seit der letzten Tagung des Obersten Sowjets; sondern bereits schon viel früher; vielleicht habe man in der Bundesrepublik Deutschland diese Entwicklung bisher mit zu wenig Aufmerksamkeit zur Kenntnis genommen. Die sowjetische Seite glaube, daß die Beziehungen besser, wenn nicht gar viel besser als zur Zeit werden könnten. In diesem Sinne meine sie, daß man die potentiellen Möglichkeiten zu nutzen habe, aber an dem Strick müßten beide ziehen. Herr Schmidt erwiderte, seine Kollegen und er würden jeden Satz unterstützen. Er verstehe Herrn Gromyko so, daß man schon weiter hätte sein können. Diese Feststellung sei richtig. Er habe hierzu zwei Bemerkungen zu machen.

Herr Gromyko wisse, daß die SPD nach dem Kriege bis vor ungefähr drei Jahren keinen Anteil an der Regierungsverantwortung gehabt hätte, vielmehr sei sie von Zeit zu Zeit in teilweise hartem Gegensatz zum Regierungskurs gestanden. Auf den Einwurf von Botschafter Falin, ob sich dies auch auf die Außenpolitik beziehe, antwortete Herr Schmidt: ja, aber nur zum Teil, denn es habe auch grundsätzliche Übereinstimmung der SPD mit Vorstellungen in der Außenpolitik der jeweiligen Regierungen gegeben.

Von besonderer Bedeutung seien die letzten zweieinhalb Jahre, nämlich die Jahre, in denen sein Parteifreund Brandt als Vizekanzler und Bundesaußenminister direkt an der Verantwortung für die deutsche Politik beteiligt sei.

Man habe geglaubt und glaube auch heute noch, daß die Bundesrepublik Deutschland mit dem Vorschlag eines Austausches von Gewaltverzichtserklärungen zwischen der Bundesrepublik Deutschland und der Sowjetunion oder auch zwischen der Bundesrepublik und anderen Staaten des Warschauer Paktes einen konkreten Beitrag zur größeren Sicherheit in Europa angeboten habe. Die deutsche Delegation bestehe nicht aus Diplomaten und wäre daher nicht über alle Feinheiten und Einzelheiten informiert; aber sie wundere sich etwas, warum bisher noch keine Einigung zustande gekommen sei.

Im Sommer 1967 und im Frühjahr 1968 wäre die deutsche Seite der Ansicht gewesen, man sei auf dem richtigen Weg. Herr Gromyko werde sich daran erinnern, daß bei der Ministerratstagung in Reykjavik im Sommer 1968 weitgehend auf deutsche Initiative ein Punkt in die Entschließung aufgenommen wurde, von dem wir angenommen hätten, daß dieser Punkt eine positive Aufnahme in Moskau finden würde.

Es habe auch einen Briefwechsel zwischen Bundeskanzler Kiesinger und dem Ministerpräsidenten in Ostberlin, Stoph, gegeben. Die deutsche Seite hätte die Absicht bekundet, Vereinbarungen zu schließen und ohne irgendwelche Vorbedingungen als Gesprächspartner den höchsten Beamten, den Staatssekretär im Bundeskanzleramt, benannt. Am 8. August 1968 wäre dem Staatsrat durch die Volkskammer in der DDR eine offizielle Vollmacht erteilt worden, ebenfalls einen Verhandlungsführer zu benennen.

Durch die bekannten Ereignisse, die am 21. August vergangenen Jahres ihren vorläufigen Höhepunkt gefunden hätten, würden diese Entwicklungen gestört und unterbrochen. Im Herbst letzten Jahres habe man sich sehr beunruhigt gefühlt, sowohl durch die Ereignisse in Prag als auch durch sowjetische Veröffentlichungen, mit denen versucht wurde, der Bundesrepublik Deutschland einen Teil der Schuld an der Entwicklung in der Tschechoslowakei zuzuschieben. Deshalb habe man in diesem Frühjahr mit großem Interesse zur Kenntnis genommen, wie die Sowjetunion und ihre politischen Führer die Präsidentenwahl in Berlin behandelt haben, welch positives Echo die Wahl des Sozialdemokraten Gustav Heinemann zum Bundespräsidenten im »sozialistischen Lager« auslöste und daß bei dem Budapester Appell Zweck sowie Zielsetzung bedeutsam seien.

Herr Schmidt kam dann zur zweiten Bemerkung: Herr Gromyko habe gesagt, man müsse Formeln mit Inhalt füllen. Eines der Motive für diese Reise, die für die SPD nicht ohne innenpolitisches Risiko gerade im Wahlkampf sei, zumal sie mit dem Jahrestag der Prager Ereignisse zusammenfalle, bleibe herauszufinden, welcher Inhalt sich hinter den Budapester Formeln verberge und wie die ganz konkrete sowjetische Vorstellung von der »kollektiven Sicherheit für Europa« aussehe. Ein besonderes Interess finde die Budapester Erneuerung des Vorschlags der Einberufung einer europäischen Sicherheitskonferenz.

In seiner Erwiderung betonte Minister Gromyko, zwischen der Bundesrepublik Deutschland und der Sowjetunion müsse zunächst ein Grundproblem klargestellt werden, nämlich die Frage, wie steht die Bundesrepublik zur derzeitigen Lage in Europa, genauer gesagt zur Lage, die im Ergebnis des Zweiten Weltkrieges entstanden sei. Von der Antwort auf diese Frage: Einstellung zur derzeitigen realen Lage, hänge sehr vieles ab. Versuche man, die Beziehungen zwischen beiden Ländern oder die Außenpolitik der Bundesrepublik Deutschland auf einen Nenner zu reduzieren, so kämen wir zu der Frage, ob die Regierung der Bundesrepublik diese Lage akzeptiere, begründe sie ihre Politik auf die reale Lage oder versuche sie, diese zu ignorieren. Wenn sie die Realitäten von heute nicht anerkenne und ihre Politik auf irgendwelche andere Grundlagen stütze, so ergebe sich daraus nichts Gutes für den Frieden in Europa und für die Bundesrepublik selbst. Zu diesem Hauptproblem habe man noch keine gemeinsame Sprache gefunden. Die deutsche Seite kenne die sowjetische Einstellung zur offiziellen Politik der Bundesrepublik Deutschland. Die sowjetische Seite habe die Überzeugung, daß, wenn die Bundesrepublik ihre Politik auf die Anerkennung der realen Lage gründe, damit der Weg frei sein würde für eine Verbesserung der gegen-

seitigen Beziehungen und daß dadurch die Bundesrepublik Deutschland, die Sowjetunion und Europa gewinnen würden.
Man könne fragen: Was wird die Bundesrepublik Deutschland tun? Auf diese Frage wolle der Minister nur eine kurze, keineswegs erschöpfende Antwort geben. Der Kernpunkt bleibe nach wie vor die Einstellung der Bundesrepublik zu den entstandenen Grenzen der Staaten Europas. Respektiere sie diese Grenzen, ja oder nein? Wenn sie respektiert würden, dann müsse man sie ganz und ohne Vorbehalt respektieren.
Respektiere man diese Grenzen nicht, dann würden auch solche Erklärungen nichts bedeuten, wie zum Beispiel die, daß die Grenzen nicht mit Gewalt verändert werden sollten. Wenn man die Grenzen nicht respektiere, so dürfe man nicht annehmen, daß die Beziehungen zur Sowjetunion wirklich besser oder herzlicher werden könnten. Einem Politiker brauche man nicht zu sagen, von welcher Bedeutung diese Frage sei. Man müsse den Gedanken weiterentwickeln; wegen der Grenzen habe es viele Kriege gegeben und Pläne, sie nicht zu respektieren, würden die Kriegsgefahr in sich bergen.
Und nun, fuhr Herr Gromyko fort, zu der Brücke des Austausches von Gewaltverzichtserklärungen. Sinn des Austausches solcher Erklärungen könne doch nur sein, daß akzeptiert werde, die Grenzen nicht zu verändern. Wer würde annehmen, daß die Sowjetunion und andere Länder einen Standpunkt akzeptieren, der besage, daß man Gewaltverzichtserklärungen austausche und doch fortfahre, für eine Veränderung der Grenzen einzutreten? Die sowjetische Seite sei nicht in der Lage, eine solche Position anzuerkennen.
Was den Budapester Appell betrifft, so hätten die Staaten des Warschauer Vertrages, indem sie den Vorschlag einer europäischen Sicherheitskonferenz machten, die ernstesten Absichten. Wenn diese Staaten annehmen müßten, daß eine solche Konferenz keinen Erfolg habe, dann hätte man den Vorschlag nicht gemacht und sich nicht der Mühe unterzogen, die Notwendigkeit einer solchen Konferenz nachzuweisen. Diese Staaten seien jedoch der festen Überzeugung, daß es in Europa noch ungenutzte Möglichkeiten gäbe. Die Vertreter der europäischen Staaten seien noch nie zusammengekommen, um gemeinsam die Probleme der europäischen Sicherheit zu erörtern. Die sowjetische Seite sage selbst den reinsten Pessimisten: Warum soll man es nicht versuchen? Erfolg oder Mißerfolg, das kann nur die Praxis zeigen. Die sowjetische Seite wünsche, daß die Bundesrepublik Deutschland aufgeschlossen an die

Beurteilung des Vorschlags der Warschauer Vertragsstaaten herangehe und keine Leichtfertigkeit bei der Beurteilung dieses Schrittes der sozialistischen Länder zulasse.
Was die Tagesordnung und die Teilnehmer der Konferenz anbelange, so möchte man keine genaue Tagesordnung festlegen. Es bestehe die Möglichkeit, auf der Konferenz politische und wirtschaftliche Fragen, die die europäischen Staaten betreffen, ausführlich zu besprechen. Es könnten sich auch zusätzliche Fragenkreise ergeben, die man im Augenblick vielleicht noch nicht erkenne. Nötig seien Konsultationen, um in Abstimmung zwischen den Staaten Europas die zu behandelnden Punkte zusammenzustellen. Die deutsche Seite wisse von der wertvollen Initiative Finnlands in dieser Frage. Die sowjetische Seite werde zu einem späteren Zeitpunkt, wenn Konsultationen stattfinden, ihre Position genauer definieren. Man würde sehen, daß die sowjetische Politik elastisch sei. Es stünden viele Fragen an, wenn man den Willen habe, die europäische Sicherheit zu festigen.
Was die Zusammensetzung der Konferenz angehe, so handele es sich um eine gesamteuropäische Konferenz, an der die Bundesrepublik Deutschland und die DDR gleichberechtigt mit den anderen Staaten Europas teilnehmen würden. Die Teilnahme nichteuropäischer Staaten sei eine Frage der Abstimmung unter den europäischen Staaten.
In seiner Erwiderung betonte Herr Schmidt, man habe mit besonderer Aufmerksamkeit und dankend zur Kenntnis genommen, daß die sowjetische Politik elastisch sein wolle. Nach dem Zweiten Weltkrieg habe es in Europa eine Periode gegeben, in der die Regierungen im Osten und Westen geglaubt hätten, sie könnten mit dem Gegenteil von Elastizität zu Erfolgen kommen.
Er vertrete den Standpunkt, daß die sowjetische Regierung sicher erkannt habe, daß in den letzten Jahren die Haltung der Bundesrepublik zum kommunistischen Lager Änderungen unterworfen gewesen ist. Diese Änderungen seien zwar in Moskau willkommen gewesen, aber des öfteren auch mißverstanden worden. Die neue Einstellung zu den kommunistischen Staaten kam zuerst im Dezember 1966 bei der Bildung der neuen Bundesregierung zum Ausdruck. Wir glaubten uns ermutigt durch die Bukarester Erklärung. Inzwischen sind Vergleiche gezogen worden zwischen den Konferenzen von Bukarest, Karlsbad und Budapest sowie den Reden sowjetischer Führer auf dem Treffen der Kommunistischen Parteien im Frühjahr 1969. Diese Beispiele der sowjetischen

Politik ließen gewisse, noch nicht genau zu erkennende Entwicklungen vermuten.
Schmidt glaube nicht, daß Herr Gromyko seine Zeit opfere für einen Austausch von gegensätzlichen Grundsatzerklärungen, die schon bekannt seien. Herr Gromyko werde auch von keinem deutschen Sozialdemokraten erwarten, daß er innerlich oder gar ausdrücklich die Teilung seines Landes und seines Volkes als endgültig anerkenne.
Schmidt sagte, er wolle versuchen, im Zusammenhang mit der Deutschlandfrage, der Oder-Neiße-Grenze und der Demarkationslinie zwischen der Bundesrepublik Deutschland und der DDR die Bedeutung eines Gewaltverzichtsvertrages aus mehr politischer als diplomatischer Sicht herauszustellen. Die Wähler der SPD und jene Generation von Deutschen, die keine Schuld tragen an den Untaten Hitlers und an dem Unheil, das Hitler im Namen des deutschen Volkes über viele Völker gebracht hat, seien überzeugt, das Recht zu besitzen, in einem Hause zu leben. Man werde niemals auf dieses Recht verzichten, auch wenn Herr Gromyko von einer hoffnungslosen Grundlage spreche.
Andererseits sehe man die tatsächliche Lage sowie die Existenz der DDR und betone die Bereitschaft, einen Vertrag mit der DDR auf der Grundlage der Gleichberechtigung zu schließen. Was könne man mehr für jemanden tun, als mit ihm einen Vertrag zu schließen? Die deutsche Seite sei bereit, die Demarkationslinie zwischen der Bundesrepublik Deutschland und der DDR in einen völkerrechtlich wirksamen Gewaltverzichtsvertrag einzubeziehen. Dadurch würde eine erhebliche Veränderung in der derzeitigen Rechtslage eintreten, die zur Zeit nur aus dem Potsdamer Abkommen bestehe sowie aus einigen Verträgen der Sowjetunion mit den osteuropäischen Staaten einerseits und der USA mit den westeuropäischen Staaten andererseits.
Die sowjetische Seite spreche von den realen Fakten als Folge des Zweiten Weltkrieges, sie stelle das Problem hin als Entscheidung über ein Ja oder ein Nein. Die Antwort könne aber nicht einfach ja oder nein lauten. Die deutsche Seite würde nicht die Hoffnung aufgeben, in einem gemeinsamen Haus leben zu können, aber sie würde bereit sein, zwischen beiden Teilen Verträge zu schließen, die zu einem vertraglichen Nebeneinander führen. Man wisse, daß man Europa nicht wiederherstellen könne, so wie es war, und daß man Deutschland nicht so wiederherstellen könne, wie es vor Hitler gewesen sei. Aber man wisse auch, daß es so wie jetzt nicht bleiben könne.

Die Lage in der Tschechoslowakei würden wir nicht als normal ansehen. Die sowjetische Seite kenne die Stellungnahme der SPD. Die Lage in der ČSSR sei keine »reale Tatsache, die man akzeptieren« müsse. Eine akzeptable reale Tatsache sei hingegen, daß West-Berlin wirtschaftlich, gesellschaftlich, währungsrechtlich und in seiner Rechtsordnung zuengst mit der Bundesrepublik Deutschland verbunden bleibe. Die deutsche Seite wünsche, daß sich dieser Zustand verfestige.

Was die europäische Sicherheitskonferenz anbelange, so habe die Regierung der Bundesrepublik Deutschland nicht leichtfertig geantwortet und keine negative Haltung eingenommen, sondern eine vorsichtig positive Stellung bezogen. Vorsichtig deshalb, weil die deutsche Seite noch nicht klar erkennen könne, was auf dieser Konferenz behandelt und etwa beschlossen werden solle.* Die Vorstellungen einer Vorkonferenz und über eine Tagesordnung seien nicht befriedigend. Herr Schmidt betonte, die Feststellung von Herrn Gromyko sei interessant, auf dem Wege der Konsultationen zwischen den Staaten eine Einigung über die verhandlungsreifen Punkte herbeizuführen. Herr Schmidt sehe persönlich keine Bedenken gegen eine Teilnahme der Bundesrepublik Deutschland und der DDR an der Konferenz.

Jeder in Deutschland ginge aber davon aus, daß es eine Konferenz ohne die USA und Kanada nicht geben könne. Eine reale Folge des Krieges sei eben auch, daß die Vereinigten Staaten in Europa mit ihren Truppen stünden, ebenso wie die Sowjetunion außerhalb ihres Territoriums ihre Truppen habe. Man müsse beide Tatsachen in Betracht ziehen; beide Weltmächte spielen bei der Erhaltung des Gleichgewichts in Europa eine Rolle. Deutsche Politiker, unabhängig von ihrer Parteizugehörigkeit, könnten sich nicht vorstellen, daß ein Gleichgewicht der europäischen Sicherheit ohne die USA möglich sei.

In seiner Antwort betonte Minister Gromyko, man habe im Verlauf vieler Jahre, insbesondere seit dem Eintritt der SPD in die Regierung, die Linie der SPD, vor allem auf dem Gebiet der Außenpolitik, aufmerksam verfolgt. Er wollte offen sagen, daß man manchmal Elemente größerer Elastizität bemerkt und dies auch positiv aufgenommen habe.

Herr Gromyko sagte dann, er müsse den sowjetischen Standpunkt noch klarer und umfassender herausstellen. Hätte er es gleich getan, so hätte

---

* Anmerkung: Der sowjetische Begriff von Sicherheit in Europa schließt die »gesellschaftspolitische« Gefährdung der Sicherheit ein.

er auch von sich aus etwas zu West-Berlin ausgeführt. Da Herr Schmidt über West-Berlin einiges gesagt habe, wolle er deutlich machen, daß in dieser Frage die Standpunkte grundsätzlich verschieden seien. Die deutsche Seite spreche von Beziehungen und Verbindungen, Tradition und gleichsam Fakten; dies sei eine Seite. Die andere grundlegende Seite wäre, daß die Bundesrepublik Deutschland unbegründete Ansprüche auf West-Berlin erhebe, obwohl die alliierten Abmachungen bekannt seien. Wenn die Bundesrepublik hoffe, daß West-Berlin ein Teil der Bundesrepublik Deutschland werden könne, so stünde dem entgegen, daß die Sowjetunion einem solchen Vorhaben niemals zustimmen würde. Allein dieser Fall sei ausreichend, um zu verhindern, daß die gegenseitigen Beziehungen nicht nur nicht gut, sondern vielmehr spannungsgeladen würden.

Es sei die tschechoslowakische Frage angesprochen worden. Hierauf wäre seine Antwort kurz und klar: Es dürfe sich hier niemand einmischen; das alles gehe nur die sozialistischen Länder an, die ihre Angelegenheiten und die Beziehungen untereinander selbst regeln.

Was die DDR anbelange, so habe Herr Schmidt gesagt, die deutsche Seite wäre zu Abmachungen mit der DDR bereit. Das Problem liege nicht darin, daß die Bundesrepublik Deutschland Abmachungen mit der DDR über wirtschaftliche Fragen oder über Fragen der Kommunikation treffe. Die Frage sei vielmehr, welche Position man ohne Wenn und Aber gegenüber der DDR einnähme. Die Bundesrepublik Deutschland habe nicht verzichtet, alle Deutschen im internationalen Leben vertreten zu wollen. Die Sowjetunion könne diese Haltung nicht akzeptieren, ebenso unannehmbar bleibe dies für die DDR. Nur Worte allein, man sei für die Beziehungen mit der DDR, reichen nicht aus. Wichtig wäre allein, wie steht die Regierung der Bundesrepublik Deutschland zur Existenz der DDR?

Er wiederhole, daß die Sowjetunion für die Entwicklung der Beziehungen der Bundesrepublik Deutschland eintrete. Herr Schmidt habe gesagt, die Gespräche über den Austausch von Gewaltverzichtserklärungen seien 1968 durch die August-Ereignisse unterbrochen worden. Wenn Politik von einzelnen Tatsachen abhängig gemacht werde, dann würde man immer einen Vorwand finden, um unvermeidbaren Entscheidungen auszuweichen. Die sowjetische Linie gegenüber der Bundesrepublik Deutschland sei von verschiedenen Tatsachen abhängig. Man könne viele Tatsachen finden, die der Regierung der Bundesrepu-

blik Deutschland nicht gefielen. Müsse man das aber dazu benutzen, die Lösung bestimmter Probleme hinauszuschieben?
Er – Gromyko – wolle noch einmal den festen Standpunkt der sowjetischen Regierung hervorheben, die bereit sei, nach Wegen für eine gute Entwicklung der Beziehungen zwischen der Sowjetunion und der Bundesrepublik Deutschland zu suchen. Was die europäische Sicherheitskonferenz anbelange, so sei die sowjetische Seite dafür, daß die Vorbereitungen, Konsultationen und der notwendige Vergleich der Ansichten der Staaten Europas so schnell wie möglich durchgeführt würden. Die sowjetische Seite wolle durch eine genaue Konkretisierung ihres Standpunktes nicht die Initiative anderer Staaten erschweren. Die europäischen Staaten bzw. ein großer Kreis dieser Staaten sollten ihre eigene Rolle übernehmen.
Das Problem des NV-Vertrages ansprechend, erklärte Gromyko, man würde es als positives Faktum auffassen, wenn der Beitritt der Bundesrepublik schon jetzt erfolge. Man kenne die deutschen Argumente. Es könne keine Rede davon sein, daß mit dem Vertrag beabsichtigt würde, die friedliche Nutzung der Kernenergie zu erschweren. Werde das versucht, würde die Sowjetunion diesen Vertrag ablehnen. Die sowjetische Seite hoffe, daß die Regierung der Bundesrepublik dem Vertrag beitrete. Dadurch leiste sie einen wichtigen Beitrag zu einer guten Entwicklung der Beziehungen zwischen der Sowjetunion und der Bundesrepublik Deutschland.
Herr Schmidt ging auf das Problem der Beziehungen zu der DDR und zu Berlin ein und erklärte, die Position der Bundesregierung sei in den letzten zweieinhalb Jahren im Vergleich zu früheren Jahren flexibler geworden. Ulbrichts Briefe gingen nicht mehr ungelesen zurück. Heute sende der Bundeskanzler selbst ein Antwortschreiben. Das Zustandekommen und der Erfolg der europäischen Sicherheitskonferenz würden sehr erleichtert, wenn die Verhältnisse zwischen beiden deutschen Staaten verbessert würden. Die deutsche Seite habe keine Doktrin. Sie erhebe als Bundesrepublik Deutschland keine territorialen Ansprüche, weder gegenüber der DDR noch gegenüber Berlin. Insofern sei die Ausdrucksweise des Ministers unkorrekt gewesen. Würden die Verhältnisse aber so bleiben wie jetzt, so müßten alle Teilnehmer einer Sicherheitskonferenz voraussehen, daß die Konferenz nicht daran vorbeikomme, sich auch mit der deutschen Frage zu befassen. Die deutsche Seite würde es begrüßen, wenn es ohne Rücksicht auf die beiderseitigen Rechtspositio-

nen und die gesellschaftspolitischen Unterschiede zu vertraglichen Abmachungen komme.
Nochmals auf das Problem des Inhalts der europäischen Sicherheit eingehend, führte Herr Schmidt aus, die Ereignisse in Prag seien für Deutschland und die anderen westeuropäischen Länder keineswegs ein »Vorwand« gewesen, einen Schritt zurückzugehen oder ihre Politik zu ändern, wie Herr Gromyko gemeint habe, sondern diese Ereignisse hätten vielmehr die Wirkung großen Entsetzens hervorgerufen. Hier unterbrach der Minister ziemlich erregt: »Die Vorgänge in der ČSSR gehen Sie gar nichts an!« Herr Schmidt entgegnete: »Das geht uns sehr wohl etwas an« und fügte hinzu, er sei zwar nicht gekommen, um über die Tschechoslowakei zu sprechen, aber er müsse darauf hinweisen, daß in der Bukarester Erklärung von 1966 die Rede von der Nichteinmischung sei; diese Formel wäre auch enthalten im Warschauer Vertrag, fehle aber 1969 im Budapester Appell. In Deutschland sei daher Unsicherheit darüber entstanden, inwieweit die Sowjetunion den Artikel 2 der UNO-Charta überhaupt für eine bindende Völkerrechtsregel halte. Die Bukarester Deklaration von 1966 wiederholte wesentliche Grundsätze dieses Artikels 2. Die Ereignisse in Prag seien für die deutsche Seite eine Verletzung eben dieses Artikels. Die Sicherheit in Europa wäre nach seiner Erkenntnis nur möglich auf der Grundlage des Artikels 2. Das auszusprechen, sei unerläßlich.
Die SPD wolle im Prinzip den Nichtverbreitungsvertrag unterschreiben. Sie tue das ohne Vergnügen, da es ein ungleicher Vertrag sei, der die Atommächte begünstige, die keine Verantwortlichkeiten und Verpflichtungen übernehmen müßten, wie dies die nichtatomaren Mächte tun. Der Koalitionspartner der SPD habe zur Zeit noch Bedenken. Die Bedenken stünden im Zusammenhang damit, daß in der Endphase vor der Unterschrift die Sowjetunion die Artikel 53 und 107 der UNO-Charta (Interventionsansprüche aufgrund dieser Feindstaatenartikel) aufgebracht habe. Die deutsche Seite halte diese Artikel für obsolet. Es könne für Deutschland keine Ausnahme von dem Artikel 2 der UNO-Charta geben.* Insgesamt gesehen habe er, Schmidt, den Eindruck, daß die Bundesrepublik Deutschland den NV-Vertrag unterschreiben und – später – ratifizieren werde.

* Der Artikel 2 beinhaltet den generellen und uneingeschränkten Verzicht auf Anwendung von Gewalt und Drohung mit Gewalt.

Würde die Sowjetunion, was den auf einer Sicherheitskonferenz auszuhandelnden Inhalt anbelangt, erklären, Artikel 2 sei ohne Einschränkung, insbesondere auch für die Bundesrepublik Deutschland, gültig, so wäre das für die deutsche Seite ein wesentlicher Teil der kollektiven Sicherheit Europas und würde in Deutschland viel Sympathie finden. Außerdem würde man dann auf ernsthafte Bereitschaft stoßen hinsichtlich der beiderseitigen Reduzierung fremder und nationaler Truppen.
Die SPD bestehe seit 106 Jahren. Viele Kriege seien geführt worden, an denen Deutsche beteiligt waren und die von Deutschland ausgelöst wurden. Die Sozialdemokraten sind stolz darauf, nie an einer Regierung beteiligt gewesen zu sein, die die Verantwortung für einen Krieg getragen habe. Für den Frieden zu wirken, das sei die Grundhaltung der deutschen Sozialdemokratie.
Herr Schmidt fuhr fort, bei dem Gespräch, das er vor drei Jahren mit dem Stellvertretenden Außenminister Semjonow geführt habe, hätte Semjonow die Notwendigkeit der Ausweitung der wissenschaftlichen und technischen Beziehungen hervorgehoben. Die deutsche Seite habe den Eindruck, daß sich jetzt auf industriellem Gebiet eine bedeutende und kontinuierliche Entwicklung anbahne. Auch auf technologisch-wissenschaftlichem Gebiet sei die deutsche Seite zu einer kontinuierlichen Zusammenarbeit bereit. In deutschen Wirtschaftskreisen und in der Bundesregierung sei man sehr an institutionalisierter Zusammenarbeit auf naturwissenschaftlichem und technischem Gebiet interessiert.
Herr Gromyko erwiderte, daß die Standpunkte hinsichtlich der Tschechoslowakei verschieden sind, wäre eindeutig. Die Beziehungen der Sowjetunion zur Tschechoslowakei und zu anderen sozialistischen Staaten seien ausschließlich Sache der betreffenden Länder. Die angebliche Schrecken, den viele im Westen erlebt haben wollten, wäre nur ein Gespenst; es könne dafür gar keinen Grund geben; hier liege eine politische Halluzination vor. Was den Nichtverbreitungsvertrag anbelange, so erklärte Minister Gromyko, müsse er sagen, daß die Frage der betreffenden UNO-Artikel von der sowjetischen Seite nicht im Zusammenhang mit dem Verbreitungsvertrag angeschnitten wurde. Auf Einwurf von Herrn Schmidt: »Jedenfalls aber im gleichen Zeitraum mit der Auflegung des NV-Vertrages zur Paraphierung!«, fügte Gromyko hinzu, die entsprechenden Artikel stünden in der UNO-Satzung; sie blieben in der UNO-Satzung, denn niemand würde sie herausnehmen können. Eine solche Erklärung habe er Herrn Brandt in New York gegeben. In der

Bundesrepublik Deutschland versuchten einige zu spekulieren, aber vergeblich. Die sowjetische Seite sei dafür, daß die Verhandlungen auf ernsthafter Grundlage geführt würden; sie sähe im NV-Vertrag etwas Positives, sonst hätte sie mit den USA und anderen in dieser Sache keine Konsultationen geführt.
Die sowjetische Seite, fuhr Gromyko fort, trete ein für die Ausweitung der wirtschaftlichen Beziehungen. Er glaube, daß die Geschäftsleute in der Bundesrepublik Deutschland einige sowjetische Waren und Grundstoffe brauchten sowie nach Absatzmärkten für ihre Produkte suchten. Die sowjetische Seite verberge auch nicht ihr eigenes Interesse. Sie wolle auf der Grundlage der Gegenseitigkeit die Weiterentwicklung der Beziehungen auf wirtschaftlichem Sektor aufmerksam prüfen. Auch auf wissenschaftlich-technischem Gebiet gebe es Möglichkeiten für eine Ausweitung der Zusammenarbeit.
Anschließend kam Gromyko auf das Problem des Neonazismus zu sprechen. Er erklärte, in der Sowjetunion sei man über die Belebung des Neonazismus beunruhigt. Jeder Sowjetmensch erinnere sich – ob er wolle oder nicht – an die Vergangenheit und an gewisse Parallelen. Wenn bei Gesprächen mit offiziellen Vertretern von Regierungen oder Vertretern von Parteien die sowjetische Seite dieses Problem anschneide, so geschehe das aus wirklicher Sorge. Er hoffe, daß sich in der Bundesrepublik Deutschland Kräfte finden, die die Gefährlichkeit der neonazistischen Kräfte erkennen und Maßnahmen ergreifen, um vor ihnen ein unüberwindliches Hindernis zu errichten. Dies werde seitens des sowjetischen Volkes und von den anderen Völkern, die unter dem Nazismus gelitten hätten, positiv bewertet.
Herr Schmidt entgegnete, es gäbe in Deutschland keine politische Partei, in der diese Besorgnis größer sei als gerade bei der SPD; denn viele Sozialdemokraten hätten unter dem Nazi-Regime gelitten. In jedem Lande, in dem es das Verhältniswahlrecht gäbe, bestünden allerdings Chancen für radikale Außenseiterparteien. Die SPD nutze den Wahlkampf, um mit allem Nachdruck und mit aller Kraft um die Einsicht der Wähler zu kämpfen. Die deutsche Seite bringe der Besorgnis der sowjetischen Seite Verständnis entgegen, sei jedoch davon überzeugt, daß die NPD keine Chance bei den Wählern habe, weil die große Mehrheit der Deutschen fest zu den Prinzipien der Demokratie und eines freiheitlichen Rechtsstaates stehe.
Herr Schmidt erklärte abschließend, nicht nur die SPD, sondern alle

deutschen Demokraten hätten aus der ersten Demokratie gelernt. Aber auch die Nachbarn Deutschlands sollten sich bewußt sein, daß sie durch die Behandlung Deutschlands nicht Wasser auf die Mühlen der Radikalen gießen dürften. Beide Seiten müßten für den Frieden arbeiten.
Herr Gromyko sagte zum Schluß, er wisse, wie schwierig es sei, ein Gebirge zu überwinden; wie bei einem Tunnelbau müsse man von beiden Seiten damit beginnen.«

Das war keine Routinebemerkung und damit ein freundlicher Ausklang des Gesprächs von bald drei Stunden.
Um 19.00 Uhr begann die Vorstellung des Balletts der Stanislawski-Oper mit »Schneewittchen« von Peter Tschaikowskij. Wir waren eingeladen, kamen zu spät und konnten uns bis zur Pause in einem besonderen Raum auf die Umstellung vom politischen Parkett zum Theater, das die Welt bedeutet, einstimmen. Gerade bevor es dunkel wurde, nahmen wir unsere Plätze ein. Wir wurden zu unserer Überraschung mit Beifall empfangen, den wir uns nicht zu erklären vermochten. Bei der nächsten Pause mußten wir Autogramme geben. Wir hörten deutsche Laute. Eine Reisegruppe hatte einen Teil des Theaters besetzt. Neckermann machte es möglich.
Am Vormittag des 22. August wurden wir im Kreml vom 1. stellvertretenden Vorsitzenden des Ministerrats der UdSSR und Mitglied des Parteipräsidiums, Poljanskij, empfangen. In seiner Begleitung befand sich unter anderem Herr Falin. Anwesend war unser Gastgeber, Herr Spiridonow. Ich hatte ausreichend Gelegenheit, folgende Themen mit Herrn Poljanskij zu erörtern: Abschluß eines neuen Handelsvertrages (Ablauf des früheren im Jahre 1963), Vorschlag unserer Seite auf Bildung einer sowjetisch-deutschen Kommission für wissenschaftlich-technologische Zusammenarbeit, Durchführung gemeinsamer Investitionsprojekte, Aufnahme des direkten Luftverkehrs zwischen der Bundesrepublik und der Sowjetunion sowie Ausbau des Kulturaustausches durch Abschluß eines Kulturabkommens. Es wurden eineinhalb Stunden für die präzise Behandlung dieser Themen benötigt. Der Schlußsatz von Herr Poljanskij lautete: »Wo beiderseitige Interessen vorliegen, muß es möglich sein, zusammenzuarbeiten.«
Nachdem Herr Franke mit der sowjetischen Seite die Probleme der Familienzusammenführung besprochen hatte, kamen wir am Schluß durch Helmut Schmidt zu den außenpolitischen Fragen, die schon beim Au-

ßenminister Gromyko eine besondere Rolle gespielt hatten. Divergenzen traten nicht in Erscheinung, die Urteilsbildung wurde gefestigt. Beide Seiten hatten sich bemüht, in aller Offenheit zu diskutieren und zu argumentieren. »Es waren« – wie Helmut Schmidt den Journalisten in Moskau berichtete – »harte und überaus ernsthafte Gespräche. Es war zweifellos gut, den Sowjets ohne jedes diplomatische Getue klarzumachen, wie die Deutschen denken.«
Zum Mittagessen hatte die sowjetische Seite in den Bankettsaal des Kremlpalastes gebeten. Am Abend waren wir die Gastgeber. Nachmittags erfolgten Besichtigungen, unter anderem der Industrieausstellung und des in Betrieb genommenen Fernsehturms (in den Aufzügen entdeckte ich das Schild einer Firma aus der Bundesrepublik).
Am frühen Morgen des 23. August verabschiedete uns Herr I. W. Spiridonow und seine Begleitung auf dem internationalen Flughafen Sheremetyevo. Die deutsche Delegation bedankte sich für die Gastfreundschaft und für die Gespräche, die sicher für beide Seiten nützlich gewesen seien. Sofort nach Ankunft in der Bundesrepublik haben wir auf einer Pressekonferenz über alles Wissenswerte berichtet, wobei von Helmut Schmidt hervorgehoben wurde, daß die deutsche Politik unabhängig von einer Kalendersymbolik handlungsfähig bleiben müsse.
Ich meine, solche Erlebnisse zeigen an, wie Mächtige immer wieder in ihrem Sorgengestrüpp hängenbleiben und sich vielleicht doch in stillen Stunden der Erkenntnis nähern: »Mit unsrer Macht ist nichts getan.«

Das Kopf-an-Kopf-Rennen

Der nachfolgende Auszug aus einem Interview im Deutschen Fernsehen (›Monitor‹) am 25. August 1969, 20.15 Uhr, zu den Themen a) Moskau-Reise der SPD-Politiker (ungekürzt) und b) Haltung der SPD im Bundestagswahlkampf (Auszug) gibt Auskunft über meine Beurteilung. Die Fragen stellten: Rohlinger und Casdorff.
zu a)
Frage: Sind Sie und Ihre Mitreisenden in Moskau salopp behandelt worden, gelegentlich sogar herablassend? Mußten Sie bisweilen den Eindruck haben, Sie dienten als Staffage?

Möller: Nein, wir sind weder salopp noch herablassend behandelt worden. Man hat uns fair und höflich behandelt sowie mit einer beachtlichen Gastfreundschaft bedacht.
Frage: Sie sind sicher doch in Moskau laufend über die Ereignisse in Prag unterrichtet worden. Hatten Sie nicht doch manchmal Augenblicke, in denen Sie glaubten, Sie müßten Ihren Besuch abbrechen?
Möller: Wir haben, wie Sie wissen, an diesem Tage zweimal und sehr nachdrücklich den Standpunkt der Bundesrepublik hinsichtlich der Ereignisse in der ČSSR dargestellt, den Standpunkt der SPD ebenfalls. Wir meinen, daß die Argumentation vor einem Jahr beim Einmarsch in die ČSSR, daß ein Teil der Schuld die Bundesrepublik und die »Sozialfaschisten«, also die Sozialdemokraten, hätten, daß dieser Vorwurf von denen, die ihn ausgesprochen haben, nicht mehr wiederholt werden kann, nachdem sie uns, die »Sozialfaschisten«, diese SPD aus der Bundesrepublik Deutschland, zu politischen Gesprächen nach Moskau gebeten haben.
Zum Jahrestag der Invasion durch die Sowjetrussen haben wir der Toten gedacht und unsere Auffassung zu den Vorgängen eindeutig bekundet. Wenn eine technische Möglichkeit bestanden hätte, eine andere Terminbestimmung zu erreichen, wäre das geschehen. Aber wir waren in Terminnot. Und die Terminnot hat diesen Reiseplan zur Folge gehabt.
Frage: Der Bundeskanzler hat heute wissen lassen, ihm liege auch schon seit einiger Zeit das Angebot einer Einladung nach Moskau vor. Verstärkt das nun bei Ihnen Bedenken, Sie könnten mit Ihrer Reise noch Wahlkampfmunition an den Gegner geliefert haben?
Möller: Nein. Da habe ich keine Bedenken. Zunächst ist aber diese Mitteilung, die den Bundeskanzler Kiesinger betrifft, noch nicht amtlich bestätigt worden.
zu b)
Frage: Sie selbst gehörten zum sogenannten Schattenkabinett der SPD 1965. Ist das 1969 auch der Fall? Sind Sie ein oder sogar der Kandidat der SPD für das Bundesfinanzministerium?
Möller: Wir haben keine Schatten mehr, sondern wir haben Männer, die regiert haben, und wir haben im übrigen auch im Bundestag als Regierungsfraktion noch genügend Frauen und Männer herauszustellen, die zu jeder Zeit fähig sind, ein Regierungsamt zu übernehmen. Daher haben wir diesmal aus naheliegenden Gründen davon abgesehen, eine besondere Regierungsmannschaft zu benennen. Das ist nicht mehr nötig.

Das weiß das Volk. Sozialdemokraten können in Bonn regieren, können in Bonn richtig und zum Wohle des Volkes regieren. Keiner von uns, der politische Verantwortung trägt, wird sich weigern, eine noch größere politische Verantwortung auf sich zu nehmen, wenn das im Interesse des Volkes und des demokratischen Staates erforderlich wird. Wir haben so viele gute Leute, vor allen Dingen aus der jungen und mittleren Generation, daß ich es begrüßen würde, wenn gerade aus der jungen und mittleren Generation Berufungen in Ministerämter erfolgen würden.
Frage: Welches Prädikat würden Sie einer Verlängerung der Großen Koalition am ehesten zuerkennen: gefährlich, denkbar, vertretbar oder wünschenswert?
Möller: Ich würde in diesem Stadium überhaupt keine Bewertung vornehmen. Nicht aus taktischen Gründen, sondern weil wir uns darauf konzentrieren, die Wahlen zu gewinnen. Wenn wir die Wahlen gewinnen, stellen wir den Bundeskanzler. Ich kann mir keine CDU/CSU vorstellen, die sich einem sozialdemokratischen Bundeskanzler, der führt, der Entschlüsse faßt und sie auch durchführt, unterstellt. Ich finde, es wäre in diesem demokratischen Staat ganz nützlich und heilsam, wenn nun unser Regierungspartner, die CDU/CSU, vier Jahre Opposition machen müßte. Er hat seit 1949 Regierungserfahrungen. Dieser große Schatz an Regierungserfahrungen müßte die CDU/CSU zur besten Opposition der Bundesrepublik Deutschland machen. Das ist doch auch eine Aufgabe, die reizvoll sein kann.
Über unsere Moskau-Reise haben wir Bundeskanzler Kiesinger einen 46seitigen Bericht zugehen lassen. Trotzdem erfolgten im Wahlkampf Unterstellungen, die ich auch dann für unmöglich gehalten hätte, wenn wir nicht mit der CDU/CSU in der Bundesregierung sitzen würden. Allerdings muß ich heute noch schmunzeln, wenn ich daran denke, daß eine führende Persönlichkeit der C-Parteien immer bei Schilderung »der furchtbaren Gefahren, die drei Sozialdemokraten durch die Pilgerfahrt ins blutrote Moskau heraufbeschworen hätten«, die Frage stellte: »Was kann dann noch alles passieren?« und mit erhobenem Arm hinzufügte: »Ich sage nur: China, China, China!!« Tobender Beifall.
Später machten sich aber als erste prominente Politiker der C-Parteien getrennt Schröder, Kohl und Franz Josef Strauß auf den langen Marsch nach China. Kein ernst zu nehmender Politiker hat diese Touren mit hämischen Bemerkungen begleitet. Ebensowenig ist jemand auf den absurden Gedanken gekommen, es könne eine Abfärberei eintreten.

In den ersten Maitagen 1978 beim Staatsbesuch des Staatsoberhauptes der Sowjetunion, Breschnew, in Begleitung des sowjetischen Außenministers Gromyko ist der Vorsitzende der CSU Strauß von Breschnew zu einem Gespräch empfangen worden. Die Bewertung durch den CSU-Politiker vermittelte uns das Deutsche Fernsehen (später auch die Bundestagsdebatte am 11. Mai 1978).
Die Tagesschau hat im Ersten Deutschen Fernsehen wie folgt berichtet:

»*Lueg:* Eine ungewöhnliche, durchaus politisch gemeinte Geste für den CSU-Chef Franz Josef Strauß: Leonid Breschnew begleitet nach dem Gespräch den Oppositionspolitiker zu dessen Wagen im Park von Gymnich. Sowjets und Deutsche staunten. Strauß, so hört man, will bald nach Moskau reisen. Ein punktuell geführter Meinungsaustausch – Breschnew und Strauß hielten sich nicht mit Nebensächlichkeiten auf.
Frage: Könnten Sie Ihre Begegnung etwa mit dem Satz zusammenfassen, daß die grundsätzlichen Unterschiede in der Bewertung der internationalen Politik geblieben sind?
Strauß: Da gibt es Gemeinsamkeiten und gibt es Verschiedenheiten.
Frage: Worin gibt es Gemeinsamkeiten?
Strauß: Die Gemeinsamkeit besteht ohne Zweifel darin, daß der Westen und der Osten, wenn man diesen primitiven Vergleich gebrauchen darf, wissen, daß Konflikte, Aufbau von Konfliktpotentialen, sich eines Tages der Kontrolle der politisch Verantwortlichen entziehen könnten und dann eine Automatik abläuft, die für beide Seiten das Ende ihrer Politik in vorausschaubarer Zeit wäre. Und ich habe den Eindruck, daß er mich sehr ernst genommen hat. Und ich habe keinen Grund, ihn nicht auch sehr ernst zu nehmen.«

Ich sage: gut! Datum: 6. Mai 1978. Aber bei den sozialdemokratischen »Moskau-Pilgern« war es der August 1969. Und da konnte man noch anders.

In dem Wahlkampf des Jahres 1969 ließ sich bei den im Deutschen Bundestag vertretenen Parteien nur in einem wichtigen politischen Punkt eine einheiliche Meinung feststellen, nämlich die, die Gefahr von rechts ernst zu nehmen. Bis dahin gab es nur in einigen Landtagen NPD-Abgeordnete, im Bundestag keine. Bei einem Wahlerfolg hätte die NPD die Fünf-Prozent-Hürde nehmen müssen. Das Ausland wäre zu dem Urteil gekommen: die Nazis sind wieder da, denn unser Wahlsystem mit der

Fünf-Prozent-Klausel bedeutet, weniger als fünf Prozent kein Abgeordneter, mehr als fünf Prozent – dann kommen mindestens gleich 30. Was die Sowjetunion dem Volk der Tschechoslowakei angetan hatte, wäre überdeckt worden durch den gemeinsamen Nenner der Angst vor einem wiedererwachenden Nationalsozialismus. Gerade bei unseren Gesprächen in Moskau spielten die noch nicht aufgehobenen Artikel 58 und 107 der UNO-Charta eine Rolle. Die Sowjets bewahrten immer noch im Hinterkopf die Überzeugung, man könne sie anwenden, wenn in der Bundesrepublik eine neue Machtergreifung durch eine aufkommende nationalsozialistische Bewegung zu unterstellen sei. Ob die Länder der westlichen Welt dann bei ihrer bisherigen scharfen Ablehnung der Auslegung durch die Sowjetunion geblieben wären, erscheint mir zweifelhaft. Wie groß die Gefahr gewesen ist, zeigt das Wahlergebnis vom 28. September 1969: Die NPD kam von 2 % und 664 193 Stimmen im Jahre 1965 auf 4,3 % und 1422010 Stimmen am 28. September 1969.
Eine Infas-Repräsentativuntersuchung wurde nach den beiden Moskau-Reisen mit folgendem Ergebnis durchgeführt:

Parteipräferenz	Politiker-Reisen nach Moskau sind				
	insgesamt in %	sehr gut und gut	weniger gut	schlecht	keine Angabe
Bundesgebiet insgesamt	100	80	10	3	7
CDU/CSU-Anhänger	100	75	12	4	9
SPD-Anhänger	100	88	8	1	3
Anhänger anderer Parteien	100	77	13	4	6
ohne Angaben der Parteipräferenz	100	67	12	7	14
potentielle NPD-Wähler	100	75	17	6	2

Am 25. September startete im Zweiten Deutschen Fernsehen die populäre Sendung »Journalisten fragen« mit diesen Teilnehmern:

Bundeskanzler Dr. Kurt Georg Kiesinger,
Bundesfinanzminister Franz Josef Strauß,
Bundesaußenminister Willy Brandt,
FDP-Vorsitzender Walter Scheel.

Folgende Journalisten waren die Fragesteller:

Hans Reiser (Süddeutsche Zeitung),
Klaus Steves (Die Welt),
Hans Dieter Kloss (Stuttgarter Zeitung),
Alfred Rapp (Frankfurter Allgemeine Zeitung).

Leitung: Reinhart Appel.
Thema: Aktuelle politische Fragen vor der Bundestagswahl 1969.

»*Appel:* Meine Herren, es wäre gut, wenn bei allen Fragen und Antworten das sachliche Informationsinteresse der Zuschauer und Zuhörer im Vordergrund stünde und klar würde, inwieweit sich die politische Landschaft in Bonn durch den Wahlkampf verändert hat und zweitens für den Wähler politische Alternativen für die künftige Entwicklung der deutschen Politik sichtbar oder wenigstens deutlicher geworden sind.«

Ich zitiere nur einen kleinen Ausschnitt aus dieser Sendung, der kurz vor Beendigung des Wahlkampfes zu erkennen gibt, in welcher Atmosphäre die vier Vorsitzenden der im Deutschen Bundestag vertretenen Parteien diskutierten und welche Präferenz für jedermann noch früh genug vor dem 28. September erkennbar wurde:

»*Brandt:* Mein Hauptkontrahent hier ist der gegenwärtige Bundeskanzler. Herr Bundeskanzler, es ist völlig unmöglich, daß Sie in diesen Tagen sagen: Wenn ein Regierungswechsel käme, dann würde das Vertrauen oder die Unterstützung der westlichen oder, wie Sie sagen, der freien Welt zu uns erschüttert. Dies ist eine unerlaubte Inanspruchnahme fremder Mächte in unserem Wahlkampf. Und ich sage Ihnen, nach meinen Unterhaltungen mit dem amerikanischen und dem britischen und dem französischen Außenminister noch am Montag dieser Woche in New York: Sie haben überhaupt kein Recht, in dieser Weise eine alternative Regierung in der Bundesrepublik zu verdächtigen.
Kiesinger: Ich bin ganz gegensätzlicher Meinung, ich habe mit dieser meiner Behauptung ohne jeden Zweifel recht. Und zwar deswegen, weil ich von ausländischen Staatsmännern, und ich spreche ja auch mit ihnen, nicht nur Sie . . .
Frage: Von welchen, Herr Bundeskanzler?
Kiesinger: Von überall her im Westen.
Scheel: Von anonymen, von anonymen?

Kiesinger: Sie werden jetzt nicht von mir erwarten, daß ich Ihnen sage, der, der, der. Wenn ich das sage, dann bitte ich Sie, gefälligst zu akzeptieren, daß es so ist (Stimmengewirr). Wenn ich gefragt werde, was ist mit euch los, wollt ihr noch, was bisher war, klar war, oder wollt ihr es nicht mehr? Und dann werde ich auf Aussprüche verwiesen, die da und dort gefallen sind. Ich bin der Meinung, wenn wir wollen, daß unsere Freunde, die zwanzig Jahre in dieser Frage zu uns gestanden haben, auch in Zukunft noch zu uns stehen, dann müssen sie uns auch weiter verstehen. Ich habe, Herr Brandt, in allen meinen Äußerungen immer gesagt, ich muß sagen, daß es in beiden Parteien, in Ihrer und in der FDP, Männer gibt, die in dieser Frage so denken wie ich und meine Freunde.
Brandt: Sie haben hier mit keinem Halbsatz Ihre unmögliche Behauptung rechtfertigen können, daß die westliche Welt, daß die Verbündeten einer alternativen Regierung in der Bundesrepublik Deutschland weniger Vertrauen entgegenbrächten als einer unter CDU-Führung.
Kiesinger: So habe ich es nicht gesagt.
Brandt: Sie können sie nämlich auch nicht rechtfertigen, davon ...
Kiesinger: Sie unterstellen mir etwas, was ich nicht gesagt habe.
Brandt: Sie haben gesagt, nach einem Regierungswechsel würde es nicht dieselbe Unterstützung durch die freie Welt geben; dies ist falsch.
Kiesinger: Nein, das habe ich nicht gesagt.
Brandt: Das haben Sie gesagt.
Kiesinger: Dann kann ich genausogut wie Sie, die Sie auf diese Überschrift in der Süddeutschen Zeitung eine korrigierende Bemerkung gemacht haben, sagen, ich kann Ihnen ganz genau sagen, was ich unverändert sage, ich sage, es gibt in beiden Parteien Männer, die genauso denken wie wir in dieser Frage, realistisch, nüchtern, ohne Illusionen. Aber es gibt zu viele Kräfte in beiden Parteien, die anders denken, zum Teil halb, zum Teil ganz, ich brauche ja nicht an den Landesverband Schleswig-Holstein, Bezirksverband Hessen-Süd, an das, was die Jungsozialisten mir auf jeder Kundgebung sagen, an die Forderungen des Regierenden Bürgermeisters an die zukünftige Regierung hinweisen. Ich habe gesagt, es gibt zwar Männer, die da genauso denken, aber es sind zu viele andere. Und deswegen wird das Schiff einer solchen neuen Koalition eine Schlagseite haben, die von keinem Steuermann auf geradem Kurs gehalten werden kann. Das ist meine Auffassung. Und wenn das eintritt, dann machen wir unsere Freunde in der Welt verwirrt, denn wenn wir selber schwankend werden, einen schwankenden Eindruck machen,

dann können wir sie doch gar nicht bei uns halten. Das ist das, was ich gesagt habe. Nicht global, daß eine neue Regierung an sich weniger Vertrauen hätte als diese.
Brandt: Ja, aber Sie haben unwidersprochen gelassen, daß das Bundespresseamt am vorigen Sonntag, am 21. September, unter der Überschrift ›Kiesinger: Regierungswechsel würde alles zerstören‹ verlautbarte: ›Bundeskanzler Kiesinger hat am Sonntag die Auffassung vertreten, daß bei einem Regierungswechsel nach der Bundestagswahl in wenigen Monaten alles zerstört werden würde, was 20 Jahre lang gehalten habe, die uneingeschränkte Unterstützung der freien Welt.‹ Dies ist völlig unmöglich, das ist unwidersprochen geblieben, das ist objektiv falsch.
Kiesinger: Daß es objektiv falsch ist, müssen Sie erst beweisen.
Brandt: Dies ist objektiv falsch.
Frage: Aber sagten Sie nicht gerade, Sie hätten das nicht gesagt, Herr Kiesinger?
Kiesinger: So nicht, sondern so, wie ich es eben gesagt habe. Und Sie wissen ja, wie das zusammengefaßt wird . . .(Stimmengewirr)
Appel: Nehmen wir doch die jetzt gegebenen Erklärungen für die richtigen und argumentieren wir weiter.
Brandt: Jetzt komme ich nochmals zu Schütz. Ich unterschreibe nicht jede Formulierung, aber den Grundgedanken billige ich, mich zu wenden gegen die Leute, die den Vertriebenen und den Flüchtlingen und anderen in unserem Land Dinge versprechen, von denen sie ganz genau wissen, daß sie diese nicht halten können. Oder die, wie Herr Strauß, das böse Wort vom Verzicht in diesem Wahlkampf hineinbringen, während jeder wissen muß, es geht nicht darum, daß wir auf etwas verzichten, was wir faktisch gar nicht haben, sondern darum, was wir gewinnen an friedlicher Zukunft für diese Nation.
Strauß: Ist für Sie ein Recht nicht auch eine Position?
Kiesinger: Jetzt muß ich wirklich darum bitten, diese Diskussion wieder sachlich zu gestalten. Ich habe den Vertriebenen immer gesagt, so wie es ist, darf es nicht bleiben, aber ob es einfach wieder so werden kann, wie es einmal war, darüber werden wir ja wohl nachdenken können. Ich weise es auf das entschiedenste zurück, daß hier Unterstellungen gemacht werden, die nicht der Wahrheit entsprechen. Diese Notiz, Herr Brandt, die Sie vorgelesen haben, ist ebenso verkürzt wiedergegeben wie die, die ich jetzt zur Kenntnisnahme und in Ihrem Brief zur Kenntnis genommen habe, daß unsere Beziehungen zur Sowjetunion normalisiert

seien. Worauf meine Sorge beruht, ist ganz einfach dies, daß in beiden anderen Parteien in der Ostpolitik Tendenzen bestehen, die nach meiner Meinung im Westen Verwirrung anrichten müssen, und ich füge hinzu, auch die Leute in Moskau, die vielleicht nachdenken, ob man sich mit uns einigen könnte, in eine hoffnungslose Position bringen, wenn sie den Eindruck bekommen, daß man ja nur ein bißchen zu warten brauche, dann falle einem das, was man wolle, doch wie eine reife Frucht in den Schoß. Das ist doch die Frage, um die es geht.

Scheel: Herr Kiesinger, Sie haben eben gesagt, daß Sie das alles nicht gesagt haben.

Kiesinger: Ich habe gesagt, wenn diese Regierung zustande käme, dann würden sich wahrscheinlich in dieser Regierung die Kräfte durchsetzen, die am stärksten ins Gleiten kommen würden in der Frage der Ostpolitik und der Deutschlandpolitik. Ich habe gesagt nicht durchsetzen, sondern ich habe gesagt, daß ein solches Schiff eine solche Schlagseite haben würde, daß ein noch so geschickter Steuermann es nicht mehr auf Kurs halten könnte.

Brandt: Aber hier sind Sie auf einem Auge blind, denn Sie haben seit Monaten unwidersprochen hingenommen, daß das Wochenblatt der CSU, für das Herr Strauß verantwortlich zeichnet, in massiver Weise nicht nur den Bundesaußenminister angreift, sondern auch die Politik, die wir gemeinsam vereinbart haben.

Strauß: Das stimmt nicht, Herr Brandt, sondern Sie interpretieren, was an unserer Politik gemeinsam war, wunschgemäß in Ihrem Sinne.

Brandt: Nein, das ist die Politik des kalten Krieges alter Prägung, die Sie betreiben.

Strauß: Das sind ja Schlagworte, Herr Brandt. Ich habe diese Politik mitgemacht – Rumänien, Jugoslawien, Tschechoslowakei usw., das wissen Sie, habe mich nie davon distanziert, tue es auch jetzt nicht, aber Ihre weitergehenden Interpretationen, die in Deutschland Hoffnungen erwecken, die nie erfüllt werden, die habe ich mir nicht zu eigen gemacht.

Brandt: Wer sagt denn immer wieder ›illusionslos‹ und ›beharrlich‹? Und wer sagt, daß wir häufig nicht einmal kleine Schritte tun können, sondern nach Millimetern arbeiten müssen? Sie reden doch von den Luftschlössern über die europäische Atommacht.

Strauß: Ich rede vom europäischen Bundesstaat, der eine eigene Souveränität haben muß. Und wenn Sie heute anfangen, diesen Bundesstaat zu demontieren, dann verraten Sie die europäische Konzeption . . .

Brandt: Die Vereinigten Staaten von Europa waren schon ein Programm meiner Partei, als Ihre Gesinnungsgenossen zum großen Teil noch ›Siegreich woll'n wir Frankreich schlagen‹ gesungen haben.
Strauß: (Stimmengewirr) Falsches Fahrwasser . . .
Appel: Darf ich hier einmal eine Zäsur machen . . . (Stimmengewirr)
Strauß: . . . daß die SPD in Europafragen sich früher verhalten hat in den ersten Jahren des Bundestages. Jetzt sitzen Sie im ganz, aber im ganz falschen Boot, Herr Brandt.
Brandt: Da waren wir schon vor Hitler dran an diesem Thema Europa (Stimmengewirr).
Strauß: Aber mir keine Vorwürfe machen.
Appel: Wenn wir zu weit in die Vergangenheit gehen, dann werden wir erstens kein Verständnis bei den Zuschauern finden, und wir werden nicht mit dem weiterkommen, was hier von den Journalisten als Informationsbedürfnis im Interesse des Wählers an Fragen formuliert werden soll.
Rapp: Es war informativ genug dieser Disput zwischen den Herren hier.
Appel: Ich hatte Herrn Scheel das Wort gegeben, und zwischendurch waren Bemerkungen gemacht worden. Es ist fair, daß wir hier den einzigen Oppositionssprecher einmal ausreden lassen.
Scheel: Ich wollte gerade diese Diskussion auf den Punkt bringen, der dabei wichtig ist. Herr Bundeskanzler Kiesinger hat gesagt, ›er habe diese Formulierung nicht gebraucht‹; aber, Herr Kiesinger, Sie haben den Eindruck erwecken wollen, der auch entstanden ist. Und das ist eine Entartung des Wahlkampfes. Das gilt auch für die CSU, die in ihren Anzeigen, die sie verbreitet hat, den Eindruck gemacht hat, als ob nur – um Ihren Ausdruck zu gebrauchen – ein Steuermann, der der CDU angehört, das Schiff in der Bundesrepublik steuern könnte. Und ich widerspreche dem auf das entschiedenste. Diese Art, in der Politik keine Information zu haben im Bundestag, sondern zu diffamieren und das Volk in Gruppen aufzuteilen. Sie selber haben im Bundestag immer von ›Anerkennern‹ und ›Nichtanerkennern‹ gesprochen, obgleich Sie ganz genau wissen, daß die Leute, die sich um eine Regelung mit den osteuropäischen Ländern bemühen, wahrscheinlich zumindest so gute Patrioten sind . . .
(Unterbrechung)
Kiesinger: Das stimmt schon wieder nicht, was Sie gesagt haben.
Scheel: Das haben Sie im Bundestag gesagt.

Kiesinger: Ich habe im Bundestag gesagt, in diesem Hause gibt es keine Anerkennungspartei.
Scheel: Vielleicht würden Sie mich mal jetzt ausreden lassen, Herr Kiesinger. Ich habe nämlich noch ein paar Bemerkungen dazu zu machen, und zwar will ich Ihnen das zeigen. Wenn im Wahlkampf unter Ihrer Führung solche Flugblätter und Plakate erscheinen, in denen es heißt: ›Wer am 28. September der FDP die Stimme gibt, hilft mit, den – jetzt kommt in Anführungszeichen – ehemaligen Kommunisten Willy Brandt zum Kanzler zu machen. Deshalb auf den Kanzler kommt es an, Kurt Georg Kiesinger, CDU.‹
Kiesinger: Dieses Plakat ist mir völlig unbekannt.
Scheel: Das kann ich mir vorstellen.
Kiesinger: Ich distanziere mich ganz entschieden davon.
Scheel: Aber Herr Kiesinger, das ist genau der Erfolg Ihrer Wahlkampfführung: nämlich die anderen Parteien zu diffamieren, das Volk in Edle und Unedle aufzuteilen, wie ich es an allen Ecken und Kanten feststelle. Und das führt dazu, daß wir aufgegliedert sind in Gruppen und daß auch extremistische Gruppen entstehen. Uns geht es darum, daß wir dieses Volk versöhnen und solche Töne tatsächlich aus der Wahlkampfführung herausnehmen, weil sie einfach unerträglich sind und ein Klima erzeugen, mit dem wir uns nachher auseinanderzusetzen haben, was schwer wieder in Ordnung zu bringen ist.«
Zum Schluß stellte der Leiter der Gesprächsrunde, Appel, die Gretchenfrage:
»Was ist für die deutsche Demokratie am Sonntag das Wichtigste?
Strauß: Für mich ist am wichtigsten ein Wahlausgang, der eine einwandfreie Mehrheitsbildung, eine handlungsfähige, funktionsfähige, verantwortungsfähige Regierung ergibt.
Scheel: Für die Demokratie ist in der Tat wichtig, daß wir wieder Kontrolle über die Regierungstätigkeit bekommen durch eine handlungsfähige Regierung und daß wir zurückfinden zu dem Gespräch zwischen allen Bürgern in der Bundesrepublik und zu einem inneren Frieden, der verlorenzugehen droht.
Kiesinger: Für mich ist wichtig, daß eine Wahlentscheidung fällt, die eine handlungsfähige Regierung ermöglicht, die die großen Aufgaben des kommenden, sehr schwierigen Jahrzehntes erfüllen kann, und ich bin persönlich immer noch der Meinung, daß das Regierungsprogramm, das wir Ende 1966 entworfen haben, wenn man nur bei ihm bleibt und auf

ihm weiterbaut, ganz gleich in welcher Koalition, dafür eine gute Grundlage abgeben würde.
Brandt: Erstens, am Sonntag und für die kommenden Jahre eine ganz harte Entscheidung gegen nationalistische Überheblichkeit und gegen jede Art von radikalistischer Selbstzerstörungssucht. Zweitens eine Entscheidung, die es möglich macht, daß wieder Wirtschaftspolitik betrieben werden kann, daß unsere Friedenspolitik, wie wir sie gemeinsam einmal skizziert hatten, konsequent weitergeführt werden kann und daß der Reformwille sich so ausdrückt, daß wir rasch genug zum modernen Deutschland kommen.«

Dieser Wahlkampf war ein nicht aussichtsloser Kampf um eine neue Konstellation der Regierungsmacht. In einer Demokratie ist ein solches Bemühen völlig legitim, denn es kann sich immer nur um »kontrollierte Macht auf Zeit« (Gustav Heinemann) handeln. Das Volk ist Schiedsrichter. Alle Beteiligten müssen sich der Pflicht beugen, die Regeln der Fairneß, der intellektuellen Redlichkeit und des Respekts vor den Andersdenkenden zu beachten. Dann ist der Ausgang des Ringens um politische Macht anerkennenswert.

XXV. DIE WAHLEN, DIE DIE WENDE BRACHTEN

Willy Brandt wird Bundeskanzler

Am Nachmittag des Wahltags ging es mit dem »Rheingold« nach Bonn. In meiner Zugbegleitung befand sich ein Rundfunkgerät. Die Annahme, die Mitreisenden würden protestieren, wenn ich den Versuch unternehme, im Zug Wahlresultate über den Rundfunk zu hören, war ein Irrtum. Jeder hatte das Bedürfnis, sich zu orientieren.

Die erste Hochrechnung kam aus Hessen: SPD 49,4 %, CDU 37,9 %. Dann erfolgte um 18.35 Uhr die kalte Dusche (jedenfalls für mich, einige in der Traube der Hörer atmeten auf): CDU 47 %, SPD 40 bis 42 %, FDP 6 % und NPD 5 %. Das kann doch nicht wahr sein! Aber eine kurz darauf durchgegebene Hochrechnung sah ähnlich aus. Ich erreichte Bonn.

Schnell zum Erich-Ollenhauer-Haus. Dort Menschen über Menschen und kein lachendes Gesicht. Im Sitzungszimmer des Präsidiums drückte ich jedem die Hand. Aber es zeigte sich noch kein Beileid. Ich war etwas abgelenkt, denn gerade erhielt ich die Nachricht über einen für mich günstigen Verlauf der Auszählungen im eigenen Wahlkreis.

19.50 Uhr:

Dr. Bruno Heck, Generalsekretär der CDU: »Ich glaube, dieses vorläufige Ergebnis ist in seinem Erfolg in der Spitze ein Erfolg des Bundeskanzlers (Kiesinger). Ich glaube, wir haben richtig analysiert und die richtigen Schlüsse aus der Analyse gezogen.«

19.55 Uhr:

Walter Scheel, FDP-Vorsitzender: »Das ist ja ohnehin klargeworden, nachdem die ersten Hochrechnungen bekannt wurden, daß es sehr fraglich ist, weil die CDU ihre Stellung in vollem Umfang hat behaupten können.«

20.10 Uhr:

Dr. Bruno Heck (noch freundlicher als um 19.50 Uhr): »Für uns kommt es jenseits von – Mehrheitswahlrecht hin, Mehrheitswahlrecht her – darauf an, eine regierungsfähige Regierung zustande zu bringen, und ich glaube, zweieinhalb Jahre Koalition ohne eine Opposition, die eine ernsthafte Alternative darstellen konnte, war für die deutsche Demokratie schon eine große Belastung, und man müßte sich schon sehr sorgfältig überlegen, und es müßte sich aus der Programmatik von vier Jahren Politik zwingend ergeben, wenn man weitere vier Jahre sich auf eine Große Koalition einigen sollte. Die Freien Demokraten haben – wie ich glaube – doch eine klare Absage ihrer Wähler gegenüber ihrer Politik der letzten zweieinhalb Jahre zum Ausdruck gebracht bekommen, und ich nehme an, daß die Freien Demokraten daraus Konsequenzen ziehen.«

20.25 Uhr:

Herbert Wehner, stellvertretender SPD-Vorsitzender:

Merseburger (ARD): »Die CDU hat einmal erklärt, sie würde das Mehrheitswahlrecht zu einer der Bedingungen für die Fortführung der Großen Koalition machen . . .«

Wehner: »Hören Sie mal, da kann ich nur husten. Eine Partei, die zurückgeht, will einer anderen Partei, die vorwärts marschiert, Bedingungen stellen – können Sie doch mit uns nicht machen.«

20.55 Uhr:

Walter Scheel:

Casdorff: »Nun könnte die Situation entstehen, daß diese SPD-FDP-Gruppe sechs Abgeordnete mehr hätte als die CDU/CSU. Reicht das aus für eine Koalition?«

Scheel: »Das wäre genau die gleiche Mehrheit, die wir ja jetzt auch haben. Und die SPD hat 1966, als sie die Möglichkeit hatte, eine Regierung zu bilden mit einer solchen Mehrheit, es nicht getan. Ob sie im Jahre 1969 eine andere Haltung einnimmt, das kann nicht ich entscheiden. Das wird die SPD zu entscheiden haben . . .«

21.05 Uhr:

Franz Josef Strauß, CSU-Vorsitzender: » . . . Grundsätzlich bin ich der Meinung, wenn die CDU/CSU an die absolute Mehrheit herankommt, ist es für sie sehr schwierig, die Große Koalition fortzusetzen.«

21.12 Uhr:

Dr. Rainer Barzel, MdB/CDU: » . . . Es ist klar, daß der Führungsanspruch bei der CDU/CSU bleibt. Ich bin für folgendes, daß wir in den großen nationalen Fragen die Kooperation aller aufrechterhalten, aber

im übrigen die Spannung im Parlament wiederherstellen zwischen einer großen Opposition und einer großen Regierung, daß wir wieder eine Politik der sozialen Marktwirtschaft machen und nicht eine Politik sozialistischer Gängelei.«
21.15 Uhr:
Franz Josef Strauß: » . . . Die CDU/CSU hat damit ihr Wahlkampfziel erreicht, das ich in allen Wahlreden so formuliert habe: ›Wir wollen und müssen so stark werden, daß man ohne und gegen uns die großen Entscheidungen unserer Innen- und Außenpolitik in Zukunft nicht gestalten kann.‹ Dieses Ziel scheint erreicht zu sein.«
Keiner traute Augen und Ohren. Die Hochrechnungen wurden SPD-freundlicher! Ich erhielt das Ergebnis aus meinem Heidelberger Wahlkreis. Zum erstenmal konnte ich das Direktmandat erringen (in einem Wahlkreis, den mir meine Vorgängerin mit 28 % Erststimmen übergeben hatte). Ich erhielt 45,8 % (gegen 39,2 % in 1965) Stimmenanteil, CDU 43,7 % (gegen 47,3 % in 1965), FDP 4,5 % (gegen 9,98 % in 1965). Der NPD-Kandidat brachte es leider auf 5,1 %. Meine Freunde im Präsidium der SPD freuten sich mit mir über das gewonnene Direktmandat.
Mir gab dieser Vorgang die Eingebung, einige von uns sollten sich sofort mit FDP-Kollegen in meiner nahe gelegenen Wohnung treffen. Mein guter Freund Hans-Jürgen Wischnewski machte sich gleich auf den Weg. Heinz Kühn und ich gingen unbemerkt zu meiner Wohnung. Hier erreichten wir telefonisch den NRW-Innenminister Willi Weyer, mit dem wir schnell eine Übereinstimmung herstellen konnten (ich hatte Willi Weyer seinerzeit in einer langen Unterredung im Kurhaus Rothaus/Schwarzwald für die Heinemann-Kandidatur gewinnen können). Dann kamen die FDP-Kollegen, unter ihnen Mischnick, Mertes, Hoppe und Rubin. Es war ein fruchtbarer Meinungsaustausch, bei dem von unserer Seite – das Endergebnis stand inzwischen fest – erklärt wurde, die Freien Demokraten hätten zwar die Wahl verloren, aber ohne sie könne keine sich auf eine Bundestagsmehrheit stützende Regierung gebildet werden. Sicher würde es einige Rechtskonservative bei ihnen geben, die sich dem Bündnis mit Willy Brandt widersetzen, aber der Widerstand der übrigen Mitglieder des Parteivorstandes und der Fraktion sei gewiß ungleich stärker, wenn man versuchen würde, die frühere Koalition wieder aufleben zu lassen. Wir trennten uns mit guten Wünschen für die weitere Entwicklung.

Am Montag, den 29. September, konnte die SPD folgende Presseerklärung herausgeben:

»Partei- und Fraktionsvorstand der SPD billigten heute einstimmig die Erklärungen des Parteivorsitzenden aus der Wahlnacht und von heute morgen, in denen er die klare Absicht der SPD unterstrichen hatte, die Führung der Bundesregierung zu übernehmen und mit der FDP diese neue Bundesregierung zu bilden. Die Gremien beschlossen die Bildung einer Kommission, die die Verhandlungen im Zusammenhang mit der Bildung der neuen Bundesregierung führen wird. Dieser Kommission gehören an: Willy Brandt, Helmut Schmidt, Herbert Wehner, Karl Schiller, Alex Möller, Heinz Kühn und Georg Leber.«

Inzwischen hatte der CDU-Sprecher Dr. Rathke der SPD das Recht bestritten, federführend in den Koalitionsverhandlungen aufzutreten, denn sie sei nicht die stärkste Partei. Darauf konterte der Sprecher der SPD Lothar Schwartz:

»Erstens: Laut Wahlergebnis hat die SPD 42,7 Prozent, die CDU 36,6 Prozent, die CSU 9,5 Prozent und die FDP 5,8 Prozent der Stimmen erzielt. Zweitens: Bei den von Oktober 1968 bis März 1969 geführten Verhandlungen über die Zuteilung der Fernsehsendezeiten für die Wahlwerbung haben CDU und CSU durch Herrn Dr. Rathke und den CSU-Generalsekretär Max Streibl unter Berufung auf das Parteiengesetz den Anspruch erhoben und durchgesetzt, als eigenständige Parteien behandelt zu werden. Dieser Vorgang ist in einem Protokoll vom 25. März 1969 eindeutig festgehalten.«

Die Koalitionsverhandlungen verliefen zufriedenstellend. Kein Störfeuer hat die Verhandlungskommission der Freien Demokraten beeindruckt, die wußten, daß etwa drei von 30 Fraktionsangehörigen nicht mitmachen würden. In den Sachfragen war der Gesprächspartner konziliant, aber gleichwohl zielbewußt. Die innerhalb weniger Tage erreichte Einigung würde sicher von Dauer sein.
Die Behandlung der Mitbestimmungsforderung wurde bis zur Vorlage des Berichts der Sachverständigenkommission und dessen Erledigung zurückgestellt. Dagegen konnte man sich dahin gehend verständigen, daß die Novellierung des Betriebsverfassungsgesetzes in Angriff zu nehmen sei. In der Agrarpolitik zeigten sich Differenzen, die bei der D-Mark-Aufwertung nicht geringer werden konnten. Da aber praktika-

ble Lösungen ohne den EG-Bereich nicht denkbar waren, gab es Übereinstimmung, daß hier versucht werden mußte, die Interessen der deutschen Landwirtschaft zu wahren.
Nach einem Bericht in der FDP-Fraktion sagte selbst Mende zum Nachrichtenbüro UPI, »die FDP-Verhandlungskommission hat sehr viele gute Ergebnisse mitgebracht«. Die Regierungserklärung des sozialdemokratischen Bundeskanzlers hat am 28. Oktober 1969 gezeigt, wie positiv und konstruktiv das gemeinsame Programm von SPD und FDP ausgefallen war. Es stand im Zeichen von »Kontinuität und Erneuerung«. Aber vorher mußte eine Einigung über die Kabinettsliste (das hieß auch: Wer übernimmt welches Ministerium) erfolgen. Der alles entscheidende Akt war die für den 21. Oktober angesetzte Kanzlerwahl.
Am Samstag, den 4. Oktober, fand in der Wohnung von Willy Brandt und in Anwesenheit von Herbert Wehner ein sehr ernstes Gespräch mit Helmut Schmidt und mir statt, da wir beide in der Fraktionsführung bleiben wollten. Es war auch ein langes Gespräch, das damit endete, daß wir uns dem Wunsch des Parteivorsitzenden und Herbert Wehners fügten. Rückblickend muß ich sagen, so wenig glücklich ich an diesem Tage gewesen bin, in einer Situation, die sich so gestaltet hatte, daß zum erstenmal seit vierzig Jahren ein Sozialdemokrat zum Bundeskanzler gewählt wurde, waren die eigenen Überlegungen diesem Ziel unterzuordnen.
Am Montag, den 6. Oktober, berichtet »Die Welt«:

»Helmut Schmidt hat nach den Beratungen der SPD am Samstag jede Auskunft darüber abgelehnt, ob er Fraktionsvorsitzender bleiben oder Verteidigungsminister werden möchte. Ebenso gibt Alex Möller keine Antwort auf die Frage, ob er das Finanzministerium übernehmen wird. Er müßte dann seinen Posten als Generaldirektor einer Versicherungsgesellschaft aufgeben.«

Mit der FDP gab es wegen der Ministerposten keine Rangelei. Ich wußte, daß der Ehrenvorsitzende Reinhold Maier dem Parteivorsitzenden Scheel in einem längeren Brief auch geschrieben hatte, »daß ohne einen FDP-Finanzminister oder einen FDP-Wirtschaftsminister alle noch so weitgehenden sachlichen Zusagen auf keinem realen Boden stehen würden«.
In der letzten Verhandlung nach Zustimmung der Fraktionen zur Koalitionsvereinbarung, die das Regierungsprogramm betraf, sprachen wir

über die Zusammensetzung des Bundeskabinetts. Willi Weyer griff den Gedanken von Reinhold Maier auf mit dem Hinweis, hier müsse noch eine vertretbare Regelung getroffen werden. Für die Freien Demokraten gab es folgende Positionen: Vizekanzler und Außenminister Walter Scheel, Innenminister Hans-Dietrich Genscher und Landwirtschaftsminister Josef Ertl. Hinzu kamen die Parlamentarischen Staatssekretäre Professor Dahrendorf, Dorn und Logemann. Ich habe daher von mir aus erklärt, ich sei bereit, den nicht wiedergewählten Haushaltsexperten der FDP-Fraktion, Dr. Emde, den ich persönlich und als Sachkenner sehr schätze, im Finanzministerium als beamteten Staatssekretär zu akzeptieren. Allgemeine Zustimmung.

Am 19. Oktober ging die 5. Legislaturperiode des Deutschen Bundestages zu Ende. Der nächste Tag brachte die Konstituierung des neuen Bundestages. Wahl und Vereidigung des Bundeskanzlers am 21. Oktober, Vorstellung und Vereidigung der Bundesregierung am 22. Oktober. Dann hatten diese Bundestagswahlen die Wende herbeigeführt. Wenn alles so lief, wie es sich Menschenweisheit vorstellt.

Von den 496 Abgeordneten fehlte Paul Lücke (CDU). Die langwierige Wahlprozedur war wie ein verzwicktes Silbenrätsel. Um 11.21 Uhr beendete der Bundestagspräsident das Geraune und Getuschel mit der Bekanntgabe des Ergebnisses: 251 Ja-Stimmen für Willy Brandt, 235 Nein-Stimmen, vier Stimmen ungültig, fünf Enthaltungen. Von den 22 Berliner Abgeordneten, deren Stimmen gesondert gezählt werden, stimmten 14 mit Ja und acht mit Nein.

Willy Brandt war Bundeskanzler. »Ich bin zufrieden, dankbar für das Vertrauen und ein bißchen stolz, daß ich dieses hohe Amt jetzt ausüben darf«, sagte Bundeskanzler Willy Brandt in dem ersten Fernsehinterview nach dem Wahlgang.

Von den ungültigen Simmen ist zu sagen, daß auf einem Stimmzettel »Nein, danke« stand. Man kann sich nur wundern, was Abgeordnete des »hohen« Hauses an Niveau bekunden: Der zweite ungültige Stimmzettel enthielt einen Namen, den man wirklich nicht mehr nennen sollte, auf dem dritten hieß es: »armes Deutschland« und der vierte notierte dieses Bibelwort: »Amos 5, 20.« Dort steht: »Denn des Herrn Tag wird ja finster und nicht leicht sein, dunkel und nicht hell.«

Interessant waren am nächsten Morgen die Deutungen des Abstimmungsergebnisses. Hier die der »Frankfurter Neuen Presse« (22. Oktober 1969):

»Das knappe Ergebnis zeigt, daß sich drei FDP-Abgeordnete der Stimme enthalten haben müssen. Diese Rechnung sieht so aus: die CDU/CSU-Fraktion hat 242 wahlberechtigte Mitglieder, eines – Paul Lücke – fehlte, macht 241. Brandt erhielt 235 Nein-Stimmen, also waren nicht alle Unionsleute mit Nein gegen ihn. Zählt man die vier ›ungültigen‹ Stimmen hinzu, die als ›verschärftes Nein‹ zu werten sind, bleiben immer noch zwei CDU/CSU-Abgeordnete, die – wenn sie nicht völlig überraschend mit Ja gestimmt haben sollten – sich der Stimme enthalten haben müssen. Das bedeutet, daß drei Enthaltungen übrigbleiben, die auf das Konto der Freien Demokraten gehen dürften. Offen nennt man nach der Wahl Heinz Starke, Siegfried Zoglmann und Erich Mende. Die Enthaltungen von CDU/CSU-Abgeordneten werden in der Fraktionsführung kritisiert: ›Das waren Dussels, die haben am Anfang nicht richtig zugehört, was gemacht werden muß.‹«

Ein sozialdemokratischer Bundesfinanzminister

Am 28. Oktober 1969 erfolgte die Regierungserklärung. Für die Debatte waren die zwei folgenden Tage vorgesehen. Die Opposition schoß aus allen Rohren. Auch ich stand unter scharfem Beschuß. Nach den Ausführungen von Franz Josef Strauß hatte ich das Gefühl, sofort antworten zu müssen. Die Wiedergabe dieser improvisierten Jungfernrede als Bundesfinanzminister erfolgt nach dem Protokoll des Deutschen Bundestages vom 30. Oktober ab Seite 136; sie erfaßt alles, was berücksichtigt werden muß, wenn man meinen Rücktritt im Mai 1971 objektiv bewerten will.

» . . . Herr Kollege Strauß hat begonnen mit der Bemerkung, daß an der Regierungserklärung viele Hände mitgewirkt hätten. Ich würde ›Hände‹ ersetzen durch ›Köpfe‹, dann würden wir uns einig.
(Beifall bei den Regierungsparteien.)
Ich kann verstehen, daß Ihnen die von der neuen Regierung abgegebene Regierungserklärung weniger gefällt. Ich kann nur sagen: Mir gefallen die beiden letzten Regierungserklärungen, die des Herrn Kiesinger – die Ihnen ja damals auch weniger gefallen hat –
(Heiterkeit bei der SPD)

und auch die jetzt von dieser Regierung abgegebene Erklärung, die den Weg anzeigen soll, den wir in den kommenden vier Jahren beschreiten wollen. Diese Weganzeigung ist erforderlich, damit Sie sich darüber klar werden, was sich die neue Bundesregierung vorgenommen hat zu tun. Hätten wir weniger ausgesagt, wäre es Ihnen ganz selbstverständlich auch nicht recht gewesen.

Sie haben von einem großen Programmbündel gesprochen. Selbstverständlich ist es ein großes Bündel von Vorhaben, die in der Regierungserklärung aufgezeigt worden sind, und doch ist noch nicht alles und nicht alles ausführlich genug dargestellt worden. Beispielsweise hat Herr Kollege Barzel nach Seite 12 seines Redemanuskriptes, erster Absatz, gesagt, daß das Wort ›Familienlastenausgleich‹ fehle, und hat das beanstandet. Er hat hinzugefügt:

> ›Während für die Kriegsopferversorgung der 1. Januar als der Termin der so notwendigen Verbesserung genannt wird, muß das Kindergeld sich mit einem ungewissen Hinweis begnügen. Wir wollen beides zum selben Termin.‹

Ich habe Verständnis dafür; aber, Herr Kollege Barzel, haben Sie auch bitte Verständnis für meine Haltung. Sie werden an manchen Stellen der Regierungserklärung feststellen, daß mehr Unverbindlichkeit als Verbindlichkeit bei Erklärungen vorhanden ist. Das ist selbstverständlich darauf zurückzuführen, daß ich mich bemüht habe, keine zeitlichen Festlegungen und keine Festlegungen hinsichtlich der Höhe bestimmter Ausgaben vorzunehmen.

Ich stimme im übrigen mit Ihrer Auffassung völlig überein. Nur hätte ich im Augenblick noch nicht sagen können, wie, in welchem Umfange und mit welchen letzten finanzwirtschaftlichen Auswirkungen wir die Realisierung dieser auch von uns vertretenen Forderungen vornehmen können.

Vizepräsident Dr. Jaeger: Herr Minister, gestatten Sie eine Zwischenfrage des Abgeordneten Dr. Barzel?

Dr. Barzel (CDU/CSU): Herr Kollege Möller, könnten Sie dem Hause eine ungefähre Terminplanung für die Einbringung des neuen Haushalts und – oder – der mittelfristigen Finanzplanung geben? Das wäre, glaube ich, für den Fortgang dieser Gesamtdebatte sehr förderlich.

Dr. h.c. Dr.-Ing. E.h. Möller, Bundesminister der Finanzen: Wir haben da einige Schwierigkeiten zu überwinden, vor denen auch Herr Kollege Strauß gestanden hätte. Sie wären auch eingetreten, wenn sich die bisherige Große Koalition hätte fortsetzen lassen und Herr Kollege Strauß Bundesfinanzminister geblieben wäre. Denn nach dem Terminplan, der auf Abteilungsebene bisher erarbeitet war, ergab sich, daß die Einbringung des Haushalts mit der Haushaltsrede etwa im März hätte erfolgen können, weil wir diesmal nach der Haushaltsreform gezwungen sind, nicht nur den Haushalt für das Jahr 1970 vorzulegen, sondern auch den neuen Finanzplan. Wir müssen also die mittelfristige Finanzplanung neu entwickeln. Wir müssen mit dieser für vier Jahre geltenden mittelfristigen Finanzplanung neue Prioritäten und Schwerpunkte setzen. Wir müssen diesmal erstmalig den Haushaltsgesetzentwurf und den Finanzplan beiden Häusern, sowohl dem Bundesrat als auch dem Bundestag, zum gleichen Zeitpunkt vorlegen. Wir müssen dann die Sechswochenfrist des Bundesrates respektieren und können erst danach in diesem Hohen Hause in die erste Lesung des Bundeshaushaltsgesetzentwurfs eintreten.

Vizepräsident Dr. Jaeger: Gestatten Sie eine Zusatzfrage des Abgeordneten Dr. Barzel?

Dr. Barzel (CDU/CSU): Das klingt sehr vernünftig, Herr Kollege Möller. Wäre es dann nicht ganz rund, auch die vorgesehenen Steuersenkungen in diese Gesamtplanung einzubeziehen und auch erst zu diesem Termin dem Hause vorzulegen?

Dr. h.c. Dr.-Ing. E.h. Möller, Bundesminister der Finanzen: Das wäre dann ein sehr vernünftiger Vorschlag, wenn es sich nicht darum handelte, daß der 1. Januar kurz vor der Tür stehen würde und wir also gezwungen sind, recht schnell zu handeln – immer vorbehaltlich der Zustimmung des Hohen Hauses. Jedenfalls werden die beiden Gesetzentwürfe, die den Arbeitnehmerfreibetrag und die Ergänzungsabgabe betreffen, bereits heute vom Finanzministerium dem Kabinett zugeleitet, und das Kabinett wird darüber in den nächsten Tagen beraten.

Ich möchte noch etwas sagen zu dem Beginn der Ausführungen des Herrn Kollegen Strauß. Er hat unter anderem davon gesprochen, daß einige Gesetzesvorhaben erwähnt worden seien, die auf die Vorarbeiten der letzten oder der vorangegangenen Bundesregierungen zurückzuführen sind. Er hat dabei auch auf die Abgabenreform verwiesen. Das ist selbstverständlich richtig. Ich will das an dieser Stelle ausdrücklich klarstellen. Insoweit handelt es sich um die Fortsetzung von begonnenen Arbeiten früherer Bundesregierungen. Wir werden uns gern bei jedem einzubringenden Gesetzentwurf ausdrücklich auf diese bereits geleisteten Vorarbeiten beziehen. Wenn Sie aber . . .

Vizepräsident Dr. Jaeger: Herr Bundesminister, gestatten Sie eine Zwischenfrage des Herrn Abgeordneten Dr. Müller-Hermann?
Dr. Müller-Hermann (CDU/CSU): Herr Minister, werden Sie der Opposition zugestehen, daß sie Zweifel äußern muß an der Solidität der Finanzpolitik der neuen Bundesregierung, wenn in der Regierungserklärung apodiktisch eine Fülle von Ausgaben verkündet werden, aber Sie hier zugestehen müssen, daß Sie sich über die Deckung dieser Ausgaben bisher nicht haben Gedanken machen können?
(Beifall bei der CDU/CSU.)
Dr. h.c. Dr.-Ing. E.h. Möller, Bundesminister der Finanzen: Doch, wir haben uns darüber schon Gedanken gemacht. Das werde ich Ihnen im Laufe meiner Ausführungen hoffentlich noch nachweisen können. Ich würde es sehr bedauern, wenn die Opposition eine voreilige Schlußfolgerung zöge und nicht von der grundsätzlichen Erklärung ausginge, die ich am Anfang meiner Ausführungen ausdrücklich abgegeben habe.
(Beifall bei der SPD.)
Nehmen Sie doch bitte folgendes Beispiel! Sie wissen alle, was das Ausbildungsförderungsgesetz, wenn es vollendet auf dem Tisch liegt, kostet. Wir haben uns einmal bei der Besprechung der mittelfristigen Finanzplanung darüber sehr eingehend unterhalten. Auch Herr Kollege Strauß hat den hohen gesellschaftspolitischen Wert dieser Gesetzesarbeit anerkannt und unterstrichen. Wir waren übereinstimmend der Meinung: das läßt sich in den kommenden Jahren in den gewünschten Größenordnungen nicht realisieren. Aber wir waren auch der Meinung: wir müssen ein deutliches Zeichen setzen, um klarzumachen, daß wir diese Modernisierung der Ausbildungsförderung ernst nehmen. Wir haben angefangen, bescheiden angefangen. Das Gesetz tritt erst am 1. Juli 1970 mit einer Ausgabe von 200 Millionen DM in Kraft, wird dann im Jahre 1971 400 Millionen DM Ausgaben, 1972 500 Millionen DM Ausgaben erfordern, steht also in gar keiner Relation zu dem wirklichen Ausgabevolumen dieser Ausbildungsförderung, wenn sie einmal so gestaltet wird, wie das nach den modernen, zukunftsweisenden Absichten derer geschehen muß, die von der Sache etwas verstehen. Wir haben also ein Ausrufungszeichen gesetzt mit der Modernisierung des Gesetzes. Wir fangen mit 200 Millionen DM im Jahr bzw. 400 Millionen DM im Jahre 1971 an, um zu zeigen, daß die damalige Bundesregierung diese gesellschaftspolitische Forderung durchaus ernst nahm und klarstellen wollte, daß auch die Öffentlichkeit davon zustimmend Kenntnis zu nehmen hat.

Das gleiche wird für andere Gebiete gelten. Ich habe bei der Vertretung des Finanzplans der SPD in der Pressekonferenz auf Fragen ausdrücklich erklärt, ich sei nicht in der Lage, beispielsweise unsere Vorstellung im SPD-Regierungsprogramm hinsichtlich der Hausfrauenrente finanziell abzudecken; das koste 900 Millionen DM, und die stünden für dieses Finanzprogramm noch nicht zur Verfügung. Das hindert aber nicht, eine solche klare Absichtserklärung auszusprechen, damit jeder weiß, wohin der Kurs geht.
(Abg. Dr. Müller-Hermann: Das hätten Sie im Wahlkampf auch wissen müssen!)
– Das war am 6. oder 7. August, also am Anfang des eigentlichen Wahlkampfes. Sie können nachlesen, daß von der Presse, Herr Kollege Müller-Hermann, auch gewürdigt worden ist, daß ich den Mut gehabt habe, solche Tatsachen auszusprechen.
(Beifall bei der SPD.)
Meine Kollegin und meine Kollegen im Kabinett haben gewürdigt, daß es sich bei unserer Arbeit um eine Finanzpolitik und eine Finanzwirtschaft der Solidität handeln muß. Meine Damen und Herren, daß ich nicht von einer solchen Linie, die ich jahrelang im Bundestag und überall vertreten habe, in einem Regierungsamt abgehe, nehmen Sie mir doch bitte ab!
(Beifall bei den Regierungsparteien.)
Vielleicht brauche ich manchmal auch die Hilfe der CDU/CSU-Kollegen, selbst wenn diese Hilfe nur darin besteht, daß Sie diesem meinem Standpunkt und dem Versuch, ihn zu realisieren und aufrechtzuerhalten, Verständnis entgegenbringen. Um dieses Verständnis möchte ich bitten und werben.
Herr Kollege Strauß hat gesagt: Wir haben das moderne Deutschland geschaffen, vor dessen Ausbau wir stehen. Ich würde zu dieser Bemerkung, Herr Kollege Strauß, nichts hinzuzusetzen haben, wenn nicht auch aus den weiteren Passagen hervorgehen würde, daß Sie mit diesem ›wir‹ in erster Linie die CDU/CSU gemeint haben. Sie haben später dann auch von ›Ihren Mehrheiten‹ gesprochen. Ich glaube, Herr Kollege Strauß, wir sollten uns darüber einig sein, daß das, was von 1945 bis in das Jahr 1949 geschehen ist, eine großartige Gemeinschaftsleistung des gesamten deutschen Volkes war.
(Beifall bei den Regierungsparteien und Abgeordneten der CDU/CSU. Abgeordneter Dr. h.c. Strauß: Das habe ich ja ausdrücklich gesagt!)

Vergessen Sie in diesem Zusammenhang bitte nicht, daß auch die Ordnung in der Verwaltung auf die Arbeit in den Ländern, in der gemeinsamen Wirtschaftsverwaltung in den beiden Zonen zurückzuführen ist.
Ich wollte noch einmal ausdrücklich feststellen, daß darüber keine Meinungsverschiedenheit bestehen kann. Dabei will niemand die Leistungen herabwürdigen oder nicht voll anerkennen, die auf das Konto des damaligen Bundeskanzlers Adenauer gehen oder auf die damalige Wirtschaftspolitik des Bundeswirtschaftsministers Professor Dr. Erhard zurückzuführen sind.
(Beifall bei der CDU/CSU.)
Ich habe das immer und bei jeder Gelegenheit gesagt. Das weiß Herr Professor Erhard. Als sich Herr Professor Erhard 1960-1961 in einer schwierigen Situation hinsichtlich seiner Aufwertungsvorstellungen befand, habe ich ihn zu jener Zeit in Artikeln und in Rundfunkinterviews unterstützt. Das ist nachlesbar. Ich mußte bedauern, daß der damalige Bundeskanzler nicht auf seinen sachkundigen Wirtschaftsminister gehört hat. Das scheint das Schicksal von Wirtschaftsministern in manchen Situationen zu sein,
(Beifall bei den Regierungsparteien)
ist aber für die Wirtschaft doch höchst bedauerlich. Sehr verehrter Herr Kollege Erhard, Sie werden sicherlich auch sagen: Hätte man damals meinem Rat früher Folge geleistet, hätte man eher auf mich gehört, wäre manches glatter und einfacher gegangen.
Herr Kollege Strauß, es hat natürlich auch in der damaligen Politik der ersten Deutschen Bundestage Alternativen und Meinungsverschiedenheiten gegeben. Ich will nicht auf die Einzelheiten, zum Beispiel auf das Schicksal der EVG, eingehen. Wie heftig der Streit damals war, wissen alle, die beteiligt gewesen sind. Aber es ist doch so, daß dadurch, daß die Mehrheit auf bestimmten politischen Gebieten ihre Auffassung durchgesetzt hat, Tatsachen und Fakten geschaffen wurden und daß jede neue Regierung von den so geschaffenen Tatsachen und Fakten ausgehen muß. Sie kann nicht plötzlich all das auflösen, was von 1949 ab geschehen ist, sondern sie hat sich mit den durch die damaligen Mehrheiten entstandenen politischen Tatbeständen abzufinden und hat auf dieser Grundlage aufzubauen und die Politik weiterzuentwickeln.
Sie sagten, wenn diese neue Bundesregierung ihre Zeit ›erfüllet hat‹ – ich fand die Formulierung ›erfüllet hat‹ ganz beachtlich–, wird auch sie Ver-

säumnisse hinterlassen. Das wird von uns nicht bestritten. Wenn wir in den vergangenen Jahren Versäumnisse und Fehler der jeweiligen Regierung angekreidet haben, so ist es natürlich richtig und notwendig, daß auch die jetzige Opposition dasselbe tut. Daß sie das tut, hat der Verlauf des gestrigen Tages bewiesen und wird auch der Verlauf des heutigen Tages erweisen. Vielleicht werden Sie aber enttäuscht darüber sein, wenn ich hinzufüge, daß ich mich in allen wichtigen Fragen früh genug auch bei der Opposition abzusichern wünsche, das heißt ich werde mich jeweils bei Ihnen anmelden, so wie ich mich für die kommende Woche bereits bei der CDU/CSU-Fraktion angemeldet habe, um Ihnen die Lage in meinem Haus und das, was im Hinblick auf Gesetzesvorlagen beabsichtigt ist, darzustellen. Ich wollte Ihnen dann auch den Arbeitsplan mitbringen mit einer graphischen Darstellung

(Beifall)

über die Verabschiedung des Haushaltsplangesetzentwurfes, wie er bisher beabsichtigt war und wie er nach meiner Meinung unter den jetzigen Umständen verabschiedet werden könnte. Das gleiche gilt für die mittelfristige Finanzplanung. Ich möchte Sie also ebenso wie die Regierungskoalition früh genug und in persönlichen Gesprächen verständigen, damit keine Mißverständnisse aufkommen. Ich bitte, von dieser Erklärung Kenntnis zu nehmen.

(Beifall)

Meine Damen und Herren, es ist notwendig, daß ich ein paar Bemerkungen aus meiner Sicht zur Frage der Aufwertung mache. Herr Kollege Strauß, das kann es nicht geben, daß nach den Ereignissen, die mit dem 9. Mai zusammenhängen, Preise heraufgeschwätzt werden können.

(Beifall bei der SPD. – Zurufe von der CDU/CSU: Doch!)

– Nein! Daß eine gewisse psychologische Stimmung entstehen kann, gilt für beide Seiten, wobei ich Ihnen nur ein Beispiel nennen möchte: Sehen Sie sich die Entwicklung der Preise bei Baustahl an, und Sie werden zugeben müssen, daß niemand in der Bundesrepublik Deutschland eben diese Baustahlpreise um 300 Prozent heraufgeschwätzt hat mit all den Konsequenzen, die sich für Bauten von privater Seite und der öffentlichen Hand im Lande ergeben haben.

Vizepräsident Dr. Jaeger: Herr Bundesminister, gestatten Sie eine Zwischenfrage des Abgeordneten Leicht?

Dr. h. c. Dr.-Ing. E.h. Möller, Bundesminister der Finanzen: Bitte sehr!

Leicht (CDU/CSU): Herr Bundesfinanzminister, ist Ihnen die Aussage des Herrn Bundeswirtschaftsminister Schiller bekannt, die er im März gemacht hat, daß man sich hüten sollte, die Preise hochzureden?

Dr. h. c. Dr.-Ing. E.h. Möller, Bundesminister der Finanzen: Herr Kollege Leicht, diese Bemerkung des Herrn Professor Schiller ist mir selbstverständlich bekannt, wie mir auch bekannt ist, was am 23. April 1969 Herr Kollege Strauß gesagt hat und was in diesem Zusammenhang nun bezüglich der Aufwertung an Feststellungen getroffen wurde.

(Abg. Dr. h. c. Strauß meldet sich zu einer Zwischenfrage.)

Ich meine aber, darum handelt es sich doch wirklich nicht. Wir sollten vielmehr die Tatbestände, so wie sie sind, zur Kenntnis nehmen. – Entschuldigen Sie bitte, Herr Kollege Strauß! – Wenn Sie sich einmal die ›Bild‹-Zeitung vom 18. Oktober ansehen – der Chefredakteur steht Ihnen, Herr Strauß, ja näher als mir –, so heißt es da: Fast alles wird teurer. Und dann werden die ganzen Positionen aufgezählt. Das ist doch sicherlich nicht unser Werk, das Werk der neuen Bundesregierung, sondern das sind die Zwangsläufigkeiten, die sich nach meiner Meinung aus der fehlenden außenwirtschaftlichen Absicherung ergaben.

(Beifall bei den Regierungsparteien.)

Vizepräsident Dr. Jaeger: Herr Abgeordneter Strauß zu einer Zwischenfrage.

Dr. h. c. Strauß (CDU/CSU): Herr Bundesfinanzminister, da ich Sie immer wie auch heute sehr ernst nehme, frage ich Sie

(Zurufe von der SPD)

–das war nie anders –,

(Erneute Zurufe von der SPD – Gegenrufe von der CDU/CSU)

ob Sie der Meinung sind, daß eine angebliche Preiserhöhung von 300 Prozent beim Baustahl – die Verhältnisse liegen viel differenzierter, und vielleicht sind sie Ihnen unbekannt – mit einer Aufwertung von 6,25 Prozent hätte verhindert werden können.

(Zurufe von der CDU/CSU: Minus 4!)

Dr. h. c. Dr.-Ing. E. h. Möller, Bundesminister der Finanzen: Herr Kollege Strauß, Sie wissen, daß ich mich gerade mit Ihrem Wort beschäftigt habe, die Preise seien hochgeschwätzt worden. Ich wollte an diesem Beispiel nachweisen, daß das nun ganz bestimmt partiell für wichtige Gebiete nicht gilt.

Nun lassen Sie mich bitte etwas Grundsätzliches sagen, sonst würde mir der Vorwurf gemacht, ich hätte in dieser Situation meine Meinung zur Aufwertung in diesem Hohen Hause nicht vorgetragen.

Die Aufwertung war nach meiner Meinung der erste notwendige Schritt zur Preisstabilisierung. Nachdem die Preis- und Lohnentwicklung der letzten Monate nun wirklich auf die Blockierung dieser Maßnahmen durch die Mehrheit des früheren Kabinetts zurückzuführen ist, können die eingetretenen Konsequenzen solcher Fehlentscheidungen nicht mit einem Schlage, sondern nur schrittweise überwunden werden.
Es gibt selbstverständlich auch klare Folgewirkungen, zum Beispiel die Erkenntnis der Sparer, daß die neue Bundesregierung nicht tatenlos zusieht, wenn angespartes Vermögen in einen Inflationierungsprozeß gerät.
(Beifall bei der SPD.)
Wir sollten nicht unterschätzen, was es bedeutet, dieses Vertrauen der Sparer zu erhalten oder, soweit es teilweise verlorengegangen ist, wiederzugewinnen.
(Zurufe von der CDU/CSU: Es ist nicht verlorengegangen!)
Wir sollten es nicht unterschätzen, sowohl staatspolitisch wie auch wirtschaftspolitisch, wie auch hinsichtlich unserer Zielsetzungen, die die Vermögensbildung betreffen.
(Beifall bei den Regierungsparteien.)
Kreise der Industrie stellen immer wieder eine Exportgefährdung weit in den Vordergrund, obwohl wir alle auch wissen, daß die Exportpreise in den letzten Monaten besonders stark gestiegen sind, gegenüber September 1968 um nicht weniger als 7,5 Prozent. Im übrigen muß man von den 8,5 Prozent 4 Prozent abziehen, weil die steuerliche Erschwerung des Exports entfällt. Es bleiben 4,5 Prozent, die sich um die zuletzt enorm hohen Kurssicherungskosten verringern. Was dann noch verbleibt, ist nach meiner Meinung nicht so gravierend, daß die Aufwertung den Export als Ganzes zurückwerfen wird. Gewisse punktuelle Schwierigkeiten sind möglich, aber nach meiner Meinung behebbar.
Dem Hinweis, der Export werde nicht weiter so wachsen wie bisher, kann ich nur die Antwort gegenüberstellen: das ist nun tatsächlich der beabsichtigte Effekt. Gerade als bedeutende Außenhandelsnation sind wir wegen der Notwendigkeit eines funktionsfähigen Welthandels bei unseren ungewöhnlich hohen außenwirtschaftlichen Überschüssen – und das nun schon im dritten Jahr – an einem sich normalisierenden Exportzuwachs einschließlich verstärkter Einfuhren interessiert. Außerdem, was für alle Teile der Wirtschaft gilt, gilt auch für den Export, der zugegebenermaßen eine bedeutende Rolle für die industrielle Weiter-

entwicklung der Bundesrepublik spielt. Auch er muß sich in die gesamtwirtschaftlichen Überlegungen organisch einordnen.
Meine Damen und Herren, es ist dann auch im Zusammenhang mit dem Ausgleich des Einkommensverlusts bei der Landwirtschaft von Herrn Kollegen Strauß die Lösung über die Mehrwertsteuer beanstandet worden. Ich kann seine grundsätzlichen Bedenken in diesem Punkt durchaus verstehen. Ich habe den Standpunkt eingenommen, daß es besser wäre, über einen Grenzausgleich den Einkommensverlust abzudecken oder eine andere Möglichkeit ins Auge zu fassen, nämlich die Subventionierung über den Bundeshaushalt, das also offen und klar ohne Manipulation bei der Mehrwertsteuer auszuweisen. Ich habe meine großen Bedenken. Die sind auch von Herrn Kollegen Schiller, dem Bundeswirtschaftsminister, geteilt worden. Man hat in Luxemburg zunächst den Versuch gemacht, über den Grenzausgleich zu einer Lösung zu kommen. Die andere vorgetragene Lösung ist rundheraus abgelehnt worden. Wir sind dann auf diese beiden Alternativen, die mit der Mehrwertsteuer zusammenhängen, ausgewichen. Ich weise darauf hin, daß ich von vornherein Zweifel angemeldet habe, ob es möglich ist, die Novellierung der in Frage kommenden Gesetze in der vom EWG-Ministerrat vorgesehenen Sechswochenfrist durchzuführen, denn wir brauchen dazu nicht nur den Bundestag, sondern auch den Bundesrat. Das alles ist bekannt.
Aber, Herr Kollege Strauß, auch Sie haben bei Ihrer Amtsführung kennengelernt, daß nicht überall das gewünschte Echo zu hören ist, wenn Sie einen Standpunkt eingenommen haben. Auch ich muß mich mit dieser Tatsache abfinden. Wir haben den europäischen Ausrichtungsfonds inzwischen bereits plafondiert. Aber jetzt steht die Plafondierung des europäischen Garantiefonds innerhalb der Agrarwirtschaft zur Diskussion. Ich meine, da bedarf es großer Anstrengungen, um zu einer auch für die Bundesrepublik vertretbaren Lösung zu kommen. Die Erwägungen der beiden Kollegen Schiller und Ertl, die in Luxemburg waren, gingen dahin, es bei dieser Gelegenheit zu einer für uns wirklich vertretbaren Neuordnung einschließlich der Plafondierung kommen zu lassen, statt bei der Aufwertung jetzt schon entscheidende Schritte zu tun, die Komplikationen hervorgerufen hätten. Aber daß wir in den nächsten Monaten die Frage der Agrarfinanzierung in der EWG auch unter Berücksichtigung der Interessen der Bundesrepublik Deutschland vernünftig zu lösen haben – dabei handelt es sich nicht nur um die Interessen der Landwirtschaft, sondern um unsere Interessen als Bundesrepublik –,

daß wir das nur in einem bestimmten Rahmen machen können und daß die Mittel, die wir hier zur Verfügung stellen, plafondiert zu sein haben, damit das nicht ins Unendliche wächst, darüber sind wir uns in diesem Hohen Hause sicherlich einig.

Es darf unter gar keinen Umständen Praxis werden, daß die EWG-Agrarfinanzierung etwa auf Kosten der notwendigen nationalen strukturpolitischen Maßnahmen für die Landwirtschaft erfolgt. Wir dürfen die Interessen der Landwirtschaft national mit all den Vorhaben, die, wie ich feststellen möchte, von der früheren Bundesregierung in einem besonderen Programm entwickelt worden sind, nicht vernachlässigen. Es müßte auch im Interesse der EWG liegen, daß wir zu einem weiteren fortschrittlichen Gesundungsprozeß in der deutschen Landwirtschaft kommen.

(Beifall bei den Regierungsparteien und bei Abgeordneten der CDU/CSU.)

Nun darf ich vielleicht zu meiner Entlastung und zur Entlastung meiner Kollegen, Herr Kollege Strauß, darauf aufmerksam machen, daß die Idee mit der Mehrwertsteuer nicht von uns stammt. Wir wollen ja immer die Urheberrechte angeben, das ist inzwischen vielleicht eine stille Vereinbarung geworden. Sie wissen – und auch Herr Kollege Leicht –, daß die Urheberschaft beim Landwirtschaftsministerium liegt.

(Hört! Hört! bei der SPD.)

Dazu hat der verehrte Kollege, Herr Bundesernährungsminister a.D. Hermann Höcherl, im ›Mittagsmagazin‹ des Westdeutschen Rundfunks, bekanntgegeben am 16. Oktober im Rundfunk- und Fernsehdienst, folgendes ausgeführt:

> ›Wir haben vorgeschlagen, die Differenz zwischen dem heutigen Paritätsstand und dem neuen Paritätsstand der Umsatzsteuer, also der heutigen Mehrwertsteuer, zuzuschlagen.‹

(Hört! Hört! bei der SPD.)

Damit hat sich natürlich mein Kollege Ertl ebenso auseinandersetzen müssen wie Herr Kollege Schiller. Mir wäre es lieb gewesen, wenn wir hier nicht an die Vorstellung des Landwirtschaftsministeriums hätten anknüpfen müssen, sondern wenn wir eine andere Lösung vorgenommen hätten, als sie tatsächlich eingetreten ist. Ich wollte das nur zur Abrundung des Bildes sagen, damit kein Mißverständnis entsteht. Es besteht in diesen Auffassungen ein Zusammenhang zwischen dem jetzigen Landwirtschaftsminister und seinem verehrten Vorgänger.

Nun, meine Damen und Herren, noch eine Bemerkung zu den Wertberichtigungen, die bei der Deutschen Bundesbank wegen des entstehenden Bilanzverlustes notwendig sind. Lassen Sie mich dazu einmal ganz deutlich meinen Standpunkt sagen. Er ist allerdings nicht so deutlich wie der des Herrn Kollegen Strauß im Schreiben vom 8. Mai 1969 an den Präsidenten der Deutschen Bundesbank, Blessing. Ich will das Schreiben hier nicht verlesen. Das ist zunächst einmal der Ausgangspunkt der weiteren Verhandlungen; denn das Kabinett hat beschlossen, daß Bundesfinanzministerium und Deutsche Bundesbank sich über diese Wertberichtigungen wegen des entstehenden Bilanzverlustes unterhalten sollten und einen Vorschlag zu unterbreiten haben. Aber nach meiner Meinung sind Verluste aus Paritätsänderungen eben nicht einzelwirtschaftlicher Natur. Sie sind im Grunde genommen keine Verluste der Deutschen Bundesbank, sondern der gesamten deutschen Volkswirtschaft, sofern man bei volkswirtschaftlich erwünschter D-Mark-Aufwertung überhaupt von volkswirtschaftlichen Verlusten sprechen kann. Daher wird zur Zeit im Finanzministerium geprüft, ob ein solcher theoretischer Buchverlust nicht dadurch ausgeglichen werden kann, daß er auf der Aktivseite der Bundesbankbilanz lediglich auf einem neu einzurichtenden volkswirtschaftlichen Ausgleichskonto, das als Devisenausgleichskonto bezeichnet werden könnte, verbucht wird, ohne daß dadurch eine Forderung gegen den Bund entsteht.
(Sehr gut! bei der FDP.)
Ich darf also bitten, einmal abzuwarten, wie diese Verhandlungen mit der Deutschen Bundesbank verlaufen,
(Zurufe von der CDU/CSU: Das ist Manipulation!)
und darf dann auf diesen Vorgang notfalls in diesem Hohen Hause zurückkommen.
Vizepräsident Dr. Jaeger: Herr Bundesminister, gestatten Sie eine Zwischenfrage des Abgeordneten Dr. Althammer?
Dr. h. c. Dr.-Ing. E. h. Möller, Bundesminister der Finanzen: Bitte!
Dr. Althammer (CDU/CSU): Herr Minister, ist Ihnen nicht bekannt, daß Ihr Kollege Schiller erklärt hat, ein Teil werde nach seiner Meinung auf jeden Fall vom Bundeshaushalt übernommen, und ist Ihnen auch nicht bekannt, daß in der Frankfurter Allgemeinen Zeitung am letzten Montag ein ausführlicher Artikel stand, in dem genau ausgeführt ist, daß – wie immer Sie die Verbuchung vornehmen – dieser Verlust letztlich vom deutschen Volk, vom Steuerzahler zu tragen ist?

Dr. h.c. Dr.-Ing. E.h. Möller, Bundesminister der Finanzen: Ja; das wäre aber dann nicht der Fall, wenn man verführe, wie Herr Kollege Strauß in seinem Brief vom 8. Mai 1969 festgestellt hat, oder wenn es möglich wäre, auf der Basis des von mir hier vorgetragenen Vorschlags eine Verständigung mit der Deutschen Bundesbank zu erreichen. Auf alle Fälle sind wir doch zunächst einmal interessiert, auf dieser Basis zu verhandeln, und ich bitte in unser aller Interesse, unsere Position gegenüber der Deutschen Bundesbank nicht zu erschweren.

Vizepräsident Dr. Jaeger: Herr Bundesminister, gestatten Sie eine Zwischenfrage des Abgeordneten Dr. Strauß?

Dr. h.c. Dr.-Ing. E.h. Möller, Bundesminister der Finanzen: Bitte!

Dr. h.c. Strauß (CDU/CSU): Darf ich Ihre Ausführungen, Herr Bundesfinanzminister, so verstehen, daß Sie darauf dringen werden und die sichere Erwartung haben, daß die Deutsche Bundesbank, nachdem der Aufwertungsverlust des Jahres 1961 im Jahre 1968 endlich getilgt war, auch im Jahre 1970 und in den folgenden Jahren weiterhin 350 Millionen, 400 Millionen DM Gewinn an den Bundeshaushalt abführen wird?

Dr. h.c. Dr.-Ing. E.h. Möller, Bundesminister der Finanzen: Daß das für mich das Beste und Angenehmste wäre, unterliegt keinem Zweifel; und das wäre auf der Basis des von mir gemachten Vorschlags, der einfach zu der bekannten ›ewigen Schuld‹ führen würde, erreichbar. Daß ich das versuchen muß, Herr Kollege Strauß, ist doch, meine ich, einfach meine Pflicht. Wenn der Herr Bundeswirtschaftsminister gestern in der Debatte über andere Lösungen gesprochen hat, dann deswegen, weil er schon selber einmal in einem anderen Stadium eine solche Anregung ohne entsprechende Reaktion gegeben hat. Aber nach meiner Meinung kann ich auf einen solchen Versuch wegen der Bedeutung der Frage nicht verzichten. Denn wir sind uns sicher einig: ob wir das mit Rückstellungen und Auflösung der Rückstellungen machen oder nicht und dadurch eine entsprechende nach außen erkennbare Entlastung erhalten – in Wirklichkeit kommt die ganze Schuld auf den Bundeshaushalt zu,

(Zustimmung bei der CDU/CSU)

wenn mein Vorschlag nicht zu realisieren ist. Deswegen wäre ich dankbar, wenn wir das hier nicht negativ behandelten. Denn wir müssen nach § 27 des Bundesbankgesetzes hinnehmen, daß die Rückstellungen wieder aufgefüllt werden. In dem Umfang, in dem sie aufgefüllt werden, entstehen keine Gewinne, die für den Bundeshaushalt interessant wären. Da würde eben folgendes eintreten – wie Sie richtig sagen: – es fehlt diese Gewinnzuweisung, und es fehlt dann der Betrag, über den wir hätten verfügen können.

(Abg. Dr. h.c. Strauß: Ich habe Ihnen ja gut vorgearbeitet!)

Ich habe mich auch bedankt.

Vizepräsident Dr. Jaeger: Herr Bundesminister, gestatten Sie eine Zwischenfrage des Abgeordneten Haase?

Haase (Kassel) (CDU/CSU): Herr Bundesfinanzminister, darf ich Sie also dahin gehend verstehen, daß die Äußerungen des Herrn Bundeskanzlers vom vergangenen Sonntagabend im Deutschen Fernsehen, die Währungsverluste der Deutschen Bundesbank würden den deutschen Steuerzahler nicht berühren, unzutreffend sind?

Dr. h.c. Dr.-Ing. E.h. Möller, Bundesminister der Finanzen: Nein, das können Sie so nicht verstehen. Wie es zu verstehen ist, habe ich soeben in dem Dialog zwischen Herrn Kollegen Strauß und mir festgestellt.

(Beifall bei den Regierungsparteien.)

Vielleicht ist Herr Kollege Strauß so freundlich, Ihnen gegenüber privat weitere Informationen vorzunehmen.

(Heiterkeit und Beifall bei den Regierungsparteien.)

Meine Damen und Herren, gestatten Sie mir zum Schluß, noch auf die Risiken einzugehen, die nun auf den Bundeshaushalt bzw. auf die Finanzplanung zukommen. Herr Kollege Strauß, ich bin Ihnen sehr dankbar für die Pressekonferenz, die Sie am 17. Oktober abgehalten haben, und das Papier, das da herausgegeben worden ist. Es sind die ›Finanznachrichten‹ Nr. 149. Ich werde sie jedenfalls immer – für einige Monate jedenfalls – in meiner Rocktasche tragen, um darauf zurückkommen zu können. Sie haben mir damit eine wertvolle Hilfe gegeben. Ich weiß nicht, ob es Ihre erklärte Absicht war, aber ich möchte mich für diese Hilfe ausdrücklich bedanken.

Auf Seite 7 der ›Finanznachrichten‹ haben Sie die Risiken gegenüber der alten Finanzplanung für das Rechnungsjahr 1970 angegeben und festgestellt, daß sich diese zwangsläufigen Mehrausgaben auf Grund bereits getroffener Entscheidungen, durch die auch die jetzige Bundesregierung gebunden ist, auf die von Ihnen angeführten Gebiete beziehen. Sie haben dabei für 1970 eine Gesamtmehrbelastung mit einem Betrag von 1,9 Milliarden DM errechnet. Sie haben ausdrücklich hervorgehoben: Das ist auf alte Verpflichtungen und Beschlüsse zurückzuführen. Das gilt auch für zusätzliche Risiken, die Sie auf Seite 8 erwähnen, zum Beispiel im Sozialbereich, bei der Kriegsopferversorgung und beim Kindergeld.

Da haben Sie Zahlen genannt, die ich aus naheliegenden Gründen hier nicht zu wiederholen brauche.
Keine Zahlen haben Sie genannt bei Vermögensbildung, Bildungswesen, Landwirtschaft usw. Daraus geht hervor, daß auch Sie sich damals, am 17. Oktober, in einem Zustand befanden, der es Ihnen noch nicht gestattete, für alle Bereiche die letzten gültigen Zahlen zu ermitteln. Ich will hierauf eingehen.
Für die Landwirtschaft haben Sie zum Beispiel erklärt: Betragsmäßig bestehen im Landwirtschaftsbereich erhebliche Risiken, und zwar vor allen Dingen im Hinblick auf das auslaufende EWG-Anpassungsgesetz. Ich habe inzwischen festgestellt, daß beispielsweise bei den strukturpolitischen Maßnahmen gegenüber der mittelfristigen Finanzplanung für 1970 vom Landwirtschaftsministerium ein zusätzlicher Mindestbedarf von 533 Millionen DM angenommen wird, um den Anschluß an 1969 zu sichern. Das ist eine Vorstellung, die ich von mir aus nicht ablehnen kann, sondern die ich im Prinzip und aus der positiven Grundhaltung gegenüber dem Landwirtschaftsprogramm als berechtigt anzusehen habe. Dann ist auf Grund der Nachforderungen, die sich aus neuen Marktordnungen ergeben, ein Betrag von 1 161 Millionen DM entstanden. Das ist allein für den Sektor Landwirtschaft eine Mehrbelastung von rund 1,7 Milliarden DM nur für den Haushalt 1970.
Nun müssen wir darangehen, die neuen Erkenntnisse zu verwerten, um einen Haushaltsplanentwurf für das Jahr 1970 herzustellen, der auf diesen Erkenntnissen basiert. Dann müssen wir beginnen, mit dem Einbau dieses Haushalts in das erste Jahr der mittelfristigen Finanzplanung den Finanzplan zu erstellen. Jeder wird mir zugeben müssen, daß das einige Zeit erfordert, wenn man diese Arbeit mit der notwendigen Gründlichkeit und Sorgfalt vornehmen will. Daran sind wir doch alle interessiert, insbesondere ich; denn ich möchte für die dann erarbeiteten und vorzulegenden Zahlen im Hohen Hause und überall dort, wo es erwünscht ist, auch geradestehen können.
(Beifall bei den Regierungsparteien.)
Meine Damen und Herren, ich darf zum Schluß kommen. Ich habe nicht alle Punkte erörtern können, die zu erörtern ich mir vorgenommen hatte, weil es notwendig war, auf die Ausführungen meines Herrn Amtsvorgängers, des Herrn Kollegen Strauß, einzugehen. Ich würde mir sehr wünschen, in der kommenden schweren Arbeit insbesondere mit der Unterstützung der Amtsvorgänger rechnen zu können, die hier noch po-

litisch-parlamentarisch tätig sind, der Herren Kollegen Strauß und Starke. Ich jedenfalls würde mich gern ihres sachverständigen Rates in der Zukunft bedienen. Und ich bitte das ganze Hohe Haus, davon überzeugt zu sein, daß es mir wirklich ernst ist, wenn ich mich in nächster Zeit bemühen werde, die Solidität unserer Finanzpolitik nicht in Zweifel kommen zu lassen. Ich will mich um eine solide öffentliche Finanzwirtschaft bemühen, die im Dienste der Erfüllung gesellschaftspolitischer Aufgaben steht, aber unter Berücksichtigung aller Erfordernisse des gesamtwirtschaftlichen Gleichgewichts. Ich hoffe, daß es mir möglich ist, im Kabinett und hier im Hohen Hause Anhänger für diese von mir beabsichtigte Finanzpolitik zu finden. Ich danke Ihnen für Ihre Aufmerksamkeit.
(Lebhafter Beifall bei den Regierungsparteien. – Beifall bei Abgeordneten der CDU/CSU.)«

Die Tagesarbeit beginnt

Allein die Zusammenlegung des Bundesfinanz- und des Bundesschatzministeriums, die örtlich weit voneinander domizilierten, verlangte organisatorische und personelle Änderungen. Sie möglichst schnell und in neuen Funktionszusammenhängen durchzuführen, war ein dringendes Anliegen. Wir sind gleich zu Beginn in den Streß von Terminen geraten (siehe meine vorhergehenden Ausführungen), mußten aus den Zwangsläufigkeiten heraus und uns an die Arbeiten heranmachen, die sich schon in Bereitschaft befanden.
Einen Tag nach meiner Vereidigung habe ich mich im großen Saal der Bonner Beethovenhalle den Angehörigen des Bundesfinanzministeriums und des aufgelösten Bundesschatzministeriums vorgestellt. Die Berliner Zollkapelle machte dabei mit. Der folgende Teil meiner Ausführungen ist in der Presse vielfach kommentiert worden:

»Ich sehe den Sinn eines Regierungswechsels nicht in der Verteilung der besseren Planstellen an alte und neue Parteibuchinhaber. Wer das Ziel einer neuen Regierung verfolgt, bleibt auf alle guten Kräfte einer eingespielten Verwaltung und auf den guten Willen aller angewiesen. Der Leitgedanke ist also nicht Politisierung um den Preis des Vertrauens, sondern optimale Aktivierung des Leistungsprinzips. Ich halte es für meine Pflicht, diese Feststellung zu Beginn meiner Arbeit eindeutig hervorzuheben. Das Leistungsprinzip erfordert Kenntnisse, Fähigkeiten, aber auch Schwung, Überzeugungskraft, soziales Verständnis, Freiheit von klüngelhaften Rücksichten, Aufgeschlossenheit und Mut – Mut zum Wagnis sowie Mut zum Widerspruch.

Die dem Hause bevorstehenden organisatorischen Veränderungen sollen dem Zweck eines möglichst reibungslosen Verwaltungsablaufs dienen. Das Streben nach Minderung der innerbetrieblichen Reibungsverluste ist – wie mir scheint – im Konkurrenzkampf der privaten Wirtschaft stärker ausgeprägt als in der öffentlichen Verwaltung. Sie mögen es meinem unternehmerischen Ehrgeiz zuschreiben, wenn ich diesem Anliegen von Anfang an meine besondere Aufmerksamkeit zuwende und wenn ich Ihnen die dringende Bitte nahelege, in diesem Sinne wachsam und kritisch zu sein, nicht zuletzt auch kritisch gegenüber sich selbst.

Eine zweckmäßige Organisation bildet nur die Voraussetzung für eine rationelle Arbeitsweise. Die Erscheinungsformen eines zweckmäßigen Arbeitsstils sind namentlich:

- eine weitgehende Delegation der Verantwortung,
- eine enge Zusammenarbeit der Sachkundigen,
- ein selbständiger schriftlicher und mündlicher Vortrag der Referenten
- und auf allen Stufen eine weise Begrenzung auf des Wesentliche.

Es sind nicht Aktenvermerke, welche die Welt verändern, und es ist nicht die Zahl und die Länge der Ministervorlagen, mit denen der Beamte seine Tüchtigkeit ausweist. Ich verzichte auf jedes Papier, das etwa dem Bedürfnis des Verfassers gewidmet ist, sich bei der Leitung des Hauses in Erinnerung zu bringen. Entsprechend wenig Verständnis habe ich für Prestigerücksichten. Sie sind sicher mit mir einig, wenn ich sage, daß das Gewicht einer Persönlichkeit nicht von der Zahl seiner Untergebenen und die Bedeutung einer Abteilung nicht von der Zahl ihrer Unterabteilungen oder Referate abhängig ist.

Mit diesen wenigen Bemerkungen über Personalpolitik, Organisation und Arbeitsstil möchte ich zugleich destruktive Unruhe dämpfen und heilsame Unruhe erzeugen, in jedem Falle aber Klarheit schaffen und traditionelle Mißverständnisse ausräumen.

Ich erwarte von jedermann überlegte und freimütige Meinungsäußerungen und Entscheidungsvorschläge, die nicht auf nebelhaften Vorstellungen beruhen. Unter dieser Voraussetzung dürfen wir uns gegenseitig

eine vertrauensvolle Zusammenarbeit zum allgemeinen Wohl erhoffen. Dies ist der dringendste Wunsch, den ich Ihnen gegenüber bei meiner Vorstellung aussprechen möchte.
Aber nicht nur Sie, meine anwesenden Damen und Herren, sind in dieser Stunde angesprochen. Die Zollkapelle erinnert daran, daß dem Bundesfinanzminister nicht allein Aufgaben der großen Politik und der Leitung einer obersten Bundesbehörde obliegen. Ich bin mir bewußt, daß mir auch die Sorge um die Funktionstüchtigkeit und das Wohlergehen einer großen Außenverwaltung auferlegt ist. Die leitenden Herren meines Hauses und ich werden alles daran setzen, die Beamten der ganzen Bundesfinanzverwaltung und ihre Verbände spüren zu lassen, daß diese Sorge ernst genommen wird.
Der Zollkapelle Berlin danke ich für den Willkommensgruß, den sie uns heute entboten hat. Es handelt sich um den Gruß aus einer Stadt, zu der unser Ressort besonders enge Beziehungen hat. Als ein greifbares Zeichen meines Dankes darf ich Herrn Kapellmeister Nöther diesen Taktstock überreichen. Meine Damen und Herren, betrachten Sie es bitte als ein einmaliges Ereignis, daß ich einen Taktstock freiwillig aus der Hand gebe. Ich habe mir ferner erlaubt, der Kapelle zwei Kesselpauken zu stiften. Auch das kann Mißverständnisse hervorrufen, denn als Finanzminister habe ich heute und in Zukunft nichts von den Mitteln zu verschenken, die der Steuerzahler aufbringt. Glücklicherweise verfügt aber auch der Finanzminister über einen Bereich privater Einkommensverwendung, welcher der Disposition des Haushaltsreferenten und der Kontrolle des Rechnungshofes entzogen ist. Und das Vergnügen einer völlig freien Disposition über finanzielle Mittel weiß ich mit allen redlichen Steuerzahlern zu teilen.«

Die Überschriften der Berichte in den Zeitungen lauteten ähnlich wie beim »Industriekurier« (25. Oktober 1969): »Des Bundesfinanzministers Einstand – Dr. Alex Möller krempelt um. Revirement in den Abteilungen.«
Im Hinblick auf die weitere Entwicklung scheint es mir richtig zu sein, an Hand einiger Zitate, die nur eine kleine Auswahl von Pressekommentaren gleicher Tendenz sind, festzuhalten, wie meine Ausgangsposition und die damit verbundenen Erwartungen gewertet werden müssen.

»Frankfurter Rundschau«, 23. Oktober 1969:
»›Der Genosse Generaldirektor‹, wie Dr. Alex Möller in Anspielung auf

sein Amt als Generaldirektor der Karlsruher Lebensversicherung oftmals genannt wird, übernimmt ›einen geordneten Haushalt‹ (so Franz Josef Strauß), der aber trotzdem erheblicher Revision bedarf. Möller ist ein zu erfahrener Politiker, um nicht zu wissen, daß gerade im Staatsetat und der mittelfristigen Finanzplanung Minen verborgen sein könnten, die geeignet sind, die linksliberale Koalition zu gefährden.«
»*Handelsblatt*«, 31. Oktober 1969:

»Eine Voraussage für das Schicksal der neuen Kleinen Koalition kann jedenfalls allemal gewagt werden: Mit dem Bundesfinanzminister Dr. Alex Möller wird es keine Bundesregierung geben, die wegen finanzieller Instabilität oder Unordnung ins Gedränge oder gar ins Wanken geraten könnte. In Sachen Finanzen kennt der ehemalige Generaldirektor der Karlsruher Lebensversicherung keinen Spaß mit Freund und Feind. Das hat zu einem guten Teil auch sein Bemühen um das Gelingen einer halbwegs akzeptablen Finanzreform gezeigt.«

»*Vorwärts*«, 31. Oktober 1969:
»Heute steht außer Zweifel, daß Alex Möller der Vater der mittelfristigen Finanzplanung (›Mifrifi‹) ist. Als Möller dieses Instrument moderner Finanzpolitik rechtzeitig zu schmieden anregte, wurde diese Anregung noch von Erhard als planwirtschaftlicher Sündenfall zurückgewiesen. Unter höchst schwierigen Bedingungen mußte das Versäumte dann nach Bildung der Großen Koalition nachgeholt werden. Immerhin gelang dies mit dem Erfolg, daß die zerrütteten Staatsfinanzen in der Talsohle schnell wieder geordnet werden konnten.
Ein anderes Beispiel: Alex Möller war derjenige, der zu Willy Brandts jeweiligem Regierungsprogramm vor Bundestagswahlen den jeweiligen Finanzierungsnachweis erarbeitete. Damit hob sich die SPD wohltuend von den C-Parteien ab, die noch in diesem Wahlkampf 1969 munter mit Wahlversprechungen aufwarteten, ohne auch nur andeutungsweise etwas über die Finanzierung durchblicken zu lassen.
Kurzum: Der Name Alex Möller ist für ein grundsolides, dabei aber alles andere als ideenarmes finanzpolitisches Gebaren gut. Genau das wird die neue Bundesregierung dringend nötig haben.«

Interview mit Jürgen Lorenz, 5. November 1969:
»*Frage:* Herr Dr. Möller, jeder Finanzminister gleich welcher Koalition ist eigentlich das mächtigste Kabinettsmitglied nach dem Bundeskanzler, und zwar nach dem Grundgesetz und auch nach der Geschäftsord-

nung der Regierung. Sie können im Kabinett nur überstimmt werden, wenn auch der Kanzler gegen Sie stimmt. Können Sie sich vorstellen, einmal in eine solche Minderheit zu geraten?
Antwort: Ich kann mir nicht vorstellen, in eine solche Minderheit zu geraten, und verweise auf die Erklärung, die der Herr Bundeskanzler aus Anlaß der Regierungsdebatte am 30. Oktober abgegeben hat. Er sagt nach dem Protokoll: ›Im Namen der ganzen Regierung darf ich noch einmal unterstreichen, daß wir dem Bundesfinanzminister, unserem Kollegen Möller, denn das ist unsere Pflicht und die Pflicht des Kanzlers vor allem anderen noch, bei seinen Bemühungen um die Solidität der Finanzpolitik in den kommenden Jahren helfen werden.‹ Daraus geht also hervor, daß man die von mir eingeleitete Finanzpolitik billigt und unterstützt.
Frage: Das heißt also, daß der Kanzler praktisch sein Wort gegeben hat, nie gegen Sie zu stimmen?
Antwort: Ich würde die von ihm vor dem Deutschen Bundestag abgegebene Erklärung so auffassen.«

»*Christ und Welt*«, 14. November 1969:
»Der leidenschaftliche Politiker, der mit 66 Jahren zwar die meisten Jahresringe, aber bestimmt nicht das geringste Temperament und Engagement im Kabinett Brandt/Scheel aufzuweisen hat, kann für sich in Anspruch nehmen, der SPD in Bonn in der Finanzpolitik frühzeitig klare Konturen und respektables Format verschafft zu haben. Ihm ist es zu verdanken, daß die Bundes-SPD schon in der vierten Legislaturperiode als Opposition in vielerlei Hinsicht eine klarere finanzpolitische Erkenntnis und Einsicht in die Notwendigkeiten einer zukunftsorientierten stabilen Finanzwirtschaft entwickelte als die damalige Regierungskoalition.«

»*Frankfurter Allgemeine Zeitung*«, 26. November 1969:
»Brandt und Bundesfinanzminister Möller betonten vor der Fraktion der SPD noch einmal die Entschlossenheit der Bundesregierung zu einer soliden Finanzpolitik.«

Ich hätte anstelle dieser Zitate eine eigene Darstellung liefern können. Man würde aber sicher sagen, sie sei subjektiv, was bedeutet: nicht unbedingt ein letzter Beweis dafür, daß die Notwendigkeit der immer herausgestellten finanzwirtschaftlichen Solidität weiter das Leitziel blieb. Daß dieser Grundsatz von mir nie aufgegeben würde, darüber habe ich

bei Beginn meiner Tätigkeit keinen Zweifel aufkommen lassen. Ich habe volles Verständnis bewiesen, wenn andere Kollegen ähnlich argumentierten. Mir war von Anfang an klar, was die Weißbücher des Bundesverteidigungsministers Helmut Schmidt in ihren Auswirkungen in den späteren Jahren kosten würden, aber mir erschien unerläßlich und vordringlich, die darin steckenden guten Ideen und Reformabsichten realisieren zu helfen. Nur durfte die Folge, gewisse Einsparungen in anderen Bereichen vorzunehmen, nicht übersehen werden. Ohne Prioritäten ging und geht es nicht.
Um ein anderes Beispiel zu nennen: Ich habe mich mit voller Überzeugung für die Anhebung der Kriegsopferrenten einschließlich der Strukturmaßnahmen, aber was noch wichtiger ist, auch für die Dynamisierung eingesetzt. Ich hielt es für unerträglich, jedes Jahr Demonstrationen der Kriegsopfer, die um eine Anpassung ihrer Renten kämpften, hinzunehmen; sie waren eine Anklage gegenüber einem demokratischen Staat, der ohne eine abgewogene Wertung der sozialen Substanz nicht gesund und lebensfähig sein kann. Doch ist wieder hinzuzufügen, daß hierfür ausgegebenes Geld nicht noch einmal zur Verfügung steht.
Es kommt bei einer sozial-liberalen Regierung nicht darauf an, wieviel man fordert und daß man gibt, sondern es kommt darauf an, daß man soviel gibt, daß keine Störungen des gesamtwirtschaftlichen Gleichgewichts eintreten oder die Beseitigung vorhandener Störungen nicht gefährdet wird. Es darf nicht so gehandelt werden, daß im Endeffekt das eine das andere aufhebt. Die Finanzierbarkeit (bei gutem Willen) bleibt deshalb der Dreh- und Angelpunkt, der stets von mir hervorgehoben worden ist. Prüfen muß man zum Beispiel, in welchen Zeiträumen Reformen und Programm realisiert werden können. Reichen die Kapazitäten der Verwaltung, reichen die Planungs- und Produktivitätskapazitäten? Welche Zeit erfordert der technische Ausreifungsprozeß? Ist geeignetes oder entsprechend geschultes Personal vorhanden?
Alles, was im Rahmen der vorhandenen Kapazitäten und der wirtschaftlichen sowie der technischen Möglichkeiten in einer bestimmten Zeitspanne durchführbar ist, hat für die finanzwirtschaftliche Absicherung Vorrang. Sonst würden wir die nicht immer ohne Einschränkungen zur Verfügung stehenden Wachstumsmöglichkeiten verschenken. Soweit die bestehenden Kapazitäten nicht ausreichen, stellt sich die Frage, ob man sie erweitern kann. Wie ist zum Beispiel der Arbeitskräftemangel zu beheben? Oder müssen andere Vorhaben, die jetzt die entsprechen-

den Kapazitäten in Anspruch nehmen, zurückgestellt werden, um vordringlicheren Aufgaben Platz zu machen? Diese Überlegungen, die letzte Konsequenzen berücksichtigen müssen, sind in meinen politisch-ökonomischen Vorstellungen unverzichtbar, denn es darf nicht zu einer Überforderung der Leistungsfähigkeit unserer Volkswirtschaft kommen. Die finanzielle Seite zeigt daher das Spiegelbild der eigentlichen Probleme. Der Finanzminister muß an dieser Sicht festhalten, sonst verstrickt er sich in Unabwägbarem. Das würde dann sein »mea culpa«.

Mein erster Besuch erfolgte in Berlin, und zwar bereits am 25. Oktober 1969. Ich hatte als Redner auf dem 25. Berliner Bundesparteitag der SPD am 8. März 1969 mich nicht nur mit den aktuellen politischen Fragen befaßt, sondern selbstverständlich vorrangig mit den Problemen dieser Stadt und ihrer Bevölkerung. Dabei habe ich einige konstruktive Pläne entwickelt, zu denen ich erklärte, sie würden von einer Bundesregierung mit Willy Brandt als Bundeskanzler sofort auf den Tisch kommen. Zentralpunkt war für mich die Ablösung des Berlinhilfe-Gesetzes durch ein »Gesetz zur Förderung der Berliner Wirtschaft«, also eine echte Förderung aller wirtschaftlichen Bereiche unter erkennbarer Erfassung der vorhandenen Schwerpunkte. Einer dieser Schwerpunkte war die zum Teil im Leerlauf befindliche steuerliche Arbeitnehmerförderung. Nun wollte ich mit dem Regierenden Bürgermeister und den Herren des Senats über den sofort in Bearbeitung zu nehmenden Gesetzentwurf sprechen, zu dem ich in der anschließenden Pressekonferenz noch beachtliche Anregungen erhielt. Außerdem begannen wir in Bonn mit der Arbeit an einem neuen Haushaltsentwurf und an der mittelfristigen Finanzplanung. Hier ließ ich mich über die Berliner Vorstellungen durch die Gespräche mit dem Regierenden Bürgermeister und dem Finanzsenator außerhalb des Notenwechsels der Bürokratie ins richtige Bild bringen. Alles klappte gut.

Bereits am 22. April 1970 konnte der Parlamentarische Staatssekretär Dr. Klaus Dieter Arndt das »Gesetz zur Förderung der Berliner Wirtschaft« im Deutschen Bundestag begründen, nachdem mit allen Berliner Stellen und den interessierten Institutionen eine völlige Einigung erzielt worden war. Klaus-Dieter Arndt, der großartige Schaffer dieses Gesetzes, sagte am Schluß seiner Rede:

»Die Beratung dieses Gesetzes im heutigen Zeitpunkt ist ein Zeichen dafür, daß diese Stadt nicht nur zum Bund steht, sondern daß nach wie vor und stärker als zuvor auch der Bund zu Berlin steht.«

Von Berlin ging es zur Deutschen Bundesbank nach Frankfurt am Main. Präsident Blessing und der stellvertretende Präsident Troeger kannten mein Anliegen. Die Frage des Aufwertungsausgleichs der Deutschen Bundesbank war vom Zentralbankrat bereits am 23. Oktober und dann im Bundeskabinett in Anwesenheit von Herrn Blessing am 24. Oktober behandelt worden. Wir sollten uns einigen. Am 10. November 1969 konnte ich dem Herrn Präsidenten der Deutschen Bundesbank, Dr. Karl Blessing, folgendes mitteilen:

»Für Ihr Schreiben vom 7. November 1969 und den Beschluß des Zentralbankrates der Deutschen Bundesbank in seiner Sitzung vom 6. November, den gesamten Aufwertungsverlust in Höhe von 4,3 Milliarden DM aus dem Jahresergebnis 1969 und vorhandenen Rücklagen und Rückstellungen verschiedener Art zu decken, darf ich mich sehr herzlich bedanken. Von mir wird anerkannt, daß mit dieser Regelung die Deutsche Bundesbank bis an die äußerste Grenze des Möglichen gegangen ist.

Ich werde die nächste Kabinettsitzung benutzen, um die getroffene Regelung und den von mir übermittelten Dank bekanntzugeben.«

Gespräche mit dem Vorsitzenden Eberhard und seinem Stellvertreter Troeger folgten, um den Stand der Arbeiten der Steuerreformkommission zu ermitteln. Man kam nur sehr stockend weiter, weil die notwendigen Hilfen fehlten. Ich bat, mir hierüber einen Bericht zu übermitteln, und sagte sofortige Abhilfe zu. In der nächsten Sitzung berichtete ich der Steuerreformkommission über die getroffenen Maßnahmen, in deren Mittelpunkt die Errichtung eines funktionsfähigen Generalsekretariats unter der sachverständigen Leitung des früheren Abteilungsleiters im Bundesfinanzministerium, Falck, stand. Ich habe den Experten erklärt, daß im Ministerium eine Sonderabteilung Steuerreform eingerichtet worden sei, die sich so vorbereiten sollte, daß sie bei Vorlage des Gutachtens in der Lage sei, möglichst schnell an Hand von Synopsen eine Übersicht zu erarbeiten. Die Länder hätte ich gebeten, ihre Fachleute an diesen Arbeiten zu beteiligen, damit klar sei, daß der Bund »in der Steuerreformpolitik nicht die Alleinherrschaft« anstrebe. In einer Kooperation mit den Länderexperten ließen sich auch die Erfahrungen aus der Finanzreform nutzbringend verwenden. Die Leitung der Sonderabteilung im Ministerium würde ich in dem Amt eines Staatssekretärs dem unabhängigen hervorragenden Steuerfachmann Professor Dr. Heinz Haller anvertrauen, der in einem Vertrag mit Geltungsdauer vom 15.

April 1970 bis zum 31. Dezember 1972 den ausdrücklichen Auftrag erhalte, sich der gesetzgeberischen Konsequenzen anzunehmen, die durch eine Steuerreform, die diesen Namen zu Recht in Anspruch nehmen müsse, zwangsläufig entstehen würden. Damit gebe es auch Klarheit über meine Terminvorstellungen. Meiner Bitte, Herrn Professor Haller an den Sitzungen der Reformkommission mit der Verpflichtung zur Vertraulichkeit teilnehmen zu lassen, wurde entsprochen. Nun waren die Weichen für das Steuerreformgutachten wirklich gestellt.
Am 10. November 1969 erfolgte der Eingang der berichtigten Voranschläge der Ressorts zum Haushaltsentwurf 1970/71 und zum Finanzplan mit den sich anschließenden Durcharbeitungen und Beratungen in den kabinettsinternen Ausschüssen. Am 18. und 19. Dezember Beschlußfassung im Finanzkabinett, spätestens am 14. Januar 1970 Übersendung der Kabinettsvorlage an die Bundesregierung, ab 21. Januar an mehreren Tagen Beratungen und Beschlußfassung der Regierung über Haushaltsentwurf und Finanzplan, dann die längere Zeit erfordernde Drucklegung. Die Zuleitung der Vorlagen erfolgte gleichzeitig am 13. Februar 1970 an Bundestag und Bundesrat in der erfreulicherweise vereinbarten vereinfachten Form. Am 18. Februar: Haushaltsrede, an den beiden anschließenden Tagen Debatte.
Das war eine Heidenarbeit gewesen, insbesondere auch eine Leistung der Mitarbeiter in den Ministerien, die man nicht hoch genug bewerten kann. Diese und ähnliche Leistungen der Beamten der Ministerien kann die Allgemeinheit nicht erkennen; sie an dieser Stelle mit höchsten Bewertungen ausdrücklich hervorzuheben, ist mir ein besonderes Bedürfnis.
In der Haushaltsrede spielte die übernommene »Erblast« eine Rolle, also das, was an Verpflichtungen von der Großen Koalition zurückgelassen war und nun eingelöst werden mußte. Die von den C-Parteien und der SPD getragene vorangegangene Bundesregierung hatte zwar vor den Bundestagswahlen am 28. September 1969 keine Wahlgeschenke verteilt, aber wir hatten sie doch versandfertig gemacht. Ich kann nur warnen, solches Schlauseinwollen zu wiederholen. Mich hat dann aufgebracht, daß nun schon die Opposition begann, eine Politik der leichten Hand zu bevorzugen. Bei der Kriegsopferversorgung (Erblast) wollten die C-Parteien eine Anhebung der Kriegsrenten um 22 %, unser Gesetzesvorschlag sah 16 % vor. Für mich war eine Einigung in der Mitte (wie oft üblich) nicht diskutabel. Bevor die Bundesregierung eine Neurege-

lung des Kindergeldes (Erblast) vorschlagen konnte, lag schon von der CDU/CSU ein Stufenplan vor mit Kosten in Höhe von 1,55 Milliarden DM. Die C-Parteien brachten Mitte Dezember 1969 den Antrag ein, der eine Besoldungs- und Tarifverbesserung für den öffentlichen Dienst ab 1. Januar 1970 (Erblast) um etwa 13 % bedeutete einschließlich des geforderten Sockels. Da war doch wirklich zu fragen, wie können die Tarifpartner der Arbeitnehmerseite auf ein Angebot von Bund, Ländern und Gemeinden eingehen, das bei 8 1/2 % lag und das wir dann in Auswirkung des CDU/CSU-Antrags auf 9 1/2 % erhöhen mußten, für die keine volle Deckung vorhanden war.

Der Antrag zur Kriegsopferversorgung der CDU/CSU, der finanziell über die Regierungsvorlage hinausging, wurde in der Dritten Lesung in namentlicher Abstimmung abgelehnt. Mit Ja stimmten 208 und sechs Berliner Abgeordnete, mit Nein 226 und zwölf Berliner Abgeordnete. Für die Regierungsvorlage hatten alle zur SPD gehörenden Funktionäre der Kriegsopferverbände gestimmt; ich habe dieses Verhalten mit großer Dankbarkeit hoch anerkannt.

Im Hintergrund stand die Frage: soll es so weitergehen wie in der Zeit der Opposition, als die SPD die finanzwirtschaftlichen Überlegungen anerkannte und sich entsprechend verhielt, und soll sie jetzt als Regierungspartei wieder in wichtigen Bereichen finanzwirtschaftlich Zurückhaltung üben, während die Opposition das tut, was allein auf Außenwirkung eingestellt ist?

Ende Juni 1970 wurde der Haushalt in Dritter Lesung verabschiedet. Fünf Punkte sind in den Ergebnissen und Beschlüssen besonders herauszustellen:

1. Der Bundeshaushalt sieht eine Ausgabensteigerung gegenüber dem Vorjahr von rund neun Prozent vor. Bei einem Wachstum des Bruttosozialprodukts in Höhe von zwölfeinhalb Prozent ist die konjunkturgerechte Wirkung dieses Haushalts eindeutig.
2. Durch den Bundeshaushalt wird im Laufe des Jahres ein Betrag von 1,5 Milliarden DM über die obligatorische Konjunkturausgleichsrücklage dem gesamtwirtschaftlichen Kreislauf entzogen. Einer besonderen Rücklage werden außerdem 100 Millionen DM sowie über die bisherigen Steueransätze hinausgehende Steuereinnahmen und weitere Haushaltsverbesserungen zugeführt.
3. Der Bund wird im Jahre 1970 keine Ausgaben aus Krediten finanzieren. Dieses Vorhaben ist ein wesentliches Element einer stabilitäts-

gerechten Haushaltsführung. 1965 – auf dem Höhepunkt des damaligen Konjunkturzyklus – hatte der Bund Schulden in Höhe von rund 2 Milliarden DM gemacht. Daß 1970 keine Ausgaben aus Krediten finanziert werden, ist deshalb hervorzuheben, weil in der letzten Finanzplanung für dieses Jahr Darlehnsaufnahmen in Höhe von 3,6 Milliarden DM vorgesehen waren.

4. Die Bundesregierung wird im weiteren Verlauf des Jahres 1970 den Bundeshaushalt konjunkturgerecht vollziehen. In dieser Zielsetzung besteht volle Übereinstimmung zwischen der Bundesregierung und den Koalitionsfraktionen.
5. In dem stabilitätspolitisch gebotenen Rahmen hält die Bundesregierung unbeirrt an der Weiterführung ihrer Politik der inneren Reformen fest. Die Ansätze für Wissenschaft, Bildung und Forschung, im Verkehrswesen sowie bei der Kriegsopferversorgung und in anderen Bereichen des Sozialhaushalts machen dieses Bestreben jedermann deutlich. Wir gehen den Weg der finanziellen Solidität, der wirtschaftlichen Stabilität, des wachsenden Wohlstandes für alle, den Weg zu sozialem und gesellschaftlichem Fortschritt durch innere Reformen, den wir in diesem Bundeshaushalt 1970 unübersehbar mit den notwendigen Hinweisschildern versehen haben.

Die Vielseitigkeit des Amtes

Meine Arbeit vollzog sich im Jahre 1970 mit Schwergewicht im Bereich der Haushaltspolitik und in der Weiterentwicklung einer konstruktiven Steuerpolitik. Da sich die wirtschaftliche Lage im Zeichen einer Hochkonjunktur befand, mußte ich darauf achten, daß zwischen den hierfür infrage kommenden Kabinettskollegen und der Deutschen Bundesbank – an deren Zentralbankratssitzungen ich in solchen Fällen, aber auch immer, wenn ich die Kontrolle des sachverständigen Rats benötigte, teilgenommen habe – Übereinstimmung bestand. Als die wirtschaftliche Anspannung trotz abflachender Auslandsnachfrage und der verschärften restriktiven Geld- und Kreditpolitik der Deutschen Bundesbank nicht in dem von uns als notwendig erkannten Ausmaß rückläufig wurde, haben wir im Juli 1970 die antizyklische Politik auf der Einnahmeseite des Haushalts ergänzt, um eine unmittelbare Einwirkung auf die private

Investitions- und Konsumgüternachfrage zu erreichen. Hierbei ließ sich vermeiden, daß vor allem die investiven Aufgaben auf dem Gebiet der Infrastruktur in einer für die weitere ökonomische und gesellschaftliche Entwicklung hemmenden Weise eingeschränkt wurden.
Zum Bundesfinanzministerium gehören nicht nur die Bereiche Haushalt, Finanzwirtschaft und Steuern mit ihren Nebenkanälen, sondern unter anderem Zölle, Monopole, das Schuldenwesen, Liquidation des Krieges (Wiedergutmachung, Lastenausgleich und sonstige Kriegsfolgengesetze), Bundesliegenschaften, bewegliches und industrielles Bundesvermögen, Bundesbauten (auch im Ausland) und die Finanzverfassung der EG mit den dazu gehörenden Einzelfragen. Auf die Aufzählung der nachgeordneten Dienststellen will ich verzichten.
Wenn ich von den notwendigen Reisen in die EG-Länder und zu den Finanzministerkonferenzen absehe, habe ich jede Reisetätigkeit auf das unbedingt Notwendige beschränkt. Die Arbeit zu Hause war zu umfangreich und kompliziert.
Der Bundeskanzler und der Bundesaußenminister empfingen Mitglieder vieler Regierungen. Waren auch Gespräche mit Fachministern erforderlich, so sind sie eingeplant worden. Bei solchen Gelegenheiten ließen sich die das Bundesfinanzministerium angehenden Fragen gut erledigen. Außerdem kamen die Kollegen aus anderen Ländern gern zu Gesprächen nach Bonn.
Am 25. März 1970 flog ich zur Weltausstellung nach Osaka, die in ihrem deutschen Teil vom früheren Schatzministerium, das jetzt zum Bundesfinanzministerium gehört, erstellt und gestaltet worden war.
Zum Deutschen Tag, der in Anwesenheit des Bundespräsidenten begangen wurde, konnte ich nicht nach Japan reisen. Jetzt ließ es sich möglich machen, die schon lange Zeit vereinbarten Besuche in Tokio nachzuholen und dann nach USA weiterzufliegen, zumal in Washington eine Gouverneurstagung der Internationalen Bank für Wiederaufbau und Entwicklung stattfinden sollte, an der ich als stellvertretender Gouverneur interessiert war.
Von der Ausstellung sei nur gesagt, daß mich im Gegensatz zu manchen deutschen Besuchern die Darbietung der elektronischen Musik fasziniert hat. Der »Spiegel« vom 23. März 1970 schrieb hierzu:

»Endlich in der Kugel, begegnet man der einzigen von Anbeginn fehlerlosen Attraktion. Junge elektronische Komponisten wie Erhard Groß-

kopf, Eberhard Schoener und vor allem Karlheinz Stockhausen mit seinen Sängern und Schabern zeigen, wie weit sich die deutsche Musik von Beethoven entfernte, den die Japaner zu hören erwartet hatten.
Stockhausen – wallendes Haar, wallender Mantel – versteht es, das Publikum anzusprechen. Er sagt, was er machen wird, und, daß man nun nicht mehr hinaus darf. Mit Inbrunst verfeinern seine Jünger den Klang von Küchengeräten, singen um die Wette mit einem Transistorradio. Eine Art von Musik, die der Meister zur Nachahmung empfiehlt: ›Jeder hat ein Radio, jeder eine Stimme.‹
Auf einem Jahrmarkt der totalen Showtechnik erquickt dieses musikalische Happening als eine einsame Darbietung menschlicher Unmittelbarkeit, ja Freiheit.«

Die »Frankfurter Allgemeine Zeitung« schloß am 2. April 1970 ihren ausführlichen Bericht über die Weltausstellung und unseren Beitrag mit der Darstellung einer solchen von Stockhausen veranlaßten musikalischen Meditation:

»Das Publikum bleibt andächtig. Viele Augen sind geschlossen. Absolute Musik? Absoluter Gesang? Absolutes Zuhören gewiß. Keine Bewegung; kein störendes Räuspern.
Vierzig Minuten dauert die Klang-Meditation. Noch einmal Stille, dann öffnet sich die blaue Kuppel und läßt Verkehrslärm und profane Musikfetzen aus aller Herren Länder hinein. Stockhausen und seinen Schülern ist für fast eine Stunde gelungen, was die Gestalter in den vier schwarzen Katakomben vergeblich versucht haben: Kommunikation herzustellen.«

An dem im Pavillon auf 15 Leinwänden gezeigten deutschen Film mußte ich allerdings Kritik üben. Die verantwortliche Agentur hatte nach dem Prinzip »aus Alt mach Neu« gehandelt und ganz alte Streifen eingebaut; die japanischen Besucher bekamen auf allen Leinwänden entweder biertrinkende Deutsche oder APO-Gruppen mit roten Fahnen so demonstrativ vorgeführt, daß sie annehmen mußten, sie hätten sich in den Pavillion der DDR verlaufen.
Am Beginn meines Aufenthaltes in Tokio hatte ich die Möglichkeit, vor den Mitgliedern des »Foreign Correspondents Club of Japan« über »Die deutsch-japanischen Beziehungen auf den internationalen Märkten« zu sprechen. Ein beinahe provozierendes Thema. Anwesend war ein hochinteressiertes Publikum mit besonderen Fragen aus japanischer Sicht.

Im weiteren Verlauf des Besuches waren meine Gesprächspartner: Ministerpräsident Sato, Finanzminister Fukuda (der mich selbst am Abend betreut hat), der Leiter des Wirtschaftsplanungsamtes, Ischio Sato, der Gouverneur der Bank von Japan, Sasaki, und führende Männer der Wirtschaft. Sehr stark ist bei den japanischen Gesprächspartnern das Interesse an deutschen Problemen gewesen. Im Vordergrund standen allerdings die mit der D-Mark-Aufwertung zusammenhängenden Fragen. Nervosität bestand bei dem Rätsel, ob mit einer Yen-Aufwertung zu rechnen sei.
In der Osaka-Bucht habe ich das Großhafenprojekt, für das DM-Anleihen in Höhe von 500 Millionen gezeichnet worden waren, besucht und die großartige Leistung, die sich hier zeigte, bewundert.
Es waren nur wenige Tage, die ich in Osaka und Tokio verbringen konnte. Ich bin jedoch schon einige Male in Japan gewesen. Diesmal ist mein positiver Eindruck noch erheblich verstärkt worden.
Im Flug nach den USA habe ich Überlegungen und Konsequenzen sortiert. Für mich blieb ein Rest. Wie ist in Japan die Entwicklung auf sozialpolitischem Gebiet für die Zukunft zu bewerten?
Persönlich hätte ich nachzutragen, daß mich am Tage nach Ostern im Hotel in Tokio die Mitteilung erreichte, bei mir in Karlsruhe sei eingebrochen worden. Schmuck, die Münzsammlung und weitere Wertgegenstände hätten den Besitzer gewechselt. Als ich am Nachmittag in Tokio das Parlament besuchte, konnte ich den ersten Trost durch den Präsidenten empfangen, der mir die Parlamentsrosette ansteckte. Im Laufe der Monate ließ es sich nicht vermeiden, ähnliche Beileidsbezeugungen entgegenzunehmen.
In der amerikanischen Hauptstadt war ich nur zwei Tage. Es handelte sich um Kontaktnahmen, um den Besuch alter Bekannter, mit denen ich jetzt dienstlich zu tun hatte, und um Informationsgespräche, bei denen das ganze Spektrum der aktuellen Finanz-, Wirtschafts- und Währungsfragen durchgesprochen wurde. Von Volcker bis Burns fand ich viel Übereinstimmung. Kritische Anmerkungen zeichneten sich durch die Absicht aus, auch das nicht unerwähnt zu lassen, was nicht von vornherein problemlos sein würde. Ein rascher Erfolg unserer Stabilisierungsbemühungen wurde von allen Gesprächspartnern gewünscht, die sicher dabei den Dollar nicht vergessen haben.
Ich flog zufrieden zurück und dachte an das beginnende Gipfeltreffen zwischen Bundeskanzler Brandt und Präsident Nixon, bei dem es gewiß

nicht in allen wichtigen Punkten zum Schwur kommen mußte. Bei bedeutsamen bilateralen und multilateralen Themen galt es aber, den gemeinsamen Weg zu finden.
Wieder in Bonn. Es hatte sich allerhand angesammelt. Dringende Arbeiten mußten erledigt werden.
Bei dem ungewöhnlichen Osterspaziergang der Gestalten mit Langfingern sind mir wunderschöne goldene Manschettenknöpfe mit original griechischen Münzen aus der Pariser Münze gestohlen worden. Es handelte sich um ein Geschenk des Finanzministers Giscard d'Estaing, über das ich mich besonders gefreut hatte. Manschettenknöpfe sind zum Tragen da. Wenn man sie nicht mehr hat, kann man sie nicht mehr an der Manschette vorzeigen. Damals hatten unsere Hemdenfabriken noch keinen Krach mit der Schmuckindustrie und machten Manschetten (wenn es nicht gerade Sporthemden waren), die sich für das Zusammenhalten durch Produkte der Schmuckindustrie eigneten. Es sah sogar gut aus, und die Mehrwertsteuer für Schmuck ist bei uns nicht höher als die normale. Nun treffen sich die Persönlichen Referenten, wo immer es geht. Ich bat den meinen, jenem aus Paris mein Malheur zu erzählen, damit sein Minister aus dem Nichttragen keinen Schluß auf Nichtbeachten zöge. Es klappte mit den beiden. Am 3. Juli 1970 hatte ich die Ehre, Herrn Giscard d'Estaing im deutschen Finanzministerium begrüßen zu dürfen. Nach einem herzlichen Willkommen machte er mir den durch seinen Charme etwas überdeckten Vorwurf:
»Hören Sie, Herr Kollege Möller, Ihre Zollbeamten auf der Europabrücke sind nicht so aufmerksam wie meine.«
Ich erstarrte. Wir lebten im Jahre 1970. Man bedenke! Wenn sich da deutsche Zollbeamte an einen französischen Minister herangewagt hätten – nicht auszudenken. Ich fragte zaghaft: »Was ist geschehen? Ich persönlich kann nur von besten Erfahrungen, guten Manieren und von einem phantastischen Ahnungsvermögen dieser Beamten sprechen.«
»Ja, ja – aber meine Zollbeamten haben zwei gangsterähnliche Gestalten, die drüben schon die Kontrolle passiert hatten, gründlich durchsucht und voilà – hier sind Ihre Manschettenknöpfe!«
Überraschtsein ist nicht mein Metier. Der Vorfall wäre mir, wenn sich die erste Bemerkung beweisführend weiter entwickelt hätte, mehr als peinlich gewesen. Nun konnten wir jedoch herzlich lachen. Der französische Minister hatte mir die gleichen Manschettenknöpfe noch einmal machen lassen und sich über die Überraschung ›diebisch‹ gefreut.

Wen interessieren noch die Themen, die zwischen uns behandelt wurden? Kurz: Die vier Punkte waren 1. Europäische Investitionsbank, 2. Euro-Dollar (Wertverlust), 3. Haushaltssituation, 4. Fiskalische Fragen der Geldwertstabilität. Zum erstenmal habe ich bei dieser Gelegenheit über den französischen »Fonds d'action conjoncturelle« und von den Methoden der »Finanzierung der Staatsausgaben in Frankreich« erfahren.
Ein Tag mit Substanz.
Die Menschen, die befangen, das heißt nicht ohne Voreingenommenheit durch die Welt gehen, versäumen viel. Die gegenseitige Aufgeschlossenheit ist der Schlüssel zur Tür der Entspannung. Entspannung bleibt ein nicht zu entbehrendes Kraftfeld. Dann kann es möglich werden, sich von Schlacken freizumachen, den röchelnden Atem zu verlieren und allmählich zu erkennen, wo der Verstand bemüht werden muß, um die Vernunft einzusetzen. Führende Persönlichkeiten haben keine Regenbogenmentalität. Daran sind sie zu erkennen.

XXVI. EG – NEUORDNUNG DES STEUERRECHTS

Die EG am Anfang der siebziger Jahre

In der EG hatte am 1. und 2. Dezember 1969 in Den Haag eine Gipfelkonferenz stattgefunden, bei der die Regierungschefs vereinbarten, »unter Berücksichtigung aller gegebenen Interessen die Beiträge der Mitgliedstaaten im Verfahren des Artikels 201 des EWG-Vertrages schrittweise durch eigene Einnahmen zu ersetzen mit dem Ziel, fristgerecht zu einer vollständigen Finanzierung der Haushalte zu gelangen.« Dieser Auftrag war für die Bundesrepublik Deutschland besonders schwierig, denn unsere Partner betrachteten uns als finanzstarkes Land, dem eine hohe finanzielle Belastbarkeit zugemutet werden könnte. Für unsere Verhandlungen im Rat mußte von folgender Ausgangslage ausgegangen werden:

- Der Rat war gehalten, die Vollfinanzierung vor Jahresschluß festzulegen.
- Die anderen Mitgliedstaaten drängten auf eine Lastenaufteilung nach dem Bruttosozialprodukt.
- Von allen Mitgliedstaaten bis auf Frankreich wurde gewünscht, spätestens bis zum Inkrafttreten der neuen Einnahmenregelung auch die Ausgaben durch eine Beherrschung der Agrarmärkte in den Griff zu bekommen.
- Italien machte seine Zustimmung zur Einnahmenregelung von der Verabschiedung der Marktordnungen für Tabak und Wein abhängig. Die Bundesrepublik hielt eine Plafondierung der Strukturausgaben auf der bisherigen Höhe für unerläßlich.

Bei dieser Verhandlungssituation hat die deutsche Delegation ein Finanzierungssystem entwickelt, das in gewissem Umfang dem Anliegen der anderen Mitgliedstaaten nach Verwendung des Bruttosozialprodukts als Belastungsmaßstab Rechnung zu tragen hatte, das sich aber nicht zu weit von der im Vertrag vorgesehenen Lastenaufteilung entfer-

nen durfte und das damit zugleich auch für die Bundesrepublik Deutschland finanziell tragbar sein sollte.
In der Nacht vom 22. zum 23. Dezember wurde ein vorläufiger Kompromiß erzielt, dem wir vorbehaltlich einer befriedigenden Gesamtregelung der Finanzierung zustimmten.
Die weiteren Verhandlungen gestalteten sich vor allem deshalb schwierig, weil der Gesamtkomplex der Finanzfragen in einem inneren Zusammenhang stand und jedes Land seine endgültige Zustimmung von einer befriedigenden Berücksichtigung seiner besonderen Interessen abhängig machte, zum Beispiel Italien von der Regelung der Tabak- und Weinprobleme.
Die Haltung der französischen Delegation, insbesondere während der Ratstagung am 19. und 20. Januar 1970, ließ außerdem befürchten, daß Frankreich in der Frage der Erweiterung der Haushaltsbefugnisse nicht bereit sei, die im Dezember 1969 gefaßten Ratsbeschlüsse bestehen zu lassen. Es zeigte sich jedoch in der Schlußphase, in welchem Maße die Haager Gipfelkonferenz die Kompromißbereitschaft aller Mitgliedstaaten selbst in schwierigen Fragen verbessert hatte.
Ohne auf Einzelheiten einzugehen, sei festgestellt, daß es der Ratstagung vom 5. bis 7. Februar 1970 gelungen ist, eine Finanzverfassung zu verabschieden. Für die Bundesrepublik Deutschland ergaben sich folgende Bruttolasten (Beiträge und Einnahmeübertragungen), denen die beiden vorangegangenen Vorschläge zu Vergleichszwecken hinzugefügt sind:

Jahr	Kommissionsvorschlag 16.7./11.12.69		Vorschlag Coppé		Ergebnis der Ratstagung vom 7.2.70	
	%	Millionen DM	%	Millionen DM	%	Millionen DM
1970	31,63	3.545	31,63	3.545	31,55	3.494
1971	33,49	4.193	32,72	4.097	31,68	3.967
1972	33,79	4.471	33,54	4.438	32,00	4.234
1973	35,02	4.888	34,28	4.785	32,32	4.511
1974	36,41	5.291	35,13	5.105	32,64	4.743
Durchschnittsbelastung 1970–1974 (5 Jahre)	34,07%		33,46%		32,04%	

Dieses Ergebnis entsprach den gegebenen politischen und ökonomischen Daten und öffnete den Weg zu den von der Bundesrepublik Deutschland gewünschten Verhandlungen über die Erweiterung der Gemeinschaft. Es waren noch viele Einzelheiten und Zusatzfragen auszuhandeln (zum Beispiel die Haushaltsvorschriften für das Europäische Parlament), bevor sich die nationalen Parlamente mit den Gesetzesvorlagen beschäftigen konnten.
Der Deutsche Bundestag hat am 6. November 1970 den beiden Gesetzen zum Beschluß des Rates der Europäischen Gemeinschaften am 21. April 1970 über die Ersetzung der Finanzbeiträge der Mitgliedstaaten durch eigene Mittel der Gemeinschaften sowie dem Zustimmungsgesetz zu dem Vertrag vom 22. April 1970 zur Änderung bestimmter Haushaltsvorschriften der Verträge einstimmig zugestimmt.
Im Jahr 1970 führte ich den Vorsitz in der EG-Finanzministerkonferenz und war erstaunt, wie schwierig es war, zum erstenmal Mittel für Entwicklungshilfe im Budget der Europäischen Gemeinschaft zu etatisieren oder dem Europäischen Parlament zunächst wenigstens die Etathoheit über die eigenen Mittel zu verschaffen. Vor Ort konnte man am besten erkennen, daß sich hier kein demokratischer Entscheidungsprozeß auf der Gemeinschaftsebene vollzog, sondern daß Entscheidungen, die vorher auf nationaler Ebene durch die Parlamente erfolgt waren, nunmehr ohne maßgebende Mitwirkung von Parlamenten der EG anvertraut wurden.
Im Deutschen Bundestag erhielten wir in den ganzen Jahren Entscheidungen und Verordnungen der EG zugeleitet, von denen wir nur Kenntnis nehmen konnten. Es ist höchste Zeit, daß durch die Wahlen zum Europaparlament der Weg der parlamentarischen Enteignung verlassen und ein neuer Anfang versucht wird. Das Gefühl für ein gemeinsames Europa in der westlichen Welt ist in unseren Völkern, vor allem in der Jungen Generation, tiefer verwurzelt, als mancher anzunehmen gewillt ist. Deswegen halte ich die den Europawahlen vorausgehenden Kampagnen für geeignet, Europa den Bürgern ins Bewußtsein zu rufen und die gewählten europäischen Abgeordneten nicht nur mit parlamentarischen Funktionen zu versehen, sondern zu helfen, daß sie sich als Treuhänder für das Ganze verstehen. Der Glaube an eine solche grenzüberschreitende Mission kann die Berge nationaler Unbeweglichkeit abtragen.
Während meiner Amtszeit fanden vier Tagungen der Finanzminister der

EG gemeinsam mit den Notenbankpräsidenten statt: im Mai 1970 in Venedig (Colombo), im September in Luxemburg (Werner), im Januar 1971 in Paris (Giscard d'Estaing) und im April 1971 in Hamburg. Gehversuche zu einer Art Europäischer Wirtschafts- und Währungsunion (Werner-Plan) hatten Echternacher Format. Die Bundesrepublik Deutschland hatte sich des Werner-Plans sehr angenommen und im engsten Arbeitskreis unter anderem durch den damaligen Staatssekretär Dr. Schöllhorn vom Bundeswirtschaftsministerium am Zustandekommen des Plans mitgewirkt.
Das wertvollste Finanzierungsinstrument der EG war und bleibt die Europäische Investitionsbank in Luxemburg. Turnusmäßig war ich zunächst ab Oktober 1969 als Gouverneur und dann ab September 1970 bis zu meinem Rücktritt als Präsident des Gouverneursrates tätig, der auf meinen Antrag ein neues Direktorium ernannte und die Anzahl seiner Mitglieder von drei auf vier erhöhte.
Neuer Präsident der Bank wurde bei dieser Gelegenheit Herr Yves le Portz (schon seit 1962 einer der beiden Vizepräsidenten). Herr Le Portz ist heute noch Präsident; das Mandat wurde 1976 für weitere sechs Jahre erneuert. 1976 ist auch das Mandat des deutschen Vizepräsidenten, Dr. Horst-Otto Steffe, verlängert worden.
Die Erneuerung des Direktoriums hätte schon Mitte 1970 erfolgen sollen. Aber es ergaben sich Schwierigkeiten, einmal weil die Benelux-Länder unbedingt im Direktorium vertreten sein wollten und man ihnen wohl auch eine entsprechende Zusage gemacht hatte. Diese einzulösen war schwierig, weil dazu die Satzung der Bank – die ein Teil des EWG-Vertrages ist – geändert werden mußte. Die Änderung bedurfte in den meisten Ländern der Ratifizierung durch die Parlamente.
Das Ganze wurde später »überrollt« durch den Beitrittsvertrag (Großbritannien, Irland, Dänemark), der unter anderem die Zahl der Mitglieder des Direktoriums der Europäischen Investitionsbank auf fünf festsetzte. Dieser Vertrag ist ordnungsgemäß und relativ schnell ratifiziert worden.
Das wichtigste Ereignis in meiner Zeit war die erste Kapitalerhöhung der Bank, die ich trotz aller Unkenrufe als Präsident des Gouverneursrates am 26. April 1971 in Hamburg gut unter Dach und Fach gebracht habe. Es handelte sich um eine Erhöhung des gezeichneten Kapitals um 50 % (von 1 Milliarde auf 1,5 Milliarden Rechnungseinheiten). Mit dieser Kapitalerhöhung ist ein Druchbruch erzielt worden, der sich heute

noch in einer klaren Präferenz für die Bank gegenüber anderen (neuen bzw. neuzuschaffenden) »Finanzierungsinstrumenten« der Gemeinschaft ausdrückt.

Außensteuerrecht

Bereits im Juli 1964 ist von der damaligen Bundesregierung dem Deutschen Bundestag ein »Steueroasenbericht« erstattet worden, dessen Titel allein schon aussagekräftig genug war, denn er lautete: »Bericht über die Wettbewerbsverfälschungen, die sich aus Sitzverlagerungen und aus dem zwischenstaatlichen Steuergefälle ergeben können.« Dieser Bericht stellte fest, daß die Erscheinungen der internationalen Steuerflucht »zu ernsten Besorgnissen Anlaß geben«, und forderte unter Berufung auf den Grundsatz der Gleichmäßigkeit der Besteuerung, unangebrachte Steuervorteile aus dem internationalen Steuergefälle zu beseitigen.
In den folgenden Jahren ist immer wieder das Problem der »Steuerflucht« auf politischer Ebene und in der Öffentlichkeit behandelt worden. Versuchung und Gefahr dieser Diskussion lagen darin, daß man sich zwar sehr schnell einig war, Mißbräuche und Steuerumgehungen zu verurteilen, aber doch nicht den Mut aufbrachte, für eine gesetzgeberische Lösung zur Wahrung der steuerlichen Gleichmäßigkeit bei Auslandsbeziehungen einzutreten.
Herr Strauß hat als damaliger Finanzminister anläßlich der ersten Sitzung der Steuerreformkommission am 18. Dezember 1968 ausgeführt:

»Im internationalen Steuerrecht wird die Verlagerung in niedrig besteuernde Staaten von breiten Bevölkerungskreisen mit wachsendem Mißbehagen beobachtet. Es werden Maßnahmen gefordert, um derartigen Manipulationen zu begegnen.«

Diese Aussage, verbunden mit einem Auftrag an die Steuerreformkommission, war deshalb verständlich, weil »derartige Manipulationen« in den letzten Jahren stark zugenommen hatten. Nicht nur die sich vergrößernde Zahl wohlverdienender deutscher Bürger, die ins steuergünstige Ausland abwanderten, wirkte alarmierend, sondern auch die Tatsache, daß deutsche Unternehmen und Vermögensbesitzer immer mehr Gesellschaften in Steueroasenländern gründeten, um sich die Möglichkeit zu schaffen, Einkommen und Vermögen mindestens in einem gewissen Umfang der deutschen Besteuerung zu entziehen. Hierzu habe ich als Bundesfinanzminister in der Sitzung des Deutschen Bundestages vom 23. September 1970 unter anderem folgendes ausgeführt:

»Unsere Steuerordnung wird unglaubwürdig, wenn sie keine Abwehr dagegen schafft, daß der Anspruch auf eine gleichmäßige Besteuerung durch Verlagerung von Einkommen und Vermögen ins steuerbegünstigte Ausland ausgehöhlt wird. Die Erscheinungen und Vorgänge, die gemeinhin mit ›Steuerflucht‹ bezeichnet werden, stehen im Widerspruch zu den Vorstellungen der breiten Öffentlichkeit von einer leistungsgerechten Besteuerung und widersprechen auch der sozialen Gerechtigkeit.
Der Bundesfinanzminister hat daher die Absicht, in Kürze einen Gesetzentwurf vorzulegen, der die Besteuerung der ins steuergünstige Ausland reichenden Interessen auf eine neue Grundlage stellt. Dabei geht es vor allem darum, dem Gebot einer gerechten und gleichmäßigen Verteilung der Steuerlast zu genügen und Wettbewerbsverzerrungen durch Verlagerung von Einkommen und Vermögen ins Ausland zu beseitigen.
Wenn in der öffentlichen Diskussion der letzten Zeit verschiedentlich behauptet worden ist, eine Gesetzgebung mit einer solchen Zielsetzung beeinträchtige die internationale Freizügigkeit, so muß ich dazu feststellen, daß die Bundesregierung die Freizügigkeit als einen tragenden Grundsatz unserer Außenbeziehungen betrachtet. Unter steuerlichen Gesichtspunkten geht es lediglich um die Frage, ob wir es weiterhin zulassen, daß man sich durch gezielte Ausnutzung des internationalen Steuergefälles einer Verpflichtung entziehen kann, die den anderen, also der großen Masse der inländischen Steuerzahler und Unternehmen, auferlegt ist.
Noch ein letztes Wort zu unseren internationalen Steuerbeziehungen. Die in jetziger Sicht entstandenen Aufgaben müssen in unserem nationalen Steuerrecht gelöst werden. Wir sehen keine Möglichkeit, auf andere Staaten einzuwirken – das lassen Sie mich deutlich sagen –, ihr Steuersystem so einzurichten, daß steuerlich motivierte Verlagerungen von Einkommen und Vermögen in ihr Gebiet uninteressant werden. Hiervon ist aber die Entscheidung zu trennen, ob und wieweit die Besteuerung nach deutschem Recht durch internationale Steuerabkom-

men aufzuheben ist oder aufgehoben bleiben darf, wenn eine unangemessene zusätzliche Belastung durch die deutsche Besteuerung nicht zu besorgen ist. Hieraus ergeben sich gleichfalls Ziel und Rahmen der laufenden Revision unserer Doppelbesteuerungsabkommen.«

Für die einzuleitenden gesetzlichen Maßnahmen waren die Basisgesellschaften besonders und zu Recht der Kritik ausgesetzt. Der Steuerinländer schaltet zwischen sich und seine Einkünfte und Vermögenswerte im steuergünstigen Ausland einen selbständigen Rechtsträger als »Basis« – deshalb die Bezeichnung Basisgesellschaft. Diese Basisgesellschaften wirken als »Auffangbecken«, in das der Inländer Einkommen und Vermögen unter Abschirmung gegen seine eigene deutsche Steuerpflicht leitet. Der gegen den Inländer gerichtete Steueranspruch greift nicht auf seine Basisgesellschaft über, da sie ein selbständiges ausländisches Rechtssubjekt darstellt. Der Steuerfluchtvorteil ergibt sich daraus, daß Basisgesellschaften in ihrem Sitzland keine oder nur eine geringe Steuer zu entrichten haben. Da dieses Privileg nach der Gesetzgebung der in Betracht kommenden »Oasenländer« davon abhängt, daß die Gesellschaft keiner aktiven Geschäftstätigkeit nachgeht, kann sich ihr Geschäftsapparat bis auf eine Pseudogeschäftsführung und eine Adresse reduzieren. Deshalb die Plakatierung als Domizil- oder Briefkastengesellschaften.
Die Korrekturmaßstäbe des geltenden deutschen Rechts – Nichtanerkennung von Scheingeschäften und Verbot des Rechtsmißbrauchs – konnten die Steuerflucht nur in Randzonen treffen. Um sie wirkungsvoll zu bekämpfen, bedurfte es einer gezielten »Oasengesetzgebung«. Die Stoßrichtung mußte darauf gerichtet sein, das in der Basisgesellschaft aufgefangene Einkommen und gesammelte Vermögen beim beherrschenden Inländer zur Versteuerung zu bringen. Hierzu wurde der Steuerreformkommission für ihre Beratungen über gesetzgeberische Maßnahmen auf dem Gebiet des deutschen Außensteuerrechts als Sachverständigenbeitrag aus dem Bundesfinanzministerium der »Studienentwurf eines Konzeptionsmodells für gesetzliche Bestimmungen gegen die Verlagerung von Einkommen und Vermögen auf Basisgesellschaften in niedrig besteuernde Länder« vorgelegt.
Als die Steuerreformkommission am 25. November 1970 ihren Bericht zum Außensteuerrecht abgegeben hatte, war ich in der Lage, dem Bundeskabinett Leitsätze für ein »Gesetz zur Wahrung der steuerlichen

Gleichmäßigkeit bei Auslandsbeziehungen und zur Verbesserung der steuerlichen Wettbewerbslage bei Auslandsbeziehungen« vorzulegen, die am 17. Dezember beschlossen wurden. Mit der Veröffentlichung dieser Leitsätze wollten wir den Mißbrauch unterbinden, der nach Vorlage des Gesetzes bis zu seiner Verkündung eingetreten wäre; dieser Zeitabschnitt war also nicht mehr für Steuerfluchtaktionen geeignet. Der Gesetzentwurf erhielt am 23. Dezember die letzte Fassung und in der dann einsetzenden Befragung der Verbände – Deutscher Industrie- und Handelstag, Bundesverband der Deutschen Industrie und Deutscher Gewerkschaftsbund – auch deren Zustimmung. Ich konnte die Kabinettsvorlage am 11. Mai 1971 unterzeichnen und später mit Freude feststellen, daß diese Vorlage am 30. Juni 1971 von der Bundesregierung beschlossen wurde. Das am 8. September 1972 verkündete Gesetz hat die einmütige Zustimmung des Deutschen Bundestages gefunden. Die am 17. Dezember 1970 herausgestellten Zielvorstellungen waren in das Gesetz eingegangen: Beachtung internationaler Rechtsgrundsätze, Wahrung der internationalen Freizügigkeit, Gewinnberichtigung bei international verbundenen Unternehmen, Erweiterung der Besteuerung inländischer Einkünfte bei Wegzug in ein »Steueroasenland«, Besteuerung des Vermögenszuwachses aus wesentlichen Beteiligungen beim Wegzug ins Ausland, Neuregelung der inländischen Steuerpflicht für Beteiligungen an ausländischen Basisgesellschaften und eine Verbesserung der steuerlichen Wettbewerbslage für Direktinvestitionen in ausländische Tochtergesellschaften.
Es ist ein gutes Gesetz geworden, das seit vielen Jahren fällig war. Es störte nur wenige, die sich bis dahin für besonders schlau gehalten und den eigenartig berührenden Ehrgeiz entwickelt hatten, darauf stolz zu sein, in der Bundesrepublik Deutschland keine Steuern zu zahlen. Um diese sollte man nicht trauern.
Nun noch ein Wort zur Schweiz. Das deutsch-schweizerische Doppelbesteuerungsabkommen war nicht die eigentliche Ursache der Steuerflucht in dieses Land, was sich schon darin zeigte, daß sie auch gegenüber Ländern wie Liechtenstein bestand, mit denen die Bundesrepublik Deutschland kein Doppelbesteuerungsabkommen abgeschlossen hatte. Ein Abkommen mit einem Oasenland wie der Schweiz erhöhte aber die durch die Einschaltung von Basisgesellschaften bewirkten Steuervorteile, weil die Basisgesellschaft für die von ihr vereinnahmten deutschen Einkünfte und das von ihr gehaltene deutsche Vermögen zusätzlich noch

die im Doppelbesteuerungsabkommen vorgesehenen Befreiungen oder Senkungen der deutschen Steuer geltend machte.
Die seit langem laufenden Verhandlungen zur Revision des deutsch-schweizerischen Doppelbesteuerungsabkommens hatten daher unter anderem zum Ziel, unangemessene Beanspruchungen der Abkommensvorteile auszuschließen. Mehr konnte eine Abkommensrevision nicht erbringen. Sie bot kein Instrument dafür, die Steuerflucht in ihren eigentlichen Ursachen und Wirkungen zu treffen. Hierzu war die innerstaatliche Gesetzgebung erforderlich.
Aber nun hatten wir ein ganzes Paket an Änderungswünschen für die Neuordnung des deutsch-schweizerischen Doppelbesteuerungsabkommens und kamen einfach nicht weiter. Deshalb reiste ich am 6. Mai 1970 mit drei leitenden Beamten der Steuerabteilung nach Bern, um in einem Gespräch mit Herrn Dr. jur. Nello Celio, Chef des Eidgenössischen Finanz- und Zolldepartements, den Versuch zu unternehmen, die strittigen Punkte auf dieser Ebene zu klären. Das ist weitgehend gelungen, nicht zuletzt durch das Verständnis, das Herr Celio unserem Anliegen entgegenbrachte. Die Ministerialbeamten wußten nun, woran sie waren, konnten weiterverhandeln und zum Abschluß kommen.
Am 12. August 1971 meldete der SPD-Pressedienst, daß das neue Doppelbesteuerungsabkommen unterzeichnet sei, und fügte hinzu:

»Die von Alex Möller intensivierten Bemühungen tragen jetzt ihre Früchte. Ab 1. Januar 1972 werden deutsche Steuerflüchtlinge ebenso stark belastet, wie es in der Bundesrepublik der Fall ist, zumindest solange sie nicht der vollen Schweizer Besteuerung unterworfen sind. Ein Doppelwohnsitz zahlt sich steuerlich nicht mehr aus. Das gilt auch für die Erwerbung von Grundbesitz in der Schweiz, für den künftig die in der Bundesrepublik Deutschland fälligen Steuern zu entrichten sind. Wer für die Dauer in die Schweiz übersiedelt, kommt erst nach fünf Jahren in den Genuß der billigeren Schweizer Steuersätze. Bis dahin unterliegt er den deutschen Steuersätzen wie jeder andere deutsche Staatsbürger auch. Eine steuerliche Auskunftsklausel vereinfacht und erleichtert in Zukunft die Arbeit der Finanzämter.
Dieses Abkommen mit der Schweiz beseitigt mehr als ein Ärgernis, es beendet einen unerträglich gewordenen Zustand und stellt die Steuergerechtigkeit auf diesem Gebiet wieder her, ohne daß davon die wirtschaftlichen Beziehungen und der Kapitalverkehr zwischen beiden Ländern

beeinträchtigt werden. Dies ist gewiß ein bedeutender Pluspunkt in der bisherigen Erfolgsbilanz der sozial-liberalen Koalition.«

Die Steuerreform

Am 30. März 1971 übergab die Steuerreformkommission dem Bundeskanzler ihr Gutachten. Bereits einen Tag später beschäftigte sich die Bundesregierung mit dem Gutachten. Das Bundesfinanzministerium hatte den Vorlagen eine alle Einzelheiten erfassende Synopse beigelegt, die mit der Aufteilung in 1. Geltendes Recht, 2. Vorschläge der Steuerreformkommission, 3. Stellungnahme des Bundesministers der Finanzen eine Übersicht erleichtern sollte.
Von den einleitenden Ausführungen, die ich im Bundeskabinett gemacht habe, sei Nachstehendes erwähnt, um meinen grundsätzlichen Standpunkt festzuhalten:

»Leitmotiv der Steuerreform muß das Verfassungsgebot des sozialen Rechtsstaates sein. Dieses Verfassungsgebot ist ›ein Teil des unerfüllten Grundgesetzes‹ (Adolf Arndt).
Bereits 1953 hat der Wissenschaftliche Beirat beim Bundesministerium der Finanzen Vorschläge zu einer organischen Steuerreform gemacht, 1957 legte der sogenannte Zweite Troeger-Ausschuß Reformvorschläge vor, 1964 wurde ein Bericht der Einkommensteuer-Kommission beim Bundesministerium der Finanzen zur Reform des Einkommensteuerrechts erarbeitet, und 1967 hat der Wissenschaftliche Beirat beim Bundesministerium der Finanzen ein umfassendes Gutachten zur Reform der direkten Steuern erstellt. Der Großteil der Reformvorschläge ist im wesentlichen unbeachtet geblieben. Wenn man dazu noch die Vorschläge des Bundes der Steuerbeamten, des Bundes der Steuerzahler, der Gewerkschaften, der freien Berufe und nicht zuletzt die programmatischen Erklärungen der Parteien nimmt, so steht fest, daß es an Vorstellungen über eine Neuordnung bisher nicht gemangelt hat. Vom Gesetzgeber wurden lediglich in Einzelgesetzen Konsequenzen aus den Reformvorschlägen gezogen. Er hat 1953 eine kleine Steuerreform durchgeführt, die Reste der unorganischen alliierten Gesetzgebung beseitigte. 1954 erschien das Steuerneuordnungsgesetz, 1957 wurde erst auf Grund

eines Urteils des Bundesverfassungsgerichts die Ehegattenbesteuerung verfassungskonform gestaltet, 1959 regelte der Gesetzgeber die Sparprämien neu, 1965 wurde ein Bewertungsgesetz geschaffen. 1967 schließlich verabschiedete die Große Koalition das Mehrwertsteuergesetz, das inzwischen in einigen Nachbarländern als Beispiel für eine Reform des Umsatzsteuerrechts gedient hat. Eine umfassende, in allen Bereichen aufeinander abgestimmte Reform fehlt. Wenn sich auch das deutsche Steuersystem im großen und ganzen bewährt hat und sicherlich besser ist als sein Ruf, so kann jedoch kein Zweifel daran bestehen, daß es grundlegend reformiert werden muß.
Die Kritik am bestehenden Steuerrecht richtet sich gegen das System; es ist unüberschaubar, kompliziert und sozial ungerecht. Das Steuersystem ist nicht rational, weil die Steuern nur zum Teil aufeinander abgestimmt sind. Die Stoßrichtung der Kritik ist sehr unterschiedlich, zum Teil zielt sie auf die Senkung der zu hohen direkten Steuern, zum Teil zielt sie auch auf die Senkung verschiedener Verbrauchsteuern. Hier kann nur mit dem Blick auf die von der EWG in Angriff genommene und zum Teil schon durch konkrete Richtlinien festgelegte Steuerharmonisierung im europäischen Bereich reformiert werden.
Bei der Steuerreform zeigt sich, gleichgültig, welche Steuerart zur Reform ansteht, daß die Probleme in den westlichen Industriestaaten in vieler Hinsicht gleichgelagert sind. So liegt zum Beispiel dem italienischen Parlament ein umfassendes Steuerreformprogramm vor. In Frankreich beschäftigen sich verschiedene von der Regierung eingesetzte Kommissionen mit der Reform des Steuerrechts. In England wird gerade eine umfassende Körperschaftsteuerreform durchgeführt. In den USA hat eine von der Regierung eingesetzte Steuerreformkommission ihr Gutachten bereits vorgelegt.
Die von mir gebildete Steuerreformgruppe im Bundesministerium der Finanzen, die unter Staatssekretär Professor Dr. Haller arbeitet, hat diese Reformbestrebungen untersucht und in ihre Arbeiten einfließen lassen, soweit ein solches Vorhaben im Hinblick auf das deutsche Steuerrecht möglich und sozial gerechtfertigt war. Dabei ist zum Beispiel ganz interessant, daß die französische Studienkommission für die ›Patente‹, eine der deutschen Gewerbesteuer entfernt vergleichbare Abgabe der Industrie-, Handels- und Dienstleistungsbetriebe sowie der Mitglieder der freien Berufe, auch den Vorschlag gemacht hat, eine der deutschen Gewerbesteuer vergleichbare Betriebsteuer einzuführen.

Untersucht man diesen Vorschlag, so kann man feststellen, daß gerade die in der politischen Diskussion so umstrittene Gewerbesteuer jedenfalls nicht mit dem Hinweis auf die notwendige Harmonisierung der Steuern im EWG-Raum abgeschafft werden kann.
Wir werden die Probleme der Harmonisierung in engen Gesprächen mit der Brüsseler Kommission und den Partnerländern der EWG wie auch den beitrittswilligen Ländern weiter erörtern und uns vergewissern, daß wir mit unserer Steuerreform keine neue Barriere für eine Angleichung des Steuerrechts aufbauen.
Die Verhandlungen mit den Bundesländern, die im wesentlichen unser Steuerrecht in der Praxis durchführen, haben gezeigt, daß ohne Unterschied der politischen Verhältnisse in den einzelnen Ländern eine umfassende Steuerreform bejaht wird. Die Länder drängen im Hinblick auf die bekannten Schwierigkeiten in der Finanzverwaltung jedoch mit Recht darauf, daß das reformierte Steuerrecht für Verwaltung und Steuerpflichtige einfacher werden muß. Auch gehen die Länder davon aus, daß keine Reformmaßnahme so ausgestaltet werden darf, daß sie später im Rahmen der europäischen Harmonisierung wieder rückgängig gemacht werden müßte. Mehrfach Änderungen des Steuerrechts, sofern davon die Grundlagen des jeweiligen Steuergesetzes betroffen werden, erschweren die Durchführung so stark, daß sich kein Industriestaat ein solches Verhalten leisten kann.
Der Auftrag, den die Steuerreformgruppe erhalten hat, deckt sich mit dem Auftrag der Steuerreformkommission. Die Änderungen des Steuerrechts sollten insgesamt zu keinen Mindereinnahmen führen. Sofern für die Durchführung der vorgesehenen Reform Mehreinnahmen notwendig sind, müssen sie, soweit erforderlich, nach der Steuerreform genauso durch Steuererhöhungen zu erreichen sein, wie das vorher möglich gewesen ist. Die Steuerreform darf den finanziellen Spielraum der öffentlichen Hände nicht einengen.
Bei der Steuerreform ist der Finanzausgleich zwischen Bund, Ländern und Gemeinden nicht zu berücksichtigen. Wie die Steuerreformkommission gehen auch die Arbeiten des Bundesministeriums der Finanzen davon aus, daß nach der Verabschiedung der Steuerreform eine Neuregelung des bundesstaatlichen Finanzausgleichs im Rahmen der in den Artikeln 105ff Grundgesetz gegebenen Möglichkeiten zu erfolgen hat. Es ist nicht zu empfehlen, in einer umfassenden Steuerreform auch innerhalb der einzelnen Steuern den Ausgleich zu finden und festzulegen.

Eine derartige Reform müßte Stückwerk bleiben, weil sie das System und die Struktur des Steuerrechts insgesamt nicht reformieren würde. Bei diesen Überlegungen bleibt die Reform des allgemeinen Steuerrechts, das in der Abgabenordnung geregelt ist, unberücksichtigt. Über diese Fragen hat die Bundesregierung mit der Vorlage des Regierungsentwurfs zur Abgabenordnung, zu der der Bundesrat bereits Stellung genommen hat und die in diesen Tagen dem Deutschen Bundestag mit der Gegenäußerung der Bundesregierung zur Stellungnahme des Bundesrates zugeht, entschieden. Die Abgabenordnung ist, wie es der Bundesrat und die Verbändeanhörung weitgehend anerkannt haben, der gelungene Versuch, das fünfzig Jahre alte allgemeine Steuerrecht den heutigen Erfordernissen einer modernen, den Grundrechten verpflichteten Verwaltung anzupassen. Leider wird dieses Gesetzgebungswerk in der Öffentlichkeit zu wenig gewürdigt. Ferner bleibt in diesem Zusammenhang die Gesetzgebung zum Außensteuerrecht unberücksichtigt. Über diese Fragen hatte das Bundeskabinett schon am 17. Dezember 1970 in Leitsätzen entschieden, die nach Anhörung der Länder und Verbände in einem Regierungsentwurf umgearbeitet werden.«

Ich habe in dieser Kabinettsitzung dem Bundeskanzler und allen Kabinettmitgliedern dafür gedankt, daß man mir trotz aller Kampagnen in Presse, Rundfunk und Öffentlichkeit die Zeit gelassen habe, diese grundlegende Reform ausreichend vorzubereiten. Auf einer Klausurtagung in Karlsruhe vom 22. bis 24. Februar 1971 habe ich mit den Steuerexperten des Bundesfinanzministeriums das gesamte Reformwerk beraten und Stellungnahmen vorbereitet, so daß wir jetzt nach Übergabe des Gutachtens der Steuerreformkommission in der Lage waren, dem Kabinett eine präzise Übersicht vorzulegen.
Das Bundeskabinett sollte an Hand der Synopse dem Finanzministerium den Auftrag geben, eine Ergänzung auf Grund der Überlegungen in den Ministerien hinzuzufügen, um dann in einer Klausurtagung die Entscheidungen zu treffen, die Grundlage für einen Regierungsentwurf sein könnten, der nach Gesprächen mit den zuständigen Ressorts, Ländern und Verbänden von der Steuerreformgruppe des Bundesfinanzministeriums erarbeitet werden mußte.
Am 7. Mai war die Ergänzung der Synopse mit »4. Abweichende Vorschläge der Ressorts« und den vom Bundeskabinett gewünschten Ausarbeitungen zu den sogenannten Eckwerten fertiggestellt. Meine Nach-

folger haben sich dann um die Fortführung und Realisierung bemühen müssen.
Ich habe seinerzeit die Einsetzung einer eigenen Steuerreform-Arbeitsgruppe der SPD für richtig gehalten. Bei meinen Vorschlägen handelte es sich um die Erarbeitung einer Regierungsvorlage der Koalition, die in vielen Bereichen Kompromißlösungen enthalten mußte. Demgegenüber hatten die Sozialdemokraten klarzumachen, welche Auffassungen sie bei der Gestaltung der Reformgesetze vertreten. Im Parteivorstand habe ich gebeten, den Vorsitz nicht mir, sondern Erhard Eppler zu übertragen.

Ein Blick zurück

Der 8. Steuergewerkschaftstag am 13. Mai 1975 in Hamburg hat mich durch die Verleihung der Ehrenmitgliedschaft der Deutschen Steuergewerkschaft ausgezeichnet. In meiner Danksagung habe ich in der öffentlichen Veranstaltung einige Ausführungen gemacht, von denen deshalb berichtet werden soll, weil sie klarstellen, wie ich manches, was geschehen ist, beurteile. Einleitend sagte ich unter anderem, daß ich mich über die mir zuteil gewordene Ehrung auch deswegen freuen würde, weil ich einmal, so unwahrscheinlich es klingt, mit Lust und Liebe Bundesfinanzminister gewesen sei:

»Ich bin ganz sicherlich nicht aus Überlegungen zurückgetreten, die mit den Beamten der Steuerverwaltung oder den Beamten der Zollverwaltung zu tun hatten, sondern aus Überlegungen, die auf einer politischen Ebene lagen und die daher auch politische Konsequenzen notwendig machten. Es ist ungewöhnlich in der noch jungen deutschen Demokratie, daß ein Bundesminister aus eigenem Entschluß zurücktritt, aber es braucht nicht ungewöhnlich zu bleiben; denn politische Entscheidungen von besonderer Bedeutung müssen auch mit der Person eines Ministers verbunden sein.
Der Steuergewerkschaftstag steht unter dem Motto ›Den Steuernotstand überwinden‹. Den Steuernotstand überwinden kann man aber nur, wenn wir uns darüber im klaren sind, in welcher Ausgangssituation wir uns befinden und wie weit eine Zusammenfassung und Koordinierung der Bemühungen möglich ist. Der Vorsitzende der Deutschen Steuer-

gewerkschaft hat auf der gestrigen Kundgebung ausdrücklich ein Bekenntnis zur Kooperation abgegeben; ich bin der Überzeugung, daß sich einige Erschwernisse auf dem Wege zu dieser Kooperation in der Tat in der kommenden Zeit überwinden lassen müßten.
Der Steuernotstand kann natürlich nur mit den in der Steuerverwaltung Beschäftigten und nicht gegen sie behoben werden. Diesem Bekenntnis möchte ich mich ausdrücklich anschließen. Eine praxisnahe Steuergesetzgebung zu schaffen ist aber außergewöhnlich schwer. Diese Erfahrung haben wir auch auf der politischen Ebene gemacht. Als einen ersten sehr schwerwiegenden Punkt sehe ich das Beharrungsvermögen an, das allem anhaftet, was besteht und durch Gesetze festgeschrieben ist. Aus eigener leidvoller Erfahrung kann ich nur sagen, daß es viel Energie erfordert, etwas Neues in Bewegung zu setzen oder Mängel, die man erkannt hat, tatsächlich zu beseitigen. Gegen dieses Beharrungsvermögen müssen wir uns überall und immer wieder wenden, wenn es gilt, einen neuen, der gesellschaftlichen Entwicklung angepaßten Anfang zu finden.
Ein zweites Erschwernis einer praxisnahen Steuergesetzgebung ist die ›Vielheit der Mitbestimmung‹, wie ich es einmal nennen möchte. Bei der Steuergesetzgebung sind wir nicht nur auf den Rat der Beteiligten, zum Beispiel der Deutschen Steuergewerkschaft, angewiesen. Bundesregierung, Bundestag und in hervorragendem Maße der Bundesrat üben ihre sich aus dem Grundgesetz ergebenden Mitwirkungsbefugnisse bei der Gesetzgebung aus. Nicht ohne Grund und Ursache haben wir ein föderalistisches Staatssystem. Auf dieses föderalistische System müssen wir uns einrichten. Dieser Sachverhalt ist insbesondere dann von Bedeutung, wenn die Interessen der Länder berührt werden, was bei der Steuergesetzgebung fast regelmäßig der Fall ist.
In der Zeit der Großen Koalition habe ich für meine Fraktion den Antrag auf Einsetzung einer Steuerreformkommission eingebracht. Der Deutsche Bundestag hat diesem Antrag zugestimmt. In jenem Antrag war das Programm für die Steuerreformarbeiten umrissen worden. Wir waren der Auffassung, daß die Vorarbeit einer Expertenkommission notwendig sei, damit der Gesetzgeber den richtigen Weg beschreiten könne. Zunächst haben wir also an den unabhängigen Sachverstand von Experten appelliert. Ihr Vorsitzender hat dieser Expertenkommission angehört und könnte über die mit großen Beschwernissen belastete Arbeit dieser Steuerreformkommission viel Interessantes berichten. Als

ich das Amt des Bundesministers der Finanzen übernahm, sah ich es als eine vordringliche Aufgabe an, die Steuerreformkommission mit dem Apparat zu versehen, der unerläßlich ist, um wirkungsvoll arbeiten zu können. Die Steuerreformkommission hat mir das mit großem Entgegenkommen gedankt und den Staatssekretär zu ihren Beratungen hinzugezogen, den ich für die Steuerreform in das Bundesfinanzministerium berufen hatte.

Der weitere Ablauf ist bekannt. Ich will im einzelnen nicht darüber sprechen. Ganz sicher ist, daß dieses Reformwerk nicht alle Erwartungen erfüllt hat. An dieser Stelle möchte ich aber zum erstenmal eine mir notwendig erscheinende Korrektur vornehmen. Es geht um das Wort vom ›Jahrhundertwerk‹, das mir zugeschrieben wurde und das über Jahre hinaus in den Zeitungen zu finden war. Ich habe mir überlegt, wie der zweifelsfreie Nachweis zu erbringen sei, daß dieses Wort nicht von mir stammt, und den Wissenschaftlichen Dienst des Deutschen Bundestages um die notwendigen Nachforschungen gebeten. Als Resultat hat sich ergeben, daß einige Sätze aus einer Rede, die ich am 10. Mai beim Deutschen Steuerkongreß 1971 in der Beethovenhalle in Bonn gehalten habe, mißdeutet worden sind. Wörtlich sagte ich damals: ›Es wäre vermessen, bei der beabsichtigten großen Steuerreform von einem Jahrhundertwerk zu sprechen; ich würde mich aber freuen, wenn eine Gemeinschaftsleistung entstehen könnte, die von den praktischen Erfahrungen und den Erkenntnissen der steuerberatenden Berufe nachhaltig befruchtet wäre. In diesem Sinne erbitte ich Ihre Unterstützung.‹ Das ist das, was ich wirklich gesagt habe. Ich meine, daß ich dazu auch heute noch stehen kann.

Auf einen dritten Punkt will ich noch zu sprechen kommen, der meiner Ansicht nach ebenfalls eine praxisnahe und überschaubare Gesetzgebung erschwert – den Zielkonflikt zwischen Gleichmäßigkeit und Gerechtigkeit der Besteuerung, der sehr schwer aufzulösen ist. Ich kann nur bestätigen, daß wir Mitte des Jahres 1970 so weit waren, daß wir sagen konnten: Mit den Verbänden und Ländern haben wir nun eine gemeinsame Linie gefunden, um eine in die Zukunft weisende Konzeption unter den notwendigen Voraussetzungen, die man nicht übersehen darf, entwickeln zu können. Leider waren die Schwierigkeiten größer, als wir es uns vorgestellt hatten, und leider habe ich an der Realisierung dieser Konzeption in den darauffolgenden Jahren nicht so mitarbeiten können, wie ich selbst es mir gewünscht hätte.

Der vierte Gesichtspunkt, der anzusprechen wäre, ist die Frage: wie, wo und was besteuert wird. Da gibt es selbstverständlich Meinungsverschiedenheiten. Man kann auch auf einem Gewerkschaftstag nicht in allen programmatischen Punkten Einmütigkeit erzielen. Selbst einem Parteiprogramm, gleich welcher Partei, wird nicht jeder zu hundert Prozent zustimmen können. Wer von seiner Verantwortung als Bürger eines demokratischen Staates Gebrauch macht, der wird sich nicht immer in nur zustimmenden Bahnen bewegen.

Verantwortung ausüben bedeutet, sich kritisch mit dem zu befassen, was in der Verantwortung des Einzelnen steht. Eine verantwortungsbewußte Kritik ist nicht einfach negativ, sie kann positiv sein und dazu beitragen, die schwachen Stellen zu entdecken sowie in eigener Einsicht vernünftige Konzeptionen zu entwickeln, um Fehler zu beseitigen.

Ich will ein Beispiel nennen für eine solche schwache Stelle im Bereich der Steuergesetzgebung. Ich meine das Außensteuergesetz, das mir gleich zu Beginn meiner Amtszeit besonders wichtig zu sein schien und das bereits viele Jahre eingehend erörtert worden war. Ich betrachte es heute noch als eine gute Leistung des Ministeriums, bis zum 17. Dezember 1970 eine kabinettreife Vorlage erarbeitet zu haben. Damals hat es wegen dieser Steueroasengesetzgebung einen Sturm der Entrüstung gegeben. Hier befand sich aber nach meiner Meinung eine der wichtigsten Quellen von steuerlicher Ungerechtigkeit. Es bleibt auch jetzt noch schwer, zuverlässig anzugeben, was uns auf diesem Wege der Steuerflucht an Steuern verlorengegangen ist. Man kann kleinen und mittleren Betrieben und Steuerzahlern mit kleinen und mittleren Einkommen Steuerehrlichkeit nicht zumuten, wenn man diese Steuerehrlichkeit nicht für alle durchsetzt.

Es ist uns gelungen, das Außensteuergesetz einstimmig im Deutschen Bundestag zu verabschieden. Ich finde, das bleibt ein bemerkenswertes und bedeutsames Ergebnis, an das wir uns erinnern müssen, wenn uns daran liegt, bei der Steuergesetzgebung mehr Verständnis und Einheitlichkeit zu erreichen. Ich brauche nicht zu betonen, daß es immer mein Wunsch war, auch das Steuerreformwerk möglichst einmütig im Deutschen Bundestag verabschiedet zu sehen.

Zu den Ihnen vorliegenden Anträgen und den Stellungnahmen Ihrer Bundesleitung möchte ich noch einige Anmerkungen machen. Dabei will ich mich zu zwei Punkten äußern. Die Frage der durchgehenden Progression wird innerhalb der drei Jahre geprüft werden, die in der Entschließung des Deutschen Bundestages vorgesehen sind. Innerhalb dieser Frist ist die Bundesregierung aufgefordert, einen entsprechenden Bericht vorzulegen. Der Bundesrat hat sich dieser Auffassung angeschlossen, so daß man davon ausgehen könnte, daß der neue Tarif zunächst für drei Jahre in Kraft gesetzt wird, jedoch mit der ausgesprochenen Zielsetzung, einen durchgehenden Progressionstarif* einzuführen. Diese Zielsetzung werden wir allerdings im Jahre 1976 kaum realisieren können. Sie sollte aber dann eine der ersten Arbeiten sein, die der neu gewählte Bundestag sich vornehmen muß. Es müßte bald eine neue praktikable Lösung gefunden werden. Hierin bestand immer und besteht auch heute Übereinstimmung zwischen Ihrer Auffassung und meiner eigenen.

Der zweite Punkt betrifft die Kindergeldregelung, den neuen Familienlastenausgleich. Nach meiner Auffassung stellt diese Regelung das bedauerlichste dar, was an dieser Steuerreform zu beklagen ist. Aber der Deutsche Bundestag, und damit meine ich alle Parteien, war nicht stark genug, um seine Auffassung von einer Finanzamtslösung durchzusetzen. Der Bundesrat verlangte die Arbeitsamtslösung mit der Begründung, die Finanzämter wären mit ihrem Personal einer solchen Lösung nicht gewachsen. Daraus müßte man schlußfolgern – und warum soll die Logik nicht auch einmal in der Politik eine Rolle spielen –, daß man das zusätzlich benötigte Personal nicht dort ansiedelt, wo eine andere Arbeitszielsetzung vorhanden ist, sondern dort, wo schon Fachleute sitzen und eine entsprechende Ergänzung des Personals naturgemäß viel wirksamer sein muß. Dieser Gesichtspunkt ließ sich jedoch nicht gegen die Länderfinanzminister durchsetzen, zumal sich diese, gleich welcher Parteizugehörigkeit, völlig einig waren in der Vertretung dieses für mich betriebsfremden Standpunktes. Da das Gesetz zustimmungsbedürftig ist, konnte diese Hürde nicht übersprungen werden. Wenn das Gesetz überhaupt noch zum 1. Januar 1975 in Kraft treten sollte, mußten wir uns also fügen. Ich persönlich unterstütze jedoch jede Bestrebung, die darauf abzielt, eine Änderung herbeizuführen und die Finanzamtslösung in

* In der ersten Synopse über die Steuerreformvorschläge ist von mir die Forderung nach einem durchgehenden progressiven Tarif für zu versteuernde Einkommen von 2400/4800 DM bis 130000/260000 DM enthalten. Sowohl die Steuerreformkommission als auch ich haben gleichlautend diesen Vorschlag mit einem Anfangssteuersatz in Höhe von 16% gemacht. Lediglich die Endsteuersätze weichen voneinander ab: Steuerreformkommission 55%, Bundesminister der Finanzen 56%.

einem geeigneten Zeitpunkt nun doch noch einzuführen und zu praktizieren. Das Kindergeld gehört in den Gesamtzusammenhang der Besteuerung, es gehört dazu, wenn man wissen will, wie der Bürger belastet und entlastet wird. Man muß von dieser besonderen Institution des Familienlastenausgleichs, die sich an die Arbeitsämter anlehnt, wieder abkommen. Es ist sonst nur eine Frage der Zeit, daß man vergißt, daß das Kindergeld jemals eine steuerliche Frage und Überlegung war, und daß man den Familienlastenausgleich hinnimmt als eine neue notwendige sozialpolitische Institution.

Lassen Sie mich zum Abschluß nur noch drei Dinge kurz feststellen, um Ihnen zu sagen, was ich für die nächste Zeit als vordringlich ansehe. Als erstes nenne ich die Reform der Abgabenordnung. Ich habe mich sehr bemüht, bei meinen Freunden die Vordringlichkeit dieser Fragen zu betonen. Ich meine, es ist das Anliegen aller drei Fraktionen im Deutschen Bundestag, die Reform der Abgabenordnung so zu verabschieden, daß sie am 1. Januar 1977 in Kraft treten kann. Hierzu gehört, die verfahrensrechtlichen Voraussetzungen für die Neuordnung der Steuerverwaltung zu schaffen. Nach meiner Beurteilung gibt es nur noch einen wirklich strittigen Punkt. Das ist die Frage der Verzinsung. Über diese Frage sollte man sich einigen können, nachdem klargestellt ist, daß man nicht nur die Steuerschuld, sondern auch Steuerguthaben verzinsen muß. Die Abgabenordnung ist für mich das Grundgesetz aller weiteren gesetzgeberischen Überlegungen in Sachen Steuern. Deshalb hatte ich bereits im Juni 1971 die Abgabenordnung dem Deutschen Bundestag und dem Bundesrat zugeleitet – ohne eine Stellungnahme zur Verzinsungsfrage, weil ich der Meinung war, daß sich darüber die Parteien und die Länder im Bundesrat einigen müßten.

Was Sie über den Betriebsprüfungsturnus ermittelt haben, hat mich ganz besonders berührt. Es ist für einen Abgeordneten, der Verantwortung trägt, einfach unfaßbar, weiter zuzulassen, daß Großunternehmen durchschnittlich nur alle vier oder fünf Jahre geprüft werden, mittlere Betriebe nur alle zehn Jahre und Kleinbetriebe alle 57 Jahre. Für das Jahr 1972 haben Sie 2,4 Millionen zur Prüfung anstehende Betriebe festgestellt; geprüft wurden 100493! Wenn feststeht, daß das rechtskräftige Mehrergebnis der Betriebsprüfung nach der Statistik auf rund drei Milliarden DM im Jahr zu beziffern ist, dann muß ich feststellen, daß wir die drei Milliarden DM gut gebrauchen könnten und daß gar keine Veranlassung besteht, hohen Einkommensbeziehern unverzinsliche

Darlehen zu geben, die in den auf 1973 folgenden Jahren sicher höher sind. Es ist allein unsere Schuld, wenn wir diese unmöglichen und unverantwortlichen Zustände nicht schnellstens ändern im Interesse der steuerlichen Gerechtigkeit, aber auch deswegen, weil wir auf diese Beträge in unserer bedrängten finanzwirtschaftlichen Lage einfach nicht verzichten können. Man muß noch hinzufügen, daß Steuerhinterziehung, -hintergehung und Steuermißbräuche zu Lasten der ehrlich zahlenden Steuerzahler gehen, weil diese bekanntlich stärker in Anspruch genommen werden müssen, wenn Einnahmen und Ausgaben in einer vernünftigen finanzwirtschaftlichen Konzeption eingebettet sind. Weiter sei darauf hingewiesen, daß wir in den kommenden Jahren nicht mit dem gleichen Maß an Verschuldung in der öffentlichen Finanzwirtschaft arbeiten können wie in diesem Jahr, in dem ein solches Verhalten aus konjunkturellen Gründen notwendig und zweckmäßig ist. Diese Tatsachen muß man sich vor Augen halten, wenn man überlegt, welche notwendigen gesetzlichen Entscheidungen erforderlich sind, um das Ganze in die gerechte, zeitgemäße Ordnung zu bringen.
In Ihrem Programm fordern Sie klare, eindeutige und übersichtliche Gesetze. Zu dieser Forderung bekenne ich mich ausdrücklich. Wie schwer es jedoch ist, diese Forderung in der Praxis zu verwirklichen, kennen wir alle auch aus der Parlamentsarbeit. Nach meiner Meinung ist es jedoch nicht Sache des Gesetzgebers, juristische Perfektionsarbeit zu leisten. Der Gesetzgeber hat die politische Konzeption festzulegen. Wie das dann im Text aussieht, haben andere zu verantworten. Professor Radbruch, der große Rechtsgelehrte, hat zu seinen Schülern einmal sinngemäß gesagt: ›Wenn du einen schwierigen Tatbestand hast, mußt du versuchen, mit deinem gesunden Menschenverstand eine Lösung zu finden. Hast du sie gefunden, dann bestimme den Paragraphen, der notwendig ist, um sie durchzusetzen.‹ Würde man endlich nach dieser Weisheit handeln, so wären wir von mancher Sorge befreit.
Nachdem Sie Wege zur Überwindung des Steuernotstandes aufgezeigt haben, stelle ich zum Schluß fest, daß ich in wichtigen Punkten Ihr Weggenosse bin. Darf ich Ihre Formulierungen durch meine ergänzen?
Zur Überwindung des Steuernotstandes gehören unter anderem

- klare, eindeutige und übersichtliche Gesetze,
- klare, bundeseinheitliche und praktikable Verfahrensregeln,
- bundeseinheitliche, personalgemäße und aufgabenentsprechende Organisationsformen,

- ausreichendes, gutgeschultes und qualifiziertes Personal,
- eine optimale sachliche Ausstattung und
- die funktionsgerechte Besoldung.

Das alles ist nicht von heute auf morgen erreichbar. Wir müssen uns nach der finanziellen Decke strecken. Aber in einer echten, verständnisvollen Zusammenarbeit läßt sich die Überwindung des Steuernotstandes erreichen – in Ihrem Interesse und vor allen Dingen im Interesse des Staates und seiner Bürger.«

Steuerfragen sind Streitfragen. Streit entsteht durch den Widerstreit der Interessen. Ließen sich widerstreitende Interessen neutralisieren, so könnte der Streit in einen Verkümmerungsprozeß geraten.

XXVII. UND ES HAT SICH DOCH GELOHNT

Im Zweifelsfall: gegen Inflation

Am 23. September 1970 habe ich im Deutschen Bundestag das Haushaltsgesetz 1971 begründet. Abgeordnete der Opposition haben mich dauernd und nicht gerade sehr fein unterbrochen. Der Beweis ergibt sich aus dem Bundestagsprotokoll (Seite 3683/3684):

»In fast allen Partnerländern sind die Preise schneller als bei uns gestiegen.
(Abg. Rasner: Platitüden! – Abg. Dr. Heck: Das war früher schon so!)
Dazu will ich Ihnen die letzten Daten des Statistischen Bundesamtes vortragen. In anderen Ländern haben sich die Verbraucherpreise gegenüber dem entsprechenden Vorjahresmonat wie folgt erhöht:
(Abg. Dr. Heck: Das wissen wir alles!)
Wenn Sie das alles wissen, Herr Heck, dann seien Sie mit Ihren Äußerungen, die Sie in der ›Bild-Zeitung‹ veröffentlichen, in Zukunft vorsichtiger!
(Lebhafter Beifall bei den Regierungsparteien. – Lachen bei der CDU/CSU. – Abg. Pieroth: Stimmt aber trotzdem! – Abg. Haase, Kassel: Er wirbt für ›Bild‹! – Anhaltende Unruhe. – Glocke des Präsidenten.)
Meine Damen und Herren, ich will Ihnen einmal etwas sagen: Wenn Sie glauben, tage- und wochenlang in der unfairsten Form
(Abg. Dr. Stoltenberg: Das müssen Sie gerade sagen!)
der Bundesregierung und der Koalition gegenüber
(Abg. Rasner: Die Wahrheit zu sagen!)
mit Unterstellungen auf einem Gebiet arbeiten zu können,
(Abg. Dr. Stoltenberg: Wer redet denn hier von ›Verbrechern‹?!)
für das das deutsche Volk, wie Sie wissen, ganz besonders empfindlich ist,

(Lebhafter Beifall bei der CDU/CSU. – Zurufe von der CDU/CSU: Zu Recht! – Mit Recht!)
dann müssen Sie in Kauf nehmen, daß man von der richtigen Stelle aus – und das ist diese Stelle hier im Deutschen Bundestag – Ihnen antwortet.
(Beifall bei den Regierungsparteien. – Abg. Dr. Stoltenberg: Dieser angeschlagene Preisboxer da oben soll lieber seinen Etat begründen!)
Vielleicht bereuen Sie noch einmal im Ablauf der weiteren Debatte, daß Sie durch Ihre Beifallskundgebungen zugegeben haben, daß auf diesem Gebiet der Erörterung – der Geldentwertung, der Inflation – unser deutsches Volk besonders empfindlich ist.
(Zustimmung bei der CDU/CSU.)
Erinnern Sie sich an die beiden Inflationen, die wir wirklich durchgemacht haben,
(Abg. Haase, Kassel: Und Sie machen die dritte! – Abg. Dr. Barzel: Passen Sie auf, was Wehner gleich sagt!)
nämlich die beiden Inflationen nach den zwei großen Weltkriegen! Sie werden in Ihren Behauptungen sicherlich nicht so weit gehen,
(Abg. Rasner: Wie Wehner! – Abg. Dr. Stoltenberg: Wo ist denn dieser Kerl?)
hier darzustellen, daß diese beiden Weltkriege mit den darauffolgenden Inflationen von der SPD zu verantworten sind.
(Beifall bei den Regierungsparteien. – Lebhafte Zurufe von der CDU/CSU.)
Die, die diese Weltkriege und die darauffolgenden Inflationen zu verantworten haben, stehen Ihnen geistig näher als der SPD.
(Lebhafter Beifall bei der SPD. – Pfui-Rufe von der CDU/CSU. – Große Unruhe. – Die Abgeordneten der CDU/CSU verlassen den Saal. – Glocke des Präsidenten.)
Präsident von Hassel: Meine Damen und Herren – –
(Anhaltender Beifall bei der SPD. – Große Unruhe.)
Präsident von Hassel: Meine Damen und Herren, ich darf Sie doch bitten, daß wir zurückfinden zu der Rede des Herrn Bundesfinanzministers,
(Fortgesetzte Pfui-Rufe der den Saal verlassenden Abgeordneten der CDU/CSU – anhaltende Unruhe)
diese anhören und dann morgen und in den zwei darauffolgenden Wochen die Möglichkeit zur Aussprache haben.«

Im Anschluß an diesen Zwischenfall habe ich hinzugefügt:

»Ein Tief in der politischen Argumentation hat die CSU mit ihrer Wahlanzeige ›SPD gleich Inflation‹ erreicht. Der als unbestechlicher Stabilitätsanhänger geltende Redakteur der ›Süddeutschen Zeitung‹ Walter Slotosch kommentiert die Anzeige in seiner Zeitung am 15. September 1970 mit dem Hinweis, daß er schon vor acht Jahren eine Sonderseite veröffentlicht habe mit dem Titel: ›Die Mark ist nur noch 66 Pfennig wert.‹ Wörtlich schreibt er – und ich zitiere nun:

> ›Auf dieser 1962 veröffentlichten Sonderseite fand sich eine graphische Projektion der Geldentwertung bis zum Jahre 1972. Es ist geradezu erschreckend, wie genau die für 1970 dabei vorausberechnete Entwertungsrate tatsächlich erreicht wurde. Nein, die Deutsche Mark ist in den zwanzig Jahren der CDU/CSU-Regierung wirklich nicht stabil geblieben.‹

Walter Slotosch trifft die Feststellung:
›Es gehört wahrhaftig eine ziemliche Unverfrorenheit dazu, jetzt so zu tun, als hätte die Aufweichung der stabilen Mark erst vor zehn Monaten begonnen.‹
(Beifall bei den Regierungsparteien.)
Meine Damen und Herren, ich sage noch einmal, wer dieses Inserat ›SPD gleich Inflation‹ mit dem begleitenden Text gelesen hat, der so eindeutig und so ohne Wenn und Aber ist, der darf sich nicht wundern, daß man an die zwei Weltkriege und die darauf folgenden Inflationen erinnert hat.
(Lebhafter Beifall bei den Regierungsparteien)
und daß man hinzufügt – und das habe ich getan –, daß sich die SPD weniger in der geistigen Nähe derer befindet, die schuld an Weltkrieg und Inflation waren, als die CDU/CSU.
(Beifall bei der SPD.)«

Am nächsten Tag habe ich eine Erklärung abgegeben, von der mir der Geschäftsführer der Bundestagsfraktion der SPD sagte, sie sei so im Wortlaut vereinbart worden. Das war – wie sich leider erst hinterher herausstellte – ein Irrtum. Die Erklärung lautete:

»Mit der letzten (der beanstandeten) Feststellung habe ich selbstverständlich niemanden aus der CDU/CSU-Bundestagsfraktion oder aus den beiden Parteien CDU und CSU in die Nähe des Nationalsozialismus rücken wollen. Ein solcher Eindruck, der von mir nicht beabsichtigt war, kann auch aus dem Protokoll nicht hergeleitet werden.«

Nach der Abstimmung und der Ablehnung des Mißbilligungsantrags am 8. Oktober 1970 wurde die Haushaltsdebatte in erster Lesung zu Ende geführt. Ich habe dann bei meiner die Haushaltsdebatte abschließenden Rede einleitend folgendes gesagt:

»Bevor ich einige Sachbemerkungen mache, liegt mir daran, im Hinblick auf die heute vormittag stattgefundene Erörterung über eine von mir gemachte Bemerkung und die sich daran anschließende Abstimmung über einen von der CDU/CSU-Fraktion eingereichten Mißbilligungsantrag ausdrücklich zu erklären, daß ich mit dieser umstrittenen Bemerkung niemandes politische und persönliche Ehre verletzen wollte.
(Beifall bei den Regierungsparteien. – Abg. Dasch: Die Behauptung zurücknehmen! – Weitere Zurufe von der CDU/CSU und der SPD.)
Ich meine, jetzt ist es doch wohl genügend klargestellt. Ich habe zwei Erklärungen abgegeben. Ich habe sie auch abgegeben in einem persönlichen Schriftwechsel, soweit sich Kollegen der CDU/CSU-Fraktion in dieser Sache schriftlich mit mir in Verbindung gesetzt haben. Auch dort habe ich eine sehr eindeutige Erklärung in diesem Sinne abgegeben. Mir lag nur daran, das vor dem Hohen Hause und insbesondere nach der Abstimmung zu wiederholen, weil ich meine, daß eine solche Erklärung nach der erfolgten Abstimmung für alle Beteiligten wertvoller und nützlicher ist, als wenn man sie vorher abgibt.«

Eine Reaktion von seiten der CDU/CSU-Fraktion ist ausgeblieben. Über die Zurücknahme der Unterstellung »Und Sie machen die dritte« (Inflation) verlor man kein Wort.
Bei der Beurteilung dieses Vorgangs muß man wissen, daß ich als Oppositionsredner der SPD in der Dritten Lesung des Bundeshaushalts 1965 (169. Sitzung des Deutschen Bundestages am 26. Februar 1965) bei einer ähnlichen Auseinandersetzung erklärt habe:

»Wenn Sie über die Ursachen der beiden großen Inflationen, die unser Volk heimgesucht haben, nämlich der Inflation nach dem Ersten Weltkrieg und der Inflationen nach dem Zweiten Weltkrieg, etwas nachdächten – und ich würde Ihnen ein solches stilles Kämmerlein zum Nachdenken gönnen –, dann müßten Sie wissen, daß für diese Inflationen die politischen Kräfte unseres Volkes verantwortlich sind, die näher mit Ihnen verwandt sein dürften, als Sie heute zuzugeben bereit sind.«

Das Protokoll vermerkt: »Beifall bei der SPD.« Ich füge hinzu: keinerlei Regung bei der CDU/CSU-Fraktion.
Ich habe in meinem politischen Leben alles zu tun versucht – auch aus beruflichen Gründen –, um Geldentwertungserscheinungen zu bekämpfen. Ihre Kumulierung zum Inflationsprozeß würde von der schleichenden Enteignung zur sozialen Explosion führen und die besonders hart treffen, die im guten Geldwertglauben gegebene Möglichkeiten nutzten, um zu sparen und Eigentum zu bilden.
Zur Bekämpfung aller konjunkturellen Krisenerscheinungen dürfen in meiner Sicht nur solche Mittel eingesetzt werden, die im Endeffekt nicht an anderen Stellen größere Schäden hinterlassen. Das aber ist bei einer Konjunktur, die an der Geldwertstabilität zehrt, der Fall. Um ein gesamtwirtschaftliches Gleichgewicht – von der Besonderheit des außenwirtschaftlichen Gleichgewichts abgesehen – zu erreichen und sichern zu helfen, müssen mit gutem Willen alle Staatsbürger im Rahmen ihrer wirtschaftlichen und finanziellen Kräfte etwas beisteuern. Wird aber eine Konjunktur in der Hauptsache auf Kosten des Geldwertes – also mit offener oder schleichender Inflation – aufrechterhalten, so geht eine solche Politik überwiegend zu Lasten der Geldwertbesitzer, wobei nur partielle Vorteile für den Sachwertbesitzer entstehen können. Hier setzt die an sich immanente soziale Funktion des echten Geldes aus, die seinem Inhaber den gleichen Wert zurückgeben soll, den er real zur Verfügung gestellt hat. Gerade auf die Ersparnisse des einzelnen paßt eine Formulierung, die Professor Carlo Schmid bei den Beratungen zu Artikel 14 des Grundgesetzes benutzte, daß nämlich das Eigentum wesenhaft zum persönlichen Bereich des Menschen gehöre – einerseits ein Substrat ethischen Verhaltens und andererseits zugleich Element der ökonomischen Verfassung eines Landes.
So gesehen, hängt der Geldwert engstens mit dem Begriff des Eigentums zusammen. Gerade die »kleinen Leute« können durch das mit Opfern verbunde Zurücklegen von Groschen – also Geld – nur während einer langen Zeit so viel Kapital zusammenbringen, daß auch eine Anlage in Sachwerten für sie in Frage kommen kann. Die Masse des Volkes spart über Geld. Die Frage nach der Geldwertstabilität mündet daher in das größere Problem der Garantie jedweden Eigentums innerhalb der ge-

samtstaatlichen Ordnung, in den geradezu antinomistischen Gegensatz von Freiheits- und Persönlichkeitsrechten und den staatsbürgerlichen sowie sozialen Bindungen und Abhängigkeiten, wie sie in jeder Gesellschaftsordnung gegeben sind.
»Und Sie machen die dritte« (Inflation)! Wer in der Öffentlichkeit des Deutschen Bundestages gegenüber dem Bundesfinanzminister eine solche Unterstellung vornimmt, der weiß nicht, was er tut.

Die Ausgangslage für 1971

Meine Beurteilung der aktuellen Fragen der Finanzpolitik sah am Jahresende 1971 so aus:
Wer im Mittelpunkt politischer Verantwortung stand, mußte mit besonderem Interesse um die Jahreswende 1970/71 die Kommentare lesen, die sich mit dem abgelaufenen und dem kommenden Jahr beschäftigten. Eine objektive Betrachtung führte zu dem Ergebnis, daß die Beurteilung in hohem Maße vom politischen Bewertungsegoismus, vom Interessengesichtspunkt der Branchenhörigkeit und unter anderem von wissenschaftlich-ökonomischen Grundauffassungen abhing. Deshalb waren Kommentare der verantwortlichen Redakteure in Zeitungen und Zeitschriften und im Rundfunk besonders interessant. Sie versuchten oft ein Abwägen, das nachdenklicher stimmte als bloßes Recht-haben-Wollen. Natürlich bereitete es mir persönlich keinen Schmerz, wenn ich in jenen Tagen überall lesen und hören mußte, daß es inzwischen keine sachverständige Instanz von Rang gäbe, die den Zuwachs von über zwölf Prozent im Bundeshaushalt 1971 als konjunkturpolitisch bedenklich bezeichne. Als ich diesen Haushalt mit einer so ungewöhnlichen Zuwachsrate am 9. Juli 1970 vor der Bundespressekonferenz in Bonn begründete, zeigten – von wenigen Ausnahmen abgesehen – wohlwollende Kritiker nur ein mildes Lächeln. Ich stand bis zu dem Mitte November vorgelegten Jahresgutachten des unabhängigen Sachverständigenrates, der diese Finanzpolitik als richtig erklärte und der für die zweite Hälfte des Jahres 1971 konjunkturstützende Maßnahmen der öffentlichen Hand vorprogrammiert haben wollte, insbesondere im Zielfeuer unserer immer angriffsbereiten Opposition. Nach dem Sachverständigengutachten erfolgte eine kurze, nur für wenige erkennbare Schwenkung. Man for-

derte nun, daß über die zwölfprozentige Zuwachsrate des Bundeshaushalts hinaus die Bundesregierung etwa notwendige Konjunkturspritzen bereithalten solle. Da kann ich nur sagen: welche Wendung!
In der Politik ist es leider nicht üblich, zumindest fundamentale Irrtümer einzugestehen. Diese bedauerliche Feststellung darf aber nicht daran hindern, auf einen solchen für die weitere Entwicklung bedeutsamen Vorgang aufmerksam zu machen. Mit der hohen Zuwachsrate des Bundeshaushalts – und diese Tatsache habe ich am Jahresanfang 1971 noch einmal hervorgehoben – wollten die Bundesregierung und die sie tragenden Parteien zweierlei sicherstellen: 1. Das vorher verkündete binnenwirtschaftliche Stabilisierungsprogramm hatte als Ziel, die vom Bundeshaushalt ausgehenden konjunkturdämpfenden Maßnahmen von der Ausgaben- auf die Einnahmeseite zu verlagern mit der Folge, daß 2. die konjunkturpolitisch bedingte, jahrelange Drosselung öffentlicher Investitionen aufhörte, zum Beispiel beim Schulbau, bei Bildung und Wissenschaft, beim Bau von Altersheimen, hinsichtlich des Umweltschutzes und des sozialen Wohnungsbaus, beim Ausbau unserer Verkehrswege, um nur einige wichtige Positionen zu nennen. Dieser lebensnotwendige Ausbau unserer Infrastruktur, insbesondere in entwicklungsrückständigen Regionen der Bundesrepublik, sollte zügiger und wirkungsvoller als bisher erfolgen. Niemand konnte gegen ein solches Programm ernsthaft Einspruch erheben.
Nun aber traten neue Störungen auf, die man nicht verschweigen durfte. Im öffentlichen Gesamthaushalt, zu dem Bund, Länder, Gemeinden und der Lastenausgleichsfonds gehören, würden im abgelaufenen Jahr Steuermindereinnahmen von rund 5,2 Milliarden DM entstehen, beim Bund allein etwa 2,2 Milliarden DM. Bei einigen Steuerarten – so bei der veranlagten Einkommensteuer und der Körperschaftsteuer – waren die erwarteten Eingänge so stark zurückgeblieben, daß die volkswirtschaftliche Steuerquote des vergangenen Jahres, die 22,8% betrug, gegenüber der Zielquote aus 1969 mit 24,2% erheblich zurückblieb. Hierbei handelte es sich nicht, wie mir persönlich oft fälschlicherweise unterstellt wurde, um eine Fehlschätzung des Bundesfinanzministers, sondern um die stets verwandten Berechnungen des mit Experten der Wirtschaftsinstitute, der Länder und des Bundes besetzten Arbeitskreises Steuerschätzungen, dessen Ergebnisse aus dem Mai im Haushalt des Jahres 1970 ihren Niederschlag gefunden hatten und die aufgrund der Novemberzahlen – also in Erkenntnis der neuesten Entwicklung – eine ent-

scheidende Änderung erfahren mußten, die sich für das Jahr 1971 entsprechend auswirken würde.
Die Bundesregierung hatte bereits am 10. Dezember 1970 festgelegt, in einer Ministerberatung am 18. Januar 1971 einen dieser Lage Rechnung tragenden Beschluß für die Verabschiedung des Etats vorzubereiten. Dabei bestand Einigkeit, daß es grundsätzlich bei der Abkehr vom restriktiven Kurs der Haushaltspolitik aus allen bekannten, durch die vorliegenden Prognosen stark unterstrichenen Gründen bleiben mußte. Das hieß für mich auch, daß insbesondere die konsumtive Seite des Bundeshaushalts weiter sorgfältigster Beobachtung bedurfte.
Bei den Attacken, denen die Bundesregierung in der Vergangenheit ausgesetzt war, hatte man sich mit Akrobateneleganz über eine schlichte Feststellung hinweggesetzt, die der Sachverständigenrat im November 1970 dankenswerterweise noch einmal wie folgt in Erinnerung brachte. Ich zitiere:

»Vom Herbst 1969 an« – und hier füge ich ein: Als die jetzige Bundesregierung ihr Amt antrat! – »konnte es schon nicht mehr darum gehen, Geldwertstabilität kurzfristig wieder zu erreichen, sondern allenfalls darum, noch schlimmere Gefahren für das Ziel der Geldwertstabilität zu verhüten und eine weitere Übersteigerung des Booms zu vermeiden.«

Genau das ist im Jahre 1970 geschehen. Als die Bonner Koalition im Sommer das letzte binnenwirtschaftliche Stabilisierungsprogramm beschlossen hatte, sagte die Opposition zu der notwendigen Steuervorauszahlung weder ja noch nein. Man enthielt sich der Stimme, wohl wissend, daß sich der zu bekämpfende Boom von Stimmenthaltungen im Parlament nicht beeinflussen ließ. An der Schwelle des Jahres 1971 sah es so aus:
Erstens: Wer aus der Wirtschaft oder aus Kreisen der Opposition den Stabilitätswillen dieser Bundesregierung anzweifelte, mußte sich aufgrund der Realitäten damit abfinden, daß er irgendwann selbst merkte, daß der Pfeil auf den Schützen zurückflog. Beides war schade!
Zweitens: Wir machten uns über den Ernst der Lage nichts vor und hatten auch vorgesorgt. Bund, Länder und Gemeinden verfügten über die Ausgleichsrücklagen in Höhe von über 2,5 Milliarden DM bei der Deutschen Bundesbank, die konjunkturstützend eingesetzt werden konnten. Die Aussetzung der degressiven Abschreibung endete am 31. Januar. Investitionen konnten dann wieder schneller abgeschrieben werden.

Diese Feststellung bedeutete, daß die Unternehmen mit solchen Investitionskosten sofort Steuern sparten.
Am 1. Januar 1971 sank die Steuer auf den Selbstverbrauch, die sogenannte Investitionssteuer, von sechs auf vier Prozent. Damit wurde das Investieren billiger. Das Dritte Vermögensbildungsgesetz bewies, daß die erwartete private Ersparnisbildung stärker angeregt wurde als vorher.
Und als letztes: Wenn wir uns im Sommer 1970 schweren Herzens dazu entschlossen hatten, den mit einem Sozialrabatt versehenen befristeten rückzahlbaren Konjunkturzuschlag zu erheben, so konnte nun niemand, der objektiv urteilte, mehr bezweifeln, daß dieses Steuergesetz nicht nur Mitte des Jahres 1970 genau in die Konjunkturlandschaft paßte, sondern daß es für weitere konjunkturpolitische Maßnahmen wegen der auch von der Opposition nicht mehr bezweifelten Rückzahlungspflicht eine höchst willkommene Reserve darstellte.
Dieses und noch mehr änderte nichts an den schwierigen Aufgaben des vor uns liegenden Jahres. Aber wir gingen nicht blind und ohne sorgfältige Überlegung an die Arbeit, sondern in dem Bewußtsein, daß einem Volk nur die für jedermann erkennbare Pflicht helfen konnte, daß alle im richtigen Zeitpunkt das Notwendige taten, selbst wenn es für den einen oder anderen schmerzlich werden könnte.
Am 18. Januar 1971 fanden Ministergespräche statt, deren Ergebnis am 21. Januar von Bundeskanzler Willy Brandt in der Kabinettsitzung wie folgt festgestellt wurde:

»1. Das Volumen des Haushalts 1971 bleibt so, wie im Haushaltsentwurf der Bundesregierung vorgesehen. Zwischenzeitlich aufgetretene unabweisbare Mehrausgaben werden durch Umschichtungen gedeckt. Die aufgrund der neuen Steuerschätzungen zu erwartenden Einnahmen erforden für 1971 eine Erhöhung der Nettokreditaufnahme um rund 1,0 Milliarden DM. Der sich hieraus ergebende Gesamtbetrag von 3,7 Milliarden DM ist für 1971 konjunktur- und kapitalmarktgerecht.

2. Es wird im Jahre 1971 keine Steuererhöhungen geben. Die Beratungen des Kabinetts über die Fortschreibung der mittelfristigen Finanzplanung werden im Februar in einer Klausurtagung vorbereitet. Im März wird sich das Kabinett mit der Arbeit der Steuerreformkommission beschäftigen und dann Grundsatzentscheidungen

für die bis zum Ende der Legislaturperiode zu beschließende Steuerreformgesetzgebung treffen.

3. Sollte die wirtschaftliche Entwicklung zusätzliche öffentliche Ausgaben erfordern, stehen zu ihrer Finanzierung die Konjunkturausgleichsrücklagen in Höhe von rund 3 Milliarden DM zur Verfügung.

4. Auch der Konjunkturzuschlag aus dem Stabilisierungsprogramm vom Juli 1970 kann nötigenfalls mit umgekehrten Vorzeichen zur Konjunkturstützung eingesetzt werden. Die Bundesregierung kann durch Rechtsverordnung mit Zustimmung des Bundesrates schnell über eine Beendigung der Erhebung sowie über den Zeitpunkt der Rückzahlung entscheiden.«

Diese Feststellung erfolgte in völliger Übereinstimmung aller Kabinettsmitglieder.
Presse und Rundfunk hatten in den ersten Monaten des Jahres 1971 genug Stoff, soweit Konjunktur, Währung, Finanzen und Haushaltsfragen erörtert werden mußten.
Zum Thema »Überprüfung der Finanzierung der inneren Reformen« schrieb Friedrich Nowottny am 3. März 1971 in der »Neuen Ruhrzeitung«, ich würde ein negatives Erfinderlos erleiden, und erklärte zur Begründung:

»Alex Möller war die mittelfristige Finanzplanung noch zu Oppositionszeiten eingefallen. Jetzt muß er mit ihr leben. Als Finanzminister. Das ist schwer und undankbar. Aber Alex Möller hat keine andere Wahl. Auch wenn es ihm noch so widerstrebt, er muß den harten Mann spielen. Und zwar überzeugend. Er muß ihn dort spielen, wo es am schwersten ist: im Kabinett. Der Bundeshaushalt 1971 ist verabschiedet.
Schon heute wissen wir, daß die Steuereingänge geringer sein werden als vorausberechnet. Bei einigermaßen glücklichem Konjunkturverlauf könnte es klappen, mit Hilfe von Schulden den Haushalt 1971 über die Runden zu bringen. Aber was dann kommt, erscheint in keinem rosa Licht. Der Finanzminister kann die Tatsachen nicht übergehen. Die mittelfristige Finanzplanung zwingt ihn zur Vorausschau. In diesem Jahr bis 1975.«

So war es!
Am Schluß schreibt Friedrich Nowottny:

»Einsparungen an den vorgesehenen Ansätzen für 1972 um zwei Milliarden DM, für 1973 um 3,2 Milliarden DM, für 1974 um 3,9 Milliarden DM, für 1975 um 4,1 Milliarden DM. Das ist ein Vorschlag, der die ernüchternde Finanzwahrheit über Wunschvorstellungen setzt. Und allein dies zählt.
Auch mit dem Herumreden um Steuererhöhungen wird man nicht weiterkommen. Wenn sie der Finanzminister für 1972 in Erwägung zieht, dann wird er es sagen und begründen müssen. Wenn er es klug genug anfängt, wird auch bald klar zu erkennen sein, daß die Steuerzahler Verständnis dafür haben. Mehr Bildung, mehr soziale Sicherheit, blauer Himmel und gute Straßen, das kostet eben Geld. Auch wer das kleine Einmaleins nur schwach beherrscht, wird dies erkennen.«

So sollte es sein!
Nach Beendigung der Konferenz der EWG-Wirtschafts- und Finanzminister erschien in der »Tagesschau« am 27. April 1971 ein Interview, von dem ich zwei Fragen und Antworten wiedergebe:

»*Frage:* Hoffnung und Frage richten sich an diese Konferenz: Wird von den Finanzministern der Anstoß zu einer gemeinsamen Stabilitätsaktion in Europa ausgehen?
Antwort: Wir haben übereinstimmend festgestellt, daß wir uns mit dem öffentlichen Haushalt konjunkturgerecht verhalten müssen, so daß jedes Land das der Stabilität dienende Programm entwickelt. Es ist eine weitgehende Übereinstimmung in den Auffassungen der Finanzminister festzustellen gewesen.
Frage: Und haben Sie den Eindruck, daß Ihre Kollegen notfalls auch mit der notwendigen Härte Ausgabenwünsche zurückweisen werden?
Antwort: Mir wird auch des öfteren unterstellt, ich würde nicht mit der notwendigen Härte insbesondere gegenüber den Wünschen der einzelnen Ressorts vorgehen. Ich weiß aber von mir selbst, daß die notwendige Härte da ist. Es entsteht sehr oft ein Zielkonflikt mit den währungspolitischen sowie den konjunkturpolitischen Notwendigkeiten und den berechtigten Wünschen der Ressorts, die Reformen begonnen haben und Reformen fortsetzen wollen. Dazu gehört Geld. Hier den richtigen Mittelweg zu finden im Interesse der Stabilität, ist eine Notwendigkeit. Ich jedenfalls möchte auf die Dauer mit keinem Etat leben, der von einer Inflationsrate abhängig ist.«

»Wer in den letzten Tagen Gelegenheit hatte, sich immer wieder mit Alex Möller zu unterhalten, der erlebte keinen gesundheitlich überforderten, sondern einen über die Entwicklung der finanzpolitischen Daten und Anforderungen immer mehr enttäuschten Mann. Von Tag zu Tag wurde ihm deutlicher, daß er gezwungen sein könnte, im Interesse der Wiederherstellung solider Staatsfinanzen zum letzten politischen Mittel eines Ministers zu greifen und den aufrüttelnden Opfergang des Rücktritts anzutreten.«
(Klaus Bernhardt im »Handelsblatt« am 14. Mai 1971).

In der Nacht vom 11. zum 12. Mai 1971 habe ich an Hand aller mir zur Verfügung stehenden neuesten Unterlagen des Finanzministeriums eine haushaltswirtschaftliche Bestandsaufnahme mit Stand 5. Mai für das Jahr 1972 und die Neugestaltung des Finanzplans erstellt.
Ich habe gerechnet und gerechnet – aber wer ehrlich sein will, kann Zahlen nicht manipulieren und weder sich noch ihnen einreden, sie seien auch zweckentfremdet verwendbar.
Ich habe überlegt und immer wieder überlegt, ob es nicht möglich wäre, doch noch dem »Schicksalsbuch der Nation« freundlichere Seiten beizuheften – aber woher nehmen? Ich konnte sie nicht erfinden.
Ich habe gegrübelt und gegrübelt, ob es nicht doch noch einen Ausweg aus der sich anzeigenden hauswirtschaftlichen Sackgasse geben könnte – aber seit zweieinhalb Monaten waren die Kabinettskollegen zum Saulus erstarrt und nicht bereit, meinen Vorschlägen zur Sicherung einer konjunkturgerechten Haushaltsführung im Blick auf das Jahr 1972 zu folgen. Im laufenden Haushaltsjahr 1971 würden wir es noch schaffen, denn die zurückhaltende Haushaltsführung nach dem Erlaß vom 5. März war gemäß den Beschlüssen der Bundesregierung erheblich verschärft worden. Im Jahre 1970 hatte die Steigerungsrate des Bundeshaushalts sogar ein Minuszeichen aufzuweisen. (Siehe Untersuchungen von Roland Müller in »Stuttgarter Nachrichten« vom 25. Mai 1974).
Aber für das Haushaltsjahr 1972 kam es jetzt zum Schwur. Wir konnten nicht bis zum Herbst warten, denn am 9. Mai war die Freigabe der Wechselkurse erfolgt und damit eine Entscheidung für die Stabilität signalisiert worden, zu der zwingend und baldmöglichst stabilisierende binnenwirtschaftliche Haushaltsmaßnahmen hinzukommen mußten. Es

durfte keine Ausgabeninflation der öffentlichen Hand erkennbar werden, weil sonst der neu gewonnene Handlungsspielraum verlorengehen würde und bedacht werden mußte, daß die autonomen Gruppen im volkswirtschaftlichen Gesamtprozeß höchstens so stabilitätsbewußt handeln, wie es die öffentliche Hand vormacht.
So entstand bei mir die Erkenntnis, ich selbst könne helfen, aber nur mit meinem Rücktritt. Der dann folgende Finanzminister hatte die echte Chance, wenigstens in die Nähe des Zieles zu kommen, das nur einige Wochen später (2. Juni 1971) die EG-Kommission in einem Memorandum wie folgt formulierte:

»Die Haushaltentwürfe der Bundesrepublik sollten 1972 keinesfalls eine Ausgabensteigerung vorsehen, die über das nominale Wachstum des Bruttosozialprodukts hinausgeht, es sei denn, der zusätzliche Ausgabenanstieg wird durch neue Einnahmen gedeckt.«

Am Vormittag des 12. Mai 1971 verfaßte ich mein Rücktrittsgesuch an den Bundeskanzler.
Am Vormittag des 13. Mai hatte ich als abtretender Bundesfinanzminister ein letztes Gespräch beim Bundeskanzler, um mich anschließend bei den Kabinettsmitgliedern zu verabschieden. Dann ging ich zum Bundespräsidenten.
Ohne weitere Besuche zu machen oder in die Bonner Wohnung zurückzukehren, fuhr ich mit dem Pkw nach Karlsruhe. Im Fernsehen sah ich manches, was sich auf meinen Rücktritt bezog oder mit ihm in Zusammenhang stehen sollte.
Die Presse erhielt mit dem Tagesdienst Nr. 301 vom 13. Mai 1971 aus der Sitzung der Sozialdemokratischen Bundestagsfraktion folgende Mitteilung:

»Der Bundeskanzler würdigte eingangs die Verdienste von Bundesminister Dr. Alex Möller, dessen Rücktritt er sehr bedaure. Es sei seine Pflicht gewesen, dafür zu sorgen, daß keine Unsicherheit eintrete. Er sei dankbar für das, was Alex Möller für Demokratie, Partei und Staat geleistet habe, denen er in vielfacher Weise gedient habe. Er habe zum Zustandekommen der gegenwärtigen Bundesregierung wesentlich beigetragen und das undankbare Amt des Finanzministers übernommen. Alex Möller habe viele Probleme gelöst, die ihm vorherige Regierungen ungelöst hinterlassen hätten. Er habe den Haushalt 1970 unter der selbstgesteckten Grenze gehalten und Rücklagen gebildet, auf die die Regierung in der Zukunft – wenn notwendig – zurückgreifen könne. Seine Erfahrung und Persönlichkeit hätten dieser Regierung im In- und Ausland Vertrauen gesichert und dazu beigetragen, das Ansehen zu vergrößern. Besonders wisse er das Angebot Dr. Möllers zu schätzen, ihm auch künftig mit seinem Rat zur Seite zu stehen. Der Bundeskanzler unterstrich noch einmal, daß Dr. Möller ihm unmißverständlich erklärt habe, er stehe zur gegenwärtigen Regierungskoalition und zur Stabilitätspolitik, die er zusammen mit Minister Schiller selbst eingeleitet hat. Auch Herbert Wehner würdigte die Verdienste, die Leistungen und die Persönlichkeit von Minister Möller, der das finanzpolitische Bild der SPD Jahre hindurch geprägt hat.«

Ich habe mich auf Erklärungen nicht eingelassen und nur einmal eine Ausnahme gemacht, um Unterstellungen zu begegnen, die von dritter Seite kamen:

»Deutsches Fernsehen, 17. Mai 1971, 20.15 Uhr:
›Report‹ zum Rücktritt von Bundesfinanzminister Möller mit einem Interview des ehemaligen Bundesfinanzministers Alex Möller über die Gründe seines Rücktritts.
Frage (Gerd Ruge): Als Sie am Mittwoch – 12. Mai 1971 – beim Bundeskanzler waren, um Ihren Rücktritt anzubieten, Ihr Rücktrittsgesuch vorzulegen, haben Sie eigentlich erwartet, daß es angenommen würde?
Möller: Ja. Das Rücktrittsgesuch und die Begründung waren so eindeutig, daß der Bundeskanzler zu Recht angenommen hat, ich sei nicht mehr umzustimmen, und aus diesem Grunde dem Gesuch stattgab.
Frage: Am Tage Ihres Rücktritts hätten Sie dem Kabinett Bericht erstatten sollen über den Haushalt 1972. Hätten Sie einen Bericht vorlegen können, in dem die zusätzlichen Forderungen der Ressorts mit den zu erwartenden Staatseinnahmen zur Deckung gebracht werden konnten?
Möller: Ich habe dem Schreiben an den Herrn Bundeskanzler, in dem ich um meine Entlassung gebeten habe, eine Dokumentation über die haushaltswirtschaftliche Lage für das Jahr 1972 und für die Fortschreibung des mittelfristigen Finanzplanes bis 1975 beigelegt. Das Ergebnis, diese eindeutigen Zahlen, haben mich zu der Konsequenz geführt, zu erklären: Auf dieser Basis sehe ich keine Möglichkeit, auf die Gestaltung des Haushalts und des Finanzplans den Einfluß zu nehmen, der erforderlich ist, damit vertretbare Plafonds gesichert werden.

Frage: Gehen solche Gegensätze schon eigentlich auf Anfang dieses Jahres, auf Februar etwa zurück, als Sie mit Ihrer Planung für den Haushalt 1972 und für die folgenden Jahre mit den vorgesehenen Einschränkungen bei den Ministerien auf Schwierigkeiten stießen?
Möller: Ja, wir haben bereits am 25. Februar eine erste Bilanz vorgelegt mit umfangreichem Material und haben gebeten, die Reduzierungen vorzunehmen, die erforderlich sind, um überhaupt eine solide Grundlage für die Haushaltsgestaltung zu finden. Der Herr Bundeskanzler hat sich auch unterstützend später noch einmal mit einem Brief an die Ressorts eingeschaltet. Aber die Forderungen sind nicht reduziert worden, die Forderungen wurden immer höher, jeden Tag bekam ich neue Wünsche, zum Teil auch für das Jahr 1971, auf den Tisch gelegt, so daß es für mich ausweglos war, hier nun Lösungen zu finden, die vom gesamten Kabinett hätten getragen werden können.«

Diese ersten drei Fragen und meine Antworten zeigten eindeutig, daß in dieser Sache nun wirklich jedes Rätselraten überflüssig war. Trotzdem reichte die CDU/CSU-Fraktion am 29. Mai eine Große Anfrage ein, die sich auch mit meinem Rücktritt beschäftigte. Aus der Rede des Bundeskanzlers die mich betreffenden Bemerkungen:

»Wenn in Frage 1 der Großen Anfrage der CDU/CSU-Fraktion nach den wirklichen Gründen für den Rücktritt des Herrn Kollegen Möller gefragt wurde, so wurde damit zu Unrecht unterstellt, es gebe einen Gegensatz oder einen Widerspruch zwischen genannten und wirklichen Gründen. Ich muß diese Unterstellung zurückweisen.
Ich habe den Brief des Herrn Kollegen Möller, in dem er mich bat, seine Entlassung beim Herrn Bundespräsidenten zu veranlassen, am Nachmittag des 12. Mai erhalten. Am 13. Mai habe ich dem Kabinett, meiner Fraktion und dem Koalitionspartner den von ihm mir überzeugend dargelegten wirklichen Grund genannt, und zwar unter wörtlicher Zitierung dieses Abschnittes aus seinem Brief. Dies ist der Öffentlichkeit nicht vorenthalten worden, sondern dies ist der Öffentlichkeit bekanntgegeben worden. Der entsprechende Satz in dem Brief des Herrn Kollegen Möller vom 12. Mai lautet – ich zitiere –:

> Die Feststellungen über die haushaltswirtschaftliche Bestandsaufnahme sind allein für meine Entscheidung maßgebend.

Herr Kollege Möller folgerte daraus, daß er es angesichts der erwähnten Bestandsaufnahme für seine Person unter den gegebenen Umständen

nicht mehr für möglich halte, der Bundesregierung seine Arbeitskraft zur Verfügung zu stellen.
Auf Frage 2 hat die Regierung geantwortet, daß ich nicht beabsichtigte, das persönliche Schreiben Herrn Möllers vom 12. Mai zu veröffentlichen. Aus grundsätzlichen Erwägungen muß ich hierbei bleiben. So entspricht es auch bisheriger, insoweit bewährter Staatspraxis. Ich würde nicht widersprochen haben, wenn Herr Kollege Möller seinerseits den Wunsch gehabt hätte, seinen Brief zu veröffentlichen. Der Bundeskanzler – wer immer dies ist – sollte aber nicht Briefe, die er von Kabinettskollegen erhält oder an diese schreibt, der Öffentlichkeit bekanntmachen.
Meine Damen und Herren, mir liegt aber daran, hier noch einmal zu tun, was ich auch im Kabinett getan habe, nämlich Herrn Kollegen Möller meinen Respekt zu bekunden und meinen Dank zu sagen für das, was er über Jahrzehnte hinweg für die deutsche Demokratie geleistet hat und was er seit dem Oktober 1969 gerade auch als Bundesminister der Finanzen geleistet hat.
Herr Kollege Möller hat seine Pflicht mit letzter Hingabe erfüllt. Das sollte, was sonst immer umstritten ist in diesem Hause, von allen gewürdigt werden. Der Opposition, Herr Kollege Strauß, wird es jedenfalls nicht gelingen, Herrn Möller gegen die Bundesregierung auszuspielen oder gar von seinen politischen Freunden zu trennen. Das wird hier niemandem gelingen.«

In der Zeitung »Die Welt« habe ich am Schluß eines Interviews, das auf der ersten Seite mit folgender dreispaltiger Überschrift versehen wurde: »Möller: Mein Rücktritt soll ein Signal zur Besinnung sein!« erklärt:

»Ich will keine Störung und keine gesteigerte Komplikation, sondern versuchen, alle Fraktionen des Bundestages wieder zurückzuführen auf den Weg der finanzpolitischen Solidität. Das gilt auch für die Opposition, die Milliardenanträge gestellt hat. Ich wollte, daß Solidität und Stabilität als die beiden Grundforderungen deutscher Innenpolitik beachtet werden.
WELT: Wie war der Abschied?
Möller: Wir haben uns schweren Herzens getrennt, aber in der Gewißheit, daß es keine Trennung von der parteipolitischen Zusammenarbeit ist. Mich kann von dieser Partei niemand trennen. Am 1. April nächsten Jahres (1972) gehöre ich ihr 50 Jahre an.«

In einer langen Reihe von Leitz-Ordnern habe ich versucht, alle schriftlichen Reaktionen, die auf meinen Rücktritt hin erfolgten, zu sammeln. Ich will nur eine persönliche Wertung, die mir für die Beurteilung meines Vorgehens als ein bedeutsames Dokument erscheint, mit Genehmigung des Wertenden an dieser Stelle wiedergeben, und zwar die ersten vier Sätze, obwohl mir gestattet wurde, den Brief in vollem Wortlaut zu veröffentlichen:

»Es ist für mich wirklich notwendig, Ihnen zu sagen, wie sehr ich es bedaure, mit Ihnen als Finanzminister keine Gespräche mehr führen zu können. Es war immer auf Ihrer Seite so viel Verständnis für unsere Sorgen.
Ihren Entschluß kann ich aber voll verstehen und halte ihn auch für richtig und konsequent. Ohne so eine sichtbare Protesthandlung wäre wohl mancher unserer Freunde kaum zur Besinnung gekommen.«
Diese Wertung meines Schrittes erfolgte durch den Präsidenten der Deutschen Bundesbank, Dr. Karl Klasen, in einem handschriftlichen Schreiben vom 25. Mai 1971. Am 29. Mai 1978 meinte Dr. Klasen, daß man bei Vorlage von Schriftstücken aus vergangener Zeit sie nicht immer ohne Vorbehalte lese, und fügte hinzu: »In Ihrem Fall kann ich nur sagen, falls ich heute eine Stellungnahme über das in der Vergangenheit Geschehene abgeben sollte, so würde diese – was Ihren Rücktritt anbelangt – nicht anders ausfallen als meine damalige.«

Danke!

Die Politik des Möglichen

Das Geraune, wie es mit mir weitergehen würde, hörte nicht auf. Nachdem ich den Haushaltsentwurf 1972 mit großer Sorgfalt studiert und mit meinen Unterlagen verglichen hatte, stand mein Entschluß fest, der Fraktion, der ich meine Beurteilung vortrug, anzubieten, in der ersten Lesung für sie zu sprechen. Dieses Angebot war eine Überraschung – nicht für meine politischen Freunde, sondern für die Öffentlichkeit. Wenn ich aber lesen mußte, was alles gemutmaßt wurde, dann ist es mit dem Kopfschütteln nicht getan. Es war nur konsequent, daß ich mich meldete. Wenn man etwas in Bewegung gesetzt hat, kann man nicht bei

gutem Verlauf verklemmt dabeisitzen und so tun, als gehe einen das alles nichts mehr an. Ich hatte nichts sehnlicher gewünscht als einen Erfolg meiner Bemühungen und alles getan, um dem Rücktritt jedes Spektakuläre zu nehmen.
Mein Nachfolger sagte in seiner Einbringungsrede:

»Lassen Sie mich an dieser Stelle auch ein Wort des Dankes an meinen Amtsvorgänger, unseren Kollegen Dr. Alex Möller, sagen.
(Beifall bei den Regierungsparteien.)
Ich glaube, daß auch die Opposition in diesem Hause niemals ernsthaft bestritten hat, daß sich Alex Möller mit Leidenschaft für eine solide Finanzwirtschaft eingesetzt hat.
(Beifall bei den Regierungsparteien. – Zurufe von der CDU/CSU. – Demonstrativer Beifall bei der CDU/CSU.)
Sein Rücktritt, den wir alle bedauert haben, war ein Ausdruck dieses seines finanzpolitischen Ringens und nichts anderes.
(Beifall bei den Regierungsparteien. – Beifall bei der CDU/CSU.)
Ich habe mich Alex Möller besonders verpflichtet gefühlt, als ich diesen Etatentwurf für die Bundesregierung vorbereitete. Und ich glaube, wir alle in der Bundesregierung haben dann zusammen ein Ergebnis erzielt, das seinen, Alex Möllers, Hoffnungen und Wünschen entspricht.«

Für mich war es zunächst ein Bedürfnis, noch einmal die Entwicklung ab Beginn 1970 mit den erkennbaren Ergebnissen nachzuzeichnen* sowie vom Haushaltsentwurf 1972 und von der Finanzplanung festzustellen, daß beide den stabilitäts- und finanzpolitischen Notwendigkeiten entsprächen und uns Raum ließen, in diesem Rahmen die Reformpolitik aktiv fortzuführen. Ich habe erklärt, daß das vorliegende Ergebnis von jedem, der die situationsbedingten Voraussetzungen ausreichend würdige, als besonderer Erfolg der Kabinettsbemühungen anerkannt werden müsse. Der Haushaltsentwurf setze deutlich Signale für die am Wirtschaftsprozeß beteiligten Gruppen. Die von der Bundesregierung vorgeschlagenen maßvollen Steuererhöhungen würden die Politik konsequent fortführen, durch Kaufkraftumlegung vom privaten in den öffentlichen Sektor die begonnenen und noch in Angriff zu nehmenden Reformvorhaben auf solider Basis zu finanzieren.
Und wörtlich:

---

* Bundestagsprotokoll vom 20. Oktober 1971, Seite 8241.

»Daß dabei einzelne Ressorts große Opfer gebracht haben, möchte gerade ich von dieser Stelle aus hervorheben.«

Am Schluß meiner ersten Rede wieder als Bundestagsabgeordneter führte ich aus:

»Ich erinnere daran, was Herr Leicht, der jetzige Vorsitzende des Haushaltsausschusses, am 9. Dezember 1965 an die Adresse der damaligen Opposition, der SPD sagte:

›Die Verantwortung tragen nicht nur die Regierungsparteien, sondern auch die Opposition. Verantwortung der Opposition heißt aber nicht nur kritisieren, heißt nicht nur nein sagen, sondern heißt mitgestalten. Wir warten auf diese Mitgestaltung.‹

Auch wir warten auf diese Mitgestaltung.
(Beifall bei den Regierungsparteien.)
Meine Damen und Herren, lassen Sie mich zum Schluß sagen: Wie fundiert dieses geforderte Kontrastprogramm vor allem von der Sachaussage her ist, läßt sich an einem willkürlich herausgegriffenen, besonders drastischen Beispiel schlagartig deutlich machen. Am Sonntag (17. Oktober 1971) hat der CDU-Vorsitzende Dr. Barzel auf dem CSU-Parteitag in München behauptet, es drohe die Gefahr, daß wir im Inneren sozialistisch und nach außen abhängig von der Sowjetunion würden.
Am gleichen Sonntag erhielt Gräfin Dönhoff in der Frankfurter Paulskirche den Friedenspreis des Deutschen Buchhandels. In ihrer Dankesrede äußerte sie die Hoffnung, daß das Ende einer sterilen Epoche zwischen Ost und West eingetreten und der Anfang eines neuen Kapitels erkennbar sei, welches man mit ›Friedensumrissen‹ bezeichnen könne, eine Phase, in der man behutsam ein Problem nach dem anderen untersuchen, gemeinsame Interessen herausschälen, Konflikte entschärfen müsse. Abschließend sagte sie wörtlich:

›Es wird keine heroische Epoche sein, sondern eine Periode mühsamer Kleinarbeit – aber es lohnt sich, dabei mitzumachen.‹

Sie, meine Damen und Herren von der Opposition, werden dieses abgewogene Urteil der Friedenspreisträgerin schon deshalb nicht teilen, weil Sie jeden Journalisten, der anderer Auffassung ist als Sie selbst, als Bewunderungspublizisten abqualifiziert haben. Wir aber sagen zum Regierungsprogramm dieser Koalition nach wie vor: Es lohnt sich, dabei mitzumachen!
(Anhaltender lebhafter Beifall bei den Regierungsparteien.)«

Unter der Überschrift »Rhetorische Blumensträuße für Möllers Solidarität« berichtete Werner Diederichs in »Die Welt« am 21. Oktober 1971 von einer sogenannten Gratulationscour:

»Zuerst trat Herbert Wehner hinter seinem Parlamentspult hervor und bot dem ersten zurückgetretenen sozialdemokratischen Finanzminister der Bundesrepublik lange die Hand. Dann verließ der Bundeskanzler die Regierungsbank und schritt auf den Abgeordnetenplatz von Alex Möller am linken Flügel des SPD-Blocks zu. Und während sich Möller nach seiner ersten Rede seit dem Tage seiner Demission erschöpft den Schweiß trocknete und der FDP-Fraktionsvize Victor Kirst vom Rednerpult ebenfalls einen rhetorischen Blumenstrauß der Liberalen an Möller reichte, machte sich auch der Amtsnachfolger auf: Schiller verließ mit gewissem Verzögerungseffekt ebenfalls die Regierungsbank und beendete die Danksagungsreihe bei Möller.«

Es ist für den Außenstehenden schwer, ein solches Auftreten nicht als Pflichtübung anzusehen, sondern als Bekundung der Freude darüber, daß die Koalitionsfreunde unter schwierigen Vorzeichen wieder die Politik des Möglichen betrieben.
Man kann rückblickend nicht sagen: Na, das ist doch alles ganz gut gelaufen! Ohne bestimmte Ereignisse wäre vieles anders geworden. Schillers Nachfolger konnte zum Beispiel feststellen, daß beim Haushaltsabschluß 1972 die Nettokreditaufnahme deutlich unter sechs Milliarden DM geblieben war und daß bei Verabschiedung des Haushaltsentwurfs für 1973 im Bundeskabinett ein Einvernehmen dahin gehend erzielt wurde, die Einzelplafonds gegenüber den Anforderungen um mehr als acht Milliarden DM zu kürzen.
Stabilitätspolitik darf nie im Büßerhemd vorgezeigt werden; sie bleibt ein wichtiges Instrument im immerwährenden Kampf um das gesamtwirtschaftliche Gleichgewicht. Für unsere Bürger ist Stabilitätspolitik »in«. Die Erkenntnis hat sich durchgesetzt, daß Stabilität und Reformen nicht voneinander zu trennen sind.

XXVIII. DAS JAHR DER AUFLÖSUNG DES DEUTSCHEN BUNDESTAGES

Der 27. April 1972

Die parlamentarische Arbeit begann im Deutschen Bundestag mit einer Regierungserklärung und der Debatte über die Beschlüsse der Washingtoner Währungskonferenz. Franz Josef Strauß bewertete die Ergebnisse der Währungskonferenz als »vorläufiges Ende einer unerfreulichen Entwicklung«. Bundesminister Ertl gab der vorangegangenen Großen Koalition die Schuld an der schwierigen Lage unserer Landwirtschaft, weil 1968 versäumt worden sei, der Währungskrise früh genug mit den richtigen Mitteln zu begegnen. Dadurch sei unsere Position in Brüssel geschwächt worden und wörtlich: »Dies hat mich in die Lage gebracht, in der Unterhose am Verhandlungstisch zu sitzen.«

Die Presse war überwiegend der Meinung, daß es sich bei der Erörterung der Wechselkursneuordnung eher um eine parlamentarische Pflichtübung als um eine erleuchtende Sternstunde in der währungspolitischen Auseinandersetzung gehandelt habe.

Bei der Debatte über die Lage der Nation, Deutschland- und Außenpolitik sowie die Beziehungen zu Polen, die am 23. Februar 1972 begann und drei Tage dauerte, ging es um den vorliegenden Bericht der Bundesregierung zur Lage der Nation sowie in erster Lesung um die Verträge der Bundesrepublik Deutschland mit der Union der Sozialistischen Sowjetrepubliken vom 12. August 1970 und mit der Volksrepublik Polen über die Grundlagen der Normalisierung ihrer gegenseitigen Beziehungen vom 7. Dezember 1970.

In die Debatte einbezogen wurden eine Große Anfrage der CDU/CSU betreffend Deutschland- und Außenpolitik sowie ein CDU/CSU-Antrag betreffend Beziehungen der Bundesrepublik Deutschland und der Volksrepublik Polen.

Von den Pressestimmen seien zum ersten Tag aus der »Chronik« die folgenden Aussagen zitiert (vom 24. Februar 1972):

»Von der ernstesten und folgenschwersten Geschichtsentscheidung, die der Bundestag je zu treffen hatte, haben die führenden Männer der Opposition am Mittwoch gesprochen, und man muß sagen, daß das Parlament diesem Anspruch am ersten Tag der Debatte über die Ostverträge gerecht geworden ist.« (»Frankfurter Allgemeine«)
»›So nicht!‹ steht also am Ende des heutigen Tages der Debatte der Ostverträge im Bundestag . . .« (Helmut Meyer-Dietrich, RIAS)

Zum zweiten Tag der Debatte:
»Leider war zu beobachten, daß Argumentationsreihen der Opposition nicht recht aufeinanderpaßten. Entweder ist zum Beispiel der Moskauer Vertrag nun mit Barzel ein ergänzungsbedürftiger Torso, also in der Substanz akzeptabel, oder aber er gibt alle Rechtspositionen preis, erkennt faktisch die Ostgrenzen an (Kiesinger und Windelen), entläßt die Alliierten schrittweise aus ihrer Verantwortung für Deutschland (Schröder) und bringt für Berlin so gut wie nichts.« (»Frankfurter Allgemeine« am 25. Februar 1972)

Zum dritten Tag und dem Abschluß der Debatte:
»Die Bilanz der drei Tage? Es ist Klarheit geschaffen worden. Es gibt keine Nebelfelder mehr. Die Regierung muß sich ausschließlich auf ihre knappe, aber doch sichere Mehrheit stützen. Die Opposition bleibt unter sich. Ein jeder weiß, woran er ist.« (Jens Feddersen, »Neue Ruhr-Zeitung«, am 26. Februar 1972)

Bis zur zweiten Lesung am 17. Mai war noch ein weiter Weg. Aber der beabsichtigte neue Wegweiser – für den 27. April vorgesehen – konnte nicht errichtet werden.
Die Koalition war seit Mitte März 1972 auf ein konstruktives Mißtrauensvotum eingestellt. Nachdem Rainer Barzel am 3. Oktober 1971 auf dem Parteitag der CDU in Saarbrücken zum Bundesvorsitzenden gewählt worden war, konnte darüber kein Zweifel aufkommen, daß er bei einem solchen Votum als Nachfolger benannt werden würde. Die Einreichung eines Antrages nach Art. 67 Grundgesetz war ein reines Rechenexempel. Bei der Abwanderung von Bundestagsabgeordneten der FDP und der SPD zur CDU/CSU-Fraktion ließ sich genau errechnen, wann es soweit war, daß mit 249 Stimmen die erforderliche absolute Mehrheit feststand. Dieser Tag kam mit Sicherheit auf uns zu. Am Montag, dem 24. April, wußten wir, am 27. April mittags sollte es geschehen.

Da konnte am Vorabend, den ich mit guten Bekannten und Freunden im »Maternus« aus Anlaß meines Geburtstages bei einem Umtrunk verbrachte, keine Stimmung aufkommen. Selbst der Bundesaußenminister Walter Scheel ließ seine Frohnatur vermissen. Und Guido Goldman, der aus den USA herübergekommen war, hatte nicht mit einem solchen Ereignis gerechnet und wagte aus Höflichkeit keine Prognose. Drei befreundete Journalisten trösteten uns mit der Tatsache, das Abstimmungsergebnis liege noch nicht vor. Nachdem alle Auflockerungsübungen, von Ria fachkundig beeinflußt, ohne Erfolg blieben, wagte ich die Voraussage, an der absoluten Mehrheit würden zwei Stimmen fehlen. Begründen konnte ich diese Mut-maßung nicht. Natürlich bin ich am nächsten Tag, als das Ergebnis vorlag, von diesem Geburtstagskreis immer wieder gefragt worden, wieso ich das gewußt hätte. Ich habe aber nicht einmal geahnt, daß das Mißtrauensvotum nicht zustande kommen würde. Nur bei solchen geheimen Wahlen weiß man nie mit letzter Sicherheit, wie wer abstimmt. Dafür gibt es leider Beispiele.
Am 27. April begann die Sitzung des Deutschen Bundestages um 10.00 Uhr. Der Plenarsaal zeigte keine Lücke. Die Tribünen wurden voll in Anspruch genommen. In den Gängen wogte es hin und her. Überall war ein Knistern zu spüren. Wir standen vor einem Vorhang, der bald mehr als Kulissen freigeben würde. Dann wußten wir, wie der Deutsche Bundestag Geschichte gemacht hatte, Geschichte, die nicht nur die Bundesrepublik Deutschland anging . . .
Der Sprecher der CDU/CSU-Fraktion war Kurt-Georg Kiesinger, der den von ihr eingebrachten Antrag bekanntgab:

»Der Bundestag wolle beschließen:
Der Bundestag spricht Bundeskanzler Willy Brandt das Mißtrauen aus und wählt als seinen Nachfolger den Abgeordneten Dr. Rainer Barzel zum Bundeskanzler der Bundesrepublik Deutschland. Der Bundespräsident wird ersucht, Bundeskanzler Willy Brandt zu entlassen.«

Der Sprecher wies darauf hin, daß seine Freunde die Möglichkeit eines Antrages nach Art. 67 des Grundgesetzes, des konstruktiven Mißtrauensvotums, gewählt hätten, nicht um »die Macht zu erschleichen«, sondern um eine Regierung und eine Politik abzulösen, die nach der Überzeugung der Opposition versagt und den Interessen unseres Volkes geschadet habe. Die Regierung Brandt/Scheel müsse abgelöst werden, weil

- ihre Außenpolitik »weder den Interessen des ganzen deutschen Volkes« diene »noch den Frieden in Europa sicherer mache«,
- die Ostverträge »in ihrer jetzigen Form im Deutschen Bundestag keine Mehrheit finden« würden und
- »eine sich immer stärker durchsetzende Bewegung neomarxistischer, sozialistischer Ideologen in der Sozialdemokratischen Partei versuche mit äußerster Entschlossenheit, ihr Programm einer sozialistischen Umgestaltung unserer gesellschaftlichen und staatlichen Ordnung, mit oder ohne Stimmzettel, zu verwirklichen.«

Der erste Sprecher der Koalition, Herbert Wehner, erklärte:

»Was Sie Bundeskanzler Brandt und der von ihm geführten Regierung vorwerfen, in erster Reihe wegen der Ostverträge und der in jener Richtung geführten Politik, das ist doch, meine verehrten Damen und Herren von der Opposition, der deutsche Beitrag zum Übergang der Weltpolitik von der Konfrontation zur Kooperation und nichts anderes.«

Der Bundesaußenminister Walter Scheel wies im Hinblick auf die »Zuläufer« und »Überläufer« darauf hin, daß »jeder einzelne Abgeordnete heute eine Entscheidung von großer politischer Tragweite fällen müsse. Es gehe um den Versuch, eine Veränderung politischer Mehrheitsverhältnisse ohne Wählerentscheid herbeizuführen. Das trifft unabhängig von der formalen Legitimität den Nerv dieser Demokratie. Wenn es zur Regel werden sollte, daß Mehrheitsverhältnisse in den Parlamenten durch Parteienwechsel, also ohne Wählervotum, verändert werden, dann stirbt die Glaubwürdigkeit der parlamentarischen Demokratie.« Innerlich bewegt sagte der Bundesaußenminister am Schluß:

»Diese Regierung hat ihre Spur tief in die Nachkriegsgeschichte unseres Volkes eingekerbt, komme, was da wolle.
Diese Regierung hat sich geschichtlich allein schon dadurch gerechtfertigt, daß sie mit ihrer knappen Mehrheit das geschaffen hat, was andere mit ihren großen Mehrheiten nicht erreichen wollten oder konnten: unser Volk über seine Tabuschwellen hinwegzuführen, es von Illusionen wegzubringen, ihm auch harte Wahrheiten über seine Lage zu sagen und auf diese Weise die ihm nach zwei verlorenen Weltkriegen verbliebene nationale Restsubstanz dauerhaft zu sichern.
Wir haben den Schutt weggeräumt, und wir haben uns die Finger dabei blutig gemacht. – Sie haben uns bei dieser politischen Knochenarbeit

nicht geholfen, meine Damen und Herren. Sie haben uns verspottet und verteufelt, aber nun wollen Sie die Früchte unserer Mühe genießen. Selbst wenn Ihnen das gelingen sollte, könnte das den Stolz auf unsere unter schwierigsten Umständen erbrachte politische Leistung nicht mindern.
Ich will nicht mehr als an die schwere Verantwortung jedes einzelnen Abgeordneten appellieren. Lassen Sie diesem Volk noch ein Jahr lang seinen inneren Frieden, stellen wir uns dann gemeinsam dem Urteil der Wähler! Machen Sie unser Land und sich selbst nicht unglücklich, indem Sie zur falschen Zeit mit den falschen Methoden eine Regierung etablieren wollen, deren Fundament sich auf politische Überläufer stützen müßte und deren Geburtsstunde vom Makel des Wortbruchs gekennzeichnet wäre! Eine Regierung gegen Treu und Glauben hat unser Volk nicht verdient. Das haben auch Sie nicht verdient, Herr Dr. Barzel. Unsere Regierung mag ihre Schwächen haben. Ein unter solchen Umständen geborenes Kabinett wäre das schwächste aller Zeiten.«

Nach den Reden der Fraktionssprecher und einer notwendigen Intervention des Bundeskanzlers begann die namentliche Abstimmung. Um 13.22 Uhr gab der Präsident des Deutschen Bundestages das Ergebnis der Zählung der Stimmen bekannt:

»Von den stimmberechtigten Abgeordneten wurden abgegeben 260 Stimmen, von den Berliner Abgeordneten 11 Stimmen. Von den 260 stimmberechtigten Abgeordneten haben für den Antrag – mit Ja – gestimmt 247, mit Nein 10 Abgeordnete; 3 Stimmen sind Enthaltungen. Von den Berliner Abgeordneten haben 10 Abgeordnete mit Ja und 1 Abgeordneter mit Nein gestimmt; keine Enthaltung.
Nach Art. 67 Abs. 1 des Grundgesetzes ist als Nachfolger des Bundeskanzlers gewählt, wer die Stimmen der Mehrheit der Mitglieder des Bundestages auf sich vereinigt. Die absolute Mehrheit der stimmberechtigten Abgeordneten beträgt, wie Sie wissen, 249 Stimmen. Ich stelle fest, daß der von der Fraktion der CDU/CSU vorgeschlagene Abgeordnete Dr. Barzel die Stimmen der Mehrheit der Mitglieder des Deutschen Bundestages nicht erreicht hat.
(Stürmischer Beifall bei den Regierungsparteien. – Die Abgeordneten der SPD und zahlreiche Abgeordnete der FDP erheben sich. – Abg. Dr. Barzel beglückwünscht Willy Brandt und Walter Scheel.)
Der Antrag der CDU/CSU-Fraktion ist damit abgelehnt.«

Die Rechnung war nicht aufgegangen. Eine Zeitung schrieb am nächsten Tag, »daß Mehrheitsentscheidungen durch Parteiübertritte nicht jene feste Basis abgeben, auf der Regierungsarbeit aufbauen kann.« Wenn wenigstens diese Lehre nicht vergessen würde, so wäre doch Heilsames aus einem gewagten Experiment entstanden.
Rainer Barzel hat in der »Welt am Sonntag« vom 5. Februar 1978 in einer rückschauenden Betrachtung geschrieben:

»Und nun stimmte nichts mehr. Wir hatten keine Mehrheit. Drei Stimmen aus dem eigenen Lager fehlten. Dabei hatten sich alle vorher unmißverständlich erklärt! Es bedeutete keinen Trost, daß jetzt auch Brandt ohne Mehrheit war.
›So nahe kommen wir für lange nicht mehr dran‹, sagte ich leise zu Gerhard Schröder.«

Hier hat Rainer Barzel recht behalten.

Vor den Neuwahlen

Am nächsten Tag analysierte der Bundeskanzler Willy Brandt die Lage, die sich aus dem erfolglos gebliebenen Mißtrauensantrag ergeben hatte. Dabei war ein wichtiger Ausgangspunkt der Vorschlag, in einer gemeinsamen Entschließung aller Fraktionen des Deutschen Bundestages »die außenpolitischen Ziele unseres Landes, in deren Gesamtzusammenhang die Verträge gehören«, herauszustellen, um die für das Staatsganze schädliche Polarisierung zu überwinden. Hinsichtlich von Neuwahlen erfolgte die Empfehlung auf eine Verständigung über ein gemeinsames Vorgehen der drei Fraktionen.
In Fortsetzung der zweiten Beratung des Bundeshaushalts 1972 kam es zu der Abstimmung über den Geschäftsbereich des Bundeskanzlers und des Bundeskanzleramts. In namentlicher Abstimmung entschieden sich von den uneingeschränkt Stimmberechtigten 247 Abgeordnete für und 247 gegen den Haushalt des Bundeskanzlers. Ein Abgeordneter enthielt sich der Stimme. Da ein Antrag bei Stimmengleichheit abgelehnt ist, fehlte in der zweiten Lesung die Zustimmung des Deutschen Bundestages zum Haushalt des Bundeskanzlers. Die Frage stand im Raum: Kommt es überhaupt zu einer dritten Lesung?

Ich habe in den damaligen Wochen nicht den Eindruck gehabt, daß in der Koalition Nervosität vorherrschte. Nach dem 27. April stand für uns fest, daß wir den beschämenden Vorgang vom 8. November 1966* nicht wiederholen würden. Eine Auflösung des Deutschen Bundestages und Neuwahlen waren die einzig mögliche saubere Lösung. Über den Zeitpunkt erklärte Willy Brandt am 17. September 1972 in Dortmund:

»Persönlich hätte ich es begrüßt, wenn dieser Lähmung des Parlaments schon im Frühjahr durch Neuwahlen begegnet worden wäre. Staatspolitisch war es jedoch geboten, die Ostverträge nicht liegenzulassen und die Chancen des Viermächteabkommens über Berlin nicht aufs Spiel zu setzen.«

Das Kräftegleichgewicht im Deutschen Bundestag gab den Unionsparteien keine Möglichkeit, durch Jonglieren Wertänderungen möglich werden zu lassen. Der Bundeskanzler hatte schon am 28. April 1972 eine gemeinsame Entschließung zu den Ostverträgen angeregt und in der 186. Sitzung des Deutschen Bundestages dann unmißverständlich darauf hingewiesen:

»Die Entschließung gilt. Wenn allerdings jemand geglaubt haben sollte, er könne durch die Entschließung den Vertrag ändern, dann haben wir auf falscher Grundlage verhandelt. Deshalb mußte es zweifelsfrei klargestellt werden, daß, insbesondere was die Pflichten aus dem Warschauer Vertrag angeht, weil es da mit um die Grenzfrage geht, der Entschließung insoweit keine den Vertrag entwertende Deutung gegeben werden darf.«

Am 17. Mai 1972 erfolgten die lange erwarteten Abstimmungen. Es war Dr. Barzel leider nicht gelungen, seine Fraktion für eine Haltung zu gewinnen, die sich als Konsequenz aus dem vereinbarten Entschließungsantrag** ergab.

»Es wäre richtig gewesen, nun ja zu sagen und mit dem durch uns verbesserten Vertragswerk in die bevorstehenden Neuwahlen zu gehen. Zugleich war es aussichtslos, dieses Ja einheitlich zu erreichen. Und halb wog es zu wenig. Eine starke Minderheit, vielleicht auch eine Mehrheit, würde trotz allem mit Nein stimmen. Gäbe ich die Abstimmung ohne

* Siehe Seite 300f.
** Siehe Anlage 8

vorherigen Beschluß der Fraktion frei, so stünde ein Wahlkampf bevor, in dem zum Beispiel der Kölner Abgeordnete links des Rheins anders argumentieren würde als sein Kollege von der rechten Seite.«

Das schreibt Rainer Barzel in seinem Buch »Auf dem Drahtseil«. Er wird sicher verstehen, wie enttäuscht sein Verhandlungspartner sein mußte, der davon ausgegangen war, daß mindestens ein beachtlicher Teil der CDU/CSU-Fraktion nach Zustimmung zu dem Entschließungsantrag erkennen würde, daß es richtig sei, »nun ja zu sagen«. Der Bundesaußenminister appellierte vor der Abstimmung eindringlich an alle Abgeordneten der CDU/CSU-Fraktion:

»Hier geht es um mehr als nur Fraktionsdisziplin . . . Es geht um die Nation. Es geht um die Frage, wo jeder einzelne Abgeordnete selber steht, was er persönlich verantworten kann vor sich und vor der Geschichte, vor allem aber vor den Menschen in unserem geteilten Land.«

Vergeblich! Und für den einsichtsvollen Fraktionsvorsitzenden Dr. Rainer Barzel blieb es bei der Erkenntnis vom 27. April: »Du mußt schon den bitteren Kelch bis zur Neige trinken.« So gnadenlos ist die Politik. Das Ergebnis der Abstimmung über den Vertrag zwischen der Bundesrepublik Deutschland und der Union der Sozialistischen Sowjetrepubliken sah folgendermaßen aus: 496 uneingeschränkt stimmberechtigte Abgeordnete hatten ihre Stimme abgegeben. Davon stimmten mit Ja 248, mit Nein 10, enthalten hatten sich 238. Die Berliner Abgeordneten stimmten wie folgt: 12 Ja-Stimmen, 10 Enthaltungen, zusammen 22 Stimmen. Das Ratifizierungsgesetz zu diesem Vertrag war angenommen.

Mit NEIN stimmten:

CDU/CSU	Dr. Becher (Pullach)
	Dr. Czaja
	Dr. Gatzen
	Freiherr von und zu Guttenberg
	Dr. Hermesdorf (Schleiden)
	Dr. Hupka
	Dr. Jaeger
	Dr. Wittmann (München)
	Zoglmann (Gast)
FDP	Freiherr von Kühlmann-Stumm.

Das Abstimmungsergebnis zum Vertrag zwischen der Bundesrepublik Deutschland und der Volksrepublik Polen: 496 uneingeschränkt stimmberechtigte Abgeordnete hatten ihre Stimme abgegeben, und zwar stimmten mit Ja 248, mit Nein 17 bei 231 Enthaltungen; zusammen 496. Von den Berliner Abgeordneten haben 12 mit Ja gestimmt und 10 sich der Stimme enthalten. Damit war auch dieses Ratifizierungsgesetz angenommen worden.

NEIN:

CDU/CSU	Dr. Becher (Pullach)
	Dr. Czaja
	von Fircks
	Dr. Götz
	Freiherr von und zu Guttenberg
	Dr. Hermesdorf (Schleiden)
	Dr. Hupka
	Dr. Jaeger
	Frau Kalinke
	Dr. Mende
	Rock
	Stahlberg
	Storm
	Windelen
	Dr. Wittmann (München)
	Zoglmann (Gast)
FDP	Freiherr von Kühlmann-Stumm.

Das endgültige Ergebnis zum Entschließungsantrag der drei Fraktionen:
Ja: 490 und 22 Berliner Abgeordnete
Enthaltungen:

CDU/CSU	Dr. Becher (Pullach)
	Dr. Czaja
	Dr. Hupka
	Riedel (Frankfurt)
	Zoglmann (Gast).

Nach der Olympiade kam für den Deutschen Bundestag der 20. September. Bundestagspräsident von Hassel gab bei Beginn der Sitzung ein

Schreiben des Bundespräsidenten vom 7. Juli 1972 bekannt, wonach er auf Vorschlag des Bundeskanzlers

- Bundesminister Professor Dr. Karl Schiller entlassen und
- Bundesminister der Verteidigung Helmut Schmidt zum Bundesminister für Wirtschaft und Finanzen,
- Bundesminister für Verkehr und für das Post- und Fernmeldewesen Georg Leber zum Bundesminister der Verteidigung und
- Bundesminister Dr. Lauritz Lauritzen unter Beibehaltung seines Amtes als Bundesminister für Städtebau und Wohnungswesen zum Bundesminister für Verkehr und für das Post- und Fernmeldewesen

ernannt hat.

Der Bundeskanzler stellte gemäß Artikel 68 Grundgesetz die Vertrauensfrage, über die zwei Tage später diskutiert werden sollte, nachdem zunächst der Bundeskanzler begründet und Dr. Barzel geantwortet hatte.
Es gab am gleichen Tag die Zweite Lesung zur Rentenreform, die in der Dritten (und letzten) Lesung am 21. September 1972 behandelt wurde. Aber am 20. September fielen bereits die materiellen Entscheidungen. Dabei bezeichnete der FDP-Abgeordnete Hansheinrich Schmidt die Rentenreformdebatte als die Stunde der Wahrheit und forderte die Opposition auf, nicht mit der zugelaufenen Mehrheit von vielleicht einer Stimme darüber entscheiden zu lassen, »was für zehn Millionen Rentner und 23 Millionen Beitragszahler die beste, gesichertste und finanziell gesündeste und solideste Lösung« sei. In mehreren namentlichen Abstimmungen setzte aber die CDU/CSU ihre Vorschläge zur Öffnung der Rentenversicherung für Selbständige und Hausfrauen, zur flexiblen Altersgrenze und zur Rente nach Mindesteinkommen durch. Für die Anträge der Opposition stimmten 248, für die der Koalition 247 vollstimmberechtigte Abgeordnete. Der Regierungsentwurf zur Einführung eines Baby-Jahres für berufstätige Frauen in der Rentenversicherung wurde abgelehnt. Der Oppositionsantrag, die Renten rückwirkend zum 1. Juli 1972 um 9,5% anzuheben, ist angenommen worden. Die Zeitungen berichteten am nächsten Tag:

»Durch das demonstrative Fernbleiben des früheren Ministers Karl Schiller hatte die Opposition zum erstenmal eine echte Mehrheit, die es ihr gestattete, ihr eigenes Konzept einer Rentenreform gegen das der Regierungskoalition durchzusetzen.«

Es lag nahe, daß die Versuche der Koalition, das Beste aus dieser Situation zu machen, nicht ganz gelingen konnten. Hans Katzer triumphierte und machte klar, daß es nicht mehr darum gehe, die Regierungsvorlage wiederherzustellen. »Das Gegenteil ist wahr und richtig. Hier und heute wird über die Vorschläge der CDU/CSU-Bundestagsfraktion abgestimmt, die wir eingebracht haben.«
Der Triumph ist teuer geworden. Ich habe manches an dem Rezept der Weiterentwicklung der Rentenversicherung für unsolide gehalten, zum Beispiel die Vorziehung der Rentenanpassung um ein halbes Jahr. Diese Maßnahme erforderte allein im zweiten Halbjahr 1972 Mehraufwendungen von 1 Milliarde DM. Dann haben die Zusatzausgaben betragen: 1973: 3,4 Milliarden DM, 1974: 4,0 Milliarden DM, 1975: 4,4 Milliarden DM, 1976: 5,1 Milliarden DM, 1977: 5,2 Milliarden DM. Eines kommt zum anderen. Aber irgendwann muß man rechnen, und dann merkt jeder, ob mit ausreichender Sachkenntnis und ohne etwas auszulassen vorausgerechnet worden ist. Eine finanzwirtschaftlich fundierte und existenzsichernde Rentenordnung ist für den demokratischen Rechtsstaat eine Lebensfrage. Hier gibt es keinen Raum für Experimente, sondern es gilt die durch nichts eingeschränkte Pflicht, auf grundsolider Basis eine Altersversorgung zu organisieren und auf weite Sicht die finanzielle Durchführbarkeit zu garantieren. Wer die Lebensqualität, die wir inzwischen erreicht haben, in ihrer weiteren Entwicklung bewertet, wird die nicht mehr im Arbeitsprozeß Stehenden schon deshalb nicht vergessen, weil sie den jetzigen Stand erarbeitet haben. Es geht um das vernünftige Verhältnis zwischen denen, die noch Rentenversicherungsbeiträge zahlen, und denen, die sich im Versorgungsstand befinden. Man muß daher Nettoeinkommen und Rentenhöhe vergleichen. Ohne Staatszuschüsse geht es überhaupt nicht mehr, aber auch sie sollten mit Zweck und Ziel verbunden sein, damit ausnahmslos solide Rechnungsgrundlagen vorhanden sind. Ich gehe davon aus, daß die im Deutschen Bundestag vertretenen Parteien Gutes für unsere Rentner und für die Witwen erreichen und auch erhalten möchten. Dann müßte es möglich sein, über den eigenen Schatten zu springen. Gemeinsam die richtigen Rezepte entwickeln und sie gemeinsam vertreten, das sollte im Blick auf die achtziger Jahre die große Forderung an unsere demokratischen Parteien sein.
Die Rentenreform vom 20. September 1972 ist von dem vor der Auflösung stehenden Deutschen Bundestag mit nur einer Stimmenthaltung,

man kann daher sagen einmütig verabschiedet worden. Bei allem Parteienstreit entstand plötzlich von der Sache her ein breiter Plafond für eine gesetzliche Regelung, die aus der Sicht des Jahres 1978 nicht in allen Punkten glücklich war. Aber um das letztere geht es nicht oder geht es doch, wenn die Fraktionen es in diesem und in dem kommenden Bundestag gemeinsam richtig machen wollen. Warum eigentlich nicht?
Der Bundeskanzler hatte den Antrag nach Artikel 68 des Grundgesetzes (Vertrauensfrage) gestellt, um in die Lage versetzt zu werden, dem Herrn Bundespräsidenten die Auflösung des sechsten Deutschen Bundestages und die Ansetzung von Neuwahlen vorschlagen zu können. Die Abstimmung entsprach der Erwartung. Mit Datum desselben Tages hat Bundespräsident Dr. Heinemann seine Auflösungsanordnung übermittelt.
Bundestagspräsident von Hassel erklärte vor dem Auseinandergehen, daß von den in der verkürzten Legislaturperiode verabschiedeten 333 Gesetzen »nur 15 hart umkämpft« worden seien. Ich meine, das genügte aber auch.

Der große Sieg von Willy Brandt

»Neuwahlen sind erforderlich geworden, weil die von den Wählern 1969 geschaffenen Mehrheitsverhältnisse in diesem Hause so verändert worden sind, daß nun weder die Koalitionsfraktionen noch die Opposition über eine handlungsfähige Mehrheit verfügen.
Mandatsüberträger haben gegenüber dem Regierungsbündnis, das als Ergebnis der Wahlen vom September 1969 zustande kam, eine Vetorolle übernommen. Die Wähler allein können darüber entscheiden, ob sie dieses Veto bestätigen oder ob sie es – wie ich erwarte – außer Kraft setzen werden.
Die Regierung hat ihr Wort gehalten. Sie hat ihre Pflicht getan, und sie wird genau nach den Bestimmungen des Grundgesetzes ungeschmälert weiter tun, was ihre Pflicht gebietet, bis es nach den Neuwahlen zur Regierungsbildung gekommen sein wird. Wir bauen auf das nüchterne und faire Urteil der Menschen in unserem Lande, denen unsere Arbeit diente und weiterhin dienen wird. Damit der Wähler zu seinem Recht kommt und damit die Interessen unseres Staates nicht Schaden leiden,

müssen wir am Freitag die Prozedur nach Artikel 68 des Grundgesetzes vollziehen.«
(Bundeskanzler Willy Brandt am 20. September 1972 im Deutschen Bundestag)

Am 19. November 1972 wurde neu gewählt. Ich hatte in meinem Wahlkreis bei den Bundestagswahlen 1969 erklärt, daß ich nach Ablauf der 6. Legislaturperiode nicht mehr kandidieren würde. Aus Altersgründen. Man kann nicht immer nur sagen, die Jüngeren müssen die Alten ablösen, und dann selbst hocken bleiben. Die herangewachsene Generation ist nicht nur in der Lage, sondern auch verpflichtet, die das politische Geschehen in der Bundesrepublik bestimmenden Positionen in Anspruch zu nehmen. Die Generation der beiden Weltkriege mußte in der Stunde Null zur Verfügung stehen, um in einer Reihe von Jahren in Politik, Wirtschaft, Wissenschaft und Kunst Pionierarbeit zu leisten.

Ich habe dieses Buch eigentlich nur wegen dieses ersten Teils geschrieben, denn daran sollten alle, die die Jahre nach dem totalen Zusammenbruch nicht miterlebt haben, erinnert werden, wie unendlich schwer es gewesen ist, den Untergang zu verhindern und das deutsche Volk – leider in den Grenzen geteilt – in einen Zustand zu bringen, der uns nicht nur das Überleben gestattete, sondern auch die Möglichkeiten gab, in einer großartigen Gemeinschaftsleistung das sogenannte Wirtschaftswunder zu vollbringen.
Es war alles schwer. Die Siegermächte sahen damals Deutschland anders als heute. An einem geistigen Umstellungsprozeß mußten beide Seiten arbeiten, wenn wir uns erfolgreich auf den Weg machen wollten, in Frieden, Freiheit und sozialer Gerechtigkeit die Postulate des demokratischen Staates zu sehen. Immer wird die weitere Strecke schwer begehbar sein. Es gibt zu viele Steine – und die sind nicht leicht wegzuräumen –, die wir uns selbst auf den Weg legen. Manchmal erscheinen Wunsch und Hoffnung, wir möchten uns nicht selbst überfordern, das Mögliche ertasten, um es dann aber auch zu verwirklichen und die Tugenden Selbsterkenntnis, Nächstenliebe, Bescheidenheit und Fleiß mobilisieren, damit die Zerrbilder dieser Zeit verschwinden, fast unerfüllbar. Und dennoch: Es geht nicht anders. Die mit den zwei Kriegen und all ihren entsetzlichen Folgen belasteten Menschen schafften nicht mehr, als bisher mit Weh und Ach erreicht werden konnte. Die ganze einsetzbare, unverbrauchte Kraft derer, die Hitler und seine Bewunderer nicht nur bei uns,

sondern in vielen Teilen der Welt nicht mehr erlebt haben, sie könnten sich im Wirrwarr unserer Zeit mit konstruktiven Lösungen zurechtfinden. Je schneller und intensiver diese zielweisende Aufgabe in Angriff genommen wird, die eigentlich für das Wirken aller demokratischen Kräfte ein gemeinsamer Nenner sein sollte, je sicherer entsteht ein vernünftiger Erwartungshorizont.
Nun – diesmal habe ich noch einmal eine Kandidatur im Wahlkreis Heidelberg angenommen, denn ein anderes Verhalten hätte bei der Bedeutung der Entscheidung kaum einer verstanden. Auf der Landesliste der SPD Baden-Württemberg war ich Nr. 1. Es gab im Wahlkampf ein hartes Ringen, und eine Zeitlang schien es so, als würde die Koalition Zweiter. Dann setzte etwa im August ein Umschwung ein, der in erster Linie auf Willy Brandt zurückzuführen war, denn er hatte nicht nur den mündigen Wähler angesprochen, sondern ihm mit Hilfe seiner Freunde klarmachen können, daß nicht Überläufer berechtigt seien, das politisch-parlamentarische Kräfteverhältnis zu verändern, sondern daß dazu nur der Wähler mit seiner Stimmzettelentscheidung das Recht habe. Von diesem Recht wurde am 19. November 1972 Gebrauch gemacht. Vor der Auflösung des Bundestages sah die Mandatsverteilung so aus:

CDU/CSU:	248 (statt 242 nach dem Wahlergebnis 1969),
SPD:	222 (statt 224),
FDP:	26 (statt 30).

Das Ergebnis am 19. November brachte diese erhebliche Veränderung:

SPD: 230. FDP: 41. Koalition: 271 Mandate = 54,2% der gültigen Stimmen.
CDU/CSU: 225 Mandate = 44,9% der gültigen Stimmen.

Das Regierungsbündnis verfügte nun über eine stabile Mehrheit von 46, mit den Berlinern von 50 Mandaten.
In dem noch am Abend im Fernsehen von Willy Brandt ausgesprochenen Dank heißt es:

»Das ist für mich kein Augenblick des Triumphes, wohl aber ist es ein bewegender Augenblick der Genugtuung und des Stolzes und der Bescheidung; denn wir fühlen uns durch diesen Sieg unserer Sache in die Pflicht genommen. Ich erkenne in dem Wahlergebnis den Auftrag, zusammen mit Herrn Scheel und seinen Freunden die Arbeit fortzusetzen, die wir in den vergangenen drei Jahren gemeinsam mit Erfolg eingeleitet haben.«

Mein eigenes Ergebnis im Wahlkreis Heidelberg war ein großer persönlicher Erfolg, denn ich konnte die für mich abgegebenen Stimmen von 54134 im Jahre 1969 auf 66868 im Jahre 1972 steigern. Die CDU erhielt 59546 Stimmen. (Die SPD steigerte die Zweitstimmen auf 59149 gegen 49593 im Jahre 1969.)
In Prozenten: Möller: 49,6 – SPD: 43,8.
In Prozenten: CDU-Kandidat: 44,5 – CDU: 44,1.

Ich ging vom Parteihaus zum Bungalow des Bundeskanzlers, um Willy Brandt, der von begeisterten Freunden auch aus dem Ausland gefeiert wurde, mein Wahlergebnis mitzuteilen. Mit seinem Glückwunsch verband er die Frage nach dem Resultat von 1969. Schließlich war ich 1971 als Bundesfinanzminister zurückgetreten, und ihn mußte der Vergleich interessieren. Zu meiner Freude wurde der Glückwunsch verdoppelt. Und doppelt genäht, hält bekanntlich besser.
Es war mein letzter Wahlerfolg. 1976 wurde ich zwar bestürmt, noch einmal mitzumachen. Aber zum Kummer nicht nur meiner eigenen Parteifreunde mußte ich bei meiner Erklärung bleiben: Jetzt langt's!
In Gedanken bin ich immer noch bei diesem Wahlkreis und dankbar für alles, was ich dort an Erinnerungswerten erleben durfte und Gott sei Dank immer noch erlebe im regen Schriftverkehr und bei meinen Besuchen.

Helmut Schmidt wird Bundeskanzler

Die ersten Koalitionsverhandlungen begannen am 23. November 1972. Es waren fünf intensive Gespräche, die die Verhandlungskommission führte. Sie wurde von den Experten der beiden Fraktionen, die für wichtige Bereiche Formulierungshilfen leisteten, hervorragend unterstützt. Beide Parteien bekundeten zu Beginn ihren Willen zur weiteren Zusammenarbeit, die sich auf einen eindeutigen Wählerauftrag stützte und an die Regierungserklärung vom Oktober 1969 anschloß. Für die Darstellung des Regierungsprogramms war keine Frage ausgeklammert worden. Es bestand auch Einigkeit darüber, einen Gesetzentwurf vorzu-

legen, durch den die Mitbestimmung erweitert werden sollte. Die Koalitionspartner stellten fest, daß der Ausbau der Mitbestimmung der Arbeitnehmer von der grundsätzlichen Gleichberechtigung und Gleichwertigkeit zwischen Anteilseignern und Arbeitnehmern auszugehen habe. Über die Form sollte unter Berücksichtigung der verschiedenen Vorschläge der Koalitionspartner bei Vorlage des Gesetzentwurfs entschieden werden. Eine Verständigung könnte später erfolgen. (Am 18. März 1976 ist nach langen erbitterten Auseinandersetzungen innerhalb und außerhalb des Parlaments das Mitbestimmungsgesetz in namentlicher Abstimmung – 389 gegen 22 Stimmen bei einer Enthaltung – verabschiedet worden.)
Leider konnte der Wunsch, das »Instrumentarium« des Stabilitätsgesetzes zu überprüfen und wirksamer zu gestalten, nicht realisiert werden.
Die Personalien wurden zügig erledigt. Das Auseinanderdividieren von Finanz- und Wirtschaftsministerium in zwei wieder selbständige Ministerien besorgten Helmut Schmidt und Hans Friderichs. Am wichtigsten war die Entscheidung, daß in Zukunft die Abteilung Geld, Kredit- und Währungswesen einschließlich der Vertretung bei internationalen Währungsfragen zur Zuständigkeit des Bundesfinanzministeriums gehörte.
Nach der Regierungserklärung am 15. Dezember 1972 und am 18. Januar 1973 gab es eine tagelang andauernde Debatte, die sich sehr stark um die vom Bundeskanzler für die Koalitionsparteien in Anspruch genommene Position der Mitte im politischen Kräftefeld der Bundesrepublik drehte, wobei die »Frankfurter Allgemeine Zeitung« in ihrer Berichterstattung (25. Januar 1973) von einem »Gedränge um den Platz in der Mitte« sprach.
Meinen Debattenbeitrag bezeichnete »Die Welt« in der Überschrift ihres Berichtes mit »Stabilität als nationale und europäische Aufgabe«. Das war richtig. Am Schluß meiner Rede ging ich auf Grundsätzliches ein, denn auch das gehört nach meiner Meinung als eine Aussage in den Deutschen Bundestag:

»Von uns Deutschen geht einige Unruhe aus. Aber die Freiheit, unruhig zu sein, verdanken wir der neuen staatlichen demokratischen Ordnung. Freiheit ist ein vielschichtiges Phänomen. Sie bedeutet in ihrer letzten Konsequenz die schärfste Herausforderung des einzelnen in der Gemeinschaft. Das ist der Grund, weshalb der freiheitliche Zustand fort-

während in Gefahr schwebt, sich in sein Gegenteil zu verkehren, in Reglementierung oder unnachsichtige Bevormundung. Dazu bedarf es nicht zwangsläufig der offenen, der totalitären Gewalt.
Die Mittel der modernen Zeiten sind subtiler. Alexander Mitscherlich hat in seiner Ansprache anläßlich der Verleihung des Friedenspreises des Deutschen Buchhandels im Jahre 1969 folgendes ausgeführt:

›Die Zielvorstellung aller Kultur, sobald das nackte physische Elend überwunden ist, besteht in der Milderung der feindseligen und zerstörerischen Formen von Aggression durch die Förderung ausgleichender seelischer Kräfte wie Mitgefühl und Verständnis für Motive des anderen und ähnliches. Dieser Forderung steht die Dummheit im Weg. Ich meine damit nicht die Begabungsdummheit, sondern die anerzogene Dummheit, die sorgfältig durch Erziehung zu Vorurteilen herbeigeführte Dummheit. Im Erfolgsfall solcher Erziehung – und er tritt leider massenhaft ein – ersetzt dann bei dem Versuch einer Konfliktlösung mit steigender Erregung das Vorurteil die Arbeit kritischer Reflexion. Vor allem zeigt sich eine verstärkte Unfähigkeit, eigene Probleme unbestechlich zu betrachten. Gerade darin weiß sich das Individuum in seiner Gesellschaft beschützt. Denn der Auftrag lautet dann nicht: Denke, beobachte, wäge ab, sondern: Handle in Konformität so, wie alle handeln! Das kann zu heroischen Leistungen beflügeln, aber auch zu ungeheuerlichen Selbsttäuschungen.‹

All diese Gefahren und Strömungen können auf politischem Gebiet natürlich nicht ohne Folgen bleiben. Die Institutionen, auf die man sich im Wege der demokratischen Willensbildung einmal geeinigt hat, werden ebenso als vorgegeben hingenommen wie der eigene Standort als Glied im Staat. Der Neuordnung unserer staatlichen Verhältnisse nach dem Zweiten Weltkrieg ist vielfach nicht ein neues demokratisches Selbstverständnis des Bürgers gefolgt. Es wird Zeit, nicht mehr nur vom Verantwortungsprinzip im Staat, sondern ganz klar auch von der Verantwortung des Staates selbst zu sprechen, die darin besteht, die Selbstverantwortung des einzelnen zu stärken oder für diese Selbstverantwortung den notwendigen Raum zu schaffen. Ein solches Ziel läßt sich durch Förderung der politischen Aufklärung und Bildung erreichen, durch Auflösung der repressiven Formen und Vorstellungen von Recht und Verwaltung, die sich aus dem Obrigkeitsstaat noch in unsere Zeit hinüberretten konnten.

Der Staat, wer immer ihn repräsentieren mag, darf es nicht bei verfassungstreuen Lippenbekenntnissen bewenden lassen. Wenn wir allenthalben an Grenzen in unserer demokratischen Selbstverwirklichung stoßen, so müssen wir uns davor hüten, diese Grenzen als unüberschreitbar, als in irgendeiner Weise der Demokratie vorgegeben, anzusehen. In je engerem Rahmen man sie nämlich zu akzeptieren beginnt, desto weiter wird das Feld, in dem sich destruktive Kräfte aller Art von jeder Form der Kontrolle frei fühlen. Deutlich ausgesprochen: wer Demokratie nur in dem Maße bejaht, in dem er mit ihr fertig wird, gibt seine Hand erst zu ihrer Verwässerung, dann zu ihrer Zerstörung. Hier setzt die ungeteilte Verantwortung eines um Glaubwürdigkeit ringenden Staates ein, der Demokratie nicht bloß dekretieren, sondern sie von Grund auf schaffen und bewahren will. Es zeigt sich, daß man den Bürger noch lange nicht zur Selbstverantwortung führt, indem man sie einfach anempfiehlt oder abfordert und davon ausgeht, oder aber ihn glauben macht, er sei ohne weiteres fähig und ohne Bedingung verpflichtet, selbstverantwortlich zu handeln.
Das alles trifft nämlich nur unter zwei Prämissen zu, die untereinander eng verbunden sind: erstens, daß der Staat seine vom Volk delegierte eigene Verantwortung vorbildlich erfüllt und zweitens, daß er dem einzelnen wirklich den Raum zu schöpferischer, existentieller wie politischer Selbstverwirklichung öffnet und energisch offenhält. Das ist eine Forderung, mit der nicht nur der moderne Verwaltungsstaat, sondern ebenso die hoch- und nachindustrielle Gesellschaft unter dem Einfluß der manipulierten Bedürfnisse fast zwangsläufig in Konflikt geraten. Das stellt jeden, der Verantwortung für das Ganze trägt – und dieser Kreis kann nicht weit genug gezogen werden –, vor eine sehr schwere, die Zukunft der Demokratie wesentlich mitentscheidende und eben darum nach dem Einsatz unserer besten Kräfte verlangende Aufgabe.«

In der Parlamentsarbeit der zweiten Ära Willy Brandt waren wichtige Wegweiser: Unterzeichnung des Grundvertrages zwischen der Bundesrepublik Deutschland und der DDR am 21. Dezember 1972 und am 11. Mai 1973 Billigung durch den Deutschen Bundestag bei Stimmenthaltung der Unionsfraktion, das Inkrafttreten der EG-Verträge mit Großbritannien, Dänemark und Irland am 1. Januar 1973 (Europa der Neun), am 22. Januar der 10. Jahrestag des deutsch-französischen Freundschaftsvertrages – Bundeskanzler Brandt zu Konsultationen in

Paris, das Gesetz zur Änderung von Vorschriften der gesetzlichen Rentenversicherung (als Korrektur der Beschlüsse vom 20. September 1972), Konstituierung der Grenzkommission mit der DDR und nach sechs Monaten die erste Grenzmarkierung am 4. September 1973, am 9. Februar Botschafteraustausch Bonn – Peking, erstes Stabilisierungsprogramm der Bundesregierung am 17. Februar und zweites am 9. Mai 1973, am 11. Mai 1973 mit Billigung aller Fraktionen Beitritt zu den Vereinten Nationen, am 18. Mai Besuch Breschnews, des Generalsekretärs des Zentralkomitees der KPdSU, in der Bundesrepublik und am 22. Mai Unterzeichnung des deutsch-sowjetischen Abkommens über wirtschaftlich-technische und kulturelle Zusammenarbeit sowie den Luftverkehr, Aufwertung der D-Mark um 5,5% am 29. Juni, vom 3. bis 7. Juli erste Phase der Europäischen Sicherheitskonferenz (KSZE) in Helsinki und Beginn der zweiten Phase dieser Außenministerkonferenz ab 18. September in Genf, die Kartellgesetz-Novelle wird verabschiedet, am 18. September Aufnahme der Bundesrepublik Deutschland und der DDR in die Vereinten Nationen, am 9. November billigen Bundestag und Bundesrat energiepolitische Maßnahmen der Bundesregierung zur Abwehr des arabischen Ölboykotts.
Am 1. Januar 1974 erfolgt die Aufhebung der Preisbindung der Zweiten Hand (Inkrafttreten der Kartellgesetz-Novelle), Beschluß der Bundesregierung über Grundlinien eines Gesetzes zur Vermögensbeteiligung, am 1. April tritt das neue Personalvertretungsgesetz in Kraft, am 2. Mai erfolgt die Eröffnung der Ständigen Vertretungen der Bundesrepublik Deutschland und der DDR in Ostberlin und Bonn.
Hier ist nur Wichtiges und dies nicht einmal vollständig genannt, um einen kleinen Überblick zu geben. Wichtig war zum Beispiel auch der Besuch des rumänischen Staatspräsidenten Ceausescu im Juni 1973, bei dem acht deutsch-rumänische Verträge unterzeichnet worden sind, oder die Aufnahme der diplomatischen Beziehungen zur Tschechoslowakei, zu Ungarn und Bulgarien. Dann die ganze Gesetzgebungsarbeit von Bundesregierung und Bundestag.
Am 2. April 1974 machte ich Willy Brandt im Bundeskanzleramt einen Besuch; es gab einiges zu besprechen. Dann lockte uns das Frühlingswetter nach draußen in den Garten. Der Bundeskanzler war in bester Stimmung, erzählte, fragte, überlegte zum Mithören. Es handelte sich um den Bereich, wie es nach der Wahl des Bundespräsidenten weitergehen sollte – personell sowie in Sachpunkten gestrafft und aktualisiert.

Ich möge mich an seinen Überlegungen beteiligen und auch einmal mit Leussink sprechen (was ich getan habe).
Ich war in Karlsruhe gerade mit der Ausarbeitung eines Papiers für den Bundeskanzler beschäftigt, da traf mich am 24. April 1974 wie ein Blitz aus heiterem Himmel die Nachricht von der Verhaftung Guillaumes, der sich im Laufe der Vernehmungen als »Offizier der NVA« zu erkennen gab. Der Bundeskanzler kam an diesem Tag aus Kairo, wo er in Präsident Sadat einen guten Freund gefunden hatte, der mir von diesen Tagen – als ich acht Monate als sein Berater in Ägypten war – immer wieder erzählt hat.
Es waren schwere Wochen, die Willy Brandt durchstehen mußte. Alles steckte im Nebel. Das politische Wetter heiterte nicht auf. Am Sonntag, den 5. Mai, verfaßte der Bundeskanzler den Brief, in dem er den Bundespräsidenten bat, den Rücktritt unmittelbar wirksam werden zu lassen, und in dem er erklärte, für die Fahrlässigkeiten im Zusammenhang mit der Agentenaffäre Guillaume die politische Verantwortung zu übernehmen.
Im Rundfunk herrschte Wahlfieber. Bei den französischen Präsidentenwahlen war die erste Runde gelaufen. Im Saarland hatten Kommunalwahlen stattgefunden.
So sah für die Partei, aber nach meiner Einschätzung auch für den Koalitionspartner, die Schluß- und die Eröffnungsbilanz aus:
1. Willy Brandt war zurückgetreten, weil er das von ihm begonnene Werk der Verständigung unter den Völkern und des sozialen Friedens im Innern in jeder Beziehung unbelastet erhalten und weitergeführt wissen wollte.
Aus Respekt vor den ungeschriebenen Regeln der Demokratie: Er hatte ohne Zögern die politische und persönliche Verantwortung für Fahrlässigkeiten im Zusammenhang mit der Agentenaffäre Guillaume übernommen.
Willy Brandt wollte seine politische und persönliche Ehre nicht antasten lassen. Denn: Es gab Anhaltspunkte, daß man sein Privatleben in den Spionagefall hineinziehen und in den Schmutz zerren würde.
2. Helmut Schmidt wurde auf Vorschlag Willy Brandts sofort einmütig von der Partei als neuer Bundeskanzler bestimmt. Am 17. Mai 1974 war der Termin für eine neue handlungsfähige Regierung aus Sozialdemokraten und Freien Demokraten gegeben.
Die Regierung Schmidt/Genscher konnte auf eindrucksvollen Leistun-

gen aufbauen, die von der sozial-liberalen Koalition SPD und FDP unter Führung Willy Brandts erbracht worden waren.
Die Bundesrepublik Deutschland ist eines der wirtschaftlich leistungsfähigsten und sozial ausgeglichensten Länder der Welt. Wir würden auch mit den Schwierigkeiten, die von außen kamen, fertig werden.
3. Es blieb bei Kontinuität und Erneuerung.
Helmut Schmidt würde auf den Grundlagen der Regierungserklärung von Willy Brandt weiterarbeiten.
Bei der Neubildung der Bundesregierung stand das gemeinsam vereinbarte politische Sachprogramm nicht zur Disposition.
Der politische Erfolg durch die Weiterführung der Arbeit der sozial-liberalen Koalition würde 1976 vom Wähler und nur von ihm bewertet und beurteilt werden.
In einer gemeinsamen Sitzung des SPD-Vorstandes und des Vorstandes der SPD-Fraktion des Deutschen Bundestages am 8. Mai 1974 hatte der zurückgetretene Bundeskanzler alle Behauptungen energisch zurückgewiesen, nach denen Erpressungsversuche ihn zu seinem Rücktritt gezwungen hätten. Willy Brandt sagte (mit viel Verbitterung):

»Was immer noch über die Beweggründe meines Entschlusses geschrieben werden mag, so ist und bleibt es grotesk, einen Bundeskanzler für erpreßbar zu halten. Ich bin es jedenfalls nicht.«

Uns alle von der Koalition hatten die Vorgänge um den Rücktritt ungewöhnlich berührt. Um so entschlossener waren wir, dafür zu sorgen, daß eine echte Entspannung am 15. Mai eintreten und die Wahl des Bundesaußenministers Walter Scheel zum 4. Bundespräsidenten vom Tief zum Hoch führen würde. Das Ergebnis wurde zu einem eindeutigen Beweis für den Zusammenhalt der Koalition. Im ersten Wahlgang erhielt Walter Scheel die absolute Mehrheit. Für ihn stimmten 530 Wahlmänner, auf seinen Gegenkandidaten Richard von Weizsäcker entfielen 498 Stimmen, und fünf Wahlmänner entschieden sich für Enthaltung.
Nachdem der neugewählte Bundespräsident die Wahl angenommen hatte, erhielt er das Wort zu einer kurzen Ansprache, in der er erklärte:

»Es ist für mich sehr bewegend, daß ich wenige Tage vor der 25. Wiederkehr des Tages der Gründung der Bundesrepublik Deutschland gewählt wurde, der Bundesrepublik Deutschland, an deren demokratischer Entwicklung ich vom ersten Tage an als Parlamentarier Anteil genom-

men habe. Ich danke aus tiefstem Herzen denjenigen, die mir heute ihre Stimme gegeben haben. Dieses Vertrauen überträgt mir eine hohe Verantwortung.
Meinem Mitbewerber, meinem geschätzten Kollegen Richard von Weizsäcker, möchte ich meinen ganz besonderen Respekt bezeugen.
Der Sinn der Demokratie ist, daß man auswählen kann zwischen mehreren Möglichkeiten. Dieser Sinn wird auch nicht entwertet, wenn mehr oder weniger feste Blöcke auf die Entscheidungen einwirken.
Diejenigen unter Ihnen, die mir heute ihre Stimme nicht gegeben haben, erwarten aber doch, daß ich vom Tage der Amtsübernahme an der Bundespräsident für alle Bürger dieses Staates bin. Ich werde mich mühen, diesen Erwartungen gerecht zu werden.«

Bundespräsident Gustav Heinemann sandte an seinen gewählten Nachfolger ein Glückwunschschreiben, in dem er Scheel »Erfolg und Gottes Segen« wünschte. Mit der Wahl Scheels sei ein Mann an die Spitze des Staates gekommen, der in seinen bisherigen Verantwortungsbereichen »große Welterfahrung mit sicherem Blick für das politisch Mögliche« vereint habe. Heinemann wünschte Scheel und seiner Frau Mildred »die Kraft und Zuversicht . . ., die Ihren Weg stets begleitet haben«.
Einen Tag später ging es um die Wahl des neuen Bundeskanzlers. Bei der geheimen Wahl erhielt Helmut Schmidt 267 Ja-Stimmen, gegen ihn stimmten 225 Abgeordnete. Das war ein überzeugender Vertrauensbeweis für den neuen Kanzler.
In der Erscheinungen Flucht konnte für den neuen Regierungschef nur eine festfundierte Vertrauensbasis die Chance des Erfolges bedeuten.
Es ist kein Trost, sondern eine Binsenwahrheit, daß Politiker in verantwortlichen Positionen immer in einem Schleudersitz Platz nehmen müssen. Es fehlt ihnen der Fallschirm. Aber wenn sie ihn hätten, würde er ihnen auch nicht helfen können.

XXIX. DIE DENKENDEN MÜSSEN HANDELN

»Regieren auf Sparflamme«

Es ist selbstverständlich, daß ein neu gewählter Bundeskanzler Ministerposten und wichtige Ämter dort neu besetzt, wo aus für eine solche Entscheidung bedeutsamen Gründen die Notwendigkeit oder die Zweckmäßigkeit besteht. Ein Grund, der schon durchschlägt, wäre der Wunsch nach Teamarbeit. Voraussetzung dafür bleiben Sachkenntnis und Rücksichtnahme auf die Ganzheit der Tätigkeiten des Kabinetts. Und dann muß die Antenne für das Miteinander im Persönlichen funktionieren. Zugeständnisse aus einem Proporzdenken gleich welcher Art oder durch Weichhämmern zahlen sich nicht aus. Deshalb habe ich immer zu denen gehört, die eine Mitwirkung der Fraktion in der Form der Mitteilung der Kabinettsliste und der Information über die Besetzung anderer wichtiger Posten nicht nur für ausreichend, sondern auch wegen der Kompetenz des Bundeskanzlers für den allein möglichen Weg halten.

Anders verhält es sich mit der Regierungserklärung, die mitbestimmt wird duch eine Verständigung in der Koalition und den Rat derer, die in bestimmten Bereichen ihren Sachverstand anbieten, falls er überhaupt gefragt ist. Die letzte Entscheidung muß aber auch in diesem Bereich beim Bundeskanzler liegen. Die Sucht, solche Realitäten oft nicht sehen zu wollen, sollte mit Heilung versprechender Medizin behandelt werden. Inzwischen haben wir Erfahrungen gesammelt. Ob zur Person oder in der Sache: Die letzte Verantwortung liegt beim Regierungschef.

Eine große deutsche Zeitung hatte sich in ihrer Ausgabe vom 20. Mai 1974 der Aufgabe unterzogen, unter der Überschrift »Die andere Handschrift« einen Vergleich der Regierungserklärungen Schmidts vom 17. Mai 1974 und Brandts vom 18. Januar 1973 vorzunehmen.* Der Ver-

* »Die Welt«, Nr. 116 (Verfasser: W. Hertz-Eichenrode)

gleich ist lesenswert. Wer genau hinsieht, muß aber feststellen, daß der Regierungswille in einem anderen Sprachgewand derselbe blieb. Allerdings gab es Verschiebungen in den Prioritäten und bei Helmut Schmidt als dem bisherigen Finanzminister verständlicherweise eine starke Konzentration auf das Machbare. Schon nach seiner Wahl zum Bundeskanzler am 16. Mai sagte er in der Fraktion, jedes Fraktionsmitglied müsse seine »Aufgabe, vor der wir in diesem einen Jahr stehen, bis das Wahljahr anfängt« auch so sehen, daß wir nicht »als Leute gelten, die Versprechungen machen, von denen der Arbeiter selber innerlich skeptisch denkt: ›Na, wenn das man gutgeht, wenn die das man hinkriegen!‹« Helmut Schmidt fügte hinzu, »wir müssen aufpassen, daß uns nichts angehängt wird, was das Vertrauen in unsere innere Seriosität und in unsere Solidität gefährden könne.«
Aus der Regierungserklärung des Bundeskanzlers Helmut Schmidt seien einige Abschnitte zitiert, die eines meiner Arbeitsgebiete betreffen:
»Unsere Währungspolitik wird, auf der Grundlage flexibler Wechselkurse, in Gemeinschaft mit unseren Partnerländern in der sogenannten Schlange auf ein Höchstmaß an außenwirtschaftlicher Absicherung ausgerichtet bleiben. Wir können dabei Umstellungen in einzelnen Branchen unserer Wirtschaft nicht ausschließen. Man kann unsere harte D-Mark nicht mit weichen Maßnahmen verteidigen.
Auf der Basis dieser währungspolitischen Absicherung wird die Geld- und Kreditpolitik ihre Rolle spielen können. Sie wird eine angemessene, aber knappe Geldversorgung sichern. Die enge Kooperation mit der Deutschen Bundesbank wird fortgesetzt werden.
Die Haushaltspolitik der Bundesregierung wird im Rahmen des diesem Hause vorliegenden Haushaltsentwurfs 1974 etwaigen übermäßigen Beschäftigungsrisiken in bestimmten Regionen und in bestimmten Branchen entgegenwirken.
Nun müssen wir die unausweichlichen Belastungen durch die Stabilitätspolitik so gering wie möglich halten. Deshalb haben wir zum Beispiel unser Förderungsprogramm für die gewerblichen Mittelschichten wieder aufgenommen und ausgebaut. Deshalb haben wir, zusammen mit Ländern und Gemeinden, ein Sonderprogramm mit zusätzlichen Infrastrukturinvestitionen und öffentlichen Beschaffungen im Umfang von rund 900 Millionen DM in Gebieten mit speziellen Strukturproblemen in Gang gesetzt.

Die Bundesregierung wird bei ihren zukünftigen Bemühungen um mehr Stabilität die gesellschaftlichen Gruppen nicht aus deren Verantwortung entlassen. Das gilt für die Unternehmer und die Gewerkschaften in gleicher Weise. Verantwortung für das Ganze ist eine entscheidende Voraussetzung für die Tarifautonomie, die wir verteidigen.
Dabei stehen wir einer Opposition im Bundestag und im Bundesrat gegenüber, die gleichzeitig Forderungen nach Steuersenkungen und nach Haushaltsmehrausgaben erhebt. Mit solchen Forderungen wird den Interessengruppen suggeriert, sie könnten Ansprüche stellen, von denen doch die Opposition weiß, daß sie nicht erfüllt werden können. Dadurch wird die Leistungsfähigkeit des Staates überhaupt in Frage gestellt, und dies ist nicht zu verantworten.
Es wird die finanzpolitische Hauptaufgabe für die zweite Hälfte dieser Legislaturperiode sein, die dringenden öffentlichen Aufgaben zu erfüllen und zugleich die Stabilitätspolitik konsequent zu unterstützen. Ich will es klar sagen: Der Bundeskanzler wird bei der Erfüllung dieser Aufgaben an der Seite des Bundesministers der Finanzen stehen.
Damit komme ich zur Betrachtung der finanzwirtschaftlichen Grenzen, die wir zu beachten haben. So gut unsere Wirtschaftslage im internationalen Vergleich ist, so wenig dürfen wir daran vorbeisehen, daß die Vorgänge draußen in der Weltwirtschaft von uns eine Besinnung auf das Mögliche verlangen. Die öffentlichen Aufgaben haben sich erweitert. Damit stellt sich schärfer als zuvor die Notwendigkeit, der an den Staat gerichteten Leistungserwartung auch das notwendige Verantwortungsbewußtsein für die Leistungsfähigkeit des Staates wieder an die Seite zu stellen . . .
Ein scharfer Maßstab muß für zusätzliche Ansprüche gelten, die die Parlamente – ich rede in der Mehrzahl! – an die Finanzminister – ich rede wieder in der Mehrzahl! – richten! Das gilt nämlich wiederum auch für elf Landesparlamente und für das Bundesparlament. Die Bundesregierung wird alle verfassungsmäßigen und alle politischen Möglichkeiten voll nutzen, um Bund, Länder und Gemeinden auf eine sparsame Ausgabenpolitik ab 1975 zu verpflichten. Wenn 1975 die Steuer- und Kindergeldreform mit ihren Milliardenbeträgen an Entlastungen in Kraft getreten ist, können wir uns auf allen drei Ebenen – jedenfalls aus heutiger Sicht – die bisherigen hohen Zuwachsraten bei den öffentlichen Ausgaben nicht mehr leisten.«

Insbesondere dieser Teil der Regierungserklärung wird Oskar Fehrenbach in der »Stuttgarter Zeitung« veranlaßt haben, seinem Leitartikel die Überschrift »Regieren auf Sparflamme« zu geben (17. Mai 1974). Drei Auszüge aus Pressedarstellungen vom 17. Mai seien angefügt:

»... Nur die Ära Brandt/Scheel sei am Ende, nicht aber die Koalition. Das zu beweisen, hat sich die neue Regierung, hat sich vor allem der neue Bundeskanzler vorgenommen. Helmut Schmidts Regierungserklärung machte deutlich, wie dieser Nachweis erbracht werden soll: Die Kurskorrektur war unüberhörbar. Weil die Ergebnisse der Ost- und Deutschland-Politik die Menschen enttäuscht haben, hält sich der neue Kanzler damit nicht mehr lange auf. Weil der Überschwang des Reformeifers an der Kostenfrage scheiterte oder gar die Bürger verstörte, wird das Programm kräftig zurechtgestutzt. Und weil die Wähler sich wegen ihrer wirtschaftlichen Zukunft ängstigen, wird das Anti-Inflations- und das Stabilitätsprogramm in den Vordergrund gerückt.« (Peter Hopen, ZDF-HEUTE)

»Konzentration auf das Wesentliche heißt von nun an die Bonner Devise. Der neue Bundeskanzler ließ keine Zweifel daran, worauf man sich in Zukunft konzentrieren will. Ostpolitik, das Atlantische Bündnis, die Dritte Welt, ja sogar Europa – das alles hatte in seiner Regierungserklärung spürbar den Stellenwert obligatorischer Merkposten.« (Gert Kübler, »Frankfurter Rundschau«)

»Regierungserklärungen sind auch immer eine Ansprache an die Bürger. Adenauer empfahl sich als Kanzler der Allianz, er galt als Vater des Wirtschaftswunders, Brandt als Wegbereiter des Friedens. Helmut Schmidt stellte sich als Kanzler der Stabilität dar.« (Heinzgünter Klein, »Ruhr-Nachrichten«)

Solange ich im Bundestag tätig war, aber auch später, habe ich alles getan, um die Politik des Bundeskanzlers Helmut Schmidt mit Rat und Tat zu unterstützen. Ich wäre froh und glücklich, wenn Heinzgünter Klein recht behalten und Helmut Schmidt aus seiner Ära als »Kanzler der Stabilität« hervorgehen würde. Aber das hat noch lange Zeit. Wir können alle selbst die vergangenen vier Jahre und die kommende Zeit dazu benutzen, um ein eigenes Urteil zu bilden.

Stabilitätspolitik

Reformpolitik läßt sich nicht aus der Finanzstatistik ablesen. Die Zahlen geben aber Hinweise auf Veränderungen, die durchgesetzt werden konnten. Es gehört zum Bild der Stabilisierungspolitik, daß unser Staat die soziale Absicherung gesellschaftlicher und wirtschaftlicher Anpassungsvorgänge übernehmen kann und übernimmt, daß er keine erstarrten Strukturen absichert, sondern seinerseits der Dynamik des gesellschaftlichen Wandels entspricht und die öffentliche Leistung nicht unverantwortlich einschränkt. Die staatlichen Leistungen – seien es Straßen oder Schulen, öffentliche Sicherheit und soziale Vorsorge – gehören anders als vor Jahrzehnten zu unserem Realeinkommen, zu dem, was wir Wohlstandsstaat nennen.
Als einer der wichtigsten Aspekte der Stabilisierungspolitik sei herausgehoben, daß unser Gesellschaftssystem, wenn es funktioniert, in der Lage ist, notwendige Einschränkungen und Belastungen gerecht und gleichmäßig zu verteilen. Die Dynamik und Anpassungsfähigkeit, die darin zum Ausdruck kommen, wird man erst in vollem Ausmaß würdigen können, wenn man einen Blick über die Grenzen wirft. Diese Dynamik und Anpassungsfähigkeit eines lebendigen und funktionierenden Wirtschafts- und Gesellschaftssystems sind es, die diese teilweise harte Politik über einen langen Zeitraum ermöglicht und es fertiggebracht haben, im wirtschaftlichen Anpassungsprozeß soziale Härten und Ungleichgewichte im wesentlichen zu vermeiden. Hierauf werden wir uns auch dann verlassen können, wenn es gilt, die Stabilitätspolitik stärker mit einer Politik zu verbinden, die über unsere gegenwärtigen Sorgen hinaus die Perspektive der Zukunftsaufgaben nach vorne rückt.
Es ist nicht ketzerisch, wenn ich frage: Lohnt sich Stabilitätspolitik? Ich möchte meinen, daß ein bescheidener Versuch, Aktiva und Passiva gegenüberzustellen, folgendes zeigt: Restriktive Konjunkturpolitik verlangt,

- daß der Staat dem Bürger Einkommensverzichte auferlegt,
- daß die Gewinnchancen der Wirtschaft beschnitten werden,
- daß sich die Regierung Selbstdisziplin verschreibt, wenn es darum geht, erstrebte bessere öffentliche Leistungen für die Bürger durchzusetzen,
- daß schließlich die verantwortlichen Politiker im Tagesgeschehen weitgehend darauf verzichten müssen, die Realisierung von populä-

ren Ansprüchen dann zu betreiben, wenn sie nicht mit den konjunkturpolitischen Erfordernissen übereinstimmen.

Eine Stabilitätspolitik, die Opfer und Verzichte auferlegen muß, hat es ermöglicht,

- daß die ökonomischen Chancen der deutschen Wirtschaft auf den Weltmärkten besser sind als die der vergleichbaren Länder,
- daß die Bundesrepublik Deutschland in der Entwicklung der Realeinkommen, der sozialen Absicherung und der gesellschaftlichen Stabilität einen hervorragenden Platz einnimmt
- und daß schließlich das politische System in der Bundesrepublik gefestigter ist als in Ländern, in denen Gefälligkeitspolitik, Nachgeben gegenüber Einzelinteressen und zu spät ergriffene und daher entweder nur schwer erträglich dosierbare oder wirkungslose Stabilitätsmaßnahmen neben der wirtschaftlichen Krise dann doch noch die politische Krise gebracht haben.

Daß die Politik der Bundesrepublik Deutschland konstant auf wirtschaftliche Stabilität gerichtet bleibt, ist die wichtigste Voraussetzung für den Erfolg.

Welche Alternativen kann es zu dieser Politik geben?

Da ist einmal die politische Alternative. Dazu meine ich, muß man die Tatsache anerkennen, daß die Opposition im Deutschen Bundestag den Grundlinien der Stabilitätspolitik zustimmt, trotz Kritik am Detail, trotz mancher Forderung nach einem Mehr oder Weniger, Früher oder Später. Alle wissen, daß die parlamentarische Opposition ihre Aufgabe bitter ernst nimmt, daß sie für die Bundesregierung keineswegs bequem ist – und das muß nach meinem Demokratieverständnis so sein.

Es gibt noch eine andere vermeintliche Alternative zu unserer Wirtschaftspolitik, das ist die der Theoretiker, wie ich sie einmal bezeichnen will. Verstaatlichung, Planung, Investitionslenkung, Preisstop sind die Reizworte, mit denen eine ganze Reihe vor allem junger, aber nicht nur junger Leute, jongliert. Was ist davon zu halten? Es liegt mir fern, alles, was hierzu gesagt wird, überheblich abzuweisen. Vorschläge, die verändern wollen, beruhen oft auf einem echten Gespür für Unzulänglichkeiten. Es ist nicht nur erlaubt, sondern notwendig, immer wieder nach der Funktionsfähigkeit unseres Wirtschaftssystems zu fragen.

Wenn ich versuche, diese Vorschläge einzuordnen, so bleibt festzustellen, daß vieles nicht zu Ende gedacht wurde und daß Übertragungen aus einer theoretisch orientierten Gedankenwelt in der Praxis nicht ohne

weiteres funktionieren. Demokratisierung der Wirtschaft ist der eine Grundgedanke, Rationalität wirtschaftlicher Planung der andere.
Zur Wirtschaftsplanung wäre zu sagen, daß Versuche perfektionistischer Wirtschaftsplanung gescheitert sind. Die dabei unvermeidbare Bürokratisierung gerät sehr schnell in Widerspruch sowohl mit der erstrebten Demokratisierung als auch mit der ökonomischen Rationalität. Die aktuelle Forderung nach staatlicher Investitionslenkung hat zum Ziel, den staatlichen Einfluß auf die Investitionstätigkeit zu verstärken und einer demokratischen Kontrolle zu unterwerfen. Viele Verneiner übersehen dabei, wieweit bereits heute der staatliche Einfluß reicht. Wenige der Teilnehmer an einer solchen Diskussion dürften den Subventionsbericht der Bundesregierung gelesen haben, wenigen ist bewußt, wieweit Kreditpolitik und staatliche Wirtschaftsförderung, Struktur- und Regionalpolitik, öffentliche Unternehmen und staatliche Kredite Investitionen lenken. Berechtigt erscheint der Vorwurf, daß dieses System staatlicher Investitionslenkung schwer zu durchschauen ist, teilweise widersprüchlich und nicht immer nach einheitlichen Gesichtspunkten ausgerichtet sein dürfte.
Was Demokratisierung der Wirtschaft angeht, so wäre darauf hinzuweisen, daß die Weiterentwicklung der Mitbestimmung als eine Zielsetzung bezeichnet werden muß, zu der sich nicht nur eine Partei bekennt, wenn auch die angestrebte Regelung im einzelnen umstritten sein kann. Daß dagegen eine Demokratisierung von Investitionsentscheidungen auf gesamtwirtschaftlicher Ebene möglich sein soll, halte ich für eine Illusion. Zu unterschiedlich sind kommunale bzw. regionale Interessen, zu unterschiedlich die Lage und die Zukunftsmöglichkeiten der verschiedenen Wirtschaftszweige, als daß ein demokratisches Zentralorgan sinnvoll wirksam werden könnte. Wirtschaftsräte, die Kompetenzen der demokratisch gewählten Parlamente der Städte, Länder und des Bundes übernehmen sollen, stehen nicht im Einklang mit unserem Grundgesetz. Berechtigt und von vielen Parlamentariern erwogen ist dagegen die Forderung, dem Parlament mehr Einfluß und mehr Übersicht zum Beispiel über Planung der Gemeinschaftsaufgaben von Bund und Ländern zu ermöglichen. Bei gewissen Lösungen wird das Kind mit dem Bade ausgeschüttet. Berechtigte Beschwerden sollten ernstgenommen werden. Einige Anregungen muß man ohne Hemmungen aufnehmen. Mehr als marginale Verbesserungen oder Änderungen kann ich mir aber auf diesem Gebiet nicht sinnvoll vorstellen. Etwa von einer Alternative für un-

sere Wirtschaftsordnung zu sprechen, geht zweifellos zu weit; aber eine Theoriediskussion, selbst wenn sie uns nicht in allen Teilen paßt, darf niemand davon abhalten, das in Angriff zu nehmen, was die auf Fortschritt zielende Entwicklung verlangt.

Was wir nicht tun dürfen: Probleme in einzelnen Bereichen zum Maßstab für die Ausrichtung der gesamten Wirtschaftspolitik zu machen. Für die Stabilisierungserfolge, die wir errungen haben, ist von uns ein hoher Preis gezahlt worden. Wir dürfen schon deshalb das bisher Geleistete nicht unnötig aufs Spiel setzen.

Ich persönlich bin zuversichtlich, daß wir mit den Problemen, die aus der inländischen Wirtschaftsentwicklung immer wieder auf uns zukommen, fertig werden. Die wirtschaftliche Entwicklung im Ausland ist das größere Risiko. In fast allen Ländern führen die hohen Preissteigerungen und die steigenden Zahlungsbilanzdefizite früher oder später zu einer Politik der Nachfragedämpfung. Viele Länder leben über ihre Verhältnisse. Hohe Preise machen dort Importe attraktiv, Exportgüter schwer verkäuflich. Dazu kommen die Auswirkungen der Ölverteuerung und das Risiko weiterer Preiserhöhungen. Es gibt in beachtlicher Regelmäßigkeit Kassandrarufe, die eine Weltwirtschaftskrise heraufbeschwören oder eine ähnliche Entwicklung befürchten.

Die ab und zu auftauchende Frage, ob wir heute im gleichen Umfang wie 1929 von einer Wirtschaftskrise überrascht und überrollt werden können, ist schon interessanter. Zu dieser Gretchenfrage eine die Weimarer Zeit erfassende kurze Rückschau:

Das amerikanische Amt für Wirtschaftsforschung hatte seit 1927 sechs Länder der Welt, darunter Deutschland, als Krisenherde bezeichnet (dazu Bolivien, Australien, Brasilien, Indien, Bulgarien). Diese Feststellung ist in Deutschland kaum beachtet worden und heute bereits vergessen.

Auf der Tagung des Vereins für Socialpolitik 1928 lehnten sogar die führenden Ökonomen Berechnungen volkswirtschaftlicher Globalgrößen wie Volkseinkommen und Volksvermögen mit der Begründung ab, daß sie statistisch nicht machbar und wirtschaftspolitisch nicht verwertbar seien. Dieses Urteil hätte man sicher bald und gern revidiert, am Ergebnis war aber nichts mehr zu ändern. Wir hatten damals für unsere Ausgangslage keine ausreichenden volkswirtschaftlichen Daten.

Als Ursachen der Ende der zwanziger Jahre ausgebrochenen Krise wären zu nennen:

1. Der verlorene Weltkrieg mit seinen Reparationen und der politischen Zerrissenheit des deutschen Volkes.
2. Die Kapitalnot der Industrie: Deutsche Banken nahmen in USA kurzfristige Kredite in Höhe von 15 Milliarden Reichsmark auf. (Das war damals schon der Münemann-Versuch, aus kurzfristigem Geld langfristige Anlagen zu machen.) Es kam der Schwarze Freitag in Amerika mit seinem Börsenkrach und dem Bankenzusammenbruch in Deutschland.
3. Man hatte keine starke, zielsichere, politische Führung, daher kein Konzept, hatte keine Erfahrungen, steckte so tief in den Turbulenzen, daß man immer nur an das tägliche Überleben dachte.

Wenn wir uns dieses Bild vor Augen halten, dann dürfen wir sagen, daß Parallelen und gleichartige Ansätze zu Fehlentwicklungen – soweit die Bundesrepublik Deutschland in Frage kommt – ganz sicher nicht bestehen. Allerdings gibt es heute wie damals die weltwirtschaftliche Abhängigkeit, die aber vor 45 Jahren ein Volk erfaßte, das sich noch im Würgegriff der Siegermächte befand.

Anders zu bewerten ist die Lage in der Bundesrepublik Deutschland aus folgenden Gründen:

1. Die Arbeitslosenquote betrug Ende 1932 27,5%, im Jahre 1978 liegt sie bei 4,0%; außerdem beschäftigen wir 1,9 Millionen Gastarbeiter.
2. Wir haben ein Stabilitätsgesetz und ein ausgezeichnetes konjunkturpolitisches Instrumentarium. Bei der Deutschen Bundesbank liegen Einsatzrücklagen in ausreichender Höhe.
3. Mit 39,8 Milliarden Dollar verfügt die Bundesrepublik Deutschland Ende Dezember 1977 über die höchsten Währungsreserven. Die USA folgen nach Japan (23,3 Milliarden Dollar) und Großbritannien (21 Milliarden Dollar) erst an vierter Stelle mit 20,6 Milliarden Dollar (siehe Anlage 9).
4. Die Währungsreserven haben in der Erdölkrise ihre besondere Bedeutung bewiesen. Unser seinerzeit vorgelegtes Energieprogramm zeigte, daß wir schnell und anpassungsfähig handeln können. Wir sind in solchen Zeiten nicht hilflos und nicht einfach Spielball internationaler Entwicklungen.

Die Weltwirtschaftskrise der Weimarer Zeit war eine Epochenwende, weil wir politisch die innere Zerstörung der Demokratie nicht verhindern konnten und deshalb der wirtschaftlichen Herausforderung hilflos

ausgeliefert waren. Die Frage, ob die derzeitige Gefährdung der Weltwirtschaft zu ähnlichen Konsequenzen führen könnte, läßt sich überzeugend beantworten mit dem Hinweis auf die politische Stabilität der Bundesrepublik Deutschland, die man gerade im Vergleich zu den anderen westlichen Ländern werten muß. Zugegeben, es gibt aus der Natur der Sache heraus Anpassungsschwierigkeiten mit den uns befreundeten Staaten hinsichtlich der Verteilung der volkswirtschaftlichen Gewichte, zum Beispiel bei der Überwindung derzeitiger Zahlungsbilanzdefizite; aber unsere Einbindung in die Weltwirtschaft bleibt bestehen. Insoweit wird von ihr unser Schicksal mitbestimmt. Vergleiche mit der Situation Deutschlands in der Krise von 1929 zu ziehen, halte ich für deplaziert. Bei uns wird nicht zuletzt durch die Erkenntnisbereitschaft und die damit verbundene Weitsicht des Bundeskanzlers Helmut Schmidt das aus unserer Situation heraus Mögliche getan, um uns abzusichern. Dazu gehören die Weisheit zu sehen, was machbar ist, und die Zuversicht zu wissen, daß uns die das Subjektive verlassende Einsicht zu befriedigenden Ergebnissen führt.
Zuversicht heißt eben nicht Untätigkeit, heißt auch nicht, daß keine Veränderungen eintreten können. Es gibt ganz bestimmte Entwicklungszwänge in unserer Wirtschaft, denen wir uns in Zukunft stellen müssen. Das gilt vor allem für den Bereich der Investitionen. Eine Entwicklung zum Beispiel, die breite Arbeitnehmerschichten am Volkseinkommen beteiligt, gehört zu den entscheidenden Zielsetzungen, die uns zum sozialen Rechtsstaat hinführen sollen. Auf der anderen Seite darf man Unternehmergewinne nicht verteufeln, denn ohne Erträge der Unternehmungen kann es keine privaten Investitionen geben. Diese Erkenntnis ist unabdingbar, wenn wir unserem Wirtschaftssystem Anpassungs- und Regenerationsfähigkeit sichern wollen. Die wirtschaftliche Dynamik, die vor allem in Investitionen ihren Niederschlag findet, ist längerfristig besonders wichtig für unsere Konkurrenzfähigkeit. Dabei bleibt unerläßlich die Krisenschutzvorrichtung, die mit der staatlichen Wirtschaftspolitik verbunden sein muß, wenn wir gesellschaftliche und soziale Stabilität erreichen und erhalten wollen.
Es geht
1. um die Erhaltung der Leistungsfähigkeit unserer Wirtschaft, ihrer Dynamik und um ihre Bereitschaft zur Einstellung auf die Herausforderungen der Zukunft,
2. darum, die Güter, die unsere Wirtschaft produziert, sowie die Lei-

stungen, die Wirtschaft und Staat bereitstellen, so zu verteilen, daß alle am wirtschaftlichen Fortschritt teilhaben können oder mindestens, daß jeder die Funktionsweise unseres Wirtschaftssystems bejahen kann.

Es ist ein sehr schmaler Pfad, der gefunden werden muß für das, was verbraucht werden darf, für das, was zu investieren ist, und für das, was auf dem Umweg über den Staatshaushalt an Leistungen für den Bürger geboten wird. Daß wir diesen schmalen Pfad trotz aller Widrigkeiten nicht verlassen, dafür hat die Stabilitätspolitik die wichtigsten Voraussetzungen schaffen können.

Ein Wort zur DDR

Am gleichen Tag fand ich einmal zwei Meldungen in den Zeitungen: »Die nordischen Ski-Sportler aus der DDR sicherten sich die Hälfte aller Titel und sammelten mehr als ein Drittel der zu vergebenden Plaketten ein.« Und: »Zu acht Jahren Freiheitsstrafe wegen staatsfeindlichen Menschenhandels wurde vom Bezirksgericht Neubrandenburg in der DDR ein Westberliner Bürger verurteilt.« Stellen wir uns einmal vor, es hätte statt dessen geheißen: »Aufgrund der in den letzten Jahren sprunghaft gestiegenen Übersiedlungswelle westdeutscher Facharbeiter in die DDR muß für diejenigen, die an den Vorteilen des Sozialismus teilhaben wollen, eine achtjährige Wartezeit verfügt werden.« Eine Utopie?

Die erste Meldung zeigt jedem, daß die DDR in der Lage ist, Erfolge auch auf Gebieten zu erringen, bei denen ihre Ausgangsposition nicht von vornherein als gut angesehen werden kann. Wie wäre die Situation, wenn die DDR, statt ihre Energien auf den Wettkampfsport zu konzentrieren, ähnlich eindrucksvolle Anstrengungen auf Gebieten unternehmen würde, die nicht nur den Sportfreunden, sondern allgemein den Arbeitern in der Bundesrepublik imponieren würden? Mit Sicherheit wäre die Bundesrepublik zu völlig neuen Überlegungen genötigt.

Die DDR könnte mit einer solchen Politik eine andere Position in Europa einnehmen. Diese Vorstellung müßte in Pankow eigentlich derart verlockend sein, daß es wunder nimmt, warum die Führung der DDR hier paßt. Will sie nicht, oder kann sie nicht?

Zuerst ist natürlich zu fragen, ob die eben geschilderte Mechanik überhaupt existiert. Können die Zustände in der DDR unser europäisches Verhalten beeinflussen? Bislang tun sie es auf eine für die DDR negative Weise, indem sie den westdeutschen Kommunisten jede Erfolgschance nehmen. Wer in der Bundesrepublik dafür eintreten muß, daß Fluchthelfer für Jahre in Gefängnisse verbannt werden, kann bei uns keine andere Beurteilung als die des verbohrten Sektierers erwarten. Wenn die Zustände in der Bundesrepublik Deutschland tatsächlich so furchterweckend wären, wie die SED sie hinzustellen sich bemüht, müßte der Kommunismus bei uns blühen, wachsen und gedeihen wie einst die Sozialdemokratie unter Wilhelm II. Daß dem nicht so ist, liegt nicht allein an der Fehleinschätzung unserer Wirklichkeit durch die SED, sondern auch daran, daß das schlechte Beispiel selbst die Gutgläubigen abschreckt. Warum muß das so sein?
Mangelt es der DDR an der nötigen Wirtschaftskraft, um für uns beispielhaft zu werden? Nach den Erfahrungen, die aus den sportlichen Erfolgen der DDR gezogen werden müssen, kann hier der eigentliche Grund nicht liegen. Immerhin muß auch diese Art von Sport bezahlt werden. Die die Wirtschaftskraft eines Landes widerspiegelnden Zahlen sind unzweifelhaft für die DDR weniger eindrucksvoll als für uns. Doch es gibt außerhalb dieses Bereiches Dinge, die ebenfalls Lebensqualität bedeuten, auch wenn sie sich nicht so unmittelbar in Zahlen, wie etwa neugebaute Autobahnkilometer pro Jahr, niederschlagen. Das umfassende System der Gesundheitsvorsorge zum Beispiel ist diskussionswürdig; das Erziehungswesen, wenn es auch andere Lehrinhalte hat als unser System, ebenso. Die soziale Fürsorge durch Betriebe und Nachbarschaft leistet einiges. Außerdem ist nicht zu vergessen, daß die systembedingte Vollbeschäftigung für jemanden, der ohne Arbeit ist, viel bedeutet. Bei diesen Hinweisen wird klar, daß nicht mangelnde Wirtschaftskraft der Grund für die ostdeutsche Haltung sein kann.
Die mangelnde Attraktivität des DDR-Sozialismus ist weniger bei den materiellen Leistungen, sondern bei den ideellen Gütern bzw. (wenn mir dieses Wort gestattet sei) Nichtgütern zu suchen. Die Erkenntnis ist nicht neu: Es fragt sich nur, ob eigentlich beides miteinander gekoppelt sein muß. Diese Überlegung führt uns zum Kern des Problems. Warum meint die SED, im Innern ein System des Polizeistaates aufrechterhalten zu müssen, das in der deutschen Geschichte, die wahrlich nicht arm ist an Beispielen ähnlicher Art, einmalig dasteht? Es darf nicht sein, daß die

westlichen »bürgerlichen« Freiheiten das Ideal der SED werden könnten. Die angestrebten »sozialistischen« Freiheiten aber müßten doch, wenn sie für die Arbeiter einen Sinn haben sollen, weit über die »bürgerlichen« hinausgehen! Tatsächlich bleiben sie beträchtlich hinter ihnen zurück. Das Ergebnis ist geistige Enge und Phantasielosigkeit.
Bei der Außenpolitik sieht es ähnlich aus: Die DDR scheint die Möglichkeit ihrer Politik nur darin zu sehen, Störfaktor zu sein, eine Rolle, die zwar immer wieder Aufmerksamkeit beansprucht, jedoch keine Freundschaft bringt. Das Ergebnis ist unproduktive Sterilität, die der DDR nicht nützt und den anderen Partnern europäischer Politik auf diese Weise schadet.
Woran es der SED offensichtlich mangelt, ist Ideenreichtum, Selbstvertrauen und Tatkraft, um ihren Staat den eigenen Bürgern attraktiv und den anderen Völkern und Staaten, wenn schon nicht beispielhaft, so doch mindestens beachtenswert zu machen. Zwei große Deutsche, Marx und Engels, waren von revolutionärem Feuer und weltumwälzendem Ideenreichtum. Wo steht geschrieben, daß diejenigen, die sich einhundert Jahre nach ihnen als ihre Testamentsvollstrecker fühlen, von Kleinmut und Kurzsichtigkeit befallen sein müssen? Ist Kommunismus gleichbedeutend mit dogmatischer Verbohrtheit, puritanischer Strenge und beschränktem Horizont? Die Aussichten der DDR, auf Europa Einfluß zu nehmen, wären von Interesse, wenn es der SED gelänge, diese Fragen unwiderlegbar durch eine sich selbst überwindende Praxis zu beantworten.
Wenn die SED zwar kann, aber weil sie meint, nicht zu können, auch nicht will, was bleibt für uns zu tun? Es bleibt allein übrig, die DDR immer noch so zu behandeln, daß weitere Gespräche mit ihr möglich sind. Ignorieren und schimpfen hilft weder uns noch anderen. Das nicht zuletzt von den DDR-Bewohnern ersehnte und von uns erstrebte Tauwetter kann nach allen beispielhaften Vorleistungen guten Willens durch die Bundesrepublik Deutschland allerdings nur aus der DDR selbst kommen. Wir können dabei lediglich helfen, indem wir ohne Illusionen die DDR als das nehmen, was sie ist. Ihr Anspruch, Realität zu sein, bedeutet – was man drüben noch nicht erkennen will –, volles, ernstgenommenes Mitglied der Völkergemeinschaft zu werden, beinhaltet auch den Zwang, sich geistig erwachsen zu zeigen und sich in der heutigen Zeit nicht als ein kleinsozialistisches Neupreußen zu präsentieren.

Verantwortung und Freiheit

In dem 1963 herausgekommenen Buch »Unruhige Zeiten« habe ich geschrieben:

»Das Zeitalter der pluralistischen Gesellschaft, der wirtschaftlichen Machtkonzentration, der Superorganisationen und der Sozialtechnik begünstigt offensichtlich das Streben des modernen Massenmenschen, sich der eigenen Verantwortung durch eine staatlich garantierte Sicherheit zu entziehen. Er zeigt sich geneigt, die Entscheidung von sich abzuwälzen.«

Dieser Sorge muß hinzugefügt werden, daß der existenznotwendige Grundsatz der Verantwortung in Gefahr ist, mehr und mehr aus dem wachen Bewußtsein des einzelnen wie auch aus den Handlungsprinzipien mancher gesellschaftlichen Einrichtungen verdrängt zu werden. Auf unsere Zeit voraus wirft die »nachindustrielle Gesellschaft« ihre Schatten. Wir sind uns nicht sicher, ob die achtziger Jahre glücklichere Perspektiven für die Menschen bringen werden. Die immer komplizierteren und damit für viele immer weniger durchschaubaren Zusammenhänge der Wirtschaft, der Technik und der Politik bedrücken den Bürger. Sie bringen ihm neue Abhängigkeiten von Gruppeninstitutionen, Verbänden und dem Staat, die bisher vertraute Vorstellungen von den gültigen Ordnungsprinzipien unserer Welt verändern. Wer diesen Entwicklungsprozeß nicht bewältigt, ist leicht geneigt zu resignieren. Er gewöhnt sich schnell daran, den Staat oder öffentliche Einrichtungen für sein persönliches Wohl verantwortlich zu machen und in jeder Notlage von dort ebenso rasche wie wirksame Hilfe zu erwarten. Immer wieder stößt man auf die Vorstellung, der Staat wäre ein Gebilde für sich und nicht die politisch-wirtschaftliche Organisationsform einer menschlichen Gemeinschaft, die von jedem Bürger verantwortlich mitgetragen werden muß.
Unausweichlich verbindet sich mit dieser Erkenntnis die Frage nach der Größe und Tragweite der Verantwortlichkeit. Wir sollten einen Wertmaßstab haben, an dem wir messen können, inwieweit jedes Mitglied in der staatlichen, der wirtschaftlichen und der sozialverpflichteten Gesellschaft seiner Verantwortung nachkommt. Tatsächlich ist sie viel weiter gespannt, als es die geschriebenen Gesetze vorsehen. In Wahrheit verträgt es sich nicht mit unseren Vorstellungen von der persönlichen Frei-

heit und der Würde des Menschen, alles bis ins letzte hinein durch Gesetz und Verordnung zu reglementieren. Die moralische Vollkommenheit des Menschen – so sagt Kant – ist, seine Pflicht zu tun, und zwar aus der Erkenntnis, daß das Gesetz nicht bloß die Regel, sondern auch die Triebfeder seiner Handlungen sei.

Bernard Shaw formulierte in seiner grimmiger Sachlichkeit entspringenden Ironie wie folgt: »Freiheit bedeutet Verantwortung; das ist der Grund, weshalb die meisten Menschen sich vor ihr fürchten.« Liegt hier einer der Gründe dafür, daß die Verantwortungsfreude abzunehmen scheint? Der Appell an die Verantwortungsbereitschaft der Menschen trifft in der Tat manchmal auf eine beängstigende Zurückhaltung, und zwar in vielen Bereichen; so in der Wirtschaft, der Politik, der Erziehung und Bildung – um nur einige zu nennen, die schon durch ihre Aktualität uns alle berühren müßten.

Wo nicht Angst oder Indifferenz herrschen, besteht häufig ein Konflikt des Selbst- und Weltverständnisses des Menschen. Der Prozeß der individuellen Orientierung erfolgt im Zusammenhang, im Wechselspiel von Selbst- und Weltverständnis. Der Mensch muß hierbei seinen Standort vorwiegend im Verband des Staates finden. »Das bedeutet, daß auch die politischen Ordnungen jeweils ein bestimmtes menschliches Selbstverständnis voraussetzen. Allerdings hat sich jedoch gezeigt, daß in einer pluralistischen Gesellschaft der Staat nicht in der Lage ist, ein für alle gemeinsames derartiges Selbstverständnis aufzuweisen. Wenn er nicht nur den Lebensstandard, sondern auch das Glück seiner Bürger sichern will, ist er daher auf die Lebens- und Überzeugungskraft der einzelnen, untereinander verschiedenen Gruppen der Gesellschaft angewiesen. Es liegt im tiefsten Grund in seinem eigenen Interesse, diese verschiedenen Gruppen zu fördern. Der Staat muß sich dabei jedoch mehr oder weniger darauf beschränken, die gesellschaftliche Ordnung funktionsfähig zu halten. Diese Beschränkung ist für ihn sogar eine zwingende Notwendigkeit, wenn er nicht zu einem dirigistischen Zwangsstaat werden will.«*

Die Gemeinschaft als Organisationsform ist Lebensgrundlage, Existenzbehauptung und Existenzsicherung der Einzelwesen. Der einzelne kann auf die Dauer nicht ohne die Gemeinschaft bestehen. Ihre einzel-

---

* Staudinger, Hugo, Das individuelle Selbstverständnis des modernen Menschen als politisches Problem, Beilage zur Wochenzeitung »Das Parlament«, Dezember 1966, S. 32

nen Mitglieder verleihen der Gemeinschaft ihre Gestalt, sind ihre Substanz und sind die Kriterien ihrer für alle gültigen Ordnungsprinzipien. Auch eine Ansammlung anarchistischer Individuen könnte zwar mit dem abstrakten Begriff »Gemeinschaft« definiert werden, aber sie würde als Aktivität nur Zerstörung aufzuweisen haben; sie besitzt keine Basis, um verbindliche Ordnungsprinzipien zu entwickeln. Nur wenn jedes Glied der Gemeinschaft in verantwortungsbewußter Weise seinen Verpflichtungen nachkommt, kann sich die Gemeinschaft durchsetzen und zu höheren Formen weiterentwickeln.

Auf niedrigeren Lebensstufen sorgt die Natur selbst für feste Ordnungsprinzipien. Da entspringen Handlungen dem Instinkt. Die Beseitigung dieser über den Instinkt gesicherten Zwangsordnung wäre gleichbedeutend mit Vernichtung. Bei höheren Lebensstufen verbinden sich Individualität und Intelligenz. Damit wird der Ordnungszwang zwar gelockert, aber nicht gänzlich aufgehoben. Zusammen mit der Gewährung der Freiheit erwächst die Verantwortung. Deshalb ist der Mensch nicht nur ein vernunftbegabtes, sondern auch ein vernunftverpflichtetes Wesen. Der Weg ist ihm vorgezeichnet. Alles Leben vollzieht sich für ihn in verschiedenen Gemeinschaftsformen, in der Familie, im Betrieb, im Staat. Von jeder Gemeinschaftsform geht dabei eine spezifische Verantwortung aus. Wie unsere jüngste Geschichte lehrt, muß die Gemeinschaft eines Volkes als Lebensform die Last der Verantwortung auf sich nehmen. Sie kann auch korporativ für vergangene Handlungen zur Rechenschaft gezogen werden. Wieder ist der einzelne hierbei ein verantwortliches Mitglied dieser Gemeinschaft oder – anders ausgedrückt – ein mitverantwortliches Glied der Gemeinschaft.

Festzuhalten bleibt: Niemand kann der Verantwortung heute oder für alle Zeiten ausweichen. Jedermann muß früher oder später allein oder in Gemeinschaft für sein Tun oder Unterlassen eintreten.

Wenn die epochalen Ereignisse dieses Jahrhunderts rückschauend zu beurteilen sein werden, dürften spätere Generationen registrieren, daß in der Mitte des zwanzigsten Jahrhunderts der Mensch den kühnen Versuch wagte, den Aufbruch zu den Sternen zu vollziehen. Der Versuch ist geglückt. Wir leben in einem Jahrhundert, von dem wir sagen: Die Zukunft hat längst begonnen.

Das Phänomen Technik beginnt, in den Bereich des menschlichen Geistes einzudringen. Moderne elektronische Aggregate erledigen Aufgaben, deren Bewältigung bis vor kurzem nur hoher menschlicher Intelli-

genz zugetraut wurde. Wenn auch feststeht, daß elektronische Rechenanlagen in den Grundfunktionen ihrer Arbeitsweise mathematisch einfach sind, so bringt ihre Leistungsfähigkeit doch manchen in ein Dilemma. Fast möchte man wirklich meinen, daß Grund zu Besorgnis besteht, wenn man hört, daß solche Anlagen Entscheidungen zu treffen vermögen, die in unser Leben, in unsere Existenz eingreifen könnten.
Bei alledem darf aber nicht die Ansicht aufkommen, uns würde auf diese Weise Verantwortung abgenommen. Es kann uns nur leichter gemacht werden, sie zu übernehmen und zu tragen. In immer weiteren Bereichen gelingt es der Wissenschaft, Gesetzmäßigkeiten, Normverhalten und Zyklen der Lebensvorgänge rechnerisch zu erfassen und zu beherrschen. Dadurch verfeinern sich die Methoden der Vorausschätzung, der Disposition und der Entscheidung. Die Zukunft ist nicht mehr völlige Ungewißheit. Es erschließen sich Lebensbereiche einer Zukunftsbetrachtung, die bisher mehr oder weniger der völligen Mutmaßung, der Spekulation oder der Intuition überlassen waren. Utopien sind nicht mehr illusionäre Zukunftsträume, sondern weitergedachte reale Tendenzen im technischen, wirtschaftlichen und soziologischen Raum. Denkprozesse führen zu stärkerer Ganzheitsbetrachtung unter Berücksichtigung komplexer Interdependenzen. Datenbanken liefern in jeder gewünschten Breite oder auch in äußerster Konzentration, vor allem aber in Sekundenschnelle, ein immer qualifizierteres Informationsspektrum. Politische und wirtschaftliche Entscheidungen von größter Tragweite können dadurch richtiger, das heißt verantwortungsbewußter getroffen werden.
Trotzdem – oder besser gerade deswegen – bleibt die Zentralfigur der Mensch. Seine Individualität ist das Fundament der Gesellschaft. Der Mensch steht immer vor der Maschine. Sie funktioniert allein nach seinem Wissen und vollzieht lediglich die Prozesse, die der Mensch ihr vorgeschrieben hat. Sie entbindet daher niemals und niemand von seiner Verantwortung.
Mit dieser Feststellung ist allerdings die Problematik des Verhältnisses von Mensch und Maschine noch nicht ausgelotet. Zu bedenken bleibt die Frage, in welcher Dimension sich menschliche Freiheit und Würde inmitten der fortschreitenden Technisierung und Funktionalisierung bewahren und behaupten lassen. Carl-Friedrich von Weizsäcker stellte mit Recht fest:
»Das reißende Tempo der technischen Entwicklung und Durchstrukturierung der Welt ist keineswegs von der Fähigkeit begleitet, eine Erfül-

lung des Lebens zu gewinnen oder auch nur zu erhalten, die dieser neustrukturierten Welt angemessen wäre. Es besteht das große Problem, das niemand von uns wegdiskutieren und niemand von uns schlicht lösen kann, das Problem der Spannung zwischen den Notwendigkeiten des technischen Apparats und der legitimen Forderung des Menschen nach Freiheit. Technik und Freiheit sind keineswegs natürliche Verbündete. Wir werden glücklich sein, wenn wir eines Tages erkennen werden, daß sie nicht notwendigerweise Gegner sind.«*

Die persönliche Verantwortung des einzelnen in der modernen Welt ist ohne Erkenntnis der politischen, der staatlichen sowie ökonomischen Beziehungen und Abhängigkeiten nicht zu beschreiben. Das Gewicht der ökonomischen Komponente wird in entscheidendem Maße durch den Fortgang der Technisierung und Industrialisierung bestimmt.
In der Gesellschaft, in ihren Organisations- und Erscheinungsformen wie Verbänden, Vereinen, wirtschaftspolitischen und sozialen Zusammenschlüssen liegt gleichzeitig ein Rückhalt für den einzelnen. Jeder ist dabei in das Wechselfeld der Spannungen zwischen Teilnahme und Verantwortlichkeit gestellt. Diese wechselseitige Bedingtheit von Aktivität und Verantwortung ist lebensnotwendiges Strukturelement jedes Sozialverbands. Keine Gemeinschaft, keine Familie, keine Wirtschaft und vor allem kein Staat können ohne diese Wechselbeziehungen existieren.
In größter Deutlichkeit wird dieses Tatsache in der Wirtschaft erkennbar. Die Wirtschaft folgt dem Bedarfsdeckungsprinzip und vollzieht sich durch planmäßiges Handeln. Mit der Auffächerung des Bedarfskomplexes ist das Prinzip der Arbeitsteilung verbunden. Es wurde zum Impulsgeber für die Entfaltung und Weiterentwicklung der Technik. Im Zusammenhang damit entstanden wirtschaftliche Organisationsformen in der Zuordnung der Produktionsfaktoren bei der Erledigung der Arbeitsaufgaben. Moderne Betriebe sind Stätten des gemeinschaftlichen Arbeitsvollzugs zur Leistungserstellung. Das ökonomische Prinzip wird zur logischen Konsequenz dieses wirtschaftlichen Grundtatbestandes. Es gilt, mit einem vorgegebenen Aufwand eine vergleichsweise höchste Leistungsmenge zu erzielen. Aus diesem Prinzip erwächst die wirtschaftliche Verpflichtung und Verantwortlichkeit jedes einzelnen im Betrieb. Gleichzeitig liefert das Verhältnis von Aufwand und Leistung –

* Carl-Friedrich Freiherr von Weizsäcker, Über die Kunst der Prognose, S. 16

oder wie man heute gerne sagt: von input und output – einen Maßstab, mit dem der Erfüllungsgrad für jeden einzelnen gemessen werden kann. Natürlich ist das nicht der einzige Wertmesser. Aber die überwiegende Mehrzahl von uns verbringt viele Stunden des Lebens am Arbeitsplatz. Immer mehr vollzieht sich gerade heute die Herausbildung der betrieblichen Leistungsgemeinschaft. Die Verantwortung des Betriebsangehörigen kann sich deshalb nicht in der isolierten Erfüllung der Tagesaufgaben erschöpfen. Er muß sich vielmehr als verantwortliches Mitglied des gesamten Betriebes begreifen. Bei einer generellen Neuorientierung des Verhältnisses von Kapital und Arbeit sollte die Verantwortlichkeit des einzelnen als Recht und Pflicht erkennbar und realisierbar werden.
Im ökonomischen Bereich ist zweifellos das Leistungsprinzip der Antrieb, der nicht weggedacht werden kann und die Kraft liefert für eine evolutionäre Entwicklung. Diese Kraft wirkt nicht für sich allein im leeren Raum; sie ist verbunden mit der soziologischen und der sozialen Komponente.
In diesem Kräftespiel vollzieht sich auch die historische Neuorientierung der gesamten sozialen Wirtschaftsordnung. Wir stehen – was manche wissentlich übersehen – in einem andauernden Prozeß der Auseinandersetzung zwischen totalitärer und demokratischer Staatsauffassung. Gleichzeitig verbindet sich damit in gesellschaftspolitischer Zielsetzung das Ringen um eine entsprechende Sozial- und Wirtschaftsordnung, die dem einzelnen Menschen ein Höchstmaß an Freiheit und Aktionsraum zur Erfüllung seiner Lebensaufgaben zuweist. Aber die Frage nach »der richtigen Sozial- und Wirtschaftsordnung« hat bisher noch keine endgültige Antwort gefunden.
Die Gestaltung der Wirtschafts- und Sozialordnung erfolgt nicht allein aus sich heraus, sondern wird von außen her, nämlich von Staat und Politik, mitbeeinflußt. Zwischen beiden Komplexen bestehen vielschichtige und weitreichende funktionale Wechselbeziehungen. Beide Komplexe sind Teilbereiche des menschlichen Lebens und nur von einer übergeordneten Ganzheit her zu verstehen. Es stellt sich die Frage nach dem Verhältnis von Macht und Sittlichkeit, also nach der sittlichen Begrenzung der Macht. Diejenigen, die Macht verantwortungsbewußt ausüben wollen, bedürfen einer ethischen Orientierung. Machtausübung in Verantwortung bedeutet in ethischem Sinne Schutz des Anvertrauten. Damit eröffnen sich tiefe Einblicke in die weitreichenden Verantwortungskomplexe, die dem Herrschaft Ausübenden zugeordnet sind. Herrschaft

und Staat können ihre Legitimation ausschließlich durch eine wechselseitige Verpflichtung und Bindung erhalten. Dieser Leitgedanke erfordert den Einbau des gesamten Soziallebens in den Staat, das heißt die Zuordnung von Staat und sonstigen sozialen Gebilden zueinander; eine Zuordnung, die wesensmäßig etwas anderes ist als Überordnung.
Der Staat, vom Machtgedanken her betrachtet, wirft sofort die Frage nach der Freiheit der Einzelperson in diesem Machtgebilde auf. Darin liegt nicht nur ein sittliches, sondern gleichermaßen ein soziales Ordnungsprinzip. Es gilt, die Freiheit zu wahren, nicht allein in der Rangordnung der Wirtschaft und des Soziallebens, sondern auch und gerade gegenüber dem Staat.
Die Erscheinungsformen unserer politischen und wirtschaftlichen Gegenwart weisen je nach ihrer Konstruktion einen durchaus differenzierten Inhalt an Verantwortlichkeit auf. Die stärksten Unterscheidungen sind an dem diametralen Gegensatz von Totalitarismus und Demokratie zu erkennen.
Von Demokratie kann nur dann die Rede sein, wenn das Volk souverän ist. Das heißt nichts anderes, als daß das Volk die oberste, universale und letzthin entscheidende Instanz bleiben muß. Der Artikel 20 des Grundgesetzes bestimmt, daß »alle Staatsgewalt vom Volke ausgeht«. Es ist selbstverständlich, daß das Volk als Ganzes nicht ständig und im Sinne der Staatsgewalt handelnd in Erscheinung treten kann. Die Bürger sind jedoch an der politischen Willensbildung beteiligt; nicht nur mit Wahlen, sondern auch durch die Präsenz der öffentlichen Meinung und deren maßgeblichen Einfluß auf das jeweilige politische Geschehen. Daß dabei die Durchschnittszeitung »meinungsbildender« wirkt als der Durchschnittspolitiker, kann niemand ernsthaft bestreiten wollen.
Was die Beteiligung an der staatlichen Willensbildung anbelangt, so kommt es in der Demokratie wesentlich darauf an, möglichst alle Bürger politisch zu mobilisieren. Voraussetzungen hierfür müssen politische Gleichheit und Beachtung der eigenen Freiheitsgrenzen sein, ohne die ein demokratisches Staatswesen nicht vorstellbar ist. Ich muß hinzufügen, daß sich das, was wir heute unter der politischen Gleichheit verstehen, sehr stark von früheren Auffassungen unterscheidet. Die liberaldemokratische Theorie des 19. Jahrhunderts verstand unter Gleichheit die sogenannte proportionale Gleichheit, nach der der Mensch entsprechend seiner Anlage, seines Charakters, seines Intellekts zu unterscheiden war. Dementsprechend wurden die Menschen in der politischen

Sphäre unterschiedlich behandelt. Im 20. Jahrhundert sind die zwischen den Menschen bestehenden Verschiedenheiten unwesentlich gegenüber dem, was sie miteinander verbindet. Es erscheint uns heute mit der Würde und dem uneingeschränkten Lebensrecht jedes einzelnen unvereinbar, vorhandene Unterschiede politisch oder rechtlich zu fixieren.
Im demokratischen Selbstverständnis sind freiheitliche Grundauffassung und freiheitliche Rechtsnormen wesentliche Voraussetzungen, von denen aus eine allgemeine und individuelle Bestimmung des Maßes und des Umfanges persönlicher Verantwortung vorgenommen wird. In diesen elementaren Prämissen wurzelt die freiheitliche Wirtschaftsauffassung der westlichen Welt. Sie erfordert verantwortlich handelnde Arbeitnehmer, verantwortungsbewußte Unternehmer sowie von Verantwortung getragene freie Berufe und ein uneingeschränkt verantwortlich tätiges Parlament.

Anders sind die Dinge in Diktaturen oder nach den Verfassungen sogenannter »volksdemokratischer Länder«, die sich für die freiheitlich gesinnte Welt als Quasi-Diktaturen präsentieren. Schon die politische Auffassung von der Gesellschaft hat andere Ansatzpunkte. Die materialistische These von der Evolution als dem Resultat eines naturgesetzlichen Umschlagens von hinreichender Quantität in Qualität – und zwar nicht nur im ökonomischen, sondern auch im soziologischen Bereich – muß zwangsläufig zu einer ganz anderen Beurteilung individueller Freiheit und des Spielraums individueller Verantwortlichkeit führen.

Die Kantsche Definition der Freiheit als Einsicht in die Notwendigkeit bedeutet in Volksdemokratien unvermeidlich eine irgendwie geartete und von höherer Instanz vorzuschreibende Reglementierung. Was ist notwendig? Wer bestimmt, was notwendig ist? Dem einzelnen wird es nicht überlassen, Notwendigkeiten mit Rangfolge selbst festzusetzen.

Der in diesem System folgerichtige Einordnungszwang für das Individuum führt zur völligen Reglementierung, das heißt zum totalen Plan. Im Planungsvollzug werden nicht nur Richtgrößen und Leitlinien festgelegt, sondern auch Grenzen und Toleranzen fixiert. Damit schwindet begreiflicherweise das persönliche Verantwortungsbewußtsein. Wer sich lediglich noch an Plandaten orientiert, spürt zwar eine Verpflichtung zur Planerfüllung, verliert aber gleichzeitig den Blick für die Zusammenhänge und die Konsequenzen seiner Handlungsweisen oder seiner Mitwirkung in der nächst höheren Planungsebene. Diese Unübersichtlichkeit entsteht zwangsweise aus der Aufgliederung in kleinste Teilpläne,

die einem System konsequenter Gesamtplanung immanent ist. Damit schwindet der erkennbare Spielraum persönlicher Verantwortlichkeit bei der letzten Planvollzugsstelle.
Die Leistungsgesellschaft der »Volksdemokratie« bedeutet kaum noch erkennbare Freiheit und eng begrenzte Verantwortung. Dagegen ist die demokratische Gesellschaft ohne die vom Ideal her bestimmte Freiheit mit dem dazu nötigen Höchstmaß persönlicher Verantwortlichkeit nicht denkbar. Schwerwiegender noch als im materiell-ökonomischen Bereich sind die Prinzipien einer Leistungsgesellschaft östlicher Prägung in der Entwicklung soziologischer Strukturen.
Die östlichen Wirtschaftsmethoden erheben Anspruch auf die Totalität. Es gibt im »Osten« keine Arbeitsteilung zwichen dem Planen des Staates und dem eigenverantwortlichen Handeln des einzelnen, sondern es entwickelt sich eine staatskapitalistische, alles regelnde Führung, die wegen der Mechanisierung des Wirtschaftsprozesses an einen Ameisenstaat erinnern könnte.
Auch im demokratischen Staat ist eine gewisse, allerdings freiheitlich orientierte Planung unerläßlich. Wirtschaft soll immer planmäßiger Dauervollzug allen Handelns sein zum Zwecke der Bedarfsdeckung, zur Sicherung des Fortschritts und der stetigen Weiterentwicklung des Wohlstandes.

Immanuel Kant: Vor allem die Denkenden sollen die Not der Zeit ändern!

XXX. MISSIONEN

Israel

In der letzten Oktoberwoche 1971 war ich zum erstenmal in Israel. Seit Jahren hatten mich die Regierung sowie Nahum Goldmann, der Präsident des Jüdischen Weltkongresses, eingeladen, ihr Land zu besuchen. Auf dem Flug las ich in dem Buch »Dies ist mein Volk« von Abba Eban. Zu dem Abschnitt »Die Massenvernichtung« berührte mich das Begleitwort, weil es in wenigen Sätzen erklärte, warum auf Generationen hinaus die traumatischen Erinnerungen an die Massenvernichtung das Bewußtsein und die Geschichte der Juden beherrschen würden.

»Kein zweites Volk hat Erfahrungen von solcher Gewaltsamkeit und Tiefe durchlebt. Israels besessenes Streben nach äußerer Sicherheit, die scharfe Reaktion der Juden auf Diskriminierungstendenzen und Vorurteile, das rauschhafte Daseinsgefühl, das das Leben nicht als etwas Selbstverständliches nimmt, sondern als Gut, das mit immer wachem Eifer gehegt und gepflegt werden muß, ein Rest an Mißtrauen gegen die nichtjüdische Welt, der mystische Glaube an die unersterblichen Kräfte der jüdischen Geschichte, die das Überleben ermöglichen, wenn alles verloren scheint – all das gehört zusammen mit der persönlichen Vertrautheit mit Schmerz und Qual zu dem Vermächtnis, das die Massenvernichtung der in ihrem Schatten aufgewachsenen Generation von Juden hinterlassen hat.«

Ein Deutscher, der im Schatten des Miterlebens im »Dritten Reich« steht, kann sich einer solchen Diagnose nicht entziehen. Mit dem, was in dieser Ballung von Tod und Tragik steckt, muß sich aber auch jeder Politiker befassen, der erkannt hat, daß das jüdische Problem ein Stück Weltpolitik bedeutet. Es entwirren zu helfen, es in die harte Gegenwart zu stellen, damit die Zukunft nicht verlorengeht, dürfte gewiß schwer sein. Nahum Goldmann hat im Jahre 1976 das Buch »Israel muß um-

denken!« veröffentlicht* und sein Sohn Guido** erst in der im Mai 1978 erschienenen Dokumentation die Forderung erhoben, »Israel soll jetzt Frieden machen!«; sie sprachen beide davon ganz gewiß noch nicht im Oktober 1971, als ich in Jerusalem Gast der Familie Goldmann war.
Damals (1971) hatte Pinhas Sapir schon eigene Ansichten über den Fortgang der Bemühungen, Israel aus einem über Jahrzehnte andauernden latenten Kriegszustand zu retten; er sprach davon, den ganzen Gaza-Streifen und den größten Teil des Westjordanufers zurückzugeben, weil »das jüdische Volk zweitausend Jahre gewartet hat, um in einem jüdischen Staat und nicht in einem aus zwei Völkern bestehenden Gebilde zu leben«.
Mir wurde gesagt, daß bei dem Oktober-Besuch des amerikanischen Außenministers Rogers ihm von seinem israelischen Kollegen Eban erklärt worden sei, daß der Rückzug Israels vom Suez-Kanal eine Zeit ernster Spannungen innerhalb seines Landes bringen könnte, aber die israelische Regierung bereit wäre, dieses Risiko einzugehen. Eban hatte vor der UN-Vollversammlung versichert, Israel erstrebe ein Abkommen, das einen Schritt in Richtung auf den totalen Frieden bedeute. Es wäre ein revolutionärer Schritt, zu dem Israel legal nicht gezwungen werden könne, denn Präsident Nixon habe die Position so formuliert, daß die Israelis nicht vor dem Abschluß eines gegenseitig annehmbaren Friedens zum Rückzug gezwungen seien.
Ich habe mich an die Spätherbstsituation 1971, als ich in Israel war, oft bei meiner Beratertätigkeit für Präsident Sadat in Ägypten erinnert. Als ich am 18. Dezember 1976 zum erstenmal in Kairo mit dem Präsidenten sprach, erklärte er mir seinen Wunsch und seinen festen Willen, den Frieden zu gewinnen. Guido Goldman schreibt in seiner Mai-Dokumentation 1978:

»Vor fünf Jahren wäre der Schritt, den Präsident Sadat im November 1977 zum Ausgleich und zum Frieden hin getan hat, noch ganz undenk-

---

* »Israel und das jüdische Volk – dessen Existenz ja mit Israel steht und fällt – müssen begreifen, wie unhaltbar die gegenwärtige Situation ist. Israel muß die große, psychologisch gewiß schwierige Anstrengung machen, zu den klassischen Idealen der jüdischen Geschichte und der zionistischen Bewegung zurückzufinden.« Nahum Goldmann fordert: die absolute Neutralisierung Israels und die Anerkennung der politischen Realitäten im Nahen Osten.

** Professor Guido Goldman, ein enger Freund von Henry Kissinger, lehrt an der Harvard-Universität.

bar gewesen. Es wäre tragisch, wenn wir in fünf Jahren seinen Jerusalem-Besuch als eine verpaßte Gelegenheit betrachten müßten. Für Israel wäre es besonders schädlich, wenn seine eigene widerborstige Diplomatie für das Scheitern im Jahre 1978 verantwortlich gemacht würde. Für Israel ist es schlimm genug, ohne Frieden leben zu müssen; noch schlimmer wäre es, wüchsen bei Israels Freunden die Zweifel an der Aufrichtigkeit, Flexibilität und Entschlossenheit seiner Friedenspolitik. Die starre, unbeugsame Haltung der israelischen Regierung hat derlei Zweifel schon jetzt aufkommen lassen.

Die Regierung Begin scheint davon auszugehen, daß der Frieden, wenn er jetzt nicht gelingt, irgendwie später einmal zu besseren Bedingungen zu haben wäre. Schließlich stehen die Friedenschancen in diesem Jahr besser als wohl je zuvor. Wenn Sadat es im November über sich brachte, aus der arabischen Reihe zu tanzen und nach Jerusalem zu gehen, warum sollten sich dann in der Zukunft nicht noch günstigere Momente ergeben?

Dies wäre eine katastrophale Betrachtungsweise. Gewiß entsprang Sadats Friedensinitiative zum Teil der Verzweiflung; und noch ist keineswegs sicher, daß sie zu einem gerechten Frieden führen kann. Doch wenn sie scheitert, werden die anderen arabischen Völker aus dem Fehlschlag dieses Versöhnungsversuchs ihre Konsequenzen ziehen. Die Aussichten für eine Regelung werden dann zumindest in den nächsten Jahren düster sein. Für Israel aber wird solch ein Scheitern nachteiliger und kostspieliger werden, als seine Führer sich dies heute vorstellen mögen. Die Zeit arbeitet aus mehreren Gründen gegen Israel – wegen wachsender wirtschaftlicher Schwierigkeiten; aus bevölkerungspolitischen Gründen; weil seine militärische Überlegenheit dahinschwindet; und weil das Verhältnis zu den Vereinigten Staaten immer heikler werden muß.«

Am 14. Juni 1978 sprach der israelische Botschafter in der Bundesrepublik Deutschland, Johanan Meroz, vor geladenen Gästen in Heidelberg und betonte nach einem Bericht der »Rhein-Neckar-Zeitung«, zum erstenmal seit dreißig Jahren sei das ganz allmählich zu schimmern beginnende Licht am Ende des langen Tunnels keine Fata Morgana mehr. Die Zeitung schreibt:

»Ein Hauptschwergewicht seiner Ausführungen legte der israelische Botschafter auf den gegenwärtigen Stand der Bemühungen um einen

Frieden im Nahen Osten. So sei der Besuch Präsident Sadats aus Ägypten im November 1977 in Jerusalem ein historisches Ereignis gewesen. Jede israelische Regierung habe seit dreißig Jahren geradezu um dieses Gespräch gefleht. Es gereiche dem ägyptischen Präsidenten zur Ehre, daß er auf den Vorschlag der Israelis eingegangen sei.
Doch über Nacht könnten nicht alle Probleme gelöst werden. Der Besuch bilde aber die Basis für reelle und reale Aussichten auf den Frieden. Sadat sei noch ein Alleingänger in der arabischen Welt. Einen Sonderfrieden zwischen Ägypten und Israel, dem sein Staat zustimmen würde, so Meroz, wolle Sadat nicht. Israel wünsche die Wiederaufnahme des Gesprächs und hoffe, daß sich daraus inhaltsvolle Verhandlungen ergeben werden.«

Unter der Überschrift »Alex Möller zurück aus Israel« erschien über meinen Besuch 1971 folgender Pressebericht:

»Der frühere Bundesfinanzminister Dr. Alex Möller kehrte von einer achttägigen Reise aus Israel zurück. Neben eingehenden Gesprächen mit der Ministerpräsidentin Golda Meir, dem Finanzminister Sapir, dem Außenminister Abba Eban, dem Verteidigungsminister Dayan und anderen wichtigen Persönlichkeiten aus den Ministerien, der Politik, der Wissenschaft und der Wirtschaft besuchte Dr. Möller die Gedenkstätten in Jerusalem und Bethlehem sowie das Yad Vashem – Märtyrer- und Helden-Gedächtnis-Zentrum und das Weizmann-Institut in Rechovot. Zwei als Vorbild dienende Aufbaugebiete in Kiryat Gat und in Ha'emek beeindruckten stark. Den Abschluß bildete ein Flug an den militärischen Zentralpunkt Scharm-el-Scheik. Nach seinem Gesamteindruck befragt, erklärte Dr. Möller, er sei mit einer Fülle schwierigster Probleme konfrontiert worden. Man erwarte, daß im Jahre 1972 für Israel wichtige Entscheidungen fallen, die außenpolitisch und militärisch die Aufrechterhaltung des Kräftegleichgewichts im Nahostraum ermöglichen, außenwirtschaftlich keine Verschlechterung der Handelsbeziehungen infolge der Entwicklung in der EG bringen und die große Opfer erfordernde Anpassung des neuen Haushalts an die geradezu tragische Finanzlage aufweisen müssen. Niemand stecke den Kopf in den Sand, und überall bestehe die Zuversicht, daß dieses Volk mit seiner fast viertausendjährigen Geschichte in Israel seine Ruhe und seinen Frieden mit jedermann finden werde.«

Ägypten

Präsident Sadat hat das im September 1977 erstattete Gutachten noch nicht zur Veröffentlichung freigegeben, wofür ich in der derzeitigen Situation Verständnis habe. Die Darstellung eines Abschnitts des Zeitgeschehens soll in diesem Buch innenpolitisch mit dem Jahre 1974 und außenpolitisch mit 1976 abgeschlossen werden. Einige Anmerkungen zum Gutachten seien hinzugefügt.

Am 17. Januar 1977 ist in einem von Präsident Sadat gebilligten Kommuniqué folgendes festgestellt worden:

»Der Bundeskanzler der Bundesrepublik Deutschland hat sich auf Wunsch des Präsidenten der Arabischen Republik Ägypten in Ausführung des Abkommens zwischen den beiden Regierungen vom 27. Juni 1973 über die Technische Zusammenarbeit bereiterklärt, Herrn Bundesminister a. D. Professor Dr. Alex Möller zur persönlichen Beratung des ägyptischen Präsidenten Sadat zu entsenden.«

Dann wurden über das Ziel der Beratungen die Angaben gemacht, die als Titel des Gutachtens wiederkehren: »Vorschläge zur Lösung der wichtigsten strukturellen, ökonomischen und finanzwirtschaftlichen Probleme Ägyptens.«
Ursprünglich sind wir davon ausgegangen, daß nach der Verpflichtung unabhängiger Experten, die zur Mitarbeit unerläßlich waren, mindestens ein Jahr erforderlich sein würde, um ein den Ansprüchen genügendes Gutachten erstellen zu können. Nachdem die Vorarbeiten schneller als erwartet abgeschlossen werden konnten, haben wir am 12. März 1977 bereits mit unserer Tätigkeit begonnen. Erfreulicherweise war es gelungen, vom Deutschen Institut für Entwicklungspolitik in Berlin eingearbeitete Fachleute mit den notwendigen Erfahrungen für die verschiedenen Sachgebiete zu gewinnen. Dieses Team bestand aus Klaus Billerbeck, Christian Heimpel, Wolfgang Hillebrand, Hans-Helmut Taake und Dieter Weiß.
Ich möchte nicht verschweigen, daß ich nach den Turbulenzen Mitte Januar 1977 Präsident Sadat den Vorschlag gemacht habe, uns so disponieren zu lassen, daß wir das Gutachten – ohne die Sorgfaltspflicht abzuschwächen – schon im September vorlegen können. Die Gründe hierfür lagen auf der Hand. Ich muß aber ausdrücklich feststellen, daß dieses

Terminziel nur erreichbar gewesen ist durch eine vorbildliche Mithilfe der ägyptischen Regierungsstellen, der Kommission der Europäischen Gemeinschaften und der Beratung durch geeignete Persönlichkeiten auf Spezialgebieten.

Im April waren Dr. Taake und ich einige Tage in Washington, um bei der Weltbank und dem Internationalen Währungsfonds Ägypten betreffende Gespräche zu führen. Erfahrungen und eine Fülle von Material sowie eine Aufgeschlossenheit, wie man sie selten findet, haben uns entscheidend weitergeholfen. Es wäre dumm gewesen, diesen bei den beiden Institutionen vorhandenen Sachverstand für die ägyptischen Interessen und Sorgen nicht in Anspruch zu nehmen. In einigen Monaten lassen sich von keinem Team die Zusammenhänge, die Daten und die Ursachen vorhandener Schwierigkeiten ohne eine solche Unterstützung so ermitteln, daß man sie mit gutem Gewissen verwenden kann.

Wenn das Gutachten in manchen mir lebenswichtig erscheinenden Punkten nicht die Auffassungen wiedergibt, die von denen, die uns geholfen haben, vertreten werden – das gilt für jedermann –, dann bitte ich zu bedenken, daß nur das selbst gewonnene eigene Urteil für die Erfassung der ökonomischen und finanzwirtschaftlichen Lage Ägyptens und die daraus zu entwickelnden Vorschläge maßgebend sein kann. Verschiedene Erwartungen sind sicher nicht erfüllt worden. Untersuchungen in manch anderem Land würden ganz bestimmt mehr überraschen, als man vorher anzunehmen geneigt ist, wenn sie von Experten durchgeführt würden, die weder ergebnis- noch sonst irgendwie interessengebunden sind.

Dem Gutachten ist eine Zusammenfassung vorangestellt, um zunächst einen Gesamtüberblick zu erhalten.

Diese Zusammenfassung hat vier Abschnitte:

1. Der Beitrag des Auslandes und Eigenleistungen Ägyptens.
2. Grundlagen einer ägyptischen Entwicklungsstrategie.
3. Die wichtigsten entwicklungsstrategischen Leitlinien in den Sektoren Industrie, Landwirtschaft, Dienstleistungen.
4. Flankierung der Wachstumspolitik durch sozial-, bildungs- und regionalpolitische Maßnahmen.

Um einen allerdings nur sehr kleinen Ausschnitt aus meinen Überlegungen und dem dann eingenommenen Standpunkt zu vermitteln, sollen aus den vier Abschnitten der Zusammenfassung wenige Beispiele die Zielsetzung verdeutlichen.

Zu 1:
Infolge der starken Spezialisierung des Exports auf wenige Güter (Baumwolle, Erdöl) und Dienstleistungen (Suez-Kanal, Gastarbeiter, Tourismus), des hohen Importbedarfs (Kapitalgüter, Weizen) sowie des ebenfalls hohen Bedarfs an ausländischem Kapital muß die wirtschaftliche Entwicklung Ägyptens in Arbeitsteilung und Zusammenarbeit mit der übrigen Welt erfolgen, insbesondere mit den arabischen und westeuropäischen Staaten sowie den USA. Kurz- und mittelfristig kommt nach den Darlegungen des Gutachtens der politischen und finanziellen Unterstützung durch das Ausland für die Implementierung der neuen ägyptischen Politik zentrale Bedeutung zu; sie könnte dem Land die Chance eröffnen, nach einer Phase der Konsolidierung den Anschluß an ein selbsttragendes wirtschaftliches Wachstum zu gewinnen.
Es wird sehr eingehend ausgeführt, warum neben der Bereitstellung von Auslandshilfe ebenso wichtig ihre Verwendung bleibt. Auslandshilfe, die vorwiegend konsumiert oder in Projekten investiert wird, die den wirtschaftlichen Gegebenheiten und Möglichkeiten Ägyptens nicht entsprechen, führt zu erheblichen Strukturverzerrungen, die zu vermeiden sind. Eine Verbesserung der planerischen und organisatorischen Effizienz der Verwaltung und die Erarbeitung mittelfristiger Entwicklungslinien wären eine bedeutsame Verstärkung des eigenen Beitrags der ägyptischen Regierung. In einer solchen Phase der Neuorientierung ist eine finanzielle Atempause unerläßlich. Dazu werden präzise Vorschläge entwickelt, die die ägyptische Wirtschaft in das System der weltwirtschaftlichen Beziehungen wieder eingliedern sowie den für die Gesundung der Zahlungsbilanz unerläßlichen Prozeß eines ausgewogenen Verhältnisses zwischen Handels- und Zahlungsströmen einleiten.
Ich bin weiter der Meinung, daß die schrittweise Reintegration in die Weltwirtschaft mit einer verstärkten Kooperationsbereitschaft Ägyptens gegenüber dem arabischen Währungsfonds verbunden werden sollte.
Zu 2:
Bei den Empfehlungen zur künftigen ägyptischen Entwicklungsstrategie wird von den spezifischen Gegebenheiten des Landes ausgegangen. Dies spricht dafür, bei allen Fragen, die den ordnungspolitischen Rahmen der Wirtschaftsentwicklung betreffen, pragmatisch vorzugehen und in den verschiedenen Bereichen diejenigen Kombinationen von Lenkungsinstrumenten auszuwählen, die in dieser kritischen Phase der Neuorientie-

rung den größten Erfolg im Hinblick auf die angestrebten Ziele versprechen. Die Kombination der verschiedenen Steuerungsmaßnahmen und Förderungsinstrumente muß je nach Sektor und Branche unterschiedlich sein und sich im Zeitablauf ändern. Die ägyptische Entwicklungspolitik wird sehr differenziert werden müssen. Viele zentrale Probleme, wie die Stagnation der Agrarproduktion oder die zunehmende Arbeitslosigkeit, sind nicht durch Großprojekte oder landesweite, einheitliche Programme zu lösen, sondern durch zahlreiche, mühsame Einzelmaßnahmen. In dieser unerläßlichen Umstrukturierung liegt die wichtigste Aufgabe der Sektorpolitiken.

Ägypten kann sich hierbei nicht auf die Behandlung von produktionstechnischen und organisatorischen Problemen beschränken. Vielmehr sind im Rahmen der Öffnungspolitik weiterführende strukturelle Maßnahmen in Angriff zu nehmen, deren Durchführung eine Abkehr von einigen festverwurzelten Traditionen des Landes erfordert. Hierzu gehören vor allem:

- ein Programm zur Bevölkerungspolitik und zur Familienplanung, ohne das eine langfristige Lösung der Wachstums- und Beschäftigungsproblematik aussichtslos erscheint;
- ein Programm zur regionalen Diversifizierung, insbesondere zur Abschwächung der regionalen Konzentration der industriell-gewerblichen Aktivitäten in den Großräumen Kairo und Alexandria;
- die Bereitschaft zur Delegation von Entscheidungsbefugnissen aus der Zentrale an regionale Körperschaften, nachgeordnete Behörden und sich selbstverwaltende Institutionen;
- die Straffung des öffentlichen Dienstes mit dem Ziel der Leistung eines maßgebenden Beitrags zur wirtschaftlichen Entwicklung.

In seiner derzeitigen Struktur ist das ägyptische Budget zu unübersichtlich, aufgesplittert in zahlreiche Teilbudgets und enthält Doppelzählungen. Ein Budget, von dem feststeht, daß es als finanzstatistisch unübersichtlich und finanzpolitisch auslegungsfähig angesehen werden muß, erfüllt nicht seinen Zweck. Eine Sanierung der ägyptischen Finanzpolitik erfordert daher:

- die Schaffung einer klaren, politiken-orientierten Budget-Struktur und einer analogen administrativen Kompetenz- und Kontrollstruktur;
- die Mobilisierung zusätzlicher Einnahmen als Folge des Entwicklungsprozesses;

- die nachdrückliche Fortführung der eingeleiteten Steuerreform- und Steuerverwaltungsmaßnahmen;
- im Zuge wachsender Einnahmen die Umschichtung der Ausgaben von konsumtiven auf produktive Ausgaben; Abbau der Subventionen Zug um Zug mit den internen Produktivitätssteigerungen;
- den Abbau der Inflationsfinanzierung und die Entwicklung einer soliden internen Anleihepolitik;
- die Sanierung des öffentlichen Unternehmenssektors durch lohn- und preispolitische Maßnahmen sowie ein leistungsorientiertes Gewinnanreizsystem.

Dieses wichtige Kapitel hat in dem Gutachten den ihm gebührenden Platz.

Zu 3:

Die Schwerpunkte der gegenwärtigen Industriepolitik liegen auf der Konsolidierung und dem Ausbau bestehender Branchen sowie der möglichst kurzfristigen Steigerung der Deviseneinnahmen. Dieses Zielsystem muß erweitert werden. Hierzu gehören in erster Linie:

- eine Strategie zum stufenweisen Ausbau des bislang vernachlässigten Kapitalgütersektors, ohne den ein höheres Industrialisierungsniveau nicht zu erreichen ist;
- die Fortführung der Importsubstitutionsstrategie und parallel hierzu die sukzessive Erhöhung der internationalen Konkurrenzfähigkeit der ägyptischen Industrie durch Einführung lohnender Produktionsmethoden und Nutzung moderner Technologie;
- eine Überprüfung des ägyptischen Freizonenkonzepts, um Maßnahmen zu ermöglichen, die kurzfristig die den Freizonen zurechenbaren Devisenabflüsse aus Ägypten reduzieren und die langfristig die Erarbeitung einer überzeugenden Perspektive für die Entwicklung der Industriefreizonen sicherstellen;
- eine Strategie zur Erhöhung der industriellen Beschäftigung, die vornehmlich bei der Förderung des Handwerks und der Kleinindustrie ansetzen muß.

Es unterliegt keinem Zweifel, daß die landwirtschaftliche Produktion weiter gesteigert werden kann. Da die Infrastruktur der ägyptischen Landwirtschaft ausbaufähig ist, sollten die Investitionszuweisungen an diesen Sektor kräftig erhöht werden. Vorrangig muß sein, eine bessere Nutzung des »alten Landes« zu erreichen. Wasserwirtschaft, intensivere Fruchtfolgen, die schnellere Ausbreitung von Hochleistungssorten und

die landwirtschaftliche Mechanisierung sind von wesentlicher Bedeutung. Die Einführung solcher Maßnahmen setzt voraus eine Änderung der Agrarstruktur, die Einführung eines strengen Flurzwangs und eine Kontrolle der Erbteilung. Neulandprojekte sind nicht als Alternative, sondern als Ergänzung dieser Intensivierung anzusehen.
Ein Abbau der Subventionen für Grundnahrungsmittel darf nur vorsichtig und in kleinen Schritten erfolgen, da diese Subventionen das wichtigste sozialpolitische Instrument der ägyptischen Regierung darstellen. Voraussetzung für einen endgültigen Abbau der Nahrungsmittelsubventionen sind eine wachsende Wirtschaft und die Fähigkeit der Verwaltung, eine auf die verschiedenen bedürftigen Gruppen ausgerichtete differenzierte Sozialpolitik zu entwickeln. Solange die Wirtschaft stagniert und die Ausgaben für Nahrungsmittel den überwiegenden Teil der Konsumausgaben der einkommensschwachen Masse beanspruchen, bedeuten die Subventionen eine notwendige Garantie gegen Hunger und soziale Unruhe.
Weiter ist der Ausbau der materiellen Infrastruktur, nicht zuletzt in den Bereichen Verkehr und Nachrichtenwesen, unerläßlich für eine Dynamisierung der ägyptischen Wirtschaft, die Attraktivität des Landes für ausländische Investoren und damit für den Erfolg der Öffnungspolitik.
Ein Wohnungsbauprogramm, dessen Entwicklung in Angriff genommen worden ist, hat zwei wichtige Aufgaben: die regionalpolitische der Entlasung der bestehenden urbanen Zentren sowie die sozialpolitische der Schaffung von billigen Wohnungen für die Masse der ärmeren Bevölkerung, die in die Städte abwandert.
Zu 4:
Erst das Wachstum der ägyptischen Wirtschaft schafft die Voraussetzungen zur Lösung der sozialen Probleme des Landes. Andererseits benötigt wirtschaftliche Entwicklung ein Klima des sozialen Friedens. Überläßt der Staat im Zuge der Öffnungspolitik die Lenkung des Wirtschaftsgeschehens zunehmend dem Markt, so müssen die sozialpolitischen Komponenten der Wirtschaftspolitik gestärkt werden. Dies gilt insbesondere für

- die Befriedigung der Grundbedürfnisse der einkommensschwachen Bevölkerung zu tragbaren Preisen (Ernährung, Wohnung, Bekleidung, Gesundheit);
- die Verbesserung der Beschäftigungslage;
- die stärkere Partizipation der pluralistischen Institutionen (Gewerk-

schaften, Verbände) am wirtschaftlichen und gesellschaftlichen Leben Ägyptens;
- die Anpassung von Sozialversicherung und Sozialfürsorge an die mit der Öffnungspolitik verstärkte gesellschaftliche Differenzierung.

Die Lösung des sich verschärfenden Beschäftigungsproblems erfordert schnelle Reaktionen. Maßnahmen der Familienplanung müssen den Zuwachs der Erwerbsbevölkerung reduzieren, denn selbst wenn diese Maßnahmen greifen, würde Ägypten bis 1990 über fünf Millionen, bis zum Jahre 2000 rund zehn Millionen zusätzlicher Arbeitskräfte zu beschäftigen haben. Daher müssen schnellstens wirksame Ansätze der Beschäftigungspolitik gefunden werden.

In der Reform des Bildungswesens gilt als Ziel eine Ausrichtung auf den Bedarf der produktiven Sektoren. Das Bildungswesen dient zur Zeit mehr der Absorption eines Teils der wachsenden Bevölkerung als der Deckung des Bedarfs der Wirtschaft. Das Ergebnis ist zwar eine kurzfristige Entlastung des Arbeitsmarktes, die aber mit erheblichen Produktivitätsverlusten der Wirtschaft durch mangelnde Qualifikation und Motivation von Facharbeitern, Büropersonal und mittleren Führungskräften zu teuer erkauft ist.

Bei einer Reorganisation des Bildungswesens wird empfohlen, den Zugang zu den Universitäten zu drosseln und alternativ die technischen Ausbildungszweige auszubauen.

Diese Kurzdarstellung soll genügen, um zu zeigen, von welchen Überlegungen das am 11. September 1977 Präsident Sadat in Ismailiya vorgelegte und von mir eingehend erläuterte Gutachten ausgeht, das nicht nur Ursachen und Wirkungen erklärt, sondern in jedem Fall begründete Maßnahmen aufzeigt, welche Änderungen erfolgen müssen und wie sie durchführbar werden.

Wir, die wir dieses Gutachten erarbeitet haben, standen oft unter dem Eindruck der kaum zu erfassenden Tradition eines Landes, das die Welt in Entwicklungen geführt hat, deren Ursprung manche vergessen haben oder die andere mit einer Zauberformel wegwischen möchten. Wenn man sich mit der Geschichte dieses Landes befaßt, muß man Bedenkzeit erhalten, um wieder aufnahmefähig zu werden für das, was sich vor Jahrtausenden in Ägypten vollzogen hat und was sich in steinernem Zwang stumm und für den, der will, doch lebendig ausdrückt.

Ägypten spielt eine zentrale Rolle im Nahost-Konflikt. Dieses Land hat mit seinem Präsidenten Sadat den Wunsch, einen für alle akzeptablen

Friedenszustand erreichen zu helfen. Dazu benötigt es die angestrebte ökonomische, finanz- und währungspolitische Ordnung. Einen unterstützenden Beitrag unter Beachtung des genannten Zieles zu leisten war der sicher nicht bequeme Beweggrund meines Tuns.
Ich zitiere aus der Tischrede, die Präsident Sadat bei dem Dinner zu Ehren des Bundeskanzlers Helmut Schmidt am 27. Dezember 1977 in Kairo gehalten hat:

»In diesem Zusammenhang möchte ich Eurer Exzellenz meinen Dank und meine Anerkennung dafür aussprechen, daß Sie uns den deutschen Wirtschaftsexperten Alex Möller geschickt haben, der uns eine objektive und umfassende Studie über die ägyptische Wirtschaft erstellte. Professor Möller hat wertvolle Empfehlungen gegeben, die wir tief einbeziehen werden in unsere wirtschaftspolitischen Pläne für den bevorstehenden Zeitabschnitt, der unzweifelhaft einen Durchbruch in der ägyptischen Wirtschaft markieren wird.«

Es unterliegt keinem Zweifel, daß sich inzwischen die ägyptische Wirtschaft am Beginn eines Stabilisierungsprozesses befindet. Die bei Erstattung meines Gutachtens akute Zahlungskrise scheint überwunden zu sein. Die Umschuldung der kurzfristigen auf langfristige Schulden hatte Erfolg. Im Jahre 1977 konnte ein reales Wirtschaftswachstum von 8,5% erreicht werden. Bedeutungsvoll ist die energische Inangriffnahme einer Steuerreform, die höhere Staatseinnahmen und den Abbau der Inflationspolitik erreichen soll.
Im Vordergrund steht nach wie vor die dringende Notwendigkeit, umgehend und umfassend Bevölkerungsplanungsmaßnahmen in Angriff zu nehmen und zu realisieren. Aus jeder Sicht hat dieser Komplex die Priorität.

In Moskau

Am 3. März 1975 war ich wieder einmal in Moskau, und zwar eine Woche. Die Einladung ging vom Obersten Sowjet aus. Am ersten Vormittag hatte ich Gespräche mit

L. M. Samjatin, Mitglied des Obersten Sowjet der UdSSR, Vorsitzender der Sektion für parlamentarische Beziehungen zur Bundesrepublik Deutschland des Obersten Sowjet der UdSSR, Vorsitzender der Freundschaftsgesellschaft UdSSR-Bundesrepublik Deutschland und Generaldirektor der Nachrichtenagentur TASS,

und mit

Minister M. N. Swjeschnikow, Mitglied des Obersten Sowjet, Vorstandsvorsitzender der Staatsbank der UdSSR.

Es folgte eine Unterredung mit A. P. Schitikow, Vorsitzender des Unionsrates des Obersten Sowjet der UdSSR.

Am Nachmittag konnte ich mit W. N. Nowikow, dem stellvertretenden Vorsitzenden des Ministerrats, eine eingehende Besprechung führen. Nowikow koordiniert mehrere Ministerien der UdSSR in Außenhandelsfragen. Er ist Vorsitzender des sowjetischen Teils der Kommission der UdSSR und der Bundesrepublik Deutschland für wirtschaftliche und wissenschaftlich-technologische Zusammenarbeit.

Den Tag beschloß eine in der Sache lebhafte Diskussion von drei Stunden mit Sagladin, Motschalin und Professor Wsevolod Jeschow, die ausgezeichnet deutsch sprachen, von der Internationalen Abteilung des ZK. Sie war sicher für beide Teile nützlich und interessant, jedenfalls für mich.

Jeder Tag ist von den Gastgebern mit Überlegung eingeteilt worden, so daß ich am Schluß der Woche in einem dpa-Gespräch sagen konnte, der mehrtägige Meinungsaustausch ergebe ein positives Fazit. Nach den damaligen Eindrücken war ich in der Lage zu berichten, daß die Zusammenarbeit auf wissenschaftlich-technologischem Gebiet nahezu ungestört verlaufe und daß sich in den Bereichen Außenhandel und Wirtschaft eine stark positive Entwicklung abzeichne. Das gelte grundsätzlich auch für Großprojekte wie das Hüttenkombinat Kursk, bei dem ich persönlich für beide Seiten allerdings noch finanzielle Probleme sah.

In einem besonderen Abschnitt meines Berichts an den Bundeskanzler habe ich darauf hingewiesen, daß ich zur humanitären Seite unserer Beziehungen folgende Themen behandeln konnte:

a) Rückführung und Familienzusammenführung von Deutschen aus der UdSSR;
b) Verwandtenbesuche;
c) Eheschließungen; Ausreise von Ehepartnern;
d) Besuch ehemaliger deutscher Gebiete;
e) konsularische Betreuung deutscher Monteure und anderer deutscher Fachkräfte in Sperrgebieten.

Für einen Teil dieser Themenbereiche wurde mir am Schlußtag beim Mittagessen erklärt, daß der Oberste Sowjet der UdSSR Ende vorigen Jahres (1974) ein Gesetz verabschiedet habe, das verschiedene dieser Punkte positiv erledige. Man sagte zu, dieses Gesetz umgehend an unsere Botschaft in Moskau zu geben.
Ich konnte mir noch kurz vor der Eröffnung die Ausstellung der Bundesrepublik Deutschland ansehen, die aus einer Darstellung unseres Landes sowie aus einer repräsentativen Leistungsschau der exportierenden deutschen Wirtschaft bestand, an der sich 192 Firmen beteiligten. Dabei muß man wissen, daß sich in den letzten Jahren der Warenaustausch von 2,9 Milliarden DM in 1971 auf 8 Milliarden DM in 1974 erhöht hatte; allein im Jahre 1974 betrug die Steigerung 85%. Die UdSSR war unser wichtigster Osthandelspartner geworden, während umgekehrt die Bundesrepublik 1974 an der Spitze der Westhandelspartner der UdSSR stand.
Die Ausstellung befand sich im letzten Stadium der Fertigstellung. Mir wurde erklärt, daß sie ihre Besucher mit einer Galerie großformatiger Fotos auf den Weg zum großen Mulitivisionsraum empfange. Ansichten von Landschaften und Städten zwischen Nordsee und Alpenrand, Szenen aus Kultur und Kunst, Gesichter von Menschen – bekannten und unbekannten – und schließlich Fotos von Persönlichkeiten aus Politik und Wirtschaft der Bundesrepublik Deutschland und der UdSSR füllten die Wände.
Ein origineller Einfall bezog sogar die Decke mit ein. Von der »goldenen« Olympia-Athletin Heide Rosendahl bis zu Fußballstars blickten Sportler auf den Ausstellungsbesucher herab.
Durch eine Fülle von Informationen und Eindrücken führen – gleichsam als Leitbilder – der Arbeiter Friedrich Meyer und die Russischlehrerin Gisela Oswald. Er in seinem Röhrenwerk in Düsseldorf und sie in ihrem Gymnasium in Stuttgart: zwei von 62 Millionen Bürgern der Bundesrepublik Deutschland, die mehr aussagen, als im allgemeinen zwei vermögen. Gut und nach meinem Eindruck von einer nicht aufdringlichen Wirkung.
Allein am Wochenende wurde die Ausstellung von mehr als 100000 Sowjetbürgern besucht. Ich persönlich vermißte die bildende Kunst. Andere fragten: Wo sind eure Autos, Möbel und Sportgeräte?
Die Überraschung meines Moskauer Besuchs war für mich das Zusammentreffen mit dem maßgebenden Mann des Rates für Gegenseitige

Wirtschaftshilfe*, dem stellvertretenden Finanzminister und führenden Währungsfachmann der UdSSR, St. A. Borissow. Nach einem allgemeinen Fachgespräch, an dem sich der Leiter der Haushaltsabteilung des Finanzministeriums, Dundukow, beteiligte, hielt mir plötzlich St. A. Borissow eine unerwartete Vorlesung über den transferablen Rubel, wobei es nicht leicht war, durch gezielte Fragen mein Analphabetentum nicht allzu stark in Erscheinung treten zu lassen. Der Gesprächspartner gab sich wirklich alle Mühe, mich aufzuklären. Später hatte ich die glückliche Eingebung, mir in Ost-Berlin die deutschen Texte zu besorgen.

Zur Sache, soweit sie uns direkt interessieren muß, sei darauf hingewiesen, daß bei der Entwicklung der Außenhandelsbeziehungen zwischen den Staatshandelsländern und der Bundesrepublik die Zuwachsraten und der deutsche Ausfuhrüberschuß sorgfältiger Beachtung bedürfen. Die Gründe für die Bedeutung des Ost-West-Handels liegen nicht nur in der planbedingten längerfristigen Stabilität der Nachfragestruktur der RGW-Länder nach hochentwickelten Industrieerzeugnissen, sondern ebenso in der entwicklungsbedingten unausgeglichenen Warenstruktur, durch die auch langfristig die Präferenzen im Ost-West-Handel von dem Prinzip »Rohstoffe gegen Maschinen« beherrscht sein werden. Daraus ergibt sich für die Zukunft, daß die zwischen der Bundesrepublik Deutschland und den RGW-Ländern bestehenden Beziehungen sowohl im Bereich des Außenhandels als auch im Bereich der wirtschaftlichen und technischen Kooperation zu einer weiteren Intensivierung in der Zusammenarbeit mit diesen Ländern führen.

Nachdem mit dem Abschluß der Ostverträge für die Beziehungen der RGW-Länder zur Bundesrepublik Deutschland nicht mehr restriktiv wirkende politische Faktoren bestimmend sind, wird der Ost-West-Handel seit einigen Jahren vorwiegend von ökonomischen Rahmenbedingungen beeinflußt. Es liegt daher nahe, diejenigen ökonomischen Faktoren zu analysieren, die für die Handelsbeziehungen der Bundesrepublik Deutschland mit den RWG-Ländern Bedeutung erhalten könnten. Unbestritten ist der längerfristig wirkende und entscheidendste re-

* Dem »Rat für Gegenseitige Wirtschaftshilfe« (RGW) gehören als Gründungsmitglieder an: Bulgarien, Rumänien, Sowjetunion, Tschechoslowakei, Ungarn; später beigetretene Länder sind: Albanien (nur Mitglied von 1949 bis 1962), DDR (1950), Mongolische Volksrepublik (1962), Kuba (1972); assoziiertes Mitglied ist seit 1974 Jugoslawien. Einen Beobachter haben Nordkorea und Nordvietnam. Im englischen Sprachgebrauch wird der RGW in Abkürzung der englischen Übersetzung »Council of Mutual Economic Aid« COMECON genannt.

striktive Faktor, der deutlich progressiv wachsende Ausfuhrüberschuß der Bundesrepublik und damit die immer stärker ins Gewicht fallenden Zahlungsbilanzdefizite der RWG-Länder.
Inwieweit dieser Trend durch ein verbessertes Warenangebot der Staatshandelsländer und damit deren Exportmöglichkeiten in die westlichen Länder aufgefangen werden kann, läßt sich zumindest mittelfristig nicht absehen. Eine Fortsetzung der bisherigen Tendenz einer überproportionalen Steigerung unserer Ausfuhren in die RGW-Länder wird aufgrund der daraus entstehenden Devisenprobleme nur durch eine verstärkte Kreditausweitung für das Exportgeschäft, bei der ich Begrenzungen sehe, denkbar sein. Auf der anderen Seite muß das Bemühen der RGW-Länder berücksichtigt werden, ihre Zahlungsbilanzdefizite abzubauen und gegebenenfalls auf erhöhte Exportkredite zu verzichten.
Im Mittelpunkt des Interesses steht deshalb für die Bundesrepublik Deutschland der Entschluß der RWG-Länder, zum Zwecke der von Moskau ausdrücklich für notwendig gehaltenen Intensivierung der wirtschaftlichen Beziehungen zu den westlichen Industriestaaten das östliche Währungssystem zu reformieren. Dabei geht es um ein mehrschichtiges Problem: die Konvertibilität der einzelnen RGW-Länder untereinander, die Konvertibilität der einzelnen Währung gegenüber der gemeinsamen Abrechnungswährung der RGW-Länder – dem sogenannten Transferrubel – und schließlich um die Konvertibilität des Transferrubels gegenüber den westlichen Währungen. Die Experten des RGW haben Anweisungen erhalten, in der Planperiode von 1976 bis 1980 die Voraussetzungen zu schaffen, um in den achtziger Jahren die Konvertibilität in der Praxis wirksam werden zu lassen.
In dem Kommuniqué, das anläßlich der 70. Sitzung des Exekutivkomitees des RGW, die vom 21. bis 23. Januar 1975 in Moskau stattfand, herausgegeben wurde, heißt es:

»Das Exekutivkomitee behandelte Fragen der weiteren Festigung und Stärkung der Rolle der internationalen sozialistischen kollektiven Währung der Mitgliedsländer des RGW (des transferablen Rubels) und der mehrseitigen Bilanzierung des Warenumsatzes. Es hob die gewachsene Rolle der kollektiven Währung bei der Entwicklung der ökonomischen, wissenschaftlich-technischen und anderer Formen der Zusammenarbeit der RGW-Länder hervor . . .« (vgl. »Neues Deutschland« vom 24. Januar 1975).

Die geforderten »konkreten Maßnahmen« zur weiteren Festigung und zur Stärkung des transferablen Rubels werden noch nicht definitiv genannt. Unter den gegebenen Schwierigkeiten, wie zum Beispiel den unterschiedlichen, nicht marktgerechten Preissystemen, den stark voneinander abweichenden Abhängigkeiten vom Weltmarkt und den unterschiedlichen Organisationsformen des Außenhandels in den einzelnen RGW-Ländern, sollte eine Prognose über die Weiterentwicklung des östlichen Währungssystems für uns ein interessanter Untersuchungsgegenstand sein. Gerade die Bundesrepublik Deutschland muß von der Notwendigkeit ausgehen, die ökonomischen Zielsetzungen von immer bedeutenderen Handelspartnern zu analysieren und kritisch auf ihre denkbaren Folgewirkungen zu prüfen.
Wie ernst es die RGW-Länder mit der Verwirklichung einer konvertiblen kollektiven Währung meinen, geht aus einer TASS-Meldung vom 19. Januar 1975 hervor, nach der von Experten der Internationalen Bank für wirtschaftliche Zusammenarbeit (IBWZ) in Moskau die Ansicht vertreten wurde, daß der transferable Rubel vorteilhaft in Transaktionen bei der Gesamtheit des Handelsaustausches auf bilateraler und multilateraler Basis mit industrialisierten »kapitalistischen« Staaten und den Entwicklungsländern einzusetzen sei. Dabei muß der Hinweis auf die langfristige Stabilität der internationalen sozialistischen Devise (ein Transferrubel = 0,988412 Gramm Gold) beachtet werden.
Über den Komplex des transferablen Rubels habe ich eine Studie (Sonderdruck »Die Neue Gesellschaft« Nr. 10 und 11/1975) veröffentlicht, bei der ich zu folgendem Schluß komme:

»Eine zuverlässige Prognose über die Weiterentwicklung der ökonomischen Integration im RGW läßt sich aus dem vorliegenden Material nicht konstruieren. Eine Reform der Währungsordnung innerhalb des RGW scheint auf Grund der bestehenden Wirtschaftssysteme nur im Rahmen von viel weitergehenden Reformen der zentralverwalteten Wirtschaftsordnung in Richtung auf marktadäquate Prinzipien eine reelle Chance zu haben. Wenn man die Konsequenz einer Währungskonvertibilität in Rechnung stellt – nämlich eine notwendigerweise vorausgehende stärkere Integration der nationalen Märkte – und eine solche Entwicklung mit den Grundforderungen des marxistisch-leninistischen Systems vereinbaren will, so bleibt die Frage, welche Chance der Transferrubel als international konvertierbare Kollektivwährung haben wird. Darauf muß sich die Bundesrepublik Deutschland mit ihren überproportional steigenden Handelsbeziehungen zu den Staatshandelsländern einstellen.«

200 Jahre USA

In den Sommermonaten des Jahres 1976 haben die Vereinigten Staaten von Amerika mit dem 200. Jahrestag ihrer Revolution ein stolzes Jubiläum feiern können, dessen weltgeschichtliche Bedeutung kein Historiker in Zweifel ziehen wird. Die Bundesrepublik Deutschland hatte die Einladung des Präsidenten der Vereinigten Staaten vom 2. Juli 1973, an den Veranstaltungen zum Gedenken an die Geburtsstunde der freien westlichen Demokratie im Jahre 1776 teilzunehmen, freudig begrüßt. Das »Bicentennial« bot uns Gelegenheit, einer aus dem Weltgeschehen herausragenden Nation mit unseren Beiträgen ein Zeichen der Verbundenheit und des Dankes dafür zu setzen, daß mit den Idealen der amerikanischen Revolution und deren verfassungsrechtlichen Verpflichtungen gegenüber den Menschenrechten die Freiheit der Völker ein Fundament gelegt bekommen hat.
Als im Jahre 1973 der damalige Bundeskanzler Willy Brandt mich in einem Schreiben gebeten hatte, als Sonderbeauftragter für die amtliche Beteiligung der Bundesregierung an der 200-Jahr-Feier zur Verfügung zu stehen, war er von folgender Zielsetzung ausgegangen: »Die 200-Jahr-Feier sollte uns Gelegenheit geben, nicht nur den bedeutenden historischen Anteil der Deutschen an der amerikanischen Staatswerdung zu würdigen, sondern auch unsere Solidarität mit den Vereinigten Staaten in Gegenwart und Zukunft ins öffentliche Bewußtsein zu rücken.« Diesen Auftrag – er wurde später von Bundeskanzler Helmut Schmidt erneuert – habe ich stets als Bestandteil eines ständigen konstruktiven Dialogs zwischen den beiden befreundeten Völkern und ihren Regierungen verstanden, bei dem das Prinzip der Freiheit als tragende Kraft unserer gemeinsamen Weltanschauung im Vordergrund allen Tuns und Lassens steht. Bestätigung dieses fruchtbaren Miteinanders fand ich für den mir erteilten Auftrag während meiner Reisen in die USA, bei denen in Gesprächen mit bedeutenden amerikanischen Persönlichkeiten und Vertretern wichtiger Institutionen die Voraussetzungen für einen deut-

schen Beitrag zu den Feierlichkeiten aus Anlaß der 200jährigen Wiederkehr der amerikanischen Unabhängigkeit geschaffen werden konnten. Dabei ging es um die Lösung der schwierigen Aufgabe, einen unseren besonderen, historisch gewachsenen Beziehungen zu den USA und unserer nicht unbedeutenden Stellung in der Völkergemeinschaft entsprechenden Beitrag zu leisten, der im angemessenen uns zur Verfügung stehenden finanziellen Rahmen ein qualitativ hochwertiges Programm beinhalten sollte.
Wenn wir zurückblickend feststellen können, daß sich die Bundesrepublik Deutschland mit einem auf hohem Niveau stehenden Maximalprogramm an der 200-Jahr-Feier beteiligt hat, nicht zuletzt weil auch Länder, Städte und Gemeinden sowie eine große Zahl privater Institutionen eine außergewöhnliche Aktivität hinsichtlich der Ausgestaltung unseres Beitrages entwickelt hatten, so waren damit die Voraussetzungen für eine in Qualität und Quantität erfolgreiche Bilanz gegeben.
Den offiziellen Feierlichkeiten in den USA vorausgegangen war in der Bundesrepublik Deutschland die am 15. Mai 1976 in der Frankfurter Paulskirche stattgefundene Kundgebung, die von der Steuben-Schurz-Gesellschaft und der Atlantik-Brücke e. V. veranstaltet wurde. Bundespräsident Scheel übernahm die Schirmherrschaft. Vizepräsident Rockefeller und Bundeskanzler Helmut Schmidt haben an diesem denkwürdigen Tagungsort als Festredner die einmütige Hingabe an die gemeinsame Sache der Menschheit beschworen und der amerikanischen Revolution von 1776 als Geburtsstunde eines demokratischen Gemeinwesens freier Menschen gedacht.
Als Bundespräsident Scheel im Juni 1975 während seines Staatsbesuchs in den USA im Weißen Haus die offiziellen Beiträge der Bundesrepublik Deutschland zur 200-Jahr-Feier bekanntgab, hat er vor der amerikanischen Öffentlichkeit zum Ausdruck gebracht, daß diese Beiträge mithelfen sollten, die Vielfalt der Beziehungen bei beiden Völkern bewußt zu machen und fortzuentwickeln. Die Beiträge stammten daher aus den verschiedensten Bereichen der Kunst und Kultur sowie der Wissenschaft und Technik. Der Versuch, die Elemente des deutschen Programms so zu gestalten, daß sie auch späteren Generationen der amerikanischen Nation die beiderseitige enge Verbundenheit dokumentieren, scheint vollauf gelungen zu sein. Zwar kann erst die Zukunft zeigen, wie konstruktiv sich die Programmteile auf die weitere Entwicklung unserer gegenseitigen Beziehungen auswirken werden, jedoch hat die Bundesre-

gierung mit ihrer Konzeption des deutschen Programms bei unseren amerikanischen Freunden große Zustimmung und herzliche Dankbarkeit gefunden, denn allgemein wurde anerkannt, daß die gelungene dokumentarische Synthese amerikanischer und deutscher Gemeinsamkeiten im deutschen Beitrag nicht nur einen Erinnerungswert behält, sondern fruchtbar in die gemeinsame Zukunft wirken wird. Auf einige Bestandteile des deutschen Beitrags sei zusammenfassend hingewiesen:

- Um engere Kontakte zwischen solchen Gruppen zu schaffen, die durch akademische Austauschprogramme nicht berücksichtigt werden, ist die »John J. McCloy-Stiftung« beim American Council on Germany eingerichtet worden.
  In dem für die Jahre 1975 bis 1977 herausgegebenen 1. Bericht heißt es:

  »Die Stiftung hat das Ziel, Austauschprogramme und Begegnungen zwischen wichtigen sozialen Gruppen der Vereinigten Staaten und der Bundesrepublik zu fördern, die bis dahin unberücksichtigt geblieben waren. Vor allem sollen junge Politiker und Vertreter der Wirtschaft, des Finanzwesens, der Industrie, der Gewerkschaften und des Journalismus an dem Austausch teilnehmen. Auf Gebieten, in denen solche Programme bereits existieren, wird der Fund nicht tätig werden.
  Bestimmung der Stiftung ist es, die deutsch-amerikanischen Beziehungen und gemeinsamen Bemühungen zur Lösung weltweiter Probleme durch die Heranbildung von fähigen Leuten mit besonderen beruflichen und persönlichen Interessen auf Gebieten, die beide Länder gleich stark betreffen, zu fördern. Diesen Zweck verfolgten auch Dr. Alex Möller, früheres Mitglied des Deutschen Bundestages und Bundesminister der Finanzen (von 1969 bis 1971), und Dr. Guido Goldman, Harvard University, die die Initiative für die Stiftung ergriffen.«

- Im akademischen Bereich wurden eine Gastprofessur (an der Georgetown-University, Washington) und ein Lehrstuhl (an der New School für Social Research, New York) eingerichtet, deren Aufgabe es sein wird, sich mit zukunftsweisenden Aspekten der deutsch-amerikanischen Beziehungen intensiv zu befassen.
- Um die deutsch-amerikanische Zusammenarbeit im Zeitalter der Raumfahrt zu demonstrieren, ist dem neu errichteten Luft- und

Raumfahrtmuseum in Washington ein hochmoderner Planetariumprojektor zur Verfügung gestellt worden, der unter anderem zur Simulation von Raumfahrten benutzt werden kann.
- Das Planetarium, das den Namen Einsteins trägt, konnte am 15. Juli 1976 durch Bundeskanzler Helmut Schmidt eingeweiht werden. Dabei kam die elektronische Komposition »Sirius« des Komponisten Professor Stockhausen zur Uraufführung, die den amerikanischen Pionieren auf der Erde und im Weltraum gewidmet ist.

Die überraschend starke Resonanz und die lebhafte Anteilnahme, die unser Programm bei der amerikanischen Regierung, der Bevölkerung und den Medien fand, hat uns die Gewißheit gegeben, daß die Bundesrepublik Deutschland beim amerikanischen Bicentennial würdig und angemessen vertreten war. Darüber hinaus kam die tiefe Verwurzelung der Bevölkerung beider Länder miteinander in den weiteren zahlreichen Veranstaltungen zum Ausdruck, die durch Initiativen der verschiedensten institutionellen und privaten Gruppen ermöglicht wurden. Erwähnt seien die sorgfältig vorbereiteten Reisen unserer Länderchefs in die USA, die »Operation Sail 1976«, die größte Ansammlung von Segelschiffen seit 150 Jahren bei Beteiligung des Schulschiffs der Bundesmarine »Gorch Fock«, Städtepartnerschaften, Entsendung von Musik-, Folklore- und Sportgruppen, Austauschprogramme im Bereich Wissenschaft und Hochschulen, Festveranstaltungen von Theatern und Orchestern, Beteiligungen von Fernsehen, Hörfunk und Film, Ausstellungen, Vorträge und Publikationen.
Die Bilanz der deutschen Beteiligung an den Feiern zum 200jährigen Geburtstag der amerikanischen Nation kann in jeder Hinsicht befriedigen, weil keine Negativposten sichtbar geworden sind. Das damit gelegte Fundament noch engerer gegenseitiger Beziehungen wird über das Jahr 1976 hinaus die deutsch-amerikanische Freundschaft auf der Grundlage der Stabilität, des Wohlstandes, des Fortschritts und der Freiheit vertiefen. Das Mitwirken vieler Deutscher an der Gründung der Vereinigten Staaten und ihrer Entwicklung bis in diese Jahre hinein sowie die nach dem Zweiten Weltkrieg durch weitsichtige humanitäre Hilfsaktionen, entscheidende wirtschaftliche Wiederaufbauhilfen und die maßgebliche Unterstützung beim Wiedereintritt in den Kreis der freien Völker haben enge Bande entstehen lassen, die ganz sicher von Dauer sein werden.
Ich habe sowohl an dem Staatsbesuch des Bundespräsidenten Walter Scheel in den USA vom 15. bis 20. Juni 1975 als auch an dem des Bun-

deskanzlers Helmut Schmidt vom 14. bis 17. Juli 1975 teilgenommen. Es waren Erlebnisse, die man nicht vergessen kann.
Wer mich fragt – und das ist oft geschehen –, was mich bei beiden Besuchen besonders beeindruckt hat, dem muß ich sagen, daß ich den Atem angehalten habe, als am Vormittag des 17. Juni 1975 Bundespräsident Walter Scheel im Kapitol zu einer gemeinsamen Sitzung der beiden Häuser des Kongresses erschien und beim Betreten des Saales sich alle Kongreßmitglieder (wie auch die Gäste) von ihren Sitzen erhoben und dem deutschen Bundespräsidenten ihren Respekt erwiesen haben. Es lag eine andachtsvolle Stille über dem Saal des Kongresses, und wir alle wurden erfaßt von etwas Ungewöhnlichem, das sich schwer in Worte fassen läßt. Vielleicht ist es die Begegnung gewesen mit dem erahnten Guten, das so oft nur einen Augenblick verweilt.

In seiner Rede sagte der Bundespräsident auch dies:

»Und doch hat sich die Freiheit letztlich behauptet. Heute genau vor zweiundzwanzig Jahren, am 17. Juni 1953, hat sie ihre elementare Kraft gezeigt, damals, als Ostberliner Arbeiter ohne Rücksicht auf Leib und Gut die schwarzrotgoldene Fahne auf dem Brandenburger Tor hißten. Die Unfreiheit mag ihre Machtmittel einsetzen, die Freiheit wird letzten Endes Sieger bleiben. Aber die Freiheit kann ihre Kraft nur bewahren, wenn jede Generation sie für sich erwirbt und erneuert.«

Bei der Verleihung der Ehrendoktorwürde an den Bundeskanzler am 16. Juli 1976 in der Johns Hopkins University in Baltimore sprach Rabbi Samuel Rosenblatt, Professor für Orientalische Sprachen, das Schlußgebet:

»Herr des Universums, Schöpfer und Erhalter von allem!
Während die besondere Zusammenkunft unserer Universität heute nachmittag zur Feier des 200jährigen Jubiläums unserer Nation und des 100jährigen Jubiläums der Universität zu Ende geht, danken wir Dir für die Gelegenheit, die uns gewährt wurde, in ihrem Verlauf einem herausragenden Staatsmann unserer Zeit Tribut zu zollen. Wir ehren in seinem Repräsentanten ein Volk, das jahrhundertelang Beiträge höchsten Ranges geleistet hatte zur Vertiefung des menschlichen Gedankens, zur Bereicherung von Literatur und Kunst, zum Fortschritt der Wissenschaft und zur Erweiterung der Grenzen des Wissens.

Als eine Institution, die dem Lernen und der Forschung gewidmet ist, in einem Land, das seit seiner Unabhängigkeitserklärung das Anliegen von Freiheit und Gerechtigkeit für alle verteidigte, begrüßen wir in der Person von Kanzler Schmidt die Wiedergeburt des Deutschlands von Dürer und Goethe und Schiller und Kant, von Helmholtz und Roentgen und Mommsen und Willstätter, von Rathenau und Einstein. Wir freuen uns über die Tatsache, daß diese Nation unter seiner Führung ihre Größe nicht mehr in territorialer Eroberung und in der Versklavung von Mitmenschen sieht. Es ist erfreulich festzustellen, daß sie vielmehr gelernt hat, die Hand der Brüderlichkeit allen entgegenzustrecken, die bemüht sind, Zusammenarbeit und Freundschaft in einer Welt zu festigen, die durch Zwietracht und Hader zerrissen ist. Was ist mehr zu begrüßen, als erneut die Deutschen als Vorkämpfer der Kräfte der Aufklärung und des guten Willens zu finden, im Streben nach der Verbesserung des menschlichen Geschicks überall auf der Welt? Diese edlen Ziele dekken sich auch mit den Idealen unserer Vereinigten Staaten von Amerika.
Während wir Deinen Segen anflehen, o himmlischer Vater, für Dr. Helmut Schmidt und seine Mitarbeiter bei der Führung der Schicksale ihrer Millionen Landsleute, die sie als ihre Führer erwählt haben, bitten wir Dich, unseren Völkern Kraft zu geben und allen Menschen Deine kostbarste Gabe zu gewähren, die des Friedens!«

Das deutsche Volk hat Tradition. Sie wird nicht von Militärmärschen und Kriegswirren geprägt. Nicht das Vergängliche, sondern das Bleibende hat Vorrang. Unsere Denker, Dichter und großen Künstler haben Weltgeltung. Sie machen unser Namensschild lesbar. Ihre Werke waren, sind und bleiben unsere Tradition.
Die Welt ist voller Kümmernisse mit vielen Paukenschlägen. Das Hilfswerk der kleinen Inseln des guten Willens reicht nicht aus. Das Hilfswerk der Anstrengungen um die Schaffung von Territorien des Friedens, der Freiheit und der sozialen Neugestaltung muß mit aller Kraft fortgesetzt werden.

Anlagen

1a) Die ersten Wahlen nach dem Hitler-Reich

Land Württemberg-Baden (amerikanische Zone)	Zahl der gültigen Stimmen	Prozentsatz
Bei den Gemeindewahlen (bis 2000 Einwohner pro Gemeinde) vom 27. Januar 1946 (abgestimmt hatten 86 Prozent der Wahlberechtigten)		
CDU	242 131	31,1
SPD	158 410	20,4
DVP (heutige FDP)	54 510	7,0
KPD	29 653	3,8
Sonstige	291 878	37,5
(Unter »Sonstige« waren politisch nicht gebundene Wählergruppen aufgetreten)		
Bei den Kreistagswahlen vom 28. April 1946 (abgestimmt hatten über 71 Prozent der Wahlberechtigten)		
CDU	130 281	55,0
SPD	68 116	29,0
DVP (heutige FDP)	23 803	10,2
KPD	12 411	5,3
Bei den Städtewahlen vom 26. Mai 1946 (abgestimmt hatten über 80 Prozent der Wahlberechtigten)		
SPD	159 123	36,8
CDU	144 852	33,8
DVP (heutige FDP)	70 870	15,9
KPD	56 574	12,7

1b) Wahlen in Württemberg-Baden und Baden-Württemberg 1946–1956

		CDU	SPD	DVP/FDP	KPD	GB/BHE	Sitze ges.
Wahl zur Verfassunggebenden	Stimmen	474 878	374 739	195 422	116 521	–	
Landesversammlung im Lande Württemberg-Baden	Prozent	40,9	32,3	16,2	10,0	–	
am 30. Juni 1946	Sitze	41	32	17	10	–	100
Landtagswahl in	Stimmen	379 487	476 262	303 510	70 368	212 431	
Württemberg-Baden am 19. November 1950	Prozent	26,3	33,0	21,1	4,9	14,73	
	Sitze	28	34	22	–	16	100
Wahl zur Verfassunggebenden	Stimmen	982 727	765 032	491 711	119 604	170 751	
Landesversammlung von Baden-Württemberg	Prozent	35,9	28,0	18,0	4,4	6,3	
am 9. März 1952	Sitze	50	38	23	4	6	121
Landtagswahl in	Stimmen	1 392 635	942 732	541 221	104 652	204 335	
Baden-Württemberg am 4. März 1956	Prozent	42,6	28,9	16,6	3,2	6,3	
	Sitze	56	36	21	–	7	120

1c) Bericht der »Rheinischen Zeitung« vom 9. November 1946, Nr. 73

Die Kommunisten in Europa

Die »New York Times« veröffentlichte kürzlich eine graphische Darstellung des kommunistischen Stimmenanteils bei den letzten Wahlen in den europäischen Ländern. Danach erhielten die Kommunisten von den abgegebenen Stimmen:

	Prozent
Sowjet-Union	99,2
Albanien	95,0
Bulgarien	90,0
Jugoslawien	90,0
Deutschland, russische Zone	54,0
Tschechoslowakei	38,6
Frankreich	27,2
Finnland	23,0
Berlin	20,0
Italien	18,9
Ungarn	17,0
Dänemark	12,5
Schweden	11,3
Belgien	10,4
Luxemburg	10,0
Holland	10,0
Griechenland	9,3
Deutschland, amerikanische Zone	9,2
Norwegen	8,0
Deutschland, französische Zone	6,9
Österreich	5,5
Deutschland, britische Zone	5,5
Großbritannien	3,0

In Bulgarien, Jugoslawien und Albanien standen alle Parteien, die auf den Stimmzetteln vermerkt waren, unter kommunistischem Einfluß. Die Angaben für Deutschland beziehen sich auf die Wahlen in Berlin sowie auf jede der vier Besatzungszonen. In der Schweiz haben noch keine Nachkriegswahlen stattgefunden. In der Türkei gibt es keine anerkannte kommunistische Partei. In Polen und Rumänien stehen Wahlen bevor.

2) *Die Landtagswahlen[1)] in den deutschen Ländern 1946/47*

Lfd. Nr.	Land	Zeitpunkt der Wahl	Wohnbevölkerung am 29. 10. 1946	Wahlberechtigte	Abgegebene Stimmen		Gültige Stimmen		Ungültige Stimmen		Von den gültigen Stimme[n]			
											CDU		SPD	
					absolut	v. H. Sp. 4	absolut	v. H. Sp. 5	absolut	v. H. Sp. 5	absolut	v. H. Sp. 7	absolut	
	1	2	3	4	5	6	7	8	9	10	11	12	13	
	Amerikanische Zone										CSU			
1	Bayern	1.12.46	9029090	4210636	3189552	75,7	3048337	95,6	141215	4,4	1593908	52,3	871760	
2	Hessen	1.12.46	4064079	2380109	1741416	73,2	1609388	93,4	132028	6,6	498158	30,9	687431	
3	Württemberg-Baden	24.11.46	3675237	1875074	1344602	71,7	1269764	94,4	74838	5,6	487085	38,4	404716	
4	Bremen	12.10.47	486539	338177	229240	67,8	218851	95,5	10389	4,5	48116	21,9	91229	
	Britische Zone													
5	Schleswig-Holstein	20. 4.47	2650480	1594794	1113005	69,8	1073204	96,4	39801	3,6	365534	34,0	469994	
6	Hamburg[2)]	13.10.46	1424100	968454	765008	79,0	735593	96,1	29415	3,9	196069	26,7	317215	
7	Niedersachsen	20. 4.47	6430823	3956845	2576368	65,1	2459479	95,5	116889	4,5	489422	19,9	1066370	
8	Nordrhein-Westfalen	20. 4.47	11797106	7815287	5262778	67,3	5003169	95,1	259609	4,9	1873687	37,4	1601723	
	Französische Zone													
9	Rheinland-Pfalz	18. 5.47	2761225	1667617	1299302	77,9	1161708	89,4	137594	10,6	548253	47,2	398787	
											BCSV			
10	Südbaden	18. 5.47	1197856	694953	471389	67,8	427824	90,8	43565	9,2	239312	55,9	95829	2
11	Württemberg-Hohenzollern	18. 5.47	1117562	615812	408956	66,4	378333	92,5	30623	7,5	205037	54,2	78707	2
											CVP		SPS	
12	Saarland	5.10.47	851615	520860	498665	92,4	449506	90,1	49159	9,9	230063	51,2	147261	3
	Russische Zone										CDU		SPD	
13	Sachsen	20.10.46	5558566	3803416	3518108	92,5	3290995	93,5	227113	6,9	766859	23,3	–	
14	Brandenburg	20.10.46	2527492	1655980	1515987	79,0	1446819	96,1	69168	3,9	442634	30,6	–	
15	Thüringen	20.10.46	2927497	1911682	1735197	90,7	1657196	95,5	78001	4,5	313824	18,9	–	
16	Mecklenburg	20.10.46	2139640	1301703	1179276	90,1	1113748	94,4	65528	5,6	379829	34,1	–	
17	Sachsen-Anhalt	20.10.46	4160539	2700633	2473184	91,6	2330511	94,2	142673	5,8	507765	21,8	–	
18	Berlin	20.10.46	3199938	2307122	2128677	92,3	2085338	97,9	13339	2,1	462425	22,2	1015609	4

1) In Hamburg und Bremen: Bürgerschaftswahlen, In Berlin: Wahlen zum Stadtparlament
2) Die Ergebnisse sind auf Wählerzahlen umgerechnet. Jeder Wähler konnte bis zu 4 Stimmen abgeben.
3) Zusammenschluß von LP und SV.
4) davon RSF 2411, Unabh. Kandidaten 6824.
5) davon DKP 32 848, Parteilose 489, Z 1082.
6) Unabhängige Kandidaten
7) DRP
8) davon RVP 13 251, DRP 24 879, Unabh. Kandidaten 85.

Quellen:
Das Zahlenmaterial für die westlichen Besatzungsgeb wurde von den Statistischen Landesämtern schriftlich b fernmündlich angegeben.

Für die russisch besetzte Zone und Groß-Berlin wurden Angaben dem Europa-Archiv, 8. Folge, vom August 19 Seite 1481 und 1482 entnommen.

len auf:										Sitzverteilung						Sitze insgesamt
		FDP		Sonstige Parteien						CDU	SPD	KPD	FDP	Sonstige Parteien		
				mit Sitzen				ohne Sitze u. unabh. Kand.								
lut	v. H. Sp. 7	absolut	v. H. Sp. 7	absolut	v. H. Sp. 7	absolut	v. H. Sp. 7	absolut	v. H. Sp. 7							
5	16	17	18	19	20	21	22	23	24	25	26	27	28	29	30	31
				WAV						CSU				WAV		
023	6,1	172242	5,6	225404	7,4	–	–	–	–	104	54	–	9	13	–	180
				LDP										LDP		
592	10,7	–	–	252207	15,7	–	–	–	–	28	38	10	–	14	–	90
				DVP										DVP		
253	10,2	–	–	247710	19,5	–	–	–	–	39	32	10	–	19	–	100
				DP		BDV								DP	BDV	
189	8,8	12095	5,5	8441	3,9	30546	14,0	9235	4,2[4)]	24	46	10	2	3	15	100
				SSV										SSV		
398	4,7	53359	4,9	99500	9,3	–	–	34419	3,3[5)]	21	43	–	–	6	–	70
509	10,4	133393	18,2	–	–	–	–	12407	1,6[6)]	16	83	4	7	–	–	110
				Z		NLP								Z	NLP	
977	5,6	215815	8,8	101283	4,1	440367	17,9	7245	0,3[7)]	30	65	8	13	6	27	149
				Z										Z		
017	14,0	298665	6,0	489092	9,8	–	–	38985	0,8[8)]	91	64	28	12	20	–	215
				DP[3)]										DP[3)]		
819	8,7	–	–	113849	9,8	–	–	–	–	48	34	8	–	11	–	101
				DP						BCSV				DP		
703	7,4	–	–	60980	14,3	–	–	–	–	34	13	4	–	9	–	60
				DVP										DVP		
571	7,3	–	–	67018	17,7	–	–	–	–	32	12	5	–	11	–	60
		DPS								CVP	SPS	KP	DPS			
929	3,4	34253	7,6	–	–	–	–	–	–	28	17	2	3	–	–	50
D		SED		VdgB		Kbd		FA		CDU	SPD	LPD	SED	VdgB	Kbd	
224	24,7	1616068	49,1	57356	1,7	19148	0,6	18340	0,6	28	–	30	59	2	1	120
607	20,6	634787	43,9	70791	4,9	–	–	–	–	31	–	20	44	5	–	100
415	28,5	816864	49,3	55093	3,3	–	–	–	–	19	–	28	50	3	–	100
662	12,5	551594	49,5	43663	3,9	–	–	–	–	31	–	11	45	3	–	90
669	30,0	1068703	45,2	57374	2,4	–	–	–	–	24	–	31	52	2	–	109
4722	9,3	412582	19,8	–	–	–	–	–	–	29	63	12	26	–	–	130

habetisches Verzeichnis der Parteien

SV Badische Christlich-Soziale Volkspartei
V Bremer Demokratische Volkspartei
U Christlich-Demokratische Union
J Christlich-Soziale Union
P Christliche Volkspartei
P Deutsche Konservative Partei
Demokr. Partei, in Bremen Deutsche Partei
S Demokratische Partei des Saarlandes
P Deutsche Rechtspartei
P Demokratische Volkspartei

FA Frauenausschüsse
FDP Freie Demokratische Partei
Kbd Kulturbund
KP Kommunistische Partei
KPD Kommunistische Partei Deutschlands
LDP Liberal-Demokratische Partei
LP Liberale Partei
NLP Niedersächsische Landespartei
RPD Republikanische Partei Deutschlands
RSF Radikal-Soziale Freiheitspartei

RVP Rheinische Volkspartei
SED Sozialistische Einheitspartei Deutschlands
SP Sozialdemokratische Partei
SPD Sozialdemokratische Partei Deutschlands
SPS Sozialdemokratische Partei des Saarlandes
SV Sozialer Volksdienst
SSV Südschleswigscher Verein
VdgB Verein der gegenseitigen Bauernhilfe
WAV Wirtschaftliche Aufbauvereinigung
Z Zentrum

3) 1976: Zusammenstellung der Vermögenswerte und Verpflichtungen des ERP-Sondervermögens
– Kurzfassung –

Nach Abschluß des Wiederaufbaus dient das ERP-Sondervermögen der kontinuierlichen Förderung der deutschen Wirtschaft. Rechtsgrundlage dieser Förderung ist das ERP-Verwaltungsgesetz von 1953 in Verbindung mit dem jährlichen ERP-Wirtschaftsplangesetz, in dem Art und Umfang der Förderungsmaßnahmen jeweils im einzelnen festgelegt werden.

– in Millionen DM –

Aktiva	31.12.1976	31.12.1975	Passiva	31.12.1976	31.12.1975
Bankguthaben	285,5	305,3			
Darlehensforderungen	11.045,9	10.390,7	Vermögensbestand (Eigenkapital)	11.438,5	11.117,2
Sonstige Forderungen	1.429,5	1.222,0			
Beteiligungen	413,7	422,3	Verbindlichkeiten	1.789,7	1.303,8
Wertpapiere u. a.	53,6	80,7			
Bilanzsumme	13.228,2	12.421,0	Bilanzsumme	13.228,2	12.421,0
			Eventualverbindlichkeiten	257,0	277,4

4) Wahl zum 1. Deutschen Bundestag am 14. August 1949

Wahlberechtigte	31.207.620		
Wähler	24.495.614		
Wahlbeteiligung	78,5 %		
Gültige Stimmen	23.732.398		
davon:			
CDU/CSU	7.359.084	31,0 %	139 Sitze
SPD	6.934.975	29,2 %	131 Sitze
FDP	2.829.920	11,9 %	52 Sitze
Sonstige Parteien und Wählergruppen	6.608.419	27,8 %	
davon:			
Deutsche Partei	939.934	4,0 %	17 Sitze
Bayernpartei	986.478	4,2 %	17 Sitze
KPD	1.361.706	5,7 %	15 Sitze
Wirtschaftliche Aufbauvereinigung	681.888	2,9 %	12 Sitze
Zentrum	727.505	3,1 %	10 Sitze
Deutsche Konservative Partei und Deutsche Rechtspartei	429.031	1,8 %	5 Sitze
Parteilose	1.141.647	4,8 %	3 Sitze
Südschleswigscher Wählerverband	75.388	0,3 %	1 Sitz
			402 Sitze

5 a) *Leistungen der öffentlichen Hand auf dem Gebiet der Wiedergutmachung (Stand: 1. Juli 1977)*

I. Bereits geleistet	
Bundesentschädigungsgesetz (BEG)	43,140 Mrd DM
davon im I. Haushaltshalbjahr 1977: 1,091 Mrd DM	
Bundesrückerstattungsgesetz (BRüG)	3,869 Mrd DM
davon im I. Haushaltshalbjahr 1977: 0,006 Mrd DM	
Israelvertrag[1])	3,450 Mrd DM
Globalverträge mit 12 Staaten	1,000 Mrd DM
Sonstige Leistungen (öffentl. Dienst u. a.)	4,450 Mrd DM
insgesamt:	55,909 Mrd DM
davon über den Bundeshaushalt ca.: 35,140 Mrd DM	
II. Voraussichtliche künftige Leistungen	
BEG	26,860 Mrd DM
BRüG	0,381 Mrd DM
Sonstige Leistungen	2,150 Mrd DM
insgesamt:	29,391 Mrd DM
davon über den Bundeshaushalt ca.: 16,770 Mrd DM	
III. Gesamtzahlungen	
BEG	70,000 Mrd DM
BRüG	4,250 Mrd DM
Israelvertrag[1])	3,450 Mrd DM
Globalverträge mit 12 Staaten	1,000 Mrd DM
Sonstige Leistungen	6,600 Mrd DM
insgesamt:	85,300 Mrd DM
davon über den Bundeshaushalt ca.: 51,910 Mrd DM	
Gesamtaufwand für die Wiedergutmachung: 85,50 Mrd DM	

IV. Die Leistungen nach BEG verteilen sich mit
etwa 1/3 auf Inland
1/3 auf Israel
1/3 übriges Ausland

die nach BRüG mit
25 % auf Inland
40 % auf Israel
35 % übriges Ausland

---

[1]) darin enthalten: 450 Mio DM für die Claims-Conference.

Stand der Verfahren am 1. Juli 1977

BEG:		
Eingegangen bis 1. Juli 1977	4.321.024	
erledigt	4.304.070	
anhängig am 1. Juli 1977	16.954	(0,39 %)
BRüG:		
Eingegangen bis 1. Juli 1977	732.768	
erledigt	730.959	
anhängig am 1. Juli 1977	1.809	(0,25 %)
Härteausgleich nach § 44a BRüG		
eingegangene Anträge bis 1. Juli 1977	291.372	
bis zum 1. Juli 1977 wurden erledigt	247.998	
anhängig am 1. Juli 1977	43.374	

In 179.234 Härteverfahren wurden stattgebende Bescheide erteilt. Gesamtaufwendungen hierfür 448.447.526 DM, die in der für das BRüG oben unter I. genannten Summe enthalten sind.

5b) Übersicht über die wahrscheinlich nach Israel geflossenen Wiedergutmachungsleistungen (Stand: 1. Juli 1977)

Die nach Israel im Rahmen des Bundesentschädigungsgesetzes (BEG), des Bundesrückerstattungsgesetzes (BRüG) und sonstiger Vorschriften gegangenen Wiedergutmachungsleistungen können nur geschätzt werden.

A. Bis zum 1. 7. 1977 erbrachte Leistungen

I. Leistungen an den Staat Israel

An den Staat Israel wurden auf Grund des sogenannten Israelvertrages vom 10. 9. 1952 (als Eingliederungshilfe für entwurzelte Juden aus Deutschand und den ehemals besetzten Gebieten) in Warenlieferungen gezahlt: — 3,0 Mrd DM
(ausschließlich zu Lasten des Bundes)

II. Leistungen an Einzelpersonen in Israel

1. Nach dem BEG wurden bisher rund 43,2 Mrd DM gezahlt. Davon wird etwa ein Drittel nach Israel gegangen sein: — 14,4 Mrd DM
   (Anteil des Bundes: Etwas mehr als die Hälfte)
2. Nach dem BRüG sind bisher Leistungen in Höhe von rund 3,87 Mrd DM erbracht worden. Davon dürften etwa 40 % nach Israel geflossen sein: — 1,6 Mrd DM
   (Dieser Betrag wird ausschließlich vom Bund aufgebracht)
3. An sonstigen Wiedergutmachungsleistungen (Wiedergutmachung auf dem Gebiet des öffentlichen Dienstes und ähnliches) sind bisher rund 4,5 Mrd DM gezahlt worden. Auch hier wird man davon ausgehen können, daß etwa ein Drittel nach Israel gegangen ist: — 1,5 Mrd DM
   (Dieser Betrag wird von Bund, Ländern und Gemeinden ohne feststellbaren Schlüssel aufgebracht)

Gesamtzahlungen nach Israel bisher: — 20,5 Mrd DM

B. Noch zu erbringende Leistungen an Einzelpersonen in Israel

1. Nach dem BEG rund 27 Mrd DM, davon etwa ein Drittel nach Israel:	9 Mrd DM
2. Nach dem BRüG rund 380 Mio DM, davon etwa 40 % nach Israel:	0,15 Mrd DM
3. Sonstige Wiedergutmachungsleistungen rund 2,2 Mrd DM, davon rund ein Drittel nach Israel:	0,70 Mrd DM
Demnach werden nach Israel insgesamt noch etwa zu leisten sein:	9,85 Mrd DM

Gesamtleistungen (Stand und Schätzung 1. Juli 1977) nach Israel somit rund 30 Milliarden DM.

6) Wahlmänner-Stimmen für die Präsidentenwahl von 1904 bis 1960

Wahlmänner-Stimmen pro Staat für 1960		1904	1908	1912	1916	1920	1924	1928	1932	1936	1940	1944	1948	1952	1956	1960
11	Ala.	11	11	12	12	12	12	12	11	11	11	11	11	11	11	5 6
3	Alaska						Adm.	1959								3
4	Ariz.	Adm.	1912	3	3	3	3	3	3	3	3	4	4	4	4	4
8	Ark.	9	9	9	9	9	9	9	9	9	9	9	9	8	8	8
32	Calif.	10	10	2 11	13	13	13	13	22	22	22	25	25	32	32	32
6	Colo.	5	5	5	6	6	6	6	6	6	6	6	6	6	6	6
8	Conn.	7	7	7	7	7	7	7	8	8	8	8	8	8	8	8
3	Del.	3	3	3	3	3	3	3	3	3	3	3	3	3	3	3
10	Fla.	5	5	6	6	6	6	6	7	7	7	8	8	10	10	10
12	Ga.	13	13	14	14	14	14	14	12	12	12	12	12	12	12	12
3	Hawai						Adm.	1959								3
4	Idaho	3	3	4	4	4	4	4	4	4	4	4	4	4	4	4
27	Jll.	27	27	29	29	29	29	29	29	29	29	28	28	27	27	27
13	Ind.	15	15	15	15	15	15	15	14	14	14	13	13	13	13	13
10	Iowa	13	13	13	13	13	13	13	11	11	11	10	10	10	10	10
8	Kan.	10	10	10	10	10	10	10	9	9	9	8	8	8	8	8
10	Ky.	13	13	13	13	13	13	13	11	11	11	11	11	10	10	10
10	La.	9	9	10	10	10	10	10	10	10	10	10	10	10	10	10
5	Me.	6	6	6	6	6	6	6	5	5	5	5	5	5	5	5
9	Md.	1 7	2 6	8	8	8	8	8	8	8	8	8	8	9	9	9
16	Mass.	16	16	18	18	18	18	18	17	17	17	16	16	16	16	16
20	Mich.	14	14	15	15	15	15	15	19	19	19	19	19	20	20	20
11	Minn.	11	11	12	12	12	12	12	11	11	11	11	11	11	11	11
8	Miss.	10	10	10	10	10	10	10	9	9	9	9	9	8	8	8
13	Mo.	18	18	18	18	18	18	18	15	15	15	15	15	13	13	13
4	Mont.	3	3	4	4	4	4	4	4	4	4	4	4	4	4	4
6	Nebr.	8	8	8	8	8	8	8	7	7	7	6	6	6	6	6
3	Nev.	3	3	3	3	3	3	3	3	3	3	3	3	3	3	3
4	N.H.	4	4	4	4	4	4	4	4	4	4	4	4	4	4	4
16	N.J.	12	12	14	14	14	14	14	16	16	16	16	16	16	16	16
4	N.M.			3	3	3	3	3	3	3	3	4	4	4	4	4
45	N.Y.	39	39	45	45	45	45	45	47	47	47	47	47	45	45	45
14	N.C.	12	12	12	12	12	12	12	13	13	13	14	14	14	14	14
4	N.D.	5	5	5	5	5	5	5	4	4	4	4	4	4	4	4
25	Ohio	23	23	24	24	24	24	24	26	26	26	25	25	25	25	25
8	Okla.		7	10	10	10	10	10	11	11	11	10	10	8	8	7 1
6	Ore.	4	4	5	5	5	5	5	5	5	5	6	6	6	6	6
32	Pa.	34	34	38	38	38	38	38	36	36	36	35	35	32	32	32
4	R.I.	4	4	5	5	5	5	5	4	4	4	4	4	4	4	4
8	S.C.	9	9	9	9	9	9	9	8	8	8	8	8	8	8	8
4	S.D.	4	4	5	5	5	5	5	4	4	4	4	4	4	4	4
11	Tenn.	12	12	12	12	12	12	12	11	11	11	12	11 1	11	11	11
24	Texas	18	18	20	20	20	20	20	23	23	23	23	23	24	24	24
4	Utah	3	3	4	4	4	4	4	4	4	4	4	4	4	4	4
3	Vt.	4	4	4	4	4	4	4	3	3	3	3	3	3	3	3
12	Va.	12	12	12	12	12	12	12	11	11	11	11	11	12	12	12
9	Wash.	5	5	7	7	7	7	7	8	8	8	8	8	9	9	9
8	W.Va.	7	7	8	1 7	8	8	8	8	8	8	8	8	8	8	8
12	Wis.	13	13	13	13	13	13	13	12	12	12	12	12	12	12	12
3	Wyo.	3	3	3	3	3	3	3	3	3	3	3	3	3	3	3
537	Total	Roosv. 336	Taft 321	Wilson 435	Wilson 277	Harding 404	Cool'ge 382	Hoover 444	Roosv. 472	Roosv. 523	Roosv. 449	Roosv. 432	Truman 303	Eisenh'r 442	Eisenh'r 457	Kenn. 303
		Parker 140	Bryan 162	Roosv. 88	Hughes 254	Cox 127	Davis 136	Smith 87	Hoover 59	Landon 9	Willkie 82	Deroey 99	Deroey 189	Stev'son 89	Stev'son 74	Nixon 219
				Taft 8			La Foll. 13						Thurm 39			Byrd 15

Republican

Democratic

Sen. Byrd

Progressive (Roosevelt)

Progressive (La Follette)

States Rights Democrats (Thurmond)

7) Umsatzsteuersätze 1978

Staaten (1)	System der Umsatzsteuer	Steuersätze in Prozent			
		Normalsatz	ermäßigt. Satz (2)	erhöhter Satz (3)	Nullsatz (4)
1	2	3	4	5	6
Belgien	Mehrwertsteuer	16	6	25	–
Bundesrepublik Deutschland	Mehrwertsteuer	12	6	–	–
Dänemark	Mehrwertsteuer	18	–	–	ja (5)
Frankreich	Mehrwertsteuer	17,6	7	$33^1/_3$	–
Großbritannien	Mehrwertsteuer	8	–	12,5 (6)	ja (7)
Irland	Mehrwertsteuer	20	10	–	ja (7)
Italien	Mehrwertsteuer	14	6	35	–
Japan	Einphasenbruttosteuer (8)	15	5	20 bzw. 30	–
Luxemburg	Mehrwertsteuer	10	5 (9)	–	–
Niederlande	Mehrwertsteuer	18	4	–	ja (10)
Norwegen	Mehrwertsteuer	20	–	–	–
Österreich	Mehrwertsteuer	18	8	30	–
Schweden	Mehrwertsteuer	17,1 (11)	–	–	ja (12)
Schweiz	Einphasenbruttosteuer (13)	8,4 (14)	–	–	–

(1) Ohne Kanada und USA, die keine Umsatzsteuer auf Bundesebene erheben, sondern Groß- und Einzelhandelsumsatzsteuern der Gliedstaaten.
(2) Für bestimmte Warengruppen des lebensnotwendigen Bedarfs und bestimmte Dienstleistungen im Sozial- und Kulturbereich.
(3) Für bestimmte Güter und Dienstleistungen des gehobenen Bedarfs.
(4) Nullsatz = Steuerbefreiung mit Vorsteuerabzug; wird hier nur erwähnt, sofern er außer für Ausfuhrumsätze auch für bestimmte Inlandsumsätze gilt.
(5) Für Zeitungen.
(6) Für Benzin und einzelne Warengruppen des gehobenen Bedarfs.
(7) Für Nahrungsmittel, Getränke, Medikamente.
(8) Warensteuer auf Herstellerumsätze bzw. Einzelhandelsumsätze.
(9) Für bestimmte Grundnahrungsmittel, Medikamente und Tabakwaren 2 Prozent.
(10) Für Zeitungen, Rohgold, Rohedelstein und einige weitere Warengruppen.
(11) 17,1 Prozent des Entgelts einschließlich Mehrwertsteuer; mit den anderen Staaten vergleichbarer Satz somit 20,63 Prozent.
(12) Für Zeitungen, Medikamente und Energieträger.
(13) Großhandelssteuer.
(14) 5,6 Prozent für Endverbraucherlieferungen und Eigenverbrauch der steuerpflichtigen Hersteller und Großhändler.

8) Deutscher Bundestag
6. Wahlperiode

Umdruck 287
zu TO 186
Punkt 5 und 6

Entschließungsantrag der Fraktionen der CDU/CSU, SPD und FDP zur Zweiten Beratung und Schlußabstimmung des

a) von der Bundesregierung eingebrachten Entwurfs eines Gesetzes zu dem Vertrag vom 12. August 1970 zwischen der Bundesrepublik Deutschland und der Union der Sozialistischen Sowjetrepubliken
– Drucksachen VI/3156, VI/3397, zu VI/3397 –

und des

b) von der Bundesregierung eingebrachten Entwurfs eines Gesetzes zu dem Vertrag vom 7. Dezember 1970 zwischen der Bundesrepublik Deutschland und der Volksrepublik Polen über die Grundlagen der Normalisierung ihrer gegenseitigen Beziehungen
– Drucksachen VI/3157, VI/3396, zu VI/3396 –

Der Bundestag wolle beschließen:
Im Zusammenhang mit der Abstimmung über den Vertrag zwischen der Bundesrepublik Deutschland und der Union der Sozialistischen Sowjetrepubliken vom 12. August 1970 und dem Vertrag zwischen der Bundesrepublik Deutschland und der Volksrepublik Polen über die Grundlagen der Normalisierung ihrer gegenseitigen Beziehungen vom 7. Dezember 1970 erklärt der Deutsche Bundestag:

1. Zu den maßgebenden Zielen unserer Außenpolitik gehört die Erhaltung des Friedens in Europa und der Sicherheit der Bundesrepublik Deutschland. Die Verträge mit Moskau und Warschau, in denen die Vertragspartner feierlich und umfassend auf die Anwendung und Androhung von Gewalt verzichten, sollen diesen Zielen dienen. Sie sind wichtige Elemente des Modus vivendi, den die Bundesrepublik Deutschland mit ihren östlichen Nachbarn herstellen will.
2. Die Verpflichtungen, die die Bundesrepublik Deutschland in den Verträgen eingegangen ist, hat sie im eigenen Namen auf sich genommen. Dabei gehen die Verträge von den heute tatsächlich bestehenden Grenzen aus, deren einseitige Änderung sie ausschließen. Die Verträge nehmen eine friedensvertragliche Regelung für Deutschland nicht vorweg und schaffen keine Rechtsgrundlage für die heute bestehenden Grenzen.
3. Das unveräußerliche Recht auf Selbstbestimmung wird durch die Verträge nicht berührt. Die Politik der Bundesrepublik Deutschland, die eine friedliche Wiederherstellung der nationalen Einheit im europäischen Rahmen anstrebt, steht nicht im Widerspruch zu den Verträgen, die die Lösung der deutschen Frage nicht präjudizieren. Mit der Forderung auf Verwirklichung des Selbstbestimmungsrechts erhebt die Bundesrepublik Deutschland keinen Gebiets- oder Grenzänderungsanspruch.

4. Der Deutsche Bundestag stellt fest, daß die fortdauernde und uneingeschränkte Geltung des Deutschlandvertrages und der mit ihm verbundenen Abmachungen und Erklärungen von 1954 sowie die Fortgeltung des zwischen der Bundesrepublik Deutschland und der Union der Sozialistischen Sowjetrepubliken am 13. September 1955 geschlossenen Abkommens von den Verträgen nicht berührt wird.
5. Die Rechte und Verantwortlichkeiten der Vier Mächte in bezug auf Deutschland als Ganzes und auf Berlin werden durch die Verträge nicht berührt. Der Deutsche Bundestag hält angesichts der Tatsache, daß die endgültige Regelung der deutschen Frage im ganzen noch aussteht, den Fortbestand dieser Rechte und Verantwortlichkeiten für wesentlich.
6. Hinsichtlich der Bedeutung der Verträge verweist der Deutsche Bundestag darüber hinaus auf die Denkschriften, die die Bundesregierung den gesetzgebenden Körperschaften zusammen mit den Vertragsgesetzen zum Moskauer und Warschauer Vertrag vorgelegt hat.
7. Die Bundesrepublik Deutschland steht fest im Atlantischen Bündnis, auf dem ihre Sicherheit und ihre Freiheit nach wie vor beruhen.
8. Die Bundesrepublik Deutschland wird die Politik der europäischen Einigung zusammen mit ihren Partnern in der Gemeinschaft unbeirrt fortsetzen mit dem Ziel, die Gemeinschaft stufenweise zu einer Politischen Union fortzuentwickeln.
   Die Bundesrepublik Deutschland geht dabei davon aus, daß die Sowjetunion und andere sozialistische Länder die Zusammenarbeit mit der EWG aufnehmen werden.
9. Die Bundesrepublik Deutschland bekräftigt ihren festen Willen, die Bindungen zwischen Berlin (West) und der Bundesrepublik Deutschland gemäß dem Viermächte-Abkommen und den deutschen Zusatzvereinbarungen aufrechtzuerhalten und fortzuentwickeln. Sie wird auch in Zukunft für die Lebensfähigkeit der Stadt und das Wohlergehen ihrer Menschen Sorge tragen.
10. Die Bundesrepublik Deutschland tritt für die Normalisierung des Verhältnisses zwischen der Bundesrepublik Deutschland und der DDR ein. Sie geht davon aus, daß die Prinzipien der Entspannung und der guten Nachbarschaft in vollem Maße auf das Verhältnis zwischen den Menschen und Institutionen der beiden Teile Deutschlands Anwendung finden werden.

Bonn, den 10. Mai 1972
Dr. Barzel, Stücklen und Fraktion
Wehner und Fraktion
Mischnick und Fraktion

9) Internationaler Vergleich der Währungsreserven – Ende Dezember 1977 –

	in Mio SZR[1])	in Mio Dollar[2])
Bundesrepublik Deutschland	32.738	39.767
Australien	1.962	2.383
Belgien/Luxemburg	4.743	5.761
Dänemark	1.375	1.670
Finnland	469	570
Frankreich	8.392	10.194
Griechenland	871[3])	1.058[3])
Großbritannien	17.335	21.057
Irland	1.953	2.372
Italien	9.556	11.608
Japan	19.149	23.260
Jugoslawien	1.732	2.104
Kanada	3.793	4.607
Neuseeland	366	445
Niederlande	6.639	8.064
Norwegen	1.811	2.200
Österreich	3.494	4.244
Portugal	1.037[4])	1.260[4])
Schweden	3.020	3.668
Schweiz	11.385	13.829
Spanien	5.507[3])	6.689[3])
Türkei	638	775
USA	16.965	20.608

Quelle: Internationaler Währungsfonds

[1]) Sonderziehungsrechte – [2]) von SZR auf Dollar umgerechnet – [3]) November – [4]) September

Die wichtigsten Handelspartner der Bundesrepublik Deutschland

in Milliarden DM

Wichtigste Abnehmer	1976	1977	Wichtigste Lieferanten	1976	1977
1. Frankreich	33,7	33,6	1. Niederlande	30,6	30,8
2. Niederlande	24,8	27,5	2. Frankreich	25,8	27,3
3. Belgien/Luxembg.	20,3	21,4	3. Italien	18,9	20,7
4. Italien	19,0	18,7	4. Belgien/Luxembg.	19,1	19,6
5. USA	14,4	18,2	5. USA	17,6	17,0
6. Großbritannien	12,2	14,6	6. Großbritannien	8,5	10,5
7. Österreich	12,5	14,5	7. Schweiz	7,0	7,9
8. Schweiz	11,6	12,6	8. Japan	5,4	6,5
9. Schweden	9,0	8,8	9. Österreich	5,2	6,1
10. UdSSR	6,8	6,5	10. Schweden	4,7	4,8
deutsche Ausfuhr insgesamt	256,6	273,5	deutsche Einfuhr insgesamt	222,2	235,1

Quelle: Statistisches Bundesamt

[1]) Spezialhandel

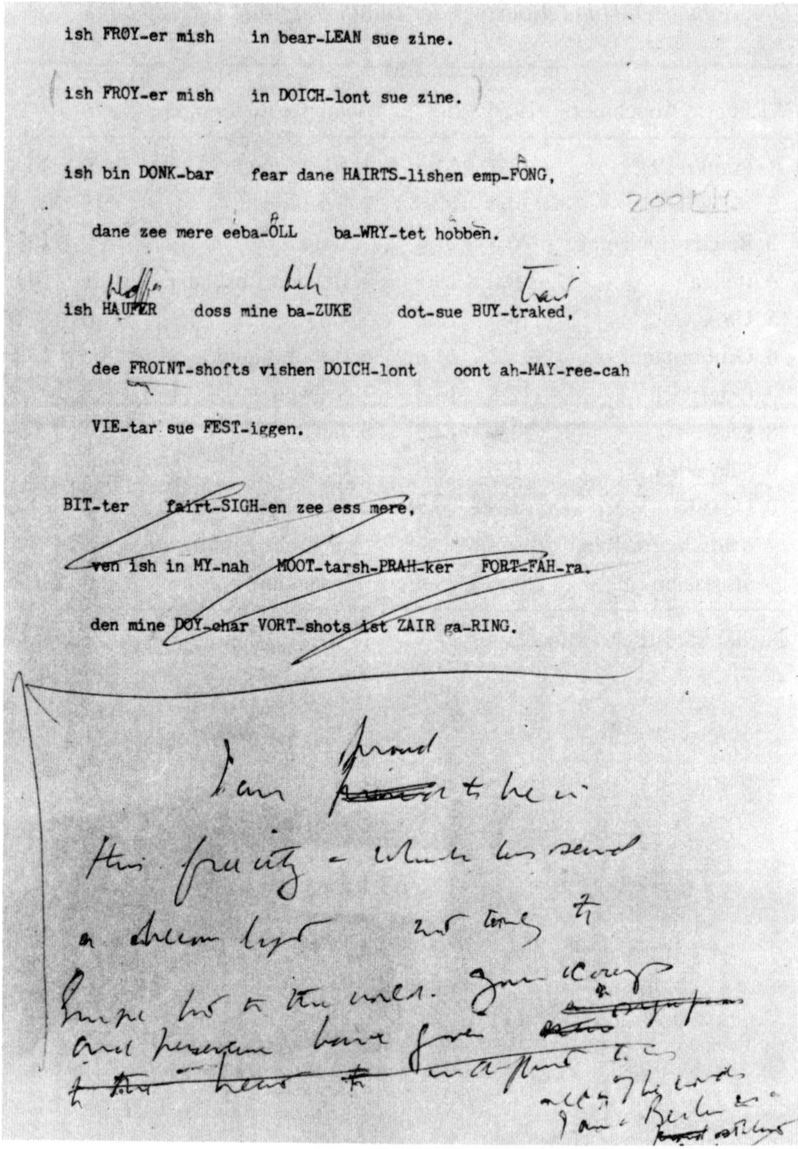

ish FROY-er mish in bear-LEAN sue zine.

ish FROY-er mish in DOICH-lont sue zine.

ish bin DONK-bar fear dane HAIRTS-lishen emp-FONG,

dane zee mere eeba-ÖLL ba-WRY-tet hobben.

ish HAUFER doss mine ba-ZUKE dot-sue BUY-traked,

dee FROINT-shofts vishen DOICH-lont oont ah-MAY-ree-cah

VIE-tar sue FEST-iggen.

BIT-ter fairt-SIGH-en zee ess mere,

ven ish in MY-nah MOOT-tarsh-PRAH-ker FORT-FAH-ra.

den mine DOY-char VORT-shots ist ZAIR ga-RING.

Manuskriptseite der Berlin-Rede Kennedys vom 26. Juni 1963 (mit freundlicher Genehmigung des Regierenden Bürgermeisters von Berlin, Dietrich Stobbe, der das Original zur Verfügung stellte).

PERSONENREGISTER

C

D

E

F

G

H

J

K

L

M

N

O

P

Q

R

S

T

U

V